F
904
H

B E A
G-AF
RMA LORD SHAFTSBURY

Klassiker der Lüfte

Berühmte Oldtimer 1913-1935

Bernard & Graefe Verlag

Herausgeber: Peter Alles-Fernandez

Printed in Spain

ISBN 3-7637-5902-6

2 VOLTS
E
9X
KF998

Einleitung

Der vorliegende Band behandelt den Zeitraum zwischen den Jahren 1913 und 1935, wobei als maßgebliches Datum der Erstflug des jeweiligen Flugzeugtypen gewählt wurde. Der Erste Weltkrieg stellte zwangsläufig einen Höhepunkt in der Entwicklung der noch jungen Fliegerei dar, wobei der Schwerpunkt auf die Konstruktion immer schnellerer und beweglicherer Maschinen gelegt wurde, die Namen der Jägertypen wurden genauso berühmt wie die ihrer Piloten. Weniger beachtet blieb jedoch die Tatsache, daß die kriegsführenden Nationen auch mit der Entwicklung von Großflugzeugen befaßt waren, als Beispiel ist hier die Handley Page O/100 vorgestellt, die mit über 30 Meter Spannweite auch für heutige Verhältnisse eine recht beachtliche Größe aufweist. In den folgenden Friedensjahren verlagerte sich das Interesse der Konstrukteure auf zivile Trainer und leichte Reiseflugzeuge, die de Havilland Moth eroberte den Weltmarkt, und in der Passagierluftfahrt brachte ein neues Konzept den Durchbruch. Fokker entwickelte mit der F.VII das freitragende dreimotorige Verkehrsflugzeug, eine Idee, die bald von Ford in den USA aufgegriffen wurde. Junkers konnte schließlich mit seiner Ju 52 einen weltweiten Verkaufserfolg verbuchen. Doch die Aufgaben der 'Tante Ju' sollten keineswegs friedlicher Natur bleiben, sie wurde zum Standardtransporter der Luftwaffe während des Zweiten Weltkriegs. Die Zuspitzung der internationalen Lage unmittelbar vor Ausbruch des Kriegs trieb die Entwicklungsarbeiten im militärischen Bereich voran, das Jahr 1935 sah eine Vielzahl von Prototypen erstmals in der Luft, deren Serienversionen oft bis zum Ende des Kriegs im Einsatz bleiben sollten. Zwei Typen, die Douglas DC-3 und die North American Harvard/Texan, beide erstmals 1935 geflogen, bildeten selbst in den Nachkriegsjahren noch die Grundausrüstung vieler Luftstreitkräfte und Fluggesellschaften, und über 50 Jahre nach ihrem Erstflug ist die DC-3 auch heute noch in vielen Ländern im aktiven Einsatz zu finden.

Peter Alles-Fernandez

Avro 504
Sportlicher Trainer

Die Avro 504, von dem britischen Flugzeugkonstrukteur Alliott Verdon Roe entworfen, war im Ersten Weltkrieg das in England am häufigsten verwendete Schulflugzeug. Danach zählte sie zu den Lieblingsmodellen der noch jungen Sportfliegerei.

Im ersten Jahrzehnt dieses Jahrhunderts, als sich viele junge Talente mit der Konstruktion von Flugzeugen befaßten, setzte sich A.V. Roe dafür ein, daß Großbritannien seine eigene Flugzeugindustrie aufbaute. Schon im Jahre 1907 machte er sich daran, seinen ersten Prototyp, den Doppeldecker Roe I, zu bauen. Der motorisierte Flug gelang ihm jedoch erst im Jahr 1909, als er am 13. Juli (zwölf Tage vor dem historischen Flug von Louis Blériot über den Ärmelkanal) als erster britischer Pilot in einem ganz in Großbritannien produzierten Flugzeug, dem Dreidecker Roe II, erfolgreich einen Flug mit Motorantrieb durchführte.

Nach umfangreichen Experimenten und dem Bau weiterer Drei- und Doppeldecker produzierte Roe mehrere Maschinen seines zweisitzigen Doppeldeckers E500, und im Jahr 1912 wurden vom britischen Kriegsministerium drei solche Flugzeuge mit Doppelsteuerung bestellt. Im Anschluß an diesen Auftrag wurden bis Anfang 1913 noch neun weitere Maschinen verkauft. Dieses Geschäft ermöglichte Roe die Gründung des Privatunternehmens A.V. Roe and Co. Ltd.

Mit dem Bau einer direkten Weiterentwicklung, der Avro 504, wurde im April 1913 begonnen. Diese Maschine wurde innerhalb von zwölf Wochen fertiggestellt und hatte im Juli in Brooklands ihren Erstflug. Am 20. September belegte sie im Second Aerial Derby mit einer Geschwindigkeit von 107 km/h den vierten Platz (der Pilot war Fred Raynham). Das Flugzeug war ein gut proportionierter zweistieliger Doppeldecker gleicher Spannweite und hatte einen Rumpf aus mit Draht verspannten hölzernen Holmen. Zunächst wurde die Maschine mit einem Gnome Umlaufmotor von 80 PS (60 kW) ausgerüstet, der in einer Verkleidung von quadratischem Querschnitt an einer bugtragenden Aufhängung angebracht war. Für Sportflieger wurde auch eine Schwimmerversion produziert.

In den Monaten unmittelbar vor Ausbruch des Ersten Weltkriegs bestellte das britische Kriegsministerium zwölf und das britische Marineministerium eine Avro 504. Diese Maschinen wurden zwischen Juli und September 1914 geliefert. Obgleich schon bald auf die Kriegserklärung weitere Aufträge folgten, verfügten die Royal Flying Corps (RFC) Einheiten in Frankreich nicht über viele Avro 504. Eine von Lieutenant V. Waterfall geflogene Avro der No. 5 Squadron war das erste britische Flugzeug, das am 22. August durch Infanteriefeuer über Belgien abgeschossen wurde. Avro 504 wurden auch bei einigen Bombenangriffen geflogen. Am bekanntesten davon ist der Angriff, der am 21. November 1914, angeführt von Squadron Commander E.F. Briggs, von RNAS-Flugzeugen (RNAS = Royal Naval Air Service) auf die Zeppelin-Werfthallen in Friedrichshafen am Bodensee ausgeübt wurde. Zeppeline wurden auch mit 9 kg Bomben im Flug aus der Luft angegriffen.

Die Avro 504A tauchte Anfang 1915 auf. Auch sie hatte den Gnome-Motor von 80 PS (60 kW), war aber mit kürzeren und breiteren Querrudern ausgerüstet. Bei einigen Flugzeugen blieben die Flügelwurzeln der unteren Tragflächen unbespannt, um die Sicht nach

Dieser Nachbau der E2939, einer von Morgan & Co in Leighton Buzzard produzierten Avro 504K, wurde von Vivian Bellamy für einen Film gebaut, der allerdings später aufgegeben wurde. Über dem Flugplatz Old Rhinebeck (im Staat New York) 'schießt' sie bei Flugvorführungen mit 'Le Prieur' Raketen Richthofens Fokker Dr.I ab.

Avro 504

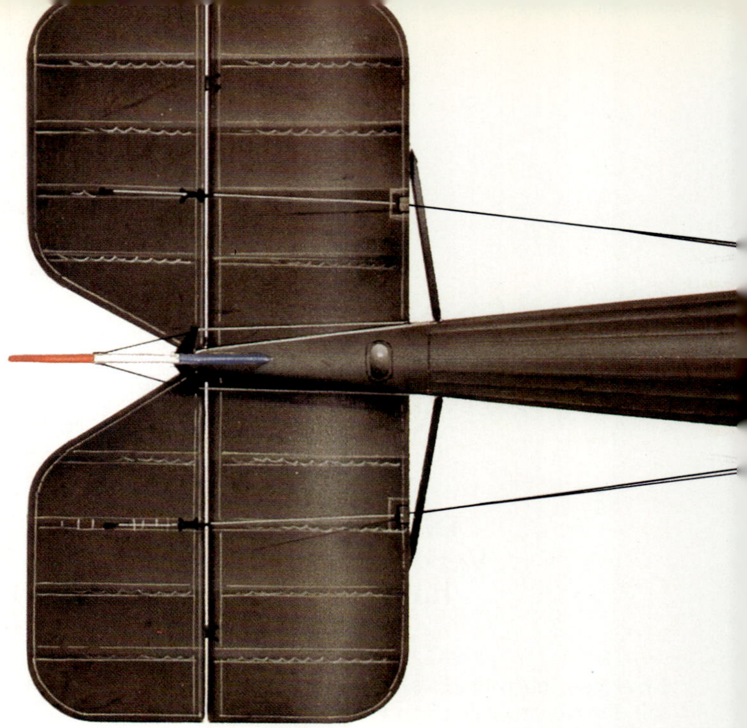

Technische Daten der Avro 504K
Typ: zweisitziger Trainer für die Grundausbildung.
Triebwerk: ein 110 PS (82 kW) Le Rhône Umlaufmotor.
Leistung: Höchstgeschwindigkeit 153 km/h in Meereshöhe; Steigflugdauer auf 1.065 m 5 min; Dienstgipfelhöhe 4.875 m; Reichweite 402 km.
Gewicht: Leergewicht 558 kg; maximales Startgewicht 830 kg.
Abmessungen: Spannweite 10,97 m; Länge 8,97 m; Höhe 3,17 m; Tragflügelfläche 30,66 m^2.
Bewaffnung: keine.

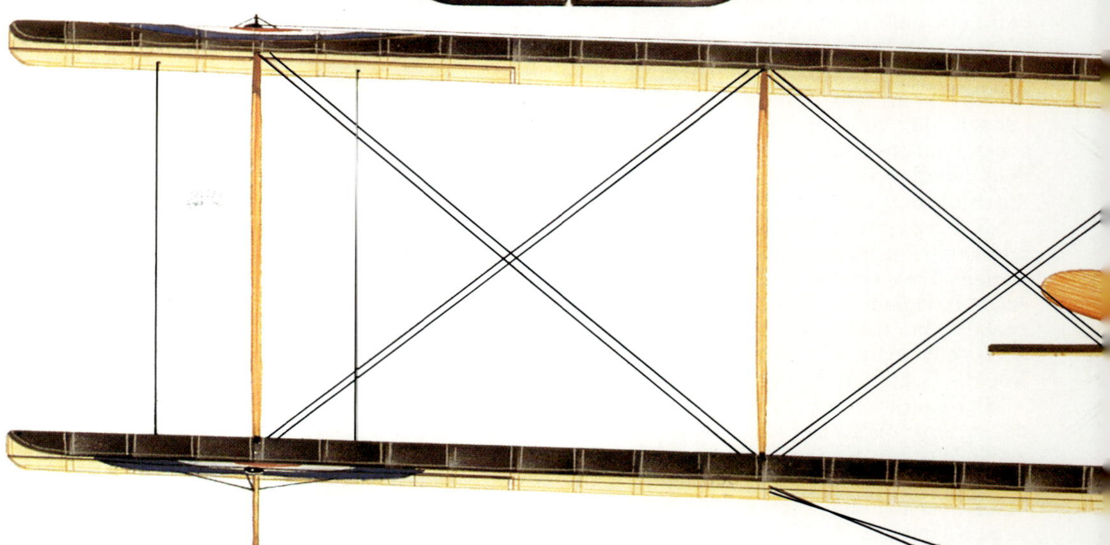

Die hier in der ursprünglichen Werkslackierung abgebildete Avro 504K, E3785, wurde im Krieg im Miles Platting-Werk der Firma A.V. Roe in Manchester gebaut. Fast alle Flugzeuge wurden vor der Lieferung mit dem kleinen Firmenschriftzug versehen, der allerdings bei Ankunft auf den Einsatzflughäfen im allgemeinen überstrichen wurde. Die Avro 504 eignete sich zwar hervorragend für den Flugsport, der sich in den zwanziger Jahren großer Beliebtheit erfreute, aber Vernachlässigung bei der Wartung nahmen die Maschinen sehr übel. Viele Flugzeuge wurden von kleinen Firmen aufgekauft, die von ehemaligen Piloten mit großer Begeisterung geführt wurden. Weil sie aber nicht ordentlich instandgehalten wurden, kam es zu zahlreichen Unfällen.

Varianten der Avro 504

Avro 504: Prototyp, Erstflug im Sommer 1913; 80 PS (60 kW) Gnome Motor, später Gnome Monosoupape (von Avro gebaut).
Avro 504: erste Serienmaschine; vier kommerzielle Flugzeuge und 63 für den RNAS und das RFC; 80 PS (60 kW) Gnome oder Le Rhône Motor (von Avro gebaut).
Avro 504A: Serienmaschine von Avro, Saunders, Humber, Blériot & Spad, Parnall und Eastbourne; Gesamtzahl nicht bekannt (siehe 504J); kurze Querruder; 80 PS (60 kW) Gnome oder Le Rhône Motor.
Avro 504B: 240 Maschinen wurden 1915/16 von Avro, Parnall, Sunbeam und Regent gebaut: 80 PS (60 kW) Gnome oder Le Rhône Motor; RNAS-Version mit langer Seitenflosse und langen Querrudern.
Avro 504C: 80 von Avro und Brush Electric gebaute Maschinen; 80 PS (60 kW) Gnome Motor; Einsitzer für den RNAS.
Avro 504D: sechs von Avro gebaute Maschinen; wie 504C, aber für das RFC.
Avro 504E: zehn von Avro gebaute Maschinen; 100 PS (75 kW) Gnome Monosoupape Motor; gerade obere Rumpfholme und lange Seitenflosse; Einsatz beim RNAS.
Avro 504F: eine 504C (8603) mit 75 PS (56 kW) Rolls-Royce Hawk Motor.
Avro 504G: unbekannte Zahl von 504B, die für den RNAS mit zwei MG zu Waffentrainern modifiziert wurden; 80 PS (60 kW) Gnome Motor.
Avro 504H: eine 504C, 1917 zur Katapulterprobung modifiziert.
Avro 504J: erste Serienvariante von Bedeutung, wurde von Avro, Harland & Wolff, Sunbeam und Brush 1917/18 gebaut; verwendete zum ersten Mal ein Gosport-Sprechrohr; 80 PS (60 kW) Le Rhône oder 100 PS (75 kW) Gnome Monosoupape Motor (die Zahl der gebauten Maschinen ist nicht bekannt; es sollen aber ca. 1.050 gewesen sein; Gesamtzahl der 504A und 504J nach neuesten Berechnungen 1.455).
Avro 504K: Hauptserienversion; insgesamt wurden von Avro, Sage, Henderson Scottish, Hewlett & Blondeau, Grahame-White, Parnall, Harland & Wolff, Morgan, Savage, Humber, Eastbourne, Brush und Sunbeam 6.350 Maschinen gebaut (dazu kommt noch eine von der RAF aus Teilen gebaute Maschine); es wurden folgende Motoren verwendet: 90 PS (67 kW) R.A.F. 1A und Thulin; 100 PS (75 kW) Gnome Monosoupape, Curtiss K6 und Sunbeam Dyak; 110 PS (82 kW) Le Rhône; 130 PS (97 kW) Clerget; 150 PS (112 kW) Bentley B.R.1; 170 PS (127 kW) A.B.C. Wasp und 220 PS (164 kW) Hispano-Suiza; viele Maschinen wurden an zivile Abnehmer verkauft, darunter 51 neu gebaute Flugzeuge; eine unbekannte Zahl wurde auch privat aus Ersatzteilen zusammengebaut; Lizenzbau von 20 Maschinen in Australien von Broadsmith und AAEC, 27 in Belgien von SABCA, zwei von CAL in Kanada, 74 von Nakajima in Japan; andere Maschinen wurden in folgende Länder exportiert, zum Teil als Geschenk: Argentinien, Australien, Belgien, Brasilien, Chile, Dänemark, Estland, Finnland, Guatemala, Indien, Irland, Japan, Kanada, Malaya, Mexiko, Neuseeland, Niederländisch-Indien, Norwegen, Peru, Portugal, Schweden, Schweiz, Spanien, Südafrika, Uruguay und USA.
Avro 504L: sechs neu gebaute Flugzeuge (dreisitzige Schwimmerflugzeuge) mit 150 PS (112 kW) Bentley B.R.1 Motor plus zahlreiche 504K Umrüstungen; Kanada erhielt von Großbritannien fünf Umrüstungen geschenkt, Australien zwei und Neuseeland ebenfalls zwei; einige Maschinen wurden in Japan umgerüstet.
Avro 504M: eine einzige 504K (G-EACX) wurde von Avro (Hamble) für die Avro Transport Co. zu einem dreisitzigen Kabinenflugzeug umgerüstet; 100 PS (75 kW) Gnome Monosoupape Motor.
Avro 504N: Hauptserienversion zwischen den beiden Weltkriegen; es wurden folgende Motoren verwendet: 100 PS (75 kW) Bristol Lucifer; 115 PS (86 kW) Lucifer IV; 150 PS (112 kW) Armstrong Siddeley Mongoose IIIA oder Lynx; 180 PS (134 kW) Lynx IVC; 200 PS (149 kW) Wright Whirlwind; sechs Prototypen und acht Testflugzeuge plus vier für Armstrong Whitworth; 512 neu gebaute Maschinen plus 78 504K Umrüstungen für die RAF; Lizenzbau und Export: Belgien 17 Maschinen (plus 31 im Lizenzbau), Brasilien 4 (darunter auch 504O), Chile 6 (darunter auch 505O), Dänemark 1 (plus 5 im Lizenzbau), Holland 6 (darunter auch 504O), Japan 1, Schweden 1, Südafrika unbekannte Zahl, Thailand 20.
Avro 504P: nicht gebaute Version der 504N mit nebeneinander angeordneten Sitzen.
Avro 504Q: eine dreisitzige Maschine (G-EBJD) mit geschlossener Kabine für die Polarexpedition der Universität Oxford; 160 PS (119 kW) Lynx Motor.
Avro 504R Gosport: sechs Prototypen und Testmaschinen; es wurden folgende Motoren verwendet: 90 PS (67 kW) Avro Alpha; 100 PS (75 kW) Gnome Monosoupape; 150 PS (112 kW) Mongoose; 180 PS (134 kW) Lynx; zehn Maschinen wurden an Argentinien verkauft (und 100 wurden in Argentinien unter Lizenz gebaut); sechs gingen nach Estland und eine unbekannte Zahl wurde nach Peru geliefert.
U-1: ein in Serienproduktion in der UdSSR hergestellter Nachbau der 504K; NU-1 Schwimmerversion.

E3785
E
3785

Eine von Sunbeam gebaute Avro 504K, F2623, auf einem Trainingsflug über Salisbury Plain kurz vor Kriegsende. Zum Zeitpunkt des Waffenstillstands standen der RAF 2.999 Avro 504J und K zur Verfügung.

Avro 504K und ihr Bodenpersonal warten in einer RAF-Station darauf, inspiziert zu werden. Da es vom Krieg her noch Ersatzteile gab, die praktisch verschenkt wurden, war die 504 wahrscheinlich der kostengünstigste Militärtrainer aller Zeiten.

unten zu verbessern. Es handelte sich dabei um die Hauptversion, die in den Jahren 1915/16 produziert wurde. Die Avro 504B, von der von Avro, Parnall, Sunbeam und Regent Carriage für die britische Admiralität 240 Maschinen gebaut wurden, hatte wieder die langen Querruder und zeichnete sich durch ein großes Seitenruder aus, das ohne Ausgleich mit einem Scharnier an einer auffälligen Seitenflosse von geringer Streckung befestigt war. Der RNAS bestand auch auf Flügelholmen von größerem Querschnitt, und die Avro 504B war mit einer großen, mit Gummischnur gefederten und mit einem Scharnier an einem Pylon unter dem hinteren Rumpfabschnitt befestigten Heckkufe aus Esche versehen, die auch ein charakteristisches Erkennungszeichen aller späteren Avro 504 war. Einige Avro 504B wurden in Dünkirchen eingesetzt. Mindestens zwei wurden mit einem vorwärtsfeuernden MG mit Unterbrechergetriebe und einem nach oben feuernden Lewis MG ausgerüstet. Spätere Flugzeuge erhielten einen Le Rhône Motor von 80 PS (60 kW).

Frühe Varianten

Von Avro und Brush Electrical Engineering wurden achtzig Avro 504C gebaut. Dieses Modell war ein für den RNAS produzierter Einsitzer mit einem großen zylindrischen Treibstofftank anstelle des vorderen Cockpits. Damit sollte die Höchstflugdauer der Maschine auf 8 Stunden 30 Minuten erhöht werden. Ein Spalt im oberen Mittelflügel ermöglichte es einem Lewis MG, im Winkel von 45° nach oben zu feuern. Von einer entsprechenden RFC-Version, der Avro 504D, wurden sechs Maschinen bestellt.

Für den RNAS wurden zehn Avro 504E mit dem Gnome Monosoupape Motor von 100 PS (75 kW) produziert. Das hintere Cockpit wurde weiter nach hinten verlegt, um hinter dem vorderen Cockpit Platz für einen Treibstofftank zu schaffen. Die sich daraus ergebende Schwergewichtsverlagerung wurde durch Reduzierung der Flügelstaffelung von 61 auf 23 cm ausgeglichen. Nur eine Avro 504F wurde produziert. Diese Version, eine umgerüstete Avro 504C mit einem 75 PS (56 kW) Rolls-Royce Hawk Sechszylinder-Reihenmotor, wurde jedoch nicht weiterentwickelt.

Über die Avro 504G bestehen einige Zweifel. Sie soll ein vorne mit einem synchronisierten Vickers MG und hinten mit einem Lewis MG ausgerüsteter RFC-Waffentrainer mit einem 130 PS (97 kW) Clerget Motor gewesen sein. Es wurden zehn solche Maschinen produziert, aber die Bezeichnung wurde auch für Umrüstungen der Avro 504B für den RNAS mit einem 80 PS (60 kW) Gnome Motor und zwei MG verwendet. Zur Katapulterprobung durch Flight Commander R.E. Penny wurde im Jahr 1917 eine Avro 504B zu einer Avro 504H modifiziert. Die Maschine wurde speziell verstärkt und mit Befestigungspunkten für den Katapultstart versehen.

Die Versionen A bis H der Avro 504 könnte man als Testmaschinen bezeichnen, die konstruiert worden waren, bevor die Kriegsproduktion der Avro 504J und Avro 504K in großem Umfang anlief. Die Avro 504J, die äußerlich der Avro 504A entsprach, wurde von einem 100 PS (75 kW) Gnome Monosoupape in der typischen, einer Achterschlinge gleichenden Verkleidung angetrieben. Viele Flugzeuge, die ursprünglich als Avro 504A bestellt worden waren, wurden später als Avro 504J fertiggestellt, so daß nicht genau gesagt werden kann, wie viele Maschinen von jeder Version gebaut wurden. Die Hersteller waren in den Jahren 1916 bis 1918 die Firmen Avro, S.E. Saunders, Humber, Parnall, Sunbeam und Brush Electrical. Das Modell war insofern von Bedeutung, als es das erste Flugzeug mit einem 'Gosport' Sprechrohr war, das es dem Fluglehrer ermöglichte, sich mit seinem Schüler zu verständigen. Diese biegsamen Sprechrohre, die auch auf Schiffen zu finden sind, benutzte die Royal Air Force bis zum Ende der Tiger Moth-Epoche im Doppeldeckertraining. Da sich die Avro 504J in jeder Beziehung für den Kunstflug eignete, wurde sie nicht nur für die School of Special Flying in Gosport, sondern auch für fast

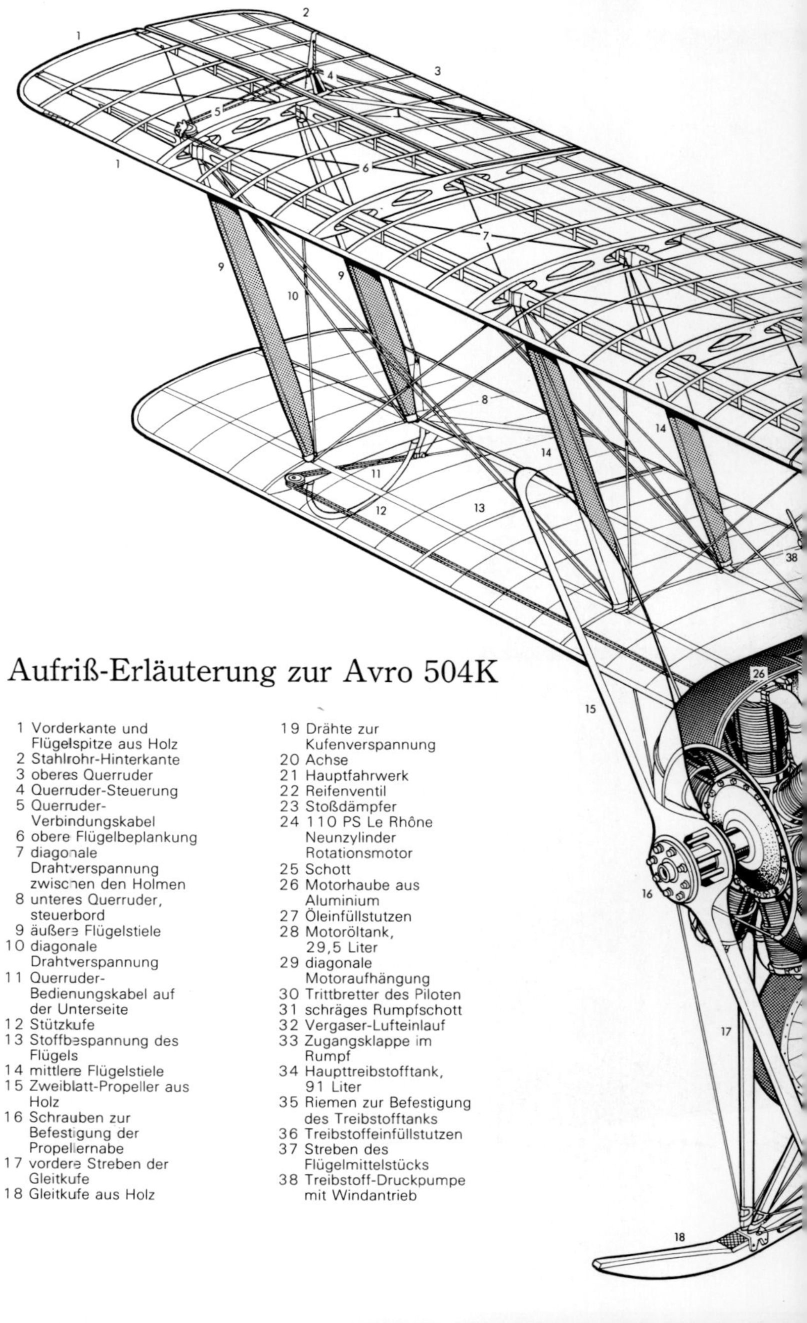

Aufriß-Erläuterung zur Avro 504K

1 Vorderkante und Flügelspitze aus Holz
2 Stahlrohr-Hinterkante
3 oberes Querruder
4 Querruder-Steuerung
5 Querruder-Verbindungskabel
6 obere Flügelbeplankung
7 diagonale Drahtverspannung zwischen den Holmen
8 unteres Querruder, steuerbord
9 äußere Flügelstiele
10 diagonale Drahtverspannung
11 Querruder-Bedienungskabel auf der Unterseite
12 Stützkufe
13 Stoffbespannung des Flügels
14 mittlere Flügelstiele
15 Zweiblatt-Propeller aus Holz
16 Schrauben zur Befestigung der Propellernabe
17 vordere Streben der Gleitkufe
18 Gleitkufe aus Holz
19 Drähte zur Kufenverspannung
20 Achse
21 Hauptfahrwerk
22 Reifenventil
23 Stoßdämpfer
24 110 PS Le Rhône Neunzylinder Rotationsmotor
25 Schott
26 Motorhaube aus Aluminium
27 Öleinfüllstutzen
28 Motoröltank, 29,5 Liter
29 diagonale Motoraufhängung
30 Trittbretter des Piloten
31 schräges Rumpfschott
32 Vergaser-Lufteinlauf
33 Zugangsklappe im Rumpf
34 Haupttreibstofftank, 91 Liter
35 Riemen zur Befestigung des Treibstofftanks
36 Treibstoffeinfüllstutzen
37 Streben des Flügelmittelstücks
38 Treibstoff-Druckpumpe mit Windantrieb

Links: **Eine von 30 Avro 504K, die im November 1923 von Portugal mit Le Rhône Motoren bei Vickers Ltd bestellt und von Avro im folgenden Jahr überholt wurden. Alle Maschinen wurden bis Mai 1924 geliefert. Die meisten wurden von der Flugschule Cintra verwendet, und vier befanden sich im Jahr 1934 immer noch bei der Grupo de Esquadrilhas de Aviaçao 'Republica' im Einsatz.**

Rechts: **Als das Fliegen zwischen den beiden Weltkriegen zu einem außerordentlich beliebten Zeitvertreib wurde, kam die Avro 504K G-EBIZ im Jahr 1924 zur Cornwall Aviation Company. Sie wurde erst im August 1935 aus dem britischen Zivilflugzeugregister gestrichen.**

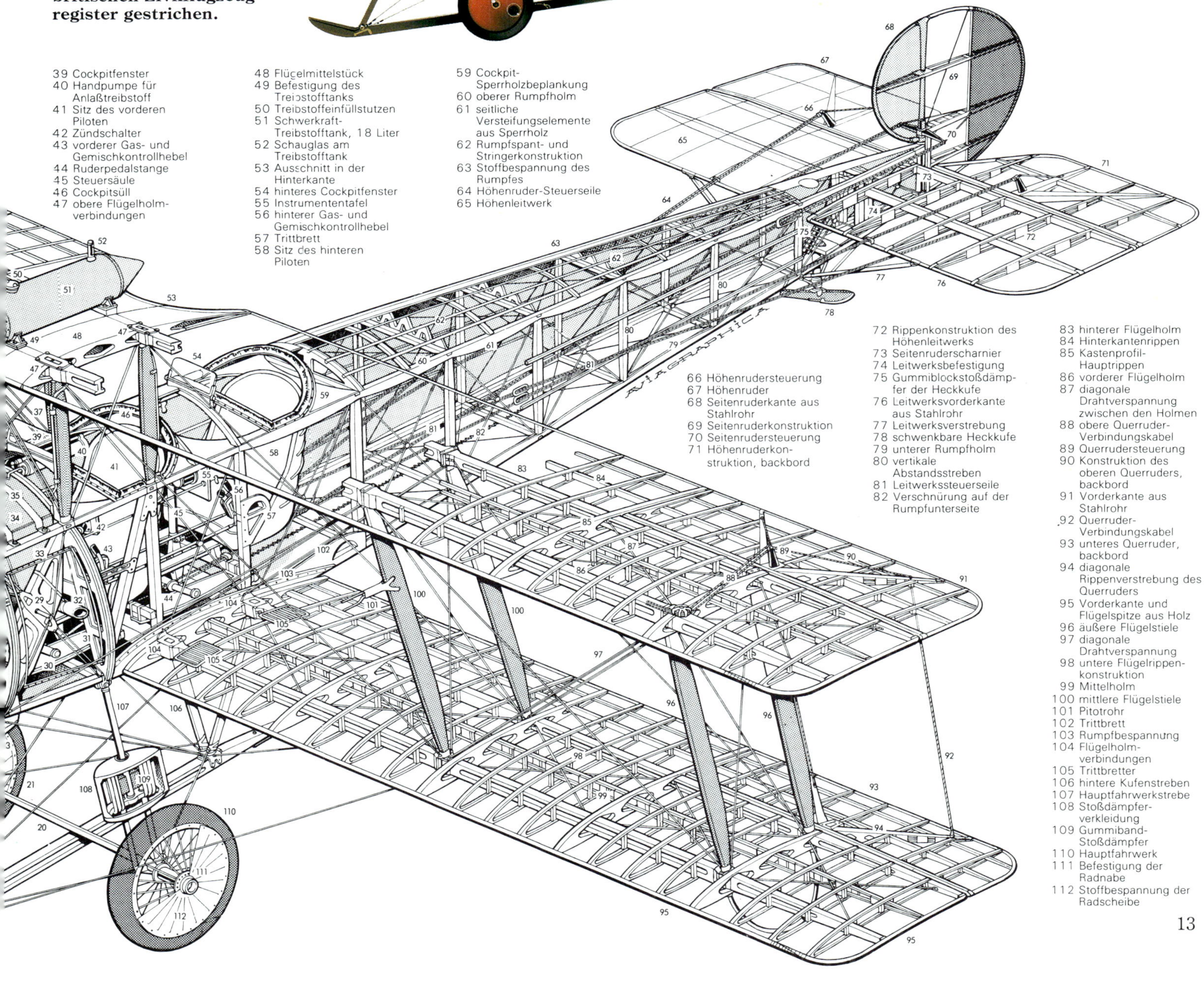

39 Cockpitfenster
40 Handpumpe für Anlaßtreibstoff
41 Sitz des vorderen Piloten
42 Zündschalter
43 vorderer Gas- und Gemischkontrollhebel
44 Ruderpedalstange
45 Steuersäule
46 Cockpitsüll
47 obere Flügelholmverbindungen
48 Flügelmittelstück
49 Befestigung des Treibstofftanks
50 Treibstoffeinfüllstutzen
51 Schwerkraft-Treibstofftank, 18 Liter
52 Schauglas am Treibstofftank
53 Ausschnitt in der Hinterkante
54 hinteres Cockpitfenster
55 Instrumententafel
56 hinterer Gas- und Gemischkontrollhebel
57 Trittbrett
58 Sitz des hinteren Piloten
59 Cockpit-Sperrholzbeplankung
60 oberer Rumpfholm
61 seitliche Versteifungselemente aus Sperrholz
62 Rumpfspant- und Stringerkonstruktion
63 Stoffbespannung des Rumpfes
64 Höhenruder-Steuerseile
65 Höhenleitwerk
66 Höhenrudersteuerung
67 Höhenruder
68 Seitenruderkante aus Stahlrohr
69 Seitenruderkonstruktion
70 Seitenrudersteuerung
71 Höhenruderkonstruktion, backbord
72 Rippenkonstruktion des Höhenleitwerks
73 Seitenruderscharnier
74 Leitwerksbefestigung
75 Gummiblockstoßdämpfer der Heckkufe
76 Leitwerksvorderkante aus Stahlrohr
77 Leitwerksverstrebung
78 schwenkbare Heckkufe
79 unterer Rumpfholm
80 vertikale Abstandsstreben
81 Leitwerkssteuerseile
82 Verschnürung auf der Rumpfunterseite
83 hinterer Flügelholm
84 Hinterkantenrippen
85 Kastenprofil-Hauptrippen
86 vorderer Flügelholm
87 diagonale Drahtverspannung zwischen den Holmen
88 obere Querruder-Verbindungskabel
89 Querrudersteuerung
90 Konstruktion des oberen Querruders, backbord
91 Vorderkante aus Stahlrohr
92 Querruder-Verbindungskabel
93 unteres Querruder, backbord
94 diagonale Rippenverstrebung des Querruders
95 Vorderkante und Flügelspitze aus Holz
96 äußere Flügelstiele
97 diagonale Drahtverspannung
98 untere Flügelrippenkonstruktion
99 Mittelholm
100 mittlere Flügelstiele
101 Pitotrohr
102 Trittbrett
103 Rumpfbespannung
104 Flügelholmverbindungen
105 Trittbretter
106 hintere Kufenstreben
107 Hauptfahrwerkstrebe
108 Stoßdämpferverkleidung
109 Gummiband-Stoßdämpfer
110 Hauptfahrwerk
111 Befestigung der Radnabe
112 Stoffbespannung der Radscheibe

Die Produktion der Avro 504K wurde noch lange nach dem Waffenstillstand von 1918 fortgesetzt. Diese Maschine wurde in der Henderson Scottish Aviation Factory in Aberdeen gebaut.

Vergnügungsflüge mit Avro 504K wurden Ostern 1919 von der Avro Transport Company mit drei Flugzeugen, wie der hier am Strand von Blackpool abgebildeten E4360, aufgenommen.

jede andere Trainingseinrichtung in Großbritannien und viele Schulen im Ausland angeschafft. Einige Avro J wurden ohne Änderung der Bezeichnung mit einem der noch vorhandenen 80 PS (60 kW) Le Rhône Motoren ausgerüstet.

Berühmt ist die Avro 504K, für die eine von H.E. Broadsmith konstruierte Universal-Motoraufhängung verwendet wurde. Diese bestand aus zwei Trägerplatten zur Aufnahme eines geeigneten Motors, der so befestigt wurde, daß man eine glatte, vorne offene Motorhaube benutzen konnte. Die Standardisierung des Flugwerks führte zu einer beträchtlichen Produktionssteigerung. Avro plante ab sofort den Bau von 100 Flugzeugen pro Woche plus Ersatzteilen. Zwanzig weitere Bausätze wurden zur Montage von Flugzeugen nach Aboukir in Ägypten gesandt. Zweiundfünfzig Avro 504K wurden von den USA gekauft, die diese Maschinen für das Fortgeschrittenen-Training der amerikanischen Expeditionsstreitkräfte im Jahr 1918 in Frankreich einsetzten. Die nach dem Krieg noch vorhandenen Flugzeuge wurden wieder in die USA zurücktransportiert.

Insgesamt wurden im Krieg in Großbritannien mehr Avro 504 produziert als Flugzeuge irgendeines anderen Typs. Es wurde oft behauptet, daß Avro 3.696 und Subunternehmer 4.644 Maschinen gebaut hätten. Das wären insgesamt 8.340 Flugzeuge. In Wirklichkeit dürften es jedoch 236 Maschinen weniger gewesen sein. Die meisten dieser Maschinen wurden von Trainingseinheiten geflogen (mehr als 4.800 in Großbritannien und ca. 320 im Ausland).

Da so viele Piloten im Krieg auf der Avro 504 ausgebildet wurden und ein riesiger Flugzeugbestand als überflüssig erklärt wurde, überrascht es nicht, daß dieser Typ auch noch nach dem Krieg lange Jahre im Einsatz blieb. Auf Lagerplätzen und in den Fabriken gab es enorme Bestände nicht ausgelieferter Flugzeuge (einigen Schätzungen zufolge sollen es fast 3.000 Flugzeuge gewesen sein). Die Maschinen wurden in Hendon öffentlich versteigert, bis Handley Page 1920 alle Bestände aufkaufte, um sie über die Aircraft Disposal Co. in Croydon, eine Tochtergesellschaft von Handley Page, wieder zu verkaufen. Eine Avro 504K ohne Motor kostete neu 868 und ein 130 PS Clerget 907 Pfund Sterling. Der Durchschnittspreis, der im Jahr 1920 von Privatkäufern bezahlt wurde, betrug für eine von einem Clerget angetriebene Avro 504K dagegen nur noch 650 Pfund.

Zu den vielen damals beliebten Flugveranstaltungen, an denen Avro 504K mit ziviler Zulassungsnummer teilnahmen, gehörten das Aerial Derby, die Wakes Week und die Air Traffic Exhibition — von den zahllosen Ausstellungen, die von den in allen Teilen des Landes schnell zunehmenden Flugvereinen veranstaltet wurden, ganz zu schweigen. Alan Cobham, ein erst kurz zuvor aus dem Wehrdienst entlassener Pilot, führte in den zwanziger Jahren mit Avro 504K Maschinen die berühmten 'barnstorming tours' ein. Er zog mit seinen Begleitern wie mit einem Wanderzirkus von Ort zu Ort und machte von Wiesen und Äckern aus seine Flugvorführungen und Rundflüge.

Die Avro 504K waren auf dem Exportmarkt sehr gefragt, und einige Maschinen, die früher dem australischen Flying Corps gehört hatten, befanden sich bis zum Jahr 1928 bei der RAAF (Royal Australian Air Force) im Einsatz. Kanada wurden 63 und Neuseeland 20 Avro 504K von der Krone zum Geschenk gemacht. Der größte ausländische Lizenzhersteller von Avro 504K war Nakajima in Japan, aber weit mehr Maschinen wurden zwischen 1922 und 1928 als Wasserflugzeug NU-1 mit der M-2 Kopie des 100 PS (75 kW) Gnome in der UdSSR gebaut.

Die Avro 504L wurde erst nach dem Krieg entwickelt. Sie war mit zwei pontonartigen Holzschwimmern und einem 130 PS Clerget aus-

***Links:* Diese Avro 504K, die sich im Jahr 1918 bei der No. 8 Training Squadron, RFC/RAF, im Einsatz befand, wurde von der Muttergesellschaft gebaut. Nach Kriegsende wurde die RAF schnell verkleinert, was dazu führte, daß viele überzählige Avro 504K sehr billig auf dem zivilen Markt angeboten wurden.**

***Rechts:* Estland führte im Februar 1920 mit Avro 504K zwischen Revel und Helsinki einen Postdienst ein, dessen Erfolg im Jahr 1921 zum Kauf von mindestens sieben weiteren Avro 504K durch die estländische Luftwaffe führte.**

Diese Avro 504K wurde im Jahr 1918 gebaut und besitzt einen 100 PS Avro Le Rhône Neunzylinder-Motor. Heute befindet sich die Maschine im Besitz der Shuttleworth Collection und wird gelegentlich im Flug vorgeführt. *(Foto: Air Portraits)*

Links: **Dieses Flugzeug wurde im Jahr 1920 als eine Avro 504K (Nr. 104, früher H2021) von der dänischen Marine gekauft und 1928 als OY-DEL in Dänemark in eine Avro 504N (Nr. 112) umgerüstet. Die Maschine wurde im Juli 1936 an die Tschechoslowakei verkauft und 1940 von den Deutschen beschlagnahmt. Hier sieht man das Flugzeug mit geschlossener Blindflughaube über dem hinteren Cockpit.**

Rechts: **Die RAF lehnte die Avro 504R ab, aber einige Maschinen wurden nach Argentinien, Estland und Peru verkauft. Mindestens sechs wurden an die estländische Luftwaffe geliefert, die sie im November 1928 in Tallinn einsetzte. Einige Maschinen flogen bis in die vierziger Jahre.**

Eine von vielen Avro 504 Varianten war die Avro 548 mit Renault-Motor. Diese Maschine wurde umgerüstet und von Marconi für die Funktelegraphie verwendet.

gerüstet, der einen Vierblatt-Propeller antrieb. Dieses Flugzeug wurde von der RAF nicht angenommen, und die Neuproduktion beschränkte sich auf sechs Maschinen, die von Avro in Hamble gebaut wurden. Sowohl in Großbritannien als auch im Ausland wurden jedoch zahlreiche Schwimmerumrüstungen vorgenommen. Es gab nur eine einzige Avro 504M (G-EACX), eine Standard-Avro 504K, die so modifiziert wurde, daß sie in einer geschlossenen Kabine zwei Passagiere aufnehmen konnte. Eine ähnliche Version wurde in Japan als Aiba Tsubami IV mit einem 150 PS (112 kW) Gasden Jimpu Motor unter Lizenz hergestellt.

Die Avro 504N war die Hauptserienversion, die nach dem Ersten Weltkrieg herauskam. Prototypen und Testflugzeuge erhielt man hauptsächlich durch Umrüstung von Avro 504K, aber nach 1924 tauchten auch sechs neu gebaute Flugzeuge auf. Die neue Version zeichnete sich durch ein vollständig modifiziertes Fahrwerk aus. Bei diesem charakteristischen 'N-artigen' Fahrwerk wurde die mittlere Kufe (die so lange ein besonderes Merkmal der Avro 504 gewesen war) weggelassen. Die Serienaufträge der RAF beliefen sich zwischen 1927 und 1933 auf 512 Maschinen plus 78 Umrüstungen von Avro 504K. Im Laufe der Zeit wurden viele dieser Avro 504N durch Avro Tutor und Hawker Tomtit ersetzt, und schließlich fanden auch sie ihren Weg auf den kommerziellen Markt.

Unter den modifizierten Versionen der Avro 504N gab es auch eine mit einem einzigen Schwimmer versehene Maschine mit einem Wright Whirlwind J-4 Motor, die von Canadian Vickers im Jahr 1926 produziert wurde, und eine leichte Schleppflugzeugversion. Sieben solche Schleppflugzeuge wurden im Jahr 1940 (als Umrüstungen) produziert, um in Christchurch von einer Special Duty Flight, einer Sondereinheit, eingesetzt zu werden, die Segelflugzeuge rund 70 Kilometer vor die Küste schleppte, um die Radarreflektion von Holzflugzeugen zu prüfen. Andere Avro 504N Schleppflugzeuge wurden im Zweiten Weltkrieg in Ringway zur Entwicklung von Schleppverfahren für die Luftstreitkräfte verwendet.

Die berühmteste RAF-Einheit, die die Avro 504N flog, war die Central Flying School in Upavon. Das hier abgebildete Flugzeug wurde von dieser Flugschule ab 1931 eingesetzt. Die Blindflughaube für das Schüler-Cockpit ist auf diesem Bild zurückgeschlagen.

Es gab nur eine einzige Avro 504Q, ein dreisitziges Schwimmerflugzeug mit einer geschlossenen Kabine, das im Avro-Werk in Hamble für die Polarexpedition der Universität Oxford gebaut wurde. Die Maschine wurde von einem 160 PS (119 kW) Armstrong Siddeley Lynx angetrieben und trug die Registrierung G-EBJD. Sie hatte auf dem Rumpf eine große Seitenflosse und unter dem oberen Flügel zusätzliche Treibstofftanks. Während einiger Flüge von Spitzbergen aus, die gelegentlich in Bruchlandungen endeten, allerdings konnte die G-EBJD jedesmal wieder so weit repariert werden, daß sie weiter gebraucht werden konnte, erreichte die Maschine am 8. August 1924 mit 80° 15′ den nördlichsten jemals überflogenen Punkt der Erde. Um außerdem zu prüfen, wie sich die in der Arktis herrschenden Bedingungen auf Holzflugzeuge auswirken, wurde die G-EBJD schließlich ihrem Schicksal überlassen. Als man das Flugzeug im Jahr 1932 genau untersuchen wollte, war es zum Teil von Eisbären aufgefressen worden.

Die letzte Variante der Avro 504 war die Gosport oder Avro 504R. Damit wurde versucht, eine Version zu produzieren, die — trotz Verwendung eines billigeren und schwächeren Motors als des Lynx — leistungsmäßig der Avro 504N der RAF entsprechen sollte. Man probierte verschiedene Motoren aus, aber die meisten erwiesen sich als zu schwach. Schließlich kam man zu dem Schluß, daß mit einem 150 PS (112 kW) Mongoose die besten Ergebnisse erreicht wurden. Es wurden sechs Testflugzeuge gebaut und einige nach Argentinien, Estland und Peru exportiert. Die Fábrica Militar de Aviones in Cordoba, Argentinien, baute 100 Maschinen unter Lizenz. Soweit bekannt ist, war der im Oktober 1937 von SABCA in Belgien über zehn Avro 504 erteilte Auftrag die letzte Bestellung für diese Flugzeuge.

Handley Page O/100 und O/400

Bereits Anfang der zwanziger Jahre wurden die O/100 und O/400 von leistungsfähigeren Bombern abgelöst. Doch gingen sie durch ihre beeindruckenden Erfolge im Ersten Weltkrieg in die Geschichte der Luftfahrt ein. Sie bewiesen, daß sich beim Betrieb von Großflugzeugen keineswegs auch größere Probleme einstellen müssen.

Zwei Vorfälle kurz nach Ausbruch des Ersten Weltkriegs haben mit Sicherheit die Entwicklung dieser beiden großen Flugzeugtypen angekurbelt. Als das Royal Flying Corps und andere Heeresflieger den Nutzen von Flugzeugen für Aufklärungsaufgaben erkannten und zu diesem Zweck zunächst recht zaghaft mit B.E.2a Doppeldeckern, Blériot und Taube Eindeckern sowie anderen ebenso unsicheren Maschinen gen Himmel schwirrten, hatte die Royal Navy — oder zumindest einige schwärmerische junge Offiziere — und besonders der gefürchtete Commander C.R. Samson bereits anderes im Sinn. Obwohl letzterer die No. 1 Wing des Royal Naval Air Service in Frankreich kommandierte, zog er zwischen seinen Flugeinsätzen mit einer Kolonne von Panzerfahrzeugen in den Krieg. Für ihn war Krieg gleichbedeutend mit 'Angriff', und zwei Wochen nach Beginn des Ersten Weltkriegs sandte er zwei seiner winzigen Doppeldecker aus, um Zeppelinschuppen zu bombardieren. Lieutenant Marix gelang es, mit zwei 9 kg Bomben einen Schuppen mit einem Zeppelin in die Luft zu sprengen. Kurze Zeit später übten vier Avro 504 einen vernichtenden Angriff auf das Zeppelin-Werk am Bodensee aus.

Noch vor Ende des Jahres 1914 beauftragte Captain Murray Sueter

Die für den Fronteinsatz bestimmte RAF No. 214 Sqn (vorher RNAS No. 14) bereitet ihre O/100 in Coudekerke für einen Nachtangriff auf Deutschland vor. Coudekerke war Anfang 1917 einer der ersten Stützpunkte für Handley Page Flugzeuge der Marine. Auffallend sind die langen Gondeln für die Eagle II Motoren von 266 PS (198 kW).

John D.R. Rawlings

Handley Page O/400

Im Jahr 1914 forderte Commander Charles Rumney Samson 'ein Flugzeug, das die Hunnen verdammt gut lahmlegen kann'. Dies führte zur Entwicklung der Handley Page O/100 und O/400. Die Handley Page O/400 hatte eine Spannweite von 30,48 m und offene Schützen- und Pilotenpositionen. Unmittelbar über den Motorgondeln befinden sich die Scharniere zum Zurückfalten der Flügel.

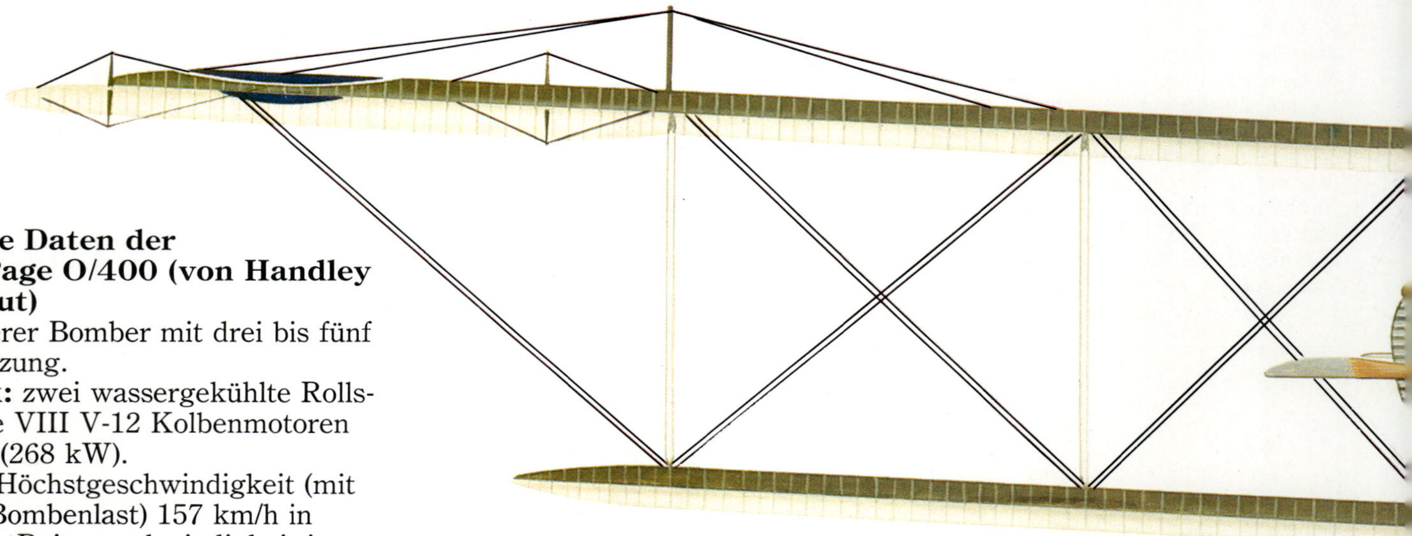

Technische Daten der Handley Page O/400 (von Handley Page gebaut)
Typ: schwerer Bomber mit drei bis fünf Mann Besatzung.
Triebwerk: zwei wassergekühlte Rolls-Royce Eagle VIII V-12 Kolbenmotoren von 360 PS (268 kW).
Leistung: Höchstgeschwindigkeit (mit maximaler Bombenlast) 157 km/h in Meereshöhe; Reisegeschwindigkeit in 3.048 m Höhe 119 km/h; Steigflugdauer auf 3.048 m 40 min; Höchstflugdauer acht Stunden.
Gewicht: Leergewicht 3.857 kg; Startgewicht 6.060 kg.
Abmessungen: Spannweite 30,48 m; Länge 19,17 m; Höhe 6,72 m; Tragflügelfläche 153,10 m^2.
Bewaffnung: unterschiedliche Bombenlast, aber im allgemeinen 112 lb (50,8 kg) Bomben oder eine einzige 1.650 lb (748 kg) Bombe; auch die MG Bewaffnung war unterschiedlich, bestand aber im allgemeinen aus einem oder zwei 7,7 mm Lewis MG auf einem Scarff-Ring im Bug, zwei einfachen Lewis MG auf Seitenträgern in mittlerer oberer Position und einem einfachen schwenkbaren Lewis MG, das durch eine untere hintere Luke schoß.

LIFT HERE

Deutschland erhielt von Großbritannien eine Handley Page 'geschenkt', als die RNAS Besatzung einer O/100, der Nr. 1463, auf ihrem Flug nach Frankreich am 1. Januar 1917 etwa 20 km hinter der Front in der Nähe von Laon landete. Einer der deutschen Piloten, die diese Maschine erprobten, war Manfred von Richthofen.

vom Admiralty Air Department das Unternehmen Handley Page mit der Konstruktion von vier Prototypen eines sehr großen Bombers, der Samsons Forderung nach einem 'Flugzeug, das den Gegner verdammt gut lahmlegen kann' erfüllen sollte. Die Tatsache, daß Handley Page bisher nur einige ziemlich unkonventionelle Flugzeuge gebaut hatte, schreckte weder Sueter noch 'H.P.' selbst ab, und im Jahr 1915 machte die Arbeit an der ersten Maschine, der sogenannten O/100 — der Handley Page Typ O mit einer Spannweite von 100 Fuß (30,48 m) — in Cricklewood gute Fortschritte. Sobald die Einzelteile fertig waren, gingen sie zur Endmontage nach Kingsbury. Von dort wurde das fertige Flugzeug nach Hendon geschleppt. Die erste Maschine mit der Seriennummer 1455 kam am 10. Dezember dort an und hatte am 17. Dezember 1915, von Lieutenant Commander John Babington gesteuert, ihren Erstflug. Somit war nur ein Jahr von dem Beschluß der Admiralty bis zur Fertigstellung und dem Jungfernflug dieses Flugzeugs vergangen, das einen enormen Fortschritt im Bau britischer Bomber darstellte.

Die drei nächsten Prototypen unterschieden sich vom ersten in mehreren Punkten. Sie hatten mittschiffs eine MG-Position und einen verlängerten Bug. Diese beiden Merkmale wurden später auch in die Serienmaschinen aufgenommen. Für die ersten acht Maschinen nach den vier Prototypen gab es bereits einen sicheren Abnehmer. In Manston stellte die Royal Navy im Frühling 1916 eine Trainingsstaffel auf, die den zweiten Prototyp und die ersten Serienmaschinen (mit den Seriennummern 1459 bis 1466) erhielt. Anfängliche Probleme mit schwerem Leitwerksflattern wurden sehr bald durch ein neues Höhenruder behoben.

Inzwischen blickte das War Office mit Neid auf den neuen Bestand der Royal Navy und bestellte eiligst zwölf Maschinen für das Royal Flying Corps. Sobald die nächsten 28 Flugzeuge für den Royal Naval Air Service gebaut waren, sollte mit der Fertigung dieser Maschinen begonnen werden.

Die 3rd Wing in Luxeuil, Frankreich, erhielt im Jahr 1916 zwei

Die D5440, die sich hier auf dem Werksgelände der Birmingham Carriage Company befindet, war eines der ersten 50 Flugzeuge, die dieser Lizenznehmer baute.

O/100. Die erste dieser Maschinen übernahm Babington, und der Beginn der Operationen war für 1917 geplant. Am Neujahrstag startete die dritte O/100 zum Flug nach Frankreich, wo sie jedoch versehentlich in die Hände der Deutschen fiel, da sie im feindlichen Lager landete. Mit Beginn des Frühlingswetters kamen die Handley Page in der Nacht vom 16. auf den 17. März 1917 zum ersten Mal zum Einsatz, als sie einen Eisenbahnknotenpunkt in der Nähe von Metz bombardierten. Im April wurden weitere Flugzeuge nach Frankreich geschickt, dieses Mal nach Coudekerke, wo sie die neugebildete No. 7 Squadron, RNAS, ausrüsteten. Diese Maschinen stammten aus der zweiten Serie (3115 bis 3142), und bald nach der Neuausrüstung sandte die No. 7 Squadron ein Kommando nach Redcar in Yorkshire zu Anti-U-Boot-Patrouillen. Eines dieser Flugzeuge hatte im Bug eine 2,7 kg Davis Kanone, die aber im Ernstfall nie erfolgreich eingesetzt wurde. In Frankreich griffen drei O/100 mit 14 Bomben von je 29,5 kg fünf deutsche Zerstörer an, von denen einer schwer beschädigt wurde. Ein ähnlicher Angriff führte zum Verlust eines Bombers. Un-

Die Nr B8802, hier in Farnborough geparkt, war die erste Maschine in einer von der Royal Aircraft Factory gebauten O/400 Serie. Betonierte Vorfelder waren damals noch eine Seltenheit.

John D.R. Rawlings

Die F5417 war eine der von Eagle VIII angetriebenen O/400 Standardmaschinen, die in Waddon (Croydon) von der National Aircraft Factory No. 1 montiert wurden.

Links: Bei Gründung der RAF war der Standard-Tagbomber des RFC die O/400. Diese Maschine befand sich im Jahr 1918 bei der No. 207 Sqn in Ligescourt, Frankreich, im Einsatz. Die No. 207 Sqn war die erste britische Staffel, die ausschließlich für die Bombardierung weit entfernter Ziele bei Nacht eingesetzt wurde, und die erste, die Handley Page Bomber benutzte.

Rechts: Die G-EATN war eine der letzten O/400. Handley Page baute sie im Jahr 1918 als die J2261. Später wurde sie als eine von neun Maschinen für Handley Page Air Transport zur O/10 Verkehrsmaschine für zwölf Passagiere umgerüstet. Im Jahr 1920 verkehrte die Maschine zwischen Croydon und Paris. Diese spezielle O/10 diente zur Erprobung des Aveline Stabilisators, eines der ersten Autopiloten.

terdessen flog eines der in Manston stationierten Flugzeuge (3124) im Mai 1917 nach Mudros im Ägäischen Meer, um zwei deutsche Kreuzer anzugreifen. Es bombardierte erfolgreich den Schlachtkreuzer *Goeben* und führte noch einige andere Angriffe aus, ehe es im Golf von Xeros auf dem Wasser notlanden mußte.

Von der O/100 zur O/400

Ein Problem war damals der Mangel an Rolls-Royce Eagle Motoren für diese großen Maschinen, so daß eines der Flugzeuge, die Nr. 3117, in Farnborough zu einem Testflugzeug zur Erprobung von Motoren gemacht wurde. Man erprobte insgesamt vier verschiedene Motorkonfigurationen, darunter auch vier Hispano-Suiza in Tandemanordnung. Im September 1917 machte jedoch ein Flugzeug, das von den neueren Eagle Motoren angetrieben wurde und auf vielerlei Weise verbessert worden war, als Prototyp O/400 beim Aeroplane & Armament Experimental Establishment (Flugzeug- und Waffen-Versuchsanstalt) in Martlesham seinen Erstflug. Diese Version verfügte über viel mehr Treibstoffkapazität, Eagle VIII Motoren und eine größere Bombenlast. Alle späteren Serienmaschinen entsprachen diesem Standard. Die No. 7 Squadron und die Unterstaffel No. 7A Squadron führten jetzt eine ununterbrochene Bombenkampagne bei Nacht durch. Diesem Beispiel folgte eine weitere RNAS Einheit, nämlich die 'A' Squadron, die später die Nummer 16 erhielt und ab 17. Oktober in Ochey stationiert war.

Der Erfolg dieses riesigen Flugzeugs führte zu großen Serienaufträgen für das RFC und den RNAS. Als am 1. April 1918 die Royal Air Force gegründet wurde, erhielten die Marineflieger neue Nummern, nähmlich 207, 214 (ex-7A) und 216 Squadron, RAF. Diese Staffeln wurden getrennt; die ersten beiden unterstützten das Heer im Norden, die dritte bombardierte in der Gegend von Nancy strategische Ziele. Die RAF erweiterte diese beiden Gruppen bald durch die No. 58 Squadron, die jetzt mit Handley Page neu ausgerüstet wurde und im August zur No. 207 und 214 Squadron kam, und durch die No. 97, 100, 115 und 215 Squadron, die die strategische Staffel unterstützten. So entstand die 83rd Wing, die einen Teil der revolutionären Independent Force (unabhängige Streitmacht) bildete, die die Aufgabe erhielt, Industrieanlagen zu bombardieren. Dieser Verband, der vom Konzept her weit seiner Zeit voraus war, sollte zeigen, welche strategischen Möglichkeiten bestanden, wenn die Luftstreitkräfte als eine von Heer und Marine völlig unabhängige Teilstreitkraft selbständig operieren können. Die Erfahrungen, die von allen Beteiligten in dieser Erprobungsphase bis zum Waffenstillstand 1918 gemacht wurden, sollten später in die strategische Planung eingehen. Obgleich die Independent Force auch mehrere andere Bombertypen

John D.R. Rawlings

Da die finanziellen Mittel der RAF nach dem Krieg knapp waren, setzte sie in Überseegebieten immer noch die O/400 ein. Diese Maschine befindet sich hier im Jahr 1921 in Heliopolis.

Die D8350 war die letzte Maschine einer O/400 Serie, die von Handley Page aus Teilen von British Caudron montiert wurde. Sie ist hier als Zivilmaschine Vulture zu sehen.

RAF Museum

Die von den Deutschen erbeutete Handley Page O/100 — hier noch in englischer Bemalung — ist auf diesem Bild kurz nach ihrer unglückseligen Landung im feindlichen Lager zu sehen.

flog, zweifelte niemand daran, daß die großen Handley Page in Zukunft tonangebend sein würden. Das neue Air Board, das zunächst die Wirksamkeit nächtlicher Bombenangriffe bezweifelte, wurde schließlich durch die zahlreichen Erfolge der Handley Page Staffeln im Jahr 1918 vom Gegenteil überzeugt. In einer 'guten' Nacht kamen bis zu 40 große Bomber über deutschen Industriegebieten zum Einsatz, wo sie Fabriken, Eisenbahnknotenpunkte und Hafenanlagen angriffen. Während bisher die größten Bomber normalerweise 51 kg Bomben mit sich führten, waren nun die O/100 und O/400 mit 236 kg und 250 kg Bomben bewaffnet, die dem Gegner großen Schaden zufügten. Die Staffeln gelangten bis nach Mannheim, das am 25. August 1918 von zwei Flugzeugen der No. 215 Squadron angegriffen wurde. Die Offensive wurde bis zum Waffenstillstand fortgesetzt, und bis dahin kamen bereits 748 kg schwere Bomben zum Einsatz. Im Vergleich zu den Bomben, die im Zweiten Weltkrieg fielen, schienen diese geradezu harmlos, doch waren sie für die damalige Zeit eine schon erschreckende Waffe.

Die Erfolge der Maschine 3124 jenseits der Westfront wurden bereits erwähnt. Zwei weitere O/400 machten sich vor Ankündigung des Waffenstillstands auf den Weg nach Ägypten. Eine kam noch rechtzeitig an, um an dem erfolgreichen Feldzug durch Palästina teilzunehmen. Dies war die Nummer C9681, die nach ihrer Ankunft in Heliopolis der No. 1 Squadron, Australian Flying Corps, zugeteilt wurde. Von Heliopolis startete sie am 19. September zu einem erfolgreichen An-

RAF Museum

Die O/100 mit der Seriennummer 3124, eine der in Manston stationierten Maschinen der Royal Navy, machte sich durch ihre Erfolge fernab von der Westfront einen Namen. Im Ägäischen Meer führte sie mehrere Angriffe aus und bombardierte im Mai 1917 den deutschen Schlachtkreuzer 'Goeben'.

Aufriß-Erläuterung zur Handley Page O/400

1 7,7 mm Lewis Zwillings-MG
2 drehbarer Scarff-Ring
3 Cockpit des MG-Schützen (Sperrholzstruktur)
4 Klappsitz
5 Lattenboden
6 Einstieg ins Cockpit des MG-Schützen
7 ASI Pitotrohr
8 Streulinse
9 Seitenruderpedale
10 Steuerrad
11 Pyralin-Windschutzscheibe
12 gepolstertes Cockpitsüll
13 Sitz des Piloten
14 Sitz des Beobachters
15 Lattenboden
16 Bombenwerfer (manuell)
17 Batterien
18 vordere Einstiegsklappe
19 Stoffverschnürung
20 Klarsichtscheibe
21 Sperrholz-Deck
22 Aluminiumverkleidung
23 Propellernabe aus Stahl
24 Spitzenverkleidung aus Messing
25 Vierblatt-Propeller aus Walnußholz
26 Kühler-Einfüllstutzen
27 Kühler
28 Rolls-Royce Eagle VIII Motor von 360 PS
29 Abgassammler
30 Gondelstrebe/Steuerholm
31 Öltank, 68 Liter in jeder Gondel
32 Fangleinen
33 stromlinienförmige Stahlstreben
34 doppelte Flugseil-Verspannung
35 Innenstrebe aus Fichten/Sperrholz
36 doppelte Verspannung
37 einfache Verspannung
38 einfache Tiefenverspannung
39 Außenstrebe aus Fichten/Sperrholz
40 doppelte Verspannung
41 äußere Querruder-Steuerung
42 Vierpunkt-Rahmenverspannung
43 Rahmenverspannung aus Stahl
44 innnere Querruder-Steuerung
45 massive Endrippen
46 Beginn der Flügel-V-Stellung
47 Treibstofftanks in der Flügelvorderkante, 2 × 54,5 Liter
48 stromlinienförmige vordere Rahmenverspannung des Mittelflügels
49 stromlinienförmige hintere Rahmenverspannung des Mittelflügels
50 vorderer zylindrischer Treibstofftank (von Gurtbanden gehalten), 591 Liter
51 Einfüllstutzen
52 Querträger
53 Motor-Riemenscheiben
54 Hauptbombenschacht im Mittelflügel
55 6 Volt Windgenerator (back- und steuerbord)
56 perforierte Prallplatte
57 Druckluft-Treibstoffpumpen
58 hinterer Treibstofftank, 591 Liter
59 massive Rippe am Beginn der V-Stellung
60 Sitz des oberen Schützen
61 Klarsichtfenster
62 Munitionsgestell
63 Einstieg des Schützen auf der Unterseite des Rumpfes
64 Pyralin-Fenster
65 Lattenboden der Schützenposition
66 Sperrholzschott
67 einfaches 7,7 Lewis MG auf dem Rumpfrücken
68 Stoffverschnürung
69 Steuerseilzug
70 Rumpfspant
71 Verspannung aus mehrlitzigen Seilen
72 Höhenruder-Steuerseil
73 stromlinienförmiger Flügelstiel aus Fichtenholz
74 Seitenruder, steuerbord
75 mit Stoff bespanntes oberes Höhenleitwerk
76 Höhenrudersteuerung
77 starre Oberfläche des Mittelstücks
78 mit Stoff bespanntes Höhenruder

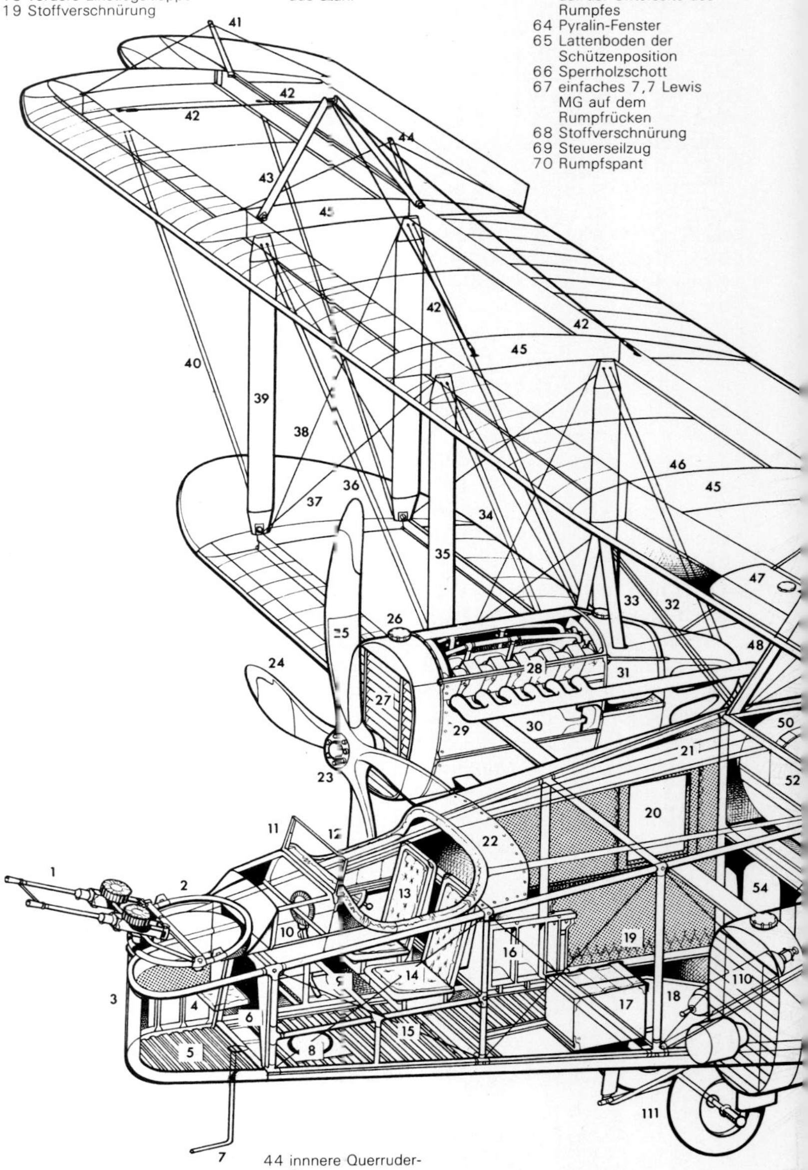

Obgleich sich die Firma Standard Aircraft in Elizabeth, New Jersey, vertraglich zur Lieferung von Teilen für die Montage in England verpflichtet hatte, wurden sieben O/400 mit Liberty Motoren in den USA montiert. Dieses Flugzeug, das den Namen 'Langley' erhielt, war die erste dieser Maschinen.

Rechts: **Dieses Foto wurde wahrscheinlich auf dem Langley Field aufgenommen, wo sich heute das riesige NASA Forschungszentrum befindet. Es zeigt die erste von sieben O/400 mit Liberty Motoren, die für die US Army in den USA montiert wurden. Die Teile dafür stammten aus der Produktion der britischen Firma Standard Aircraft. Die Maschine machte am 6. Juli 1918 als die Nr. 62445 ihren Erstflug.**

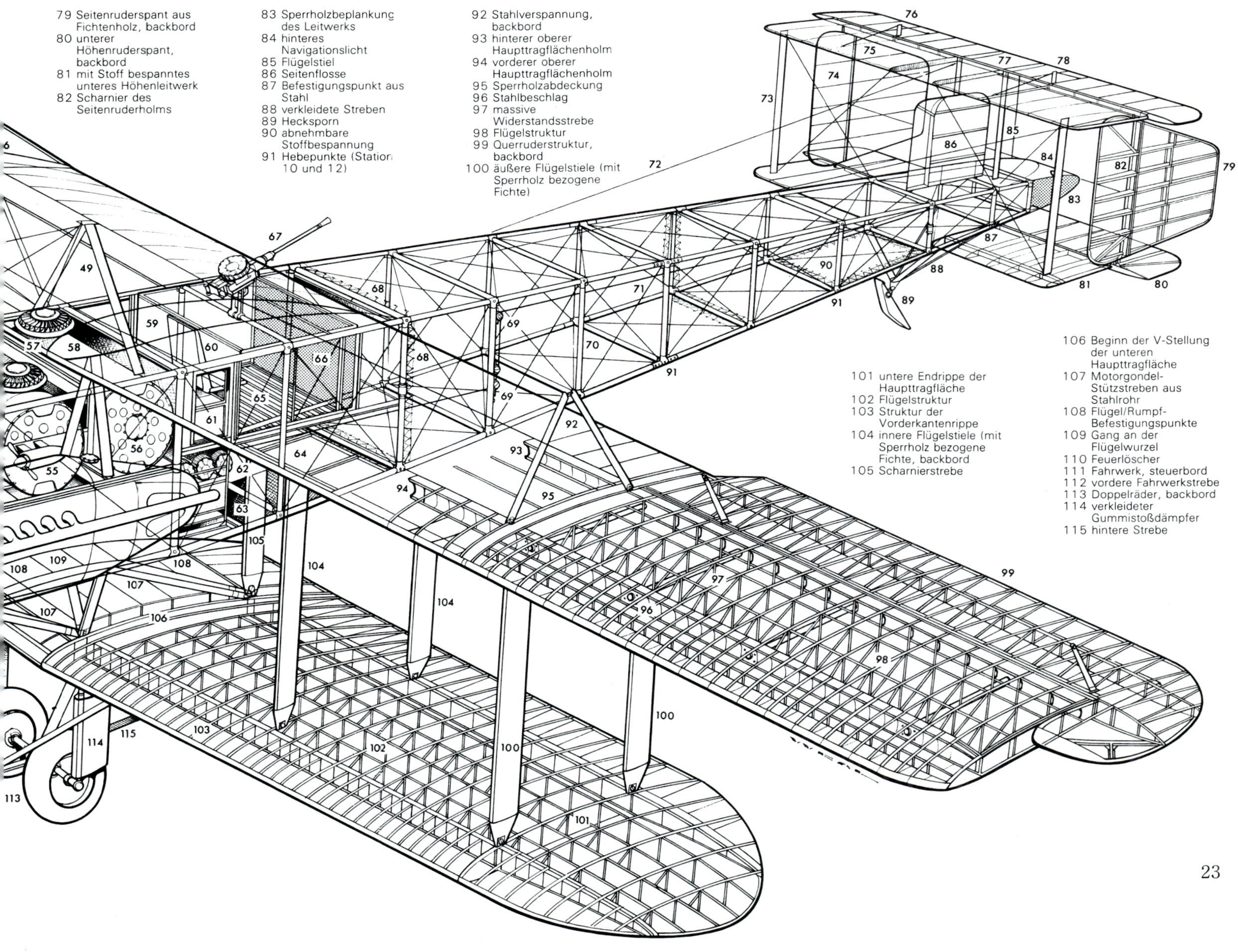

79 Seitenruderspant aus Fichtenholz, backbord
80 unterer Höhenruderspant, backbord
81 mit Stoff bespanntes unteres Höhenleitwerk
82 Scharnier des Seitenruderholms
83 Sperrholzbeplankung des Leitwerks
84 hinteres Navigationslicht
85 Flügelstiel
86 Seitenflosse
87 Befestigungspunkt aus Stahl
88 verkleidete Streben
89 Hecksporn
90 abnehmbare Stoffbespannung
91 Hebepunkte (Station 10 und 12)
92 Stahlverspannung, backbord
93 hinterer oberer Haupttragflächenholm
94 vorderer oberer Haupttragflächenholm
95 Sperrholzabdeckung
96 Stahlbeschlag
97 massive Widerstandsstrebe
98 Flügelstruktur
99 Querruderstruktur, backbord
100 äußere Flügelstiele (mit Sperrholz bezogene Fichte)
101 untere Endrippe der Haupttragfläche
102 Flügelstruktur
103 Struktur der Vorderkantenrippe
104 innere Flügelstiele (mit Sperrholz bezogene Fichte, backbord
105 Scharnierstrebe
106 Beginn der V-Stellung der unteren Haupttragfläche
107 Motorgondel-Stützstreben aus Stahlrohr
108 Flügel/Rumpf-Befestigungspunkte
109 Gang an der Flügelwurzel
110 Feuerlöscher
111 Fahrwerk, steuerbord
112 vordere Fahrwerkstrebe
113 Doppelräder, backbord
114 verkleideter Gummistoßdämpfer
115 hintere Strebe

griff auf das türkische Hauptquartier. Dabei wurde die Nachrichtenverbindung des Gegners zur 7. und 8. Armee vernichtet, die dann gezwungen waren, sich schneller zu ergeben. Die Hauptaufgabe der Maschinen im Nahen Osten war jedoch der Transport von Nachschub und Treibstoff zu ihrem vorgeschobenen Stützpunkt in Azrak. Die zweite Maschine, C9700, kam für den Krieg in Ägypten zu spät, flog aber weiter nach Kalkutta, wo sie schließlich den ersten Luftpost-Service einführte. Sie stürzte später bei Lahore ab.

Der Einsatz nach dem Krieg

Außer bei den bereits erwähnten Bomberstaffeln dienten die großen Handley Page in Andover und Stonehenge auch als Navigationstrainer, und nach dem Waffenstillstand traten diese Flugzeuge ans Licht der Öffentlichkeit. Für das britische Empire hatte man bereits einen Luftpost-Service in Erwägung gezogen, und als der Krieg zu Ende war, begannen in Andover stationierte O/400, ihre Tätigkeit auf Navigationsübungen über längere Streckenbereiche auszudehnen. Auf diese Weise sollten Besatzungen, die über Erfahrungen in der Navigation verfügten, auf den seit langem erwarteten zivilen Luftverkehr vorbereitet werden. Eine Langstreckennavigation anderer Art fand statt, als man beschloß, drei Staffeln der Independent Force nach Ägypten zu verlegen und sie auf dem Luftweg dorthin zu transportieren. Dies sollte jedoch eine teure Expedition werden, da von den 51 Flugzeugen der No. 58, 214 und 216 Squadron, die von Frankreich aus starteten, 25 unterwegs verlorengingen. Die Maschinen, die sicher in Ägypten ankamen, wurden dort bis in die zwanziger Jahre hinein, u.a. auch gegen aufständische Araberstämme, eingesetzt. Die Staffeln wurden zur No. 70 und 216 Squadron umgruppiert, die bis 1940 im Nahen Osten die Bombertransport-Staffeln bildeten.

Die ersten echten Linienverkehrsflüge mit der O/400 führte die in Hendon stationierte No. 86 Wing, RAF, durch, die während der Friedensverhandlungen im Jahr 1919 die Verbindung zwischen London und Versailles sicherte. Auf dem Flugplatz von Handley Page in Cricklewood, nicht weit von Hendon, standen mehrere Flugzeuge, die die Firma aus Überschußbeständen erworben hatte, um sie zu 16sitzigen Verkehrsmaschinen umzurüsten. In diesen Maschinen wurde die Öffentlichkeit auf Vergnügungsflügen mit der neuen Transportmöglichkeit vertraut gemacht, während Handley Page gleichzeitig kommerzielle Flüge nach Paris, Brüssel und Amsterdam durchführte (Handley Page Air Transport war eine der ersten britischen Fluggesellschaften). Die Maschinen, die für solche Flüge eingesetzt wurden, trugen zivile Registrierungen. Insgesamt wurden etwa 25 solche Maschinen bis 1924 eingesetzt, als sie von den zivilen Varianten der O/400 abgelöst wurden. Andere Maschinen dieser Baureihe wurden nach Südafrika und China geliefert, wo sie die Grundlage für den ersten Luftpost-Service bildeten, und eine Maschine kam sogar wieder als Militärflugzeug zum Einsatz.

Die Amerikaner zeigten bereits 1917 großes Interesse an der Handley Page, beeindruckt von dem großen Erfolg dieser Maschine. Man vereinbarte einen Lizenzbau der O/400 in den USA durch die Standard Aircraft Corporation. Die Maschinen sollten jedoch Liberty 12 Motoren erhalten. Ein britisches Flugzeug (B9449) wurde als Modellflugzeug in die USA geschickt, und ganze Sätze von Einzelteilen wurden mit dem Schiff über den Atlantik verfrachtet. Aber nur ein Siebtel dieser Sätze erreichte die USA, so daß die Produktion nur langsam anlief, und der Waffenstillstand bereitete darüber hinaus den grandiosen Produktionsplänen ein frühes Ende. Die US Army nahm insgesamt nur 13 Maschinen in Dienst, und 20 weitere wurden auf Lager genommen. Einige dieser Flugzeuge nahmen später an den von General 'Billy' Mitchell durchgeführten Versuchen teil, die den Zweck hatten, die US Navy davon zu überzeugen, daß aus der Luft abgeworfene Bomben Kriegsschiffe versenken konnten. Anfang der zwanziger Jahre verschwanden die Handley Page O/100 und O/400 Bomber allmählich von der Bildfläche. An ihre Stelle traten jetzt neuere und leistungsfähigere Bomber und Verkehrsmaschinen.

Varianten der Handley Page O/100 und O/400

O/100 Nr. 1455: erster Prototyp, zuerst mit Rolls-Royce Motoren von 250 PS/186 kW (später Eagle genannt) in gepanzerten Gondeln, mit gepanzertem und verglastem Bug für die Besatzung; wurde später mehrmals modifiziert.
O/100 Nr. 1456/1458: Prototypen mit verschiedenen Detailverbesserungen und Eagle II Motoren von 266 PS (198 kW).
O/100 Serienmaschinen Nr. 1459/1466 und **3135/3142:** Eagle II Motoren, außer (weil es an Motoren fehlte) 3117, die zwei RAF 3a und später vier Hispano Hs 8B Motoren von 200 PS (149 kW) hatte; Nr. 3142 hatte zwei Fiat A.12 Motoren von 300 PS (223 kW).
O/100 Serienmaschinen B9446/9451: mit zwei Sunbeam Cossack Motoren von 320 PS (238 kW).
O/400 Prototyp: in Wirklichkeit O/100 Nr. 3138 mit neuem Treibstoffsystem und Treibstofftanks im Rumpf, vom Fahrtwind angetriebenen Pumpen und kurzen Gondeln für Eagle II Motoren von 275 PS (205 kW).
O/400 Serienmaschinen: von Handley Page: C3381/3480, C9636/9785 und F3748/3767, alle entweder mit Eagle IV Motoren von 284 PS (212 kW), Eagle VIII (Standard). Motoren von 360 PS (268 kW), Sunbeam Maori Motoren von 275 PS (205 kW) oder Liberty 12 Motoren von 350 PS (261 kW); von RAF Farnborough: B8802/8813 und C3487/3498 (letztere aus Teilen von Handley Page) mit Eagle VIII Motoren; von der British Caudron Co. zur Montage bei Handley Page in Cricklewood: D8301/8350; von der Birmingham Carriage Co.: D5401/5450, F301/320 und J2242/2291 (nur 2242/2274 waren zur Zeit des Waffenstillstands fertiggestellt) mit Eagle VIII Motoren; von der Metropolitan Wagon Co.: D4561/4660 und J3542/3616 (von der letzten Serie wurde keine Maschine ausgeliefert); von Clayton & Shuttleworth: D9681/9730; von der National Aircraft Factory Nr. 1 in Waddon: F5349/5448 (mindestens 70 Maschinen wurden mit Liberty 12 Motoren geliefert, später aber auf Eagle VIII Motoren umgerüstet).
Amerikanische O/400 Serienmaschinen: 1.500 Maschinen wurden von Standard Aircraft zur Endmontage in England bestellt, und 100 Sätze waren zur Zeit des Waffenstillstands in Großbritannien angekommen, weitere sieben Maschinen wurden auf dem Langley Field mit Liberty 12 Motoren als Nr. 62445/62451 montiert; der Rest wurde storniert.
Gesamtproduktion: ohne die amerikanische Produktion 46 O/100 sowie 554 O/400.

Diese O/400 mit der Registrierung D8350 ist eine der Maschinen, die nach dem Krieg zu Verkehrsflugzeugen umgerüstet wurden und Vernügungs- und kommerzielle Flüge durchführten.

Flight/QPL

SPAD S.VII
Stabil und schnell

Als die Spad S.VII im Jahre 1916 vorgestellt wurde, war sie ein bemerkenswerter Jäger. Sie war nicht nur schwerer, sondern auch erheblich schneller als alle anderen Maschinen der damaligen Zeit. Zwar war sie nicht so wendig wie ihre Zeitgenossen, hatte dafür aber auch nicht deren beunruhigende Tendenz, bei langen Luftkämpfen auseinanderzubrechen.

Während der kritischen Kriegsmonate des Jahres 1917 stellten die Zeitungen in Frankreich und Italien auch die großen 'Fliegerasse' vor: Charles Nungesser, Georges Guynemer und René Fonck in Frankreich und Francesco Baracca in Italien. Jeder Flieger wurde mit seinen persönlichen Rangabzeichen oder den Insignien seiner Einheit abgebildet. Nur selten wurden jedoch die Flugzeuge erwähnt: Fast immer handelte es sich dabei um die gleiche zuverlässige Maschine — den stabilen kleinen SPAD Doppeldecker. Er entriß den Albatros und Fokker Einsitzern, die an der Westfront eine ständige Bedrohung darstellten, einige kostbare Monate lang die Vorherrschaft in der Luft, ohne daß diese Tatsache entsprechend gewürdigt wurde.

Die S.VII verdankte ihr Entstehen der erfolgreichen Entwicklung eines neuen Flugmotors. Die Fliegertruppen der Alliierten waren in den ersten beiden Kriegsjahren sehr auf die Umlaufmotoren Gnôme, Le Rhône und Clerget angewiesen, die nur beschränkte Entwicklungsmöglichkeiten boten. Auf deutscher Seite bauten vor allem die Motorenfabrik Oberursel und Siemens Umlaufmotoren oder, wie sie damals genannt wurden, Rotations-Flugmotoren. Die Generalstäbe der französischen und britischen Luftwaffe interessierten sich sehr für das neue, wassergekühlte Kolbentriebwerk, das unter Führung eines schweizerischen Konstrukteurs, Marc Birkigt, von der berühmten Firma Hispano-Suiza entwickelt worden war.

Die ersten neuen V-8 Motoren, Hispano-Suiza 8Aa, von 150 PS (112 kW) gab es Anfang 1916. Der Chefingenieur von SPAD (Sociéte Anonyme pour l'Aviation et ses Dérivés), einer Tochtergesellschaft der berühmten Blériot Gesellschaft, wurde damit beauftragt, ein Flugwerk zu schaffen, das zusammen mit dem neuen Motor ein allen anderen Maschinen der Welt überlegenes einsitziges Kampfflugzeug ergeben würde. Dieser Entschluß schien vielleicht töricht gewesen zu sein, da der Chefkonstrukteur, ein gewisser Louis Béchereau, berühmt für seine Zweisitzer vom Typ A war, die sich durch ihre ungewöhnliche Konstruktion auszeichneten. Bei ihnen waren Motor und Propeller so im Rumpf befestigt, daß der Beobachter/Bordschütze im Bug vom Piloten getrennt war, der weit hinten saß. Französische und russische Besatzungen, die den Typ A-2 flogen, hatten wenig Gutes über ihn zu berichten, da bei jeder Bruchlandung, bei der die Maschine mit der Nase zuerst am Boden aufschlug, der Bordschütze vom Gewicht des Motors zerdrückt wurde.

Allerdings gab es einige Konstruktionsmerkmale bei dem A-2 Entwurf, die Béchereau beim Entwurf des neuen Jägers beibehielt, da sie sich als gut erwiesen hatten, wie etwa die Flügelkonstruktion. Als der SPAD Typ V Prototyp endlich im April 1916 vorgestellt wurde, handelte es sich um einen Doppeldecker mit kraftvollem Zugpropeller und klaren Konturen. Nach dem Erstflug im April wurde er verschiedenen Tests sowohl vom Hersteller als auch bei der Truppe unterzogen und erwies sich dabei als zuverlässig. Mit einer Höchstgeschwindigkeit von über 210 km/h war er eine erhebliche Verbesserung gegenüber dem Nieuport Anderthalbdecker, der gerade von den alliier-

Die abnehmbare Platte mit dem Wort 'PHOTO' an dieser SPAD S.VII läßt darauf schließen, daß diese Maschine eines der wenigen Flugzeuge war, die für Bildaufklärungszwecke eine Kamera mitführen konnten. In dieser Rolle erwiesen sich die Geschwindigkeit und der ruhige Flug der S.VII als wichtig zum Überleben und für gute Aufnahmen.

Diese S.VII trägt die Kennzeichen der Heeresfliegertruppe des neu geschaffenen Staates Tschechoslowakei (1919). Die Ringe des Nationalitätenzeichens waren weiß (Mitte), blau und rot. Die runden Felder wurden zwei Jahre später durch eine Nachbildung der tschechischen Nationalflagge ersetzt. S.VII Nr. 3 wurde in Cheb (Eger) fotografiert.

ten Streitkräften eingesetzt worden war. Die französischen Behörden reagierten schnell und gaben SPAD am 10.Mai 1916 den Auftrag über 268 Serienmaschinen.

Sturzflugtauglich

Die Serienflugzeuge wiesen eine Anzahl geringfügiger Modifikationen auf, aber die Grundkonstruktion des Prototyps blieb unverändert. Das neue Kampfflugzeug erhielt die Einsatzbezeichnung S.VII, wurde aber oft auch S.7 oder Spa.7 genannt. Das Flügelprofil war erstaunlich dünn — ein Merkmal, durch das sich alle Varianten des Grundmodells auszeichneten. Querruder waren nur auf dem oberen Flügel vorgesehen. Obwohl die S.VII ein einstieliger Doppeldecker mit zwei Verspannungsstreben auf jeder Seite war, sah sie auf den ersten Blick wie ein zweistieliges Flugzeug aus, da sie innen Gelenkzwischenstreben hatte, die als Ankerstreben für die Steuer- und Spannkabel und somit als zusätzliche strukturelle Verstärkung dienten. Wie die Flügel, war auch der Rumpf eine Holzkonstruktion. Er hatte vier Längsholme, war oben und unten abgerundet und mit Stoff bespannt. Das V-förmige Fahrwerk hatte eine Querachse, aber die Räder waren nicht miteinander verbunden. Die Stoßdämpfer bestanden aus der damals üblichen 'Bungee'-Federung — elastische Schnüre aus mehreren Gummisträngen, die mit Stoff umwickelt waren.

Es wurde sorgfältig darauf geachtet, daß die S.VII glatte Konturen erhielt. Versuche, eine große Propellerhaube anzubringen, wurden schon früh wieder aufgegeben. Der Motor hatte jedoch um die runde Klappe des vorderen Motorkühlers herum eine gebogene Metallverkleidung, die sich nach hinten bis unmittelbar vor das offene Cockpit erstreckte. Über der Motorverkleidung befand sich ein einziges Vickers MG Kal. 7,7 mm. Der Konstrukteur des Motors, Marc Birkigt, hatte selbst das geniale mechanische Unterbrechergetriebe entwickelt, das vom hinteren Teil der Steuerbord-Nockenwelle aus angetrieben wurde.

Die S.VII erwies sich bald als ein wendiges und stabiles Kampfflugzeug, das sich im Luftkampf gut behaupten konnte. Sie zeichnete sich durch eine beachtliche Steiggeschwindigkeit aus und konnte plötzlich längere Sturzflüge machen, die wiederholt werden konnten, ohne die bauliche Substanz zu gefährden. Diese Eigenschaften ermöglichten es der Maschine, besser als jedes andere alliierte oder deutsche Flugzeug der damaligen Zeit (1916) vertikal zu manövrieren. Vor allem bot die SPAD eine stabile MG-Plattform, weshalb sie von vielen berühmten Piloten der Alliierten bevorzugt geflogen wurde.

Die erste SPAD S.VII, die an die Front kam, wurde von Leutnant Armand Pinsard der Escadrille N.26 geflogen. Er erzielte am 23. August 1916 den ersten Erfolg mit einer S.VII. Damit begann der Siegeszug der SPAD. Im Sommer 1917 waren über 50 Escadrilles de Chasse an der Westfront mit S.VII ausgerüstet. Dies wurde trotz des Mißlingens der grandiosen Produktionspläne des französischen Oberkommandos erreicht, das sich auf die Lizenz-Herstellung dieser Maschinen durch eine ganze Reihe von Firmen verließ. Es überraschte kaum, daß nur etwas mehr als die Hälfte der ursprünglich erwarteten Maschinen produziert wurden, da die meisten Unternehmen — mit Ausnahme von einigen erfahrenen Herstellern wie Blériot, der

Malcolm Passingham

An dieser Maschine wurde das Gitter über dem unteren Teil des 180 PS (134 kW) Hispano-Suiza 8Ab Motors abgenommen, vielleicht um die Kühlung zu verbessern. Die Motorkühlung war bei den SPAD ein ständiges Problem. Fotos zeigen, daß die Kühlerlamellen wie auch der Kühler selbst große Unterschiede aufwiesen.

Die ersten Serienmaschinen der S.XIII, der Nachfolgerin der SPAD S.VII, wurden in Frankreich 1917 in Dienst gestellt. Diese Maschinen, die sich durch viele kleine Verbesserungen auszeichneten, wurden von einem 200 PS (149 kW) Hispano-Suiza 8Ba oder einem 220 PS (165 kW) Hispano-Suiza 8Bc Motor angetrieben. Sie hatten zwei leistungsfähigere Vickers MG Kal. 7,7 mm und ein vergrößertes, gebogenes Seitenruder. Diese S.XIII war das Flugzeug von Captain Edward Rickenbacker von der 94th Squadron, United States Air Service. 'Eddie' Rickenbacker wurde am 8. Oktober 1890 geboren. Er erhielt sein Offizierspatent Anfang 1918 in Frankreich und wurde im März 1918 der 94th Aero Squadron zugeteilt. Am 29. April schoß er seine erste Maschine ab — eine Albatros D.Va. Bis zum Waffenstillstand am 11. November brachte er es auf 26 feindliche Flugzeuge. Insgesamt wurden mehr als 7.000 S.XIII gebaut, die während der zwanziger Jahre in Frankreich, in den Vereinigten Staaten und in vielen anderen Ländern im Einsatz blieben.

Spad S.VII

Technische Daten
SPAD S.VII
Typ: einsitziger Jäger
Triebwerk: ein 180 PS (134 kW) Hispano-Suiza 8Ab Reihenmotor.
Leistung: Höchstgeschwindigkeit 212 km/h in Meereshöhe und 200 km/h in 4.000 m Höhe; Steigflugdauer auf 2.000 m 4 Minuten 40 Sekunden; Dienstgipfelhöhe 6.550 m; Reichweite 350 km; Höchstflugdauer 1 Stunde 30 Minuten.
Gewicht: Leergewicht 500 kg; max. Startgewicht 705 kg.
Abmessungen: obere Spannweite 7,82 m, untere 7,57 m; Länge 6,08 m; Höhe 2,20 m; Tragflügelfläche 17,85 m^2.
Bewaffnung: ein starres, vorwärtsfeuerndes Vickers MG Kal. 7,7 mm mit 500 Schuß.

Diese SPAD S.VII befand sich nach dem Krieg in italienischem Einsatz. Sie trägt hier die Kennzeichen der 91ª Squadriglia, die zur XXIII Gruppo der Aeronautica Militare gehörte. Diese Einheit war 1923 auf dem Flugplatz Centocelle stationiert. Italien kaufte im Ersten Weltkrieg insgesamt 214 in Frankreich gebaute S.VII.

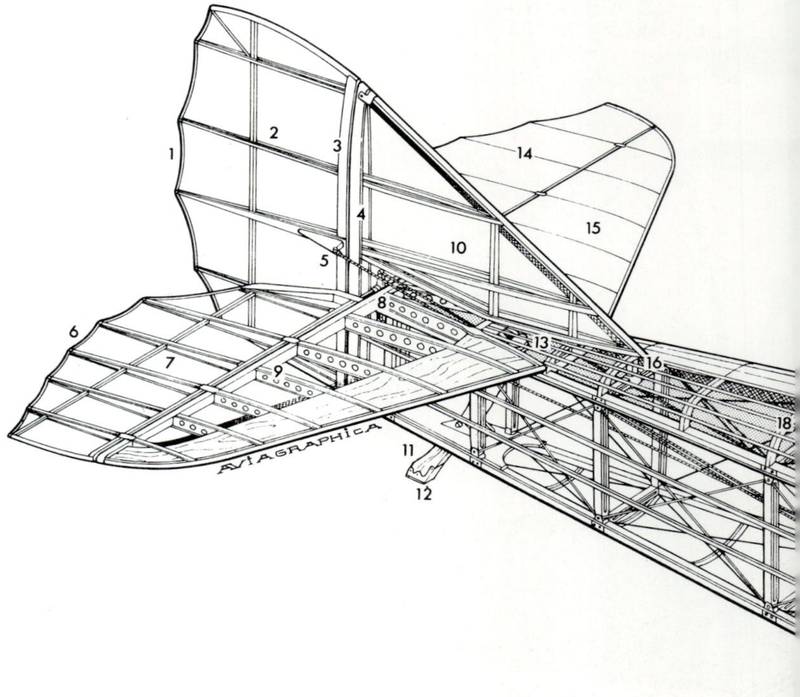

Stammfirma von SPAD — nur über ganz geringe Erfahrungen im Flugzeugbau verfügten. In Händen von bewährten Piloten wie Georges Félix Madon, Marcel Noguès, Armand de Turenne und Georges Guynemer ('le Grand Chasseur', der große Jäger, genannt) gelang es der S.VII trotzdem, auch weiterhin hervorragende Leistungen zu vollbringen.

Den Deutschen voraus

Man tat alles, um die Leistungsfähigkeit der S.VII zu verbessern, da ständig die Gefahr bestand, daß sie von neueren deutschen Typen eingeholt würde. Ab April 1917 hatten alle S.VII, wenn sie das Werk verließen, den neuen Hispano-Suiza 8Ab 180 PS (134 kW) Motor, eine Weiterentwicklung des ursprünglichen Triebwerks. Damit gelang es diesem Typ, den Gegnern einen Schritt voraus zu sein. Andere Experimente — ein anderes Flügelprofil und der sehr temperamentvolle 200 PS (149 kW) Hispano-Suiza 8B Motor — wurden bald aufgegeben. Von Georges Guynemer persönlich ermutigt, konstruierte Louis Béchereau die SPAD S.XII Ca.1, die von einem 200 PS (149 kW) Hispano-Suiza 8C Motor angetrieben wurde und zwischen den Zylinderblöcken mit der leistungsfähigen 37 mm Kal. Hotchkiss Kanone bestückt war, die durch die hohle Triebwelle feuerte. Guynemer erhielt seine S.XII im Juli 1917 und erzielte damit in kürzester Zeit vier Siege. Der Typ war jedoch nicht sehr beliebt, und von den ursprünglich bestellten 300 Maschinen wurden nur 100 fertiggestellt.

Die Franzosen und ihre Verbündeten setzten jedoch alle Hoffnungen auf die SPAD S.XIII, die Nachfolgerin der S.VII. Neben den guten Eigenschaften der S.VII hatte die S.XIII auch einen leistungsfähigeren 220 PS (165 kW) Hispano-Suiza 8Ba Motor mit Untersetzungsgetriebe, zwei Vickers MG und eine Anzahl anderer Modifikationen, z.B. eine größere Seitenruderfläche, die der Maschine eine bessere Manövrierfähigkeit verlieh und sie zu einem gefürchteten Kampfflug-

Ein Flugzeug der berühmten französischen 'Cigognes', Groupe de Chasse 12, die unter dem Befehl von Capitaine Armand Brocard standen. Auf diesem Bild ist auf der Rumpfseite neben dem Farbstreifen deutlich der fliegende Storch zu sehen.

Varianten der SPAD S.VII

Typ V: Prototyp der S.VII; eine Maschine, flog im Frühjahr 1916, trug nach dem alphabetischen Bezeichnungssystem von SPAD den Buchstaben V.
SPAD S.VII: (erste französische Produktion); angetrieben von einem Hispano-Suiza 8Aa Motor von 150 PS (112 kW); schätzungsweise 500 Maschinen von Mai 1916 bis Mai 1917.
SPAD S.VII: (Renault-Antrieb); nur eine Maschine 1916; Versuchsvariante mit 150 PS (112 kW) Renault 8G Motor; Reserve für den Fall von Schwierigkeiten mit dem Hispano-Suiza Motor
SPAD S.VII: (französische Hauptserie); Antrieb durch einen 180 PS (134 kW) Hispano-Suiza 8Ab Motor; ab März ca. 3.000 Maschinen von folgenden französischen Firmen: SPAD, Blériot, Janoir, Kellner, de Marçay, Regy Frères und Sommer; während des Kriegs Verkauf an Italien 214 Maschinen, an die USA 189 Maschinen, an Großbritannien 185 (an das RFC), an Rußland 43 und an Belgien 15; viele der nach dem Krieg nicht mehr von Frankreich benötigten Flugzeuge wurden u.a. nach Brasilien, in die Tschechoslowakei, nach Griechenland, Peru, Polen, Portugal, Rumänien, Thailand und Jugoslawien exportiert.
SPAD S.VII: (200 PS, 149 kW Varianten); es wurden nur zwei S.VII fertigestellt, die versuchsweise mit einem 200 PS (149 kW) Hispano-Suiza 8B Motor ausgerüstet waren.
SPAD S.VII (russische Produktion); 100 Maschinen wurden von Duks in Moskau gebaut; gleiche Spezifikation wie das französische Flugzeug; Antrieb durch importierte Motoren.
SPAD S.VII (britische Produktion); 100 Maschinen mit den Seriennummern A8794 bis A8893 wurden von Blériot and SPAD in Großbritannien gebaut; 120 Maschinen mit den Seriennummern A9100 bis A9161, B1351 bis B1388 und B9911 bis B9930 wurden von der Mann, Egerton Company gebaut; die meisten der in Großbritannien gebauten SPAD hatten einen Wolseley W.4A Python Motor, eine britische Entwicklung des Hispano-Suiza; auf Python I mit 150 PS (112 kW) folgte Python II mit 180 PS (134 kW).
Gesamtproduktion: mindestens 3.500 Maschinen.

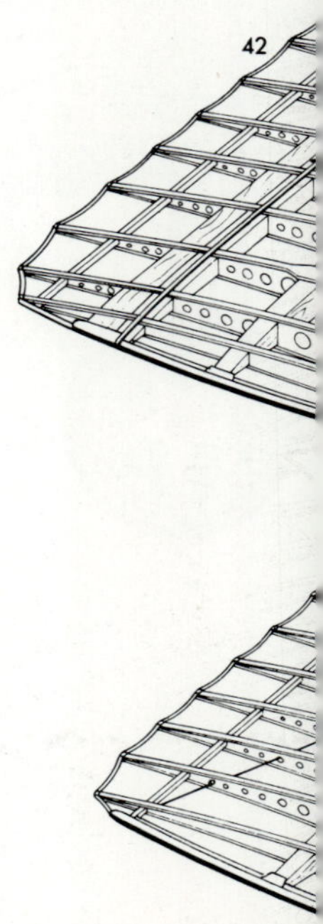

Diese Maschine war das persönliche Flugzeug des Kommandeurs der XXIII Gruppo der italienischen Regia Aeronautica, die 1924 in Lonate Pozzolo stationiert war. Die wimpelartigen Insignien verschönerten die italienischen Kampfflugzeuge und Bomber nach der Gründung der unabhängigen Heeresfliegertruppe durch das Mussolini-Regime im Jahr 1923. Der Schild bestand aus den Insignien der 74ª, 75ª, 76ª und 91ª Squadriglie, aus denen sich die Gruppo zusammensetzte.

Aufriß-Erläuterung zur SPAD S.VII

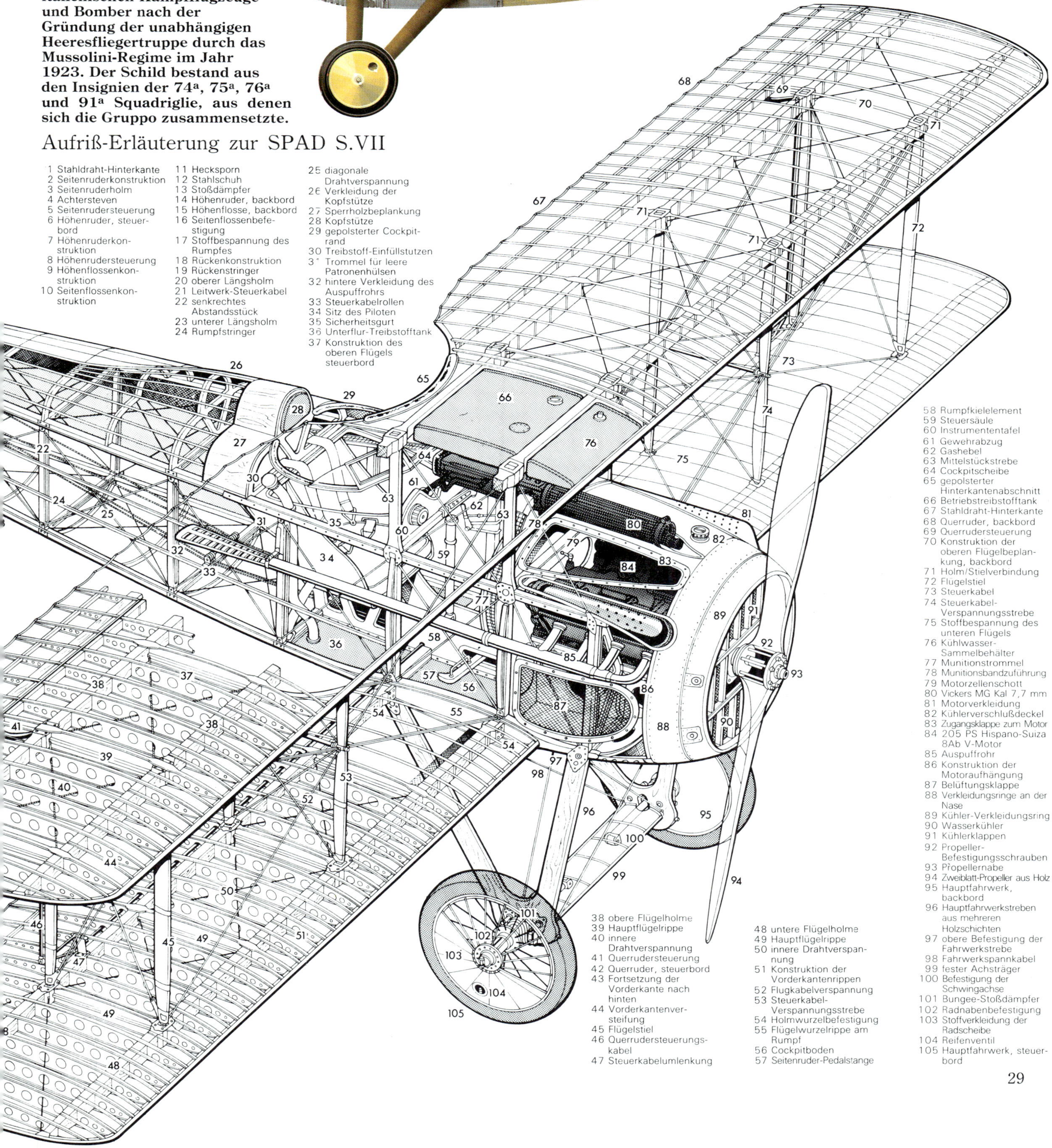

1 Stahldraht-Hinterkante
2 Seitenruderkonstruktion
3 Seitenruderholm
4 Achtersteven
5 Seitenrudersteuerung
6 Höhenruder, steuerbord
7 Höhenruderkonstruktion
8 Höhenrudersteuerung
9 Höhenflossenkonstruktion
10 Seitenflossenkonstruktion
11 Hecksporn
12 Stahlschuh
13 Stoßdämpfer
14 Höhenruder, backbord
15 Höhenflosse, backbord
16 Seitenflossenbefestigung
17 Stoffbespannung des Rumpfes
18 Rückenkonstruktion
19 Rückenstringer
20 oberer Längsholm
21 Leitwerk-Steuerkabel
22 senkrechtes Abstandsstück
23 unterer Längsholm
24 Rumpfstringer
25 diagonale Drahtverspannung
26 Verkleidung der Kopfstütze
27 Sperrholzbeplankung
28 Kopfstütze
29 gepolsterter Cockpitrand
30 Treibstoff-Einfüllstutzen
31 Trommel für leere Patronenhülsen
32 hintere Verkleidung des Auspuffrohrs
33 Steuerkabelrollen
34 Sitz des Piloten
35 Sicherheitsgurt
36 Unterflur-Treibstofftank
37 Konstruktion des oberen Flügels steuerbord
38 obere Flügelholme
39 Hauptflügelrippe
40 innere Drahtverspannung
41 Querrudersteuerung
42 Querruder, steuerbord
43 Fortsetzung der Vorderkante nach hinten
44 Vorderkantenversteifung
45 Flügelstiel
46 Querrudersteuerungskabel
47 Steuerkabelumlenkung
48 untere Flügelholme
49 Hauptflügelrippe
50 innere Drahtverspannung
51 Konstruktion der Vorderkantenrippen
52 Flugkabelverspannung
53 Steuerkabel-Verspannungsstrebe
54 Holmwurzelbefestigung
55 Flügelwurzelrippe am Rumpf
56 Cockpitboden
57 Seitenruder-Pedalstange
58 Rumpfkielelement
59 Steuersäule
60 Instrumententafel
61 Gewehrabzug
62 Gashebel
63 Mittelstückstrebe
64 Cockpitscheibe
65 gepolsterter Hinterkantenabschnitt
66 Betriebstreibstofftank
67 Stahldraht-Hinterkante
68 Querruder, backbord
69 Querrudersteuerung
70 Konstruktion der oberen Flügelbeplankung, backbord
71 Holm/Stielverbindung
72 Flugelstiel
73 Steuerkabel
74 Steuerkabel-Verspannungsstrebe
75 Stoffbespannung des unteren Flügels
76 Kühlwasser-Sammelbehälter
77 Munitionstrommel
78 Munitionsbandzuführung
79 Motorzellenschott
80 Vickers MG Kal 7,7 mm
81 Motorverkleidung
82 Kühlerverschlußdeckel
83 Zugangsklappe zum Motor
84 205 PS Hispano-Suiza 8Ab V-Motor
85 Auspuffrohr
86 Konstruktion der Motoraufhängung
87 Belüftungsklappe
88 Verkleidungsringe an der Nase
89 Kühler-Verkleidungsring
90 Wasserkühler
91 Kühlerklappen
92 Propeller-Befestigungsschrauben
93 Propellernabe
94 Zweiblatt-Propeller aus Holz
95 Hauptfahrwerk, backbord
96 Hauptfahrwerkstreben aus mehreren Holzschichten
97 obere Befestigung der Fahrwerkstrebe
98 Fahrwerkspannkabel
99 fester Achsträger
100 Befestigung der Schwingachse
101 Bungee-Stoßdämpfer
102 Radnabenbefestigung
103 Stoffverkleidung der Radscheibe
104 Reifenventil
105 Hauptfahrwerk, steuerbord

Links: **Diese SPAD mit den Insignien der Escadrille SPA 48, einem krähenden Hahn als Symbol des Mottos dieser Einheit 'Chante et Combat' (Singen und Kämpfen), war farblos lackiert, und auf der oberen Bespannung sowie an den Seiten des hinteren Rumpfteils stand die Zahl '2' — es handelte sich um die zweite Maschine dieser Einheit.**

Rechts: **Eine in Frankreich gebaute S.VII, die von der britischen Regierung gekauft und 1917 unter der Seriennummer B1524 vom Royal Flying Corps geflogen wurde. Sie gehörte der No. 23 Sqn RFC, die im Sommer 1917 vom Flugplatz La Lovie in Frankreich aus eingesetzt wurde. Außer der vorderen Rumpfbeplankung war das ganze Flugzeug mit lackiertem Stoff bespannt.**

zeug machte. Der Prototyp flog im April 1917, aber die Produktion ging nur sehr langsam voran. Obgleich schließlich über 7.000 S.XIII gebaut wurden, standen zum Zeitpunkt der letzten großen deutschen Offensive im März 1918, nur sieben Monate vor Kriegsende, immer noch mehr S.VII als S.XIII im Fronteinsatz. Die S.VII mühte sich immer noch redlich ab, als sie schon längst ihren Höhepunkt überschritten hatte und von der neuen Fokker D.VII eindeutig in den Schatten gestellt wurde.

Über die französische S.VII Produktion liegen keine genauen Zahlen vor. Es wurden jedoch mindestens 3.500 Maschinen fertiggestellt. Von den in Frankreich gebauten Flugzeugen wurden 185 an das Royal Flying Corps, 214 an die Aeronautica Militare Italiana, 43 an russische und 15 an belgische Einheiten sowie 189, hauptsächlich zu Trainingszwecken, an den US Air Service geliefert, der mit der American Expeditionary Force in Frankreich diente. Außerdem wurden mindestens 100 S.VII von Duks in Moskau und 220 Maschinen in Großbritannien in Lizenz gebaut. Mann, Egerton & Co. in Norwich baute insgesamt 120 Maschinen; nachdem Verstärkungen an der Maschine vorgenommen wurden, baute Blériot and SPAD in Brooklands, Surrey, die restlichen 100 britischen SPAD S.VII.

Ab März 1917 erreichten die ersten SPAD S.VII Italien. Die Maschinen gingen an die 77a Squadriglia und dann an die 91a Squadriglia, über die ab Mai 1917 Maggiore Francesco Baracca den Befehl führte. In der Krise vom Oktober 1917 wurde die Moral durch die Nachricht angehoben, daß Piloten der 91a Squadriglia 14 österreichisch-ungarische Flugzeuge abgeschossen hätten. Baracca selbst hatte in einem einzigen Gefecht am 21. Oktober 1917 zwei Flugzeuge vernichtet. Er hatte 34 bestätigte Siege erzielt, als er am 19. Juni 1918 abgeschossen wurde und starb.

Obgleich die S.VII vom Royal Naval Air Service erprobt wurde, schloß man eine Vereinbarung, die vorsah, alle Sopwith Triplane Kampfflugzeuge an die Royal Naval Air Station (RNAS) und alle S.VII an das RFC zu liefern, das die No. 19 und 23 Squadron in Frankreich mit diesen Maschinen ausrüstete. Der Einsatz beschränkte sich jedoch auf die in Frankreich gebauten Maschinen, da die RFC Piloten den in Großbritannien gebauten Maschinen mit Recht mißtrauten. Die S.VII wurde auch im Nahen Osten von den No. 30, 63 und 72 Squadron des RFC geflogen.

Mehrere russische SPAD überlebten die Revolution und wurden im Bürgerkrieg von der Roten Heeresfliegertruppe geflogen. Andere wurden unmittelbar nach der Revolution bei polnischen Einheiten eingesetzt. Die American Expeditionary Force in Frankreich erhielt ihre ersten S.VII im Sommer 1917, aber mit diesen Maschinen wurden hauptsächlich Piloten für die S.XIII ausgebildet, die in großer Zahl an den US Air Service geliefert wurden. Nach dem Krieg blieb die S.VII in Frankreich noch fast zehn Jahre lang als Fortgeschrittenen-Trainer im Einsatz. Im Jahr 1924 flogen acht italienische Kampf-Squadriglie immer noch zahlreiche S.VII. Andere Länder, die diesen Typ verwendeten, waren Griechenland, Portugal und Rumänien sowie die Tschechoslowakei, Finnland, Polen, Jugoslawien und verschiedene Länder in Lateinamerika und im Fernen Osten.

Auch heute noch ist die SPAD S.VII in ihrem Heimatland berühmt. In Salon-de-Provence in Frankreich soll die Vieux Charles von Guynemer angehende Piloten in der Akademie der Armée de l'Air an ihre großen Vorbilder erinnern. Von den wenigen SPAD S.VII, die es jetzt noch in Europa und Nordamerika gibt, ist das von Baracca geflogene Flugzeug das berühmteste. Es ist heute in Lugo di Romagna in einem Museum ausgestellt, das dem berühmtesten italienischen Flieger-As des Ersten Weltkriegs gewidmet ist.

In der Geschichte der französischen Luftfahrt ist das SPAD Kampfflugzeug unlösbar mit den berühmten Cigognes der Aviation Militaire verbunden. Zunächst trug nur eine einzige Escadrille (SPA.3) das begehrte Storch-Abzeichen, aber als es allmählich mehr S.VII gab, wurden die Cigognes zu der fünf Escadrilles umfassenden Groupe de Chasse 12 erweitert, über die Capitaine Armand Brocard den Befehl führte. Das französische Volk begeisterte sich schnell für diese Helden, Piloten wie René Dorme von SPA.3 (23 Siege), Armand Pinsard (27 Siege) von SPA.26 und Bernard de Romanet von SPA.167 (Abschuß von 18 Maschinen), René Fonck (Abschuß von 75 Maschinen, was den Rekord darstellte) und den großen Guynemer, der nach 54 Siegen, viele mit der S.VII, am 11. September 1917 fiel. Ihr Ruhm beruhte in nicht unerheblichem Maße auf jenem bemerkenswerten kleinen Kampfflugzeug, der SPAD S.VII.

Mehrere S.VII wurden von amerikanischen Privatbesitzern restauriert und sind auch heute noch erhalten. Bei dieser Maschine fällt die Sternverzierung an den Rädern auf.

Sopwith Camel

Flight/QPL

Jäger für die Westfront

Obwohl die Sopwith Camel im Ersten Weltkrieg erst relativ spät zum Einsatz kam, ist sie heute eines der berühmtesten Flugzeuge aus jener Zeit. Die Camel war nicht leicht zu fliegen, aber für alle, die sie beherrschten, galt sie damals als der beste Jäger.

Die leicht zu fliegende kleine Sopwith Pup konnte sich während des größten Teils der zweiten Hälfte des Jahres 1916 gut gegen die deutschen Jagdflugzeuge über der Westfront behaupten, sogar noch nach dem Erscheinen der mit einem Zwillings-MG bewaffneten Albatros D.I auf dem Kriegsschauplatz. Es zeigte sich aber bald, daß die Albatros D.I und andere neue deutsche Typen lediglich Vorboten der sich immer schneller entwickelnden Luftfahrttechnik waren. Der Chefkonstukteur der Firma Sopwith, Herbert Smith, erkannte das schon früh. Er war im Spätsommer des Jahres 1916 bereits damit beschäftigt, einen Nachfolger für die Pup zu entwerfen. Der erste Prototyp, der die Bezeichnung Sopwith F.1 trug, wurde von der Versuchsabteilung der Firma am 22. Dezember des gleichen Jahres zugelassen.

Die F.1 stammte ganz offensichtlich von der Pub ab und war ein kompaktes und zweckmäßiges kleines Flugzeug mit tiefem Rumpf, was durch eine vor dem Cockpit mit einem Höcker versehene Verkleidung noch besonders betont wurde. Unter dem Höcker befanden sich zwei synchronisierte Vickers MG. Die Zelle des neuen Flugzeugs war konventionell, der Rumpf bestand aus einem drahtverspannten Holzrahmen mit abgerundeter oberer Verkleidung. Unmittelbar hinter dem Motor war die Zelle mit Aluminium verkleidet, und ab da war sie bis zur Rückseite des Cockpits mit Sperrholz beplankt, während der hintere Rumpfabschnitt mit Stoff bespannt war. Smith beabsichtigte ursprünglich, der unteren und der oberen Tragfläche die gleiche V-Stellung zu geben. Der Chefingenieur Fred Sigrist zog jedoch einen flachen oberen Flügel vor, da das den Zusammenbau der Maschine erleichterte, weil der Flügel in diesem Fall aus einem Stück gearbeitet werden konnte. Dafür verdoppelte man die V-Stellung des unteren Flügels. Auch als später beschlossen wurde, die obere Tragfläche aus drei Teilen zusammenzubauen, um die Wartung und Reparatur des Flugzeugs zu erleichtern, erhielt der obere Flügel keine V-Stellung, und der nach außen hin schmäler werdende Flügelabstand blieb eines der auffälligsten Merkmale der Camel.

Das wichtigste Konstruktionsmerkmal war die Konzentration des Propellers, des Motors, des Treibstofftanks, der Bewaffnung und des Cockpits innerhalb der ersten 2,10 m des vorderen Rumpfabschnittes. Dies trug zu der außergewöhnlichen Manövrierfähigkeit des neuen Jägers bei, führte aber auch zu einem sehr tückischen Kurvenverhalten. Wegen des starken Drehmoments des Motors und der nicht

Sopwith Camel

Technische Daten der
Sopwith F.1 Camel (Clerget)
Typ: einsitziges Jagdflugzeug.
Triebwerk: ein luftgekühlter Clerget Neunzylinder-Umlaufmotor von 130 PS (97 kW).
Leistung: Höchstgeschwindigkeit in Meereshöhe 188 km/h; Steigflugdauer auf 3.050 m 10 min 35 sek; Dienstgipfelhöhe 5.790 m; Höchstflugdauer 2 Stunden 30 Minuten.
Gewicht: Leergewicht 421 kg; max. Startgewicht 659 kg.
Abmessungen: Spannweite 8,53 m; Länge 5,72 m; Höhe 2,60 m; Tragflügelfläche 21,46 m^2.
Bewaffnung: zwei synchronisierte 7,7 Vickers MG auf dem Bug sowie vier 11,35 kg Bomben an Außenstationen unter dem Rumpf.

Eine Camel der 'B' Flight, No. 210 Sqn, RAF, an der Westfront. Als die alte No. 10 (Naval) Sqn, RNAS, am 1. April 1918 bei der Royal Air Force die neue Nummer 210 erhielt, wurden die horizontalen Streifen (schwarz für 'A' Flight, rot für 'B' und blau für 'C', alle durch weiße Streifen voneinander getrennt) vom Bug entfernt und zur Bezeichnung der Flight lediglich unmittelbar hinter dem Cockpit ein Buchstabe angebracht.

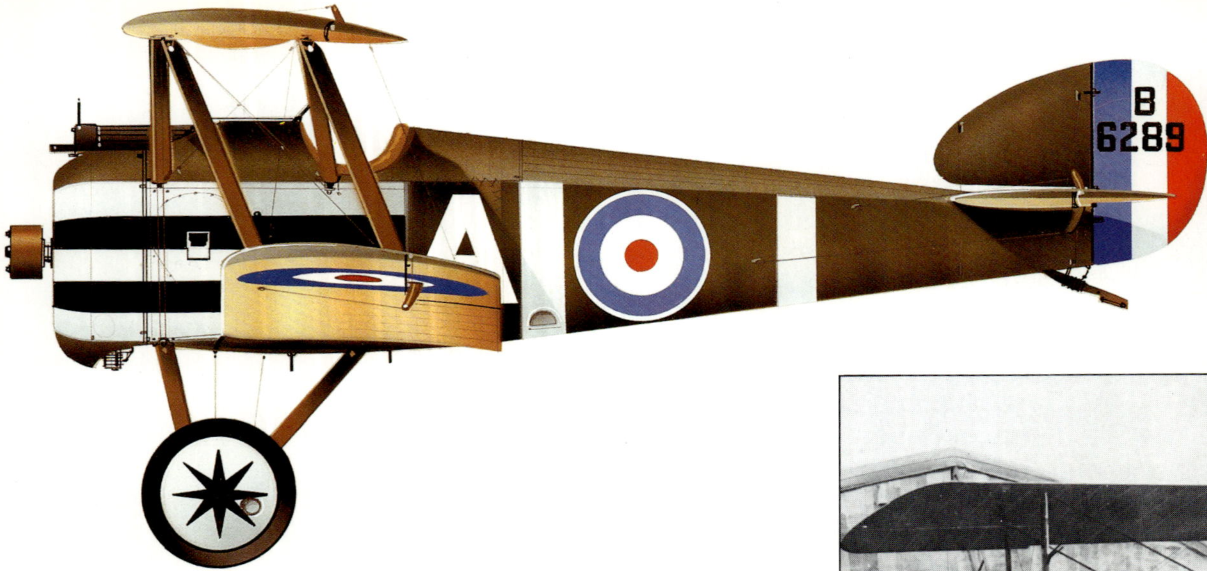

Diese von Sopwith gebaute 2F.1 Camel flog der kanadische Pilot William Alexander, der viele Siege erzielte, bei der 'A' Flight, No. 10 (Naval) Sqn, RNAS, in Treizennes. Bei der Zusammenlegung des RFC und des RNAS am 1. April 1918 wurde aus dieser Staffel die No. 210 Sqn, RAF.

sehr stabilen Fluglage konnte die Camel zwar sehr enge Kurzen fliegen, aber bei einer Linkskurve stieg die Nase steil an, während sie sich bei einer Rechtskurve senkte. Das erforderte eine genau überlegte Seitenruderverwendung, da das Flugzeug sonst ohne jegliche Warnung schnell ins Trudeln geriet.

Aus den Unterlagen der Firma geht hervor, daß sie auf eigene Kosten drei oder sogar vier F.1 Prototypen baute, die F.1, F.1/1, F.1/2 und F.1/3, obwohl die F.1/2 nie definitiv nachgewiesen wurde. Die F.1/1 'Taper Wing Camel' hatte Flügel, die sich nach außen hin verjüngten, und auf jeder Seite einfache breite Flügelstiele. Die F.1 wurde von einem Clerget 9Z Rotationsmotor von 110 PS (82 kW) und die F.1/3 von einem Clerget 9B von 130 PS (97 kW) angetrieben. Die F.1/2 soll an einem Ausschnitt in der oberen Tragfläche erkennbar gewesen sein, dessen Zweck es war, dem Piloten eine bessere Sicht zu ermöglichen.

Auf die F.1, die Anfang Januar 1917 von Harry Hawker — wahrscheinlich in Brooklands — zum ersten Mal geflogen wurde, folgten schnell die oben genannten Prototypen sowie zwei Flugzeuge (N517 und N518) für das britische Marineministerium. Die F.1/3 wurde im März in Martlesham Heath erprobt und als Standardmaschine für die Produktion akzeptiert, obwohl sie im Mai mit einem Le Rhône 9J Motor von 110 PS (82 kW) und im Juli mit einem Clerget Motor von 130 PS (97 kW) nach Martlesham Heath zurückgeschickt wurde.

Inzwischen flog der zweite Prototyp für das Marineministerium in Martlesham mit dem neuen AR.1 (Admiralty Rotary) von 150 PS (112 kW). Dieser Motor, eine Konstruktion von Lieutenant W.O. Bentley, der später mit seinen Autos berühmt werden sollte, war der erste Se-

Diese anonyme F.1 Camel mit einem Gnome Monosoupape Motor hatte auf dem Bug keine Vickers MG. Es könnte sich dabei um die von Boulton & Paul gebaute B9278 handeln, die später dann zwei nach unten feuernde Lewis MG erhielt und so zum Sopwith TF.1 Jäger für Kampfeinsätze in vorderster Front wurde.

Die Camel stammte vom gleichen Hersteller wie die S.E.5, wurde aber aus privaten Mitteln finanziert. Sie zeichnete sich besonders an der Westfront aus. Ihr erster Käufer war der RNAS. Diese Maschinen befanden sich bei einer schiffsgestützten Staffel im Einsatz, die bei Gründung der RAF zur No. 208 Sqn wurde.

John D.R. Rawlings

Links: **Eine Camel in den Farben der Eskadra Kosciuszkowska. Insgesamt wurden 20 solche ehemaligen RAF Maschinen nach Polen geliefert, das sie im Jahr 1920 von Lwow aus gegen die Russen einsetzte. Dieses Flugzeug befindet sich heute im Privatbesitz des Amerikaners Ken Murray.**

Rechts: **Eine Camel, die das belgische Fliegeras Jan Oleislagers (sechs Siege) gegen Ende des Krieges bei der 9ème Escadrille, Groupe de Chasse Belge, flog.**

rienflugmotor, dessen luftgekühlte Zylinder aus Aluminium bestanden. Er wurde schon bald als der BR.1 serienmäßig produziert und war rechtzeitig für die ersten Camel Serienmaschinen fertig, die für das Marineministerium bestimmt waren und ab dem 7. Mai von Sopwith geliefert wurden. Sie kamen zur No. 4 Naval Squadron (unter dem Befehl von Squadron Commander B.L. Huskisson) und wurden am 4. Juli zum ersten Mal im Kampf eingesetzt. Damals griffen fünf Maschinen nördlich von Ostende 16 Gotha an, von denen sie mindestens eine zerstörten. Bis zum Monatsende waren No. 3, 4, 6, 8 und 9 Naval Squadron im Besitz von Camel Maschinen.

Die ersten Aufträge des War Office über Camel gingen am 22. Mai 1917 an Ruston Proctor & Co. in Lincoln (250 Maschinen) und am 2. Juni an Portholme Aerodrome Ltd. in Huntingdon (50 Maschinen). Der an die Firma Ruston Proctor erteilte Auftrag schrieb den Le Rhône 9J von 130 PS (97 kW) vor, und ein Auftrag, den Sopwith am 7. Juni erhielt, schrieb als Alternativmotor den Clerget 9B vor. Im Auftragspreis waren 874 Pfund Sterling für das Camel Flugwerk ohne Ausrüstung enthalten, und die Motorpreise lagen zwischen 643 Pfund für den BR.1 von 150 PS (112 kW) und 907 Pfund für einen Clerget von 130 PS (97 kW).

Flug mit nur einem Zylinder

Zwischen dem 4. Juli 1917 und dem 11. November 1918 zerstörten Piloten, die Sopwith Camel flogen, 1.294 Flugzeuge. Sie errangen mit diesem Typ mehr Siege als mit jedem anderen Flugzeug im Ersten Weltkrieg. Nur der Fokker Dr.I Dreidecker besaß eine so gute Manövrierfähigkeit wie die Sopwith Camel.

Die erste Staffel des Royal Flying Corps (RFC), die die F.1 erhielt, war im Juli 1917 die No. 70 Squadron in Boisdinghem. Das war gerade noch rechtzeitig für die Schlacht von Ypres, die am 31. Juli begann. Dann folgten in kurzen Abständen noch weitere Staffeln in Frankreich — die No. 45 (ebenfalls im Juli) und No. 43. Alle diese F.1 hatten einen Clerget Camel Motor. Im Oktober ging die No. 28 Squadron mit Camel Maschinen von Großbritannien nach Frankreich, und Ende August flogen drei Piloten der No. 44 Squadron, Major (später Group Captain) G.W. Murlis Green, Captain C.J.Q. Brand (später Air Vice-Marshal Sir Quentin Brand) und Lieutenant C.C. Banks, Camel Maschinen bei Nacht gegen angreifende Gotha und bewiesen damit, daß sich dieser kleine Jäger auch in der Dunkelheit fliegen ließ, was allerdings großes Geschick erforderte.

In der großen Schlacht von Cambrai im März 1918 spielten die Camel Staffeln eine wichtige Rolle. Inzwischen waren viele mit einem Bombenwerfer für vier 9 kg schwere Cooper Bomben ausgerüstet, und die Maschinen der No. 3 und No. 46 Squadron wurden vor allem als Erdkampfjäger eingesetzt. Zu ihren Zielen gehörten berühmt gewordene Orte wie der Wald von Bourlon, Flesquières und Lateau. Im Luftkampf hatten sich einzelne Camel Piloten bereits einen Namen gemacht. In der Schlacht von Cambrai schoß Captain J.L. Trollope von der No. 43 Squadron an einem einzigen Tag, dem 24. März, sechs gegnerische Flugzeuge ab und stellte damit für das RFC einen Rekord auf. Am 12. April 1917, als die neue Royal Air Force erst zwölf Tage alt war, vollbrachte Captain H.W. Wollett, ebenfalls von der No. 43 Squadron, die gleiche Leistung.

Am 21. April schoß ein kanadischer Pilot, Captain A.R. Brown von der No. 209 Squadron (vorher No. 9 Naval Squadron), in einer Bentley

Diese F.1 Camel, die Lieutenant J.A. Myers vom US Air Service flog, war eine der vielen Maschinen, die March, Jones & Cribb Ltd. in Leeds baute und die sich im Jahr 1918 bei der 17th Aero Squadron an der Westfront im Einsatz befanden.

Diese von Boulton & Paul gebaute Camel, deren Seriennummer D8239 im Feld falsch aufgemalt wurde, befand sich im Januar 1919 in Italien im Einsatz. Die von Captain C.M. McEwan geflogene Maschine fällt durch das Karomuster auf, das nach dem Krieg immer beliebter wurde.

Camel Rittmeister Manfred Freiherr von Richthofen ab, der 80 Luftsiege erzielt hatte und an der Westfront sehr gefürchtet war. Viele der berühmtesten Piloten des RFC und der RAF flogen Camel, darunter Lieutenant Colonel R. Collishaw (60 Siege), Major D.R. MacLaren (54 Siege) und Major W.G. Barker (53 Siege).

Die Camel selbst hatte einige Änderungen erfahren. Im Jahr 1917 wurden insgesamt 1.325 Flugzeuge fertiggestellt, die entweder einen Clerget Motor oder einen Le Rhône bzw. (in seltenen Fällen) einen Bentley Rotationsmotor erhielten. Da inzwischen aber auch Amerika in den Krieg eingetreten war, schienen nicht einmal die 3.450 Camel, die bis zum Jahresende bestellt wurden, zur Erfüllung des Bedarfs auszureichen. Neue Aufträge gingen daher an die Firmen Boulton & Paul Ltd, British Caudron Co. Ltd, Clayton & Shuttleworth Ltd., Hooper & Co. Ltd, March, Jones & Cribb Ltd, Nieuport & General Aircraft Co. Ltd, Wm Beardmore & Co. Ltd, Fairey Aviation Co. Ltd und Pegler & Co. Ltd.

In Camel Maschinen kamen viele verschiedene Rotationsmotoren zum Einsatz, darunter der Gnome Monosoupape von 150 PS (112 kW), dessen verstellbare Zündung es dem Piloten ermöglichte, den

Aufriß-Erläuterung zur F.1 Camel

1 Zweiblatt-Holzpropeller
2 Befestigungsplatte
3 Befestigungsbolzen
4 Motorhaube
5 Clerget Neunzylinder-Rotationsmotor von 130 PS
6 Motorschott
7 Motoraufhängungsstrebe
8 Schwerkraft-Öltank
9 Öltankaufhängung
10 Rumpf-Querträger
11 Rumpfspant
12 synchronisiertes 7,7 mm Vickers Zwillings-MG
13 Munitionsbehälter
14 Munitionszuführung
15 Patronenauswurf
16 MG-Abzugshebel
17 MG-Visier
18 Windschutzscheibe mit Scharnier
19 Vergaserlufteinlauf
20 vordere Strebe der mittleren Flügelsektion
21 Drahtverspannung der mittleren Flügelsektion
22 hintere Strebe der mittleren Flügelsektion
23 windbetriebene Treibstoffpumpe
24 handbetriebene Treibstoff-Druckpumpe
25 vorderer Holm
26 Versteifung der Vorderkante
27 Holm-Verbindungsstrebe
28 hinterer Holm
29 innere/äußere Flügelholmverbindung
30 Flügelrippen
31 Querruder, backbord
32 Querruder-Umlenkung
33 Kreuzverstrebung
34 Flügelstiel
35 Flügelstiel-Verspannung
37 gepolstertes Cockpitsüll
38 Korbsitz des Piloten
39 Sitzbefestigungsrahmen
40 Haupttreibstofftank
41 sekundärer Treibstofftank
42 Treibstoff-Einfüllstutzen
43 Steuerseile unter dem Sitz
44 oberer Rumpfholm
45 unterer Rumpfholm
46 senkrechte Stützen
47 Querträger (Spante)
48 diagonale Drahtverspannung
49 Rumpfrückenspant
50 Rumpfrücken-Stringer
51 Seitenruderseile
52 Seil zum Hochziehen des Höhenruders
53 Seil zum Senken des Höhenruders
54 Struktur des Höhenleitwerks, backbord
55 Strebe des Höhenleitwerks
56 Höhenruder, backbord
57 Höhenruderhebel
58 Höhenruderscharnier
59 starre Seitenflosse
60 Seitenruder
61 Seitenruderscharnier
62 Seitenruderhebel
63 Höhenruder, steuerbord
64 Struktur des Höhenleitwerks, steuerbord
65 Hecksporn
66 Hecksporn-Zapfenbefestigung
67 Gummiband-Stoßdämpfer
68 Querruder, steuerbord (oben)
69 Querruderseil zwischen den Tragflächen
70 Querruder, steuerbord (unten)

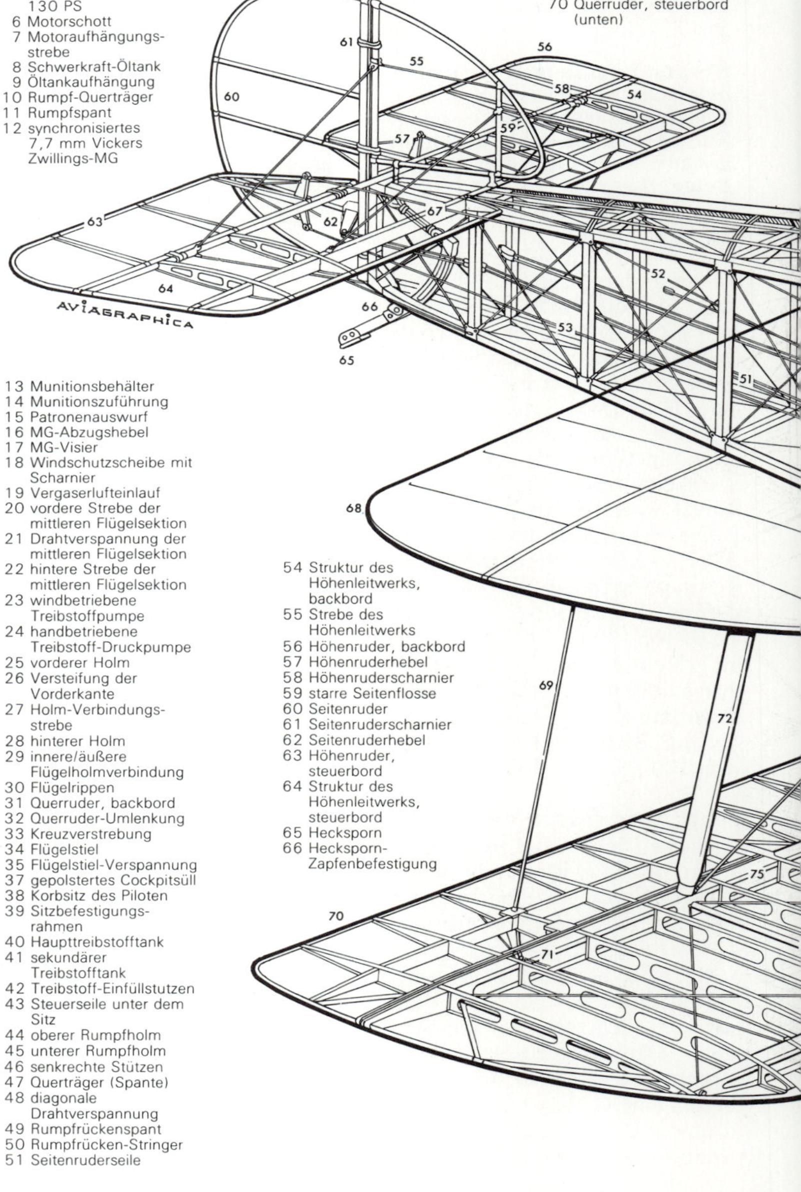

Im Verlauf einiger Versuche, britischen Luftschiffen eine eigene Jägerabwehr zu geben, wurden zwei F.1 Camel (N6622 und N6814) modifiziert und von der No. 212 Sqn, RAF, mit dem Luftschiff R.23 erprobt. Das hier unter dem Luftschiff hängende Flugzeug ist die N6814.

Motor mit einem, drei, fünf, sieben oder neun Zylindern laufen zu lassen. Ein Augenzeuge berichtete, wie die Camel einmal mit nur einem Zylinder in Bodennähe flog, als der Pilot plötzlich, von Feuerzungen umgeben, alle neun Zylinder anließ. Der Name Camel wurde übrigens nie offiziell verwendet, so hießen die Maschinen nur inoffiziell. Die offizielle Bezeichnung lautete F.1 und erstreckte sich auch auf eine Nachtjägerversion, die bei den Home Defence Staffeln (Heimatverteidigung) eingeführt wurde. Diese hatte auf einer Foster Doppellafette über der mittleren Sektion des oberen Flügels zwei Lewis MG, und das Cockpit befand sich um etwa 30 cm weiter hinten, damit der Pilot die MG bedienen konnte. Die Maschine besaß auch Navigationslichter und Fackelhalter.

Die Camel auf See

Zwei vom Grundmodell abweichende Versionen erhielten eine neue Bezeichnung, die TF.1 und die 2F.1. Erstere, ein Jagdflugzeug für den Einsatz in vorderster Front mit zwei nach unten feuernden Lewis MG und einem dritten auf der mittleren Sektion des oberen Flügels, wurden nicht serienmäßig produziert, ebneten aber den Weg für die Sopwith TF.2 Salamander. Der schiffsgestützte Jäger 2F.1 hatte eine etwas geringere Spannweite, ein abwerfbares Stahlrohr-Fahrwerk und einen abnehmbaren hinteren Rumpfabschnitt, um die Verstauung an Bord von Schiffen zu erleichtern. Die 2F.1 kamen von den Flugzeugträgern *HMS Furious* und *HMS Pegasus* aus zum Einsatz und benutzten auch viele andere Kriegsschiffe für Katapultstarts von Plattformen aus. Diese Camel begleiteten im Jahr 1918 die Vorstöße der Harwich Force in die Helgoländer Bucht und schossen mehrere deutsche Schwimmerflugzeuge ab. Die sensationellste Leistung der Camel auf See war vielleicht ihr Start von geschleppten Leichtern aus. Der Pionier dieses Verfahrens war Commander C.R. Samson, ein ganz außergewöhnlicher Pilot. Das letzte deutsche Luftschiff, die

71 Querruderseil
72 hinterer Flügelstiel
73 vorderer Flügelstiel
74 Spanndrähte
75 hinterer Holm
76 Holm-Verbindungsstrebe
77 vorderer Holm
78 Flügelrippen
79 diagonale Drahtverspannung
80 Versteifung der Vorderkante
81 hintere Holm/Rumpfbefestigung
82 vordere Holm/Rumpfbefestigung
83 Befestigung der Fahrwerkstrebe
84 Fahrwerkstrebe
85 Fahrwerk-Verspannung
86 Achsverkleidung
87 Hauptfahrwerk, steuerbord
88 schwenkbarer Achshalter
89 Gummiband-Stoßstange
90 Hauptfahrwerk, backbord
91 Reifenventil

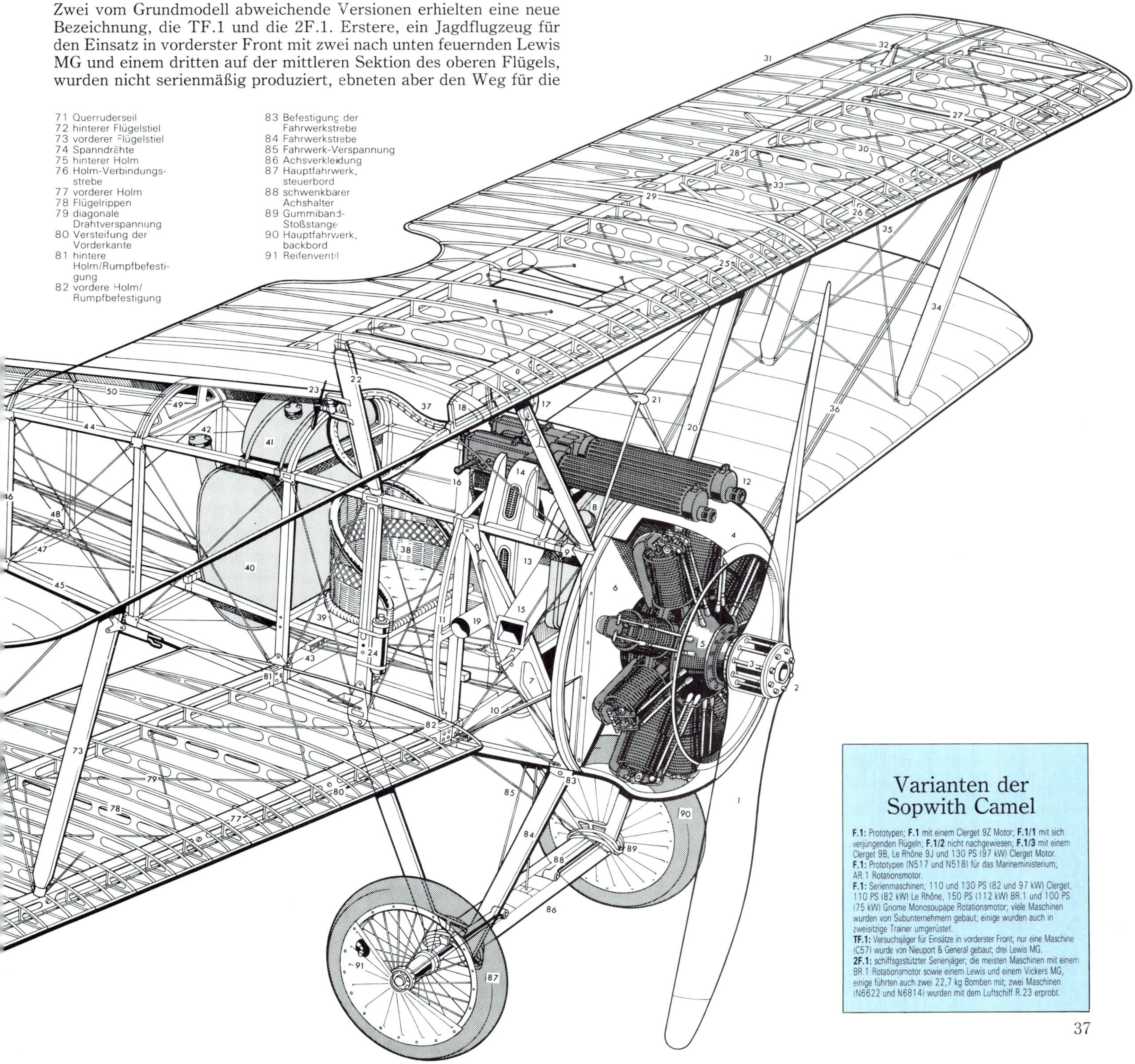

Varianten der Sopwith Camel

F.1: Prototypen; **F.1** mit einem Clerget 9Z Motor; **F.1/1** mit sich verjüngenden Flügeln; **F.1/2** nicht nachgewiesen; **F.1/3** mit einem Clerget 9B, Le Rhône 9J und 130 PS (97 kW) Clerget Motor.
F.1: Prototypen (N517 und N518) für das Marineministerium; AR.1 Rotationsmotor.
F.1: Serienmaschinen; 110 und 130 PS (82 und 97 kW) Clerget, 110 PS (82 kW) Le Rhône, 150 PS (112 kW) BR.1 und 100 PS (75 kW) Gnome Monosoupape Rotationsmotor; viele Maschinen wurden von Subunternehmern gebaut; einige wurden auch in zweisitzige Trainer umgerüstet.
TF.1: Versuchsjäger für Einsätze in vorderster Front; nur eine Maschine (C57) wurde von Nieuport & General gebaut; drei Lewis MG.
2F.1: schiffsgestützter Serienjäger; die meisten Maschinen mit einem BR.1 Rotationsmotor sowie einem Lewis und einem Vickers MG, einige führten auch zwei 22,7 kg Bomben mit; zwei Maschinen (N6622 und N6814) wurden mit dem Luftschiff R.23 erprobt.

Diese Camel, N6616, wurde von Captain Claude Emery geflogen, der im Jahr 1919 an die Estonian Aviation Company abgestellt wurde. Das Flugzeug war vorher auf der HMS Vindictive stationiert.

L.53 (Kapitänleutnant Prölss), wurde am 11. August von Lieutenant Stuart Culley bei Terschelling abgeschossen, dessen Leichter von dem Zerstörer *HMS Redoubt* geschleppt worden war. Andere 2F.1 Camel wurden für die Verteidigung von britischen Luftschiffen erprobt. Dafür wurden die Flugzeuge unter das Luftschiff R.23, das von Pulham aus startete, gehängt. Lieutenant R.E. Keys von der No. 212 Squadron führte in der Praxis den ersten derartigen Start aus, aber im Jahre 1925 wurde dieses Projekt ganz aufgegeben.

Insgesamt wurde die Comet von 48 Staffeln des RFC und RNAS sowie der RAF geflogen. Die Flugzeuge befanden sich nicht nur in Großbritannien und Frankreich im Einsatz, sondern nahmen auch an den Kämpfen in Italien, im Ägäischen Meer, in Mazedonien, Griechenland, Rußland und Mesopotamien teil. Zum Zeitpunkt des Waffenstillstands hatte die RAF insgesamt 2.519 F.1 und 129 2F.1 im Einsatz, darunter 802 Maschinen in Frankreich bei der Expeditionary Force und 112 2F.1 bei Staffeln der Grand Fleet. Die Gesamtproduktion belief sich auf 5.490 Camel, wovon 1.325 im Jahr 1917 und 4.165 im Jahr 1918 gebaut wurden.

Camel flogen auch bei mehreren ausländischen Luftwaffen. Ungefähr 36 Maschinen wurden 1918 nach Belgien geliefert und blieben bis 1922 im Einsatz. Eines dieser Flugzeuge ist heute noch erhalten. Sechs Maschinen gingen nach Griechenland und wurden von Piloten der griechischen Marineflieger geflogen.

Im Juni 1918 wurden 143 Clerget Camel für den Einsatz bei der American Expeditionary Force in Frankreich verkauft. Diese Maschinen dienten der 17th, 27th, 37th und 41st Aero Squadron. Wegen ihres nicht gerade einfachen Flugverhaltens waren sie aber bei den Amerikanern nie sehr beliebt, und nur wenige kamen im Kampf zum Einsatz. Sie wurden hauptsächlich zur Ausbildung von Piloten benutzt. Ein bekannter amerikanischer Pilot erklärte einmal: "Ich will keine Camel fliegen und erst recht keine Clerget Camel . . . diese kleinen Knallfrösche."

Nach dem Krieg blieben die meisten amerikanischen Camel in Frankreich oder Großbritannien. Sechs Maschinen, die die US Navy in Frankreich geflogen hatte, wurden zur Erprobung für den schiffsgestützten Einsatz in die Vereinigten Staaten verschifft. Sie starteten zu diesem Zweck von Plattformen aus, die auf den Kriegsschiffen *USS Texas* und *USS Arkansas* errichtet wurden. Eine kleine Anzahl von Camel ging nach dem Krieg auch nach Kanada, und etwa 20 Maschinen wurden nach Polen geliefert, dessen Eskadra Kosciuszkowska sie im Jahr 1920 von Lwow aus gegen die Russen einsetzte.

Im Jahr 1918 begleiteten Camel die Slavo-British Aviation Group nach Rußland, wo sie von Archangelsk aus von der 'B' Flight, im Jahr 1919 in Beketovka von der No. 47 Squadron und bis zum Jahr 1920 in Petrowsk von der No. 221 Squadron eingesetzt wurden. Im Jahr 1919 kämpfte eine Sopwith 2F.1 Camel, die von der *HMS Vindictive* aus operierte, in der Ostsee gegen die Bolschewiken.

Die berühmteste Camel war vielleicht die B6313, die der bekannte kanadische Pilot 'Billy' Barker flog. Barker diente zuerst bei der No. 28 Squadron der RAF in Frankreich. Als ihm der Befehl über die No. 66 Squadron in Italien übertragen wurde, nahm er seine Camel mit. Er behielt sie auch noch nach seiner Ernennung zum Staffelkapitän der mit Bristol Fighter ausgerüsteten No. 139 Squadron. Mit seiner B6313 zerstörte Barker insgesamt 48 gegnerische Flugzeuge, und bei seinem historischen Flug in einer Snipe schoß er vier deutsche Maschinen ab, wofür er dann das Viktoriakreuz verliehen bekam.

Wenn der Krieg noch drei oder vier Monate länger gedauert hätte, wäre die Camel trotz ihres großen Erfolgs nicht mehr lange von der RAF im Kampf verwendet worden, denn an ihre Stelle trat jetzt die Sopwith Snipe, ein zuverlässigerer Jäger als die Camel, die Captain Norman Macmillan 'ein wildes kleines Biest' nannte.

Eine heute noch erhaltene Camel, bei der man deutlich sieht, wie der Motor, die MG und das Cockpit auf ein ganz kurzes Stück im Bug der Maschine konzentriert sind. Der Ausschnitt im oberen Flügel sollte das Blickfeld des Piloten verbessern.

Mit der Sopwith Camel errangen im Ersten Weltkrieg britische Piloten mehr Luftsiege als mit jedem anderen Typ. Bei dieser Camel handelt es sich um einen originalgetreuen Nachbau. *(Foto: Air Portraits)*

Royal Aircraft Factory S.E.5

Über 5.000 Maschinen der britischen Royal Aircraft Factory S.E.5 wurden während des Ersten Weltkriegs gebaut. In der Hand erfahrener Piloten war der Typ eine gefährliche Waffe, besonders bei Tiefflugeinsätzen. Nach Kriegsende wurde mit ihm das neue Werbemittel, die Himmelsschrift, eingeführt.

Bruce Robertson

Links: **Der erste Prototyp der S.E.5 (A4561), der gegen Ende 1916 zum ersten Mal flog, hatte keinerlei Bewaffnung und wurde von einem 150 PS (111,9 kW) Hispano-Suiza Motor ohne Untersetzungsgetriebe angetrieben.**

Die S.E.5 war im Jahr 1915 um den Hispano-Suiza Motor herum entworfen worden, wobei das Flugwerk von H.P. Folland und J. Kenworthy entwickelt wurde. Der unbewaffnete Prototyp mit direkt angetriebener Luftschraube erschien im November des folgenden Jahres, obgleich die Wahl eines getriebelosen Motors natürlich bedeutete, daß die ursprüngliche Planung, ein Lewis MG zwischen die Zylinderreihen zu packen, aufgegeben werden mußte.

Nur sieben Tage später erschien ein zweiter Prototyp. Das im wesentlichen mit seinem Vorgänger identische Flugzeug wurde bei einem der ersten Testflüge beschädigt und konnte nicht vor Ablauf des Monats instandgesetzt werden. Man nutzte die Zeit während der Reparaturarbeiten, um den Prototyp mit einem neuen Fahrwerk und mit einer Bewaffnung auszurüsten, die später zum Standard werden sollte, nämlich ein versetztes Vickers Maschinengewehr auf dem Rumpf und ein Lewis MG auf einer Foster Lafette auf dem Mittelstück der oberen Tragfläche, wo auch ein externer Treibstoff-Fallbehälter montiert war.

Mitte des nächsten Monats erfolgte der Jungfernflug eines dritten Prototyps, der dem ersten sehr ähnlich war, abgesehen von Einzelheiten bezüglich der Kraftstofftanks und eines etwas anderen Kühlers, den der 200 PS (149,1 kW) starke Hispano-Suiza Kolbenmotor mit Untersetzungsgetriebe bedingte. Anfänglich wurde noch das Tragflügelmittelstück und der linke Oberflügel der ersten Maschine beibehalten. Diese Teile wurden jedoch bald ersetzt, wobei ein Falltank in das neue Mittelstück eingebaut wurde, das außerdem einen größeren Ausschnitt erhielt. Neben einer neuen Bewaffnung wurde auch eine neue Windschutzscheibe eingeführt, deren hohe Seitenelemente praktisch eine Haube bildeten, was die Sicht des Piloten nach vorne ernsthaft beeinträchtigte. Zwischenzeitlich hatte man den zweiten Prototyp durch Absturz verloren; er war in der Luft auseinandergebrochen, und sein Pilot hatte bei diesem Unfall den Tod gefunden. Die Druckstreben wurden daher anschließend ausgesteift und standardisierte Strebenanschlußstücke eingeführt. Die einzige weitere wesentliche Modifizierung bestand in einer neu geformten, nicht mehr so stark abgeschrägten Flügelspitze. Diese Maßnahme sollte der Beschwerde einiger Piloten abhelfen, die behauptet hatten, daß die S.E.5 bei böigem Wetter und einer Geschwindigkeit unter 110 km/h fast nicht mehr steuerbar sei.

Austin J. Brown/APL

Die ersten Serienmaschinen der S.E.5 rüsteten die No. 56 Squadron des britischen Royal Flying Corps (RFC) aus, aber zum Entsetzen aller Piloten waren sie mit einem 'Glashaus' ausgestattet, das sogar noch größer als das vorherige war. Bevor die Einheit, die den größten Teil der bis dahin gebauten Maschinen übernommen hatte, für den Einsatz in Frankreich bereit erklärt wurde, erging der Befehl zum Ausbau dieser 'Vollsichtkanzeln'. In der Zwischenzeit gingen ein paar Maschinen jeweils an die No. 24, 60 und 85 Squadron. Durch die Modifizierungsarbeiten an der Windschutzscheibe gelangte die neue Maschine mit Verspätung zum Einsatz. Erst im April 1917 führte die No. 56 Sqn ihren ersten offensiven Patrouilleneinsatz durch, und Ball wie auch die anderen Piloten wußten bald die Stärke und Feuerkraft dieses Typs zu schätzen. Neben Ball verfügte die No. 56 Squadron mit Lieutenant L.M. Barlow in der B-Flight über einen weiteren erfolgreichen Piloten, der zum Schluß 18 Feindflugzeuge abgeschossen hatte und während der Zeit, in der er diesen Typ flog, drei Militärverdienstkreuze erhielt. Für Barlows Einsatz typisch war die Spezialmission am Nachmittag des 7. Juni, als er die kleinen Flugzeughallen in Bisseghem zusammenschoß, die er anhand der unmittelbar daneben befindlichen Mineralwasserfabrik identifizieren konnte. Wenige Minuten später wurde ein Zug zweimal aus einer Höhe von nur sechs Metern angegriffen, und einen anderen Zug ließ Barlow in Flammen aufgehen. Das nächste Ziel waren Truppen auf dem Marsch in Wevelghem sowie der Bahnhof, wo ein Zug zum Stehen gebracht wurde. Aus einer Höhe von nur 15 Metern nahm Barlow dann den Flugplatz in Reckem in der Nähe von Menin unter Beschuß. Bei diesem Angriff schaltete Barlow eine störende Abwehrstellung aus, jedoch erst, nachdem es deren Besatzung gelungen war, das linke Höhenruder seiner S.E.5 wegzuschießen, als er, um sein Ziel genau ins Visier zu bekommen, unterhalb der Dächer der angrenzenden Häuser fliegend die Stellung passierte.

Unterdessen war die Produktion des Jägers so richtig in Schwung gekommen. Die Maschinen gelangten nicht mehr mit der modifizierten Flügelspitze zur Auslieferung, und es ist belegt, daß zumindest die erste Maschine dieser neuen Serie bei der Übergabe die große Windschutzscheibe und den externen Falltank der Prototypen aufwies. Es wurden aller Wahrscheinlichkeit nach höchstens 59 Maschi-

Eine direkte Weiterentwicklung aus dem dritten S.E.5 Prototyp (A4563) war die S.E.5a *(links und unten)*, die jedoch bereits bei ihrem ersten Erscheinen im Mai 1917 viele Modifikationen aufwies.

Austin J. Brown/APL

Royal Aircraft Factory S.E.5a

Technische Daten der S.E.5a (Royal Aircraft Factory)
Typ: einsitziges Jagd- und Beobachtungsflugzeug.
Triebwerk: ein wassergekühlter, vom Hispano abgeleiteter V-8 (Achtzylinder) Motor, in der Regel ein 200 PS (149 kW) Wolseley Viper Motor.
Leistung: (Viper) Höchstgeschwindigkeit 222 km/h in Meereshöhe, auf 198 km/h in 4.572 m Höhe abfallend; Steigflugdauer auf 1.524 m 4,9 Minuten; Flugdauer 2,5 Stunden.
Gewicht: Leergewicht um 649 kg; maximal beladen 880 kg.
Abmessungen: Spannweite 8,12 m; Länge 6,38 m; Höhe 2,90 m; Tragflügelfläche 22,67 m^2. **Bewaffnung:** normalerweise ein links versetzt auf dem Rumpf montiertes und durch den Propeller schießendes 7,7 mm Vickers MG mit einem Gurt mit 400 Schuß; zusätzlich ein 7,7 mm Lewis MG auf einer Foster Lafette mit vier Trommelmagazinen mit je 97 Schuß; Vorrichtung für vier 11,3 kg Cooper Bomben, die unter dem Rumpf mitgeführt wurden.

Im März 1918 erhielt die No. 74 Sqn ihre erste S.E.5a und wurde kurz darauf nach Frankreich verlegt, wo sie ihren ersten Luftkampf mit dem Abschuß von fünf Feindflugzeugen bestand. Der Hauptanteil ihrer Operationen waren Offensiveinsätze gegen die auf dem Rückzug befindlichen deutschen Truppen. Einer der erfolgreichsten Piloten dieser Einheit war Major E. 'Mick' Mannock VC, der, obwohl er auf einem Auge blind war, über 70 Abschüsse erzielte, bevor er selbst starb. Dies ist eines der Flugzeuge, mit denen er seine Siege errang.

Links: **Pläne zur Serienfertigung der S.E.5a durch die Firma Curtiss in Amerika wurden nicht mehr verwirklicht, abgesehen von dem Zusammenbau von 56 Maschinen aus Flugwerken britischer Herstellung. 1922/1923 wurden 50 dieser Flugzeuge von der Eberhart Steel Company als moderne Schulflugzeuge umgebaut.**

Mike Hooks

Diese S.E.5a wurde in den 20er Jahren als 'Himmelsschreiber' eingesetzt und nach dem Zweiten Weltkrieg wieder als Kampfflugzeug restauriert.

Die Maschine mit der Kennung E5808 gehörte zu der großen Serie der S.E.5a, die die Firma Austin Motor Company in Birmingham gefertigt hat. Bemerkenswert ist das lange optische Aldis Visier, das alternativ zum Kreisvisier eingerichtet wurde.

nen der S.E.5 mit 150 PS (111,9 kW) gebaut, und sie wurde bald durch die S.E.5a ersetzt, als der 200 PS (149,1 kW) Hispano-Suiza Motor in ausreichenden Stückzahlen zur Verfügung stand, der einst beim dritten Prototyp der S.E.5 eingebaut war.

Wie zu erwarten, wurde einer der S.E.5 Prototypen später die erste Version des Modells, das als die S.E.5a bekannt werden sollte. Diese Tatsache wurde bereits durch das äußere Erscheinungsbild belegt. Die betreffende historische Maschine war die dritte S.E.5 (A4563), die allerdings, als sie im Mai 1917 bei der Test- und Erprobungsstelle in Martlesham Heath erschien, einige Modifizierungen aufwies. Diese Änderungen umfaßten eine Kopfstützenverkleidung hinter dem Cockpit, Kraftstoff-Falltanks und Wasserbehälter in der mittleren Rumpfsektion, Tragflächen kürzerer Spannweite und L-förmige Auspuffrohre. Aber weitaus wichtiger war, daß man das 200 PS (149,1 kW) Hispano-Suiza Triebwerk beibehalten hatte, das nun einen Vierblatt-Propeller antrieb.

Bereits im Februar 1917 erhielten die Firmen Martinsdale und Vickers Aufträge zum Bau der neuen S.E.5a, und nur eine geringe Anzahl wurde in dem Royal Aircraft Establishment selbst hergestellt. Diese Flugzeuge unterschieden sich nur geringfügig von der endgültigen Form des Prototyps. Einige dieser ersten Varianten waren trotz der Schwierigkeiten, die bei diesem Motortyp aus dem Hause Wolseley aufgetreten waren, mit dem Wolseley Motor ausgestattet. Wieder gingen einige der ersten Serienmaschinen als neue 'Scouts' oder Jäger an die No. 56 Squadron. Diese Maschinen hatten noch den L-förmigen Auspuff des Prototyps, der später allerdings durch ein langes waagerechtes Auspuffrohr ersetzt wurde. Mit welcher Abgasanlage auch immer die Flugzeuge an die No. 56 Squadron übergeben wurden, man kürzte das Abgasrohr sofort bis auf ein kurzes Stück hinter den Krümmer zurück.

Im weiteren Verlauf des Jahres stieg nicht nur das Produktionstempo, sondern auch die Zahl der an andere Hersteller vergebenen Aufträge. Bis zum Ende des Jahres hoffte man, insgesamt 3.600 Maschinen fertiggestellt zu haben, obwohl zu dem Zeitpunkt erst rund 900 Exemplare geliefert worden waren. In dieser Zahl waren auch die S.E.5 enthalten, die immer noch gebaut wurden.

Produktionsprobleme

Im Dezember waren erst fünf Einsatzstaffeln mit der S.E.5a ausgerüstet, und eine weitere Squadron war zur Umrüstung im kommenden Jahr vorgesehen. Dieser dürftige Sachbestand lag darin begründet, daß die Produktion der Motoren hinter der des Flugwerks zurückblieb. Teilweise lag dies wiederum an der bereits erwähnten schlechten Qualität der Wolseley Produkte, und erschwerend kam die Tatsache hinzu, daß die Motoren französischer Herstellung mitunter mangelhaft gefertigte Wellen und Getriebe der Firma Brasier enthielten. Diese wurden zwar in einigen Fällen durch entsprechende Bauteile englischer Fabrikation ersetzt, doch letztendlich überschritt der Bedarf das Angebot derart, daß fehlerhafte Einzelteile wissentlich weitergegeben und verwendet werden mußten. Dieses Verfahren war bereits eine ganze Zeitlang praktiziert worden, als sich die Lage schließlich durch die Beschaffung von Motoren anderer französischer Firmen etwas entspannte.

Vorsorglich wurde der Firma Wolseley ein zusätzlicher Auftrag zur Herstellung von Hispano Motoren des früheren 150 PS (111,9 kW) Typs erteilt, aber die nicht ganz eindeutig definierte Vorgabe wurde

Links: **Fast ausnahmslos versuchten die Flugzeuge der US American Expeditionary Force in Frankreich, die Maschinen der deutschen Eliteeinheiten in ihrer Farbpracht zu übertrumpfen. Diese von Austin gebaute S.E.5a trägt das Verbandswappen der 25th Squadron.**

Rechts: **Mindestens 20 ehemalige S.E.5a der RAF sind als die ersten Jagdflugzeuge des neu gegründeten Staates Polen dorthin verschifft worden. Bald nach ihrer Ankunft, 1920, wurden sie intensiv im Krieg mit den Bolschewiken, hauptsächlich an der Front in der Ukraine, eingesetzt. Es gibt nachweislich Fotos von einer Beutemaschine mit dem Roten Stern.**

Eines der ersten Fotos, die von der S.E.5 überhaupt gemacht worden sind, zeigt den Prototyp in seiner ursprünglichen Form. Später wurde er mit einer großen Windschutzscheibe und anderen Auspuffrohren für den Hispano-Suiza Motor ausgerüstet. Im Januar 1917 brachen während des Flugs die Tragflächen ab.

von der Firmenleitung so ausgelegt, daß ein hochkomprimierter 220 PS (164 kW) Motor zu entwickeln war. Dies sollte sich im nachhinein als Glück im Unglück erweisen, denn dieser Viper Antrieb sollte für alle Aufträge des Jahres 1918 gefordert werden. Aber die erhoffte Produktionssteigerung blieb vorerst aus, und nur wenige Motoren wurden ausgeliefert.

Im Fronteinsatz erwies sich die S.E.5a bald als ein leistungsstarkes Kampfflugzeug, und ihr Name sollte rasch mit den besten britischen Piloten damaliger Zeit in Verbindung gebracht werden, ebenso wie mit jenen der einzigen australischen Einheit (No. 2 Squadron, AFC) und der zwei Staffeln aus den Vereinigten Staaten (die 25th und 148th Aero Squadron). Dieser Typ gelangte nicht nur an der Westfront zum Einsatz, sondern wurde auch in Mazedonien (No. 17, 47 und 150 Squadron), Mesopotamien (No. 72 Squadron) und Palästina (No. 111 und 145 Squadron) geflogen. Auch die Einheiten der Home Defence (Heimatverteidigung) (No. 37, 50, 61 und 143 Squadron des RFC und der RAF) setzten die S.E.5a ein. Zu den 'Flieger-Assen' dieses Krieges — die Piloten, die die meisten Abschüsse verzeichneten und unverwundbar schienen — zählte nicht nur Albert Ball, der sich mit dem anfangs schnell verurteilten Entwurf ausgesöhnt hatte, sondern auch diejenigen mit vergleichsweise niedrigeren Abschußerfolgen, wie zum Beispiel Longton (12), Clayson (21), Shields (24) und Maxwell (27). Am anderen Ende der Liste berühmter S.E.5a Piloten stehen die Namen Mannock (mit insgesamt 73 Abschüssen) und McCudden, der die Zahl seiner Siege auf 57 erhöhte, während er diesen Flugzeugtyp flog. McCuddon gehörte auch zu den Piloten, die speziell modifizierte Maschinen flogen. Als er seine B4891 am 3. Dezember 1917 übernahm, hatte diese zum Beispiel ein Höhenruder geringerer Tiefe. Werkangehörige, die an dieser Maschine gearbeitet hatten, erinnerten sich später, daß sie bereits vorher gewußt hätten, für wen diese Maschine bestimmt war, obwohl diese Art Modifizierung keineswegs einmalig war, denn aus den Unterlagen geht hervor, daß diese Modifizierung auch an der Werknummer B4890 durchgeführt worden war.

Tatsächlich wurden laufend Änderungen und Verbesserungen an der S.E.5a vorgenommen, so daß gegen Ende 1917 ein stärkeres Fahrwerk, dessen vordere Fahrwerksbeine sich nach oben hin deutlich verjüngten, zum Standard gehörte. Andere Modifizierungen umfaßten eine zusätzliche Verstrebung der ebenfalls neu entworfenen

Bruce Robertson

Links: **Blick in die Montagehallen der Firma Wolseley Motors, wo unter anderem gerade die Kühler angebracht und weitere Einzelteile überprüft werden.**

Seitenflosse, verstärkte Hinterkanten und ein Schmierölbehälter mit größerem Fassungsvermögen. Das war aber noch nicht alles, denn es wurden auch Versuche zur Verbesserung der Bewaffnung durchgeführt: so wurde versuchsweise ein Lewis Zwillings-MG über dem Tragflächenmittelstück eingerichtet, das das darunter befindliche Vickers MG unterstützen sollte. Für den Einsatz im Bereich der Home Defence war eine andere Konfiguration mit einem Drilling vorgesehen. Diese Variante sah die Anordnung von drei Lewis MG auf einer Eeman Rumpflafette vor, die so ausgelegt war, daß die Waffen durch entsprechende Aussparungen im Tragflächenmittelstück im Winkel von 45° nach oben wirken konnten.

Die Ausrüstung mit neu entworfenen Seitenflossen und Seitenrudern, Hängekühlern und sogar einem Verstellpropeller brachte wenig offensichtliche Resultate. Die für die Produktion einer zweisitzigen S.E.5a notwendigen Modifizierungen waren ebenfalls erarbeitet und in die Praxis umgesetzt worden. Diese Zweisitzer leisteten großartige Einweisungsdienste, aber die Flugleistungen insgesamt ließen viel zu wünschen übrig. Unterdessen wurde ein anderes Programm mit einer Reihe von Tests durchgeführt, die Lösungsmöglichkeiten zur Unterbringung von Calthrop Guardian Angel und Mears Fallschirmen aufzeigen sollten. Vor dem Ende des Ersten Weltkriegs waren Pläne zur Herstellung der S.E.5a durch die Firma Curtiss aufgestellt worden. Von diesen für den US Air Service vorgesehenen Flugzeugen wurden 1.000 Exemplare in Auftrag gegeben. Zwar wurden 56 Maschinen aus britischen Teilen zusammengebaut, aber letztendlich wurde nur ein Flugzeug (SC43153) mit einem Wright-Martin Motor fertiggestellt. Diese Variante erhielt die Bezeichnung S.E.5E.

Weitaus grundlegender waren die Änderungen vom Juni 1917, die in Farnborough die S.E.5b ergaben: diese Version kam mit Tragflügeln unterschiedlicher Spannweite und einer aerodynamisch um einiges besser ausgebildeten Flugzeugnase mit Hängekühler heraus. Obgleich Pläne zur Entwicklung dieser Version als Einsatzmuster nie bestanden haben, ist es doch äußerst interessant festzustellen, daß die Leistungsverbesserung insgesamt so groß war, daß dieses Einzelexemplar mindestens zwei Jahre nach dem Ende des Krieges immer noch flog, zuletzt mit den Standardtragflächen. Die Gesamtproduktion der S.E.5 und S.E.5a betrug 5.205 Maschinen.

Zivilumrüstungen

Nach dem Krieg endete die militärische Verwendung der S.E.5a ziemlich schnell, wenngleich auch ein paar Maschinen weiterhin bei den Streitkräften Australiens, Kanadas und Südafrikas betrieben

Die S.E.5a mit der Kennung F904 ist die einzige Originalmaschine, die heute noch fliegt (hier mit einem Wolseley Viper Motor).

Air Portraits

Aufriß-Erläuterung zur Royal Aircraft Factory S.E.5a

1 Schichtholzpropeller
2 Propellerbefestigungsplatte
3 Befestigungsbolzen
4 Kühler
5 Kühlerjalousie
6 Einfüllstutzen
7 Kühleraufhängungsstrebe
8 unterer Eckbeschlag
9 200 PS (149 kW) Wolseley Viper V-8 Motor
10 Struktur der Motoraufhängung
11 Motorhaube
12 untere klappbare Motorverkleidung
13 Schmierölbehälter
14 Öleinfüllstutzen
15 Motorkühlluftkanal
16 Haupttreibstofftank
17 Bodenplatte und Metallbänder für den Treibstofftank
18 vordere Strebe der mittleren Sektion
19 hintere Strebe der mittleren Sektion
20 vorderer Flügelholm
21 mittlerer Fachwerkholm
22 hinterer Holm
23 Flügelrippen
24 Vorderkantenversteifung
25 Diagonalseilverspannung
26 Querruderverbindungsseil
27 oberes Querruder, steuerbord
28 Querruder-Umlenkhebel
29 Hilfstreibstofftank
30 Ausgleichsbehälter des Kühlers
31 Auflage für das Lewis MG
32 Lewis MG, Kaliber 7,7 mm
33 Trommelmagazin
34 vertikale Richtschiene
35 Abzugskabel
36 starres Visier
37 Vickers MG, Kaliber 7,7 mm
38 MG-Befestigung
39 Munitionsbehälter
40 Hülsenauswurf
41 obere Rumpfbeplankung aus Sperrholz
42 vorderer Rumpfobergurt
43 vorderer Rumpfuntergurt
44 Senkrechtspant
45 Anlaßeinspritzpumpe
46 Seitenruderpedalstange
47 Instrumententafel
48 Gashebel
49 Steuerknüppel
50 Sitz des Piloten
51 Auspuffrohr
52 Handrad zur Verstellung des Höhenflossenanstellwinkels
53 Einstiegsstufe
54 Kopfstütze
55 Kopfstützenverkleidung
56 hinterer Rumpfobergurt
57 hinterer Rumpfuntergurt
58 Senkrechtstütze
59 Diagonalseilverspannung
60 Rumpfrückenstruktur
61 Seitenruder- und Höhenruderseile
62 Struktur der Seitenflosse

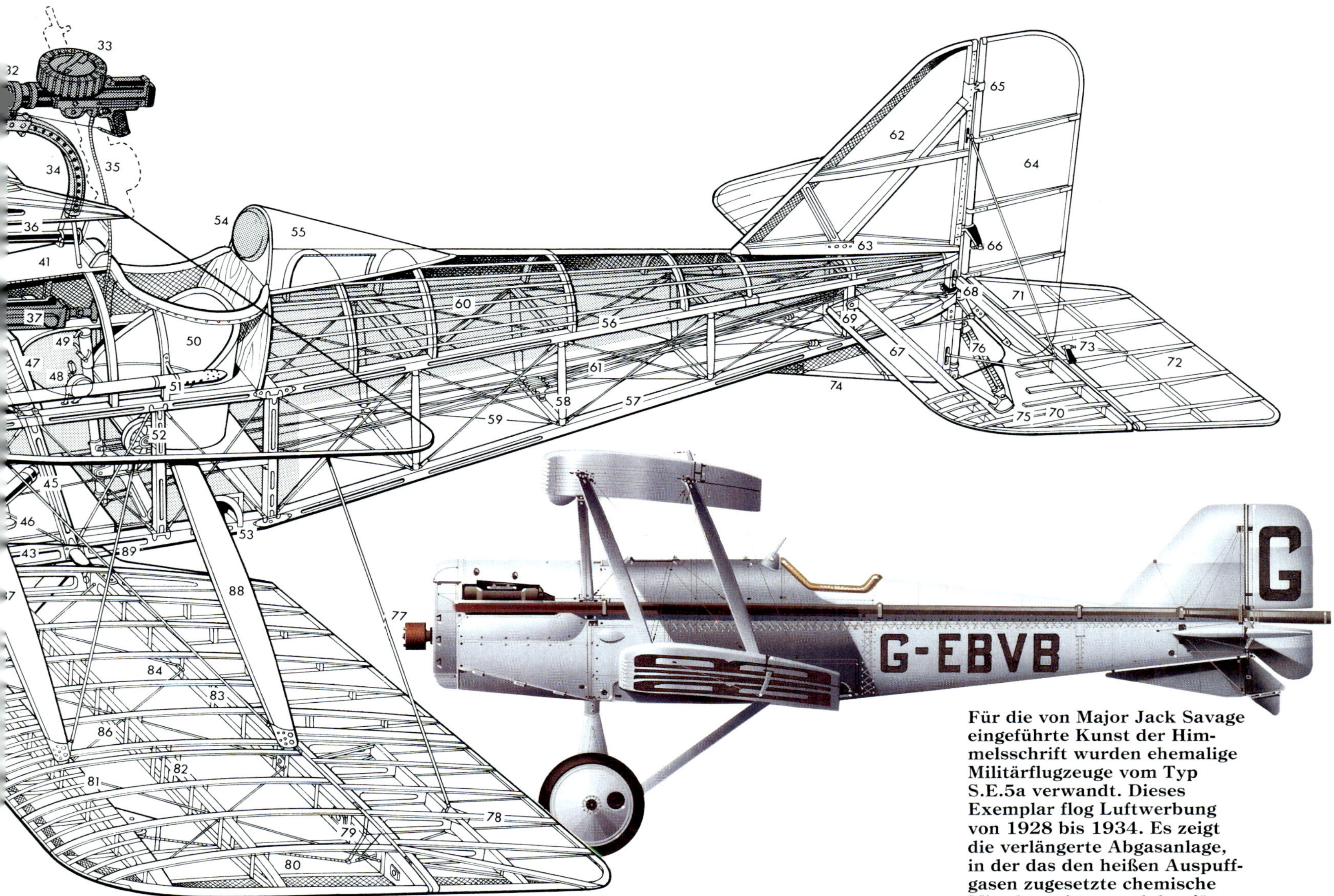

Für die von Major Jack Savage eingeführte Kunst der Himmelsschrift wurden ehemalige Militärflugzeuge vom Typ S.E.5a verwandt. Dieses Exemplar flog Luftwerbung von 1928 bis 1934. Es zeigt die verlängerte Abgasanlage, in der das den heißen Auspuffgasen zugesetzte chemische Mittel reagierte und den für die Himmelsschrift typischen weithin sichtbaren weißen Rauch erzeugte.

63 Seitenflossenbefestigung
64 Struktur des Seitenruders
65 Seitenruderscharnier
66 Seitenruderhebel
67 im Anstellwinkel verstellbare Höhenflosse
68 Höhenflossenbetätigung
69 Höhenflossengelenk
70 Struktur der Höhenflosse
71 Höhenflossenspanndraht
72 Struktur des Höhenruders
73 Höhenruderhebel
74 Unterrumpfflosse
75 steuerbarer Hecksporn
76 Hecksporn-Stoßdämpfer
77 Querruderverbindungsseil
78 unteres Querruder
79 Querruder-Umlenkhebel
80 Steuerseil
81 Vorderholm
82 mittlerer Fachwerkholm
83 Hinterholm
84 Diagonalseilverspannung
85 Vorderkantenversteifung
86 Flügelrippen
87 vordere Strebe des Flügelstiels
88 hintere Strebe des Flügelstiels
89 Flügelstielverspannung
90 Flügelholmanschluß
91 Fahrwerksbefestigung
92 Fahrwerkbeine aus Stahlrohr
93 Verkleidungen des Fahrwerks
94 Fahrwerksschwinge, Achslager
95 Gummi-Stoßdämpfer
96 Achslagergehäuse
97 Hauptfahrwerkrad, backbord
98 Fahrwerk-Seilverspannung
99 Reifenventil
100 Hauptfahrwerkrad, steuerbord

Varianten der Royal Aircraft Factory S.E.5

S.E.5 Prototypen: drei Prototypen wurden gebaut; A4561 ohne Bewaffnung und mit dem Antrieb durch einen 150 PS (111,9 kW) Hispano-Suiza Motor ohne Untersetzungsgetriebe sowie einem Falltank in der Vorderkante der oberen Backbord-Tragfläche; A4562, der grundsätzlich dem A4561 glich, später jedoch bewaffnet und mit einer größeren Windschutzscheibe sowie einem extern aufgehängten Falltank in der mittleren Sektion ausgerüstet wurde; der A4563 wurde von einem 200 PS (149,1 kW) Hispano-Suiza mit Untersetzungsgetriebe angetrieben und war mit der Bewaffnung ausgestattet; dieses Exemplar wurde praktisch der Prototyp der S.E.5a.
S.E.5 Serienflugzeuge: die anfangs extra großen Windschutzscheiben und die Sitzpanzerung der Prototypen wurden aufgegeben; sie wurden mit und ohne Kopfstützen geflogen; weniger stark abgeschrägte Flügelspitzen ergaben eine Reduzierung der Spannweite um 40 cm bei den späteren Versionen; 150 PS (111,9 kW) Hispano-Suiza Motor.
S.E.5a Prototyp: der modifizierte A4563 mit Vierblatt-Propeller und L-förmigen Auspuffrohren.
S.E.5a Serienflugzeuge: Antrieb durch Hispano-Suiza Motoren von 200 PS (149,1 kW), 220 PS (164,1 kW) oder 240 PS (179 kW), von denen einige der ersten Exemplare französischer Herstellung waren; die endgültige Standardausstattung war der 200 PS (149,1 kW) Wolseley W.4a Viper Motor, und die Erprobung eines Bauchkühlers erfolgte in Verbindung mit diesem Motor; diverse Erprobungen wurden an dieser Version durchgeführt, darunter verschiedene Leitwerke und drei nach oben feuernde Lewis MG; einige Maschinen wurden auch mit reduzierter V-Stellung, Stahl- oder Holzfahrwerken, Querrudern geringerer Tiefe etc. geflogen; einige Flugzeuge wurden zu Zweisitzern umgebaut, andere zu Himmelsschreibern.
S.E.5b: nur eine Maschine (A8947) mit einem 200 PS (149,1 kW) Motor und Hängekühler, die eine Zeitlang die Konfiguration eines Anderthalbdeckers erhielt; die ursprüngliche Bewaffnung wurde beibehalten.
S.E.5E: die Bezeichnung für die in den USA von der Firma Curtiss zusammengebaute Version mit 180 PS (134,2 kW) Wright-Martin Hispano-Suiza Motor; nur eine Maschine (SC43153) wurde fertiggestellt; der Rumpf hatte eine Schichtbeplankung.
S.E.6: das nicht verwirklichte Projekt einer Version mit einem wassergekühlten 275 PS (205,1 kW) Rolls-Royce Falcon Motor.

wurden. Als aber die nicht mehr benötigten Jagdflugzeuge in zunehmendem Maße für den zivilen Markt verfügbar wurden, wurden sie rasch aufgekauft und mitunter auf recht unerwartete Art und Weise genutzt. So wurden sie beispielsweise zu Experimenten zur Brandverhütung herangezogen, und eine S.E.5a ging mit der British Aviation Mission von 1921 nach Japan und übte dort einen nachhaltigen Einfluß auf die zukünftige Entwicklung von Einsitzern aus.

Ab Mai 1920 wurden mehrere S.E.5a in das Verkehrsregister der Zivilluftfahrtbehörde eingetragen, und die erste Maschine erhielt die Zulassung G-EATE. Nicht alle der privat betriebenen Flugzeuge dieses Typs waren mit dem Originalmotor ausgestattet. So hatte die G-EAZT zum Beispiel einen RAF 1A Motor und die G-EBCA einen Renault, der ihr eine Höchstgeschwindigkeit von nur 104,6 km/h verlieh. Diese Maschinen wurden zu einem Durchschnittspreis von 700 Pfund zum Verkauf angeboten, und der Royal Aero Club erwarb acht Maschinen für einen einmaligen Flugwettbewerb, der als Geschwindigkeitsprüfung am 16. Juli zwischen den Universitäten Oxford und Cambridge ausgetragen werden sollte. Die sechs am Wettbewerb teilnehmenden Maschinen (ein Flugzeug wurde von jeder Mannschaft als Ersatzmaschine in Reserve gehalten) sollten mit ihren individuellen Zulassungen am Rumpf in ihrem alten militärischen Spannlack-Farbmuster fliegen, das nur im Bereich des hinteren Rumpfabschnitts und am Leitwerk durch passende Blautöne unterbrochen werden durfte. Das Rennen fand schließlich an einem der heißesten Nachmittage dieses Sommers statt, und ganz ohne Zweifel trug die Entscheidung der Piloten der Cambridge Mannschaft zur Durchführung des Fluges in größerer Höhe, wo die Temperaturen niedriger waren, wesentlich dazu bei, daß sie die ersten drei Plätze dieses Flugwettbewerbs belegten und insgesamt Preise im Wert von 400 Pfund Sterling gewannen. Alle am Wettbewerb teilnehmenden Flugzeuge wurden von Viper Motoren angetrieben.

Besser bekannt als die in Privatbesitz befindlichen S.E.5a oder die Rennmaschinen waren vielleicht die wenigen Flugzeuge, die an Sommertagen zu sehen waren, wenn sie mit weißem Rauch Luftwerbung durchführten, indem sie Worte wie 'Buick' oder 'Persil' an den Himmel schrieben. Die für diese Zwecke benutzten S.E.5a wurden von M.L. Bramson, Sidney St Barbe oder auch von Major Jack Savage geflogen, der die Kunst der Himmelsschrift erfand und zu der Zeit der Eigentümer der zur Verwertung dieser Idee gegründeten Firma war. Bei den betreffenden Flugzeugen handelte es sich im wesentlichen um Standardmaschinen mit 200 PS (149,1 kW) Wolseley Viper Motoren, deren Abgasrohre besonders modifiziert waren: die verlängerten Auspuffrohre erstreckten sich über die ganze Rumpflänge und wurden am Achtersteven in einem Y-Endstück zusammengefaßt, für das das Seitenruder in zwei Segmente unterteilt werden mußte. Aus einem im Rumpf untergebrachten Behälter wurde die raucherzeugende Substanz in die modifizierte Abgasanlage eingespeist, wobei die Zufuhr durch einen entsprechenden Hahn im Cockpit geregelt wurde. Der Pilot brauchte nur den Hahn zu öffnen, und das chemische Mittel, dessen Zusammensetzung ein allzeit streng gehütetes Geheimnis war, wurde in Verbindung mit den heißen Abgasen in einen dichten weißen Rauch verwandelt. So geschah es, daß die staunenden Zuschauer am 30. Mai 1922 ihren Blick zum Himmel hoben, wo das einzelne Wort 'Vim' zu lesen war. Dieses Wort war wegen seiner Einfachheit ausgewählt worden und hatte keinerlei Bedeutung für das Erstpublikum, das nur aus wildlebenden Vögeln eines unbewohnten Landstrichs an der Küste von Essex bestand.

Wenn auch unbeabsichtigt, so trug die Gemeinschaft der Himmelsschreiber möglicherweise dazu bei, daß der Nachwelt einige Exemplare der S.E.5a erhalten blieben. Dies wird unter anderem durch die Tatsache belegt, daß alle noch vorhandenen Museumsmaschinen in England zu irgendeiner Zeit eine derartige Verwendung fanden. Die vielleicht repräsentativste dieser Maschinen steht im Science Museum im Londoner Stadtteil Kensington. Mit Ausnahme der Kopfstütze hat man die ehemalige G-EBIB in ihre ursprüngliche militärische Konfiguration zurückversetzt.

Bruce Robertson

Oben: Eine von Auszubildenden des Royal Aircraft Establishment in Farnborough nachgebaute S.E.5a. ***Unten:*** Auf diesem Foto ist das zusätzliche Lewis-MG oben auf der Tragfläche gut zu erkennen.

Bruce Robertson

Der Dreidecker Fokker Dr. I

Die Fokker Dr. I wurde als Antwort auf den britischen Dreidecker Sopwith entwickelt und gehört zu den wendigsten Kampfflugzeugen der Luftfahrtgeschichte. Obwohl sie nur in geringen Stückzahlen gebaut wurde, gilt sie dennoch als eines der berühmtesten Flugzeuge des Ersten Weltkriegs.

Manfred von Richthofen und sein schlarlachtroter Dreidecker Fokker Dr. I sind zur Legende geworden. Dabei konnte Leutnant Werner Voss wesentlich mehr Erfolge mit diesem Typ für sich verbuchen, während von Richthofen die Mehrzahl seiner Abschüsse mit anderen Maschinen erzielte. Auch war die Fokker Dr. I zahlenmäßig während des Ersten Weltkriegs nur von untergeordneter Bedeutung und eigentlich nur als Antwort auf den britischen Sopwith Dreidecker entwickelt und ihm nachgebaut worden. Aber der Ruhm der Fokker Dr. I stellt die Namen aller anderer in diesem Krieg eingesetzten Maschinen auch heute noch in den Schatten.

Während der ersten Hälfte des Krieges wußte eigentlich niemand so recht, wie das ideale Kampfflugzeug auszusehen hatte. Zur Hälfte handelte es sich noch um Maschinen mit Schubpropellern im Heck, die den Maschinengewehren das Feuern in Flugrichtung ermöglichten. In der nächsten Generation sorgten primitive Kugel-Schutzbleche an den Propellerblättern dafür, daß durch den Propellerkreis hindurchgeschossen werden konnte. Nach der Zwischenstufe des Unterbrechergetriebes folgte das Synchrongetriebe, das die Feuergeschwindigkeit der Gewehre an die Triebwerkdrehzahl anglich und den Feuerstoß unterbrach, wenn ein Propellerblatt sich vor der Gewehrmündung befand. 1916 waren die Eindecker aus der Serie Fokker-E wegen ihrer neuen vorwärts feuernden Gewehre gefürchtet, aber auch besonders deswegen, weil sie schnell genug waren, die meisten feindlichen Maschinen einzuholen. Eindecker blieben aber noch einige Zeit die Ausnahme. Im Winter 1915/16 versuchten viele Hersteller immer noch, den damals bevorzugten Doppeldecker zu verbessern, und entwarfen Drei-, in einigen Fällen sogar Vierdecker. Die Vierdecker waren allesamt Fehlentwicklungen, doch die Sopwith mit drei Flügelpaaren erwies sich als Erfolg.

Bis zum Frühjahr 1917 beschäftigten sich mindestens vierzehn der bedeutendsten Flugzeugproduzenten der Mittelmächte mit der Entwicklung eines Dreidecker-Kampfflugzeugs. Aber nur der gewitzte Holländer Anthony Fokker erreichte sein Ziel. Aus Erfolgshunger flog er selbst Einsätze an der Westfront und schickte den ersten abge-

Nachbau der Fokker Dr.I in den Farben von Richthofens berühmter Maschine. Das Gesicht auf der Triebwerkverkleidung zierte allerdings die Maschine von Werner Voss.

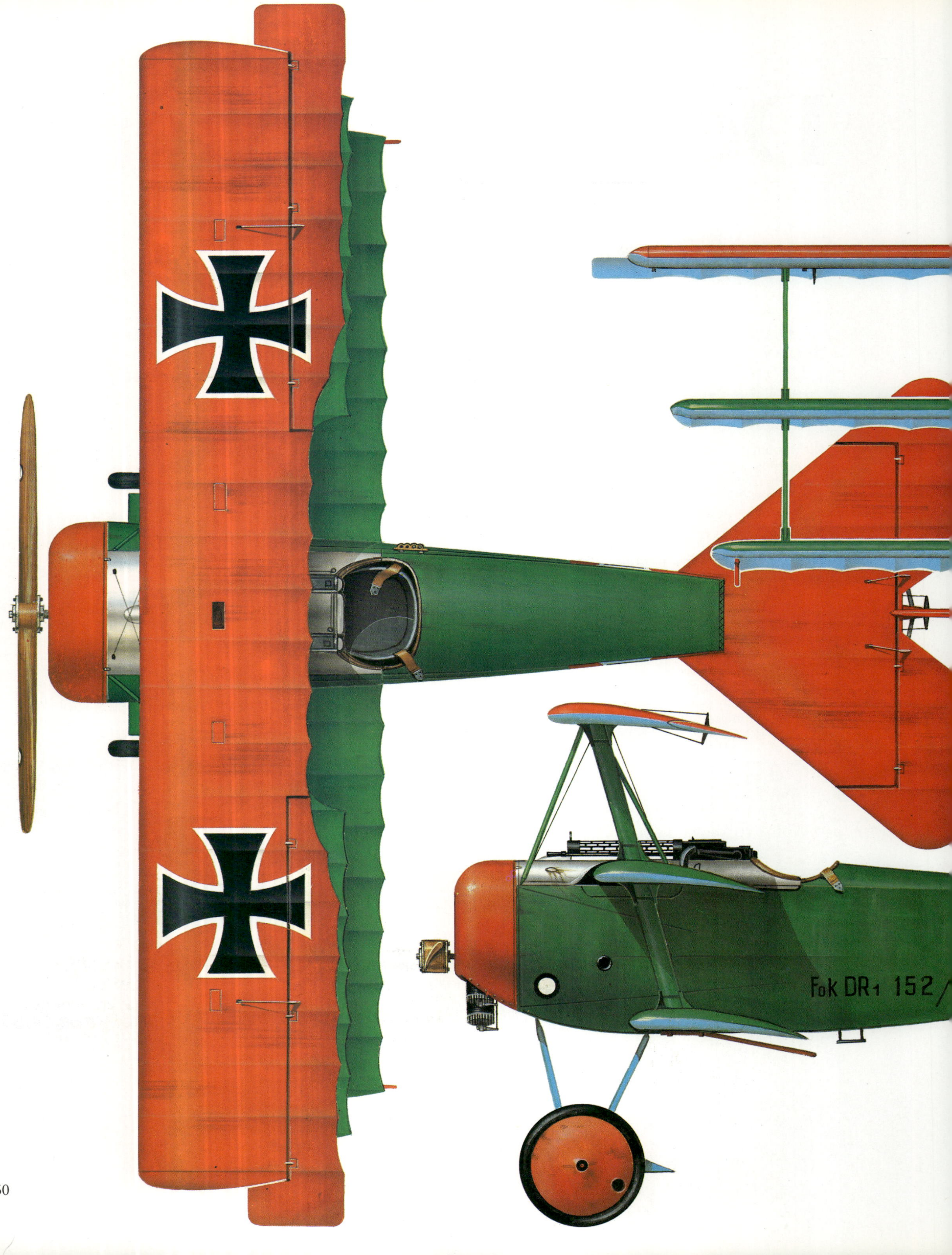

Fok DR1 152

Varianten der Fokker Dr.I

D.VI: Prototyp des echten Fokker-Dreideckers mit Umlaufmotor Oberursel Ur.II mit neun Zylindern und 110 PS/82 kW, einer geschätzten Spannweite von 6,20 m und einer Länge von ca. 5,75 m; keine Bewaffnung; obere Spannweite später erweitert (wahrscheinlich auf 7,20 m) in Zusammenhang mit Einbau von zwei Maschinengewehren LMG 08/15 Kaliber 7,92 mm.

V4: Flugzeug Nr. 102/17 und 103/17 als Vorlaufproduktion der wahrscheinlich fast identischen Dr.I.

Dr.I: Serienproduktion mit 318 Stück.

Fokker Dr.I

Technische Daten der Fokker Dr.I

Typ: einsitziges Jagdflugzeug.
Triebwerk: Neunzylinder-Umlaufmotor Oberursel Ur.II mit 110 PS/82 kW.
Leistung: Höchstgeschwindigkeit in Meereshöhe 185 km/h und 165 km/h in 4.000 m Höhe; Steiggeschwindigkeit 8,3 m/sek; Dienstgipfelhöhe 6.100 m; Reichweite 300km; Flugdauer 1 Std. 30 Min.
Gewicht: Leergewicht 406 kg; max. Startgewicht 586 kg.
Abmessungen: Spannweite oben 7,19 m; Mitte 6,23 m; unten 5,70 m; Länge 5,77 m; Höhe 2,95 m; Tragflügelfläche einschließlich der Achsverkleidung 18,66 m².
Bewaffnung: zwei Maschinengewehre LMG 08/15 Kaliber 7,92 mm mit je 500 Schuß.

Die unter der Seriennummer 152/17 (Konstr. Nr. 1864) gebaute Fokker Dr.I gehört zu einer Gruppe von 30 Maschinen aus der frühen Serienproduktion. Sie stand bei der Jasta 11, wurde gelegentlich von Manfred von Richthofen geflogen. Sie überlebte den 1. Weltkrieg und wurde später in roter Vollbemalung in Berlin ausgestellt.

Rechts: **Diese schwarze Dr.I hatte ungewöhnliche weiße Kreuze auf Rumpf und Tragflächen. Andere schwarze deutsche Maschinen sollen weißumrandete schwarze Kreuze getragen haben. Die von Leutnant Josef Jacobs geflogene Dr.I brachte es auf 41 bestätigte Abschüsse — dieselbe Zahl wie Hauptmann Bruno Loerzer.**

Links: **Dieser bekannte Jäger war der Dreidecker Nr. 425/17, das letzte Flugzeug Richthofens, der mit 80 bestätigten Abschüssen Flieger-As Nr. 1 des Ersten Weltkrieges war. Er wurde am 21. April 1918 abgeschossen. Unter dem neuen ist noch das alte Kreuz erkennbar.**

stürzten Dreidecker, unter Mißachtung aller Gesetzte, zur Untersuchung nach Schwerin. Bei den Schweriner Werken war die D.VI (eine Werksbezeichnung, die mit der späteren Produktionsserie D.VI nichts zu tun hat) der jüngste Prototyp eines Kampfflugzeuges für die Luftfahrttruppe Österreich-Ungarns. Im Juni 1917 änderte Chefplaner Reinold Platz schnell die Entwürfe, und am 1. Juli 1917 startete die D.VI zu ihrem Jungfernflug als erster deutscher Dreidecker. Sie wurde von dem damals schon berühmten Flieger-As Leutnant Werner Voss getestet. Voss hatte auch einen sehr fortschrittlichen Doppeldecker mit vollkommen freitragenden Flügeln entwickelt. Nach derselben Methode gestaltete er die D.VI, da unverstrebte Tragflächen bei einem Dreidecker mit geringer Spannweite kein großes Problem darstellten. Die Testflüge mit dem Rotationstriebwerk Oberursel Ur.II (110 PS/82 kW) verliefen ausgezeichnet. Die Maschine wurde aber vor ihrer Auslieferung an Ungarn im August mit verlängertem oberen Tragflächenpaar und Querrudern ausgestattet und erhielt zur Unterdrückung geringer Flügelvibrationen leichte, stromlinienförmige Flügelstiele zwischen den Tragflächenspitzen. Die Bewaffnung bestand aus zwei synchronisierten Maschinengewehren LMG 08/15, Kaliber 7,92 mm.

Die weitere Entwicklung

Nach der oft fälschlich als V3 bezeichneten D.VI folgte die erste Fokker-Maschine mit einer Versuchsnummer — die V1. Zwei Dreidecker dieses Modells mit abgerundeten Qerrudern mit Hornausgleich an den Flügelspitzen wurden im Juli 1917 bestellt. Im August wurden mehrere Dreidecker des Modells V7 mit stärkeren Triebwerken angefordert, nämlich dem Siemens-Halske Sh.III mit 160PS (119 kW), dem Ur.III mit ebenfalls 160 PS (119 kW), dem Steyr-Le Rhone mit 145 PS (108 kW) und dem Goebel Goe.III mit 170 PS (127 kW). Die Tragflächenspannweite war von unten nach oben in gleichen Stufen gestaffelt.

Unter der Bezeichnung D.VII, die dann sechs Monate später zu Ruhm gelangen sollte, wurde noch ein weiteres Versuchsmodell gebaut. Fokker war nämlich überzeugt, daß das Sechszylinder-Reihentriebwerk D.III von Mercedes mit Wasserkühlung und 160 PS

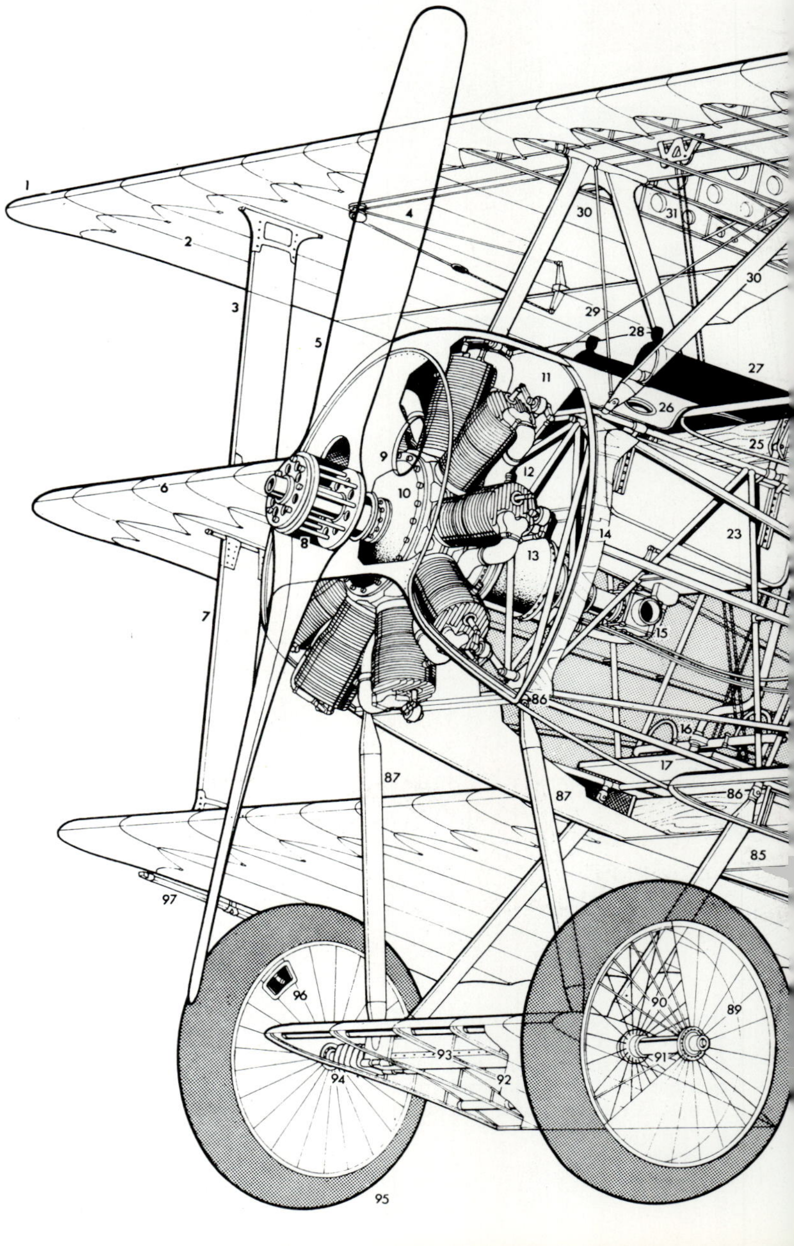

(119 kW) das beste Triebwerk für ein Kampfflugzeug war. Er glaubte sich wegen seiner holländischen Staatsangehörigkeit und seiner großen Erfolge wegen — und oft zu recht — von den Deutschen benachteiligt und beklagte sich, daß die Firma Albatross einen Exklusivvertrag über die gesamte D.III-Produktion erhalten hatte, während er mit den weniger guten Umlaufmotoren vorlieb nehmen mußte. In Wahrheit waren diese Triebwerke für den wendigen Dreidecker besser geeignet, wie sich bei der D.VII herausstellte. Dieser im Juli und August in nur einem Stück parallel zu den mit Umlaufmotoren ausgerüsteten Prototypen gebaute Dreidecker erhielt das Mercedes-Triebwerk und war deshalb größer und schwerer. Die gesamte Gestaltung schien darüber verloren zu gehen: Der Rumpf mußte für die Verbindung mit der unteren Tragfläche vertieft werden; wegen des hohen Triebwerks und für den Ausgleich der mehr wiegenden Wasserkühlung wurde das Cockpit weiter nach hinten verlegt, wodurch sich die Sicht und die Manövrierfähigkeit verschlechterten. So wurde diese Entwicklung bald fallengelassen. In dem ausgezeichneten Doppeldecker D.VII (nicht mit dem Dreidecker D.VII verwandt) bewährte sich das Triebwerk im Jahre 1918 sehr gut.

Über zwanzig Stunden lang testete Leutnant Voss im August 1917 die beiden Dreidecker-Prototypen V4 und ließ sie so lange verbessern, bis er damit zufrieden war. Beide Maschinen waren bereits an der Front eingesetzt worden. Fokker selbst hatte trotz seiner holländischen Staatsbürgerschaft Fronteinsätze geflogen, um sein Synchronisationsgetriebe sowie das Flugzeug überhaupt zu testen. Er erhielt dann einen Sofortauftrag über 318 Dreidecker mit der Bezeichnung Dr.I, deren drei erste zunächst allerdings F.1 genannt wurden.

Am 30. August 1917 flog Voss mit dem zweiten Prototyp V4 der Fok.103/17 (für Fokker Nr. 103 von 1917) und meldete den Abschuß eines feindlichen Flugzeugs am selben Tag. Am 1. September flog Richthofen schon den ersten Prototyp 102/17 und erzielte seinen 60. Abschuß. Beide Prototypen hatten in Richthofens Jagdgeschwader 1 (JG 1) einen Erfolg nach dem anderen. Voss führte mit der zweiten Dr.I (103/17) mit 20 bestätigten Abschüssen in 24 Tagen die Spitze an. In einem klassischen Luftkampf am 23. September 1917, mit nicht weniger als sechs Kampfflugzeugen vom Typ S.E.5a der 56. Squadron der britischen Luftwaffe, die alle von Fliegerassen geflogen wurden, fand er den Tod.

Aufriß-Erläuterung zur Fokker Dr.I

1 obere Steuerbord-Flügelkante
2 Stoffbespannung der Tragflächenunterseite
3 obere Tragflächenverstrebung steuerbord
4 Querruder-Verkabelung
5 Zweiblattholzpropeller
6 mittlere Steuerbordtragfläche
7 untere Tragflächenverstrebung steuerbord
8 Befestigungsbolzen der Propellernabe
9 belüftete Triebwerkverkleidung
10 Umlaufmotor Oberursel Ur.II (Le Rhone) mit neun Zylindern
11 Triebwerkgehäuse
12 Triebwerkaufhängung
13 Untersetzungsgetriebe
14 Sperrholz-Seitenverkleidung
15 Vergaser
16 Seitenruder-pedale
17 Fußstütze
18 Kompaß-Aufhängung
19 Steuersäule
20 Hilfsdrosselventil an der Steuersäule
21 Bedienungskabel für Maschinengewehre
22 Munitionskammern
23 Kraftstofftank (91 Liter)
24 Verankerung des Tragflächenholms
25 Verbindung zwischen mittlerer Tragfläche und Rumpf
26 Tankstutzen
27 Zwillingsmaschinengewehr LMG 08/15 Kaliber 7,92 mm
28 Kimme-Korn-Visier
29 diagonale Drahtverspannung
30 mittlere V-Träger
31 Querruder-Steuerseil
32 V-Träger-Befestigung
33 Sperrholsbeplankung der Vorderkante
34 Verankerung des oberen Tragflächenholms
35 Flügelrippen
36 obere Tragflächenverstrebung backbord
37 Flügelkantenaufbau
38 Rippenspannbänder
39 Ausgleichsklappe am Querruder
40 Querruder aus geschweißtem Stahlrohr
41 Querruderbetätigung
42 Draht-Hinterkante
43 Aufbau der mittleren Backbord-Tragfläche
44 Verankerung der Tragflächenverstrebung
45 Ausschnitt am Flügelansatz
46 Schlösser der Maschinengewehre
47 Gepolstertes Cockpit-Süll
48 Triebwerk-Kontrollinstrumente
49 Triebwerk-Drosselventil und Kraftstoffhahn
50 Pilotensitz
51 Gleitsitz-Einstellung
52 Rumpfaufbau aus geschweißtem Stahlrohr
53 hinteres Ende der Sperrholz-seitenbeplankung
54 Sperrholzbeplankung der Rumpfoberseite
55 untere Tragflächenverstrebung backbord
56 oberer Rumpflängsholm
57 Längsverstrebung
58 untere Backbord-flügelkante
59 Gleitsporn der Flügelspitze backbord
60 mittlere Verankerung des Heckleitwerks
61 Heckleitwerk-Aufbau aus geschweißtem Stahlrohr
62 Ausgleichsklappe am Seitenruder
63 Leitkante aus Stahlrohr
64 Ausgleichsklappe am Höhenruder
65 Höhenruder-Aufbau aus geschweißtem Sahlrohr
66 Stoffbespannung des Seitenruders
67 Achtersteven
68 Seitenruderbetätigung
69 Höhenruderbetätigung
70 Aufhängung des Hecksporns
71 Stahlschuh-Hecksporn
72 Gummiband-stoßdämpfer
73 senkrechte Rumpfverstrebung
74 Hebegriffe
75 Rumpfverkleidung aus Stoff
76 diagonale, doppelte Drahtverspannung
77 Bedienungskabel zum Heckleitwerk
78 unterer Rumpflängsholm
79 Bedienungskabelführung
80 Steigbügel
81 Sitzaufhängung
82 staubsicheres Stoffschott
83 Cockpit-Boden
84 Steuersäulen-verankerung
85 Verankerung des unteren Tragflächenholms
86 Fahrwerkverstrebung
87 V-förmige Hauptstreben des Fahrwerks
88 Hauptrad backbord
89 stoffbespannte Radscheibe
90 Radspeichen
91 Schwenkhalbachse
92 Verkleidung der Achsaufhängung
93 Achsaufhängung
94 Gummiband-Stoßdämpfer
95 Hauptrad steuerbord
96 Luke zum Reifenventil
97 Gleitsporn der unteren Flügelspitze steuerbord

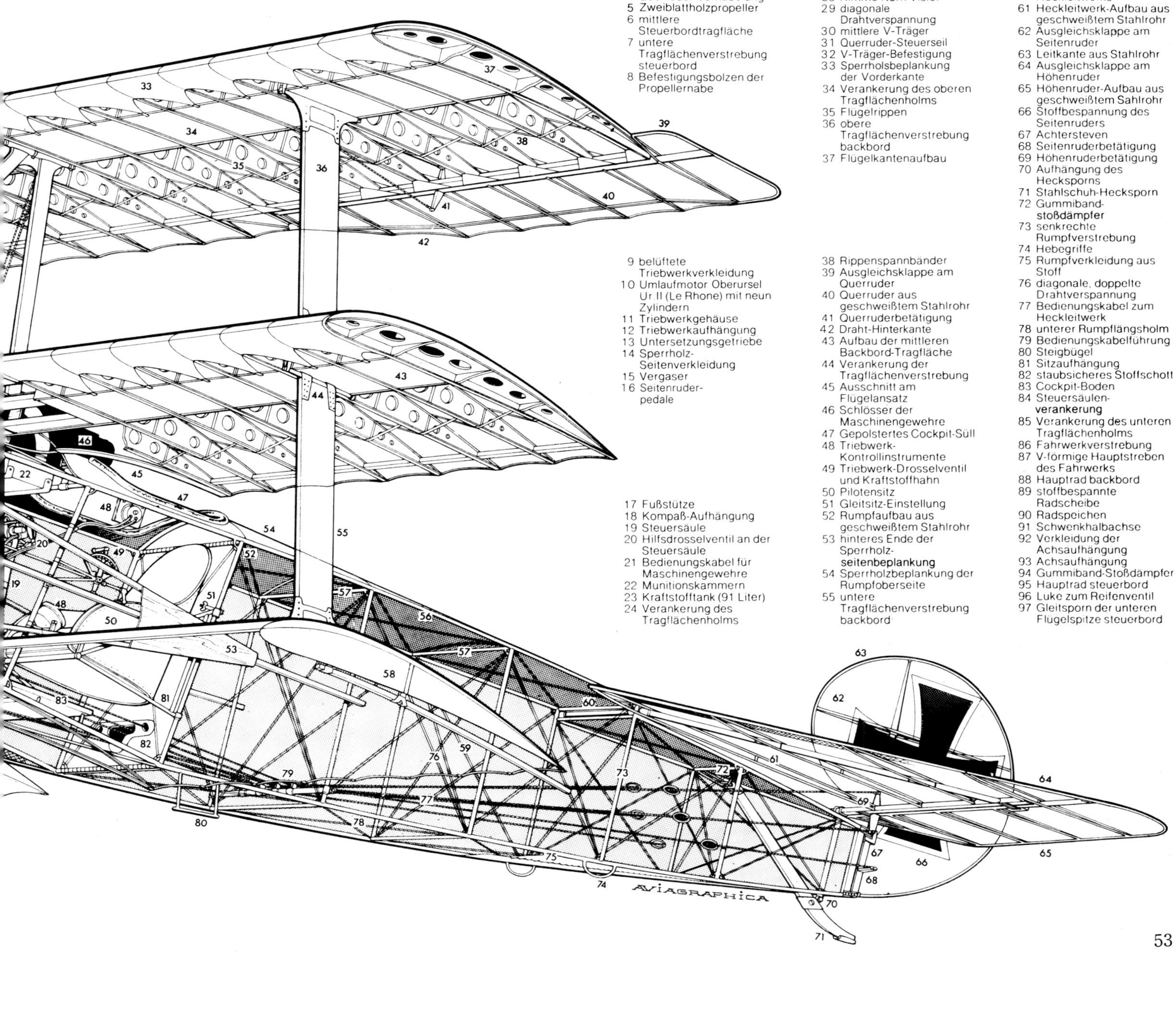

Dies ist eines der besterhaltenen Bilder einer echten Dr.I. Sie bildete die Grundlage für den Bau des Dreideckers N864Dr. Er wurde nach zahlreichen Einsätzen dem Australischen Kriegsmuseum in Canberra gestiftet.

Dieser erste Prototyp des Fokker-Dreideckers wird allgemein fälschlicherweise als V3 bezeichnet. Die richtige Bezeichnung lautet D.VI und stammt aus einer D-Serie von Anfang 1917, die nichts mit der offiziellen Serie zu tun hat.

Am 12. Oktober 1917 begann die Lieferung mit den ersten in Serie produzierten Maschinen vom Typ Dr.I an das Jagdgeschwader 1, wo Richthofens Piloten mit Spannung auf das neue Kampfflugzeug warteten. Es erwies sich aber nur als mittelmäßig und im Grunde typisch für die veraltete Bauweise mit Umlaufmotor.

Die Rahmenstruktur war charakteristisch für Fokkers und Platz' Hang zur Mischbauweise. Die Tragflächen bestanden fast ganz aus Holz, ihre Rumpfverbindung aus Stahl und die übrigen Verbindungen aus Bandklammern. Das Fahrgestell mit den damals üblichen Gummizug-Stoßdämpfern hatte eine Achse mit einem kleinen Tragflügel wie viele andere Fokker-Kampfflugzeuge auch. Ebenfalls entsprechend der damaligen Bauweise fehlte auch die Seitenflosse. Die einzige senkrechte Heckfläche war das einfache, direkt am Rumpf mit Scharnieren aufgehängte runde Seitenruder. Der genietete kleine Kraftstofftank saß direkt hinter dem Umlaufmotor.

Dieser Aufbau ergab ein einfaches, relativ billiges und recht bewegliches Kampfflugzeug. Es konnte mit dem Standard-Triebwerk von 110 PS (82 kW) schneller steigen als manche stärkere Maschine und besaß einen kleineren Wendekreis, was beim Luftkampf lebenswichtig war. Aber für die Verhältnisse von 1917 waren die Geschwindigkeit, die Reichweite und die Flugdauer unbefriedigend. Nur gute Piloten konnten die Dr.I länger als 80 Minuten in der Luft halten, während bei den Briten und Franzosen zwei und manchmal auch schon drei Stunden Flugdauer die Regel waren. Fokker selbst hatte nur noch Verachtung für sein Produkt übrig und konnte sich nicht erklären, warum so viel Aufheben darum gemacht wurde, wo es doch so viel schnellere und leistungsfähigere Maschinen gab. Der Entwicklungsingenieur Platz hatte ohnehin nicht viel Enthusiasmus für den Bau eines Dreideckers aufgebracht, da er Doppeldecker bzw. die leistungsfähigen Eindecker mit selbstragenden Flügeln bevorzugte. Seine unverstrebten Eindecker sollten Fokker in den zwanziger Jahren zum weltgrößten Hersteller ziviler Transportmaschinen machen.

'Richthofens Fliegender Zirkus'

Trotz alledem stellten die 318 Fokker Dr.I und ihre beiden Prototypen von Oktober bis Ende des Jahres 1917 einen Höhepunkt in der militärischen Luftfahrt dar. Genau wie bei ihrem Vorbild Sopwith war dies nicht zuletzt das Verdienst der ausgezeichneten Piloten. Die berühmteste Fliegereinheit jener Zeit wurde das Jagdgeschwader 1. Wegen der unter einheitlichem Kommando zusammengefaßten hohen Zahl von Jägern, ihrer sorgfältig geplanten und durchgeführten Kampftecknik sowie den auffälligen und oft sehr individuell gestalteten Maschinenfarben erhielt es den Spitznamen 'Richthofens Fliegender Zirkus'.

Die erfolgreiche Karriere der Dr.I wurde während der ersten beiden Einsatzwochen durch eine Serie von Abstürzen kurz unterbrochen, als deren Ursache man in Schwerin schließlich erschreckend schlechte Verarbeitung feststellte. Alle Maschinen wurden ins Werk zurückgebracht und ihre Tragflächen gründlich untersucht. In vielen Fällen mußten die Tragflächenholme ersetzt werden, was fast den gesamten November 1917 beanspruchte. Erst gegen Ende des Monats konnte die Dr.I in größerer Zahl und damit wirkungsvoll an der Westfront eingesetzt werden. Erstaunlich bleibt aber, daß diese relativ geringe Zahl von bereits veralteten Flugzeugen so großen Ruhm auf sich vereinigen konnte.

Dieser Ruhm beruht zum großen Teil auf dem Können Manfred von Richthofens, der die Abschußliste mit weitem Abstand anführte und zu einem der berühmtesten Jagdpiloten wurde. Obwohl er die meisten Erfolge mit Maschinen vom Typ Albatros D.III erzielt hatte, bevorzugte er dann die langsamere Dr.I und flog die Einsätze des Jahres 1918 fast nur noch in seinen zwei Lieblingsmaschinen. In einer von ihnen wurde er am 21. April 1918 abgeschossen: Eine Kugel durchbohrte sein Herz. Der gegnerische Pilot war wahrscheinlich der Kanadier Roy Brown von der 209. Squadron der gerade erst zwanzig Tage alten britischen Luftwaffe. Richthofen wurde mit allen militärischen Ehren begraben. Die Reste seiner Dr.I wurden von der britischen Luftwaffe in Valheureux zusammengetragen und befinden sich heute zum Teil im Richthofen-Museum seiner Heimatstadt.

Die letzte Dr.I wurde im Mai 1918 ausgeliefert, als dieser Typ bereits schnell aus dem Dienst genommen und gegen die deutlich überlegene Fokker D.VII ausgetauscht wurde. Zu keiner Zeit befanden sich mehr als 171 Dr.I in Einsatzbereitschaft — die Höchstzahl wurde im Mai 1918 erreicht —, und bis Mitte Juni fiel sie auf 125. Im Laufe des Sommers wurden die meisten Dr.I zur heimatlichen Luftraumverteidigung nach Deutschland verlegt. Andere berühmte Dr.I-Piloten neben Richthofen waren Kurt Wolff mit 33 Abschüssen, Voss mit 48, Erich Löwenhardt mit 53, Ernst Udet mit 62. Richthofen selbst konnte 80 Abschüsse verbuchen.

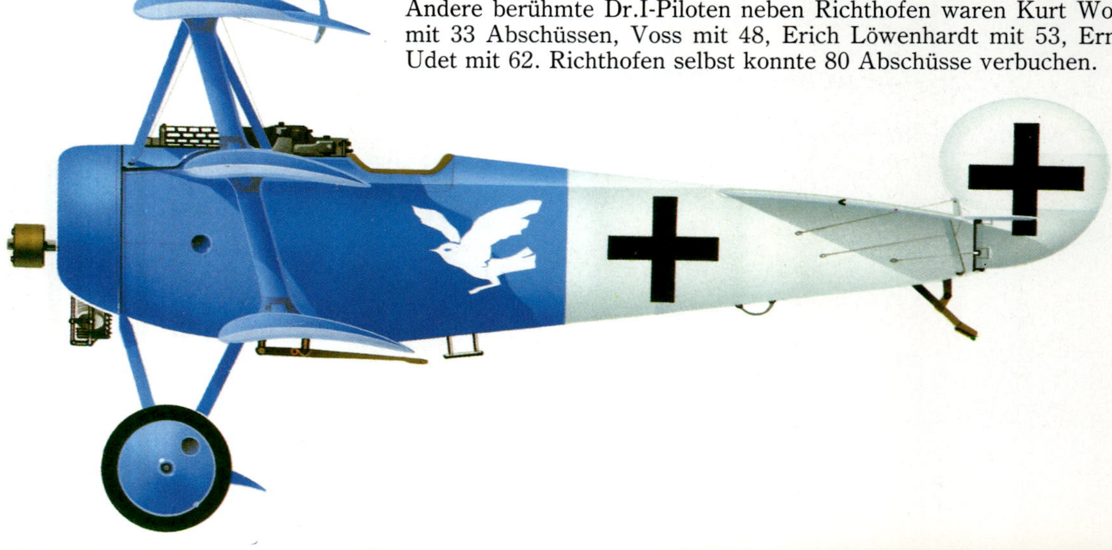

Diese Dr.I wurde im letzten Kriegsjahr bei der Jasta 18 geführt und nach dem Waffenstillstand nach Frankreich überführt und eingemottet. Die Tragflächenverstrebung verband die einzelnen Holme der drei Flügelpaare miteinander. Nicht alle Dr.I-Maschinen hatten zur Vermeidung von Beschädigung Gleitsporne unter den unteren Flügelspitzen.

Vickers Vimy
Rekordflüge im Frieden

Der schwere Bomber Vickers Vimy kam etwas zu spät, um im Ersten Weltkrieg eingesetzt zu werden. Er gelangte indessen zu großem Ruhm, als Alcock und Brown 1919 zum ersten Mal im Nonstop-Flug den Atlantik überquerten, und machte während seiner langen Dienstjahre bei der Royal Air Force immer wieder durch hervorragende Langstreckenflüge von sich reden.

Wenn man bedenkt, daß eine 'strategische' Bombardierung — besonders an der italienischen und der russischen Front — schon seit 1915 praktiziert wurde, überrascht es vielleicht, daß sich das British Air Board bis 1917 nicht für die Entwicklung eines schweren Bombers einsetzte, zumal Großbritannien während des Ersten Weltkriegs regelmäßig von deutschen Luftschiffen überflogen wurde. Noch erstaunlicher ist es, daß dasselbe Board am 23. Juli des gleichen Jahres (nur zwei Monate nach einem Tagesangriff von 30 Gotha G.IV Bom-

Die F9147 der No. 9 Sqn mit Eagle-Motoren war eine der 50 Vimy (F9146-F9295) von Vickers. Die No. 9 Sqn flog Vimy von April 1924 bis Juni 1925 von Manston aus.

Varianten der Vickers Vimy

F.B.27: drei Prototypen (B9952-B9954) mit Hispano-Suiza, Sunbeam Maori und Fiat A-12bis Motoren; Erstflug am 30. November 1917.
Vimy Mk I: zwölf 1918/19 von Vickers in Crayford gebaute Maschinen (F701-F712), für die Fiat, BHP oder Liberty Motoren vorgeschrieben wurden; mindestens sieben Maschinen wurden mit Fiat A-12bis gebaut.
Vimy Mk I: sechs von RAE in Farnborough gebaute Maschinen (F2915-F2920); wahrscheinlich mit Fiat Motoren; die F2915 mit mittlerer Flosse und Seitenruder zur Erprobung durch RAE (Royal Aircraft Establishment).
Vimy Mk I: 40 von Morgans in Leighton Buzzard mit Rolls-Royce Eagle VIII gebaute Maschinen (F3146-F3185); einige Maschinen wurden um die Mitte der zwanziger als Trainer umgerüstet und mit neuen Motoren bestückt.
Vimy Mk I: 50 von Vickers in Weybridge gebaute Maschinen (F8596-F8645), wahrscheinlich alle mit Eagle VIII Motoren; die F8625 wurde als G-EAOL nach Spanien geflogen; die F8630 wurde als G-EAOU von den Gebrüdern Smith für den Flug von England nach Australien verwendet.
Vimy Mk I: 50 von Vickers in Weybridge gebaute Maschine (F9146-F9195), alle mit Eagle VIII Motoren; 26 Maschinen wurden später überholt, 17 wurden zu Trainern mit Doppelsteuerung umgerüstet und vier erhielten neue Motoren (Jupiter Sternmotoren).
F.B.27a Vimy Mk II: ein Prototyp (F-9569) mit Rolls-Royce Eagle VIII.
Vimy Mk III: zehn von RAE in Farnborough gebaute Maschinen (H651-H660); Fiat Motoren vorgesehen, jedoch Eagle Motoren eingebaut; die H651 von RAE zur Erprobung automatischer Landungen eingesetzt; neue Bezeichnung Vimy Mk II.
Vimy Mk IV: 25 von Westland in Yeovil mit Eagle Motoren gebaute Maschinen (H5065-H5089); sie erhielten die neue Bezeichnung Vimy Mk II.
Vimy Special: ein Prototyp (H9963); soll 1920 zur Torpedo-Erprobung verwendet worden sein; wahrscheinlich von Vickers gebaut.
Vimy Mk II: 10 von Vickers in Weybridge gebaute Maschinen (J7238-J7247); es waren die ersten nach dem Krieg (1923) bestellten Maschinen; zeitweilig auch Bezeichnung Vimy Mk IV.
Vimy MK II: 15 in den Jahren 1923/24 von Vickers mit Eagle VIII Motoren gebaute Maschinen (J7440-J7454); einige erhielten 1926 Jupiter oder Jaguar Sternmotoren.
Vimy Mk III: fünf in den Jahren 1924/25 von Vickers gebaute Maschinen (J7701-J7705); die meisten wurden 1927 überholt und mit neuen Motoren ausgerüstet.
Vimy Transatlantic: ein von Vickers gebautes Flugzeug; keine Registrierung; wurde zwischen April und Juni 1919 von Alcock und Brown geflogen; Eagle VIII Motoren, mehr Treibstoff.
Vimy (Civil): eine Maschine im Besitz der Firma, die sie zu Versuchszwecken verwendete (ihr wurde die Bezeichnung G-EAAR zugeteilt).
Vimy (Cape Flight): 'Silver Queen', eine Maschine (G-UABA), die von Van Ryneveld und Brand geflogen wurde, aber am 11. Februar 1920 in Korosko in Ägypten abstürzte; die 'Silver Queen' II war die Standardmaschine der RAF.
Typ 66 Vimy Commercial: ein Prototyp (K-107, später G-EAAV); Broome und Cockerell versuchten, damit zum Kap zu fliegen, aber die Maschine stürzte am 27. Februar 1920 ab.
Vimy Commercial: chinesische Exportversion; von Vickers wurden von April 1920 bis Februar 1921 insgesamt 40 Maschinen gebaut und nach China geschickt, wo sie für den Luftposttransport zwischen Peking und Tsinan eingesetzt werden sollten; nicht alle Maschinen wurden geflogen.
Vimy Commercial: zwei Flugzeuge; die G-EASI 'City of London' wurde von Instone und Imperial Airways geflogen, die F-ADER von Grands Express Aériens.
Vimy Commercial: ein Flugzeug mit Lion Motoren und Hochauftriebsflügeln; wurde als Vernon Prototyp verwendet; 1922 an die UdSSR verkauft.
Vimy Ambulance: fünf Flugzeuge (J6855, J6904, J6905, J7143 und J7144) mit Lion Motoren; spätere Umrüstung zu Vernon Maschinen.
Vernon Mk I: 20 Maschinen (J6864-J6883) mit Eagle VIII Motoren gebaut.
Vernon Mk II: 25 Maschinen (J6884-J6893, J6976-J6980 und J7133-J7142) mit Lion Motoren.
Vernon Mk III: 10 Maschinen (J7539-J7548) mit Lion III Motoren und zusätzlichen Flügeltanks.

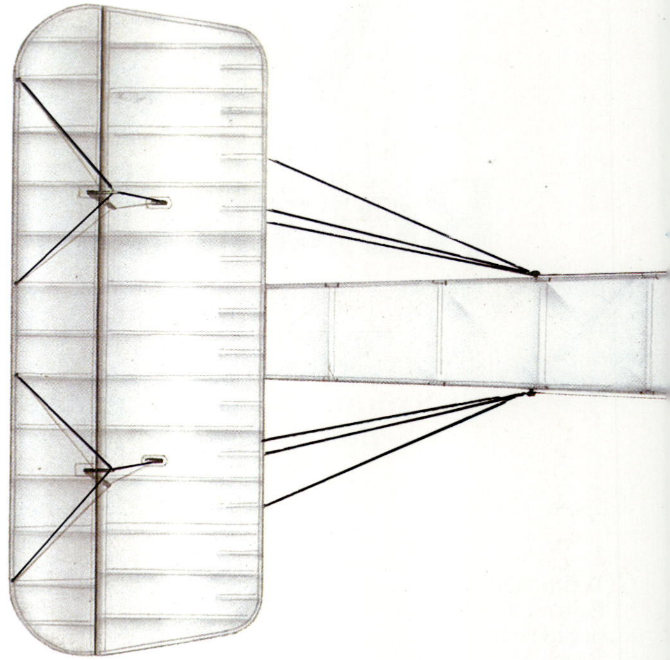

Die RAF erhielt den Vickers F.B.Mk 27 Vimy Bomber etwas zu spät, um ihn noch im Ersten Weltkrieg einsetzen zu können. Die Maschine wurde jedoch weiterhin produziert und war Anfang der zwanziger Jahre die Standardmaschine unter den schweren Bombern. Mehrere Flugzeuge wurden für den zivilen Einsatz verkauft und zu aufsehenerregenden Langstreckenflügen verwendet — u.a. die Überquerung des Atlantiks und der Flug von England nach Australien. Die Maschinen der RAF wurden hauptsächlich von der No. 45, 58, 70 und 216 Sqn und von der No. 4 Flying Training School im Nahen Osten eingesetzt. Sie wurden jedoch auch in Großbritannien von der No. 7 und 9 Sqn und 'D' Flight von der No. 100 Sqn geflogen, bevor diese Einheiten mit Virginia-Maschinen ausgerüstet wurden. Das abgebildete Flugzeug, die F3184, befand sich bei der No. 70 Sqn in Ägypten im Einsatz.

Vickers Vimy

Technische Daten der Vimy Mk IV (ab 1923 neue Bezeichnung Vimy Mk II)
Typ: schwerer Bomber.
Triebwerk: zwei wassergekühlte Rolls-Royce Eagle VIII V-12 Motoren von 360 PS (269 kW).
Leistung: Höchstgeschwindigkeit 166 km/h in Meereshöhe; Steigflugdauer auf 1.525 m 22 Minuten; Dienstgipfelhöhe 2.135 m; Reichweite bei 130 km/h 1.464 km.
Gewicht: Leergewicht 3.221 kg; max. Startgewicht 5.670 kg.
Abmessungen: Spannweite 20,75 m; Länge 13,27 m; Höhe 4,76 m; Tragflügelfläche 123,56 m^2.
Bewaffnung: zwei bis vier 7,7 mm Lewis Mk III MG (mit bis zu 12 Munitionstrommeln von je 97 Schuß) im Bug, auf dem Rücken und auf der Unterseite plus normale Bombenlast von bis zu 1.123 kg.

An dieser von der RAF für £6.300 gekauften Vickers Vimy Sanitätsmaschine J7143 fällt das Rote Kreuz im Nationalemblem auf. Die Napier Lion Motoren haben keine Haube, und die Maschine hat auch kein Bugrad mehr.

bern auf London, bei dem 162 Menschen getötet und 432 verletzt wurden) alle für das Royal Flying Corps bestellten schweren Bomber wieder abbestellte. Angesichts heftiger Proteste wurde dieser Entschluß jedoch rückgängig gemacht, und abgesehen von einer Neubestellung über 100 Handley Page O/400 wurden jetzt sowohl bei Handley Page Ltd. als auch bei Vickers Ltd. Prototypen neuer Flugzeuge in Auftrag gegeben.

Die von Reginald Kirshaw Pierson konstruierte Vickers F.B.27, von der drei Prototypen geordert wurden, sollten mit zwei luftgekühlten RAF 4d V-12 Motoren von 200 PS (149 kW) ausgerüstet werden. Diese Motoren standen aber nicht rechtzeitig zur Verfügung, so daß die erste Maschine, als sie am 30. November 1917 in Joyce Green von Captain Gordon Bell zum ersten Mal geflogen wurde, von zwei Hispano-Suiza Motoren von 200 PS (149 kW) angetrieben wurde.

Die Vimy (die nach einem Schlachtfeld im Ersten Weltkrieg benannt wurde) hatte eine dreiköpfige Besatzung (Pilot, ein MG- und Bombenschütze im Bug und ein MG-Schütze in zentraler Position). Sie war ein dreistieliger Doppeldecker mit oberem und unterem Flügel von gleicher Spannweite und dazwischen an Streben aufgehängten Motoren. Die Maschine hatte ein Doppeldeckerleitwerk mit zwei Seitenflossen und ein vierrädriges Fahrwerk sowie in der Mitte eine am Bug montierte Kufe. Die interne Bombenlast bestand aus zwölf 51 kg Bomben, die vertikal in der Rumpfmitte verstaut wurden. Später wurde sie jedoch auf acht 113 kg und vier 51 kg Bomben erhöht, und darüber hinaus wurden unter dem Rumpf weitere zwei 113 kg Bomben und unter den Mittelabschnitt der Flügel noch vier 104 kg Bomben mitgeführt. Die Vimy versetzte die Zuschauer in Martlesham Heath in Erstaunen, als sie bei nur halb so starker Motorleistung mit einer größeren Last startete als die O/400. Die Treibstoffkapazität betrug 418 Liter, und die Bewaffnung bestand aus vier 7,7 mm Lewis Mk III MG mit zwölf Munitionstrommeln von je 97 Schuß.

Nach der Erprobung in Martlesham Heath im Jahr 1918, in deren Verlauf die Hispano-Suiza Motoren durch Heißlaufen ständigen Ärger verursachten, wurde die B9952 nach Joyce Green zurückgesandt, um mit zwei wassergekühlten Salmson Sternmotoren von 260 PS (194 kW) ausgerüstet zu werden. Gleichzeitig wurde der V-Winkel der Tragflächen von 1 auf 2° erhöht. Der zweite Prototyp wurde im Februar 1918 geflogen und hatte einfache Höhen- und Querruder ohne Hornausgleich. Die Vierblattpropeller wurden von Sunbeam Maori Motoren von 260 PS (194 kW) angetrieben. Jede Motorgondel hatte ihre eigenen Instrumente auf der Innenseite, wo sie vom Cockpit aus gut zu sehen waren. Dieses Flugzeug wurde auch zum ersten Mal mit einer Rumpfkanone bestückt.

Die zweite Vimy (B9953) stürzte im Mai infolge eines Motorversagens ab. Ihre Nachfolgerin wurde die B9954, mit Fiat A-12bis Motoren von 300 PS (224 kW) in Gondeln mit achteckigem Querschnitt, die den für die Serienmaschinen verwendeten Gondeln ähnelten. Die hintere obere MG-Lafette war ein Lewis Scarff Doppelring, und die Treibstoffkapazität wurde auf 1.027 Liter erhöht. Auch dieses Flugzeug stürzte am 11. September in Martlesham ab, als der Pilot nach dem Start mit voller Bombenlast überzog und die Bomben daraufhin explodierten. Ein vierter Prototyp, der etwas später erschien, wurde von zwei Rolls-Royce Eagle VIII V-12 Motoren von 360 PS (269 kW) angetrieben.

Mit einem großen Teil der Produktion beauftragte Vickers Zulieferfirmen, doch wurden nach Kriegsende die meisten Aufträge storniert. Dennoch baute Vickers zwölf Flugzeuge in Crayford und 132 in Weybridge (die Produktion wurde erst 1924 eingestellt). Morgan & Co. in Leighton Buzzard produzierte ca. 40 Maschinen und Westland Aircraft in Yeovil weitere 25. Die Royal Aircraft Establishment in Farnborough baute ebenfalls zehn Flugzeuge.

Bis Ende Oktober 1918 hatte die RAF erst drei Flugzeuge abgenommen, wovon eines der Independent (Bombing) Force zur Verfügung gestellt wurde. Soweit bekannt ist, kam jedoch keine dieser Maschinen im Krieg zum Einsatz. Die Vimy wurde erst im Juli 1919 voll

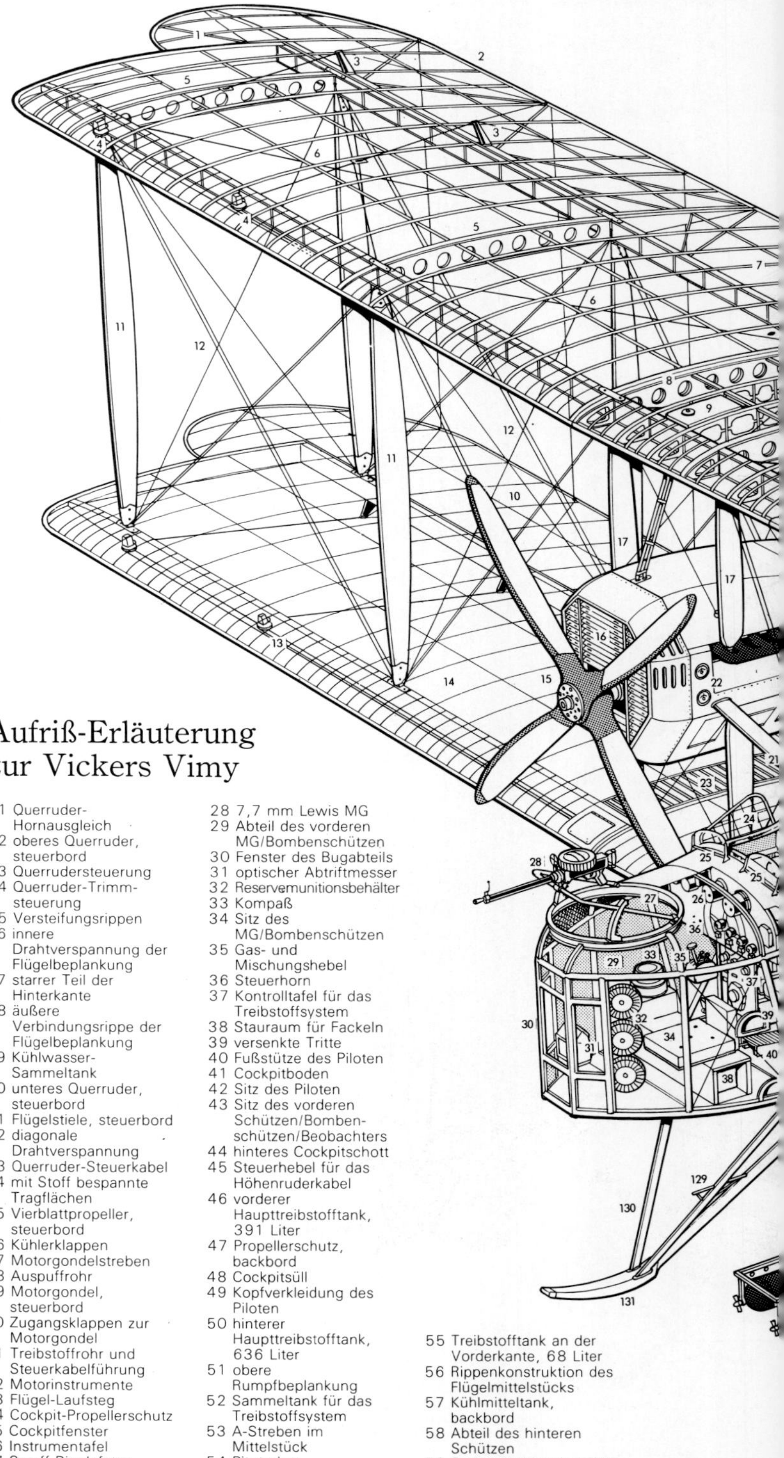

Aufriß-Erläuterung zur Vickers Vimy

1 Querruder-Hornausgleich
2 oberes Querruder, steuerbord
3 Querrudersteuerung
4 Querruder-Trimm-steuerung
5 Versteifungsrippen
6 innere Drahtverspannung der Flügelbeplankung
7 starrer Teil der Hinterkante
8 äußere Verbindungsrippe der Flügelbeplankung
9 Kühlwasser-Sammeltank
10 unteres Querruder, steuerbord
11 Flügelstiele, steuerbord
12 diagonale Drahtverspannung
13 Querruder-Steuerkabel
14 mit Stoff bespannte Tragflächen
15 Vierblattpropeller, steuerbord
16 Kühlerklappen
17 Motorgondelstreben
18 Auspuffrohr
19 Motorgondel, steuerbord
20 Zugangsklappen zur Motorgondel
21 Treibstoffrohr und Steuerkabelführung
22 Motorinstrumente
23 Flügel-Laufsteg
24 Cockpit-Propellerschutz
25 Cockpitfenster
26 Instrumentafel
27 Scarff Ringlafette
28 7,7 mm Lewis MG
29 Abteil des vorderen MG/Bombenschützen
30 Fenster des Bugabteils
31 optischer Abtriftmesser
32 Reservemunitionsbehälter
33 Kompaß
34 Sitz des MG/Bombenschützen
35 Gas- und Mischungshebel
36 Steuerhorn
37 Kontrolltafel für das Treibstoffsystem
38 Stauraum für Fackeln
39 versenkte Tritte
40 Fußstütze des Piloten
41 Cockpitboden
42 Sitz des Piloten
43 Sitz des vorderen Schützen/Bombenschützen/Beobachters
44 hinteres Cockpitschott
45 Steuerhebel für das Höhenruderkabel
46 vorderer Haupttreibstofftank, 391 Liter
47 Propellerschutz, backbord
48 Cockpitsüll
49 Kopfverkleidung des Piloten
50 hinterer Haupttreibstofftank, 636 Liter
51 obere Rumpfbeplankung
52 Sammeltank für das Treibstoffsystem
53 A-Streben im Mittelstück
54 Pitotrohre
55 Treibstofftank an der Vorderkante, 68 Liter
56 Rippenkonstruktion des Flügelmittelstücks
57 Kühlmitteltank, backbord
58 Abteil des hinteren Schützen
59 Ersatzmunitionsbehälter

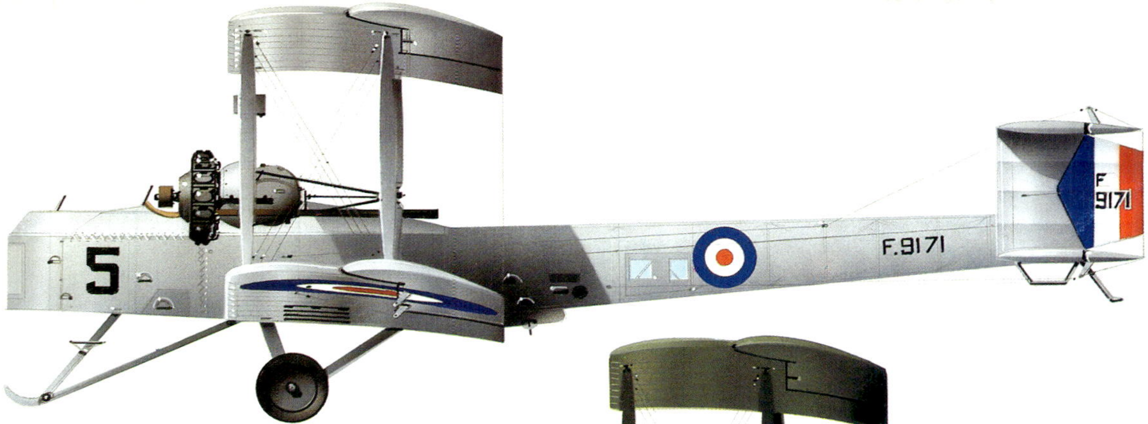

Links: **Die von Bristol Jupiter IV angetriebene Vimy F9171 wurde Ende der zwanziger Jahre von der No. 4 Flying Training School in Abu Sueir, Ägypten, geflogen. Die Maschinen wurden auf diese Motoren umgerüstet, nachdem sich herausgestellt hatte, daß die alten wassergekühlten Eagle — besonders in Ägypten — nicht zuverlässig genug waren.**

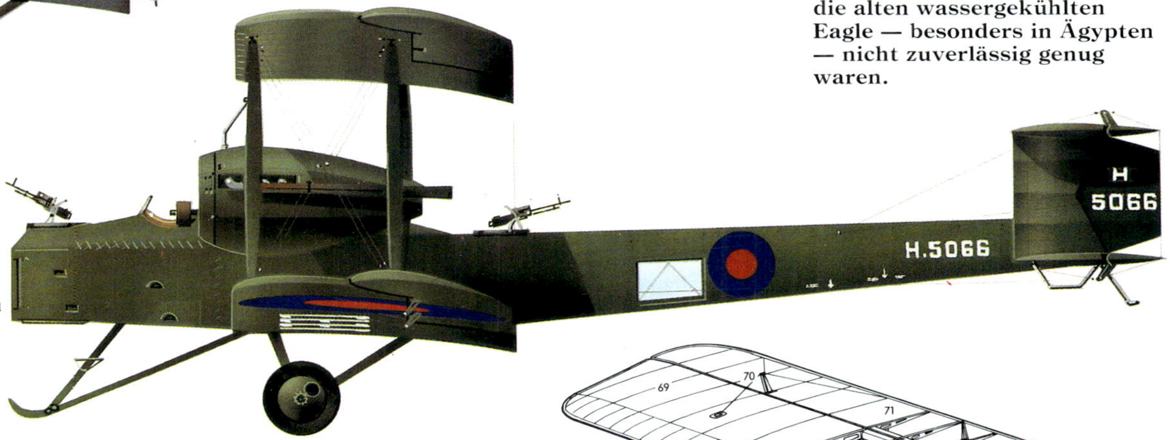

Rechts: **Bei den Westland Aircraft Works in Yeovil wurden 75 Vickers F.B.Mk 27A Vimy (manchmal als Mk II bezeichnet) bestellt, aber nur 25 Maschinen wurden gebaut. Die Maschinen sollten mit American Liberty-Motoren bestückt werden, aber schließlich entschied man sich doch für Rolls-Royce Eagle VIII Standardmotoren.**

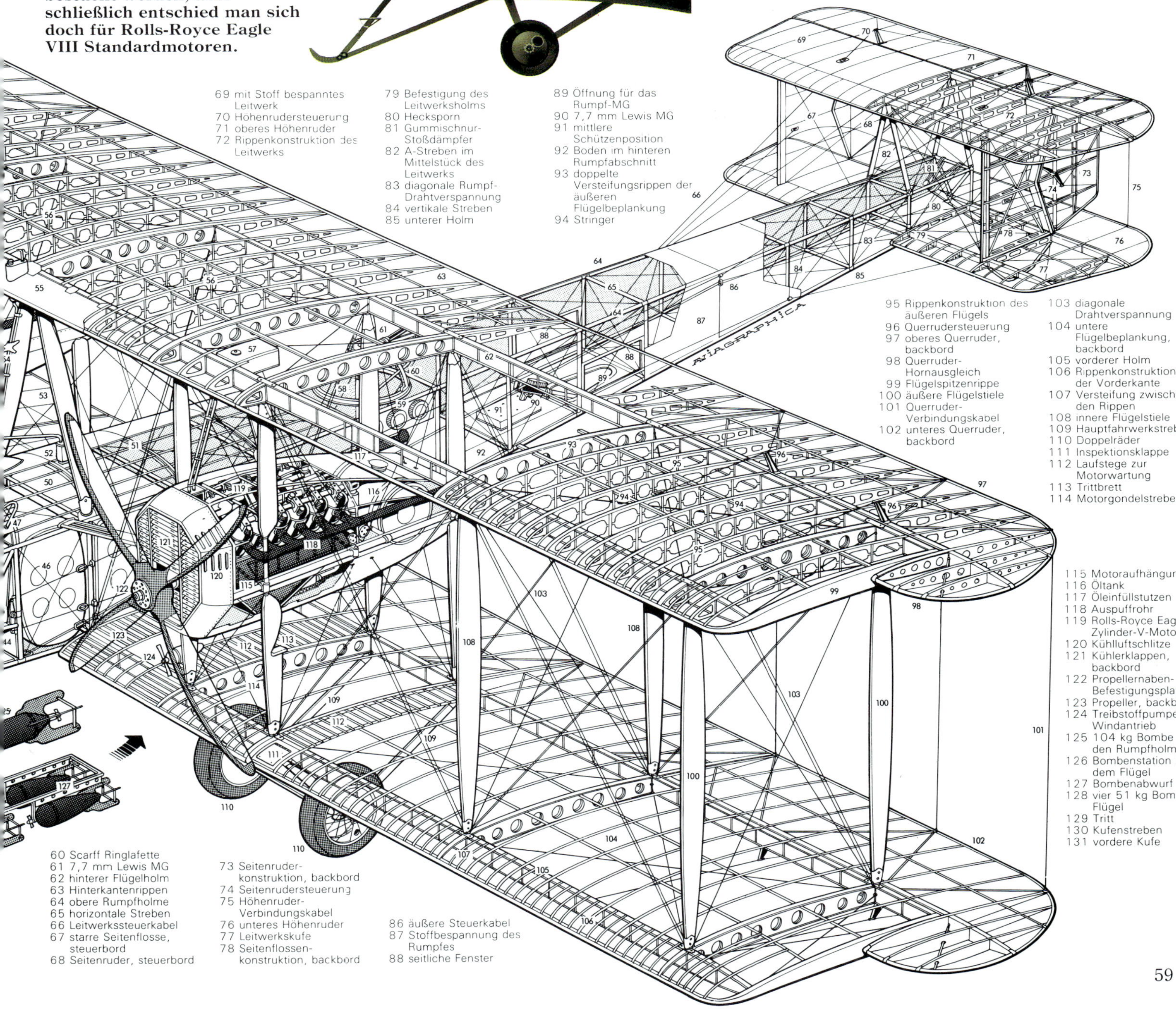

69 mit Stoff bespanntes Leitwerk
70 Höhenrudersteuerung
71 oberes Höhenruder
72 Rippenkonstruktion des Leitwerks
79 Befestigung des Leitwerksholms
80 Hecksporn
81 Gummischnur-Stoßdämpfer
82 A-Streben im Mittelstück des Leitwerks
83 diagonale Rumpf-Drahtverspannung
84 vertikale Streben
85 unterer Holm
89 Öffnung für das Rumpf-MG
90 7,7 mm Lewis MG
91 mittlere Schützenposition
92 Boden im hinteren Rumpfabschnitt
93 doppelte Versteifungsrippen der äußeren Flügelbeplankung
94 Stringer
95 Rippenkonstruktion des äußeren Flügels
96 Querrudersteuerung
97 oberes Querruder, backbord
98 Querruder-Hornausgleich
99 Flügelspitzenrippe
100 äußere Flügelstiele
101 Querruder-Verbindungskabel
102 unteres Querruder, backbord
103 diagonale Drahtverspannung
104 untere Flügelbeplankung, backbord
105 vorderer Holm
106 Rippenkonstruktion an der Vorderkante
107 Versteifung zwischen den Rippen
108 innere Flügelstiele
109 Hauptfahrwerkstreben
110 Doppelräder
111 Inspektionsklappe
112 Laufstege zur Motorwartung
113 Trittbrett
114 Motorgondelstreben
115 Motoraufhängung
116 Öltank
117 Öleinfüllstutzen
118 Auspuffrohr
119 Rolls-Royce Eagle 12 Zylinder-V-Motor
120 Kühlluftschlitze
121 Kühlerklappen, backbord
122 Propellernaben-Befestigungsplatte
123 Propeller, backbord
124 Treibstoffpumpe mit Windantrieb
125 104 kg Bombe unter den Rumpfholmen
126 Bombenstation unter dem Flügel
127 Bombenabwurf
128 vier 51 kg Bomben pro Flügel
129 Tritt
130 Kufenstreben
131 vordere Kufe
60 Scarff Ringlafette
61 7,7 mm Lewis MG
62 hinterer Flügelholm
63 Hinterkantenrippen
64 obere Rumpfholme
65 horizontale Streben
66 Leitwerkssteuerkabel
67 starre Seitenflosse, steuerbord
68 Seitenruder, steuerbord
73 Seitenruder-konstruktion, backbord
74 Seitenrudersteuerung
75 Höhenruder-Verbindungskabel
76 unteres Höhenruder
77 Leitwerkskufe
78 Seitenflossen-konstruktion, backbord
86 äußere Steuerkabel
87 Stoffbespannung des Rumpfes
88 seitliche Fenster

Die Vickers befand sich von 1918 bis 1933 im Einsatz. Diese Maschine war 1921 im Dienst bei der No. 70 Sqn in Heliopolis.

einsatzfähig, als sie nämlich die Handley Page 0/400 bei No. 58 (Bomber) Squadron und im Februar des folgenden Jahres auch bei der 70 (Bomber) Squadron in Heliopolis, Ägypten, ersetzte.

Zu den Serienversionen der Vimy zählten die Vimy Mk II mit Sunbeam Maori Motoren von 280 PS (209 kW), die Vimy Mk III mit Fiat A-12bis V-12 Motoren von 310 PS (231 kW) und die Vimy Mk IV mit Rolls-Royce Eagle VIII Motoren von 360 PS (269 kW). Nachkriegstrainer wurden mit Bristol Jupiter IV Sternmotoren von 420 PS (313 kW), Jupiter VI Sternmotoren von 450 PS (336 kW) oder Armstrong Siddeley Jaguar IV Sternmotoren von 420 PS (313 kW) ausgerüstet. Speziell für den Einsatz bei der No. 216 Squadron im Nahen Osten wurden drei Sanitätsflugzeuge gebaut.

Die Vimy leisteten der RAF lange Zeit gute Dienste. Die Standardmaschine der No. 216 Squadron wurde zwischen 1923 und August 1926 für den Luftpostverkehr zwischen Kairo und Bagdad eingesetzt, so daß die Post innerhalb von zwei Tagen — gegenüber den vorher benötigten 16 Tagen — zugestellt werden konnte. In Großbritannien selbst bildeten die Vimy der No. 7 Squadron zwischen Juni 1923 und März 1924 die gesamte RAF Flotte an schweren Bombern.

Drei Vimy gingen 1923 an die Night-Flying Flight (Nachtflieger-Einheit) in Biggin Hill, wo sie bei Manövern der Flugabwehr für die Suchscheinwerfer und Flak als Ziele dienten, und während des Generalstreiks von 1926 wurden sie für die Verteilung der Notausgabe der 'British Gazette', eines Nachrichtenblattes der Regierung, eingesetzt. Die mit Jupiter- und Jaguar-Motoren bestückten Versionen wurden zur Verwendung von Flugschulen und als Fallschirmtrainer in Henlow mit neuen Motoren ausgerüstet. Die Vimy der No. 502 Squadron blieben bis 1929 im Einsatz, als sie durch Handley Page Hyderabad ersetzt wurden, und bei den FTS (Flight Training Schools) in Großbritannien wurden die Vimy sogar bis 1931 verwendet. Das letzte Flugzeug (H657) diente bei der No. 4 FTS in Abu Sueir in Ägypten bis 1933, und die Piloten, die die Maschine flogen, behaupteten, daß sie selbst dann noch genauso robust und zuverlässig gewesen sei wie in ihren jungen Tagen.

Die Vimy bewährten sich als die besten Trainingsmaschinen im Nahen Osten. Sie waren mehrere Jahre lang bei No. 4 FTS in Abu Sueir, Ägypten, im Einsatz. Das hier abgebildete Flugzeug hat Eagle-Motoren.

Die Bezeichnungen für die Vimy-Versionen waren sehr kompliziert, und obwohl man 1923 versuchte, das System zu vereinfachen, gab es 1925 bereits wieder unzählige halboffizielle Bezeichnungen, die durch Benennungen wie Vimy Reconditioned Mk I, Vimy Reconditioned Mk II, Vimy Reconditioned Mk III School und Vimy Production School noch verwirrender erschienen.

Zu den vorgesehenen Versionen gehörte schließlich noch eine Vimy, die auf Wunsch der Regierung der Vereinigten Staaten im Jahr 1918 mit Liberty 12 V-12 Motoren von 400 PS (298 kW) ausgerüstet werden sollte, um danach eventuell in den USA produziert zu werden (für einige RAF Maschinen waren ebenfalls Liberty-Motoren verlangt worden). Als die Maschine jedoch in Joyce Green für den Flug vorbereitet wurde, fing sie Feuer und wurde dabei zerstört. Pläne für diesen Typ wurden dann im Jahr 1919 endgültig aufgegeben.

Großartige Flugleistungen

Vor dem Ersten Weltkrieg hatte die Daily Mail einen Preis in Höhe von £10.000 für die erste Überquerung des Atlantiks im Nonstop-Flug ausgesetzt. Die Landung durfte an einem beliebigen Ort der Britischen Inseln erfolgen. Mehrere Piloten (besonders Fred Raynham) hatten bereits Vorbereitungen für diesen Flug getroffen, doch der Krieg kam dazwischen, so daß bis zum Zeitpunkt des Waffenstillstands immer noch niemand den Preis gewonnen hatte. Im Mai 1919 schließlich flog Lieutenant Commander A. C. Read von der US Navy eine American Curtiss NC-4 von New York nach Plymouth (mit Zwischenlandungen auf den Azoren und in Lissabon), und etwa um dieselbe Zeit schlug ein Versuch, den Flug nonstop durchzuführen, fehl, als Harry Hawker und Lieutenant Commander K. F. Mackenzie-Grieve in einem Sopwith Doppeldecker mitten über dem Meer zur Landung gezwungen und wie durch ein Wunder gerettet wurden.

Inzwischen war in Großbritannien von Captain John Alcock und Lieutenant Arthur Whitten-Brown eine speziell ausgerüstete Vimy, die der Firma gehörte, getestet worden. Alle militärischen Ausrüstungen waren ausgebaut worden, so daß man zusätzlichen Raum für den Treibstofftank erhielt; das Fassungsvermögen war jetzt auf 3.932 Liter erhöht. Die Eagle VIII Standardmotoren hatte man beibehalten. Nach einigen Probeflügen wurde die Vimy auseinandergebaut und nach Neufundland versandt, wo sie auf dem Flugplatz Quidi Vidi in der Nähe von St. John's wieder zusammengebaut wurde. Dieser Flugplatz erwies sich jedoch als ungeeignet für den Start der schwer beladenen Maschine, die daher nach Lester's Field geschickt wurde. Alcock und Brown starteten am 14. Juni 1919 um 16.13 Uhr (MGZ = Mittlere Greenwich Zeit) und ließen die neufundländische Küste 15 Minuten später hinter sich zurück. Der 3.042 km lange Flug wurde größtenteils bei Dunkelheit durchgeführt. Um 08.40 Uhr am folgenden Morgen landete die Vimy in Derrygimla Bog, Clifden, County Galway, in Irland. Die beiden Marineoffiziere wurden in London begeistert empfangen und erhielten den Daily Mail-Preis von £10.000. Die Vimy, die sich bei der Landung auf weichem Boden überschlagen hatte, wurde repariert und dann dem Science Museum in South Kensington übergeben.

Der Flug der australischen Brüder Captain Ross Smith und Lieutenant Keith Smith mit Sergeant W. H. Shiers und Sergeant J. M. Bennett (alle von der Australian Air Force) von Großbritannien nach Australien stand zwar im Schatten der von Alcock und Brown vollbrachten Glanzleistung, verdient es aber, als eine der größten Leistungen im Langstreckenflug anerkannt zu werden. Ihre Maschine, eine in Weybridge gebaute Vimy (F8630), trug die Registrierung G-EAOU (und den Spitznamen 'God 'elp all of us' = 'Gott helfe uns allen'). Sie wurde für den Flug vorbereitet, als die australische Regierung den ersten Australiern, denen es noch vor Jahresende (1919) gelingen würde, innerhalb von 30 Tagen von Großbritannien nach Australien zu

Der Name, den die Australier Ross und Keith Smith ihrer Vimy G-EAOU gaben — 'God 'elp all of us' (Gott helfe uns allen) — ehe sie im November/Dezember 1919 zum ersten Flug von England nach Australien aufbrachen, zeugt von Galgenhumor.

fliegen, einen Preis von 10.000 australischen Pfund bot. Bei der Planung des Fluges mußte auch für genügend Treibstoff und andere Vorräte an den einzelnen Landestellen gesorgt werden, denn ab Kalkutta war die Route noch so gut wie unerprobt.

Die Vimy startete am 12. November um 08.00 Uhr in Hounslow, Middlesex, (nahe dem heutigen Flughafen Heathrow) und erreichte Darwin schließlich am 10. Dezember um 16.00 Uhr, nachdem sie sich erfolgreich durch Tropenstürme durchgekämpft hatte und laufend Reparaturen unterzogen werden mußte, eine Aufgabe, die unterwegs von den beiden Flugmechanikern erfüllt wurde. Der 17.912 km lange Flug nahm bei einer reinen Flugzeit von 135 Stunden und 55 Minuten nicht ganz 28 Tage in Anspruch.

Der dritte große Flug wurde für einen von der Daily Mail ausgesetzten Preis von £10.000 von Lieutenant Colonel Pierre Van Ryneveld und Major Christopher Quintin (später Air Vice-Marshal Sir Quintin) Brand von England nach Kapstadt durchgeführt, zu dem auch ein Flug von Kairo zum Kap gehörte. In einer Vimy (G-UABA) namens 'Silver Queen' starteten Van Ryneveld und Brand am 4. Februar 1920 von Brooklands und landeten sicher in Heliopolis. Nach Einbruch der Dunkelheit brachen sie von dort am 10. Februar wieder auf. Am nächsten Tag kam es 130 km vor Wadi Halfa zu einer Bruchlandung der Maschine, nachdem einer der Motoren heißgelaufen war. Die RAF in Heliopolis stellte leihweise eine zweite Vimy ('Silver Queen II') zur Verfügung, und dieses Flugzeug erreichte sicher Bulawajo in Südrhodesien, wurde dann aber schwer beschädigt, nachdem es ihm nicht gelang, in glühender Hitze und großer Höhe wieder zu starten. Die beiden Piloten erreichten Kapstadt schließlich in einer geborgten de Havilland D.H.9 und erhielten anschließend als Preis je £5.000 von der südafrikanischen Regierung.

Die Vimy Commercial und Vernon

Im Vickers-Werk in Bexleyheath wurde eine erheblich modifizierte Version der Vimy gebaut, die am 13. April 1919 mit Stan Cockerell in Joyce Green ihren Erstflug hatte. Sie war zunächst als die Monocoque bekannt (monocoque = Schalenbauweise), wurde dann aber mit weit vergrößertem Rumpf von großzügigem ovalen Querschnitt, in dem auf gepolsterten Leder- oder Rohrstühlen zehn Passagiere Platz fanden, Vimy Commercial genannt. Im hinteren Frachtraum von 8,5 m^3 konnten 1.134 kg Gepäck untergebracht werden. Auf den Prototyp, dessen Registrierung zuerst K-107 und später G-EAAV lautete, folgten drei Serienmaschinen, von denen eine (mit Napier Lion Motoren von 450 PS/336 kW) und später Lorraine Dietrich-Motoren von 400 PS/298 kW) von der französischen Fluggesellschaft Grands Express Aériens gekauft wurde. Auch die chinesische Regierung bestellte 40 Commercial als Grundstock für die zivile Luftfahrt Chinas. Es scheint jedoch, daß nicht alle diese Maschinen später auch geflogen wurden. Die anderen beiden in Großbritannien registrierten Flugzeuge, G-EASI und G-EAUL, wurden für einige der ersten Linienflüge der Fluggesellschaft S. Instone & Co. in Europa eingesetzt. Die G-EASI wurde später an Imperial Airways verkauft, und die G-EAUL wurde nach China verfrachtet.

Die letzte Vimy Commercial, die gebaut wurde, hatte Flügel von hohem Auftrieb und Lion Motoren. Sie war im Grunde der Prototyp einer für die RAF entwickelten Transportversion und wurde schließlich im September 1922 an die UdSSR verkauft. 1924 wurde sie dann von der Roten Luftflotte an die russische Fluggesellschaft Dobrolet verliehen.

Diese RAF Version stammte von einer als Sanitätsflugzeug umgebauten Vimy Commercial ab, in der außer einer zweiköpfigen Besatzung auch vier Verwundete auf Tragbahren und zwei Sanitäter Platz fanden. Insgesamt fünf dieser Sanitätsflugzeuge mit Lion Motoren wurden gebaut, und daraus wiederum entwickelte man das Militärtransportflugzeug Vernon. 20 Vernon Mk I (Eagle VIII-Motoren), 25 Vernon Mk II (Lion-Motoren) und zehn Vernon Mk III (mit zusätzlichen Flügeltanks und Lion III-Hochverdichtungsmotoren) wurden gebaut. Diese Maschinen waren von März 1922 bis Januar 1927 bei der No. 45 und 70 Squadron der RAF im Nahen Osten im Einsatz. Die Vernon wurden zu einem Lieferpreis von je £12.100 (einschließlich £5.900 für die Motoren) produziert und konnten im Einsatz elf Soldaten und eine dreiköpfige Besatzung aufnehmen.

Zur Vimy-Serie gehörten auch (die Prototypen ausgenommen) fünf Vimy Sanitätsflugzeuge, 44 Vimy Commercial und 55 Vernon. Die Gesamtproduktion bestand aus 336 Maschinen, darunter 232 Vimy.

Die Vimy, mit der Alcock und Brown den Atlantik überquerten, wurde speziell für diesen Flug gebaut. Sie hatte über dem mittleren Rumpfteil eine lange gewölbte Verkleidung, die zusätzliche Treibstofftanks enthielt.

Die berühmten Australier Captain Ross Smith, Lieutenant Keith Smith, Sergeant J. M. Bennett und Sergeant W. H. Shiers sieht man hier vor einer Vimy in Brooklands vor ihrem Flug von England nach Australien.

Airco D.H.4 und D.H.9

Frühe strategische Bomber

Geoffrey de Havilland hatte ein besonderes Talent für die Produktion von Flugzeugen, die genau einer speziellen Spezifikation entsprachen. Im Ersten Weltkrieg brauchte Großbritannien einen Bomber und Aufklärer, der dem Royal Flying Corps auch eine strategische Bombardierung ermöglichen würde. Das Flugzeug, das diese Anforderung erfüllte, war die D.H.4

Die D.H.4 war ein gut durchdachter einstieliger Doppeldecker aus Fichten- und Eschenholz mit Stoffbespannung, außer am vorderen Rumpfabschnitt, der mit Sperrholz beplankt war. Der Pilot saß unter dem Mittelflügel, der Schütze befand sich hinter ihm, und zwischen beiden war der 273 Liter fassende Treibstofftank untergebracht. Während der Einführung dieses Typs bereitete nur das Triebwerk ein Problem. Der ursprüngliche Prototyp der D.H.4 besaß einen neuen BHP Testmotor, der etwas mehr als 200 PS (149 kW) entwickelte und auch die Serienmaschinen antrieb. Die D.H.4 war ein so vielversprechendes Flugzeug, daß schon im Prototypstadium 50 Serienmaschinen bestellt wurden. Das Flugverhalten des Prototyps erwies sich bereits beim Erstflug als so hervorragend, daß möglichst bald viele Maschinen zum Einsatz kommen sollten. Das zweite Flugzeug wurde bei seinem Erstflug von einem 250 PS (186 kW) Rolls-Royce Motor angetrieben. Das Fahrwerk und die mittleren Flügelstiele waren inzwischen etwas modifiziert worden, der Pilot saß jetzt an einer anderen Stelle, und der Schütze verfügte über ein schwenkbares MG. Andere Motoren späterer Serienmaschinen waren der RAF 3a von 200 PS (149 kW), der Siddeley Puma von 230 PS (172 kW) (eine Version des BHP), der Fiat A-12 von 260 PS (194 kW) und der 250 PS (186 kW) Rolls-Royce, der spätere Eagle. Weil es nicht genügend Motoren gab, waren die meisten der ersten Serienmaschinen mit einem RAF 3a bestückt. Schließlich wurde aber der Eagle VIII Motor von 375 PS (280 kW) eingebaut, der ein höheres Fahrwerk und einen größeren Propeller benötigte.

Die ersten einsatzfähigen Maschinen erhielt die No. 55 Squadron des Royal Flying Corps (RFC) in Frankreich. Diese Einheit flog am 6.

Diese D.H.9A der No. 8 Sqn startet im Nahen Osten zu einem Patrouillenflug. Der Pilot und der Beobachter sitzen sehr eng beisammen, damit sie sich besser verständigen können. Das war gegenüber den ersten D.H.4 eine erhebliche Verbesserung.

Diese Airco D.H.4 befand sich bei der No. 2 Sqn RNAS im Einsatz. Die Maschinen, die im Ersten Weltkrieg in Bergues und Varssenaere stationiert waren, führten bis zum Waffenstillstand über Belgien Bombenangriffe und Aufklärungsaufgaben durch.

April 1917 von Fienvilliers aus nach Valenciennes, um die Stadt zu bombardieren. Das Flugzeug stellte einen großen Fortschritt gegenüber früheren Bombern dar, da es eine größere Dienstgipfelhöhe hatte, in 4.570 m Höhe eine Höchstgeschwindigkeit von über 160 km/h erreichte und im Formationsflug über eine mächtige Feuerkraft verfügte, so daß es diese Maschinen leicht mit den deutschen Jägern aufnehmen konnten, die für den Kampf in großen Höhen nicht gut ausgerüstet waren. Zu Beginn ihrer Laufbahn konnte die D.H.4 daher auch ohne Jägerbegleitung weit hinter der Front operieren. Dabei war der einzige Nachteil die Lage des Treibstofftanks zwischen dem Piloten und dem Schützen, wodurch eine Verständigung fast unmöglich war, und bei einem Treffer hatten die beiden keine Chance. Das brachte der Maschine den Spitznamen 'The Flaming Coffin' ('Der brennende Sarg') ein. Immer mehr Staffeln wurden jetzt mit diesen Flugzeugen ausgerüstet. Im Mai ging die D.H.4 an die No. 57, im Juni an die No. 18 und im Juli an die No. 25 Squadron, und alle neu nach Frankreich entsandten Einheiten waren von Anfang an mit D.H.4 ausgerüstet.

Auch der Royal Naval Air Service (RNAS) hatte das Flugzeug bestellt. Diese Version baute Westland in Yeovil mit einem Eagle Motor, zwei vorwärtsfeuernden Vickers MG, anstelle von nur einem, und einem Scarff-Ring für den Beobachter/Schützen. Die Flugzeuge des RNAS gingen zuerst an die No. 2 Squadron und gleichzeitig auch an die No. 55 Squadron. Anschließend erhielten die No. 5, 6 und 17 Squadron ihre D.H.4. Alle diese Einheiten waren im nördlichen Abschnitt der Westfront stationiert und wurden nicht nur für Bombenangriffe, sondern auch für vielerlei andere Aufgaben eingesetzt, darunter die Unterstützung von Schiffen beim Erfassen von Zielen, Aufklärungsaufgaben und Bildaufnahmen. Ihre Bombenziele waren hauptsächlich Marineanlagen in Ostende und Zeebrügge. Eine einmalige Leistung einer bei der No. 17 Squadron, bzw. nach der Neunumerierung No. 217 Squadron, eingesetzten D.H.4 war das Versenken eines U-Boots vor der belgischen Küste am 12. August 1918. Die Maschinen des RNAS wurden von Küsten-Abwehrstationen aus auch zu Patrouillenflügen über der Nordsee eingesetzt, und über Großbritannien kämpften sie gelegentlich gegen Zeppeline. Eine von Major E. Cadbury geflogene D.H.4, die in Great Yarmouth stationiert war, schoß am 5. August 1918 etwa 65 km von der Küste entfernt über der Nordsee den Zeppelin L70 ab. Um die D.H.4 für solche Aufgaben besser auszurüsten, wurde daraufhin in Felixstowe eine Schwimmer-Version modifiziert und erprobt, aber es kam nie zu einer serienmäßigen Produktion dieser Variante.

Die F5764 war ursprünglich eine von 100 D.H.4, die zur Aufnahme von zwei Passagieren in der umschlossenen Kabine in D.H.4A umgerüstet wurden. Etwa fünf solche Flugzeuge befanden sich bei der RAF im Einsatz, und darüber hinaus gab es noch neun zivile Umrüstungen.

Mike Hooks

Eine Airco D.H.4A der belgischen Fluggesellschaft SNETA, die ihre kontinentalen Routen mit dem Vorläufer dieses Modells, der Airco D.H.4, eröffnet hatte. Die Aufnahme stammt aus dem Jahre 1921.

Die D.H.4 bildete nicht nur einen Teil der Independent Air Force, der ersten strategischen Bomber-Luftstreitmacht der Welt, sondern kam in beschränktem Umfang auch im Ausland im Kampf zum Einsatz, wie zum Beispiel in Italien und im Ägäischen Meer.

Die Amerikaner interessierten sich sehr für die D.H.4, weil sie selbst kein vergleichbares Flugzeug besaßen. Sie hatten aber einen hervorragenden neuen Motor, den Liberty 12, der 400 PS (298 kW) entwickeln konnte. Deshalb beschlossen sie, die D.H.4 in Amerika zu bauen. Da die Amerikaner gut auf die Serienproduktion vorbereitet waren, gab es Ende 1918 etwa 4.587 American DH-4 (wie der Typ in den USA genannt wurde), dreimal mehr, als in Großbritannien produziert worden waren. In England befand sich die D.H.4 nach dem Waffenstillstand nicht mehr lange im Einsatz bei der RAF. Sie wurde dort zuerst durch die D.H.9 und später durch die D.H.9A ersetzt. Viele Flugzeuge wurden auch an andere Länder des Commonwealth geliefert, damit diese im Rahmen des sogenannten 'Imperial Gift Scheme' ('Geschenkprogramm des Empire') eigene Luftstreitkräfte gründen konnten. Die Maschinen, die nach Kanada geschickt wurden, erfüllten mehrere nützliche Aufgaben, besonders über den großen Wäldern, wo sie als Einsitzer Brandpatrouillen flogen. Viele D.H.4 kamen auch auf Postrouten zum Einsatz, wo sie bis 1928 gute Dienste leisteten. Nach dem Krieg verkaufte Großbritannien D.H.4 nach Belgien, Persien und Spanien. In den USA war die DH-4 nach dem Ersten Weltkrieg besonders erfolgreich, weil die Regierung für neue Flugzeuge keine Gelder mehr bewilligte, sondern nur für die Umrüstung bereits vorhandener Maschinen Mittel zur Verfügung stellte. Da es damals in Amerika 4.846 DH-4 gab, boten sich ungeheure Möglichkeiten, und weil die Amerikaner schon immer gut im Adaptieren waren, entstanden insgesamt 60 verschiedene Versionen der DH-4. Vie-

Technische Daten der Airco D.H.4 (Eagle VIII)
Typ: zweisitziger Bomber.
Triebwerk: ein wassergekühlter Rolls-Royce Eagle VIII Zwölfzylinder-V-Kolbenmotor von 375 PS (280 kW).
Leistung: Höchstgeschwindigkeit 230 km/h in Meereshöhe; Reisegeschwindigkeit ca. 175 km/h; Steigflugdauer auf 4.572 m 16 min 30 sek; Dienstgipfelhöhe 6.700 m; Höchstflugdauer 7 Stunden 45 Minuten.
Gewicht: Leergewicht 1.083 kg; Startgewicht (ohne Außenlasten) 1.575 kg oder (mit zwei Bomben) 1.784 kg.
Abmessungen: Spannweite 12,92 m; Länge 9,35 m; Höhe 3,35 m; Tragflügelfläche 40,32 m².
Bewaffnung: ein vorwärtsfeuerndes 7,7 mm Vickers MG; ein einfaches oder Zwillings-Lewis-MG vom gleichen Kaliber auf dem Scarff-Ring des Beobachters; unter dem Flügel Bomben oder andere Waffen.

Airco D.H.4

Die besten Airco D.H.4 waren zweifellos die mit einem Eagle VIII von 375 PS (280 kW) ausgerüsteten Maschinen. Es gab aber nicht viele Motoren dieses Typs, dazu waren sie auch sehr teuer, deshalb wurden noch andere Fabrikate verwendet. Die meisten Maschinen hatten einen RAF 3a, einen wassergekühlten Zwölfzylinder-V-Motor von nur 200 PS (149 kW), den die Royal Aircraft Factory herstellte. Die A7712 war eine der mit einem solchen Motor ausgerüsteten Maschinen. Sie wurde im Sommer 1917 von Airco gebaut und an die No. 18 Sqn RFC geliefert, die, wie die No. 49 Sqn, ab Juni 1917 nur die von einem RAF Motor angetriebene Version benutzte. Der vordere Kühler wurde von oben nach unten etwas schmäler (umgekehrt wie bei der BHP Version) und hatte nur ein Auspuffrohr.

Weil die Amerikaner im Ersten Weltkrieg nicht genügend geeignete Flugzeuge hatten, produzierten sie die D.H.4 als ihr 'Liberty Plane'. Drei Firmen bauten insgesamt 4.846 Maschinen. Diese DH-4B befand sich bei der 168th Aero Squadron, die zur amerikanischen Expeditionary Force in Frankreich gehörte, im Einsatz. Insgesamt waren 13 amerikanische Einheiten mit diesem Typ ausgerüstet.

le dieser Maschinen befanden sich sogar zehn Jahre später immer noch im Einsatz. Die DH-4 diente der US Army, der US Navy und dem US Marine Corps als Bomber, Trainer und Transportflugzeug, und mehrere Jahre lang war sie die wichtigste Maschine im Luftpostdienst des US Postal Service. Auch im Jahr 1929 befanden sich noch DH-4 im Bestand der amerikanischen Streitkräfte, viele erfüllten jedoch inzwischen zivile Aufgaben.

In Großbritannien tauchten auch zivile Versionen der D.H.4 auf, denn selbst als der Krieg zu Ende war, wurden noch viele neue Flugzeuge produziert. Die D.H.4 hatte ein Flugwerk, das sich für verschiedene Aufgaben eignete. Der Typ wurde im Jahr 1919 von Aircraft Transport and Travel bei Flügen auf den Kontinent eingesetzt, bis bessere Flugzeuge zur Verfügung standen. Andere Maschinen wurden nach Australien geliefert, wo einige im gerade eröffneten Luftpostverkehr von Qantas eingesetzt wurden, und eines dieser Flugzeuge wurde 1934 immer noch zu Vergnügungsflügen benutzt. Die erste belgische Fluggesellschaft, SNETA, eröffnete mit vier D.H.4 ihre kontinentalen Routen, aber in Belgien blieben die D.H.4 nicht lange im Einsatz.

Eine D.H.4 wurde erheblich modifiziert. Das Flugzeug verwandelte sich in einen einstieligen Doppeldecker mit einer ganz kurzen unteren Tragfläche. In dieser Form war es mit einem neuen Napier Lion Motor das D.H.4R Rennflugzeug, das im Aerial Derby am 21. Juni 1919 mit 208,08 km/h einen neuen britischen Geschwindigkeitsrekord über einen Rundkurs aufstellte. Später erreichte die Maschine sogar eine Geschwindigkeit von 241 km/h. Dieses und andere D.H.4 Zivilflugzeuge waren einmalige Umrüstungen der neuen Besitzer dieser Maschinen. Sie unterschieden sich hauptsächlich durch eine neue Anordnung der Heckposition (Position des Beobachters), die durch eine andere Sitzanordnung erzielt wurde. Im Jahr 1919 gab es jedoch auch eine offizielle zivile Umrüstung der D.H.4, die als die D.H.4A bekannt war. Sie entstand, weil die No. 86 (Communications) Wing der RAF für ihre Passagierflüge über den Kanal zur Zeit des Waffenstillstands D.H.4 Maschinen benutzte, mit denen Beamte, Militärattachés, Parlamentsmitglieder und Minister hin- und herreisten. Einer dieser Kabinettsminister, Mr. Bonar Law, drängte auf den Bau einer modifizierten Version zur Unterbringung der Passagiere in einer Kabine. Daraus entstand dann eine wichtige neue Variante, denn mit der Kabine, die aus Sperrholz bestand und Fenster besaß, befand sich das Schwergewicht viel weiter hinten, so daß die obere Haupttragfläche ebenfalls weiter nach hinten verlegt werden mußte. Das bedeutete, daß die Tragflächen jetzt nicht mehr gestaffelt angeordnet waren. Diese Maschine war die D.H.4A, und mindestens acht Flugzeuge erhielten diese Konfiguration. Sie wurden bei der No. 2 (Communications) Squadron der auf der Route zwischen Kenley und Buc eingesetzten Gruppe in Dienst gestellt und blieben im regulären Einsatz, bis diese Einheit im September 1919 aufgelöst wurde, weil sich der Betrieb nicht mehr lohnte.

Die übrigen Flugzeuge kaufte Handley Page Ltd. Die Firma begann auch sofort, sie zum Einsatz auf ihren geplanten Routen vorzubereiten. Gleichzeitig wurden vier ganz neue D.H.4 in D.H.4A Maschinen umgerüstet und an Aircraft Transport and Travel verkauft. Eines dieser Flugzeuge nimmt in der Geschichte der britischen Luftfahrt einen besonderen Platz ein, denn es eröffnete den kommerziellen Verkehr über den Ärmelkanal mit nur einem Passagier und Fracht, die aus Zeitungen, Rebhühnern, Sahne aus Devon und Leder bestand. AT&T setzte den Verkehr fort, bis das Unternehmen Ende 1920 in Liquidation ging. Inzwischen hatte Handley Page Air Transport mit D.H.4 und D.H.4A den Linienverkehr von Cricklewood (London) nach Paris und Schiphol (Amsterdam) eingeführt, und SNETA benutzte zwei weitere D.H.4A. Eine andere D.H.4A setzte Instone Air Line von Croydon aus auf der Route nach Paris ein. Sie verkaufte die Maschine im Jahr 1922 an die Central Aircraft Company, und noch im gleichen Jahr war sie der Sieger im ersten Rennen um den King's Cup. Eine D.H.4A ging schließlich auch nach Argentinien.

Die D.H.4 gehörte zu den wichtigeren Flugzeugtypen des Ersten Weltkriegs, da sie für strategische Bombardierungen geeignet war. Sie war auch das wichtigste Flugzeug in der noch ganz jungen amerikanischen Militärluftfahrt. Die Flugzeugentwicklung steht jedoch nicht still, und schon als sich die D.H.4 über der Westfront einen Namen machte, begann in Hendon die Flugerprobung eines Nachfolgers. Wie bereits erwähnt, benutzte der ursprüngliche Prototyp der

Nach dem Ersten Weltkrieg wurde diese D.H.9 bei der South African Air Force eingesetzt. Dort erhielt sie einen Wolseley Viper Motor von 200 PS (149 kW) und den Namen Mantis (eine Art Heuschrecke).

Ehe es die D.H.9C für drei Passagiere gab, bot die D.H.9B Platz für zwei Personen, wovon eine vor und eine hinter dem Piloten saß. Zur zivilen Verwendung in Großbritannien wurden zwanzig solche Flugzeuge gebaut.

Mike Hooks

In der Airco D.H.4R mit der Registrierung K141 gewann Captain Gerald Gattergood im Juni 1919 bei dem 'Aerial Derby' in Hendon mit einer durchschnittlichen Geschwindigkeit von 206,88 km/h das Rennen über einen geschlossenen Kurs.

D.H.4 einen Prototyp des vielversprechenden BHP Motors. Mit der Zeit verwandelte sich dieser Motor in den Galloway Adriatic, der den Prototyp eines neuen Flugzeugs antrieb. Dieses hatte fast die gleichen Tragflächen und das gleiche Leitwerk wie die D.H.4, aber einen anderen Rumpf, in dem der Pilot und der Beobachter Rücken an Rücken saßen. Inzwischen hatte die Siddeley-Deasey Car Company den BHP Motor für die Massenproduktion modifiziert und unter dem Namen Puma für den militärischen Einsatz verbessert. Den Voraussagen zufolge sollte dieser neue Motor 300 PS (224 kW) entwickeln. Es gab aber viele Anfangsschwierigkeiten, so daß seine Leistung schließlich auf 230 PS (172 kW) gedrosselt wurde. Für das neue Flugzeug waren inzwischen viele Bestellungen eingegangen. Die Produktion lief auf Hochtouren, aber als der Kommandant des RFC in Frankreich von der D.H.9 (das war die Bezeichnung der neuen Maschine) und ihrer schlechten Leistung hörte, versuchte er, ihre Einführung bei seinen Staffeln zu verhindern, da das Flugzeug offensichtlich nicht so gut war wie die D.H.4, die es ersetzen sollte. Man probierte auch andere Motoren aus, und einige Serienmaschinen kamen mit dem Fiat A-12 zum Einsatz. Da aber die Produktion in vollem Gange war, konnte sie nicht mehr angehalten werden, und so kam die D.H.9 doch beim RFC und bei dem RNAS zum Einsatz. Die ersten Einheiten, die die Maschinen in Frankreich flogen, waren die No. 6 und 11 Squadron, RNAS. Wieder wurde dieser Typ hauptsächlich für Angriffe auf Marineanlagen an der belgischen Küste benutzt. Die ersten RFC Einheiten waren die No. 98 und 99 Squadron, und dann folgten No. 103, 104, 107 und 108. Die No. 98 wurde am 3. April 1918, zwei Tage nach Gründung der Royal Air Force, nach Frankreich verlegt.

Die D.H.9 hatte nicht nur eine schlechtere Leistung als die D.H.4, wobei ihr Hauptnachteil ihre niedrige Dienstgipfelhöhe war, sondern sie besaß mit dem Puma auch einen chronisch unzuverlässigen Motor. Bei den ersten Angriffen der Staffeln gingen jedesmal zwischen einem Drittel und der Hälfte der teilnehmenden Flugzeuge verloren. Das war eine ganz und gar unakzeptable Zahl. Beachtlich ist, daß die holländische Armee neun D.H.9 Maschinen der RAF einsetzen konnte, die alle in Holland notgelandet waren.

Was die großen Geister in England nicht zustande brachten, gelang den Mechanikern bei den Fronteinheiten in Frankreich, nämlich eigene Modifikationen zur Verbesserung der Zuverlässigkeit der D.H.9. Ihrer genialen Improvisation war es zu verdanken, daß ihre Staffeln weiterhin operieren und auch gewisse Erfolge erzielen konnten. Bei den Piloten war die Maschine nämlich (wie die meisten Flugzeuge von de Havilland) sehr beliebt, da sie im Luftkampf leicht manövrierbar war und sowohl der Pilot als auch der Beobachter bei der geänderten Sitzanordnung eine gute Position einnahmen, um feindlichem Feuer entgehen zu können. Einem Beobachter der No. 49 Squadron gelang es sogar, bei einem einzigen Einsatz vier gegnerische Jagdflugzeuge abzuschießen.

Die D.H.9 kam auch im Ausland, vor allem im Mittelmeerraum, zum Einsatz. Hier machte sie einige hervorragende Langstrecken-Aufklärungsflüge, woraus geschlossen werden kann, daß sich das heiße, trockene Klima positiv auf ihre Leistung auswirkte.

Die D.H.9 Einheiten kämpften auch noch im Jahr 1918, und in Großbritannien wurde dieser Typ sogar gegen Zeppeline und im Küstenschutz eingesetzt. Nach dem Waffenstillstand wurde die D.H.9 zuerst für den Postverkehr über den Ärmelkanal verwendet, allerdings nur kurze Zeit, denn im Juli 1919 gab die RAF diesen Typ schließlich auf. Die Flugzeuge hatten aber noch nicht ausgedient. Mehrere Maschinen wurden weiterhin für Forschungs- und Entwicklungszwecke eingesetzt, hauptsächlich als Testmaschinen für verschiedene neue Triebwerke. Als im Jahr 1921 die *HMS Eagle* zum Einsatz kam, wurden einige D.H.9 zu Decklandeversuchen herangezogen. Die bedeutendste Testaufgabe aller D.H.9 erfüllte jedoch die H9140. Handley Page kaufte dieses Flugzeug als Testmaschine zur

Varianten der Airco D.H.4 und D.H.9

D.H.4: zwei Prototypen und 1.449 Serienmaschinen; letztere wurden von der Aircraft Manufacturing Company (Airco), F.W. Berwick & Co. Ltd., Glendower Aircraft Co. Ltd., Palladium Autocars Ltd., Vulcan Motor & Engineering Co., Waring & Gillow Ltd, und Westland Aircraft Works gebaut; weitere 15 Maschinen dieser Version produzierte SABCA in Belgien für die belgische Heeresfliegertruppe; von diesen Flugzeugen tauchten nach dem Ersten Weltkrieg 21 Maschinen im Zivilregister auf (drei in Großbritannien, vier in Belgien, zwei in Australien und zwölf in Kanada); die Motoren der D.H.4 waren der RAF 3A von 200 PS (149 kW), der BHP von 230 PS (172 kW), der Siddeley Puma von 230 PS (172 kW), der Rolls-Royce Mk III von 250 PS (186 kW), der Rolls-Royce Mk IV von 250 PS (186 kW), der Fiat von 260 PS (194 kW) und der Rolls-Royce Eagle VI von 275 PS (205 kW); außerdem gab es 15 Testmotoren.
D.H.4A: Bezeichnung der mit einem Liberty Motor ausgerüsteten Maschinen, die zur Aufnahme von zwei Passagieren in einer kleinen geschlossenen Kabine hinter dem offenen Cockpit des Piloten modifiziert worden waren; bei der RAF waren fünf solche Maschinen im Einsatz, und es gab auch einige zivile Umrüstungen, zwei in belgischem und sieben in britischem Besitz.
D.H.4R: Bezeichnung einer einzigen speziellen Rennmaschine mit einem Napier Lion Motor von 450 PS (336 kW) und verkürzten unteren Tragflächen.
DH-4: Bezeichnung der in den USA gebauten Maschinen; die Aufträge beliefen sich auf 12.348 Flugzeuge; es wurden aber nur 4.846 Maschinen produziert (bis zum Waffenstillstand waren noch nicht einmal 200 nach Frankreich geliefert worden); dieses amerikanische Basismodell wurde von einem Liberty Motor von 420 PS (313 kW) angetrieben, aber andere Versionen des Liberty Motors kamen bei den nachstehend aufgeführten Serienmodellen zum Einsatz; die Hersteller waren die Dayton-Wright Airplane Co. (3.106 Maschinen), Fisher Body Corporation (1.600 Maschinen) und Standard Aircraft Corporation (140 Maschinen).
DH-4Amb-1: Sanitätsmodell zur Aufnahme einer Trage.
DH-4Amb-2: Sanitätsmodell zur Aufnahme von zwei Tragen.
DH-4Ard: Reiseversion mit Doppelsteuerung und zusätzlicher Treibstoffkapazität.
DH-4B: stark modifizierte Vorserienmaschine mit Sperrholzbeplankung, bei der die Position des Piloten und des Haupttreibstrofftanks vertauscht waren.
DH-4B-1: verbesserte Version der DH-4B mit zusätzlichem Tank.
DH-4B-2: geändertes Modell mit 'bruchsicherem' Treibstoffsystem.
DH-4B-3: Version mit erheblich größerer Treibstoffkapazität.
DH-4B-4: Version für den zivilen Flugverkehr mit Standard-Treibstoffkapazität.
DH-4B-5: amerikanisches Gegenstück der dreisitzigen D.H.4A mit keiner Kabine.
DH-4BD: DH-4B für den Agrareinsatz.
DH-4BG: DH-4B zum Legen von Rauchschleiern ausgerüstet.
DH-4BK: Nachtflugversion der DH-4B.
DH-4BM: Version zur Übermittlung von Meldungen mit hinterem Rumpfabteil.
DH-4BM-1: Transportversion der DH-4BM mit Doppelsteuerung und zusätzlicher Treibstoffkapazität.
DH-4BM-2: Version der DH-4BM-1 mit größerem Tankraum.
XDH-4BP: Testmaschine mit Kameras im vorderen Cockpit.
DH-4BP-1: Maschine für Bildaufnahmen.
XDH-4BP-2: Testmaschine für Bildaufnahmen mit zusätzlichem Tankraum und den Tragflächen der USD-9.
DH-4BP-3: verbesserte Version der DH-4BP-1.
XDH-4BS: Testversion der DH-4B mit einem Motor mit Vorverdichter.
DH-4BT: Trainerversion der DH-4B mit Doppelsteuerung.
DH-4BW: Testmaschine für den Wright-Hispano 'H' Motor von 300 PS (224 kW).
DH-4C: Testmaschine für den Packard 1A-1237 Motor von 350 PS (261 kW).
XDH-4L: aerodynamisch verbessertes Rennflugzeug mit großer Treibstoffkapazität.
DH-4M: weit verbesserte Vorserienmaschine mit Stahlrohrrumpf; 59 Maschinen wurden von Boeing gebaut.
DH-4M-1: verbesserte Version der DH-4M; 97 von Boeing produzierte Maschinen sowie weitere 30 Maschinen, die sich beim US Marine Corps unter der Bezeichnung **O2B-1** im Einsatz befanden.
DH-4M-1K: als Ziel-Schleppflugzeug ausgerüstete DH-4M-1.
DH-4M-1T: Trainerversion der DH-4M-1 mit Doppelsteuerung; 22 Maschinen entstanden durch Umrüstung von Standardflugwerken.
DH-4M-2: Version der DH-4M-1 mit größerer Treibstoffkapazität; 135 Maschinen wurden von der Atlantic Aircraft Corporation gebaut.
DH-4M-2A: Version der DH-4M-2 für den zivilen Flugverkehr.
DH-4M-2K: Ziel-Schleppversion der DH-4M-2.
DH-4M-2P: Version der DH-4M-2 für Bildaufnahmen.
DH-4M-2S: Version der DH-4M-2 mit Vorverdichter und reduzierter Treibstoffkapazität.
DH-4M-2T: Trainerversion der DH-4M-2 mit Doppelsteuerung.
Twin DH-4: Bezeichnung einer von LWF (Lowe, Willard and Fowler) im Jahr 1919 als Luftpostmaschine entwickelten zweimotorigen Version; die Spannweite wurde auf 16 m erhöht und das maximale Startgewicht auf 2.490 kg; die Maschine wurde von zwei Hall-Scott L-6 Reihenmotoren von 200 PS (149 kW) angetrieben, die eine Höchstgeschwindigkeit von 169 km/h ermöglichten; es wurde eine doppelte Seitenflosse eingeführt, und die Serienproduktion belief sich auf 20 Maschinen für die Post und zehn für die US Army.
XCO-7: eine einzige Corps-Beobachtungsmaschine, die von Boeing gebaut wurde; ihre Flügel entsprachen den Tragflächen der Loening COA-1 Amphibienmaschine.
XCO-7A: eine einzige Maschine, die von Boeing auf Basis der XCO-7 gebaut wurde; sie hatte den Rumpf der DH-4M-1 und die Trapezflügel der Loening sowie ein größeres Leitwerk und ein Fahrwerk mit Ölstoßdämpfern.
XCO-7B: eine einzige Maschine, die von Boeing auf Basis der XCO-7 mit einem Liberty Motor mit hängenden Zylindern gebaut wurde.
XCO-8: eine einzige Umrüstung einer DH-4M-2 mit Loening Flügeln.
D.H.9: umgerüstete Version der D.H.4, bei der der Pilot und der Beobachter/Schütze enger zusammen saßen, um die taktischen Möglichkeiten zu verbessern; die Produktion belief sich auf einen Prototyp (eine umgerüstete D.H.4) und 3.204 Serienmaschinen; letztere wurden von der Aircraft Manufacturing Co., Alliance Aeroplane Co. Ltd., der F.W. Berwick & Co. Ltd., Crossley Motors Ltd., Cubitt Ltd., Mann, Egerton & Co. Ltd., NAF 1, NAF 2, Short Bros., Vulcan Motor & Engineering Co., Waring & Gillow Ltd., der G. & J. Weir Ltd., den Westland Aircraft Works und der Whitehead Aircraft Co. Ltd. produziert; weitere Flugzeuge wurden von SABCA in Belgien (30 Maschinen) und von Hispano-Suiza in Spanien (etwa 500 Maschinen) gebaut; de Havilland exportierte auch Flugzeuge nach Holland, und unter den vielen Maschinen, die an andere Luftstreitkräfte übergeben wurden, befanden sich Maschinen, denen die South African Air Force die neuen Bezeichnungen **Mantis, M'pala I** und **M'pala II** gab, als sie mit neuen Motoren ausgerüstet wurden; diese Motoren waren der Wolseley Viper von 200 PS (149 kW), der Bristol Jupiter VI von 450 PS (336 kW) und der Bristol Jupiter VIII von 480 PS (358 kW); sieben Testmotoren wurden in britischen D.H.9 erprobt, aber die Standard-Triebwerke waren der Siddeley Puma von 230 PS (172 kW), der Fiat A-12 von 250 PS (186 kW), der Napier Lion von 430 PS (321 kW) und der Liberty 12A von 435 PS (324 kW); viele D.H.9 wurden später in mehreren Ländern in das Zivilregister übernommen – 34 in Großbritannien, neun in Australien, fünf in Neuseeland, sechs in Belgien, vier in Indien und vier in Dänemark.
D.H.9A: weit verbesserte Version der D.H.9, speziell für den Liberty Motor konstruiert, obgleich die ersten zwei der drei Prototypen einen Rolls-Royce Eagle VIII von 375 PS (280 kW) hatten; die Produktion belief sich auf 2.300 Maschinen, die von der Aircraft Manufacturing Co., Mann, Egerton & Co. Ltd., Whitehead Aircraft Co. Ltd., Vulcan Motor & Engineering Co., Westland Aircraft Works, F.W. Berwick & Co. Ltd., Handley Page Ltd., Gloucester Aircraft, Parnall Aircraft Co. und de Havilland Aircraft Co. Ltd. gebaut wurden; zivile Umrüstungen waren 13 britische und elf kanadische Maschinen.
D.H.9AJ: ein einziger Prototyp mit einem Bristol Jupiter VI Sternmotor von 465 PS (347 kW) und geteiltem Fahrwerk.
D.H.9B: Bezeichnung von 20 Maschinen, die für das britische Zivilregister zu Dreisitzern mit zwei Passagiersitzen (einer vor und einer hinter dem Piloten) umgerüstet wurden.
D.H.9C: Bezeichnung von Maschinen, die zur Aufnahme von drei Passagieren (einer vor und zwei hinter dem Piloten) modifiziert wurden; diese zivilen Umrüstungen wurden in Großbritannien (13 Maschinen), Australien (drei Maschinen) und Spanien (drei Maschinen) eingesetzt.
D.H.9J: Bezeichnung modernisierter Maschinen, die Ende der zwanziger Jahre durch Umrüstung mit einem Armstrong Siddeley Jaguar III Sternmotor von 385 PS (287 kW), Handley Page Vorflügeln und mehreren Steuerungs- und Flugwerksverbesserungen entstanden; die Bezeichnung wurde auch für die südafrikanischen M'pala Maschinen verwendet; 14 dieser zivilen Umrüstungen wurden in Großbritannien durchgeführt.
D.H.9R: ein einziges Rennflugzeug (Anderthalbdecker) mit einem M Napier Lion II Motor von 465 PS (347 kW).
USD-9A: amerikanische Version der D.H.9; von den 4.000 geplanten Maschinen wurden nur 13 gebaut (neun von der Engineering Division von McCook Field und vier von Dayton-Wright).

Die Zelle der im Nahen Osten eingesetzten Maschinen war mit Aluminiumlack gestrichen. Dieses Flugzeug war im Jahr 1928 in Heliopolis stationiert und führte von hier aus Patrouillenflüge in Ägypten und Palästina durch. Unter dem Bug befindet sich ein zusätzlicher Kühler für den Einsatz in der Wüste.

Erprobung von Vorflügeln. Diese neue aerodynamische Theorie der Firma ging davon aus, daß diese Zusatzflügel an der Vorderkante jeder oberen Tragfläche selbst dann, wenn der Flügel bereits in überzogenem Zustand sein würde, einen ungestörten Luftstrom an der Oberfläche gewährleisten würden, so daß das Flugzeug selbst mit reduzierter Geschwindigkeit voll steuerbar blieb. Handley Page gab der Maschine die Bezeichnung H.P.17 und flog sie bei Demonstrationen zusammen mit einer D.H.9 Standardmaschine, um die erheblichen Vorteile von Tragflächen mit Vorflügeln unter Beweis zu stellen.

Neue Betreiber für alte Maschinen

Die RAF gab ihre D.H.9 so schnell wie möglich auf, aber in anderen Ländern leisteten sie noch lange gute Dienste. Nach dem Krieg entstanden viele neue Luftstreitkräfte. Die Aircraft Disposal Company verfügte buchstäblich über Hunderte von D.H.9. Mittellose kleine Staaten konnten auf diese Weise zu einem erschwinglichen Preis eine beträchtliche Bomber/Aufklärungstruppe aufstellen. Die Maschinen waren nicht gerade die besten Flugzeuge zum Kämpfen, aber zur Unterweisung junger Flieger in der Kunst des Luftkampfs waren sie gut geeignet, ohne viel zu kosten. Mit den D.H.9 ließen sich daher gute Geschäfte machen. Belgien kaufte 18 Maschinen, um damit eine Tagbombertruppe zu bilden, und Polen verfügte über eine aus zwölf Maschinen bestehende Staffel. Afghanistan, Griechenland, Irland und Lettland erwarben ebenfalls D.H.9, und Holland kaufte nach der Rücksendung der notgelandeten und beschlagnahmten Maschinen 46 Flugzeuge zum Einsatz im Inland und in Ostindien. Die Holländer bauten sogar ihre eigenen D.H.9. Die holländischen Flugzeuge erhielten im Jahr 1934 auch einen neuen Motor, den Wright Whirlwind. Einige befanden sich im Jahr 1937 immer noch im Einsatz — der beste Beweis dafür, daß an der Zelle grundsätzlich nichts auszusetzen war. Peru, Rumänien, Spanien und die Schweiz nahmen D.H.9 in ihre Bestände auf, und mehrere Commonwealth-Länder erhielten solche Maschinen vom Empire geschenkt (als 'Imperial Gift to Commonwealth Nations'). Die meisten D.H.9 nahm Südafrika ab, das 48 Maschinen kaufte, die in der Union lange Zeit dienten. Viele erhielten einen neuen Motor, einen Bristol Jupiter, und wurden dann M'pala genannt. Sie kamen im Jahr 1922 während des Boudelzvartz Aufstandes im Kampf zum Einsatz, und eine Maschine machte im März 1924 in einer Zeit von neun Stunden und 25 Minuten den ersten Flug von Pretoria nach Kapstadt. Gegen Ende ihrer Laufbahn spielte die D.H.9 bei der RAF eine wichtigere Rolle als vorher. Ihr Ruhm verblaßte aber allmählich, als modernere Ersatzmaschinen auftauchten.

Die Produktion der D.H.4 und der D.H.9 wurde aufgehalten, weil nicht genügend geeignete Motoren vorhanden waren. Als man sich überzeugt hatte, daß es jenseits des Atlantiks einen guten Motor gab, wurden viele amerikanische Liberty 12 bestellt, die 400 PS (298 kW) erzeugten. Dieser Motor sollte so schnell wie möglich bei den Ersatzmaschinen für die D.H.9 zum Einsatz kommen. Das de Havilland Konstruktionsteam war jedoch so sehr mit der Produktion der D.H.10, des ersten zweimotorigen Serienbombers des Unternehmens, beschäftigt, daß die in Yeovil ansässige Firma Westland Aircraft die Aufgabe erhielt, den neuen einmotorigen Tagbomber zu konstruieren. Da dieses Unternehmen schon früher D.H.4 und D.H.9 für das Royal Flying Corps und den Royal Naval Air Service produziert hatte, konnte es jetzt die guten Eigenschaften beider Typen vereinigen, die neue Maschine mit dem hervorragenden Liberty Motor ausrüsten und auf diese Weise ein ausgezeichnetes Flugzeug produzieren. Westland erreichte das durch eine Verstärkung des Rumpfes für den schwereren Motor und durch Verlängerung der Spannweite sowie der Sehne der Haupttragflächen.

Diese D.H.9J gehörte de Havilland. Von früheren Modellen unterschied sie sich hauptsächlich durch ihren Armstrong Siddeley Jaguar III Sternmotor von 385 PS (275 kW). Andere Modifikationen waren Handley Page Vorflügel. Insgesamt wurden vierzehn D.H.9J gebaut.

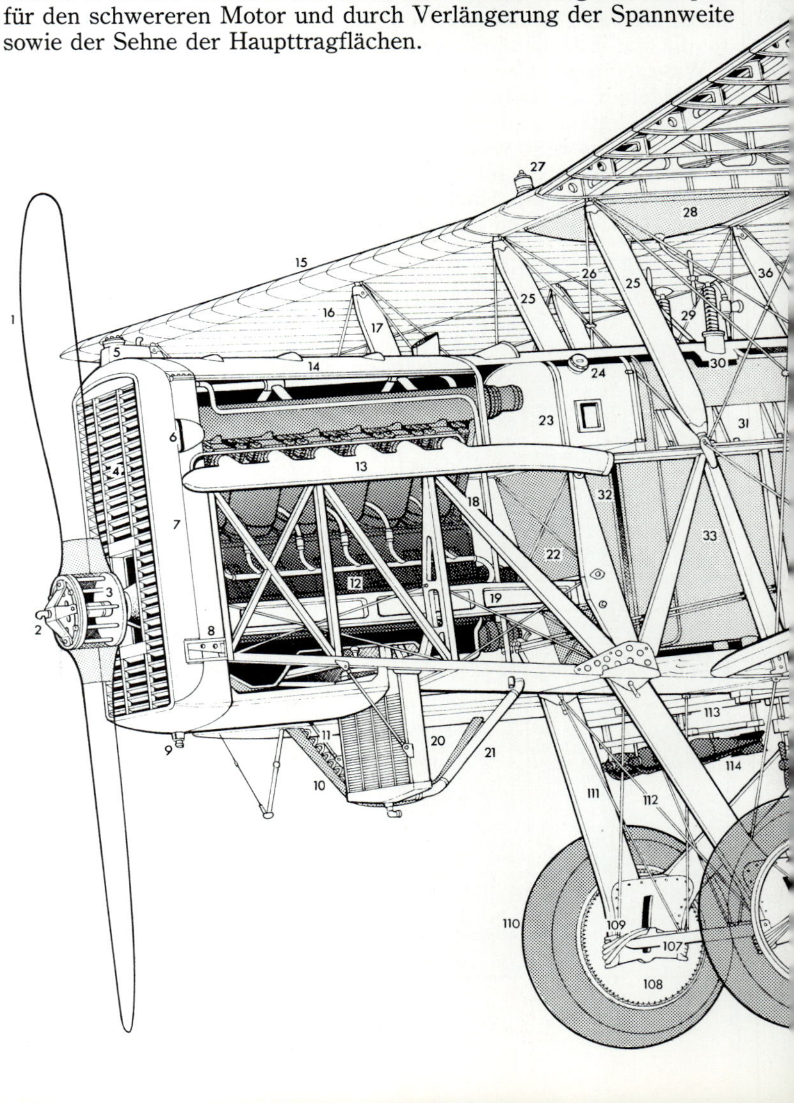

Um schneller zum Ziel zu gelangen, wurden die ersten beiden Prototypen zur Erprobung der aerodynamischen Eigenschaften der Maschine mit Rolls-Royce Eagle VIII Motoren ausgerüstet, die nur in beschränkter Zahl zur Verfügung standen. Die Serienmaschinen erhielten dann Packard Liberty Motoren. Das Flugzeug konnte an Außenstationen bis zu 299 kg Bomben aufnehmen, und im Cockpit des Beobachters konnte ein Lewis Zwillings-MG untergebracht werden. Sonst war die Konfiguration unverändert. Im Juni 1918 gab es genügend Serienmaschinen, um eine eigene Einheit aufzustellen. Die in Kenley stationierte No. 110 Squadron erhielt ihre Maschinen noch in diesem Monat. Da sich der Nisam (Statthalter) von Hyderabad an der Finanzierung aller dieser Flugzeuge beteiligt hatte, wurden sie jetzt entsprechend bemalt, und die Einheit wurde die Hyderabad Squadron genannt. Am 31. August 1918 ging sie nach Frankreich, wo sie zwei Wochen später ihre ersten Bomben auf den Flugplatz von Boulay abwarf. Später drang die Staffel zu weiteren Angriffen tiefer nach Deutschland ein. Für die Verluste, die sie erlitt, waren aber nicht ihre Flugzeuge verantwortlich. Sie waren vielmehr auf die allgemeine Unerfahrenheit ihrer Besatzungen zurückzuführen. Die Einheit kämpfte bis zum Waffenstillstand und warf in dieser Zeit über zehn Tonnen Bomben ab. Auch noch eine andere Einheit, die No. 99 Squadron, erhielt rechtzeitig einige 'Nineack', wie der Typ bei der RAF genannt wurde, um sie im Kampf einsetzen zu können. Ein Vergleich zwischen der D.H.9A und der D.H.9 war jetzt ganz einfach, da sich beide Typen gleichzeitig bei der Einheit im Einsatz befanden.

Der Typ wurde auch von den Amerikanern an der Westfront eingesetzt, besonders bei den Marine Corps Northern Bombing Groups, die im Oktober, kurz vor dem Waffenstillstand, ihre ersten Operationen durchführten. Inzwischen hatten auch die No. 18 und 105 Squadron der RAF diese Maschinen erhalten. Nach der Auflösung anderer Ein-

Aufriß-Erläuterung zur de Havilland D.H.9A

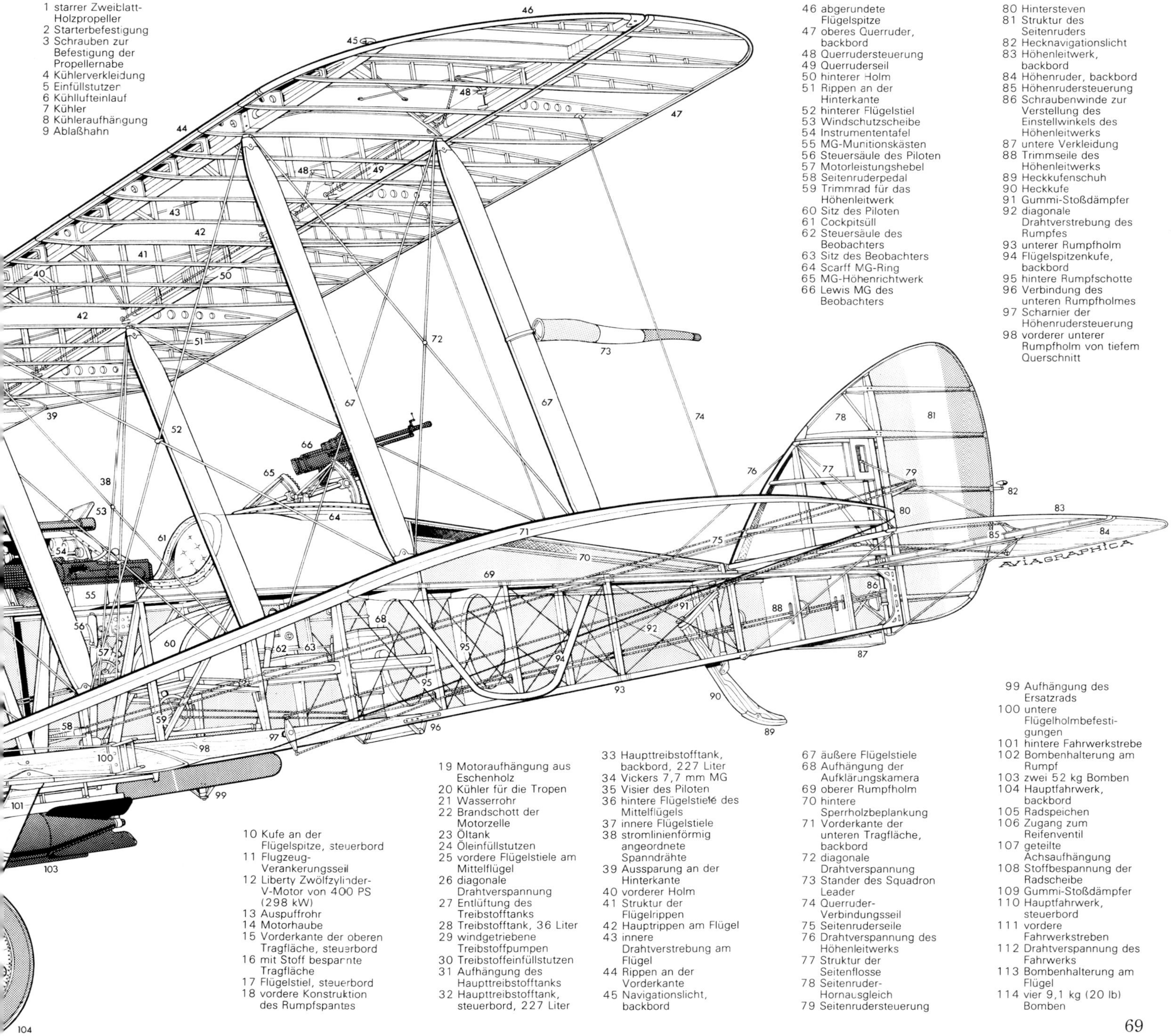

1 starrer Zweiblatt-Holzpropeller
2 Starterbefestigung
3 Schrauben zur Befestigung der Propellernabe
4 Kühlerverkleidung
5 Einfüllstutzen
6 Kühllufteinlauf
7 Kühler
8 Kühleraufhängung
9 Ablaßhahn
10 Kufe an der Flügelspitze, steuerbord
11 Flugzeug-Verankerungsseil
12 Liberty Zwölfzylinder-V-Motor von 400 PS (298 kW)
13 Auspuffrohr
14 Motorhaube
15 Vorderkante der oberen Tragfläche, steuerbord
16 mit Stoff bespannte Tragfläche
17 Flügelstiel, steuerbord
18 vordere Konstruktion des Rumpfspantes
19 Motoraufhängung aus Eschenholz
20 Kühler für die Tropen
21 Wasserrohr
22 Brandschott der Motorzelle
23 Öltank
24 Öleinfüllstutzen
25 vordere Flügelstiele am Mittelflügel
26 diagonale Drahtverspannung
27 Entlüftung des Treibstofftanks
28 Treibstofftank, 36 Liter
29 windgetriebene Treibstoffpumpen
30 Treibstoffeinfüllstutzen
31 Aufhängung des Haupttreibstofftanks
32 Haupttreibstofftank, steuerbord, 227 Liter
33 Haupttreibstofftank, backbord, 227 Liter
34 Vickers 7,7 mm MG
35 Visier des Piloten
36 hintere Flügelstiele des Mittelflügels
37 innere Flügelstiele
38 stromlinienförmig angeordnete Spanndrähte
39 Aussparung an der Hinterkante
40 vorderer Holm
41 Struktur der Flügelrippen
42 Hauptrippen am Flügel
43 innere Drahtverstrebung am Flügel
44 Rippen an der Vorderkante
45 Navigationslicht, backbord
46 abgerundete Flügelspitze
47 oberes Querruder, backbord
48 Querrudersteuerung
49 Querruderseil
50 hinterer Holm
51 Rippen an der Hinterkante
52 hinterer Flügelstiel
53 Windschutzscheibe
54 Instrumententafel
55 MG-Munitionskästen
56 Steuersäule des Piloten
57 Motorleistungshebel
58 Seitenruderpedal
59 Trimmrad für das Höhenleitwerk
60 Sitz des Piloten
61 Cockpitsüll
62 Steuersäule des Beobachters
63 Sitz des Beobachters
64 Scarff MG-Ring
65 MG-Höhenrichtwerk
66 Lewis MG des Beobachters
67 äußere Flügelstiele
68 Aufhängung der Aufklärungskamera
69 oberer Rumpfholm
70 hintere Sperrholzbeplankung
71 Vorderkante der unteren Tragfläche, backbord
72 diagonale Drahtverspannung
73 Stander des Squadron Leader
74 Querruder-Verbindungsseil
75 Seitenruderseile
76 Drahtverspannung des Höhenleitwerks
77 Struktur der Seitenflosse
78 Seitenruder-Hornausgleich
79 Seitenrudersteuerung
80 Hintersteven
81 Struktur des Seitenruders
82 Hecknavigationslicht
83 Höhenleitwerk, backbord
84 Höhenruder, backbord
85 Höhenrudersteuerung
86 Schraubenwinde zur Verstellung des Einstellwinkels des Höhenleitwerks
87 untere Verkleidung
88 Trimmseile des Höhenleitwerks
89 Heckkufenschuh
90 Heckkufe
91 Gummi-Stoßdämpfer
92 diagonale Drahtverstrebung des Rumpfes
93 unterer Rumpfholm
94 Flügelspitzenkufe, backbord
95 hintere Rumpfschotte
96 Verbindung des unteren Rumpfholmes
97 Scharnier der Höhenrudersteuerung
98 vorderer unterer Rumpfholm von tiefem Querschnitt
99 Aufhängung des Ersatzrads
100 untere Flügelholmbefestigungen
101 hintere Fahrwerkstrebe
102 Bombenhalterung am Rumpf
103 zwei 52 kg Bomben
104 Hauptfahrwerk, backbord
105 Radspeichen
106 Zugang zum Reifenventil
107 geteilte Achsaufhängung
108 Stoffbespannung der Radscheibe
109 Gummi-Stoßdämpfer
110 Hauptfahrwerk, steuerbord
111 vordere Fahrwerkstreben
112 Drahtverspannung des Fahrwerks
113 Bombenhalterung am Flügel
114 vier 9,1 kg (20 lb) Bomben

Während viele Kriegsflugzeuge aus Überschußbeständen an kleinere Luftstreitkräfte gingen, wurden 19 D.H.9 zu zivilen Passagierflugzeugen umgerüstet, die drei Passagiere aufnehmen konnten. In Großbritannien gab es 13 dieser Flugzeuge, und je drei gingen nach Australien und Spanien. Diese Maschine von Northern Air Lines war 1932 die letzte D.H.9C, die sich im Einsatz befand.

heiten blieben die D.H.9A weiterhin bei der Besatzungsarmee in Deutschland im Einsatz, wo sie einen nützlichen Beitrag zum planmäßigen Postverkehr leisteten. Ein Jahr nach dem Waffenstillstand wurden sie dazu aber nicht mehr gebraucht, und im Januar 1920 befanden sich D.H.9A nur noch bei der No. 99 Squadron im Einsatz.

In Großbritannien blieben die Maschinen weiterhin in Produktion, weil sie für die nach dem Krieg gegründete Royal Air Force sehr gut geeignet zu sein schienen. Das bestätigte sich bald, als es an der Grenze zwischen Indien und Afghanistan zu Kämpfen kam und zur Verstärkung auch die No. 99 Squadron, die einzige D.H.9A Einheit, die es gab, nach Indien entsandt wurde. Sie kam von Mianwali aus gegen die in den Bergen lebenden Stämme zum Einsatz. Dabei machte man bald die Erfahrung, daß die Nineack in der Hitze Indiens nur einen Bruchteil der Leistung vollbrachte, die in gemäßigteren Zonen typisch für sie war. Sogar mit zusätzlichen Kühlern betrug ihre Gipfelhöhe an einem guten Tag nur etwa 4.115 m, so daß sie die Gebirge nur überqueren konnte, indem sie die Bergpässe entlangflog. Am 1. April 1920 erhielt die No. 99 Squadron mit dem fliegenden Elefanten auf der Seitenflosse die neue Nummer 27. Obgleich der Dritte Afghanische Krieg im Mai 1920 offiziell zu Ende ging, war die Staffel während der ganzen zwanziger Jahre ständig in irgendwelche Kämpfe verwickelt. Im Jahr 1923 wurde sie von der No. 60 Squadron unterstützt, deren unberechenbare D.H.10 durch D.H.9A ersetzt worden waren. Diese beiden Einheiten vertraten jetzt im Frieden die RAF in Indien. Zwischendurch wurden sie immer wieder zu Kampfeinsätzen herangezogen, und darüber hinaus machten sie auch einige Langstreckenflüge über den Subkontinent. Im Jahr 1928 beteiligten sich die beiden Einheiten an Flügen zur Evakuierung Kabuls. Dabei wurden sie von den Vickers Victoria der No. 70 Squadron begleitet. Die Nineack blieben in Indien bis zum Jahr 1930 im Einsatz. Dann trat an ihre Stelle die Westland Wapiti, ein neues Flugzeug mit D.H.9A Tragflächen aus Überschußbeständen.

Die D.H.9A operierte aber nicht nur in Indien. Die neu gebildete Royal Air Force machte sie auch in Großbritannien zu ihrem Standard-Tagbomber, und so schnell wie neue Einheiten aufgestellt wurden, kam auch die D.H.9A zum Einsatz. In Bircham Newton wurde am 1. Februar 1920 die No. 207 Squadron und zwei Monate später die No. 39 Squadron neu zusammengestellt. Im Herbst ging die No. 207 Squadron in die Türkei, wo es zu einer neuen Krise gekommen war, aber nach einem Jahr kehrte sie erfolglos wieder zurück. Die No. 207 und 39 Sqn waren während der ganzen zwanziger Jahre die leichten Bomberstaffeln der RAF. Im Jahr 1928 wurden ihre D.H.9A durch Wapiti ersetzt, aber in der Tagbomberrolle erhielten sie in den zwanziger Jahren Unterstützung durch die neu gegründete Auxiliary Air Force. Die Erstausrüstung von sechs Einheiten der Auxiliary Air Force bestand aus D.H.9A. Die erste Einheit, die damit ausgerüstet wurde, war im September 1925 die No. 602 (City of Glasgow) Squadron. Im Jahr 1930 verließ die Nineack die AAF. In Großbritannien befand sie sich jetzt praktisch nicht mehr im Einsatz.

Mike Hooks

Im September 1922 gewann Captain F.L. Barnard mit seiner D.H.4A (G-EAMU) das erste Rennen um den King's Cup mit einer Durchschnittsgeschwindigkeit von 196,80 km/h.

Erfolg im Nahen Osten

Im Nahen Osten erfüllte die D.H.9A wahrscheinlich ihre bedeutendste Rolle. Im Jahr 1921 wurde in Kairo beschlossen, die Alleinverantwortung für die Überwachung dieses Gebiets auf die Royal Air Force zu übertragen. Das war ein sehr gewagter Schritt. Das neue Iraq Command verfügte über vier Squadron, die alle mit D.H.9A ausgerüstet waren: No. 8, 30, 55 und 84. Diese Einheiten waren schon in den Jahren 1919 und 1920, als die erste arabische Revolte ausbrach, im Kampf zum Einsatz gekommen. Damals waren aber noch nicht alle mit D.H.9A ausgerüstet. Zur Erfüllung ihrer neuen Rolle flogen diese Einheiten jetzt regelmäßig über wichtige Gebiete, um auf diese Weise Kämpfe zwischen den Stämmen zu verhindern. Wenn ein Stamm die Feindseligkeiten aufnahm, wurden die betreffenden Dörfer aus der Luft gewarnt, daß zu einer bestimmten Zeit einige Tage später Bombenangriffe auf sie stattfinden würden. Die Stämme waren daraufhin voll mit der Evakuierung ihrer Dörfer und der Rettung ihrer Besitztümer beschäftigt und mußten ihre Angriffe einstellen.

Mitte der zwanziger Jahre wurde diese Art der Bombardierung auch in Palästina angewandt, als es dort zu Kämpfen kam. Die neu ausgerüstete No. 14 Squadron setzte ihre Nineack sehr erfolgreich im Kampf gegen den späteren König von Saudi-Arabien, Ibn Saud, ein. Zwei weitere im Nahen Osten stationierte Einheiten erhielten D.H.9A, die No. 47 in Helwan im Jahr 1920 und die No. 45 Squadron in Heliopolis im Jahr 1927.

Im Jahr 1927 wurde die No. 8 Squadron nach Aden verlegt, um das Protektorat zu überwachen. Kurze Zeit später rüstete sie aber auf Fairey IIIF um, und Ende der zwanziger Jahre ersetzten allmählich Westland Wapiti die D.H.9A im Ausland. Im Jahr 1930 verließen die letzten D.H.9A den Nahen Osten. Jetzt gab es nur noch wenige Maschinen dieses Typs. Die meisten befanden sich in England bei Trainingsstaffeln und auf Versuchsstützpunkten wie Farnborough im Einsatz (die Flugschulen benutzten eine zweisitzige Trainerversion).

Der Typ war auch bei den Luftstreitkräften verschiedener Commonwealth-Länder in geringer Zahl zum Einsatz gekommen, und einige Maschinen dienten als Zivilflugzeuge, aber lange nicht im gleichen Ausmaß wie die D.H.4. Die D.H.9A Rennversion, die D.H.9R, erschien im Jahr 1919, war aber nicht so gut wie die D.H.4R. Trotzdem stellte sie im November 1919 über einen Rundkurs mit 240,48 km/h einen neuen Geschwindigkeitsrekord auf. Viele solche Maschinen wurden zu Testflügen verwendet. Sie erprobten die Vorflügel von Handley Page, eine Vielzahl unterschiedlicher Motortypen sowie neue Propeller, Fahrwerke und viele andere Hilfsausrüstungen. Sogar als die Nineack selbst bereits ausgedient hatte, flogen in den ersten Jahren des Zweiten Weltkrieges noch viele Westland Wapiti mit Nineack Tragflügeln aus Überschußbeständen.

Von der D.H.4 bis zur D.H.9A gehörten diese Maschinen zu den bedeutendsten Flugzeugen des Ersten Weltkriegs und der ersten zehn Friedensjahre. Die neuen Anforderungen, die sie in bezug auf ihre Fähigkeiten, ihre Flexibilität und ihre Vielseitigkeit erfüllten, dienten anderen Konstrukteuren bis in die dreißiger Jahre hinein als nachahmenswertes Beispiel.

Fokker F.VII
Mit dreimotorigen Maschinen in die Zukunft

Nach dem Ersten Weltkrieg kamen die besten Verkehrsflugzeuge nicht etwa von den Siegermächten, sie stammten aus Holland und dem besiegten Deutschland. Fokker und Junkers, die das Kaiserreich mit den leistungsfähigsten Jägern versorgt hatten, stiegen erfolgreich auf die Produktion von Zivilmaschinen um.

Der militärischen Niederlage folgte im November 1918 der Zusammenbruch des politischen Systems im Deutschen Reich. Matrosen der Hochseeflotte meuterten in Wilhelmshaven, danach in Kiel. Von der Küste greift die Meuterei auf das Hinterland über, in den Großstädten herrscht Revolutionsstimmung. In Bayern werden die Wittelsbacher gestürzt, am 9. November erreicht die sogenannte Novemberrevolution ihren ersten Höhepunkt, Kaiser Wilhelm II. muß abdanken. Noch am gleichen Tag ruft Philipp Scheidemann gegen den Willen Friedrich Eberts die Deutsche Republik aus, kurz danach proklamiert Karl Liebknecht die Freie Sozialistische Republik. In diesen Tagen der politischen Wirren gelingt es Anthony Fokker, aus seiner von Revolutionären bewachten Flugzeugfabrik in Schwerin zu entfliehen. Angeblich wurde die Wache später erschossen, weil sie Fokker nicht erkannt hatte. Von Berlin aus transferiert Fokker große Geldsummen in seine holländische Heimat. Knapp zwei Jahre später vollbringt er ein noch dreisteres Stück. Der Bau größerer Flugzeuge war im Nachkriegs-Deutschland von den Siegermächten strengstens untersagt. Fokker aber verfügte noch aus der Zeit der Kriegsproduktion über große Vorräte an Flugzeugteilen. In sechs Güterzügen mit je sechzig Waggons schmuggelt er diese Bauteile — vor den Augen der Alliierten — aus seinem alten Flugzeugwerk in Schwerin nach Amsterdam, wo er mittlerweile ein neues Werk aufgebaut hat.

Schon Anfang 1919 hatten Fokker und sein Chefkonstrukteur Reinhold Platz beschlossen, Passagierflugzeuge zu konstruieren. Das erste Ergebnis dieses Beschlusses war die F.I. Über die Struktur gab es keine Streitigkeiten. Der Rumpf sollte aus genau geschnittenen und, wo erforderlich, gebogenen Stahlrohren bestehen, die auf einer Präzisionsvorrichtung zusammengeschweißt und dann mit Stoff bespannt werden sollten. So hatten Fokker und Platz auch ihre Jäger gebaut. Platz hatte als erster Konstrukteur unverstrebte Holztragflächen eingeführt, deren Sperrholzbeplankung eine frühe Form von Schalen-

Diese Fokker F-VIIA in der einmotorigen Auslegung, wie sie in den frühen dreißiger Jahren von der Swissair geflogen wurde, ist heute zum Museumsstück geworden.

Mike Hooks

Fokker F.VII

Technische Daten der Fokker F.VII-3m
Typ: 8/10sitziges Mittelstrecken-Verkehrsflugzeug.
Triebwerk: drei luftgekühlte Armstrong Siddeley Lynx Sternmotoren von 215 PS (160 kW) mit nicht verstellbaren Zweiblatt-Holzpropellern*.
Leistung: Höchstgeschwindigkeit in Meereshöhe 185 km/h, Reisegeschwindigkeit 149 km/h, Reichweite mit Standardtanks im Reiseflug 768 km; Dienstgipfelhöhe 3.100 m; Landegeschwindigkeit 100 km/h.
Gewicht: Leergewicht 2.900 kg; max. Startgewicht 5.000 kg.
Abmessungen: Spannweite 21,71 m; Länge 14,50 m; Höhe 3,88 m; Tragflügelfläche 67,60 m^2.

*Zur Beachtung: Fokker F.VII waren mit den verschiedensten Motoren ausgerüstet, und die Leistungen der einzelnen Maschinen entsprachen daher manchmal nicht genau den obigen Angaben.

Diese Maschine ist die von Mr. R. Wanamaker für einen speziellen Flug von New York nach Paris im Jahr 1927 in Auftrag gegebene F.VII-3m. Unter dem Kommando von Commander Richard E. Byrd sollten damit die Möglichkeiten kommerzieller Transatlantikflüge erforscht werden. Das Flugzeug hatte den Fokker Flügel mit langer Spannweite, Langstreckentanks und Wright J-5 Whirlwind Motoren sowie ein verlängertes Cockpit mit einem ungewöhnlichen, schrägen Fenster. Unter dem Namen 'America' machte sich die Fokker schließlich am 29. Juni 1927 mit vier Mann Besatzung auf den Weg, wurde jedoch in der Nähe von Le Havre gezwungen, auf dem Ärmelkanal notzulanden, da der Flughafen von Paris, Le Bourget, im Nebel lag und dem Flugzeug nach mehr als 40 Flugstunden der Treibstoff ausging.

Varianten der Fokker F.VII

F.VII: ursprüngliches vergrößertes Transportflugzeug, Rolls-Royce Eagle Motoren von 360 PS (268,5 kW), sechs Passagiere.
F.VIIA: verbessertes Modell für acht Passagiere, kleinere Tragfläche, aerodynamisch bessere Form, mit unterschiedlichen Motoren von 450 PS (335,6 kW).
F.VIIA-3m: dreimotorige Version der F.VIIA mit dem gleichen Flügel von 19,30 m Spannweite und einer Fläche von 58,50 m^2, normalerweise drei Motoren von 200 PS (149,1 kW), wie zum Beispiel Wright Whirlwind oder Armstrong Siddeley Lynx.
F.VIIB-3m: vergrößerte Maschine mit einem Flügel von 21,71 m Spannweite und einer Fläche von 67,50 oder 67,60 m^2, für viel höhere Gewichte zugelassen, mit unterschiedlichen Motoren von 200 bis 350 PS (149,1 bis 261 kW).
F.9: Variante der F.VIIB-3m des amerikanischen Unternehmens Atlantic Aviation, normalerweise mit einem Flügel von 22,61 m Spannweite und einer Fläche von 66,70 m^2.
C-2: Version der F.9 für die US Army, gefolgt von der Serie C-2A.
TA-1 (später **RA-1**): Version der C-2 für das US Marine Corps der US Navy.
TA-2 (später **RA-2**): der C-2A entsprechendes Modell für die US Navy.
TA-3 (später **RA-3**): letztes Modell für die US Navy, R-975 (J-6) Whirlwind Motoren von 300 PS (223,7 kW).
F.10: vergrößerte Version von Atlantic Aircraft für zwölf Passagiere, Spannweite 24,13 m, Tragflügelfläche 79,34 m^2, Wasp Motoren von 425 PS (316,9 kW).
F.10A: Super Trimotor von Atlantic mit vergrößerter, 14sitziger Kabine.
C-5: Version der F.10A für die US Army mit Wright R-975 Motoren von 300 PS (223,7 kW).
XC-7: C-2A der US Army, auf R-975 Motoren von 330 PS (246,1 kW) umgerüstet.
C-7A: Serienentwicklung der XC-7 mit größerem Flügel, neuem Leitwerk und F.10A Rumpf.
RA-4: einsitzige F.10A für die US Navy.
XLB-2: einsitziger Bomber, für die US Army von der C-7 abgeleitet, aber mit zwei Wasp Motoren von 410 PS (305,7 kW).
F.VIII: holländisches Modell für den Linienverkehr, Tragflügelfläche von 83,00 m^2, zwei Jupiter Motoren.
F.IX: holländische Verkehrsmaschine mit einer Tragflügelfläche von 103,00 m^2 und drei Jupiter Motoren (auch tschechische **Avia F.IX, F.39** und **F.IXD** Bomber).
F.XII: holländische Verkehrsmaschine mit einer Tragflügelfläche von 83,00 m^2 und drei Wasp Motoren.
F.XVIII: holländische Verkehrsmaschine mit einer Tragflügelfläche von 84,00 m^2 und drei Wasp Motoren.
F.XX: holländische Verkehrsmaschine mit neuer Bezeichnung, einer Tragflügelfläche von 96,00 m^2, drei Cyclone Motoren von 640 PS (447,2 kW) und einem einziehbaren Fahrwerk; letzte dreimotorige Fokker.

Rechts: **Die berühmte F.VII-3m 'Southern Cross' von Sir Charles Kingsford Smith traf am 9. Juni 1928 nach einem 11.890 km langen Flug über den Pazifik von Kalifornien kommend auf dem Eagle Farm Airport in Brisbane ein. Die amerikanische Registrierung (1985) wurde 1929 in VH-USU geändert.**

Links: **Die italienische Fluggesellschaft Aviolinee Italiane erhielt drei F.VIIa-3m, darunter I-BBED (c/n 5059). Sie verkaufte diese Maschine im Jahr 1933 an die Società Aérea Mediterranea. Dann wurde sie von der Gesellschaft Ala Littoria übernommen und angeblich 1939 verschrottet.**

bauweise war. Aufrund ihrer großen Profiltiefe waren die Flügel leicht und doch stabil genug, um auf eine äußere Verstrebung verzichten zu können. Die Tragflächen der F.I. waren im Grunde genommen einfach eine Vergrößerung der Flügel des D.VIII Jägers. Sie sollten in Baldachinkonstruktion über dem Rumpf sitzen, in dem sich hintereinander eine Reihe offener Cockpits für den Piloten und sechs Passagiere befanden. Die Passagiersitze waren paarweise in drei Reihen hintereinander angeordnet. Dieser Prototyp (die V-44) war noch nicht weit fortgeschritten, als Fokker und Platz einen Entschluß faßten, der wahrscheinlich für den späteren Erfolg ihrer Entwürfe ausschlaggebend war. Sie beschlossen, den Rumpf so umzurüsten, daß er für die Passagiere bequem sein würde.

Das Ergebnis war der V 45 Prototyp oder die F.II, die von Fokkers zuverlässigem Chefpiloten, dem Schulvorstand Bernard de Waal, im Oktober 1919 zum ersten Mal geflogen wurde. Die ursprünglich für die V 44 vorgesehenen Flügel wurden direkt auf den vergrößerten

Der erste Prototyp der einmotorigen Fokker F.VII auf seinem Jungfernflug am 11. April 1924. Später erhielt die Maschine eine größere Seitenflosse und abgerundete Ruder. Ihre Registrierung wurde später auf H-NACC geändert.

Rumpf geschraubt. Die Kabine war für vier Passagiere ausgelegt, und ein fünfter Passagier konnte im offenen vorderen Cockpit unterhalb der Vorderkante neben dem Piloten sitzen. Die F.II wurde von einem wassergekühlten BMW IIIa Sechszylinder-Reihenmotor von 185 PS (138 kW) angetrieben. Sie war ein langsames Flugzeug, aber für die Passagiere weit besser als die hastig umgerüsteten Militärmaschinen britischer und französischer Firmen. Ein auffallendes Merkmal der F.II war, daß sie keine Seitenflosse hatte. Für Stabilität sorg-

Die vier F.VII Serienmaschinen entsprachen der typischen Fokker Konstruktion. Sie hatten einen zweiholmigen Holzflügel mit Sperrholzbeplankung und einen mit Stoff bespannten Rumpf aus Stahlrohren. Die Maschine konnte acht Passagiere und zwei Besatzungsmitglieder aufnehmen.

Links: **Die F.VIIB-3m PH-AFS wurde zuerst von der KLM benutzt, die das Flugzeug 'Specht' nannte. Im August 1936 wurde die Maschine an Crilly Airways verkauft, die sie an die spanischen Nationalisten weitergab.**

Rechts: **Sabena war ein wichtiger F.VIIB-3m Betreiber. Sie flog die vom belgischen Werk SABCA produzierten Maschinen. Das hier abgebildete Flugzeug wurde am 20. September 1932 ausgeliefert und flog bis zur Übernahme durch die deutschen Streitkräfte auf europäischen Strecken.**

Die erste dreimotorige Fokker F.VII (c/n 4900) nahm 1925 an dem Ford-Zuverlässigkeits-Wettbewerb teil und wurde später an Edsel Ford verkauft. Als 'Josephine Ford' flog die Maschine am 9. Mai 1926 von Spitzbergen zum Nordpol.

te — wie eine Windfahne — der lange und an den Seiten flache hintere Rumpfabschnitt, an dem das winzige Seitenruder mit einem Scharnier befestigt war. Das Höhenleitwerk, die Höhen- und die Querruder waren jedoch vollständig vorhanden. Die Ruder verfügten alle über Ausgleich, und die Querruder ragten über die Flügelspitzen hinaus.

De Waal flog den V 45 Prototyp am 20. März 1920 heimlich nach Holland. Später kam dieser Typ bei mehreren Fluggesellschaften zum Einsatz. Einige dieser Maschinen wurden von Fokker produziert, andere von Grulich im Lizenzbau hergestellt, die einen BMW Motor von 250 oder 320 PS (186,4 oder 238,6 kW) hatten. Die Tragflächen waren abgestrebt, und die Maschinen besaßen ein geschlossenes Cockpit. Fokker machte sich mit diesen Maschinen einen Namen als Hersteller praktischer Passagierflugzeuge. Trotz ihrer Holztragflächen und dem mit Stoff bespannten Rumpf erwiesen sich diese Maschinen als robust und dauerhaft. Es ist erstaunlich, daß einige bis weit in die 30er Jahre hinein von mehreren Betreibern im Linienverkehr eingesetzt wurden, und eine Maschine flog sogar noch 1940.

Fokker ließ es natürlich nicht bei der F.II bewenden. Es folgte die größere F.III und 1921 die F.V. Die F.III, von einem BMW Eagle, Puma oder Jupiter Motor angetrieben, entwickelte sich zu einem Bestseller und galt zwischen 1922 und 1925 als die wichtigste Verkehrsmaschine in Nordeuropa und der Sowjetunion. Die F.IV war zwar viel größer, aber mit einem Liberty von 420 PS (313,2 kW) immer noch einmotorig. Zwei Maschinen wurden an die US Army verkauft, die sie T-2 nannte. Eine gelangte schon am 2./3. Mai 1922 zu Ruhm, als sie nonstop von New York nach San Diego flog. US Army und US Navy erteilten — sehr zum Ärger amerikanischer Hersteller — daraufhin Großaufträge für diesen Typ. Mit Rücksicht auf das amerikanische Nationalbewußtsein gründete Fokker in Teterborough, New Jersey, eine Tochtergesellschaft, die Atlantic Aircraft Corporation. Später wichen die von Atlantic produzierten Fokker oft in bezug auf einzelne Konstruktionsdetails und den Motor von den Flugzeugen der Stammfirma ab. Ab 1925 entwickelte der Geschäftsführer von Atlantic, R. B. C. Noorduyn (der später durch den Bau seiner eigenen Norseman berühmt wurde), unabhängig von Fokker, eigene Verkehrsmaschinen.

Anfang 1923 begannen Fokker und Ing. Walther Rethel (der sich später bei Arado einen Namen machte) mit der Konstruktion der F.VII, einer unkomplizierten Maschine mit einem Rolls-Royce Eagle von 360 PS (268,5 kW) und sechs Passagiersitzen. Das Flugzeug hatte einen Flügel mit einer Fläche von 71,72 m^2, während die Tragfläche der F.III nur 39,11 m^2 und die der F.IV 89,00 m^2 betrug. Die Leistungen der Maschinen waren nicht schlecht, aber Verbesserungsvorschläge waren schnell ausgearbeitet. Mit einem leistungsfähigeren Motor und kleineren Tragflächen konnte sie mehr Passagiere aufnehmen und trotzdem schneller fliegen, so daß sich die Betriebskosten verminderten. Es wurden nur fünf F.VII gebaut, während die verbesserte F.VIIA ein Riesenerfolg wurde.

Die F.VIIA hatte Anfang 1925 ihren Erstflug. Ihre Tragflügelflä-

Die F.VIIB-3m c/n 5028 war ursprünglich für die Antarktis-Expedition von Richard E. Byrd vorgesehen, wurde dann aber durch eine Ford Trimotor ersetzt. Die Fokker 'Friendship' erhielt Doppelschwimmer. So ausgerüstet, gelang ihr mit der berühmten Amelia Earhart als Passagier ein Rekordflug über den Atlantik.

Die US Army erhielt acht C-2A, die sich von den normalen F.VIIB-3m durch einen größeren, zehnsitzigen Rumpf, ein neues Cockpit und drei Wright J-5 Motoren von 220 PS (164 kW) unterschieden. Diese Maschine, 'Question Mark' (Fragezeichen), stellte im Januar 1929 einen Dauerrekord mit Flugbetankung über 150 Stunden auf.

Berühmte Fokker-Flüge

2./3. Mai 1923: Lieutenant Macready und Lieutenant Kelly fliegen in einer Fokker T-2 des US Air Service nonstop von New York nach San Diego. Flugzeit: 26 Stunden 50 Minuten.
24. November 1924: Van der Hoop unternimmt in einer Fokker F.VII von KLM den ersten Linienflug von Amsterdam nach Batavia in Niederländisch-Indien.
27. Juli 1925: M. Grasé stellt mit einer Flugzeit von 3 Stunden 30 Minuten 30 Sekunden bei einer Nutzlast von 1.500 kg in einer Fokker F.VIIA einen Dauerrekord auf.
September 1925: Anthony Fokker gewinnt mit der Fokker F.VII-3m den Ford-Zuverlässigkeits-Wettbewerb.
9. Mai 1926: Floyd Bennett fliegt die Fokker F.VII-3m der Byrd Expedition von Spitzbergen aus über den Nordpol.
28./29. Juni 1927: Lieutenant Hegenberger und Lieutenant Maitland von der US Army fliegen die Fokker C-2 'Bird of Paradise' in 25 Stunden 15 Minuten von Oakland in Kalifornien zum Stützpunkt Wheeler Field auf Hawaii.
29. Juni—1. Juli 1927: Bernt Balchen und Byrd fliegen den F.VIIB-3m Prototypen in 43 Stunden 21 Minuten im Nebel vom Roosevelt Field in den USA nach Ver-sur-Mer in Frankreich.
15.—23. Juli 1927: Eine von Geysendorffer und Scholte geflogene F.VIIA von KLM unternimmt den ersten Flug mit zahlenden Passagieren von Amsterdam nach Batavia.
31. Mai 1928: Charles Kingsford Smith und seiner Besatzung gelingt zum ersten Mal der Flug über den Pazifischen Ozean. Sie legen die 12.555 km lange Strecke von Oakland in Kalifornien nach Sydney in Australien (über Honolulu, Suva und Brisbane) in einer F.VIIB-3m in 88 Stunden zurück.
10. Juni 1928: Eine von Barnard und Alliott gesteuerte F.VIIA startet in Großbritannien zu einem Flug nach Indien und zurück. Auf dem Hinflug kommt es durch einen Motorwechsel zur Verzögerung, aber der Rückflug nimmt nur 4 1/2 Tage in Anspruch.
17./18. Juni 1928: Amelia Earhart überquert als erste Frau im Flug den Atlantischen Ozean. Die Maschine, eine F.VIIB-3m, wird von Wilmer Stultz von Trepassey Bay nach Burry Port geflogen.
10./11. September 1928: Kingsford Smith unternimmt in einer F.VIIB-3m den ersten Flug über der Tasman-See von Australien nach Neuseeland. Den Rückflug tritt er im Oktober des gleichen Jahres an.
Januar 1929: Eine Besatzung der US Army (Spaatz, Eaker, Quesada und Halvorsen) stellt einen neuen Dauerrekord mit Flugbetankung über 150 Stunden 40 Minuten 15 Sekunden mit der Fokker C-2A 'Question Mark' auf.
10. Juli 1929: Kingsford Smith und seine Besatzung treffen in ihrer F.VIIB-3m nach einer Flugzeit von 12 Tagen 18 Stunden aus Australien in Croydon ein.
24.—26. Juni 1930: Kingsford Smith und seine Besatzung fliegen in ihrer F.VIIB-3m nach Harbour Grace und New York.

Fokker F.VII wurden von beiden Seiten im Spanischen Bürgerkrieg eingesetzt. Diese Maschine war eine von drei F.VIIB-3m, die ursprünglich im November 1933 an die Lineas Aereas Postales Espanolas (LAPE) geliefert und von den Republikanern verwendet wurden. An den Fensterrahmen wurden die Bomben provisorisch befestigt.

che betrug nur 58,53 m^2, aber die Querruder befanden sich endlich innerhalb der Flügelkontur. Normalerweise hatte sie einen Bristol oder einen Gnome-Rhône Jupiter Motor von 450 PS (335,6 kW), aber eine der ersten Maschinen war mit einem Packard A-1500 (einem verbesserten Liberty) Motor von 400 PS (298,3 kW) ausgerüstet. Die für acht Passagiere und zwei Mann Besatzung vorgesehene F.VIIA war das, was man ein 'echtes Verkehrsflugzeug' nennen konnte. Geringfügige Verbesserungen waren ein größeres Seitenruder mit einer starren Flosse und ein glatteres Fahrwerk mit vertikalen Stoßdämpfern (die mit mehrfachen Gummibändern innerhalb einer Verkleidung gefedert waren) unter dem vorderen Flügelholm.

KLM Spezifikation

Im Sommer 1924 gab die holländische Fluggesellschaft KLM, die inzwischen fast nur Fokker flog, eine Spezifikation für eine Verkehrsmaschine für zehn Passagiere heraus, die in der Lage sein mußte, auch bei Ausfall eines Triebwerks weiterzufliegen. KLM schlug drei Siddeley Puma Motoren vor. Fokker hatte es jedoch zunächst auf den amerikanischen Markt abgesehen, und um an dem von Ford veranstalteten Zuverlässigkeitstest teilnehmen zu können, erhielt die erste F.VIIA-3m daher amerikanische Motoren, Wright J-4 Whirlwind von 200 PS (149 kW). Fokker hätte die äußeren Motoren gerne an den Vorderkanten montiert, aber aus Gründen des Gleichgewichts und der Richtung des Luftschraubenschubs brachte Konstrukteur Platz sie in getrennten Gondeln an den senkrechten Hauptfahrwerksbeinen an. Streben verbanden die Motoren mit Rumpf und Tragflä-

Aufriß-Erläuterung zur Fokker F.VIIB-3m

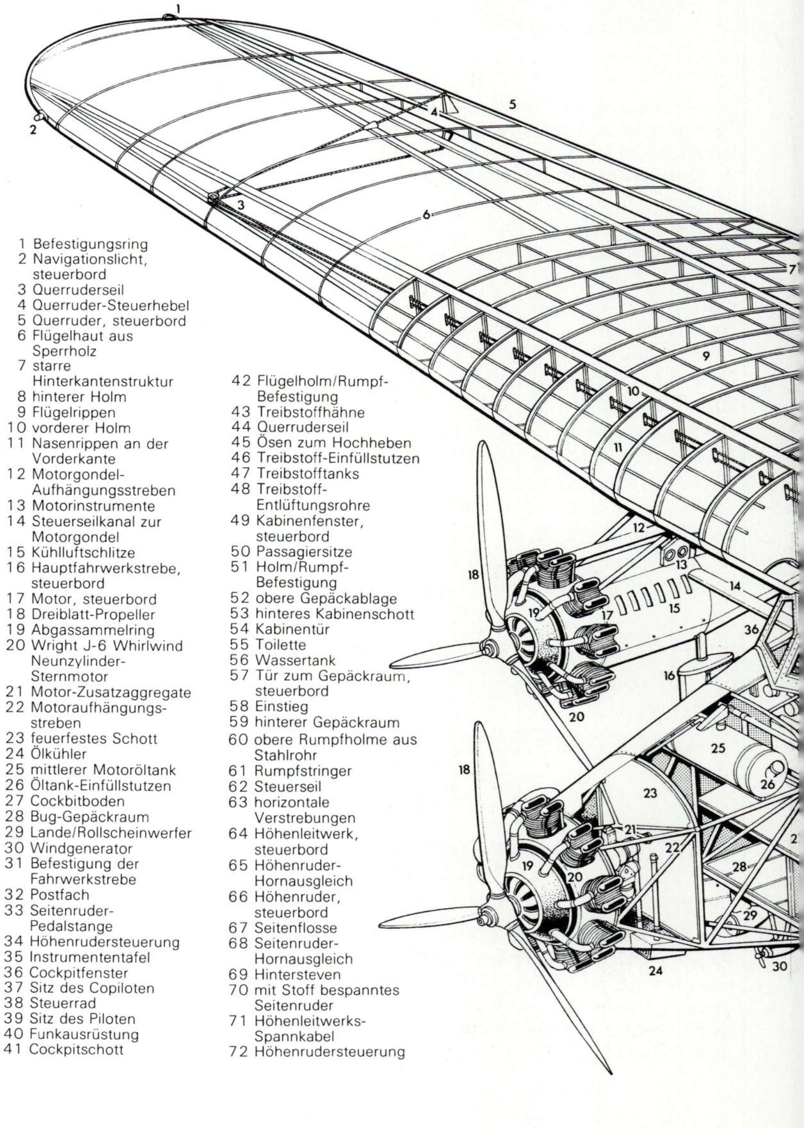

1 Befestigungsring
2 Navigationslicht, steuerbord
3 Querruderseil
4 Querruder-Steuerhebel
5 Querruder, steuerbord
6 Flügelhaut aus Sperrholz
7 starre Hinterkantenstruktur
8 hinterer Holm
9 Flügelrippen
10 vorderer Holm
11 Nasenrippen an der Vorderkante
12 Motorgondel-Aufhängungsstreben
13 Motorinstrumente
14 Steuerseilkanal zur Motorgondel
15 Kühlluftschlitze
16 Hauptfahrwerkstrebe, steuerbord
17 Motor, steuerbord
18 Dreiblatt-Propeller
19 Abgassammelring
20 Wright J-6 Whirlwind Neunzylinder-Sternmotor
21 Motor-Zusatzaggregate
22 Motoraufhängungsstreben
23 feuerfestes Schott
24 Ölkühler
25 mittlerer Motoröltank
26 Öltank-Einfüllstutzen
27 Cockpitboden
28 Bug-Gepäckraum
29 Lande/Rollscheinwerfer
30 Windgenerator
31 Befestigung der Fahrwerkstrebe
32 Postfach
33 Seitenruder-Pedalstange
34 Höhenrudersteuerung
35 Instrumententafel
36 Cockpitfenster
37 Sitz des Copiloten
38 Steuerrad
39 Sitz des Piloten
40 Funkausrüstung
41 Cockpitschott
42 Flügelholm/Rumpf-Befestigung
43 Treibstoffhähne
44 Querruderseil
45 Ösen zum Hochheben
46 Treibstoff-Einfüllstutzen
47 Treibstofftanks
48 Treibstoff-Entlüftungsrohre
49 Kabinenfenster, steuerbord
50 Passagiersitze
51 Holm/Rumpf-Befestigung
52 obere Gepäckablage
53 hinteres Kabinenschott
54 Kabinentür
55 Toilette
56 Wassertank
57 Tür zum Gepäckraum, steuerbord
58 Einstieg
59 hinterer Gepäckraum
60 obere Rumpfholme aus Stahlrohr
61 Rumpfstringer
62 Steuerseil
63 horizontale Verstrebungen
64 Höhenleitwerk, steuerbord
65 Höhenruder-Hornausgleich
66 Höhenruder, steuerbord
67 Seitenflosse
68 Seitenruder-Hornausgleich
69 Hintersteven
70 mit Stoff bespanntes Seitenruder
71 Höhenleitwerks-Spannkabel
72 Höhenrudersteuerung

Die Avro Ten G-AASP wurde unter dem Namen 'Achilles' im April 1931 an die Niederlassung von Imperial Airways in Kairo geliefert, wo sie im Auftrag der Iraq Petroleum Transport Co. Pipeline-Patrouillen flog. Später kehrte sie nach Großbritannien zurück, um von Imperial Airways für Charteraufgaben eingesetzt zu werden.

chen. Diese Maschine hatte etwas primitive Auspuffrohre, die direkt vor den luftgekühlten Zylindern verliefen und ihre Abgase unter dem Bug und über den Flügeln ausstießen. Der Name Fokker war, wie üblich, in riesigen Buchstaben auf die Tragflächen und den Rumpf gemalt. Nach ihrem Erstflug am 4. September 1925 erforderte die Maschine kaum Änderungen, ehe sie in ihre Einzelteile zerlegt in die USA verschifft wurde.

Schon rein äußerlich erregte die Maschine großes Aufsehen, und während des Ford-Zuverlässigkeits-Wettbewerbs funktionierte sie einwandfrei. Sie zeigte, daß sie auch (gerade noch) fliegen konnte, wenn einer der Motoren abgestellt war. Henry und Edsel Ford interessierten sich persönlich sehr für das Flugzeug, das den Wettbewerb mit Leichtigkeit gewonnen hatte. Edsel Ford kaufte die Maschine für Commander Richard E. Byrds wissenschaftliche Expedition zum Nordpol. Sie erhielt den Namen 'Josephine Ford', und am 9. Mai 1926 wurde sie von Richard Byrd und Floyd Bennett, mit besseren hinteren Abgassammelringen und Kufen ausgestattet, über den Nordpol geflogen. Dieses Flugzeug befindet sich heute im Ford Museum in Dearborn. Ford produzierte später selbst eine dreimotorige Maschine in einer der Junkers ähnlichen Ganzmetallstruktur mit gerippter Haut.

Von Anfang an war die Nachfrage nach der F.VIIA-3m so groß, daß die Produktion in den Fokker-Werken in Holland und den USA kaum nachkam. Später schloß Fokker mit den Stahlwerken in Wheeling, West Virginia, die wegen der Rezession in der Stahlindustrie Flugzeuge in ihr Poduktionsprogramm aufnehmen wollten, einen entsprechenden Vertrag. Schon kurze Zeit später lief die Produktion an, und alle fünf Tage verließ eine zehnsitzige, dreimotorige Maschine das Werk in Wheeling. Eine belgische, eine italienische, eine polnische und eine britische Firma erwarben die Lizenz zum Bau des Flugzeugs. Der britische Lizenznehmer war die Firma A. V. Roe, die mehrere von der F.VIIA-3m abgeleitete Varianten produzierte, darunter die Avro 642, eine gut aussehende zweimotorige Maschine. Dieses Flugzeug wirkte viel eleganter als Fokkers eigene zweimotorige Variante, die F.VIII. Zwei dieser schweren Maschinen für 15 Passagiere wurden von Manfred Weiß in Ungarn gebaut.

Bis zum Jahr 1934 waren die wichtigsten Verkehrsmaschinen, die von Fokker entwickelt wurden, dreimotorige Flugzeuge. Im Jahr 1926 wurden für die Arktis-Expedition von Sir Hubert Wilkins zwei F.VII aus holländischer Produktion bestellt. Eine dieser Maschinen war eine Liberty-F.VIIA, die andere aber ein neuer und größerer dreimotoriger Typ, der sich allmählich zum Standardmodell, der F.VIIB-3m, entwickeln sollte. Die Tragfläche dieser Maschine war

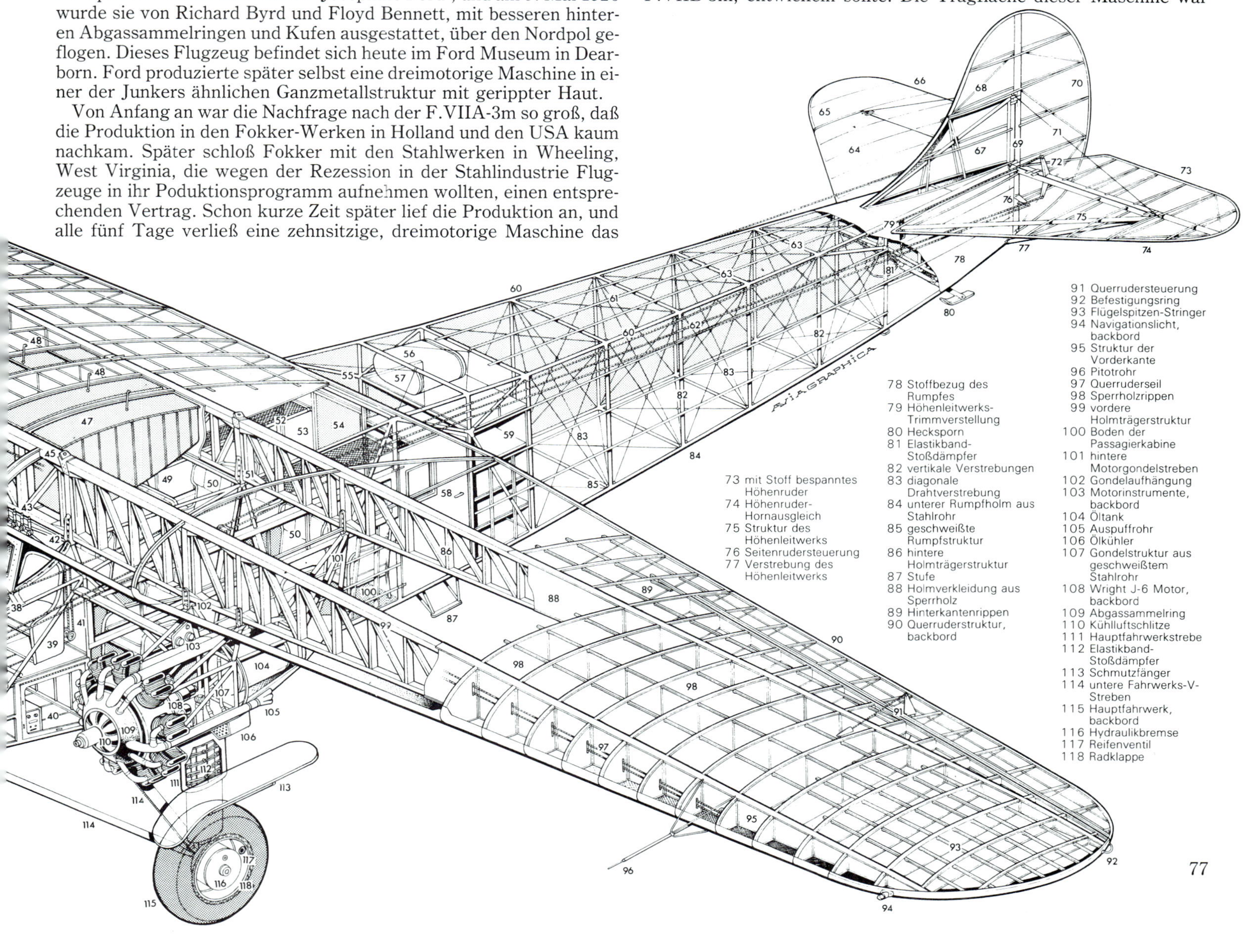

73 mit Stoff bespanntes Höhenruder
74 Höhenruder-Hornausgleich
75 Struktur des Höhenleitwerks
76 Seitenrudersteuerung
77 Verstrebung des Höhenleitwerks
78 Stoffbezug des Rumpfes
79 Höhenleitwerks-Trimmverstellung
80 Hecksporn
81 Elastikband-Stoßdämpfer
82 vertikale Verstrebungen
83 diagonale Drahtverstrebung
84 unterer Rumpfholm aus Stahlrohr
85 geschweißte Rumpfstruktur
86 hintere Holmträgerstruktur
87 Stufe
88 Holmverkleidung aus Sperrholz
89 Hinterkantenrippen
90 Querruderstruktur, backbord
91 Querrudersteuerung
92 Befestigungsring
93 Flügelspitzen-Stringer
94 Navigationslicht, backbord
95 Struktur der Vorderkante
96 Pitotrohr
97 Querruderseil
98 Sperrholzrippen
99 vordere Holmträgerstruktur
100 Boden der Passagierkabine
101 hintere Motorgondelstreben
102 Gondelaufhängung
103 Motorinstrumente, backbord
104 Öltank
105 Auspuffrohr
106 Ölkühler
107 Gondelstruktur aus geschweißtem Stahlrohr
108 Wright J-6 Motor, backbord
109 Abgassammelring
110 Kühlluftschlitze
111 Hauptfahrwerkstrebe
112 Elastikband-Stoßdämpfer
113 Schmutzfänger
114 untere Fahrwerks-V-Streben
115 Hauptfahrwerk, backbord
116 Hydraulikbremse
117 Reifenventil
118 Radklappe

Die polnische Regierung bestellte eine Bomberversion der F.VIIB-3m, die von Plage & Laskiewicz in Lublin gebaut wurde. Diese Maschine befand sich bei der 211. Staffel der Bomberdivision im Einsatz. Die Motoren waren J-5 Whirlwind.

zwar größer (67,54 oder 67,72 m^2), aber nicht so groß wie der Flügel der ursprünglichen F.VII, der im Fokker-Werk in Holland für die amerikanische Fokker F.9 (siehe Varianten) konstruiert wurde. Die zweite Maschine war daher ein einmaliges Übergangsmodell, das nach wie vor mit Whirlwind Motoren von 200 PS (149,1 kW) und dem Rumpf der F.VIIA ausgerüstet war. Nach Entdeckungsflügen in Alaska überholte Boeing diese spezielle Langstrecken-Fokker und verkaufte sie an einen Australier, Squadron Leader Charles Kingsford Smith. Mit neuen J-5 Whirlwind von 237 PS (176 kW), und dem Namen Southern Cross in dicken Buchstaben aufgemalt, startete die Fokker am 31. Mai 1928 zum Flug von Oakland in Kalifornien nach Australien. Das war der Beginn einer Serie berühmter Erstflüge, die diese Fokker zwischen den beiden Weltkriegen zum bekanntesten Flugzeug der damaligen Zeit machen sollte. Zu so großem Ruhm gelangte nicht einmal Lindberghs 'Ryan'. Einige Flüge dieser Maschine sind in der Tabelle 'Berühmte Fokker-Flüge' aufgeführt. Heute kann das Flugzeug in Eagle Farm, Brisbane, besichtigt werden.

Die Aussichten für die dreimotorige Maschine mit den großen Flügeln waren sehr gut, besonders wenn sie eine höhere Motorleistung bot. 1928 kam die F.VIIB-3m offiziell auf den Markt. Im allgemeinen wurde sie mit Whirlwind Motoren der Serie J-6 von 300 bis 330 PS (223 bis 246 kW) verkauft. Die erste Serienmaschine war wieder ein ganz spezielles Flugzeug, das Ende 1927 als die 'America' für Byrds geplanten Transatlantikflug gebaut wurde. Später führte sie unter ihrem neuen Namen 'Friendship' (für Fokker ein zukunftsträchtiger Name) noch viele andere historische Flüge durch. Einige der vergrößerten dreimotorigen Maschinen waren F.VIIA Umrüstungen. Dazu zählte auch die von Jupiter Motoren angetriebene H-NADP, die den ersten KLM-Passagierflug nach Niederländisch-Indien ausführte. Im Jahr 1928 wurde die Maschine mit Gnome-Rhône (Bristol) Titan Motoren in eine F.VIIB-3m umgerüstet und dann wieder von Black für einen Flug nach Kapstadt gemietet. Später 'pendelte' sie mit Whirlwind Motoren regelmäßig zwischen London, Kapstadt und dem Fernen Osten — für die Jahre 1929 und 1930 eine beachtliche Leistung.

Der Lizenzbau

In den Jahren zwischen 1927 und 1933 nahm die F.VIIB-3m unter den Verkehrsflugzeugen der Welt den ersten Platz ein. Fokker und Atlantic bauten 147 Maschinen, und ähnliche Flugzeuge (mit vielen verschiedenen Motoren) wurden in Belgien, Frankreich, Großbritannien, Italien, Polen und in der Tschechoslowakei in Lizenz gebaut. Neun der lizenzierten Untertypen waren Militärmaschinen, vier davon Bomber. Der bedeutendste dreimotorige Fokker Bomber-Typ war die Avia F.IX. Die tschechische Firma Avia hatte 21 F.VIIB-3m gebaut. Eine dieser Maschinen war ein Bomber, auf den dann noch weitere zwölf F.IX Bomber folgten, für den die Fokker F.IX als Basismodell diente. Diese Flugzeuge hatten mit ihren von Walter gebauten Jupiter-Motoren von 500 PS (372,9 kW) eine viel größere Leistung und konnten mit einem Gewicht von 9.000 kg starten. Eine ehemalige KLM F.IX gelangte später in die Hände der spanischen Republikaner, wo sie ebenfalls in einen Bomber umgerüstet wurde.

Die Glanzleistung von Fokkers amerikanischem Team waren zehn riesige F.32. Die Bezeichnung gab Aufschluß über die Zahl der Sitze. Im allgemeinen galten diese Maschinen mit vier Pratt & Whitney Hornet Motoren von 575 PS (429 kW) Druck/Zug-Propeller als zu groß für den Markt. In Amsterdam wurden aber die traditionellen dreimotorigen Fokker ständig weiter verbessert. 1930 erschien die wichtige F.XII, die eine Tragflügelfläche von 82,96 m^2 und Pratt & Whitney Wasp Motoren der Serie C von 425 PS (317 kW) hatte. Die F.IX bot normalerweise 16 Passagieren Platz und war die wichtigste Verkehrsmaschine von KLM. Auch bei Schwedens ABA und Dänemarks DDL befanden sich diese Maschinen im Einsatz. Zwei Flugzeuge wurden sogar in Dänemark gebaut. Dieses Modell führte wiederum zu der noch größeren F.XVIII von 1932. Das waren die letzten dreimotorigen Fokker Serienflugzeuge. Die überaus erfahrenen Besatzungen von KLM vollbrachten reine Wunder mit den allmählich alternden Maschinen. Die F.XVIII PH-AIP 'Pelikaan' transportierte im Jahr 1933 Weihnachtspost in einer Flugzeit von 73 Stunden 34 Minuten nach Batavia, und PH-AIS Snip beförderte 1934 in knapp unter 56 Stunden Weihnachtspost nach Curaçao.

Im Jahr 1932 wurde sich Fokker allmählich der Vorteile der Ganzmetall-Schalenbauweise bewußt. Trotzdem hielt er hartnäckig an traditionellen Methoden fest. Das Ergebnis war im Jahr 1933 die F.XX, die mit ihren Cyclone Motoren von 640 PS (477 kW) und einem einziehbaren Fahrwerk mit der technischen Entwicklung Schritt halten sollte. Zum ersten Mal legte man bewußt Wert auf eine Reduzierung des Widerstands, und der neue Zwölfsitzer konnte eine Geschwindigkeit von 305 km/h erreichen. Er mußte sich jetzt aber gegenüber der Boeing 247 und der Douglas DC-1 durchsetzen. KLM entschloß sich 1933 schweren Herzens zu Gesprächen mit Douglas. Fokker gab noch nicht auf. Seine beiden letzten Transportmaschinen waren die große F.XXXVI, die im Juni 1934 flog, und ein Jahr später die etwas kleinere F.XXII. Dieses Mal folgten die Bezeichnungen der für die F.32 angewandten amerikanischen Methode, bei der die Zahl der maximalen Passagierzahl entsprach. Beide Maschinen waren traditionelle Schulterdecker aus Stahlrohr, Stoff und Holz. Sie trugen aber am Flügel vier Motoren. Für die '36' wurden Cyclone von 750 PS (559 kW) und für die '22' Wasp von 500 PS (373 kW) verwendet. Mit diesen wurden vier Maschinen ausgerüstet, von denen aber zu Beginn des Zweiten Weltkriegs nur noch zwei vorhanden waren. Diese Maschinen erhielt die RAF, die sie zusammen mit der einzigen F.XXXVI, die gebaut wurde, in Schottland einsetzte.

Mit dieser Fokker F-VII unternahm Pilot Hugh Wells 1927 Pan Americans ersten offiziellen Flug von Miami nach Havanna.

Mike Hooks

Breguet 19
Fliegender Treibstofftank

Von der Breguet 19 wurden wahrscheinlich mehr Maschinen produziert als von jedem anderen Militärflugzeug zwischen den beiden Weltkriegen. Sie stellte zahlreiche Weltrekorde auf und erwarb sich in fast 25jährigem Einsatz einen ausgezeichneten Ruf.

Der Entwurf für die Breguet 19, die von dem Erfolg der Breguet 14, des bekannten Bombers aus dem Ersten Weltkrieg, profitieren sollte, entstand unter Leitung von M. Vuillerme im Jahr 1920 in den Konstruktionsbüros in Vélizy-Villacoublay. Der Prototyp Bre.19 A.2 No. 01 wurde beim VIIe Salon de l'Aéronautique, der vom 12. bis 27. November 1921 im Grand Palais in Paris stattfand, vorgestellt. Die Struktur dieses großen zweisitzigen Doppeldeckers bestand ganz aus Duralumin. Die vordere Hälfte des Rumpfes hatte eine Duraluminhaut, während die hintere mit lackiertem Stoff bespannt war. Die riesige obere Tragfläche war eine mit Stoff bespannte Konstruktion, die sich aus zwei vorgefertigten Holmen und Trägerrippen aus Duralumin zusammensetzte. Sie saß auf zwei Tandemflügelstielen über dem Rumpf und war über einen einzigen Y-Flügelstiel mit der viel kleineren unteren Tragfläche verbunden. Der Prototyp hatte einen einzigen Breguet-Bugatti 16-Zylinder V-Motor von 450 PS (336 kW) zum Antrieb eines Vierblatt-Propellers. Tatsächlich handelte es sich dabei aber um zwei Bugatti Achtzylinder-Reihenmotoren. Da schon beim ersten Bodenbetrieb Schwingungs- und Kühlprobleme auftraten, wurde der 16-Zylinder-Motor für den Jungfernflug, den Robert Thiery im März 1922 in Villacoublay durchführte, durch einen Renault 12Kb 12-Zylinder V-Motor mit direktem Antrieb ersetzt.

In Vélizy-Villacoublay hatte man bereits mit der Montage von elf Vorserienmaschinen begonnen, da man die Bre.19 in zwei Versionen, als das zweisitzige Aufklärungsflugzeug A.2 (Zweisitzer für die französische Armee) und als den zweisitzigen Bomber B.2 (Zweisitzer für die Régiments d'Aviation de bombardement) mit verschiedenen Motoren anbieten wollte. Diese Vorserienmaschinen waren mit einem Renault 12Kb Motor, einem Renault 12Kd von 480 PS (358 kW), einem Lorraine-Dietrich 12D von 370 PS (276 kW), einem Lorraine-Dietrich 12 Eb von 450 PS (336 kW) oder einem Hispano-Suiza 12 ausgerüstet. Sie unterschieden sich vom Prototyp außerdem durch einen um 60 cm längeren Rumpf.

Die Erprobung der Maschinen durch den Service Technique de l'Aéronautique im August 1922 bestätigte, daß das Vertrauen des Herstellers in dieses Flugzeug voll gerechtfertigt war, und man genehmigte daher die Produktion von zunächst 112 Serienmaschinen.

In der Nungesser-Coli mit dem Spitznamen 'Treibstoffkanister' gelang 1927/28 ein 57.000 km langer Flug rund um die Welt, bei dem auch zum ersten Mal der Südatlantik überquert wurde.

Austin J. Brown/APL

Die berühmteste Breguet 19 war zweifellos die rekordbrechende Super-Bidon, die Point d'Interrogation, deren Herstellung von dem Parfümkönig François Coty finanziert wurde. Nachdem es Dieudonné Costes und Maurice Bellonte im Juli 1929 nicht gelungen war, über den Atlantik zu fliegen, wurde die Maschine mit einem Hispano-Suiza 12Lb mit Direktantrieb ausgerüstet. Damit stellte sie auf dem 7.906 km langen Flug von Le Bourget nach Tsitsihar in der Mandschurei mit der gleichen Besatzung vom 27. bis zum 29. September 1929 einen neuen Weltrekord auf. Dann erhielt sie einen Hispano-Suiza 12Nb von 650 PS (485 kW) für den ersten Direktflug eines Flugzeugs von Paris nach New York. Im Anschluß daran begab sie sich in den USA auf eine 'Freundschaftstournee'. Ihre Zwischenstationen sind auf dem hinteren Rumpfband vermerkt.

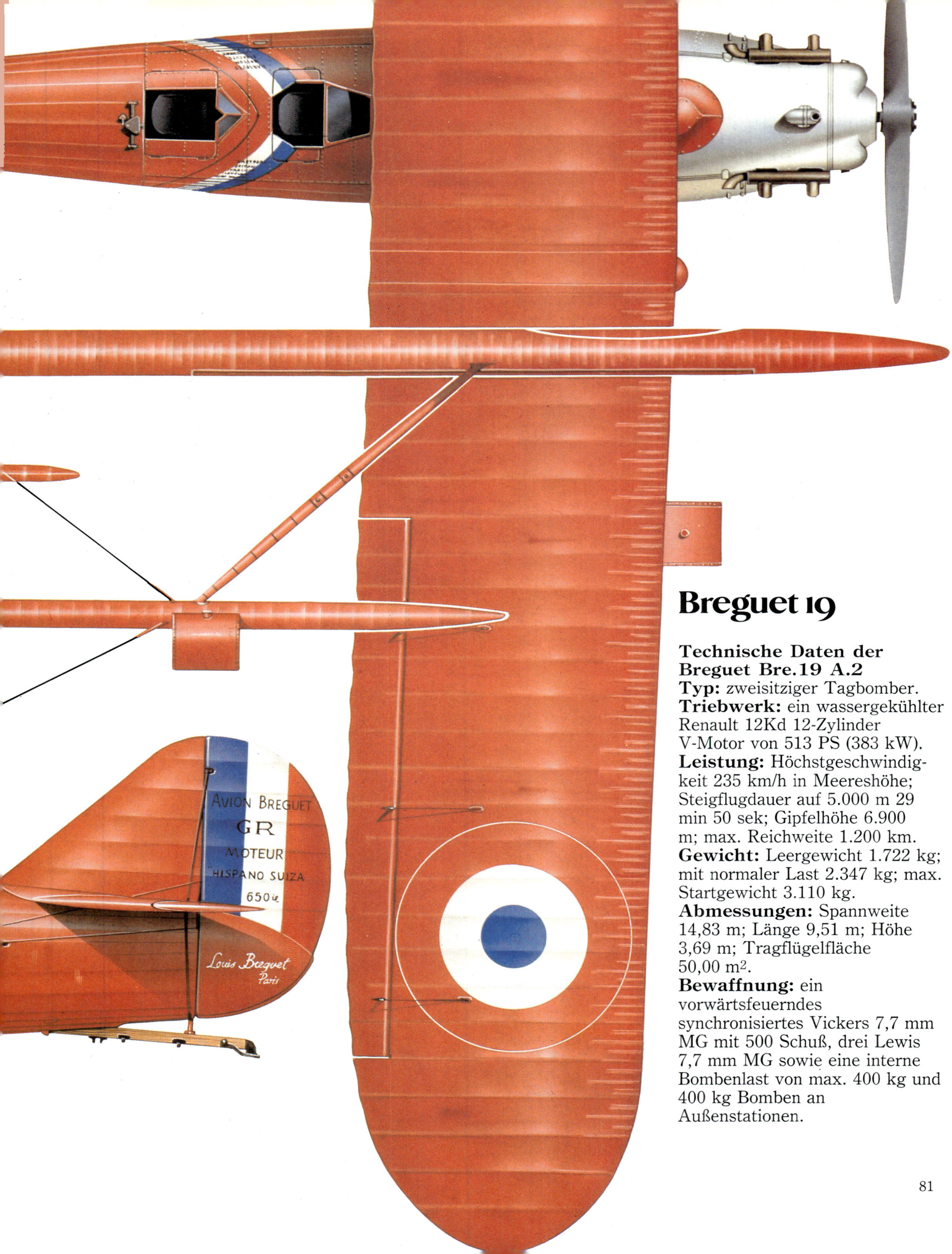

Breguet 19

Technische Daten der Breguet Bre.19 A.2
Typ: zweisitziger Tagbomber.
Triebwerk: ein wassergekühlter Renault 12Kd 12-Zylinder V-Motor von 513 PS (383 kW).
Leistung: Höchstgeschwindigkeit 235 km/h in Meereshöhe; Steigflugdauer auf 5.000 m 29 min 50 sek; Gipfelhöhe 6.900 m; max. Reichweite 1.200 km.
Gewicht: Leergewicht 1.722 kg; mit normaler Last 2.347 kg; max. Startgewicht 3.110 kg.
Abmessungen: Spannweite 14,83 m; Länge 9,51 m; Höhe 3,69 m; Tragflügelfläche 50,00 m^2.
Bewaffnung: ein vorwärtsfeuerndes synchronisiertes Vickers 7,7 mm MG mit 500 Schuß, drei Lewis 7,7 mm MG sowie eine interne Bombenlast von max. 400 kg und 400 kg Bomben an Außenstationen.

Die zwei Hauptversionen der Bre.19 wurden in Frankreich produziert: das A.2 (Armée-biplace) Aufklärungsflugzeug und der B.2 (bombardement-biplace) Bomber mit einer großen Auswahl an unterschiedlichen Ausrüstungen und Triebwerken. Letztere reichten von 350 PS (261 kW) bis zu 650 PS (485 kW). Die hier abgebildete Maschine ist eine Bre.19 A.2.

Produktion und Export

Ungefähr die Hälfte der ersten Produktionsserie wurde von dem Renault 12Kd angetrieben. Diese Flugzeuge kamen bei der französischen Aviation Militaire zum Einsatz. Breguet wußte, daß sich weltweit ein riesiger Markt auftun würde, da der nach dem Krieg aufgekommene Pazifismus allmählich abklang und ein Land nach dem anderen damit begann, eine Luftwaffe zu gründen oder wiederaufzubauen. Die Firma bot diesen Typ daher mit vielen verschiedenen Triebwerken an. General Uzelac, der den Befehl über die jugoslawische Heeresluftfahrt führte (bei der sich bereits Bre.14 im Einsatz befanden), war der erste ernsthafte Interessent für die Bre.19, und im Jahr 1923 lieferte Breguet eine Bre.19 Vorserienmaschine zur Bewertung nach Jugoslawien. Inzwischen hatte Thiery im Februar 1923 die Bre.19 No. 01 bei einem internationalen Wettbewerb für Militärflugzeuge in Spanien geflogen und alle anderen Wettbewerber in den Schatten gestellt. Daraufhin beantragte Spanien die Rechte zur Lizenzherstellung der Bre.19.

Unter den ersten 112 Serienmaschinen befanden sich Flugzeuge mit einem Lorraine-Dietrich 12Db und 12Eb, einem Salmson 183 Ma von 500 PS (373 kW) und einem Gnome-Rhône 9Ac von 420 PS (313 kW). Als im Jahr 1924 die ersten Serienmaschinen aus Villacoublay geliefert wurden, war das ausländische Interesse an dem Flugzeug bereits so groß, daß Breguet mit Avions Henri et Maurice Farman in Billancourt und der Société d'Emboutissage et de Constructions Mécaniques in Colombes (SECM-Amiot) Herstellungsverträge zur Produktion der Maschinen schloß. Bis Mitte 1928 waren in Frankreich insgesamt bereits 1.936 Bre.19 gebaut worden, 1.100 Stück davon für den Export.

Die ersten Bre.19 A.2 für die Aviation Militaire wurden im Oktober 1924 an das 32e, 33e, 34e und 35e Régiment d'Aviation geliefert. Im Juni 1926 erhielt das 11e Régiment d'Aviation de Bombardement de Jour (RABJ oder Tagbomber-Regiment) seine ersten Bre.19 B.2, und kurze Zeit später das 11e RABJ. Bis Mitte 1927 flogen insgesamt 46 Escadrilles de Reconnaissance, d'Observation und de Bombardement (Aufklärungs-, Beobachtungs- und Bomberstaffeln) sowohl die Bre.19 A.2 als auch die B.2.

Inzwischen hatte Breguet große Mühe, mit der Nachfrage im Ausland Schritt zu halten. Jugoslawien hatte 100 Bre.19 A.2 und B.2, erstere mit einem Lorraine-Dietrich 12Db und letztere mit einem 12Eb Motor, bestellt. Eine dieser Maschinen stellte auf ihrem Überführungsflug mit Hauptmann Radović und Oberleutnant Rubčić in 8 Stunden und 25 Minuten zwischen Paris und Belgrad einen neuen Geschwindigkeitsrekord auf. Das 2. Regiment des jugoslawischen Heeres in Rajlovac bei Sarajevo war das erste Regiment, das die Bre.19 in den Dienst einführte.

Lieutenant Pelletier d'Oisy und Lieutenant Bésin unternahmen in der von einem Lorraine-Dietrich 12DB angetriebenen Bre.19 Nr. 3 einen der ersten Langstreckenflüge (grands raids) einer Bre.19, als sie im Mai 1924 von Paris nach Schanghai flogen. Das Flugzeug befindet sich hier in Hinaidi, wo es Zwischenlandung machte.

Im Jahr 1926 bestellte Rumänien 50 Bre.19 A.2 und B.2, um damit die Modernisierung seiner Luftwaffe zu beginnen. Das waren die ersten von insgesamt 108 Bre.19, die Rumänien bestellte (dazu kamen später noch etwa zwölf Bre.19.7). Im Fernen Osten kaufte zuerst die zentralchinesische Regierung in Peking im Jahr 1924 vier Bre.19, und dann erhielten die Luftstreitkräfte der Mandschurei unter Marschall Tschang Tso-lin 70 Bre.19 mit einem Lorraine-Dietrich 12 Db Motor. Einige dieser Maschinen kämpften 1931/32 gegen die Japaner.

Der Entschluß Polens, eine mächtige Luftwaffe hauptsächlich aus Bre.19 bestehend aufzubauen, ist ein Beweis für das hohe Ansehen, das die Breguet 19 damals genoß. Nach dem Besuch einer polnischen Einkaufsmission bei Breguet genehmigte General Wlodzimierz Zagórski Ende Juni 1925 den ersten von mehreren Aufträgen über Bre.19A.2 und B.2 Maschinen. Weniger als einen Monat später führte Zagórski eine aus Bre.19 und Potez 25 bestehende Formation von Frankreich nach Polen — die ersten von insgesamt 250 Bre.19, die zwischen 1925 und 1930 an die polnische Lotnictwo Wojskowe geliefert wurden (darunter auch 20 Maschinen einer speziellen Langstrecken-Version). Eine von Oberst Ludomil Rayski und Feldwebel Leonard Kubiak geflogene polnische Bre.19 A.2 legte auf ihrem Flug rund um das Mittelmeer zwischen dem 16. und 22. September 1925 7.500 km zurück. Hauptmann Boleslaw Orlinski flog eine Bre.19 von Warschau nach Tokio, was einer Entfernung von 23.000 km entspricht. Auf dem Rückflug geriet die Maschine in einen heftigen Sturm und verlor backbord an der unteren Tragfläche ein großes Stück der Stoffbespannung. Die Besatzung landete daraufhin auf einem Feld, um von der anderen Tragfläche an der entsprechenden

Die in Kraljevo in Jugoslawien gebaute Bre.19 A.2 Nr. 1330 mit einem Gnome-Rhône 9AB Sternmotor von 420 PS (313 kW) gehörte zur vierten Produktionsserie. Sie trägt hier (ungefähr im Jahr 1935) die Kennungen der jugoslawischen Luftwaffe. Der Motor ist eine französische Version des Bristol Jupiter.

Diese Bre.19 A.2 (Armée-biplace) befand sich bei der 51e Escadre (2e Escadrille) der französischen Aviation Militaire im Einsatz. Die Maschine hatte einen Lorraine-Dietrich 12Db 12-Zylinder V-Motor.

Großbritannien gehörte zu den Ländern, die einzelne Bre.19 zur Bewertung kauften. Diese B.2 mit einem Renault 12Kd Motor trug die Registrierung J7507 und wurde im Jahr 1925 von Piloten des Royal Aircraft Establishment geflogen.

Stelle ein gleich großes Stück der Stoffbespannung abzureißen. Danach setzte die Maschine ihren Flug ohne weitere Zwischenfälle fort.

Polnische Bre.19 befanden sich beim 2., 3., 5. und 6. Regiment der Lotnictwo Wojskowe im Einsatz, aber ab Ende 1936 wurden sie nur noch für die Ausbildung verwendet. Zwanzig Maschinen wurden kurz nach Beginn des Spanischen Bürgerkriegs an die Nationalisten verkauft. Unmittelbar vor Ausbruch des Zweiten Weltkriegs nahmen einige polnische Bre.19 an Übungen teil, um die Wirksamkeit des Warschauer Zivilschutzes auf die Probe zu stellen. Gleich danach erhielten sie aber Startverbot, so daß sie an dem Widerstand gegen die deutsche Invasion nicht mehr teilnahmen.

Auch Griechenland und die Türkei kauften Mitte der zwanziger Jahre Bre.19. Griechenland erhielt 30 Bre.19 A.2 und B.2 mit einem Hispano-Suiza 12Hb Motor von 500 PS (das Geld dafür wurde durch öffentliche Spenden aufgebracht), die an das neu gegründete 1. Luftwaffenregiment in Tatoi sowie an das 3. Luftwaffenregiment in Salonika-Mikra überstellt wurden. Die Türkei erhielt 20 von einem Lorraine-Dietrich 12Eb angetriebene Bre.19 B.2 für das 1. Luftwaffenregiment.

Auch mehrere südamerikanische Länder bestellten Bre.19. Den Anfang machte Argentinien mit einem Auftrag über 25 Bre.19 A.2 und B.2 mit einem Lorraine-Dietrich 12Eb Motor, von denen die ersten Maschinen im Jahr 1926 geliefert wurden. Im Jahr 1930 kamen zwölf dieser Flugzeuge, die von El Palomar aus eingesetzt wurden, bei der im gleichen Jahr ausgebrochenen Revolution zum Einsatz. 1928 bildeten 12 Bre.19 A.2 und B.2 die erste Kampfeinheit der neu gegründeten venezulanischen Luftwaffe, und gleichzeitig kaufte Brasilien fünf von einem Renault 12Kb Motor angetriebene Bre.19. Fünfzehn Bre.19 B.2, die Bolivien 1928 gekauft hatte, nahmen im folgenden Jahr an dem Krieg gegen Paraguay teil.

Lizenzproduktion der Bre.19

Die erfolgreichen Demonstrationsflüge von Robert Thiery beim Militärflugzeug-Wettbewerb von Cuatro Vientos im Februar 1923 führten dazu, daß sich Spanien entschloß, eine Lizenz zur Herstellung der Bre.19 zu erwerben. Die Produktion konnte aber erst nach Fertigstellung des Werkes von Construciones Aeronáuticas SA (CAS) südlich von Madrid im Jahr 1924 beginnen. Drei Flugzeugmodelle sowie Bauteile für 26 andere Flugzeuge wurden an Spanien geliefert und von CASA montiert. Abgesehen von einer einzigen Maschine, die von einem Hispano-Suiza 12b Motor von 500 PS (373 kW) angetrieben wurde, erhielten alle diese Flugzeuge einen Lorraine-Dietrich 12Eb. Dieser Motor wurde jetzt auch in Spanien von Elizalde SA unter der Bezeichnung A-4 in Lizenz gebaut. Noch ehe die ersten Lizenzmaschinen fertiggestellt waren, zwang der Konflikt in Spanisch-Marokko die spanische Regierung zum Kauf von 16 von Breguet gebauten Bre.19, die im Juli 1925 bei der Aeronáutica Militar Española an Militäroperationen teilnahmen. Endlich konnte auch der erste Auftrag über 77 in Lizenz hergestellte Bre.19 ausgeführt werden (50 dieser Maschinen hatten einen importierten HS 12Hb Motor und 27 einen in Spanien produzierten A-4). Darauf folgte im Jahr 1929 ein Auftrag über 80 Flugzeuge und 1931 einer über 20 Maschinen, die alle einen A-4 Motor erhielten.

Die Produktion der Bre.19 in Spanien wurde im Jahr 1935 eingestellt. Als im folgenden Jahr der Spanische Bürgerkrieg ausbrach, standen der Aviación Militar etwa 135 Bre.19 zur Verfügung. Aufgrund der geographischen Verteilung der Luftwaffe (mehrere Bre.19 befanden sich zum Beispiel in Nordafrika im Einsatz) verwendeten sowohl die Republikaner als auch die Nationalisten Bre.19. Mit dem Erscheinen immer modernerer Maschinen wurden jedoch alle Bre.19 bis zum Mai 1937 aus dem Kampfeinsatz gezogen. Insgesamt sollen die Nationalisten zehn und die Republikaner 28 Bre.19 verloren haben. Wie bereits erwähnt, kauften die Nationalisten auch 20 Bre.19 Maschinen von Polen.

Im Jahr 1924, als sich Spanien gerade zum Lizenzbau der Bre.19 entschlossen hatte, bestellte Belgien sechs Bre.19 B.2 als Modell- und Bewertungsflugzeuge. Die Bewertung verschiedener Motoren führte schließlich zur Wahl des Hispano-Suiza 12Ha. Als die Société Anonyme Belge de Constructions Aéronautiques (SABCA) die Maschinen in Haren produzierte, verwendete sie jedoch sowohl diesen Motor als auch den Lorraine-Dietrich 12Eb. In Belgien gebaute Bre.19 wurden im Jahr 1927 an die Aéronautique Militaire geliefert, wo sie schließlich beim 1ère Régiment d'Aéronautique und bei der 2ème Groupe de Bombardement zum Einsatz kamen, bis sie in den dreißiger Jahren von der Fairey Fox verdrängt wurden. Die belgische Produktion belief sich auf 146 Bre.19.

Mehrere Länder erwogen den Lizenzbau der Bre.19 und kauften Versuchsmaschinen. Japan, wo die Produktion durch die Firma Nakajima hätte erfolgen sollen, kaufte zwei Bre.19 A.2 zur Montage. Die eine Maschine wurde als Landflugzeug und die andere als Schwimmerflugzeug gebaut. Es kam jedoch nicht zum Lizenzbau. Italien kaufte im Jahr 1924 eine Bre.19 A.2 und eine Bre.19 B.2, und Persien

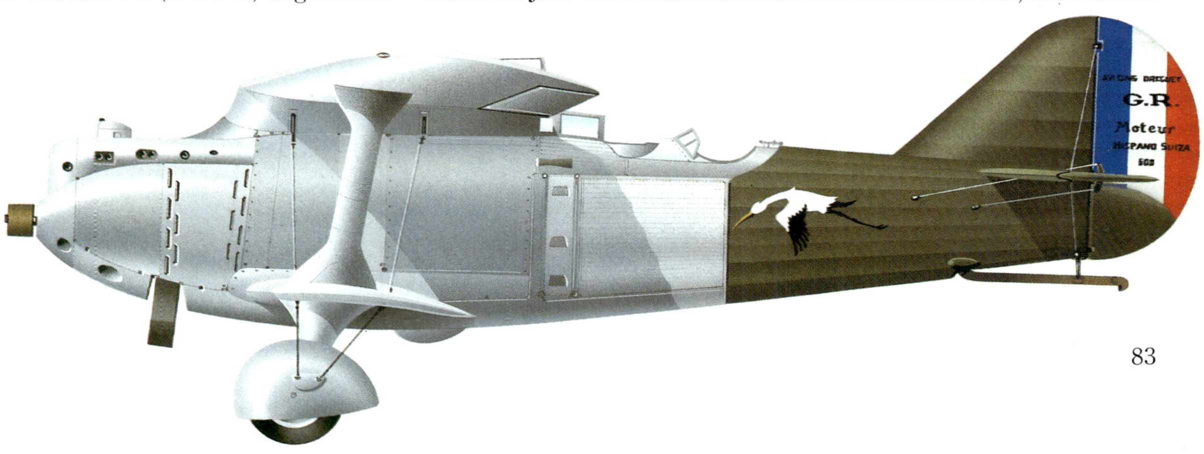

Die zweite Bre.19 GR Typ Bidon hatte einen Hispano-Suiza 12Lb. In dieser Maschine stellten Commandant Girier und Commandant Weiss am 25. Mai 1929 mit einer Geschwindigkeit von 188,1 km/h über eine Strecke von 5.000 km einen neuen Weltgeschwindigkeitsrekord auf.

Die von CASA gebauten Bre.19 befanden sich im Spanischen Bürgerkrieg auf beiden Seiten im Einsatz. Diese von einem Elizalde A-4 angetriebene Maschine wurde ab etwa 1938, nachdem dieser Typ aus dem Fronteinsatz gezogen worden war, von einer nationalistischen Beobachterschule geflogen.

erwarb zwei Bre.19 A.2. Großbritannien kaufte im Jahr 1925 eine frühe Bre.19 B.2 (mit einem Renault Motor), die das Royal Aircraft Establishment (R.A.E.) in Farnborough als J7507 bezeichnete und zu Erprobungsflügen verwendete.

Jugoslawien erwies sich als größter ausländischer Kunde für die Breguet 19. Nach der bereits erwähnten Lieferung von 100 Bre.19 A.2 und Bre.19 B.2 in den Jahren 1925/26 unterzeichnete Jugoslawien am 14. Oktober 1927 einen Vertrag über die Einfuhr und den Lizenzbau von mindestens 425 Maschinen. Der erste Auftrag lautete über 50 fertige Flugzeuge, die von Frankreich mit der Bahn nach Jugoslawien geliefert wurden. Im Dezember 1928 unterzeichnete Jugoslawien einen Vertrag über die Lieferung von 35 fertigen Maschinen mit der Bahn, Einzelteile für weitere 25 Maschinen zur Montage in Kraljevo und 15 Flugzeuge, die auch jugoslawische Teile enthalten sollten. Der nächste Auftrag über 75 Flugzeuge und der vierte über 100 Maschinen sah die Herstellung in Jugoslawien vor. Das letzte dieser Flugzeuge wurde im Jahr 1932 geliefert. Die Maschinen, die die zweite und dritte Lieferung ausmachten, wurden von einem Hispano-Suiza 12Hb oder 12LB Motor angetrieben, während die des letzten Auftrags einen in Jugoslawien gebauten Gnome-Rhône Jupiter 9Ab hatten. Die fünfte Lieferung jugoslawischer Bre.19 bestand aus 125 Bre 19.7, einer neuen Version.

Einige der aufsehenerregenden Langstreckenflüge mit modifizierten Bre.19 wurden bereits erwähnt. Auch die französische Aviation Militaire hatte bereits einige grands raids (Langstreckenflüge) unternommen. So waren zum Beispiel im Mai 1924 Lieutenant Pelletier d'Oisy und Lieutenant Bésin von Paris nach Schanghai geflogen, während Capitaine Lemaitre und Capitaine Arrachart am 3. und 4. Februar 1925 mit einem 3.166 km langen Flug von Etampes nach Villa Cisneros in der spanischen Sahara einen neuen Streckenweltrekord aufstellten.

Bidon und Super-Bidon

Infolge des großen internationalen Interesses an diesen Langstreckenflügen wurden an drei frisch aus dem Werk gekommenen Bre.19 Standardmaschinen im Jahr 1926 umfangreiche Modifikationen vorgenommen, um die obere Tragfläche zu vergrößern und die Aufnahme von 2.915 Litern Treibstoff — anstelle von nur 440 Litern,

Nach der berühmten 'Point d'Interrogation' gab es nur noch eine weitere Super-Bidon, die von CASA gebaute Bre.19 'Cuatro Vientos', die am 10. und 11. Juni 1933 von Barberián und Collar von Sevilla nach Comaguey auf Kuba (7.600 km) geflogen wurde. Auf einem späteren Flug nach Mexiko ging die Maschine jedoch verloren.

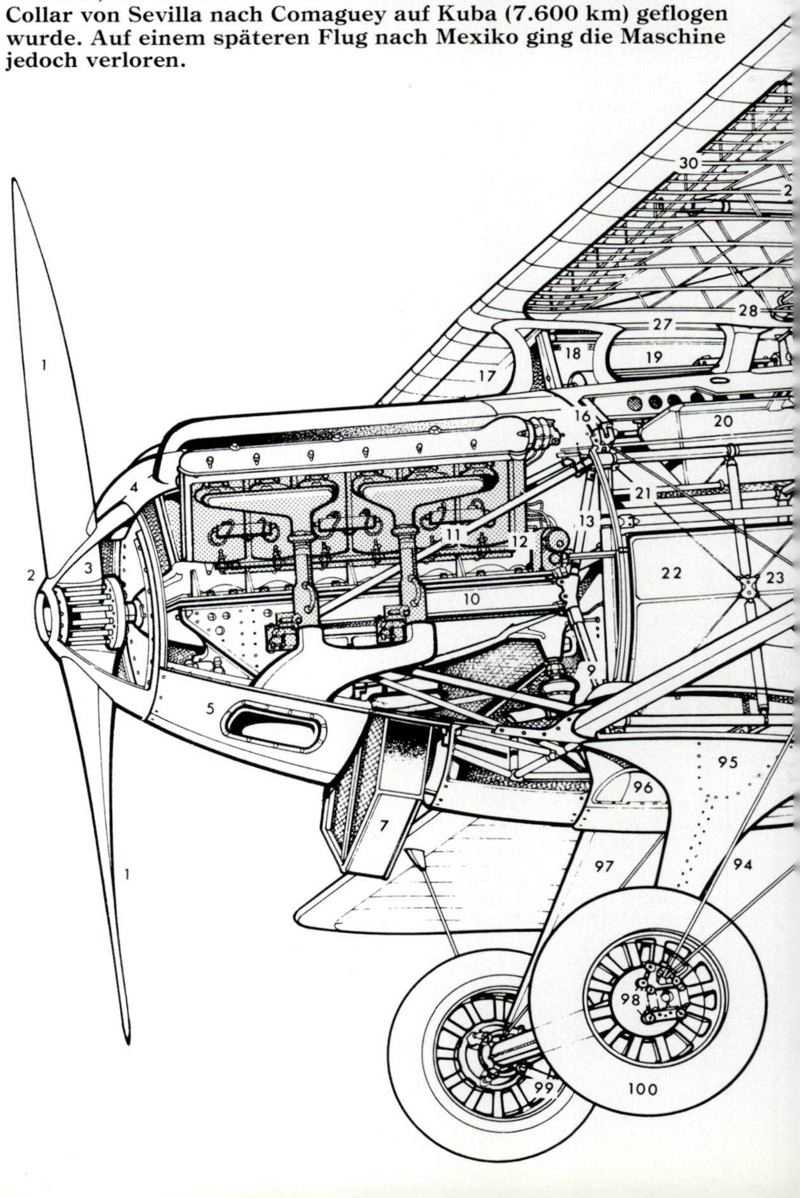

Varianten der Breguet Bre.19

Bre.19 A.2.01: Prototyp, ursprünglich mit Breguet-Bugatti 16-Zylinder-Motor, wurde aber noch vor dem Erstflug im März 1922 auf einen Renault 12Kb umgerüstet.
Bre.19 A.2 und **B.2.0.2.** bis **B.2.012:** Vorserienmaschinen, Nr. 2.03, 2.04 und 2.05 mit einem Renault 12Kb, Nr. 2.02 mit einem Lorraine-Dietrich 12D, Nr. 2.06, 2.07, 2.08, 2.010 und 2.012 mit einem Renault 12Kd, Nr. 2.09 mit einem Hispano-Suiza 12 und Nr. 2.01 mit einem LD 12Eb.
Bre.19 A.2 und **B.2:** Serienmaschinen von Breguet, Farman und SECM; mit LD 12Db, LD 12Eb, LD 12Ed, Renault 12Kb, Kd, Ke und Kf, Salmson 18CMa, Gnome-Rhône 9Ac und Farman 12We Motoren; 100 Maschinen für Jugoslawien, 108 für Rumänien, 4 für China (zentralchinesische Regierung), 70 für die Mandschurei, 30 für Griechenland, 45 für Spanien, 20 für die Türkei, 250 für Polen, 25 für Argentinien, 12 für Venezuela, 15 für Bolivien, fünf für Brasilien, zwei für Japan (eine als Schwimmerflugzeug), zwei für Italien, zwei für Persien und zwei für Großbritannien; der Rest (außer den nachstehend aufgeführten Umrüstungen zu Testmaschinen) ging an den Service Aviation.
Bre.19 A.2 und **B.2:** Lizenzbau im Ausland; Montage und Produktion von 300 Flugzeugen im staatlichen Werk in Kraljevo, Jugoslawien, mit Lorraine 12Eb, HS 12Hb oder 12Lb Motoren; 177 Maschinen von CASA, Spanien, mit LD 12Eb (und im Lizenzbau A-4) Motoren; 146 Maschinen von SABCA, Belgien.
Bre.19 Grand Raid: erhöhte Treibstoffkapazität in den französischen Bre.19 A.2 (Umrüstungen).
Bre.19 Typ Bidon: Bre.19 Nr. 1685, 1686 und 1687, Umrüstungen mit 2.915 Liter Treibstoffkapazität; Nr. 1685 (die spätere Nungesser-Coli) wurde von einem Hs 12Ha und danach von einem HS 12Lb angetrieben. Nr. 1686 und 1687 waren mit einem Renault 12Kb ausgerüstet; auch ein belgisches Flugzeug ähnlich wie Nr. 1685, ein griechisches Flugzeug mit einem HS 12Hb (Hellas) und zwei von CASA in Spanien gebaute Maschinen, Nr. 71 und 72 (letztere trug den Namen Jesús del Gran Poder).
Bre.19 Super Bidon: Treibstoffkapazität 5.170 Liter; ein Flugzeug wurde in Frankreich gebaut (Point d'Interrogation) und eines von CASA in Spanien (Cuatro Vientos).
Bre.19.1132: Umrüstung von Bre.19 Nr. 1132 mit Doppelschwimmern im Jahr 1926.
Bre.19ter: Prototyp; Langstreckenvariante der Bidon; wurde F-AIXP; HS 12Lb Motor.
Bre.19.7: zehn Umrüstungen ähnlich wie die Bre.19ter, fünf für Jugoslawien und fünf für Rumänien; 125 Maschinen wurden in Jugoslawien neu gebaut; HS 12Nb Motoren.
Bre.19.8: Prototyp; In Jugoslawien gebautes Flugzeug, das von Breguet mit einem GR 14Kbrs Mistral Major Sternmotor ausgerüstet wurde; erhielt später einen GR 14Kdrs; verschiedene Propeller und Motorhauben.
Bre.19.8: Serienmaschinen; 48 in Jugoslawien gebaute Bre.19.7 mit einem Wright Cyclone GR-1820-F56 Sternmotor.
Bre.19.9: ein einziger jugoslawischer Prototyp (eine umgerüstete Bre.19.7) mit einem Hispano-Suiza 12Ybrs von 860 PS (642 kW).
Bre.19.10: ein einziger jugoslawischer Prototyp (eine umgerüstete Bre.19.7) mit einem Lorraine 12Hfrs Petrel von 720 PS (537 kW).

Aufriß-Erläuterung zur Breguet Bre.19 B.2 Typ 1926

1 starrer Zweiblatt-Propeller aus Holz
2 Propellerhaube
3 Propellernabe
4 Auspuffleitung, nach steuerbord
5 Vergaser-Lufteinlauf
6 Vergaser, backbord
7 Kühler
8 untere Motoraufhängung
9 Wasserpumpe
10 Hauptelement der Motoraufhängung
11 obere Motoraufhängung
12 Magnetzünder, backbord
13 vorderer Rumpfspant
14 wassergekühlter Renault 12 Kd 12-Zylinder-Motor (60° V-Stellung)
19 synchronisiertes 7,7 mm Vickers MG (nach steuerbord versetzt)
20 Öltank, 50 Liter
21 vorderer Treibstofftank, 320 Liter (durch Backbord-Tank/Bombenmagazin verdeckt)
22 400 Liter Langstrecken-Tank als Sonderausrüstung (anstelle von Magazin Typ D für 32 10 kg oder acht 50 kg vertikal abgeworfene Bomben)
26 Verkleidung der hinteren Rumpf/Mittelflügel-Strebe
27 Flügel/Mittellinien-Verbindung
28 Querrudersteuerung
29 Hilfsholme
30 Vorderkanten-Versteifung
31 diagonale Verstrebung
32 Kanal der Querrudersteuerung
33 Flügelrippen
38 äußeres Querruderscharnier
39 Scharnier der Querrudersteuerung
40 Querruder, backbord
41 inneres Querruderscharnier
42 Querruderrippen (verlaufen durchgehend von der Vorder- zur Hinterkante)
43 Flügelstiel-Verkleidung
44 Fensterrahmen
55 Handgriff
56 senkrecht montierte Kamera F120
57 Auslösungsschalter für Bomben unter dem Flügel, steuerbord
58 Auslösungsschalter für Rumpfbomben Typ D (vorne) und Typ F (hinten)
59 Kanonenbefestigung Typ TO-7 Scarff
73 Navigationslicht auf der Seitenflosse
74 oberes Seitenruderscharnier
75 Seitenruderspant
76 obere Verstrebung des Leitwerks, backbord
77 Höhenruder, backbord
78 Höhenruder-Drehzapfen
79 untere Verstrebung des Leitwerks, backbord
94 Tragflächen/Fahrwerks-Verstrebung
95 Verkleidung der Hauptfahrwerkstrebe
96 Bombenschachtklappe
97 Verkleidung der Hauptfahrwerkstrebe
98 Tragkabel-Befestigung
99 Achsverkleidung
100 Hauptfahrwerk, backbord

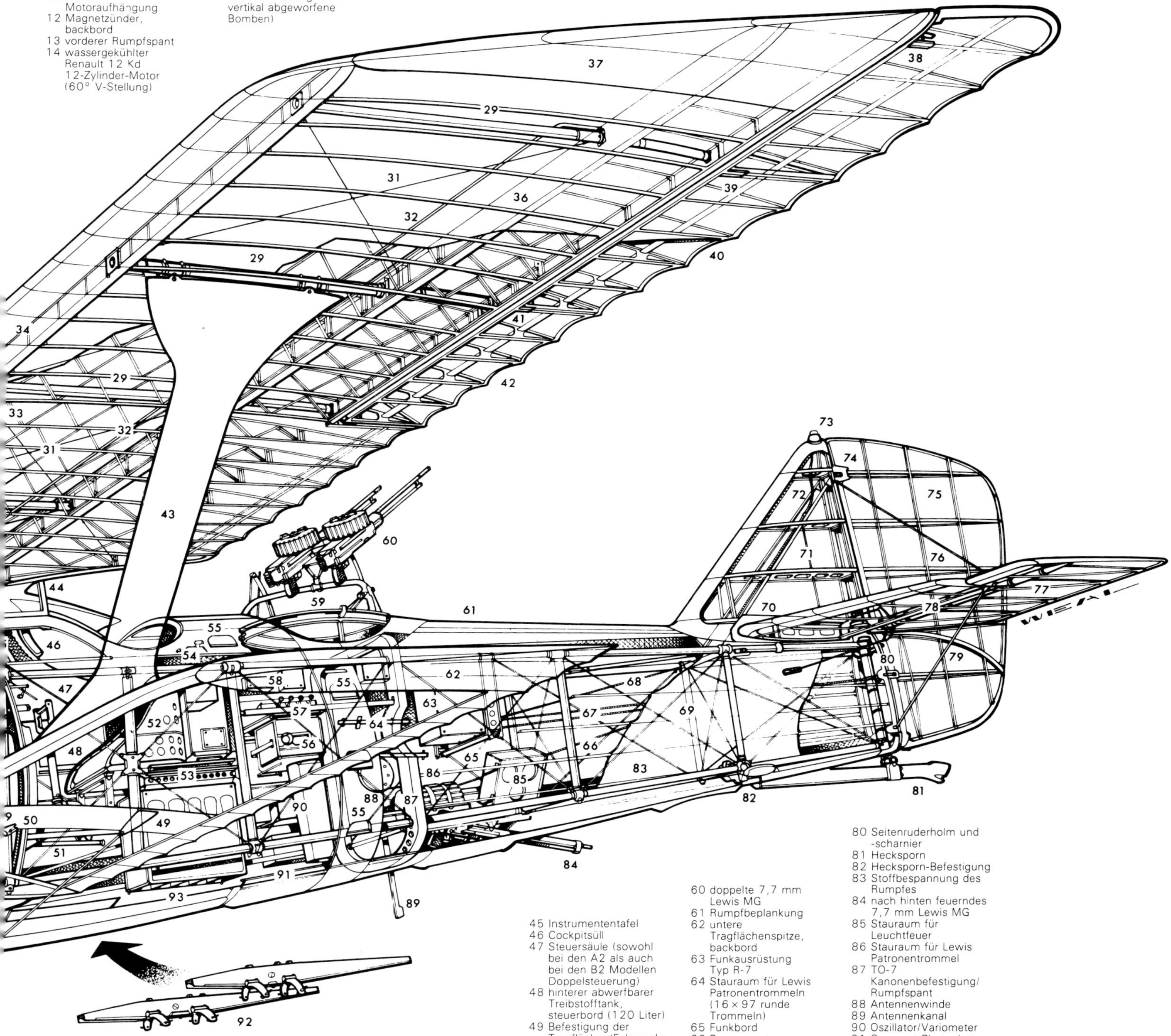

15 Nockenwellenantrieb
16 Haupttragflächen/Rumpfspant
17 Verkleidung der Rumpf/Mittelflügel-Strebe
18 vordere Mittelflügel-Strebe
23 diagonale Verstrebung
24 untere Haupttragflächen-Verstrebung
25 hinterer Mittelflügel/Rumpf-Spant
34 vorderer Haupttragflächen-Holm
35 obere Befestigungen der Flügelstiele
36 hinterer Haupttragflächen-Holm
37 Stoffbespannung des Flügels
45 Instrumententafel
46 Cockpitsüll
47 Steuersäule (sowohl bei den A2 als auch bei den B2 Modellen Doppelsteuerung)
48 hinterer abwerfbarer Treibstofftank, steuerbord (120 Liter)
49 Befestigung der Tragflächen/Fahrwerks-Verstrebung
50 Bombenwerfer unter dem Flügel
51 Steuergestänge
52 Sitz des Piloten
53 Sitzrahmen
54 STIAé Bombenvisier, außen (steuerbord)
60 doppelte 7,7 mm Lewis MG
61 Rumpfbeplankung
62 untere Tragflächenspitze, backbord
63 Funkausrüstung Typ R-7
64 Stauraum für Lewis Patronentrommeln (16 × 97 runde Trommeln)
65 Funkbord
66 Rumpfspante
67 Seitenruder-Steuerung
68 Höhenruder-Steuerung
69 diagonale Rumpfspant-Verstrebung
70 vordere Seitenflossen-Befestigung
71 Seitenflossenstruktur
72 elektrische Leitung
80 Seitenruderholm und -scharnier
81 Hecksporn
82 Hecksporn-Befestigung
83 Stoffbespannung des Rumpfes
84 nach hinten feuerndes 7,7 mm Lewis MG
85 Stauraum für Leuchtfeuer
86 Stauraum für Lewis Patronentrommel
87 TO-7 Kanonenbefestigung/Rumpfspant
88 Antennenwinde
89 Antennenkanal
90 Oszillator/Variometer
91 Gaumont Photoplatten-Magazin
92 GPU Bombenwerfer unter dem Flügel, backbord (je eine 200 kg Bombe)
93 Rumpfbomben-Magazin Typ F (12 × 10 kg Bomben)

Die Achsenmächte waren verständlicherweise darauf aus, jedes zur Verfügung stehende Flugzeug gegen die vielen Partisanen einzusetzen, die im Krieg in Jugoslawien tätig waren. Diese in Kraljevo gebaute Bre.19.8 mit einem Wright Cyclone Motor befand sich im Jahr 1943 bei der kroatischen Luftwaffe im Einsatz.

wie bei der Bre.19 B.2 Standardmaschine — zu ermöglichen. Diese drei Flugzeuge führten eine Reihe bemerkenswerter Flüge durch. In der ersten Maschine gelang es Capitaine Girier und Lieutenant Dordilly am 14. und 15. Juli 1926 auf einem Flug von Villacoublay nach Omsk, den Langstreckenrekord auf 4.715,9 km zu steigern. In einer anderen Maschine brachen Breguets Cheftestpilot Dieudonné Costes und Capitaine Rignot auf einem Flug von Le Bourget nach Djask am 28. und 29. Oktober 1926 diesen Rekord mit einer Strecke von 5.396 km. Die Krönung dieser Leistungen war jedoch der berühmte 57.000 km lange Flug rund um die Welt, den Dieudonné Costes und Lieutenant de Vaisseau le Brix in der Nungesser-Coli (oder, wie ihr Spitzname lautete, Bidon = Treibstoffkanister) zwischen dem 10. Oktober 1927 und dem 14. April 1928 in 350 Flugstunden zurücklegten. Dieser Flug war gleichzeitig auch der erste Flug über den Südatlantik.

Nach und nach machten weitere Bidon (und Super-Bidon mit 5.170 Litern Treibstoff) Schlagzeilen. Die berühmteste war die Point d'Interrogation (Fragezeichen), die mit finanzieller Unterstützung des Parfümherstellers Coty gebaut wurde. Dieudonné Costes und Maurice Bellonte stellten in dieser von einem Hispano-Suiza 12Lb angetriebenen Maschine auf einem Flug von Le Bourget nach Tsitsihar in der Mandschurei zwischen dem 27. und dem 29. September 1929 mit 7.905 km einen neuen Streckenweltrekord auf. Das Flugzeug besaß eine theoretische Reichweite von 8.700 km.

Bre.19 vom Typ der Bidon (die die Bezeichnung Bre.19.7 erhielten) gingen an Belgien (wo der Spitzname geprägt wurde), die Türkei, nach Rumänien, Griechenland und natürlich, wie bereits erwähnt, Jugoslawien. In Frankreich entstand währenddessen eine Nachtjäger-Ausführung der Bre.19 Standardmaschine, die in den Jahren 1931 bis 1935 bei der 21e, 22e, 23e und 24e Escadrille de Chasse de Nuit im Einsatz stand. Im Juli 1931 erreichte der Bestand an Bre.19 mit 702 Maschinen, darunter auch 34 in Nordafrika eingesetzte Flugzeuge,

Diese in Kraljevo gebaute Bre.19.7, F-ALPN, wurde in Vélizy-Villacoublay durch Ausrüstung mit einem Gnome-Rhône Mistral Major modifiziert. Sie stellte mehrere Rekorde auf, aber weder Flugzeug noch Motor fanden in Jugoslawien Anklang.

Bre.19.7 war die Bezeichnung einer aerodynamisch verbesserten Version mit einem Hispano-Suiza 12Nb Motor. Diese Motoren wurden in Kraljevo, Jugoslawien, produziert. Das hier abgebildete Flugzeug befand sich in der Türkei im Einsatz.

seinen Höhepunkt. Danach ging die Gesamtzahl allmählich zurück, bis die letzten Maschinen (die Nachtjäger) im Frühjahr 1935 nach und nach vom Frontlinieneinsatz zurückgezogen wurden.

Die Stammfirma stellte die Produktion im Jahr 1932 ein, aber Breguet rüstete eine in Jugoslawien gebaute Bre.19.7 auf einen Gnome-Rhône 14Kbrs Mistral Major von 690 PS (515 kW) um. Mit diesem neuen Motor erhielt das Flugzeug die Bezeichnung Bre.19.8. Die Maschine wurde bewertet, aber von der jugoslawischen opitna grupa (Erprobungsstaffel) abgelehnt. Daraufhin gab man dem Wright Cyclone GR-820-F56 den Vorzug. Die Maschinen, die in Kraljevo mit diesem Motor ausgerüstet wurden, trugen ebenfalls die Bezeichnung Bre.19.8. Eine Testversion, die Bre.19.10 mit einem Lorraine 12Hfrs Petrel von 720 PS/537 kW, wurde ebenfalls in Prototypform produziert. Insgesamt baute das Werk in Kraljevo zwischen Dezember 1936 und November 1937 55 Bre.19.8 mit einem 55 Cyclone Motor. Noch im Jahr 1936 waren alle sechs jugoslawischen Luftwaffen-Regimenter mit Bre.19 ausgerüstet.

In der Zeit von 1938 bis 1940 dienten die meisten jugoslawischen Bre.19 Bomber nur noch als Ausbildungsmaschinen. 103 mit einem Jupiter Motor ausgerüstete Aufklärungsflugzeuge wurden 1939 aus dem Dienst genommen. Als aber Deutschland am 6. April 1941 Jugoslawien angriff, blieben mehr als 100 Bre.19 weiterhin bei 14 Heereskooperationsstaffeln im Einsatz. Doch abgesehen von einem Angriff auf eine Brücke über den Vardar, blieben die meisten dieser Maschinen am Boden, wo sie an Ort und Stelle zerstört wurden. Dreißig Maschinen fielen in die Hände deutscher Streitkräfte, und sechs wurden zur Ausrüstung der neuen kroatischen Luftwaffe von den Italienern übernommen. Diese Einheit wurde später für Angriffe auf Partisanen in Mostar, Sarajevo und Zagreb stationiert. Ein Bre.19 Pilot trat mit seiner Maschine zu den Partisanen über, und mit einer anderen flog Major Arkadije Popow im Oktober 1943 über die Adria, um sich den Alliierten anzuschließen, die zu der Zeit in Italien kämpften. Die jugoslawische Befreiungsarmee entdeckte die letzten beiden noch erhaltenen Bre.19 im April 1945 auf dem Flugplatz von Sarajevo, aber auch diese Maschinen wurden ein Jahr später verschrottet.

Dornier Flugboote

Von der Wal bis zur Do 24

Im März 1983 stellte Dornier die Do 24TT vor, ein Amphibienflugzeug mit Turboprop-Antrieb, das auf einem Vorkriegsentwurf der Do 24 basiert. Die Erfahrungen der Firma im Bau von Ganzmetall-Flugbooten gehen bis in die Zeit vor dem Ersten Weltkrieg zurück.

Professor Dr. Claude Dornier war in den Jahren vor 1930 wahrscheinlich der beste Konstrukteur von Flugbooten überhaupt und auch einer der größten Exponenten moderner Metallflugzeuge. Seine allererste Konstruktion, die RS I aus dem Jahr 1915, bestand nicht nur fast ganz aus Stahl und Aluminiumlegierungen, sondern war mit einer Spannweite von 43,50 m auch das größte Flugzeug. Es war das erste in der RS Serie (RS = Riesenflugzeug See), die nach dem Waffenstillstand von 1918 eingestellt werden mußte.

Dorniers Zeppelin-Werke GmbH produzierte damals nicht nur die RS Serie, auch der Prototyp eines kleineren, aber viel leistungsfähigeren Flugbootes, der GS I, war beinahe fertig. Die GS I wurde von zwei wassergekühlten Maybach Mb.IV Motoren von 270 PS (201 kW) angetrieben, die in Tandem-Anordnung in der Mitte eines rechteckigen Eindeckerflügels aufgehängt waren. Sie hatte einen schlanken und sehr zweckmäßig konstruierten Rumpf, die von Dornier bevorzugten Flossenstummel und ein Doppeldecker-Leitwerk mit doppelter Seitenflosse. Das viersitzige, geschlossene Cockpit im Bug sah wie ein Schlangenkopf aus. Als dieses robuste Flugboot am 31. Juli 1919 seinen Erstflug hatte, war es allen anderen Transport-Flugbooten weit überlegen. Später wurde die Maschine von Lindau nach Holland geflogen, was jedoch nichts an der Tatsache änderte, daß sie gegen die Vorschriften der Alliierten verstieß. Aus Protest wurde das Flugboot am 25. April 1920 bei Kiel versenkt.

Dornier baute jetzt kleine Flugzeuge, wie zum Beispiel die Delfin, die Libelle und die Komet, gab aber nie die Arbeit an großen Flugbooten mit einer hohen Motorleistung auf. Seine aus dem Krieg stammende Konstruktion der GS II, die mit einer Tragflügelfläche von 96,00 m² und einem von 4.315 kg auf 5.700 kg erhöhten Startgewicht beträchtlich größer war als die GS I, schien genau das zu sein, was die jungen Fluggesellschaften und auch die Militärs brauchten. Direkt vor der Nase der verhaßten Kontrollkommission gründete Dornier in Marina di Pisa eine italienische Tochtergesellschaft, die Società di Costruzioni Meccaniche di Pisa. Er setzte seine Arbeit in Lindau fort, nachdem das dortige Werk im Jahr 1922 den neuen Namen Dornier Metallbauten GmbH erhalten hatte, und ließ die großen GS II Maschinen von der italienischen Tochtergesellschaft in Lizenz bauen. Er kaufte sogar für den Prototyp der verbesserten GS II in Paris zwei Hispano-Suiza Motoren von 300 PS (224 kW). Dornier gab dieser Maschine die Bezeichnung Typ J und nannte sie Wal. Der Prototyp flog am 6. November 1922.

Dornier hatte den Markt richtig beurteilt. Die Wal eignete sich 15 Jahre lang ideal sowohl für den kommerziellen als auch für den militärischen Einsatz. Sie hatte ein sehr befriedigendes Flugverhalten und konnte eine beachtliche Nutzlast aufnehmen, ihr Ganzmetall-

Diese Wal war eine der späteren Zivilmaschinen mit einem Startgewicht von 8.000 kg, in diesem Fall mit BMW VI Motoren. Diese späteren Versionen hatten die gleiche Tragflügelfläche von 96,00 m² wie die früheren Varianten, aber abgerundete Flügelspitzen und eine von 22,50 m auf 23,20 m erhöhte Spannweite. Die D-2069 Monsun befand sich bei der Deutschen Lufthansa im Einsatz.

Lufthansa Archiv

Dornier baute drei Superwal mit je zwei 650 PS (485 kW) Condor Motoren und im Anschluß daran 16 Maschinen der viermotorigen Version. Das hier abgebildete Flugzeug war die erste von sieben viermotorigen Maschinen, die an die Deutsche Lufthansa geliefert wurden. Die D-1337 war das einzige Flugboot mit Napier Lion Motoren von 485 PS (362 kW). Die anderen Lufthansa Maschinen hatten von Siemens gebaute, luftgekühlte Bristol Jupiter Sternmotoren von 525 PS (391 kW). Die Kühler für die Lion Motoren lagen quer über den Gondeln der Tandem-Motoren, die Druck- und Zugpropeller antrieben. Das nach backbord versetzte Cockpit hatte zwei Sitze nebeneinander und war bei dieser Maschine ganz geschlossen.

Dornier Superwal

Technische Daten der Dornier Superwal (viermotorig)
Typ: Transport-Flugboot.
Triebwerk: vier wassergekühlte Napier Lion VIII W-12 Kolbenmotoren von 460/485 PS (343/362 kW).
Leistung: Höchstgeschwindigkeit 210 km/h; Reisegeschwindigkeit 161 km/h; normale Dienstgipfelhöhe im Einsatz 2.000 m; Reichweite mit max. Nutzlast 1.000 km.
Gewicht: Leergewicht 9.880 kg; Höchstgewicht mit Lasten 14.000 kg.
Abmessungen: Spannweite 28,60 m; Länge 24,60 m; Höhe 6 m; Tragflügelfläche 137,00 m^2.
Besatzung/Passagiere: vierköpfige Besatzung und bis zu 19 Passagiere; max. Nutzlast 3.800 kg.

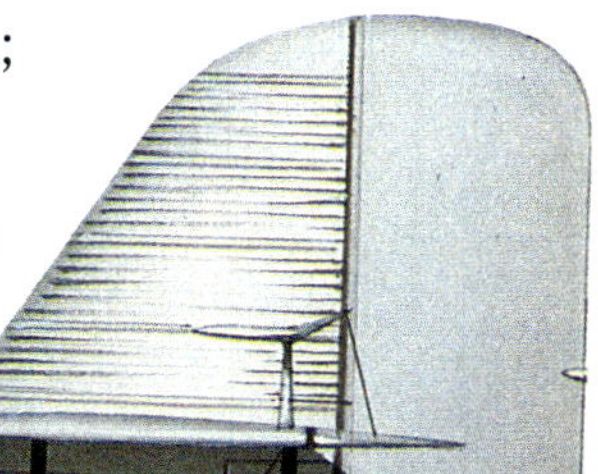

Links: **Diese reguläre Militär-Wal war bei der spanischen Marine im Einsatz. Viele der früheren spanischen Wal waren von CMASA gebaut worden, das hier abgebildete Flugboot war jedoch eine von Dornier gebaute Do J IId mit BMW VI Motoren, die bei der I-G 70 Grupo in Puerto de Pollensa auf Mallorca im Einsatz war.**

Rechts: **Die Do 18D der Luftwaffe befand sich in den Jahren 1939/40 auf dem Höhepunkt ihrer kurzen Laufbahn. Damals waren vier Staffeln der Küstenfliegergruppen mit diesem Typ ausgerüstet. Die hier abgebildete Maschine befand sich bei 2/KüFlGr 906 in Kamp an der pommerschen Küste im Einsatz.**

Lufthansa Archiv

Die letzte und größte Wal, die auf das Jahr 1933 zurückgeht, hatte ein Startgewicht von 10.000 kg. Ihre Spannweite betrug 27,00 m und ihre Tragflügelfläche 112,00 m². Die abgebildete Maschine gehörte zu den Flugbooten, die von den Katapultschiffen Westfalen und Schwabenland aus 328mal planmäßig über den Südatlantik flogen.

Flugwerk war robust, und sie war außerordentlich zuverlässig. Für den kommerziellen Einsatz erfüllte die Wal auch hohe Komfortansprüche, und ihre Kabine glich mit ihren runden Glasfenstern eher den Salons der Ozeandampfer. Die vielen Militärversionen waren am oberen Teil des Rumpfes entlang mit vier kleinen Stummelflügeln ausgerüstet, an denen Bomben und andere Lasten aufgehängt werden konnten; die Ausrüstung mit Abwehrwaffen war variabel.

Im nachhinein ist es natürlich leicht, an der Wal Fehler zu finden. Tandem-Motoren sind unrationell, können zu Kühlproblemen führen und den hinteren Propeller ernsten Belastungen aussetzen. Die sehr breiten Flügelspitzen der Wal waren vom aerodynamischen Standpunkt aus schlecht, und der hohe induzierte Widerstand verminderte unweigerlich die Reichweite. Die großen Trimmruder an den Querrudern waren 1930 schon veraltet und die offenen Cockpits auch nicht mehr zeitgemäß. Allgemein betrachtet gab es jedoch kein anderes Flugboot, das es mit dieser Maschine aufnehmen konnte. Insgesamt wurden mindestens 300, vielleicht sogar mehr als 320 Wal gebaut, darunter zwischen 157 und 177 in Italien (156 von SCMP und ab 1929 von CMASA, einer Tochtergesellschaft von Fiat), ab 1932 mindestens 56 von Dornier in Friedrichshafen, 40 von CASA in Spanien, ca. 40 von Aviolanda in Holland und drei von Kawasaki in Japan. Wohl

Mike Hooks

Eine der drei von Kawasaki in Lizenz gebauten Wal. Auch in Italien, Spanien und Holland wurden Dornier Wal in Lizenz hergestellt, wobei sich die verschiedenen Varianten zum Teil erheblich voneinander unterschieden.

Lufthansa Archiv/Dornier

Hier ist die riesige Do X nach ihrer Umrüstung auf zwölf wassergekühlte Curtiss Conqueror Motoren zu sehen. Sie befand sich nach ihrer Vorstellung in Nord- und Südamerika bei der Lufthansa im Einsatz. Anschließend kam sie zur Deutschen Versuchsanstalt für Luftfahrt und endete schließlich im Berliner Luftfahrt-Museum, wo sie im Zweiten Weltkrieg bei einem Bombenangriff zerstört wurde.

kaum ein anderes Flugzeug wurde zudem innerhalb eines Werkes in so vielen verschiedenen Variationen gebaut.

Es gab vier große und neun kleinere Variationen bezüglich der Spannweite, sechs ganz unterschiedliche Bug- und Cockpit-Konstruktionen, acht verschiedene Leitwerkskonstruktionen, mindestens 17 grundsätzlich unterschiedliche Motoren und vielerlei Startgewichte, die von 4.000 kg bis zu über 10.000 kg reichten.

Obwohl einige frühe Kunden nach wie vor Hispano Motoren verlangten, erhielten viele Wal ab 1925 Rolls-Royce Eagle IX von 360 PS (268 kW). Mit diesen schon recht veralteten Zwölfzylinder-Motoren war auch eine Wal bestückt, die mit einer Nutzlast von bis zu 2.000 kg am 4., 9., 10. und 11. Februar 1925 zwanzig Weltrekorde für Geschwindigkeit, Höhe und Reichweite aufstellte. Andere Wal überquerten mit drei verschiedenen Motortypen den Nord- und Südatlantik, flogen von Europa bis in die Nähe des Nordpols und an verschiedene Orte im Fernen Osten und sogar um die ganze Welt. Die Wal der Fluggesellschaften hatten oft ein geschlossenes Cockpit, und ab 1931 wurde dies der Standard. Die ersten dieser Maschinen hatten sechs bis neun Sitze und Platz für lose Fracht. Im Jahr 1931 begann Dornier mit der Produktion der '8-Tonnen-Wal', die im Vorjahr mit BMW VI Motoren von 690 PS (515 kW) und einer Tragflügelfläche von 96,00 m² ihren Erstflug hatte. Dieses Flugzeug wurde zum Standardmodell, auch wieder mit vielen Variationen, und führte im Jahr 1933 zu der 8,5-Tonnen-Maschine und der entsprechenden Militär-Wal 33, die für die Luftwaffe unter der Bezeichnung Do 15 produziert wurde. Im gleichen Jahr erschien die größte Version, die 10-Tonnen-Wal, mit einer Tragflügelfläche von 112,00 m², die von der Deutschen Luft Hansa von den Katapultschiffen *Westfalen* und *Schwabenland* aus eingesetzt wurde und im regulären Postverkehr 328mal den Südatlantik überquerte. Zu den Exportkunden zählten Argentinien, Chile, Großbritannien, Holland, Italien, Japan, Jugoslawien, Kolumbien, Portugal, die Sowjetunion und Spanien.

Die vergrößerte Version Typ R, die am 30. September 1926 ihren Erstflug hatte, wies genügend Unterschiede auf, um ihren anderen Namen, Superwal, zu rechtfertigen. Sie wurde in dem Dornier-Werk in Manzell auf der schweizerischen Seite des Bodensees gebaut. Der Prototyp dieses viel breiteren Flugbootes hatte zwei Rolls-Royce Condor Motoren von je 650 PS (485 kW), eine andere Maschine dieser Variante hatte zwei Packard A-2500 Triebwerke von je 800 PS (597 kW). Die meisten anderen Superwal besaßen jedoch Zug- und Druckpropeller, meistens mit dem von Siemens in Lizenz gebauten Bristol Jupiter oder Pratt & Whitney Hornet, und die von CASA produzierten Militär-Superwal hatten Hispano-Suiza von 500 PS (373 kW).

Entstehung eines Giganten

Die Vorliebe von Dornier für große Maschinen kam nicht nur bei der RS I, dem zu seiner Zeit größten Flugzeug der Welt, sondern auch in extremer Form bei dem Modell X zum Ausdruck, an dem in Manzell

Links: **Die D-AEAV gehörte zu einer kleinen Serie von Do 24T-1 Flugbooten. Die Maschinen wurden von Fokker als unbewaffnete zivile Sanitätsflugzeuge für den Reichsluftdienst gebaut. Sie befanden sich von 1941 bis 1944 hauptsächlich in Deutschland im Einsatz und konnten sieben Tragen oder eine große Anzahl sitzender Verwundeter aufnehmen.**

Rechts: **Diese Do 24T-2 war eines der späteren (1943) Serienflugboote aus der holländischen Produktion. Äußerlich unterschieden sich diese Maschinen hauptsächlich durch die hohe HDL 151 Rückenkanzel mit einer Mauser MG 151/120 Kanone anstelle der französischen HS 404 Kanone der Do 24T-1.**

Lufthansa Archiv

ab 1926 gearbeitet wurde. Dieses riesige Flugschiff war die allergrößte Wal überhaupt. Sie hatte je sechs Druck- und Zugpropeller, was es bis dahin noch nie gegeben hatte. Die Do X mit zwölf Siemens Jupiter Motoren wurde am 12. Juli 1929 von dem Piloten Richard Wagner zum ersten Mal geflogen. Sie war als Langstrecken-Passagiermaschine mit 66 bis 72 Sitzen konstruiert und startete am 31. Oktober 1929 mit einer zehnköpfigen Besatzung, 150 zahlenden und neun blinden Passagieren an Bord.

Nach ihrer Umrüstung auf wassergekühlte Curtiss Conqueror Motoren und einfache Streben anstelle der Hilfsflügel zwischen den Gondeln flog die Do X erstmals wieder am 4. August 1930. Mit diesen amerikanischen Motoren höherer Leistung (640 PS/477 kW anstelle von 525 PS/391 kW) wurden bei einem Besuch in den USA in den Jahren 1930/31 alle Zollprobleme umgangen. Die italienischen Luftstreitkräfte hatten zwei dieser riesigen Maschinen, mit Fiat A 22R Motoren von 580 PS (433 kW) ausgerüstet, im Einsatz.

Am 26. September 1939 schoß eine von Lieutenant McEwan von *HMS Ark Royal* aus geflogene Blackburn Skua eine Do 18D ab, die sie beschattet hatte. Das war das erste Flugzeug, das die Briten im Zweiten Weltkrieg abschossen. Die Do 18 war die natürliche Weiterentwicklung der Wal. Sie wurde Anfang 1934 so konstruiert, daß sie sowohl der Spezifikation für eine hochgerüstete Militär-Wal entsprach als auch dem Bedarf an einem moderneren Flugboot für die Lufthansa gerecht wurde. Der Prototyp Do 18a flog am 15. März 1935, von Junkers Jumo 5 Tandem-Dieselmotoren von 540 PS (403 kW) angetrieben. Diese Motoren ermöglichten eine große Reichweite und eine lange Flugdauer. Die Do 18 ähnelte der 8-Tonnen-Wal sowohl größen- als auch gewichtsmäßig und war natürlich vom aerodynamischen Standpunkt aus viel besser, denn sie hatte einen Trapezflügel mit abgerundeten Flügelspitzen, 'Doppelflügel'-Klappen und Querruder. Die Kühler waren in den Pylon am Mittelflügel eingebaut, und der Rumpf war ausgesprochen stromlinienförmig.

Für den zivilen Einsatz wurden verschiedene Versionen in kleiner Stückzahl produziert, und vom Sommer 1936 an lieferte das Weser-Werk die Militärserie Do 18D. Die meisten Maschinen dieser Serie hatten Jumo 205C Dieselmotoren von 600 PS (447 kW) und dienten Küstenfliegergruppen zur bewaffneten Aufklärung. Weil sich die

Varianten der Dornier Wal

GS-1: im Ersten Weltkrieg konstruiertes Flugboot, Erstflug 1919, wegen Verstoßes gegen den Versailler Vertrag versenkt.
Wal: erste Militärversion aus dem Jahr 1922, von Marina di Pisa und Lizenznehmern gebaut; Rolls-Royce Eagle, Hispano, Lorraine, Napier, Bristol, Packard, Liberty, Wright, BMW, Junkers, Piaggio und andere Motoren; Tragflügelfläche von 96,00 m^2, Startgewicht 5,7 Tonnen.
Wal Typ J: erstes kommerzielles Modell ab Anfang 1923, im allgemeinen wie die Militärversion, einige Maschinen mit geschlossenem Cockpit.
8-Tonnen-Wal: robusteres und leistungsfähigeres Modell aus dem Jahr 1931, im allgemeinen mit 690 PS (515 kW) BMW VI Motoren, Tragflügelfläche immer noch 96,00 m^2, aber Spannweite von 22,50 auf 23,20 m erhöht; Erhöhung der Passagierkapazität von neun auf 14 Personen.
8,5-Tonnen-Wal: weiter hochgerüstete Version, im allgemeinen wie das 8-Tonnen-Modell, aber 1933 für 8.500 kg zugelassen.
10-Tonnen-Wal: weiter vergrößertes Modell von 1933 mit einer Spannweite von 27,20 m und einer Tragflügelfläche von 112,00 m^2, im allgemeinen 690 PS (515 kW) BMW VI Motoren.
Do-15: Bezeichnung der Luftwaffe für hochgerüstete Militärversion von 1933; Gewicht 8.500 kg, Tragflügelfläche 96,00 m^2, im deutschen Einsatz im allgemeinen BMW VI Motoren.
Superwal/2m: verschiedene zweimotorige Superwal Typ R, im allgemeinen mit zwei 650 PS (485 kW) Condor oder 800 PS (597 kW) Packard Motoren, Spannweite 28,60 m; Tragflügelfläche 143,00 m^2, 19 Passagiersitze, Startgewicht 10,5 Tonnen.
Superwal/4m: viermotorige Superwal-Serie mit 358 kW Jupiter VI, 525 PS (391 kW) Siemens Jupiter, 550 PS (410 kW) Hornet oder 460 PS (343 kW) Napier Lion Motoren; gleiche Spannweite, aber auf 137,00 m^2 verkleinerte Tragflügelfläche und auf 14 Tonnen erhöhtes Startgewicht.

D-ABYM 'Aeolus' war die dritte Versuchsmaschine vom Typ Do 18. Die Maschinen wurden von 600 PS (447 kW) Jumo 205C Tandem-Dieselmotoren angetrieben. Unmittelbar bevor 'Aeolus' am 10./11. Juli 1936 zur Lufthansa kam, führte die Maschine einen 30 Stunden 21 Minuten dauernden Erprobungsflug über der Ostsee durch.

Aufriß-Erläuterung zur Dornier Do 24T

1 Bug-Navigationslicht
2 Schlepp/Vertäuring
3 vordere Rumpfstruktur
4 einfahrbarer Mast
5 Munitionsmagazine
6 Patronenauswurf
7 Bugabteil
8 Mechanismus der MG-Position
9 7,92 mm MG 15 Bug-MG
10 MG-Position
11 abnehmbare Kuppel der Kanzel
12 Bugdecke
13 Ring zum Vertäuen
14 Stauraum für Taue
15 Schott
16 Kriechgang
17 Seitenruderpedale
18 Schott-Türrahmen
19 Verkleidung der Instrumententafel
20 Steuersäule des Copiloten
21 Kompaß
22 Cockpitfenster
23 Cockpitdach-Verglasung
24 Schiebetür
25 Türschienen
26 Cockpitfenster
27 Position des Navigators
28 Sitz des Copiloten
29 Sitz des Piloten
30 Hebel zur Sitzverstellung
31 seitliche Steuersäule
32 Tragelemente des Kabinenbodens
33 Position des Funkers
34 Rumpfstruktur mit V-Boden
35 Rumpf/Flossenstummel-Verkleidung
36 Zugangsklappen
37 Flossenstummel-Nasenrippen
38 Haupttreibstofftanks im Flossenstummel (4 × 350 Liter)
39 kleiner Tank im Flossenstummel (180 Liter)
40 Flossenstummel-Vertäuring, backbord
41 Rippenverstärkung
42 Flossenstummel-Hauptholm/Rumpfspant
43 Flossenstummel/Flügelstiel-Befestigung
44 Treibstoff-Sammeltank (210 Liter)
45 Zugangsklappen
46 Rumpfstufe
47 hinterer Flossenstummelholm/Rumpfspant
48 Flossenstummel/Flügelstiel-Befestigung
49 Vertäuring
50 rutschfester Laufsteg auf dem Flossenstummel

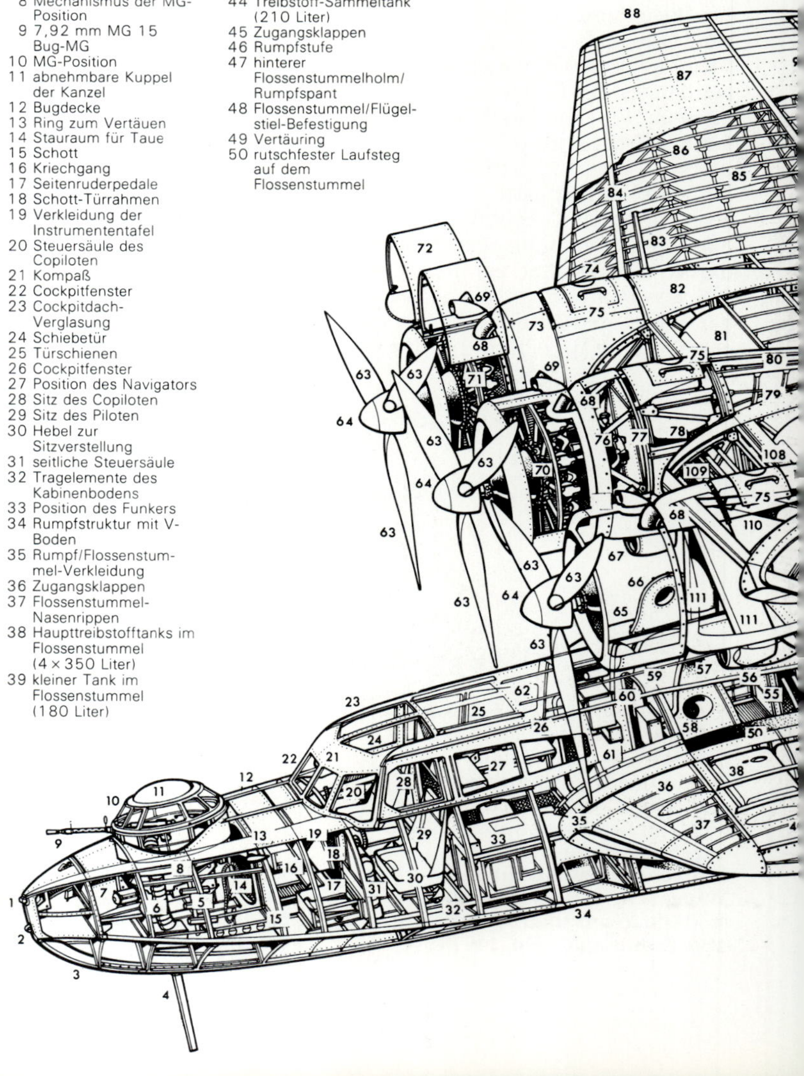

***Links:* Die A49-4 war die vierte von fünf der ältesten Do 24K-1, die am 19. Februar 1942 von Niederländisch-Indien nach Australien geflogen wurden. Viele Maschinen erreichten 14 Tage später Broome, North Territories, wurden dann aber von japanischen Jägern vernichtet.**

Entwicklung der Blohm & Voss BV 138 verzögerte, wurde die Do 18 bis in den Zweiten Weltkrieg hinein produziert. Von allen Versionen zusammen gab es etwa 160 Maschinen, darunter 75 Do 18D. Die Hauptversionen im Krieg waren die Do 18G und der Do 18H Besatzungstrainer, die beide von Jumo 205D Motoren von 880 PS (656 kW) angetrieben wurden. Im Jahr 1941 wurden die meisten noch erhaltenen Dornier Do 18, gleich welchen Typs, zu Do 18N für den Seenotdienst umgerüstet.

Das letzte Flugzeug, von dem gesagt werden kann, daß es von der Wal abstammt, war die Do 24, ein erheblich größeres Flugboot, das endlich keine Tandem-Motoren mehr hatte, aber nach wie vor zur Stabilität auf dem Wasser mit Stummelschwimmern ausgerüstet war. Es verdankte sein Entstehen einer Spezifikation der holländischen Marineflieger, dem Marine Luchtvaartdienst (MLD), der einen Nachfolger für die bewährte Wal suchte. Im Jahr 1934 feilte der MLD seine Spezifikation genauer aus und nahm mit Dornier Verhandlungen

51 vorderer Mittschiffsraum (für zwei Tragen; 28 Sauerstoffflaschen den Mittelliniensteg entlang)
52 Einstieg in den vorderen Raum
53 Flossenstummel/Flügelstiel
54 Rumpfhauptspant-Schott
55 Erste-Hilfe-Station
56 Verkleidung der Rumpf/Flügelstiel-Befestigung
57 Lufteinlauf, backbord
58 Rumpffenster
59 Einstieg für die Besatzung, steuerbord
60 Schott
61 Funkausrüstung
62 äußere Straken
63 VDM Dreiblatt-Metallpropeller
64 Propellerhaube
65 Flossenstummel, steuerbord
66 Einstieg, steuerbord
67 mittlerer Lufteinlauf
68 Motorauspuff
69 obere Lufteinläufe
70 1.000 PS (745 kW) Bramo 323R-2 Sternmotor
71 Motorhaubenring
72 Wartungsklappe des Motors (mit Scharnier)
73 Kühlluftschlitze
74 Öltankdeckel
75 Handgriff der Wartungsklappe
76 Motoraufhängung
77 Feuerwand/Schott
78 mittlerer Motoröltank
79 Spant der mittleren Gondel
80 Hebestange der mittleren Gondel
81 Treibstofftank im Flügel, steuerbord
82 Motorgondelverkleidung, steuerbord
83 Antennenmast, steuerbord
84 vorderer Flügelholm
85 Antenne
86 Flügelrippen
87 Metallhaut des Flügels
88 Navigationslicht, steuerbord
89 Formationsfluglicht/Kennfeuer, steuerbord
90 Querruder, steuerbord
91 Querruderscharnier-Verkleidungen
92 hinterer Flügelholm
93 Querrudersteuerung
94 Trimmklappe am Querruder
95 Verbindung zwischen mittlerer und äußerer Flügelsektion
96 inneres Querruderprofil
97 Klappe unter dem Mittelflügel
98 Klappenantriebs-scharnier
99 Antenne
100 DF-Antenne (Peilantenne)
101 Struktur des hinteren Holms
102 Flügelrippen/Klappen-aussparung
103 Klappensteuerung
104 Motorgondelverkleidung, backbord
105 Treibstofftank im Flügel, backbord
106 Antennenmast, backbord
107 Öltankdeckel
108 vorderer Holm
109 Vorderkante mit Scharnier (Inspektions-/Wartungsklappe)
110 Rumpf-Flügel-Diagonalverstrebung
111 vordere umgekehrte V-Streben zwischen Rumpf und Flügel (mit Steuerseilen)
112 Verbindung zwischen Mittelflügel und vorderem Holm der äußeren Flügelsektion
113 Flossenstummel/Flügelstiel-Befestigung
114 doppelter Landescheinwerfer
115 Flossenstummel-Flügelstiel-Diagonalverstrebung
116 hintere umgekehrte V-Streben zwischen Rumpf und Flügel (mit Treibstoffleitungen von den Flossenstummeln)
117 Verbindungsrippe zwischen mittlerer und äußerer Flügelsektion
118 Flossenstummel-Flügelstiel-Befestigung
119 Mittschiffs-Rückenbeplankung
120 Flossenstummel/Flügelstiel
121 Rumpfbelüftung
122 Rumpfhauptspant-Schott
123 Laufsteg auf der Mittellinie
124 Einstieg in den hinteren Bereich
125 hinterer Mittschiffsraum (4 Tragen)
126 V-Boden-Struktur des Rumpfes
127 Bordküche/Kochplatte, backbord
128 Spind für Decken/Schutzkleidung
129 Mittschiffs-Vertäuring
130 Querruderscharnier-Verkleidungen
131 Schott-Tür
132 Querruder-Ausgleichsgewicht unter dem Flügel
133 hinterer Flügelholm
134 Navigationslicht, backbord
135 Formationsfluglicht/Kennfeuer, backbord
136 Querruder, backbord
137 hintere Rumpfstufe
138 V-Boden-Achterstevenspant
139 verstärkter Rumpfspant
140 Kanzelträger
141 Druckluftflaschen
142 Kanzelring
143 Kanzel auf dem Rumpfrücken
144 20 mm MG 151 Kanone
145 Toilette
146 Torfsack (zum Auffüllen der Toilette)
147 Fenster
148 Mutterkompaß
149 Laufplanke auf der Mittellinie des hinteren Rumpfabschnittes
150 Ruder-Steuerung
151 hinterer Rumpfspant
152 Rumpfhaut
153 Stringer auf der Rumpfunterseite
154 Steuerstangen
155 Rumpf/Leitwerksverkleidung
156 vorderer Holm des Höhenleitwerks
157 Höhenrudersteuerung
158 Höhenruderscharniere
159 Leitwerksrippen
160 Leitwerksholm/Seitenflossen-Befestigung
161 Struktur der Seitenflosse
162 Antennenbefestigung
162 Seitenruderausgleich
163 Seitenruderspant
165 obere Trimmklappe am Seitenruder
166 Seitenruderholm, steuerbord
167 untere Trimmklappe am Seitenruder
168 Trimmklappenantrieb
169 Hilfsruder, steuerbord
170 Seitenruderausgleich, backbord
171 Struktur des Höhenruders
172 Höhenrudersteuerung
173 Höhenrudergestänge
174 Antennenbefestigung, backbord
175 Struktur der inneren Leitwerks-Endrippe
176 Leitwerksholm/Rumpfspant-Befestigung
177 hinterer Hauptrumpfspant
178 Steuergestänge
179 Stauraum für hintere Taue
180 Leitwerksverstrebung
181 Seitenflosse, backbord
182 Leitwerks-/Seitenflossen-Befestigung
183 Höhenruderscharnier, backbord
184 Munition für Heckkanzel
185 Seitenruderholm, backbord
186 Heckkanzel
187 Kanzelring
188 Panzerung des Heckschützen
189 Seitenruder, backbord
190 Verkleidung des unteren Seitenruder-Trimmklappenscharniers
191 untere Seitenruder-Trimmklappe
192 Hecknavigationslicht
193 Heck-Vertäuring
194 7,92 mm MG 15

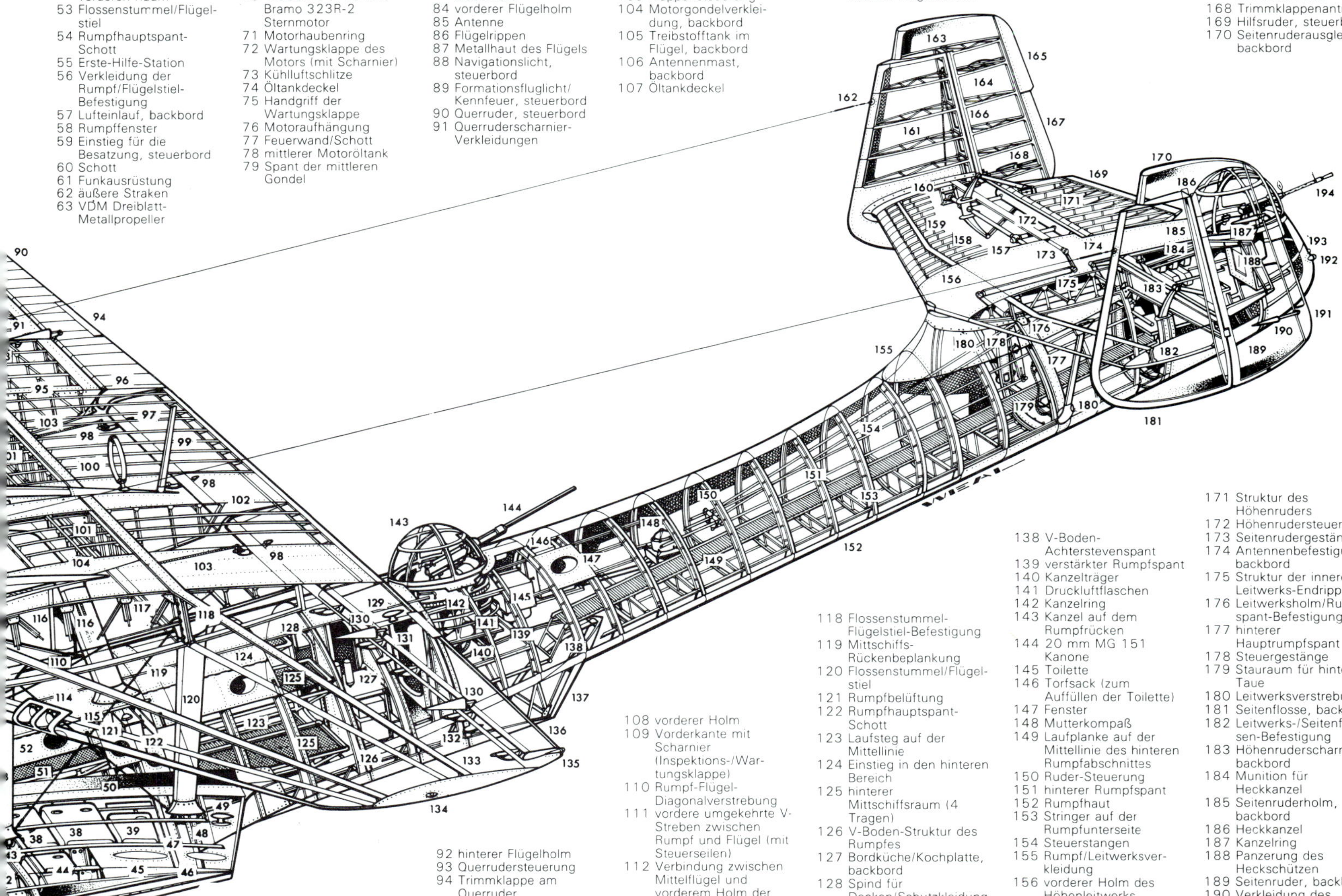

Die letzten Militär-Flugboote in Europa, die Do 24T-2 der spanischen Ejercito del Aire, wurden bis 1970 von der 58th Escuadrilla de Salvamento von Puerto de Pollensa aus für Küstenpatrouillen- und Rettungsaufgaben eingesetzt.

auf. Er kam aber bald zu dem Schluß, daß die Do 18 nicht groß genug war. Der MLD legte nicht nur großen Wert auf eine lange Reichweite und mehr als zwei Motoren, sondern wollte auch ein Flugboot, das in großer Entfernung vom Land sicher operieren und gegebenenfalls auf ziemlich rauher See landen konnte. Im Jahr 1935 machte sich Dornier nur für den MLD an die Konstruktion der dreimotorigen Do 24. Dornier berechnete der holländischen Regierung dafür die Kosten für die Konstruktion und verkaufte gleichzeitig an die Firma Aviolanda, die seit 1931 keine Wal mehr produziert hatte, eine Lizenz. Es wurden vier Prototypen in Auftrag gegeben, wovon die Do 24 V3 als erste flog. Wie die Do 24 V4 war auch diese Maschine mit Wright Cyclone F52 ausgerüstet, weil der Kunde für die Maschine auf dem gleichen Motor wie bei seinen Martin 139WH-1 Bombern bestand. Die ersten beiden Prototypen rüstete Dornier für den eventuellen Einsatz bei der Luftwaffe mit dem schwereren und weniger leistungsfähigen Jumo 205 Dieselmotor aus, aber vor dem Krieg wurde sonst in dieser Beziehung nicht viel unternommen.

Erfolgreiche Erprobung

Die Do 24 war ein sehr modernes Flugboot in Schalenbauweise. Ihr gut geformter Rumpf hing an zwei Paar V-Streben, und eine fünfte Diagonalstrebe stand der Zugkraft der Motoren entgegen (im Gegensatz zu dem großen stromlinienförmigen Pylon der Do 18). An den Enden des Höhenleitwerks, das eine sehr große Spannweite hatte, befand sich ein Doppelleitwerk, und im Bug, mittschiffs und am äußersten Heck konnten MG-Positionen eingebaut werden. Der MLD schrieb auch Bombenstationen an den Flügeln für bis zu zwölf 100 kg Bomben und die Möglichkeit zum Transport schwerer Lasten vor.

Die Flugerprobung bewies auch bei schlechten Witterungsverhältnissen, daß die Do 24 ausgesprochen robust und leistungsfähig war. Im Herbst 1937 erteilte der MLD einen Auftrag über 60 Maschinen, die in Holland in Lizenz gebaut werden sollten. Schließlich wurden aber zwölf Maschinen mit dem F52 Motor von 875 PS (652 kW) und der Bezeichnung Do 24K-1 (darunter die Do 24 V3 und V4 Versuchsmaschinen) von Dornier hergestellt. Aviolanda, de Schelde und andere holländische Firmen bauten die übrigen 48 Flugboote, die die Bezeichnung Do 24K-2 trugen und von Cyclone G102 Motoren von 1.000 PS (746 kW) angetrieben wurden.

Diese ehemalige Do 24T-2 wurde im Frühjahr 1983 zur Do 24TT mit drei Turboprop-Triebwerken vom Typ Pratt & Whitney of Canada PT6A-45B und 'Tragflächen Neuer Technologie' umgebaut. Dornier rechnet sich für das Flugboot noch gute Marktchancen aus.

Dieser Do 24MS Minenräumer war eine der wenigen regulären Luftwaffe Do 24T-1 Rettungs-/Aufklärungsmaschinen, die für diese Aufgabe umgerüstet wurden. Starke Stromimpulse wurden durch den Duraluminium-Ring geschickt, und das Magnetfeld brachte die Minen unter dem Flugboot zur Explosion.

Alle Do 24K-1 wurden noch vor Kriegsausbruch geliefert, aber als Deutschland am 10. Mai 1940 in Holland einfiel, hatte der MLD erst 25 Do 24K-2 erhalten. Drei wurden unbeschädigt erbeutet. Bei der Prüfung in Travemünde entdeckte die Luftwaffe, daß es sich um hervorragende Flugboote handelte. Die Produktion der ehemals für Holland bestimmten Maschinen wurde daher schnell wiederaufgenommen. Die Do 24K-2 wurden unter Aufsicht des Weser-Werks ohne Bombenstationen modifiziert. Die Maschinen erhielten jedoch im Bug und Heck MG 15 und in der Mittschiffskanzel erbeutete 20 mm Hispano Bordkanonen sowie große Luken und eine umfangreiche interne Ausstattung für Seenot-Rettungseinsätze. Die Serienboote, die die Bezeichnung Do 24N-1 trugen, wurden von der Luftwaffe ab August 1941 in Dienst gestellt. Elf Maschinen folgten erst im November, weil es an den passenden Motoren fehlte. Die nächsten Flugboote, die produziert wurden, waren 170 Do 24T-1 mit BMW Bramo Fafnir 323 Motoren von 1.000 PS (746 kW). Die Nachfrage nach diesen hervorragenden Machinen war so groß, daß im ehemaligen Potez-CAMS Werk in Sartouville, Frankreich, weitere 48 Do 24 gebaut wurden.

Ab 1943 waren die meisten Maschinen vom Untertyp Do 24T-2 mit zusätzlicher Funkausrüstung und manchmal auch mit Radar sowie mittschiffs mit einer MG 151 als Ersatz für die Hispano Kanone bestückt. Für Spanien wurden ganz ähnliche Flugboote mit der Bezeichnung Do 24T-3 vorbereitet, und zwölf davon wurden 1944 nach Mallorca geflogen.

Alle Do 24 nahmen intensiv am Kampfgeschehen teil. Die MLD-Boote in Niederländisch-Indien waren bis Ende März 1942 fast alle zerstört. Gegen Kriegsende waren die Verluste unter den Flugbooten der Luftwaffe sehr hoch, aber die spanischen Do 24T-3 befanden sich noch lange nach dem Krieg im Einsatz. Sogar noch im Jahr 1972 sahen Urlauber in Mallorca mehrere Do 24T-3. Die letzte davon wurde ins Dornier-Werk nach Friedrichshafen geflogen, wo sie der Nachwelt erhalten bleiben soll. Einige Staffeln der französischen Aéronavale benutzten ab Anfang 1945 insgesamt ca. 40 Do 24T-2, und eine Maschine, die ein Bordingenieur der Luftwaffe im Jahr 1945 nach Schweden flog, befand sich anschließend sieben Jahre lang bei der Flygvapen als Tp 24 im Einsatz.

Curtiss Hawk Doppeldecker

Die Abhängigkeit der Vereinigten Staaten von der Lizenzproduktion britischer Flugzeuge gegen Ende des Ersten Weltkriegs hatte dazu geführt, daß die USA in der Nachkriegszeit nicht über eine kreative und durch eigene Entwürfe glänzende Flugzeugindustrie verfügten. Statt dessen bemühten sich eine Unmenge kleiner Firmen angestrengt um Erfolg, wobei die Curtiss Hawk Jagdflugzeuge wohl das bekannteste Ergebnis darstellen.

Einer der berühmtesten Luftfahrtpioniere in den USA, Glenn Curtiss, war auch einer der ersten Flugzeughersteller dieser Nation, die serienmäßig Flugzeuge bauten, die auf rein amerikanischen Entwürfen basierten, obwohl an dieser Stelle einschränkend hinzugefügt werden sollte, daß das Schulflugzeug Curtiss JN (oder 'Jenny') weitgehend aus Entwürfen entwickelt wurde, die von dem damals bei der englischen Firma Sopwith beschäftigten B. Douglas Thomas stammten. Gegen Ende des Ersten Weltkriegs waren Schulflugzeuge die einzigen Maschinen, die in Amerika entworfen und serienmäßig für die US Army produziert wurden.

Eines der bekanntesten Kampfflugzeuge aus dem Ausland, das von der Bolling Kommission für die Serienherstellung in den USA ausgewählt worden war, war die Royal Aircraft Factory S.E.5a. Obwohl die geplante Serienproduktion dieses ausgezeichneten Jägers bei der Firma Curtiss nie zustande kam, sammelte die Firma doch wichtige Erfahrungen auf diesem Gebiet durch den Auftrag, 57 Maschinen dieses Typs aus Teilen britischer Fertigung zusammenzubauen und zu modifizieren. In der Zwischenzeit hatte die Firma mit dem Bau von Rennflugzeugen begonnen, mit denen Militärpiloten an dem hochangesehenen Pulitzer Wettbewerb des Jahres 1922 teilnehmen sollten. Die beiden von Lieutenant Russell Maughan und Lieutenant Lester J. Maitland geflogenen Curtiss R-6 (68563 und 68564) gewannen den ersten und zweiten Platz. Kurz nach dem Rennen erhöhte Brigadier General Billy Mitchell mit einem der beiden Rennflugzeuge den Geschwindigkeits-Weltrekord über 1 km auf 358,84 km/h.

Der Erfolg der R-6 ermutigte die Firma Curtiss, sich mit der Entwicklung von Abfangjägern zu befassen (die zu der Zeit als Verfolgungsjäger bezeichnet wurden), und vor Ablauf des Jahres 1922 befand sich bereits ein Prototyp auf firmeneigene Kosten in der Fertigung. Im Gegensatz zu den R-6 Doppeldeckern, die einstielige Tragflügel hatten (deren strukturelle Festigkeit sich als unzureichend erwies, denn eine Maschine verlor beim Start zu dem Pulitzer Rennen 1924 ihre Flügel), ging man bei dem neuen Jäger wieder auf eine Konfiguration mit zwei Stielen zurück. Dieses Flugzeug wurde als die XPW-8 (X für Experiment = Versuch, P für Pursuit = Verfolgung, W-8 für watercooled-8 = Achtzylinder mit Wasserkühlung) offiziell von dem Air Service angenommen. Es dauerte nicht lange, und die Firma Curtiss erhielt einen Auftrag über 25 PW-8 Serienmaschinen, die dann im Zeitraum 1924 bis 1926 bei der 17th Pursuit Squadron des Army Air Corps Dienst leisteten. Als eine der drei XPW-8 (auf Anforderung des am 4. Juni 1920 aufgestellten US Army Air Corps hin) mit vollständig neu entworfenen Flügeln modifiziert wurde, die

Oben: Einige der neun P-6A Maschinen mit dem Prestone Kühlsystem wurden mit Dreiblatt-Propellern ausgerüstet. Diese Aufnahme, die um 1930 entstand, zeigt eines dieser Flugzeuge mit den Markierungen einer Air Base Squadron (Standortstaffel). Die Höchstgeschwindigkeit dieser Version betrug 288 km/h.

Unten: Die XP-6 war in Wirklichkeit eine P-2, Werknummer 25-423, die versuchsweise mit einem V-1570 'Conqueror' Motor mit 600 PS (447 kW) ausgerüstet wurde. Das berühmte Emblem der 'Schnee-Eule' läßt erkennen, daß sie vorher bei der 17th Pursuit Squadron der 1st Pursuit Group Dienst leistete.

Curtiss P-6 Hawk

Technische Daten der Curtiss P-6E Hawk
Typ: einsitziger Verfolgungsjäger.
Triebwerk: ein flüssigkeitsgekühlter Curtiss V-1570-23 Zwölfzylinder-V-Motor mit 600 PS (448 kW).
Leistung: Höchstgeschwindigkeit 317 km/h in Meereshöhe; Anfangssteiggeschwindigkeit 12,20 m/sek; Dienstgipfelhöhe 7.530 m; Reichweite 917 km.
Gewicht: Leergewicht 1.224 kg; maximales Startgewicht 1.539 kg.
Abmessungen: Spannweite 9,60 m; Länge 7,06 m; Höhe 2,69 m; Tragflügelfläche 23,41 m^2.
Bewaffnung: zwei 7,62 mm Maschinengewehre an den Bugseiten mit 600 Schuß pro MG.

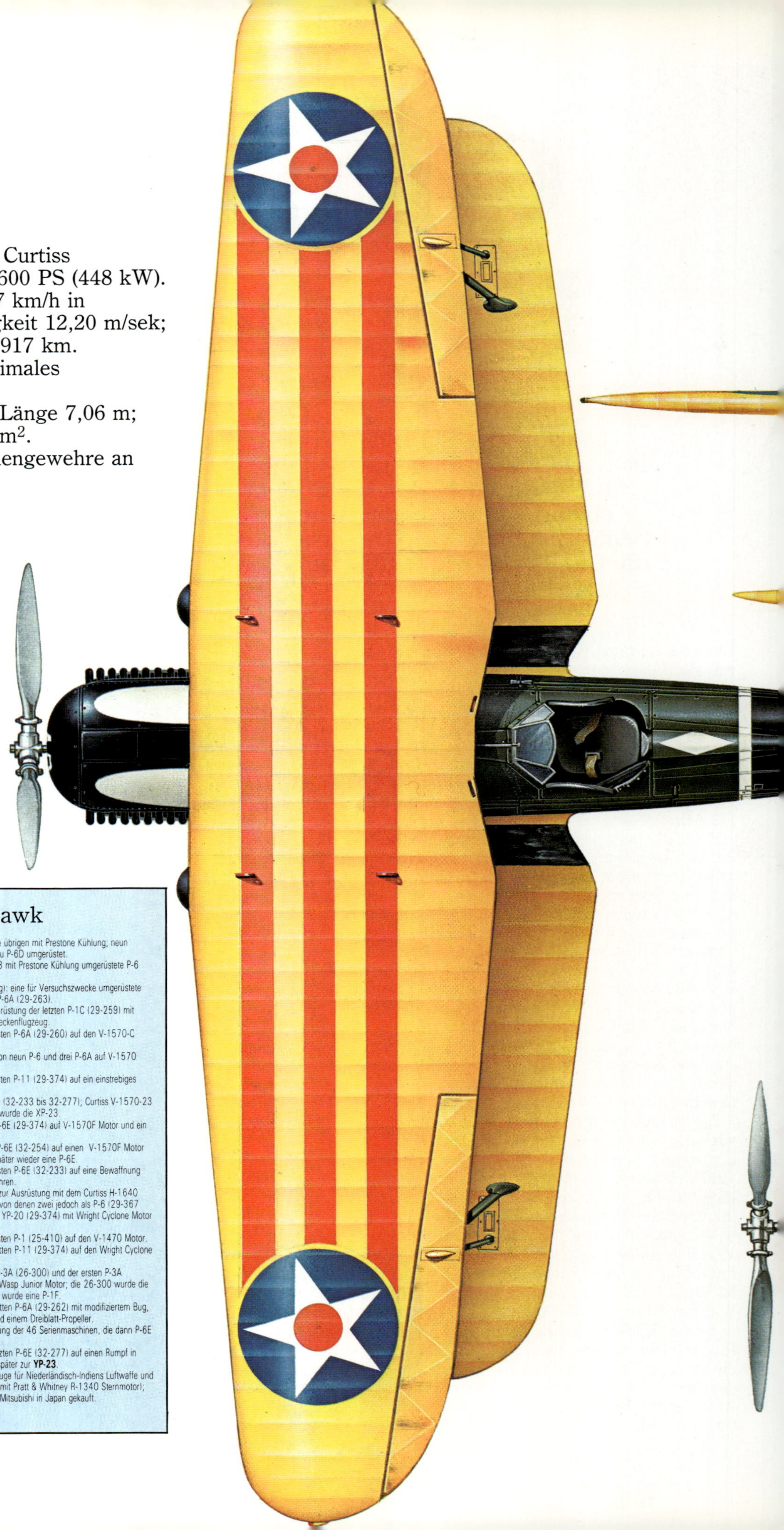

Varianten der Curtiss Hawk

XPW-8B: die Werknummer 23-1203 war der dritte von drei Prototypen mit einstieliger Tragflächenanordnung; sie wurde der P-1 Hawk Prototyp; Curtiss D-12 Motor.
P-1 Hawk: zehn Flugzeuge (25-410 bis 25-419); Curtiss V-1150-1 Motor.
P-1A Hawk: 25 Flugzeuge (26-276 bis 26-300); Curtiss V-1150-1 Motor; der Rumpf wurde um 7,62 cm gestreckt; ein Flugzeug (26-296) wurde die **XAT-4** und eine andere Maschine (26-295) wurde das **XP-6A** Rennflugzeug.
P-1B Hawk: 25 Flugzeuge (27-063 bis 27-087); Curtiss V-1150-3-Motor mit modifiziertem Kühler.
P-1C Hawk: 33 Flugzeuge (29-227 bis 29-259); Curtiss V-1150-5 Motor; Ausrüstung mit Radbremsen.
XP-1C: eine P-1C (29-238) mit Heinrich Kühler und Prestone Kühlanlage.
AT-4: 35 Flugzeuge (27-088 bis 27-097 und 27-213 bis 27-237); Schulflugzeuge mit Wright V-720 Motor; erhielten den Curtiss V-1150-3 als neuen Motor und die Bezeichnung **P-1D Hawk**.
AT-5: fünf Flugzeuge (27-238 bis 27-242); Schulflugzeuge mit Wright R-790-1 Sternmotor; wurden auf Curtiss V-1150-3 Motor umgerüstet und als **P-1E Hawk** bezeichnet.
AT-5A: 31 Flugzeuge (28-042 bis 28-072); Trainer mit Wright R-790-1 Sternmotor; wurden auf Curtiss V-1150-3 Motor umgerüstet und als **P-1F Hawk** bezeichnet.
P-2 Hawk: fünf Flugzeuge (25-420 bis 25-424); die erste Maschine (25-420) wurde versuchsweise mit einem Turbolader ausgerüstet; das vierte Flugzeug (25-423) wurde die **XP-6** mit dem V-1570-1 Motor; die übrigen drei Maschinen wurden Standard **P-1A** Jäger.
XP-3A: Umrüstung der letzten P-1A (26-300) mit Pratt & Whitney R-1340-9 Sternmotor.
P-3A Hawk: fünf Flugzeuge (28-189 bis 28-193); Pratt & Whitney R-1340-3 Sternmotor; ein Flugzeug (28-189) wurde zu einer zweiten XP-3A umgebaut.
P-5 Hawk: fünf Flugzeuge (27-327 bis 27-331); V-1150-3 Motor mit Turbolader; das erste Flugzeug (27-327) wurde als **XP-5** bezeichnet.
XP-6: Umrüstung einer P-2 (25-423) mit V-1570 Motor als Rennmaschine.
XP-6A: Umrüstung einer P-1A (26-295) mit einem hochverdichteten V-1570 Motor als Rennmaschine.
P-6 (YP-6) Hawk: 18 Flugzeuge (29-260 bis 29-273 und 29-363 bis 29-366); Testserie mit V-1570 Motor; die ersten neun Flugzeuge mit Wasserkühlung und die übrigen mit Prestone Kühlung; neun Flugzeuge wurden später zu P-6D umgerüstet.
P-6A: acht auf V-1570-23 mit Prestone Kühlung umgerüstete P-6 (29-260 bis 29-267).
XP-6A: (zweite Ausführung): eine für Versuchszwecke umgerüstete Serienmaschine vom Typ P-6A (29-263).
XP-6B 'Hoyt Special': Umrüstung der letzten P-1C (29-259) mit V-1570 Motor als Langstreckenflugzeug.
XP-6D: Umrüstung der ersten P-6A (29-260) auf den V-1570-C Motor mit Turbolader.
P-6D Hawk: Umrüstung von neun P-6 und drei P-6A auf V-1570 Motor mit Turbolader.
XP-6E: Umrüstung der dritten P-11 (29-374) auf ein einstrebiges Fahrwerk.
P-6E Hawk: 46 Flugzeuge (32-233 bis 32-277); Curtiss V-1570-23 Motor;die letzte Maschine wurde die XP-23.
XP-6F: Umrüstung der XP-6E (29-374) auf V-1570F Motor und ein geschlossenes Cockpit.
XP-6G: Umrüstung einer P-6E (32-254) auf einen V-1570F Motor ohne Turbolader; wurde später wieder eine P-6E.
XP-6H: Umrüstung der ersten P-6E (32-233) auf eine Bewaffnung mit sechs Maschinengewehren.
P-11: drei Flugzeuge, die zur Ausrüstung mit dem Curtiss H-1640 Motor vorgesehen waren, von denen zwei jedoch als P-6 (29-367 und 29-268) und eine als YP-20 (29-374) mit Wright Cyclone Motor fertiggestellt wurden.
XP-17: Umrüstung der ersten P-1 (25-410) auf den V-1470 Motor.
YP-20: Umrüstung der dritten P-11 (29-374) auf den Wright Cyclone Motor.
XP-21: Umrüstung der XP-3A (26-300) und der ersten P-3A (28-189) auf den R-985 Wasp Junior Motor; die 26-300 wurde die **XP-21A**, und die 28-189 wurde eine P-1F.
XP-22: Umrüstung der dritten P-6A (29-262) mit modifiziertem Bug, neuen Leitwerksflächen und einem Dreiblatt-Propeller.
Y1P-22: die Erstbezeichnung der 46 Serienmaschinen, die dann P-6E wurden.
XP-23: Umrüstung der letzten P-6E (32-277) auf einen Rumpf in Schalenbauweise; wurde später zur **YP-23**.
Export Hawk: acht Flugzeuge für Niederländisch-Indiens Luftwaffe und acht Maschinen für Kuba (mit Pratt & Whitney R-1340 Sternmotor); eine Maschine wurde von Mitsubishi in Japan gekauft.

Einer der beiden klassischen Entwürfe von Doppeldecker-Verfolgungsjägern des amerikanischen Heeres aus den zwanziger und dreißiger Jahren war die langlebige Hawk Serie mit der P-6E als letzter Serienversion. Ihre Grundform war aus einer langen Kette von Hawk Doppeldeckern hervorgegangen, an deren Anfang Rennflugzeuge der Army und Navy standen, die Curtiss im Zeitraum von 1921 bis 1925 gebaut hatte. Das abschließende Modell P-6E hatte eine äußerst elegante Form mit trapezförmigen Flügeln und einem Rumpf, der dem 600 PS (448 kW) Curtiss Conqueror Motor mit Flüssigkeitskühlung angepaßt war. Die Anfangsbeschaffung umfaßte 46 Maschinen des E-Modells; die meisten dieser Flugzeuge wurden 1932 an die 17th und 94th Pursuit Squadron übergeben. Das einstrebige Fahrwerk und der Kühler unter dem Rumpf waren die Hauptunterscheidungsmerkmale zwischen der P-6E und den frühen Hawk mit ihren herkömmlichen Fahrwerken und Bugkühlern.

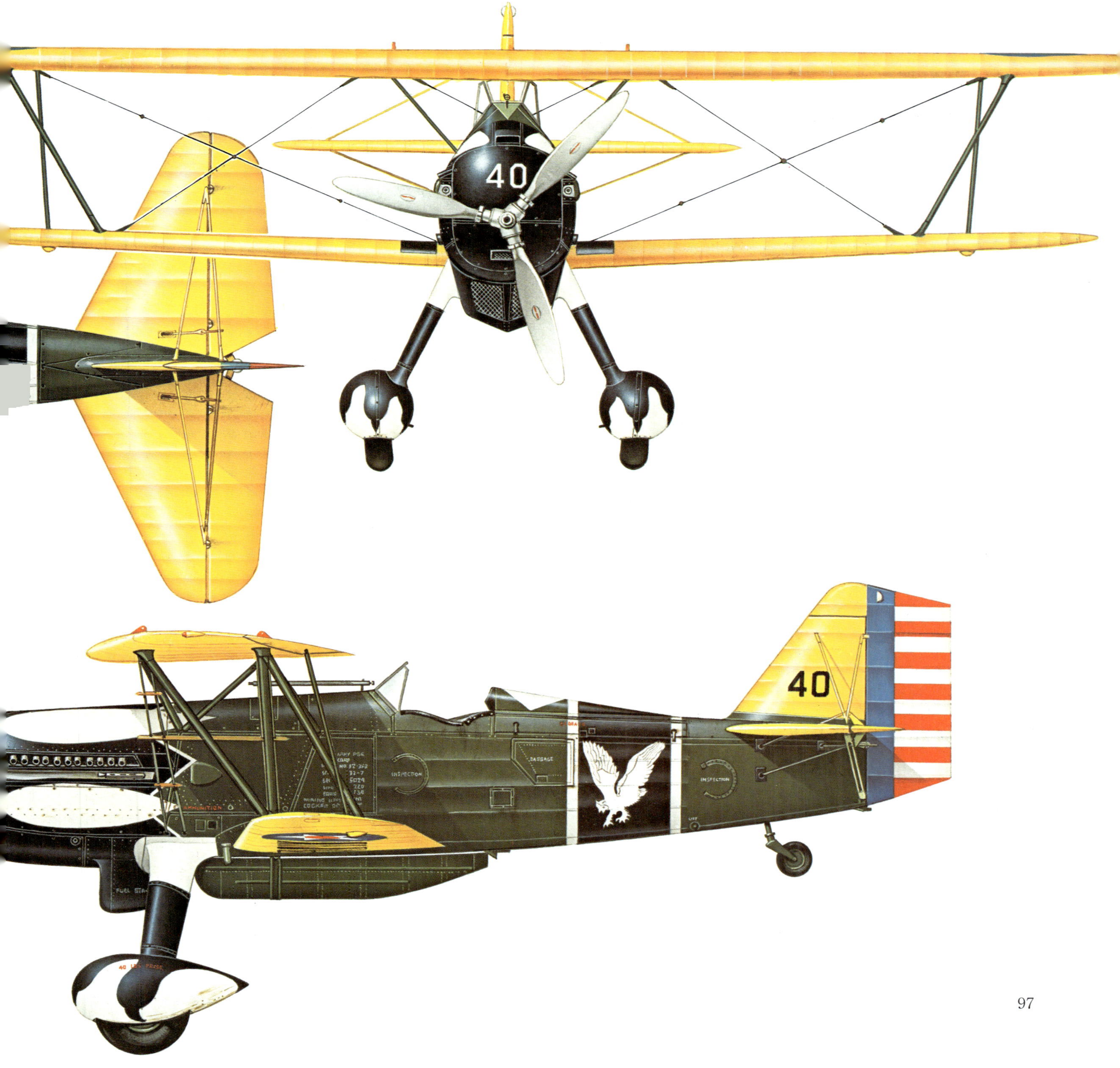

sich nach außen verjüngten und ein Clark Y Profil ähnlich dem der Boeing PW-9 aus der gleichen Zeit hatten, wurde aus ihr die XPW-8B, die schließlich der Prototyp einer neuen Entwurfsserie wurde — die P-1 Hawk — eine vereinfachte Bezeichnung ohne die kennzeichnenden Triebwerk- und Herstellerdaten.

Die Einführung des kleineren trapezförmigen Flügels in Verbindung mit den zunehmenden Erkenntnissen über Ursachen und Auswirkungen des 'Flatterns' der Tragflächen ermöglichten es, wieder auf eine einstielige Konstruktion zurückzugreifen. Die ersten am 7. März 1925 georderten zehn Serienmaschinen Curtiss P-1 unterschieden sich vom Prototyp nur dadurch, daß sie zusätzlich zu der Drahtverspannung im Bereich der mittleren Flügelsektion eine Extrastrebe erhielten und daß ihr Seitenruder eine etwas andere Form hatte. Diese Flugzeuge dienten bei der 27th und 94th Pursuit Squadron der unter dem Kommando von Major Thomas G. Lanphier stehenden 1st Pursuit Group in Selfridge Field, Michigan. Den Antrieb lieferte der

Die in den Dienst eingeführten P-6D unterschieden sich von dem Prototyp (XD-6D) durch ihre Dreiblatt-Propeller. Neun P-6 und einige P-6A wurden mit Turboladern ausgerüstet und auf den P-6D Standard gebracht. Das abgebildete Flugzeug flog 1932 bei der 8th Pursuit Group.

435 PS (325 kW) starke wassergekühlte Curtiss D-12 Zwölfzylinder-V-Reihenmotor, der im Rahmen des neuen Bezeichnungssystems für Kolbentriebwerke, das den Hubraum zugrundelegte, der V-1150-1 wurde. Am 17. August 1925 begannen die Tests mit der ersten Curtiss P-1 in McCook Field.

Der P-1 Auftrag umfaßte die Herstellung von fünf zusätzlichen Flugzeugen, die die Bezeichnung P-2 erhielten und von dem ebenfalls wassergekühlten Curtiss V-1400 Motor mit 505 PS (377 kW) angetrieben wurden. Die erste dieser P-2 wurde im Dezember des Jahres 1925 geflogen und später zu Versuchszwecken mit einem Turbolader ausgestattet, der die Dienstgipfelhöhe der Standard P-1 von 7.000 m auf rund 10.000 m erhöhte.

Unterdessen waren einige Verbesserungen an der P-1 selbst vorgenommen worden, die im September 1925 zu einem Auftrag von 25 P-1A führten; die kennzeichnenden Merkmale dieser Version waren ein um 7,62 cm gestreckter Rumpf, eine modifizierte Motorverkleidung und der D-12C Kolbenmotor sowie eine verbesserte Bombenauslösevorrichtung. Für alle Verfolgungsjäger wurde weiterhin die Möglichkeit einer leichten Bewaffnung mit Bomben vorausgesetzt. Nur 23 P-1A wurden in dieser Form fertiggestellt, eine Maschine kam als der XAT-4 Trainer mit dem Wright-Hispano E Motor heraus, und die letzte Maschine wurde das XP-6A Rennflugzeug (mit XPW-8A Flügeln).

Die nächste Serienversion, die P-1B mit dem V-1150-3 Motor und verbessertem Kühler, wurde im August 1926 in Auftrag gegeben. Nur zwei Monate später begann die Übergabe der 23 Exemplare, die zu den bereits bei den Jagdstaffeln befindlichen frühen Hawk stießen. Durch die größeren Fahrwerksräder und einige Änderungen in bezug auf die Ausrüstung stieg das Gesamtgewicht des beladenen Flugzeugs auf 1.330 kg, wodurch sich die Höchstgeschwindigkeit von 262 km/h, die die P-1 erbrachte, auf 257 km/h verringerte.

Der bis dahin größte Auftrag für den Curtiss Verfolgungsjäger umfaßte 33 P-1C, deren Lieferung im April 1929 abgeschlossen war. Der V-1150-3 Motor war beibehalten worden, und aufgrund des höheren Gewichts (Ausrüstung mit Radbremsen) fiel die Höchstgeschwindigkeit nochmals ab, dieses Mal auf 248 km/h. Ein Flugzeug, das versuchsweise mit einem Heinrich Kühler und einer Prestone Kühlanlage ausgerüstet war, erhielt die Bezeichnung XP-1C. Es wurden keine weiteren P-1 gebaut, doch nach den erfolgreichen Versuchen mit der XAT-4 im Oktober 1926 wurden 35 Serienmaschinen der AT-4 mit Wright V-720 Kolbenmotor und fünf AT-5 mit Wright R-790 Motor bestellt. Die AT-4 wurden später auf den Standardmotor Curtiss V-1150-3 umgerüstet und so in die Kategorie der Verfolgungsjäger als P-1D eingruppiert. Die fünf AT-5 wurden P-1E, nachdem sie in ähnlicher Weise ummotorisiert worden waren. Diese Maschinen dienten bei der 43rd School Squadron in Kelly Field, die 1935 zur 43rd Pursuit Squadron wurde.

Vom Schulflugzeug zum Jäger

Eine weitere Umrüstung erfolgte an 31 Curtiss AT-5A Trainern, die mit R-790 Motoren ausgerüstet wurden, nachdem sie am 30. Juli 1927 von der US Navy in Auftrag gegeben worden waren. Die schwache Leistung dieser Maschinen (ihre Höchstgeschwindigkeit betrug nur 196 km/h) führte dazu, daß sie 1929 mit dem D-12 einen neuen Antrieb und demzufolge auch eine neue Bezeichnung erhielten: P-1F. Eine andere P-1F entstand durch die Umrüstung einer XP-21.

Wie bereits erwähnt, bezog sich die Bezeichnung P-2 auf die letzten fünf Maschinen des ersten P-1 Auftrags, die von dem Curtiss V-1400 Motor angetrieben wurden. Letztendlich erwies sich dieser Motor aber als eine Enttäuschung, und drei Flugzeuge wurden zu P-1A umgerüstet; nur eine Maschine (25-240) blieb als P-2 bestehen, und aus der letzten P-2 wurde die XP-6.

Die P-3 war der erste Hawk Verfolgungsjäger mit Sternmotor. Die Bezeichnung XP-3A wurde der letzten P-1A zugeteilt, die mit einem 410 PS (306 kW) Pratt & Whitney R-1340-9 Sternmotor fertiggestellt wurde, der sowohl ohne Motorverkleidung als auch mit diversen langsehnigen NACA Motorhauben geflogen wurde. Als diese Maschine später auf den 300 PS (224 kW) Pratt & Whitney R-985-1 Wasp Junior Motor umgerüstet wurde, erhielt das Flugzeug die Bezeichnung XP-21. Fünf P-3A Serienmaschinen mit R-1340-3 Sternmotor wurden

Dieses Flugzeug war eine der 23 P-1B, die das US Army Air Corps im August 1926 in Auftrag gegeben hatte. Sie diente bei der 27th Pursuit Squadron, 1st Pursuit Group, die 1929/1930 unter dem Befehl des berühmten Major Ralph Royce in Selfridge Field (jetzt eine Basis der Air National Guard) in Michigan stand.

1928 geordert; vier davon wurden im Jahr darauf an die 94th Pursuit Squadron übergegeben, die damals unter dem Kommando des namhaften Piloten des US Army Air Corps, Major (später Major General) Ralph Royce, stand. Die andere P-3A (28-189) wurde für weitere Erprobungen hinsichtlich der Motorverkleidung einbehalten und wurde die zweite XP-3A. Später wurde sie ebenfalls eine XP-21 mit dem R-985-1 Wasp Junior Motor, bevor sie schließlich zu einer P-1F umgerüstet wurde. Die maximale Geschwindigkeit der Standard P-3A mit kurzer Motorverkleidung betrug 246 km/h in Meereshöhe; doch als im Juni 1930 eine der P-3A mit einer stromlinienförmigen Verkleidung der Motorstirnfläche vom Typ SR-1340-C, einer Propellerhaube und Verkleidungen an den Motorseiten geflogen wurde, ergaben die Neuerungen eine Spitzengeschwindigkeit von 311 km/h.

Merkwürdigerweise entschied sich das US Army Air Corps dafür, die Hawk mit Sternmotor langsam aus dem Einsatz zurückzuziehen, obwohl sie weiterhin auf die Boeing P-12, die ebenfalls von einem Sternmotor angetrieben wurde, große Stücke hielt. Die nächste Curtiss Variante, die an das US Army Air Corps ging, war die P-5, von der aber nur fünf Maschinen bestellt und im Jahre 1928 an die 94th Pursuit Squadron übergeben wurden. Für die Erprobung des Curtiss D-12F Motors mit Turbolader im Einsatz geplant, verfügte diese Hawk über eine maximale Geschwindigkeit von nur 232 km/h in Meereshöhe, brachte es aber auf eine Spitzengeschwindigkeit von 267 km/h in einer Höhe von 7.620 m, was die Dienstgipfelhöhe der P-1 ohne Turbolader um einiges übertraf. Ungefähr zu der Zeit, als die P-5 geliefert wurde, stand aber der neue Curtiss V-1570 Conqueror zur Produktion bereit, und daher wurde die Entwicklung des D-12 Kolbentriebwerks nicht weiterverfolgt.

Grünes Licht für die P-6 Hawk

Nach einer fast vier Jahre andauernden Entwicklung war man von der Serienreife der endgültigen Curtiss P-6 überzeugt. Wiederum spiel-

Die bekannteste P-6 Staffel war wohl die 17th Pursuit Squadron der 1st Pursuit Group. Eine ihrer Maschinen ist hier mit Skiern abgebildet. Das Markierungsband am hinteren Rumpfabschnitt war schwarz mit weißer Umrandung und einer eingeblendeten 'Schnee-Eule' in der Mitte.

Die dritte der drei P-11 mit der Seriennummer 29-374 wurde mit einem Wright R-1820 Cyclone Sternmotor als die XP-20 fertiggestellt. Sie erhielt anschließend den Motor und das Fahrwerk der XP-22 und wurde so der Prototyp XP-6E. Später wurde sie in XP-6F umbezeichnet.

***Links:* An der das Kühlsystem bezeichnenden Aufschrift 'Prestone' und dem Motor mit Turbolader kann man die P-6D erkennen. Das nicht unbeträchtliche Gewicht des Triebwerks dieser Version erwies sich als nachteilig, und daher wurden nur 35 Exemplare gebaut.**

***Rechts:* Eine Standard P-6E der 94th Pursuit Squadron der 1st Pursuit Group in Selfridge Field um 1933. Wenn auch nur 46 Maschinen der P-6E gebaut wurden, stellten sie doch den Höhepunkt der 'Hawk' Doppeldeckerserie dar.**

Eine von der 33rd Pursuit Squadron zurückbehaltene Curtiss P-6E im Jahre 1938, lange nachdem diese Staffel auf die P-12 und die P-35 umgerüstet hatte.

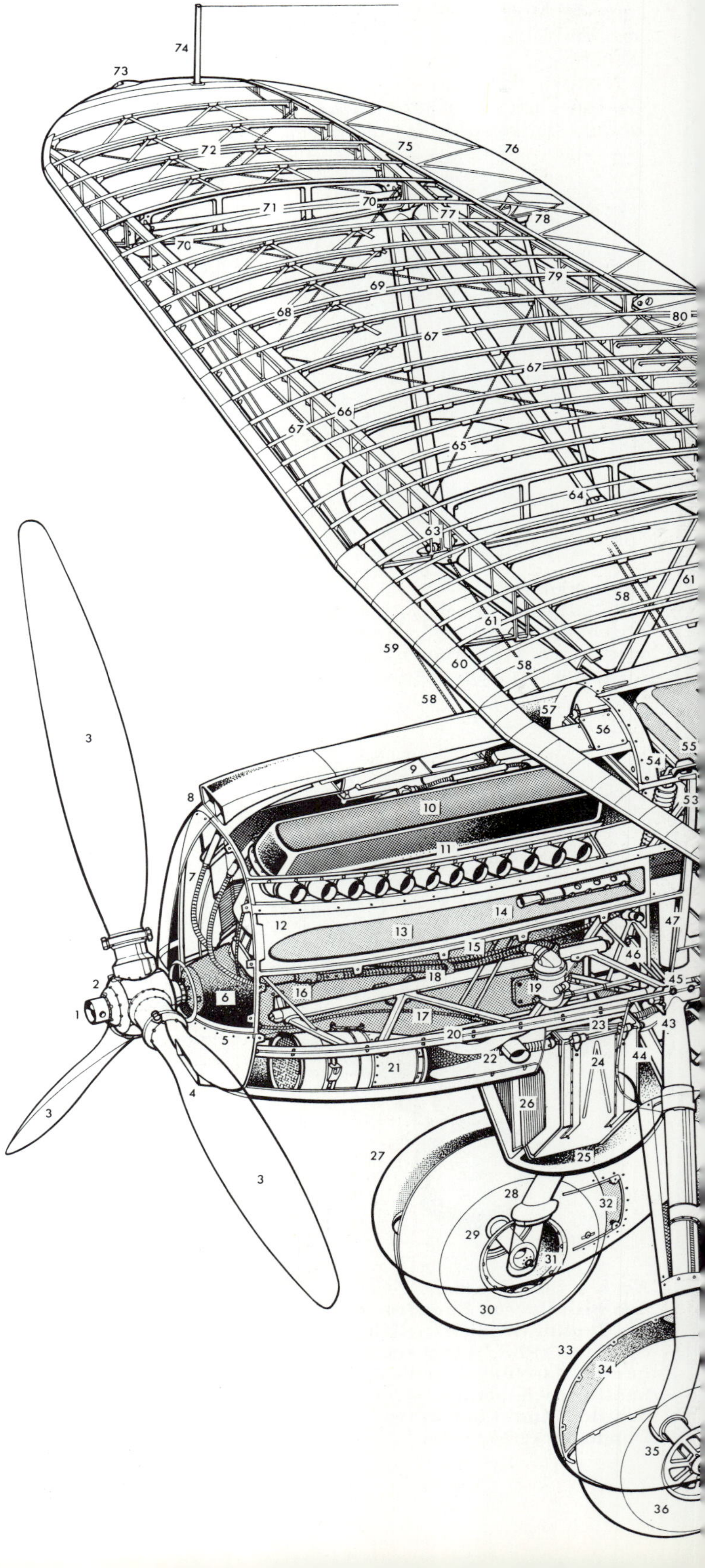

ten die speziell für die Teilnahme an Rennen entworfenen Flugzeuge eine wichtige Rolle bei der Entwicklung dieses Typs. Für die in Spokane, Washington, angesetzten National Air Races hatte die US Army 1927 zwei Rennflugzeuge bestellt: zum einen die vierte P-2 (25-423) mit dem neuen 600 PS V-1570 Conqueror Motor und der Bezeichnung XP-6 und zum anderen eine P-1A (26-295) mit einem hochkomprimierten V-1570 Motor unter einer anderen Verkleidung als bei der XP-6A, die übrigens auch mit Tragflächenkühlern ausgestattet war. Die XP-6A gewann das unbeschränkte Rennen mit einer Geschwindigkeit von 324 km/h, und der zweite Platz ging an die 304 km/h schnelle XP-6. Die XP-6A wurde jedoch kurz vor den 1928er Rennen aus dem Verkehr gezogen.

Die Verwendung des Conqueror Motors bei den beiden Rennmaschinen diente nicht nur dazu, dessen Tauglichkeit für die Hawk zu erproben, sondern auch seine Zuverlässigkeit unter Beweis zu stellen. Am 3. Oktober 1928 wurde ein Auftrag über 18 P-6 (mitunter auch als YP-6 bezeichnet) erteilt, die bei der Truppe erprobt werden sollten. Diese Maschinen wurden 1929 an die 27th Pursuit Squadron übergeben. Um die Lieferungen zu beschleunigen, wurden die ersten neun Flugzeuge mit dem wassergekühlten V-1570-17 Motor fertiggestellt, während die übrigen Maschinen wie geplant mit dem V-1570-23 Motor ausgerüstet wurden, dessen Prestone Kühlsystem (Äthylenglykol) einen kleineren Kühler ermöglichte. Zwei weitere P-6 Maschinen entstanden, indem zwei der in Auftrag gegebenen P-11 auf eine entsprechende Anforderung hin mit dem wassergekühlten V-1570-17 Motor fertiggestellt wurden.

Acht Exemplare der P-6 mit Wasserkühlung wurden später auf den V-1570-23 Motor mit der Prestone Kühlung ummotorisiert und ihre Bezeichnung in P-6A umgeändert. Einige dieser Maschinen flogen mit einem verstellbaren Dreiblatt-Propeller. Ein Flugzeug (29-263) wurde unter der Bezeichnung XP-6A Nr.2 für die Erprobung von Kühlsystemen verwendet. Die Bezeichnung XP-6B wurde der letzten P-1C (29-259) zugeteilt, die speziell auf den Conqueror Motor umgerüstet und allgemein als die Hawk Hoyt Special bekannt wurde. Für einen Langstreckenflug von New York nach Alaska mit Captain Ross G. Hoyt (später Brigadier General) geplant, stürzte die Hawk jedoch

Die letzte P-6E, Werknummer 32-278, verblieb im Werk und wurde mit einem Aluminiumrumpf in Schalenbauweise sowie einem G1V-1570-C Motor mit Turbolader und Untersetzungsgetriebe fertiggestellt. In dieser Form erhielt sie die Bezeichnung XP-23. Nach dem Ausbau des Turboladers und Umrüstung auf einen Zweiblatt-Propeller, wie hier abgebildet, wurde das Flugzeug in YP-23 umbezeichnet.

Aufriß-Erläuterung zur Curtiss P-6E Hawk

1 Anlasserklaue
2 Propellernabe
3 Hamilton Standard Dreiblatt-Metallpropeller
4 Kinnlufteinlauf des Ölkühlers
5 untere Verkleidung der Motorstirnfläche
6 Getriebegehäuse
7 gewölbte Verkleidungsbleche der Motorstirnfläche
8 Vergaserlufteinlauf
9 Ansaugleitung
10 Curtiss V-1570-C Conqueror Motor
11 Auspuffstutzen (zwei pro Zylinder)
12 korrosionsbeständige Einfassung der Mündungsrinne
13 Mündungsrinne für das Maschinengewehr
14 Maschinengewehr-mündung
15 oberer Rand des Wartungsdeckels
16 Diagonalstützstrebe
17 Streben
18 Hauptmotorträger
19 Filter
20 unterer Rand des Wartungsdeckels
21 Ölkühlerbaugruppe
22 ausziehbare Zugangs-/Wartungsstufe
23 Kühleraufhängung
24 Prestone Kühler
25 Kühlerverkleidung
26 Lufteinlauf
27 Radverkleidung des Fahrwerks, steuerbord
28 Fahrwerksstrebe, steuerbord
29 Radachse
30 Niederdruckreifen, steuerbord
31 Verankerungsanschluß
32 innerer Wartungsdeckel (Bremswartung)
33 Radverkleidung, backbord
34 Flachkopfschraubnaht
35 Achsbaugruppe, backbord
36 Niederdruckreifen, backbord
37 Radnabe, Schmiedestück
38 abgewinkelte Fahrwerksstrebe
39 abnehmbare Halbschale der Radverkleidung
40 Fahrwerkbeinverkleidung
41 Befestigung Fahrwerksstrebe/Verkleidung
42 geschmiedete Fahrwerksstütze
43 Fahrwerkslager
44 Klappdeckel
45 Befestigung der vorderen Spanndrähte an den Rumpf
46 Motoraggregate
47 vorderer Rumpfspant
48 Munitionsmagazin, backbord, (600 Schuß pro MG)
49 Ablenkklappe
50 Hülsenauswurf
51 MG-Stützstrebe
52 Verkleidung der Munitionszuführung
53 Ölstoßdämpfer/Rückstoßfeder
54 obere MG-Aufhängung
55 vordere Befestigung des Baldachins
56 Zugangsklappe zur Schmierstoffanlage
57 Motorschott
58 Spanndrähte, steuerbord
58 Spanndrähte, steuerbord
59 Aluminium-Beplankungsbleche der Vorderkante
60 Tragflächenmittelstück des Oberflügels
61 Baldachinstreben
62 Spanndrähte des Baldachins
63 Befestigungspunkte des Baldachins am Oberflügel
64 verstärkte Strebe
65 untere Tragfläche, steuerbord
66 Vorderholm
67 'N-Streben' zwischen dem oberen und unteren Tragflügel, (N-Stiel)
68 Rippen des oberen Flügels
69 interne Verspannung
70 obere Befestigungspunkte der Druckstrebe
71 verstärkte Rippe
72 Rippenstruktur des Außenflügels
73 Navigationslicht, steuerbord
74 Antennenmast
75 Anschluß des Querruders an den hinteren Holm
76 Querruder aus geschweißtem Stahl (mit Stoffbespannung)
77 Querruder-Gelenkverbindung
78 Metallplatte
79 Querruder-Betätigungsgestänge zwischen Ober- und Unterflügel
80 Querruderprofil
81 hinterer Holm
82 Rippenstruktur der Hinterkante
83 Aussparung im Tragflächenmittelstück
84 Handgriff
85 Teleskop-Visier
86 Visierstützen
87 Kraftstofftank-Klappdeckel
88 Betankungsstutzen
89 Hauptrumpftreibstofftank (189 Liter)
90 Motorsteuerung
91 7,62 mm Browning Maschinengewehr, backbord
92 unterer Längsholm
93 Kraftstofftankrahmen
94 Befestigung des unteren Flügels über den vorderen Holm
95 Trittfläche an der Flügelwurzel
96 Diagonalspantverstrebung
97 Hinterholmbefestigung des unteren Flügels
98 Steuergestänge für die Querrudersteuerung
99 Seitenruder-Hängepedal
100 Steuersäule
101 Rumpfspant
102 hintere Befestigung des Baldachins
103 mittlere Instrumententafel
104 Hauptinstrumententafel
105 Windschutzscheibe
106 Griff des Steuerknüppels
107 seitliches Bedienfeld
108 Seilquadrant der Motorsteuerung
109 Gashebel
110 Hinterkante des oberen Tragflügels
111 gepolstertes Cockpitsüll
112 heruntergezogene Cockpitseitenwand
113 Kopfstütze/Überschlagbügel
114 Schlechtwetterschutz (Gummiregenplane mit Schnappverschluß)
115 Zugangsdeckel zur Sauerstoffanlage, steuerbord
116 Sitz des Piloten
117 Sitzrahmen
118 V-förmige Inspektionsklappe
119 Cockpitfußboden
120 Diagonalstreben der Rumpfseite
121 Sauerstoffflasche, steuerbord
122 selbstschließende Metallklappe
123 Stauraum für Fallschirmleuchtkörper, backbord
124 seitliche Gepäckraumklappe mit Scharnieren
125 Überwurf und Verriegelung
126 obere Gepäckraumklappe mit Scharnieren
127 Schnappverschlüsse
128 Rumpfoberrahmen
129 Ganzmetall-Rumpfrückenbeplankung
130 Diagonalspanndrähte
131 Steuerseile des Höhenruders
132 Seitenruder-Steuerseile
133 Rumpfstruktur
134 Seilrollen
135 Querstrebe
136 Übergangsstück des Rumpfrückens (Querschnittsveränderung rund/spitz)
137 Befestigung der Höhenflosse über den vorderen Querträger
138 Rumpfspant zur Aufnahme des Höhenflossenträgers
139 Vorderholmbefestigung der Seitenflosse
140 Vorderkante der Seitenflosse
141 Höhenflosse, steuerbord
142 Antennen
143 Struktur der Seitenflosse
144 Höhenflossenspanndrähte
145 Seitenruderausgleich
146 Antennenmast
147 Auskehlung für das Hecknavigationslicht
148 oberes Seitenruderscharnier
149 Seitenruder
150 Abstandsstreben
151 Seitenruderholm
152 Höhenruder-Umlenkhebel
153 hintere Höhenflossenholmbefestigung
154 Steuerseil des Höhenruders
155 Seitenruder-Umlenkhebel
156 Höhenruder, backbord
157 Spanndrahtbefestigung
158 Höhenflosse, backbord (einstellbar)
159 vorderer Träger der Höhenflosse
160 Heckschleppanschluß
161 drehbares/lenkbares Spornrad
162 Radgabel
163 Metallmanschette
164 Rumpfstrebe
165 Stoßdämpferstrebe des Spornrads
166 Ledermanschette (Höhenruder-Steuerseil)
167 oberes Heckfahrwerklager
168 V-förmiger Zugangsdeckel
169 diagonale Spanndrähte
170 unterer Längsholm
171 Beplankung der unteren Rumpfseite
172 Querruder, backbord
173 Antennenmast
174 Aussparung an der Flügelwurzel
175 hintere Verkleidung des Unterrumpfkraftstofftanks
176 hinterer Holm
177 Flügelstreben in N-Anordnung (N-Stiel)
178 Vorderkante des oberen Tragflügels
179 Einfüllstutzen des Abwurftanks
180 Abwurftank (189 Liter)
181 Be- und Entlüftung des Kraftstofftanks
182 Aluminium-Beplankungsbleche an der Vorderkante des Unterflügels
183 Nasenrippen
184 Drahtspannschloß
185 Befestigungen des N-Stiels am unteren Flügel
186 Navigationslicht, backbord
187 verstärkte Rippe
188 Querruder-Betätigungsgestänge
189 Vorderkante des unteren Tragflügels
190 hinterer Holm
191 Rippenstruktur des Außenflügels
192 vorderer Holm
193 Struktur der Flügelspitze
194 Haltegriff für den Bodenbetrieb

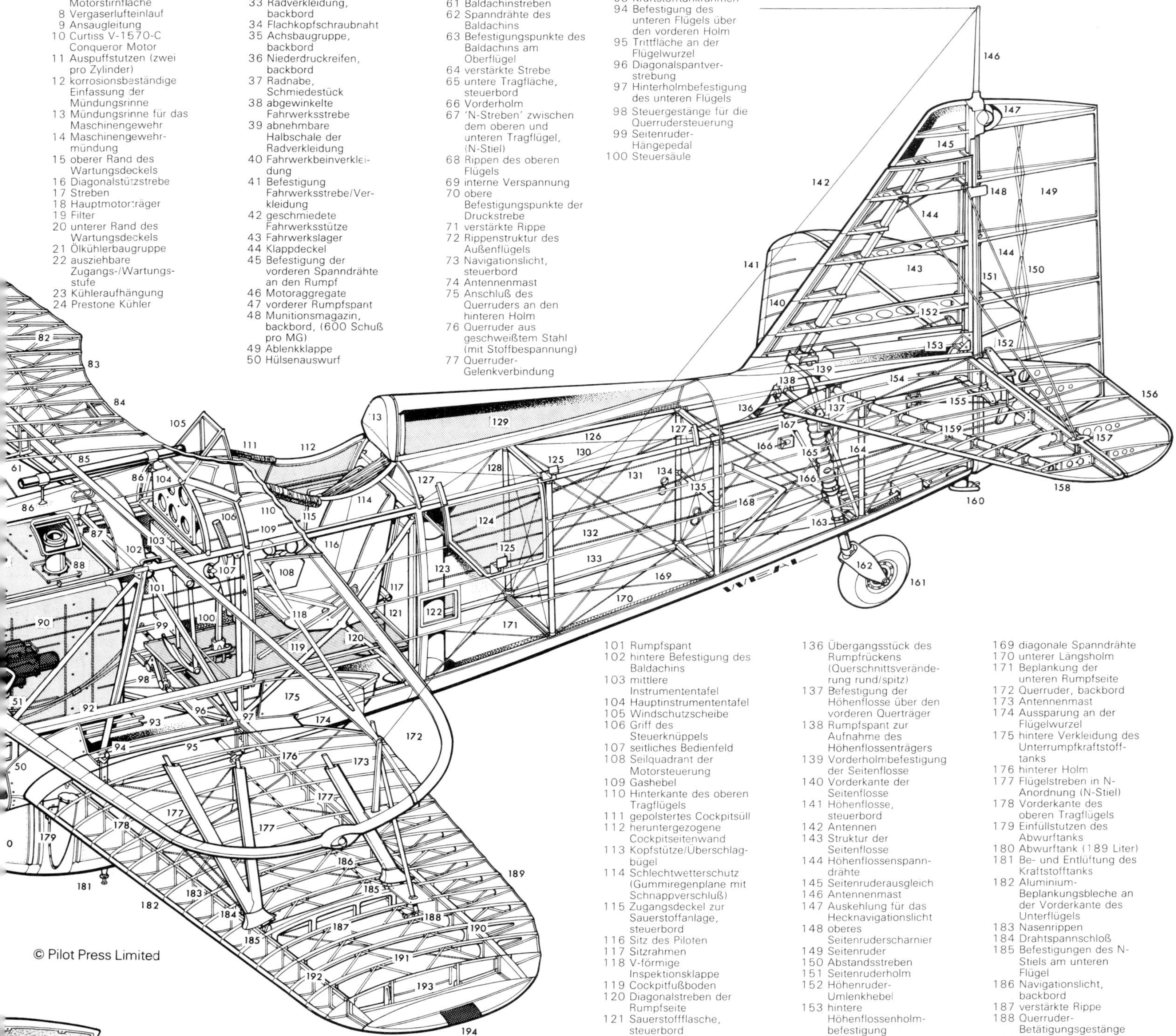

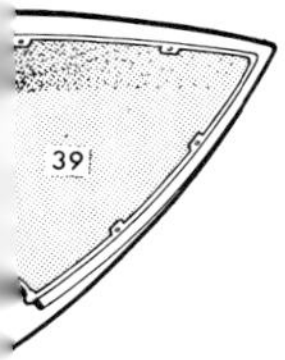

kurz vor ihrem Bestimmungsort ab. Sie wurde nach ihrer Reparatur für Versuchsaufgaben herangezogen.

Die Bezeichnung P-6D bezog sich auf Flugzeuge mit Turbolader. Die XP-6D war die erste P-6A (29-260), die versuchsweise mit einem V-1570C Motor mit Vorverdichter ausgestattet wurde. Ihre Leistungen bewegten sich zwischen einer Höchstgeschwindigkeit von 277 km/h in Meereshöhe und 317 km/h in 4.570 m Höhe. Es folgten keine weiteren neuen Modelle, aber neun P-6 und drei P-6A wurden mit Turboladern ausgerüstet und in P-6D umbezeichnet. Sie wurden im April 1936 an das US Army Air Corps übergeben.

Die wohl bekannteste Hawk war die P-6E Version. Der Prototyp XP-6E entstand aus der dritten XP-11 (29-374) und wurde als die YP-20 fertiggestellt. Nachdem sie mit dem Motor und dem Fahrwerk der XP-22 ausgerüstet worden war, erhielt sie die Bezeichnung XP-6E. Später wurde sie die XP-6F.

Sechsundvierzig Serienmaschinen (32-233 bis 32-278) wurden unter der Erstbezeichnung Y1P-22 in Auftrag gegeben, die später jedoch zur Vereinfachung des Bezeichnungssystems in P-6E umbenannt wurden. Das auffälligste Unterscheidungsmerkmal war das einstrebige freitragende Fahrwerk mit 'Maukepantoffeln' (stromlinienförmige Verkleidung über der oberen Radhälfte). Der Kühler war von der

Mike Jerram

Eine Formation von P-6E Hawk, der wohl wichtigsten Version der Hawk-Serie, hier in dem markanten Farbanstrich der 17th Pursuit Squadron, 1st Pursuit Group, in Selfridge Field.

'Kinnposition' nach hinten bis kurz vor die Fahrwerksbeine verlegt worden, und die Ausgleichsfläche des Seitenruders war dadurch kleiner geworden, daß die oberste Rippe der Seitenflosse höher gelegt worden war. Die Bugbewaffnung wurde verbessert, indem die zwei Maschinengewehre von der oberen Motorabdeckung an die Rumpfseiten verlegt wurden. Weitere Verbesserungen am Flugwerk (einschließlich eines Spornrads anstelle des Hecksporns) erhöhten die Geschwindigkeit in Meereshöhe auf 317 km/h.

Die P-6E dienten bei der 1st Pursuit Group (17th, 27th und 94th Squadron) in Selfridge Field in Michigan unter Lieutenant Colonel Frank M. Andrews sowie bei der 8th Pursuit Group (33rd, 35th und 36th Squadron) in Langley Field in Virginia unter dem Befehl von Major Byron Q. Jones.

Versuchsentwicklungen

Mehrere andere Variationen der P-6E wurden für Versuchszwecke gebaut, darunter die XP-6F, die schnellste aller Hawk. Es handelte sich hierbei um die XP-6E mit dem V-1570-55 Conqueror Motor mit Turbolader und einem geschlossenen Cockpit. Das auf 1.743 kg angestiegene Gesamtgewicht begrenzte die Fluggeschwindigkeit in Meereshöhe auf 312 km/h, aber in einer Höhe von 5.510 m war die maximale Geschwindigkeit auf 362 km/h angestiegen. Da jedoch eine Regelung der Motorkühlung in größeren Höhen nicht möglich war, wurden die Versuche mit diesem Flugzeug am 1. August 1933 eingestellt.

Die Bezeichnung XP-6G galt für eine P-6E (32-254), deren Vorverdichter ausgebaut worden war; das 'X' entfiel, als das Flugzeug an die 8th Pursuit Group übergeben wurde. Die Maschine wurde später zu einer Standard P-6E umgerüstet. Die XP-6H hatte auch als P-6E (32-233) begonnen, wurde dann aber zur Ausrüstung mit vier zusätzlichen Maschinengewehren (je ein Paar in den Ober- und Unterflügeln, die alle über die Propellerkreisfläche hinwegschossen) an den Hersteller zurückgegeben. Die mit sechs MG bewaffnete XP-6H führte insgesamt 3.300 Schuß Munition mit sich, wurde dann allerdings nicht als ein nicht für das US Army Air Corps taugliches Kampfflugzeug bewertet, und das Projekt wurde aufgegeben.

Exportflugzeuge der Hawk umfaßten acht P-6 für Niederländisch-Indien sowie eine kleine Zahl von mit Pratt & Whitney R-1340 Sternmotoren ausgerüsteten Maschinen für Kuba, die um 1930 gebaut wurden. Eine Hawk wurde von der Firma Mitsubishi in Japan gekauft, deren Technischer Inspektor ein Mann namens Jiro Horikoshi war, der später der Chefkonstrukteur der berühmten Zero-Sen Marinejäger werden sollte.

Schließlich gab es noch eine Unmenge von Bezeichnungen für diverse Versuchsprojekte, und viele dieser Flugzeuge wurden nach Abschluß der Erprobungen zu Standardmaschinen umgebaut. Es ging eine Bestellung ein für drei P-11, die in etwa dem Standard der P-6 entsprechen sollten, die aber von dem neuen Curtiss H-1640 Chieftain Motor angetrieben wurden; dieses Triebwerk erwies sich als unzulänglich, und die ersten zwei P-11 wurden als P-6 fertiggestellt, während die dritte P-11 die YP-20 wurde.

Die Bezeichnung XP-17 wurde der ersten P-1 (25-410) zugeteilt, die versuchsweise mit dem Curtiss V-1470 Motor, einem zweireihighängenden Zwölfzylinder-Reihenmotor mit 480 PS (358 kW) ausgerüstet wurde. Die YP-20 wurde so bezeichnet, als die dritte P-11 mit einem 575 PS (429 kW) Sternmotor vom Typ Wright R-1820 Cyclone ausgerüstet wurde. Nachdem sie mit dem freitragenden Fahrwerk der XP-22 modifiziert worden war, wurde dieses Flugzeug die XP-6E und schließlich die XP-6F. Die XP-22 selbst war die dritte P-6A (29-262) mit allen Modifizierungen (einschließlich des verbesserten einstrebigen Fahrwerks), die anschließend alle an der Standard P-6E ausgeführt wurden. Aus ihr wurde später eine standardmäßige P-6A. Wie bereits erwähnt, wurden die Y1P-22 die P-6E.

YP-23 war die der letzten P-6E (32-378) gegebene Bezeichnung, die beim Hersteller verblieb. Die besonderen Merkmale dieser Maschine waren ein ganz neuer Aluminiumrumpf in Schalenbauweise, ein neues Leitwerk und ein Curtiss G1V-1570-C Motor mit Vorverdichter und Untersetzungsgetriebe. Die Spitzengeschwindigkeit dieser Version betrug 354 km/h in 4.570 m Höhe.

Die Lieferung der Curtiss P-6E und Boeing P-12 im Zeitraum 1932 bis 1933 markierten das Ende der Beschaffung von Doppeldecker-Verfolgungsjägern durch das US Army Air Corps.

Bruce Robertson

Blick unter die Motorhaube einer XP-6A Hawk. Mit dem V-1570 Conqueror Motor ausgerüstet belegte die Maschine 1927 bei den National Air Races mit 324 km/h den 1. Platz.

de Havilland Moth

Die Anfänge der Sportfliegerei

Als de Havilland in den zwanziger Jahren die einfache und preisgünstige Moth konstruierte, schwebte ihm ein Flugzeug vor, das die Welt der Luftfahrt revolutionieren würde. Endlich sollte sich jedermann sein eigenes Flugzeug leisten können.

Die de Havilland Moth war mehr als nur eine Leichtflugzeug-Baureihe. Mit ihr bewies de Havilland seine These, daß der britische Mittelstand sich für den Flugsport begeistern und sich damit ein ganz neuer Absatzmarkt erschließen ließe. Die gleichen Gründe hatten auch die Daily Mail im Jahr 1923 dazu bewogen, in Lympne einen Wettbewerb für die Erprobung leichter Flugzeuge — die man heute als 'Ultraleichte' bezeichnen würde — zu finanzieren. Man wollte die Produktion eines Flugzeuges fördern, das sich auch ein kleiner Flugverein oder 'der Mann auf der Straße' leisten konnte, wobei eine solche Maschine natürlich auch entsprechend einfach zu fliegen sein sollte. Für den Wettbewerb wurden mehrere interessante kleine Flugzeuge angemeldet, aber de Havilland erkannte, daß eine Maschine mit einer Motorkapazität von weniger als 1.100 ccm zu schwach und für einen unerfahrenen Piloten zu gefährlich war.

Deshalb beschloß man, im Londoner de Havilland-Werk in der Stag Lane eine verkleinerte Version der dreisitzigen D.H.51 zu bauen. Bei dem neuen Flugzeug handelte es sich um einen zweisitzigen, einstieligen Doppeldecker, der so robust sein sollte, daß er auch für den Flugunterricht geeignet wäre. Auf der anderen Seite sollte das Cockpit auch für längere Flüge bequem genug sein. Die D.H.60 wurde von einem Vierzylinder-Motor von 60 PS (45 kW) angetrieben, der von F. B. Halford entwickelt und A.D.C. Cirrus I genannt wurde. Der Rumpf war nichts anderes als ein Sperrholzkasten, der mit senkrecht und waagerecht verlaufenden Fichtenholmen versteift war.

Da Geoffrey de Havilland auch eine Kapazität auf dem Gebiet der Schmetterlingskunde war, nannte er die D.H.60 Moth (Motte). Er startete mit der ersten Maschine (G-EBKT) am 22. Februar 1925 in Stag Lane zum Erstflug. In der Folge sollte sich zeigen, daß dieses Datum den Beginn der motorisierten Privatfliegerei darstellen sollte. Die Bemühungen, auch aus staatlichen Quellen Gelder zu bekommen, wurden mit Erfolg gekrönt, als der Direktor der Zivilluftfahrt, Sir Sefton Brancker, die Gründung von fünf Flugvereinen bekanntgab, die mit Unterstützung des Air Ministry (britisches Luftfahrtministerium) mit Moth ausgerüstet wurden.

Von der sogenannten 1927er Moth wurden 150 Stück gebaut, die alle von einem Cirrus II angetrieben wurden. Eines dieser Flugzeuge (G-EBPP) wurde nach Australien überführt, wo Major Hereward de Havilland in Melbourne eine Firma für die Montage importierter Moth gründete. Begeisterte Privatkunden unternahmen mit den Leichtflugzeugen Flüge, die auch heute noch eine beachtliche Leistung darstellen. Typische Beispiele dafür sind Lady Baileys Höhenrekord für Leichtflugzeuge von 5.268 m, den sie am 5. Juli jenes Jahres aufstellte, und die beiden Langstreckenflüge von Lieutenant R. R. Bentley mit der G-EBSO von Großbritannien nach Kapstadt und zu-

Die G-ATBL war eine D.H.60G Gipsy Moth, die zuerst in die Schweiz exportiert wurde und dann später nach England zurückkehrte, wo sie auch heute noch geflogen wird. Hier sieht man sie im Besitz der Shuttleworth Collection in Old Warden — eine ideale Kulisse für die Maschine.

Austin J. Brown/APL

de Havilland D. H. 82A Tiger Moth

Technische Daten der D.H.82A Tiger Moth Mk II
Typ: zweisitziger Doppeldecker für die Grundausbildung.
Triebwerk: ein luftgekühlter de Havilland Gipsy Major 1 Vierzylinder-Motor von 130 PS (97 kW).
Leistung: Höchstgeschwindigkeit 167 km/h in Meereshöhe; Anfangssteiggeschwindigkeit 3,20 m/sek; Dienstgipfelhöhe 4.145 m; Reichweite 483 km.
Gewicht: Leergewicht 506 kg; max. Startgewicht 828 kg.
Abmessungen: Spannweite 8,94 m; Länge 7,29 m; Höhe 2,68 m; Tragflügelfläche 22,20 m^2.
Bewaffnung: keine.

Eine de Havilland D.H.82A Tiger Moth der 1950 auf dem RAF Stützpunkt Fairoaks stationierten University of London Air Squadron. Die University Air Squadron erhielten im Jahr 1939 als Ersatz für ihre Avro Tiger Moth Maschinen. Die Tiger Moth wurden Anfang der fünfziger Jahre von de Havilland Chipmunk abgelöst. Das hintere Cockpit besitzt eine Haube für die Blindflugausbildung.

Varianten der Moth

D.H.60 Moth (Cirrus I): Modell von 1925/26; zwei Prototypen (G-EBKT und G-EBKU); acht Vorserienmaschinen; 31 Serienflugzeuge.
D.H.60 Moth (Cirrus II): Modell von 1926/27; 32 Maschinen.
D.H.60 Genet Moth: sechs Flugzeuge (J8816-J8821) für das Air Ministry; Genet Motor.
D.H.60X Moth (Cirrus III): Modell von 1928; 338 wurden von de Havilland im Werk Stag Lane gebaut.
D.H.60G Gipsy Moth: wurde 1928 eingeführt; 595 Maschinen wurden von de Havilland in Stag Lane gebaut, 40 von Morane-Saulnier in Frankreich, 18 von der Moth Aircraft Corp. in den USA und 32 von Larkin Aircraft Supply in Melbourne.
D.H.60M Moth (Metal Moth): wurde 1928 eingeführt; vier Vorserienmaschinen; 536 Maschinen wurden von de Havilland in Stag Lane, 50 von DH Kanada, 161 von der Moth Aircraft Corp. in den USA und zehn im Jahr 1931 in Norwegen gebaut.
D.H.60GIII Moth: eine aus Holz gebaute Moth mit einem Gipsy III Motor; wurde 1932 eingeführt; 42 Maschinen wurden von de Havilland in Stag Lane gebaut.
D.H.60GIII Moth Major: Gipsy Major III oder IIIA; wurde 1934 eingeführt; ein Prototyp (G-ACNP) und 96 Serienmaschinen.
D.H.60T Moth Trainer: Gipsy II; Militärtrainer; wurde 1931 eingeführt; zwei Prototypen (G-ABKS und G-ABKU) und erste Serie von 47 Maschinen.
D.H.61 Giant Moth: Kabinen-Doppeldecker für sechs/acht Passagiere; Jupiter VI oder XI, Jaguar VIC oder Pratt & Whitney Hornet Motor; wurde 1928 eingeführt.
D.H.71 Tiger Moth: zwei Versuchseindecker, G-EBQU (Gipsy) und G-EBRV (Cirrus II) wurden 1927 gebaut.
D.H.75 Hawk Moth: erste Moth mit hoch angesetztem Flügel; ein D.H.75 Prototyp (de Havilland Ghost Motor), fünf **D.H.75A** (Lynx, Whirlwind oder Cheetah Motor) und eine **D.H.75B** (Whirlwind).
D.H.80A Puss Moth: Kabinen-Eindecker mit hoch angesetztem Flügel; Gipsy III, Gipsy Major oder Gipsy Motor mit hoher Verdichtung; wurde 1930 eingeführt; ein **D.H.80** Prototyp (G-AAHZ) und 259 Serienmaschinen wurden von de Havilland in Stag Lane gebaut; 25 wurden von DH Kanada gebaut.
D.H.81 Swallow Moth: zweisitziger Eindecker mit niedrig angesetztem Flügel; nur eine Maschine gebaut.
D.H.82T Tiger Moth: acht Maschinen, ähnlich wie D.H.60T, aber mit Gipsy III; Einsatzerprobung führte zur D.H.82 und D.H.82A.
D.H.82 Tiger Moth: 114 Doppeldecker für die militärische Grundausbildung, von de Havilland in Stag Lane gebaut.
D.H.82A Tiger Moth: in der RAF, Tiger Moth Mk II; Trainer zur Grundausbildung; zwischen 1934 und 1945 wurden insgesamt ca. 7.290 Maschinen hergestellt; 795 wurden von de Havilland in Hatfield gebaut, 3.216 von Morris in Cowley, der Rest von DH Kanada, DH Australien, DH Neuseeland sowie in Portugal (91 Maschinen), Norwegen (37 Maschinen) und Schweden (23 Maschinen); Gipsy III und Gipsy Major (verschiedene Versionen); die Gesamtzahl enthält 786 **D.H.82C** mit Menasco Pirate D4 Motor, die von DH Kanada gebaut wurden (200 wurden 1942 als **PT-24** in die USA verkauft); mindestens 17 Maschinen wurden 1957/59 zur **Thruxton Jackaroo** umgerüstet (viersitziges Kabinenflugzeug).
D.H.82B Queen Bee: ferngesteuertes Zieldarstellungsflugzeug; RAF 380 Maschinen, Royal Navy 320 Maschinen.
D.H.83 Fox Moth: Kabinen-Doppeldecker für vier Passagiere; wurde 1932 eingeführt; Gipsy Major oder Gipsy Major IC; insgesamt 153 Maschinen.
D.H.85A Leopard Moth: dreisitziger Kabinen-Eindecker mit hoch angesetztem Flügel; wurde 1933 eingeführt; Gipsy Major **(D.H.85)** und Gipsy Six R (D.H.85A); ein Prototyp (G-ACHD) und 131 Serienmaschinen.
D.H.87 Hornet Moth: zweisitziger Kabinen-Doppeldecker; wurde 1934 eingeführt; Gipsy Major I; Prototyp D.H.87 (G-ACTA); **D.H.87A** mit elliptischen Flügeln und Flügelspitzen; **D.H.87B** mit rechteckigen Flügeln und Flügelspitzen; 163 Serienmaschinen gebaut.
D.H.94 Moth Minor: zweizitziger Eindecker mit niedrig angesetztem Flügel; wurde 1937 eingeführt.

Der Prototyp D.H.60 Moth G-EBKT, den Captain Geoffrey de Havilland am 22. Februar 1925 im Werk Stag Lane zum ersten Mal flog. Er unterschied sich von späteren Serienflugzeugen durch sein Seitenruder ohne Ausgleich und sein nach backbord verschiebbares Auspuffrohr auf der Steuerbordseite.

rück, eine Strecke von insgesamt 83.125 km. Das britische Luftfahrtministerium kaufte für die Central Flying School sechs Flugzeuge, die von einem Armstrong Siddeley Genet Sternmotor von 75 PS (56 kW) angetrieben wurden.

Im Jahr 1928 erhielten die Maschinen den Cirrus III von 90 PS (67 kW) und ein Fahrwerk mit geteilter Achse. Das veränderte Modell wurde wegen der neuen Querstreben zwischen dem Fahrwerk D.H.60X Moth genannt. Bis zum Jahresende waren insgesamt 403 Moth gebaut worden, und die Produktionsrate betrug jetzt 16 Maschinen pro Woche. Außerdem waren mit der staatlichen Flugzeugfabrik in Finnland, mit der (ebenfalls finnischen) Firma Veljekset Karhumäki O/Y und mit der General Aircraft Co. in Sydney, Australien, Verträge für den Lizenzbau von Moth Maschinen in den jeweiligen Ländern abgeschlossen worden.

Inzwischen waren die noch aus dem Krieg stammenden Renault Motorteile, die für die Cirrus Motoren verwendet wurden, aufgebraucht, und im Jahr 1926 bat de Havilland Major Halford, einen neuen Motor zu konstruieren. Das erste Muster dieses Motors, der legendäre Gipsy, wurde im Juli 1927 fertig, und innerhalb von 16 Wochen wurde in Stag Lane eine Werkshalle für den neuen Motor errichtet. Nach der Erprobung des Motors in einer der ersten Moth (G-EBOH) erhielt er seine Zulassung und wurde daraufhin in die D.H.60G Gipsy Moth Serienmaschine eingebaut. W. L. Hope gewann in einem dieser Flugzeuge im Jahr 1928 mit einer Geschwindigkeit von 169 km/h das King's Cup Rennen. Von da an gab es Rekorde am laufenden Band.

De Havilland selbst stellte am 25. Juli 1928 in seiner eigenen Gipsy Moth (G-AAAA) mit 6.090 m einen neuen Höhenrekord für Leichtflugzeuge auf, und Hubert Broad blieb 24 Stunden lang in der Luft, wobei er zusätzliche Treibstofftanks im Rumpf benutzte. De Havillands Sohn Geoffrey brachte es im Jahr 1929 innerhalb von neun Monaten auf 600 Flugstunden. Er legte dabei 82.075 km zurück, und an seiner Maschine wurden lediglich routinemäßige Inspektionen vorgenommen. Als sie nach diesen neun Monaten geprüft wurde, kam die Rechnung für Ersatzteile nur auf etwas über 7 Pfund Sterling.

Amy Johnson flog zwischen dem 5. und dem 24. Mai 1930 mit 'Jason', einer gebrauchten Gipsy Moth (G-AAAH) von Croydon nach Darwin in Australien. Das war der erste Soloflug einer Frau von England nach Australien. Francis Chichester machte fünf Monate früher den gleichen Flug mit 'Madam Elijah', einer anderen Gipsy Moth (G-

Bob A. Munro

Die Thruxton Jackaroo war eine nach dem Krieg von Jackaroo Aircraft Ltd. zu einem viersitzigen Kabinenflugzeug umgerüstete Tiger Moth. Die G-AOIR war die vierte Maschine in diesem 1957 begonnenen Umrüstungsprogramm. Die meisten Flugzeuge wurden vom Gipsy Major 1C mit 145 PS (108 kW) angetrieben.

Aufriß-Erläuterung zur de Havilland D.H.82A Tiger Moth

1 Navigationslicht, steuerbord
2 automatischer Vorflügel, geöffnet
3 Vorflügelscharniere
4 obere Flügelverkleidung, steuerbord
5 Stoffbespannung des Flügels
6 Flügelstiele, steuerbord
7 Pitotrohre
8 untere Flügelverkleidung, steuerbord
9 diagonale Drahtverspannung
10 Versteifungsrippen an der Vorderkante
11 Rippen in Fachwerk-Bauweise
12 Treibstofftank, 104 Liter
13 Treibstoffmeßgerät
14 Einfüllstutzen
15 Hauptholmverbindung
16 'N'-Stiele des Mittelflügels
17 Motorhaubenabschnitt
18 abnehmbare Motorhaube
19 de Havilland Gipsy Major Vierzylinder-Reihenmotor
20 fest montierte Bughaube
21 nicht verstellbarer de Havilland Zweiblatt-Propeller aus Holz
22 Propellerhaube
23 Propellernabe
24 Kühllufteinlauf
25 innerer Luftkanal
26 Motoraufhängungspunkte
27 Motoraufhängungsstreben
28 Zusatzaggregate
29 schräges Motorzellenschott
30 Öleinfüllstutzen
31 vordere Ruderpedale
32 Öltank, 11,4 Liter
33 Steuersäule
34 Venturirohr
35 Sitz des vorderen Piloten (Fluglehrer)
36 Trimmhebel des Höhenleitwerks
37 hintere Ruderpedale
38 Sicherheitsgurt
39 Gashebel
40 Instrumentenbrett des Lehrers
41 Vorflügel-Stellhebel
42 Rückspiegel
43 Treibstofftankwanne und Treibstoffrohr
44 Wurzelrippe des Mittelflügels
45 hintere Holmverbindung
46 seitlicher Einstieg ins Cockpit
47 Cockpitschott
48 Cockpitfenster
49 Zündschalter
50 Instrumentenbrett des Schülers
51 Gashebel
52 Feuerlöscher
53 Sitz des Flugschülers oder des Piloten beim Soloflug
54 Gosport-Sprechrohr
55 gepolstertes Instrumentenbrett
56 Umriß der Blindflughaube, geschlossen
57 Sitzgurtbefestigung

AAKK). Die Gipsy Moth wurde bis zum Jahr 1934 gebaut. In dieser Zeit wurden in England insgesamt 595 Maschinen hergestellt, und dazu kamen noch 40 Flugzeuge von Morane-Saulnier in Frankreich, 18 von der Moth Aircraft Corporation in Massachusetts, USA, und 32 von der Larkin Aircraft Supply Co. Ltd. in Melbourne, Australien.

Eine Variante der aus Holz gebauten Gipsy Moth, die D.H.60M oder auch Metal Moth, wurde im Jahr 1928 eingeführt, um die im Ausland herrschende Nachfrage nach einer robusteren Version zu befriedigen. Eine verstärkte Zelle wurde besonders in entlegenen Gebieten gewünscht, wo es nicht leicht war, ein beschädigtes Flugwerk zu reparieren. Kanada war das erste Land, das sich für diese Version interessierte, und das erste Metallflugzeug wurde auch nach Kanada geschickt, um dort mit einem Räder-, einem Kufen- und einem Schwimmerfahrwerk erprobt zu werden. Daraufhin erteilte die RCAF einen Auftrag über 50 Maschinen, und auch Flugvereine in den Vereinigten Staaten bestellten dieses Modell. Metallene Moth wurden auch nach China an Arnhold & Co. in Shanghai geliefert. Die No. 1 Squadron der Royal Iraqui Air Force setzte 1932 Moth als leichte Bomber gegen die Kurden ein. Bei der RAF befanden sich einige D.H.60M bei der CFS (Central Flying School) und bei No. 5 FTS (Flight Training School) in Sealand im Einsatz.

Die Einführung des Gipsy III mit hängenden Zylindern führte 1931 zur D.H.60GIII Moth, deren Prototyp (G-ABUI) im März 1932 ihren Erstflug hatte. Daraufhin gingen Aufträge aus aller Welt ein. Ab der 58. Serienmaschine erhielt der Flugzeugtyp einen Gipsy Major von 130 PS (97 kW) als Standardmotor und die neue Bezeichnung Moth Major. Die Kühlrippen für die Zylinder des Major verjüngten sich nach innen in Richtung Kurbelwelle, was sie bei der Gipnicht von dem früheren Typ. Zu den britischen Hobbyfliegern, die eine Moth Major besaßen, gehörte auch die Herzogin von Bedford. Die alte Dame startete am 23. März 1937 im Alter von 72 Jahren in ihrer de Havilland G-ACUR zu einem Soloflug über die Nordsee. Sie wurde nie wieder gesehen.

Der Militärtrainer

Die letzte der klassischen D.H.60 war der D.H.60T Moth Trainer, der auch ein Verbindungsglied zwischen der D.H.60 und der berühmten Tiger Moth darstellte, die für die Grundausbildung eingesetzt wurde. Von der D.H.60T wurden 63 Maschinen gebaut, darunter zwei Prototypen. Die Anregung dazu lieferte ein Auftrag über zehn Flugzeuge für die schwedische Luftwaffe im Jahr 1931. Die Spezifikation sah leichte Trainingsbewaffnung vor — zum Beispiel ein MG mit Kamera, eine leichte Aufklärungskamera, Übungsbomben und andere Ausrüstung. Spätere Serienmaschinen wurden an die ägyptischen Luftstreitkräfte, das Heer und die Marineflieger in Brasilien und an den Irak geliefert.

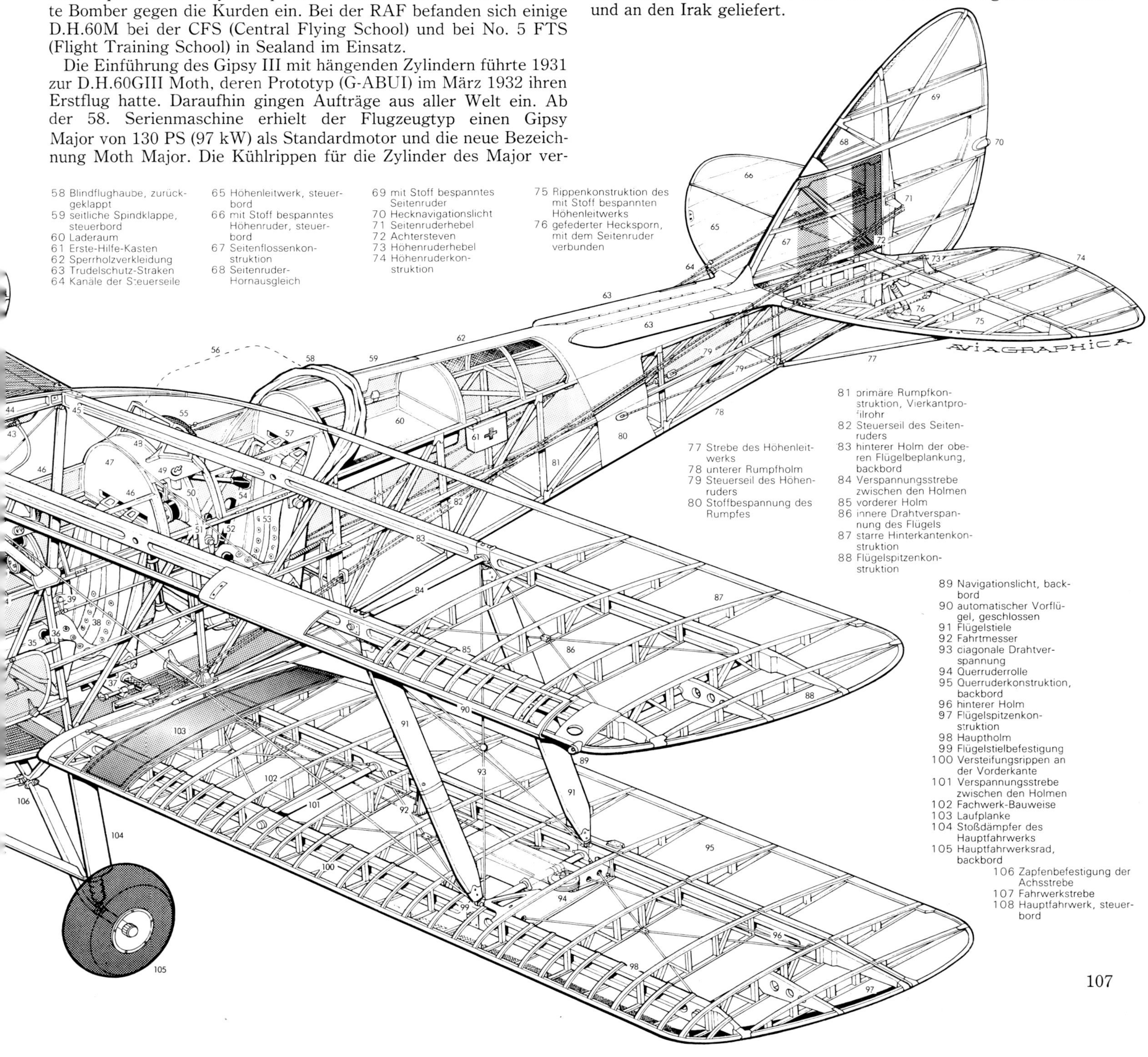

58 Blindflughaube, zurückgeklappt
59 seitliche Spindklappe, steuerbord
60 Laderaum
61 Erste-Hilfe-Kasten
62 Sperrholzverkleidung
63 Trudelschutz-Straken
64 Kanäle der Steuerseile
65 Höhenleitwerk, steuerbord
66 mit Stoff bespanntes Höhenruder, steuerbord
67 Seitenflossenkonstruktion
68 Seitenruder-Hornausgleich
69 mit Stoff bespanntes Seitenruder
70 Hecknavigationslicht
71 Seitenruderhebel
72 Achtersteven
73 Höhenruderhebel
74 Höhenruderkonstruktion
75 Rippenkonstruktion des mit Stoff bespannten Höhenleitwerks
76 gefederter Hecksporn, mit dem Seitenruder verbunden
77 Strebe des Höhenleitwerks
78 unterer Rumpfholm
79 Steuerseil des Höhenruders
80 Stoffbespannung des Rumpfes
81 primäre Rumpfkonstruktion, Vierkantprofilrohr
82 Steuerseil des Seitenruders
83 hinterer Holm der oberen Flügelbeplankung, backbord
84 Verspannungsstrebe zwischen den Holmen
85 vorderer Holm
86 innere Drahtverspannung des Flügels
87 starre Hinterkantenkonstruktion
88 Flügelspitzenkonstruktion
89 Navigationslicht, backbord
90 automatischer Vorflügel, geschlossen
91 Flügelstiele
92 Fahrtmesser
93 diagonale Drahtverspannung
94 Querruderrolle
95 Querruderkonstruktion, backbord
96 hinterer Holm
97 Flügelspitzenkonstruktion
98 Hauptholm
99 Flügelstielbefestigung
100 Versteifungsrippen an der Vorderkante
101 Verspannungsstrebe zwischen den Holmen
102 Fachwerk-Bauweise
103 Laufplanke
104 Stoßdämpfer des Hauptfahrwerks
105 Hauptfahrwerksrad, backbord
106 Zapfenbefestigung der Achsstrebe
107 Fahrwerkstrebe
108 Hauptfahrwerk, steuerbord

Links: **Das bekannteste Leichtflugzeug der zwanziger Jahre war die D.H.60 Gipsy Moth, die in fast allen Ländern von Flugvereinen geflogen wurde. In Australien flog die Gipsy Moth bei Vereinen in Adelaide, Brisbane, Longreach, Melbourne, Perth und Sydney.**

Rechts: **Die klassische Tiger Moth wurde in Kanada, Neuseeland, Australien, Portugal, Norwegen und Schweden in Lizenz gebaut. Die hier abgebildete Maschine war eine von 20 D.H.82A, die von AB Svenska Järnvagsverkstaderna in Lindingö als Sk 11A für die Flygvapen gebaut wurden.**

Nach der numerischen Bezeichnung war die nächste Moth die D.H.61 Giant Moth (Riesen-Motte). Diese Maschine hatte ihren Erstflug jedoch schon im Jahr 1927 und war streng genommen nur dem Namen nach eine Moth. Sie war ein großer zweistieliger Doppeldecker mit Cockpit und separater Kabine für sechs/acht Passagiere, also fast schon eine kleine Verkehrsmaschine.

Die D.H.75 Hawk Moth, ein Eindecker mit einer viersitzigen Kabine und hoch angesetztem Flügel, war in der gewohnten Moth Tradition gebaut. Halford entwickelte für diese Maschine eine neue Triebwerksform, indem er einfach zwei Cirrus I Motoren auf eine gemeinsame Kurbelwelle montierte und so einen V-Motor erhielt. Der Ghost — so hieß der neue Motor — lieferte nur 198 PS (148 kW), und nach dem Flug des Hawk Moth Prototyps am 7. Dezember 1928 erhielten die ersten beiden D.H.75A Serienflugzeuge einen Armstrong Siddeley Lynx Sternmotor von 240 PS (179 kW) mit Getriebe.

Die nächste Moth, die D.H. 80 Puss Moth, war ebenfalls ein Kabinen-Eindecker mit hoch angesetztem Flügel. Dieses Mal handelte es sich jedoch um einen 'Club Dreisitzer', bei dem der Pilot vor einer Sitzbank für zwei Personen saß. Ab Mitte 1930 produziert, wurde etwa die Hälfte der während der nächsten drei Jahre gebauten 350 Puss Moth exportiert.

Die vielen Unfälle, die in der ersten Zeit passierten, waren auf starke Flatterschwingungen zurückzuführen, die den Bruch der Tragflächen zur Folge hatten. Dieser Fehler wurde aber durch Querruder mit Massenausgleich und verstärkte Flügelstiele behoben. Jim und Amy Mollison (Amy Johnsons Mädchenname) waren die bekanntesten Piloten der Puss Moth. Jim Mollison machte am 18./19. August 1932 in der G-ABXY 'The Heart's Content' den ersten Soloflug von Ost nach West über den Nordatlantik. Er war auch der erste Mann, der von England nach Südamerika flog, der erste, der den Südatlantik solo von Ost nach West überquerte, und der erste, der sowohl den Nord- als auch den Südatlantik überflogen hatte. Der nächste Typ, die D.H.82, stellte dagegen sogar die D.H.60 in den Schatten. Der D.H.60T Moth Trainer war schon mehrere Jahre bei der RAF im Einsatz, als das Air Ministry die Spezifikation 15/31 herausgab, die eine verbesserte Version vorsah. Es wurden acht Vorserienmaschinen mit einem D.H.60 Rumpf produziert, aber der Mittelteil des oberen Flügels wurde weiter nach vorne verlegt und an den Spitzen um 48,26 cm nach hinten gepfeilt, wodurch der Schwerpunkt mehr oder weniger gleich blieb. Diese Modifikation schuf die Grundlage für die berühmte D.H.82 Tiger Moth. Die ersten 35 Serienflugzeuge, die nach der Spezifikation T.23/31 für die RAF gebaut wurden, erhielten die Bezeichnung Tiger Moth Mk I und wurden bei der CFS und der FTS in Dienst gestellt. Darauf folgten zwei mit Schwimmern ausgerüstete Flugzeuge nach der Spezifikation T.6/33. Die Serienproduktion in Stag Lane begann jedoch erst Anfang 1934, wurde dann aber noch im gleichen Jahr in das neue de Havilland Werk nach Hatfield verlegt. Bei der neuen Version, die bei der RAF als Tiger Moth Mk II bekannt war, wich man von der bei der Moth üblichen stoffbespannten Konstruktion hinter dem Cockpit ab. Statt dessen erhielt die Maschine eine Verkleidung aus Sperrholz, und außerdem wurde über dem hinteren Cockpit eine Blindflughaube angebracht.

Die D.H.83 Fox Moth, die im Jahr 1932 auf die ursprüngliche Tiger Moth folgte, war ein einstieliger Doppeldecker für vier Passagiere. Mit dieser Maschine versuchte de Havilland der wachsenden Nachfrage von seiten kleiner Zubringerfluggesellschaften gerecht zu werden, die Anfang der dreißiger Jahre auf der ganzen Welt wie Pilze aus dem Boden schossen. In Großbritannien, Kanada und Australien wurden insgesamt 153 Fox Moth gebaut, und viele davon wurden sogar für den Linienverkehr eingesetzt, besonders in Indien. Den Typ gab es mit Räder-, Schwimmer- und Kufenfahrwerk.

Zwei andere berühmte Moth-Flugzeuge waren die D.H.85 Leopard Moth und die D.H.87 Hornet Moth. Die D.H. 85, ein dreisitziges Kabinenflugzeug mit hoch angesetztem Flügel, wurde 1933 eingeführt.

Die D.H.94 Moth Minor aus dem Jahr 1937, ein zweisitziger Tandem-Eindecker mit tief angesetztem Flügel, kann schließlich als Bindeglied zwischen der klassischen Moth aus der Vorkriegszeit und der Chipmunk betrachtet werden. Bis zum Beginn des Krieges, als sich die Produktion drastisch verlangsamte und schließlich nach Australien verlegt wurde, waren mehr als 100 Moth Minor gebaut worden. Zu einem Preis von nur 575 Pfund Sterling ab Werk war die Moth Minor das ideale Flugzeug für den Privatkunden. Insgesamt wurden von allen Moth-Varianten 10.794 Maschinen hergestellt.

Eine von de Havilland gebaute Tiger Moth bei einem Soloflug im Jahr 1941. Dieser kleine Trainer sprach so leicht an, daß man nur die Hand in den Propellerstrahl hinauszustrecken brauchte, und die Maschine drehte sich um die Hochachse.

Ford Tri-Motor
Kapazität: 210 Schreibmaschinen

Die Ford Tri-Motor wies die bewährte dreimotorige Schulterdecker-Konfiguration der Fokker Flugzeuge auf und besaß gleichzeitig die robuste Ganzmetallkonstruktion der Junkers Maschinen. Das genügte schon, um sich in dem harten Konkurrenzkampf, dem der Linienverkehr in den zwanziger Jahren ausgesetzt war, erfolgreich durchzusetzen.

Im Frühjahr 1925 kündigte der Autokönig Henry Ford einen Zuverlässigkeitswettbewerb für Transportflugzeuge an. Das Rennen sollte am Hauptsitz seines Unternehmens in Dearborn, Michigan, beginnen und durch den größten Teil der Vereinigten Staaten führen. Henry Ford hatte nämlich beschlossen, seine Geschäftstätigkeit auf die Zivilluftfahrt auszudehnen, und um zu sehen, wer die besten Verkehrsmaschinen baute, finanzierte er diesen Wettbewerb. Der Holländer Anthony Fokker rüstete daraufhin schnell seine bewährte F.VII auf drei Wright Motoren um und flog im Juli 1925 mit der ersten F.VII/3m in die USA. Hier stieß er auf nur wenig Rivalen, so daß er die Ford Tour ohne größere Probleme gewann. Henrys Sohn, Edsel Ford, kaufte die Fokker für Byrds Nordpol-Expedition. Außerdem überzeugte er seinen Vater davon, daß der dreimotorige Schulterdecker die beste Lösung sei. Fokker war aber nicht daran interessiert, mit Ford einen Lizenzvertrag für dieses Modell zu schließen.

Die Fokker bestand aus Stahlrohr, Holz und Stoff. Nach eingehender Beratung gelangte Henry Ford jedoch zu der Überzeugung, daß die Zukunft den 'Ganzmetallschiffen' gehörte. Ford kopierte nicht einfach die Fokker, obwohl Fokker das behauptete, sondern beschloß, einen eigenen dreimotorigen Ganzmetall-Schulterdecker zu bauen. Im August 1925 kaufte er die Stout Metal Airplane Company, deren Gründer, William Bushnell 'Bill' Stout, dem intern verstrebten Metall-Eindecker in den USA zum Durchbruch verholfen hatte. Von 1922 an hatte Stout zuverlässige und aerodynamisch saubere Transportflugzeuge mit Liberty, Wright und anderen Motoren und einer ganz aus Alclad bestehenden Außenhaut gebaut.

Die Ford Tri-Motor Nr. 69, 74 und 75 mit Doppelschwimmern gehörten alle der Baureihe Model 5-AT-CS an. Bei dieser Maschine hatten die seitlichen Motoren eine Verkleidung.

Ford Tri-Motor

Technische Daten der Ford Model 5-AT-B
Typ: Passagierflugzeug.
Triebwerk: drei Pratt & Whitney Wasp Neunzylinder-Sternmotoren von 420 PS (313 kW) der Baureihe C.
Leistung: Höchstgeschwindigkeit 259 km/h; Reisegeschwindigkeit 198 km/h; Reichweite 708 km.
Gewicht: Leergewicht 3.447 kg; max. Startgewicht 5.738 kg.
Abmessungen: Spannweite 23,72 m; Länge 15,30 m; Höhe (bei umgeklapptem Leitwerk) 3,66 m; Tragflügelfläche 77,57 m^2.
Besatzung/Passagiere: zwei Sitze nebeneinander für die Besatzung plus Sitze für bis zu 15 Passagiere oder später 13 plus Steward oder 1.520 kg Fracht.

Die 1929 gebaute Ford Model 5-AT-39 ist hier in ihrer Bemalung von 1933 gezeigt, als sie bei American Airways eingesetzt wurde. Danach befand sie sich noch in vielen lateinamerikanischen Ländern sowie in Alaska und Mexiko im Einsatz, ehe sie 1962 von Aircraft Hydro-Forming vollständig neu ausgerüstet wurde. Ein Jahr später wurde sie von American Airlines gekauft und für Werbeflüge mit ihrer alten Nummer versehen.

NC-9683
AMERICAN AIRWAYS
COLONIAL DIVISION
U.S. MAIL
Ford
TRI-MOTOR

Die vierte Ford Tri-Motor war die XJR-1, die im März 1927 im Auftrag der US Navy gebaut wurde. Die Maschine, eine Model 4-AT, wurde 1928 in Anacostia erprobt und als Frachtmaschine und Mannschafts-Transporter in Dienst gestellt, ehe sie im April 1930 so beschädigt wurde, daß sie nicht mehr repariert werden konnte.

Ford kaufte mehrere dieser einmotorigen Transportmaschinen und bewarb sich nach der Verabschiedung des Kelly-Gesetzes im Jahr 1925, das es Privatunternehmen gestattete, den Luftpostverkehr zu betreiben, zusammen mit vielen anderen Gesellschaften um eine Postfluglizenz. Am 15. Februar 1926 begann Fords Unternehmen Stout Air Services den Betrieb auf den Strecken Detroit—Cleveland und Detroit—Chicago. Ford erkannte jedoch, daß bald ein größeres mehrmotoriges Flugzeug erforderlich sein würde. Er bat deshalb Stout, ihm eine dreimotorige Maschine zu bauen.

Stout trieb den Bau seiner Model 3-AT so schnell voran, daß es den Anschein hatte, Zeit sei wichtiger als Qualität gewesen. Wahrscheinlich wird man nie erfahren, was die Gründe für dieses Verhalten waren. Fest steht jedoch, daß die Model 3-AT wie eine provisorisch zusammengezimmerte Maschine aussah. Sie ist wahrscheinlich nur einmal geflogen, ehe sie bei einem Feuer am Boden zerstört wurde. Dem gleichen Brand fiel am 17. Januar 1926 auch das Werk auf dem Ford Airport zum Opfer. Zwischen Ford und Stout kam es zu einem heftigen Streit, der zu Stouts Entlassung führte.

Im Februar 1926 beschloß Ford, ein verbessertes Flugzeug, die Model 4-AT, zu bauen, deren Konstruktion auf der Model 3-AT beruhte. In fast allen Details und besonders, was die Motoraufhängung, das Cockpit, das Fahrwerk und den Rumpf betraf, unterschieden sich die beiden Maschinen aber ganz erheblich. An der Spitze des kleinen Konstruktionsteams standen Harold Hicks und Tom Towle. Ob dieses klassische Flugzeug, das sich so viele Jahre im Einsatz befand, diesen Männern oder in erster Linie Stout zu verdanken war, ist heute nicht mehr festzustellen.

Nach dem Fehlstart mit der Model 3-AT baute die Stout Metal Airplane Division die Model 4-AT-1, mit der die Geschichte der Ford Tri-Motor ihren Anfang nehmen sollte. Das Flugzeug hatte am 11. Juni 1926 seinen Erstflug. Der stellvertretende Chefingenieur James S. McDonnell stand damals noch am Anfang seiner Karriere.

Am 11. Juni 1926 hatte die erste der Ford Tri-Motor ihren Erstflug. Die meisten der noch vorhandenen Bilder zeigen die größere Model 5-AT, und auch die heute noch erhaltenen Maschinen sind von dieser Version. Die Model 4-AT war aber ein genau so wichtiges Flugzeug wie ihr Nachfolger.

Bei einigen der damaligen Schulterdecker, darunter auch die Fokker Maschinen, saßen die Tragflächen über dem Rumpf, aber bei den Ford Flugzeugen ragten sie in den Rumpf hinein, so daß die drei Holme die Kopffreiheit in der Kabine erheblich reduzierten. Jeder Holm war ein vernieteter Parallelträger mit Dreiecksverband, und die Rippen bestanden ebenfalls aus gewalztem Bandstahl und Profilen. Die Flügelform gehörte einer früheren Generation an als die hervorragenden mehrholmigen selbsttragenden Flügel von John K. Northrop, die Anfang der dreißiger Jahre als Basis für die Douglas DC Serie dienten. Die Northrop (Douglas) Tragflächen waren nahezu ermüdungsfrei, aber die Flügel der Ford Maschinen wiesen nach über 5.000 Flugstunden — eine Zahl, die zwischen den beiden Weltkriegen im kommerziellen Einsatz ganz selten auch nur annähernd erreicht wurde — oft Risse auf.

Die Model 4-AT-3, die dritte Ford Tri-Motor, die gebaut wurde, war ein typisches Beispiel für die ersten Serienmaschinen mit geschlossenem Cockpit und modifizierten Kabinenfenstern. Die Maschine hatte aber immer noch Speichenräder mit Schutzblechen. Sie befand sich ab Ende 1926 mit Whirlwind J4 Motoren von 200 PS (149 kW) bei der Ford Freight Line im Einsatz.

Die Model 6-AT-1 entsprach im wesentlichen der Model 5-AT-C, war aber mit weniger starken Wright Whirlwind J6 Motoren bestückt. Sie wurde im Jahr 1929 mit Schwimmern bzw. mit Skiern an die Royal Canadian Air Force verkauft. Die Maschine wurde als Sprühflugzeug und zur Überwachung der Wälder eingesetzt.

Die Nr. 31-401 des US Army Air Corps war die erste von drei dreimotorigen Model 5-AT-D mit der Army-Bezeichnung C-4A. Wie die meisten für die Army vorgesehenen Ford, hatte die Maschine um ihre R-1340 Wasp Motoren Townend-Ringe sowie ein verkleidetes Hauptfahrwerk.

Eine robuste Zelle

Wie bei der Douglas bestand der Flügel auch bei der Ford Tri-Motor aus drei Teilen, wobei das rechteckige Flügelmittelstück in den Rumpf integriert war. Der Rumpf war ein geräumiger Kasten. Im Gegensatz zu dem der Fokker war er jedoch oben abgerundet, was vielleicht zu einer Reduzierung des Luftwiderstands beitrug. Die drei Motoren waren bei der Model 4-AT Wright J-4 Whirlwind von 200 PS (149 kW) mit Zweiblatt-Metallpropellern ausgerüstet. Sie hatten keine Haube, und bei den meisten Ford Tri-Motor gab es nicht einmal Kühlluft-Spreizklappen oder Verkleidungen. Bei der Model 3-AT war der Bugmotor niedriger als die flügelmontierten Motoren aufgehängt, aber bei der Model 4-AT saß der mittlere Motor direkt vorne am Bug, während die beiden anderen Motoren weiter unten hingen, so daß sich alle Propeller auf gleicher Höhe befanden. Die Flügelmotoren waren jetzt weit unterhalb des vorderen Tragflächenrandes an separaten strebenmontierten Gondeln angebracht. Die Flügelmotoren hatten kurze Auspuffrohre und ab 1927 einen Abgassammler, der auf der Außenseite der Gondel in einem kurzen Rohr auslief. Die Abgase des Bugmotors gingen durch ein Rohr, das bei den meisten Versionen halbwegs zurück zum Leitwerk verlief und von einem vorne offenen Stutzen umgeben war, so daß bei kaltem Wetter erwärmte Frischluft in die Kabine geleitet werden konnte.

Im Gegensatz zu vielen späteren Flugzeugen in Schalenbauweise hatte diese Maschine bewegliche Steuerflächen und ein starres Höhenleitwerk mit Metallbeplankung. Das äußerste Ende des Bugs und die Ober- und Unterseite des Rumpfes waren oft mit glattem Metallblech beplankt, aber fast alle anderen Oberflächen bestanden wie bei den Junkers Maschinen aus Wellblech, das schweren Beanspruchungen standhalten konnte, obwohl es sehr dünn war. Bei Junkers Flugzeugen wurde dieses Wellblech bis zum Bau der letzten Ju 52/3m Mitte 1944 verwendet. Erst nach dem Zweiten Weltkrieg ergaben sorgfältige Messungen, daß das Wellblech einen sehr hohen Widerstand verursacht, da die Luft fast nie in Wellenrichtung strömt. Vorteilhaft war bei der Haut der Ford Flugzeuge, daß schon ab der ersten Model 4-AT Alclad, ein mit rostfreiem reinen Aluminium beschichtetes Duralumin verwendet wurde. Darüber hinaus erhielt die ganze Zelle schließlich noch eine Lackschicht aufgespritzt. Das war der Grund für die besonders lange Lebensdauer dieser Flugzeuge.

Die Kabinenausstattung

Alle Ford Tri-Motor hatten auf der rechten Seite eine ovale Kabinentür für die Passagiere, die Fracht und die beiden Piloten. Bei der Model 4-AT saßen die Piloten, wie damals üblich, in einem offenen Cockpit, dessen V-förmiges Fenster einen scharfen Winkel hatte. Die Glasscheiben dieses Fensters waren nicht senkrecht, sondern verliefen von unten nach oben schräg nach außen, um bei der Landung eine

Dieses Ford 5-AT Passagier/Postflugzeug der Fluggesellschaft National hat speziell eingebaute Postbehälter in den Flügeln, die hier zum Verladen heruntergeklappt sind.

US Air Mail Service

bessere Sicht nach unten zu gewährleisten. Bei schlechtem Wetter konnten einzelne Scheiben nach oben geschoben werden. Die Model 4-AT hatte in der Mitte einen Gang und links und rechts davon je vier einzeln stehende Passagiersitze. Hinten konnte auch eine Toilette eingebaut werden. Für leichtes Handgepäck gab es auf jeder Seite der Kabine über den Fenstern ein Hängenetz auf gleicher Höhe mit der Unterseite der Flügelholme. Bei einigen Model 4-AT gab es zur Aufnahme von Post und zusätzlichem Gepäck zwischen den Holmen am inneren Ende jeder äußeren Flügelbeplankung Spinde die sich nach unten öffneten. Zur Standardausrüstung gehörten diese Spinde aber erst bei späteren Modellen. Andere für das Jahr 1926 ungewöhnliche Merkmale waren Radbremsen, die es ermöglichten, anstelle eines Sporns ein Heckrad zu verwenden, und ein elektrisches System, bei dem die Batterie von einem Generator am Bugmotor aufgeladen wurde. Dieses System versorgte die Navigationslichter und bei den meisten Flugzeugen die Landescheinwerfer an den Flügelvorderkanten sowie ein Sprechfunkgerät. Die Steuerseile für das Leitwerk verliefen bei den Ford Flugzeugen von großen Schwingarmen seitlich des Bugs aus immer noch an der Außenseite des Rumpfes entlang.

Einer der ersten Kunden für die neue Maschine war Stout, der inzwischen die Firma Stout Air Services gegründet hatte, um im Linienverkehr von Detroit nach Chicago und anderen Städten an den Großen Seen zu fliegen. Der allererste und größte Kunde war aber ein Autohändler aus Los Angeles, Jack Maddux, der sich vor dem Kauf von 16 verschiedenen Versionen für Maddux Air Lines zuerst davon überzeugte, daß die Ford auch wirklich über die Berge Kaliforniens und der angrenzenden Staaten fliegen konnten.

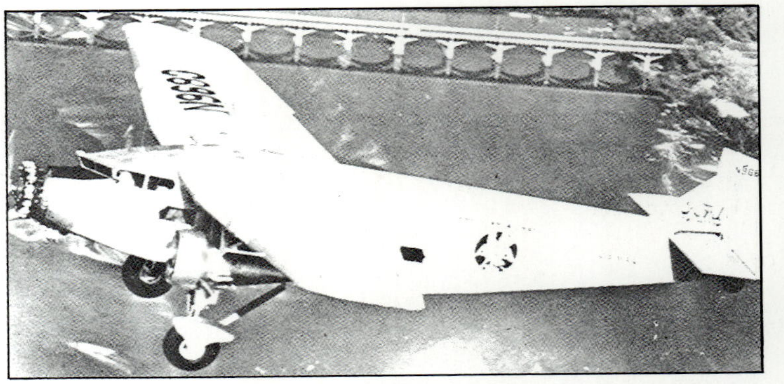

Die heute noch erhaltene Ford Model 5-AT-39 befand sich von 1933 bis 1935 bei American Airlines im Einsatz. Danach flog sie viele Jahre lang als Transportflugzeug in Nord- und Südamerika, bis American die Maschine 1962 zurückkaufte, restaurierte und seither für Werbezwecke verwendet.

Die berühmteste Ford Tri-Motor, die Model 4-AT-15, wurde von Henry und Edsel Ford für die Antarktis-Expedition von Commander Richard E. Byrd gestiftet. Da der Pilot, Bernt Balchen, eine längere Reichweite für erforderlich hielt, wurde beschlossen, die Spannweite auf 22,55 m zu erhöhen, den Tankraum zu vergrößern und im Bug einen stärkeren Cyclone Motor einzubauen. Die Maschine flog über den Südpol.

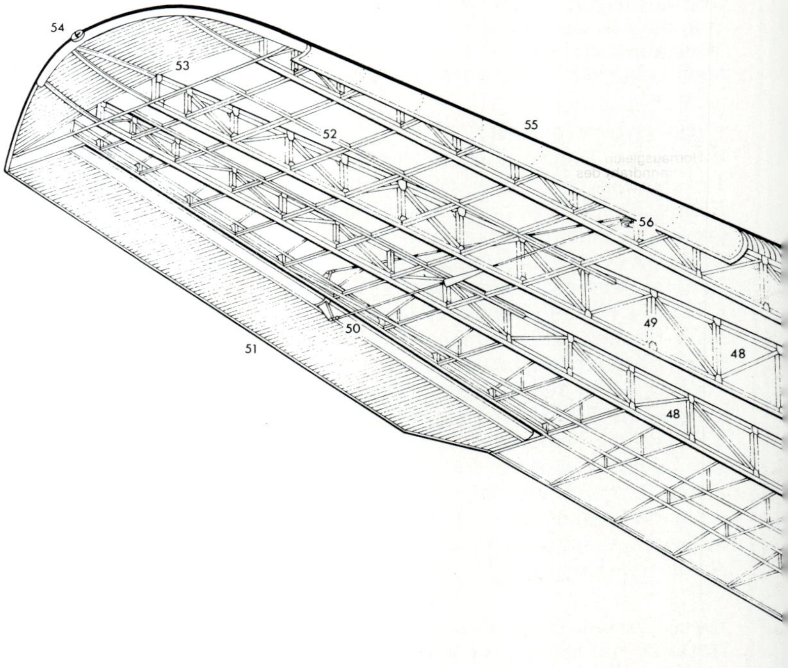

Varianten der Ford Tri-Motor

Model 3-AT: erster dreimotoriger Stout Prototyp, wurde am 17. Januar 1926 zerstört.
Model 4-AT: erste dreimotorige Ford; drei J-4 Whirlwind Sternmotoren und acht Passagiere.
Model 4-AT-A: erstes Serienmodell, ähnlich wie die Model 4-AT; 14 Maschinen.
Model 4-AT-B: größere Spannweite und J-5 Whirlwind Sternmotoren; Platz für zwei Piloten und zwölf Passagiere; 35 Maschinen.
Model 4-AT-C: ähnlich wie die Model 4-AT-B, aber mit Wasp Sternmotor von 400 PS (298 kW); eine Maschine.
Model 4-AT-D: mit einem Flügel, der dem der Model 5-AT glich; insgesamt drei Maschinen, eine mit J-4 Whirlwind Sternmotoren, eine andere mit zwei J-5 Whirlwind Sternmotoren und einem J-6-9 Whirlwind Sternmotor von 300 PS (298 kW) und die letzte mit drei J-6-9 Whirlwind Sternmotoren.
Model 4-AT-E: Detailänderungen und drei J-6 Whirlwind Sternmotoren von 300 PS (298 kW); 24 Maschinen.
Model 4-AT-F: ein im Jahr 1931 gebautes Flugzeug, das der Model 4-AT-E ähnelte.
Model 5-AT-A: vergrößerte Version mit drei Wasp Sternmotoren von 420 PS (313 kW); drei Maschinen.
Model 5-AT-B: neue 15sitzige Maschine aus dem Jahr 1929 mit drei Wasp C-1 oder Wasp SC-1 Sternmotoren von 420 PS (313 kW): 42 Maschinen.
Model 5-AT-C: verbesserte 17sitzige Version; 48 Maschinen.
Model 5-AT-D: Version mit höherem Startgewicht und drei Wasp SC Sternmotoren von 450 PS (336 kW); 24 Maschinen.
Model 6-AT-A: ähnlich wie Model 5-AT-C, aber mit J-6 Whirlwind Sternmotoren; drei Maschinen.
Model 7-AT-A: Model 6-AT-A mit einem bugmontierten Wasp Sternmotor von 420 PS (313 kW).
Model 8-AT: einzige in ein Frachtflugzeug umgerüstete Model 5-AT-C keine flügelmontierten Motoren.
Model 9-AT: Umrüstung der Model 4-AT-B mit Wasp Junior Sternmotoren von 300 PS (224 kW); eine Maschine.
Model 11-AT: eine Model 4-AT-E mit Packard DR-980 Dieselmotoren von 225 PS (168 kW).
Model 13-A: Umrüstung einer Model 5-AT-D mit zwei J-6 Whirlwind Sternmotoren und einem Cyclone Sternmotor von 575 PS (429 kW).
Model 14-A: ein viel größeres Flugzeug aus dem Jahr 1932 mit zwei Hispano-Suiza Motoren von 715 PS (533 kW) und einem Hispano-Suiza von 1.100 PS (820 kW); diese 40sitzige Maschine wurde fertiggestellt, aber nie geflogen.
C-3: auf Model 4-AT-B basierende Nr. 28-348 der US Army.
C-3A: Nr. 29-220 bis 29-226 der US Army, sieben Maschinen mit Whirlwind Sternmotoren von 235 PS (175 kW).
C-4: Nr. 29-219 der US Army, im wesentlichen wie Model 4-AT-B, jedoch für den Militäreinsatz.
C-4A: Nr. 31-401 bis 31-404 der US Army, vier auf Model 5-AT-D basierende Maschinen mit R-1340-11 Sternmotoren von 450 PS (336 kW).
C-9: neue Bezeichnung für alle sieben C-3A nach Installation von R-975-1 Sternmotoren von 300 PS (224 kW).
XJR-1: auf Model 4-AT basierende Nr. A7526 der US Navy.
JR-2: Nr. A8273 und 8274 der US Navy, zwei auf Model 4-AT-E basierende Maschinen für das US Marine Corps.
JR-3: Nr. A8457, A8598 der US Navy, drei auf Model 5-AT-C basierende Maschinen.
RR-2: neue Bezeichnung der JR-2.
RR-3: neue Bezeichnung der JR-3.
RR-4: nachträglich gebaute Model 5-AT-C mit der Nr. A8840 der US Navy.
RR-5: Nr. 9205 und 9206 der US Navy, zwei auf Model 5-AT-D basierende Maschinen, wovon eine an das US Marine Corps geliefert wurde.
XB-906-1: ein einziger Prototyp (NX9652) für eine Bomberversion mit inneren Bombenstationen und zwei Schützenpositionen; beim Absturz der Maschine am 19. September 1931 kam der Cheftestpilot von Ford, Leroy Manning, ums Leben.

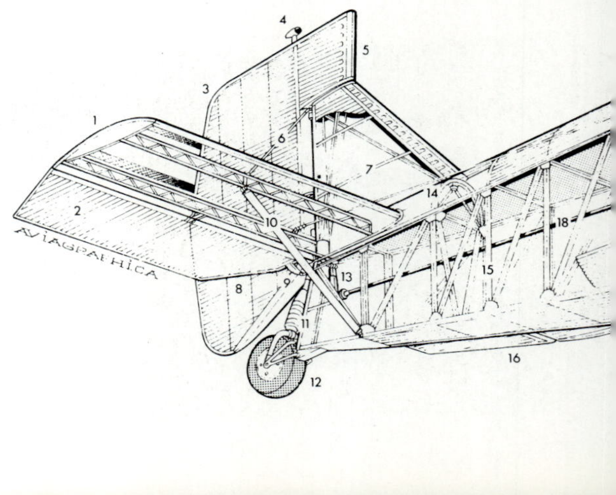

Diese dreimotorige Ford der Baureihe 5-AT war eines von vier solchen Flugzeugen, die im Jahr 1930 an Cia Mexicana de Aviación, eine Tochtergesellschaft von Pan American, geliefert wurden. Alle hatten unverkleidete Wasp Motoren.

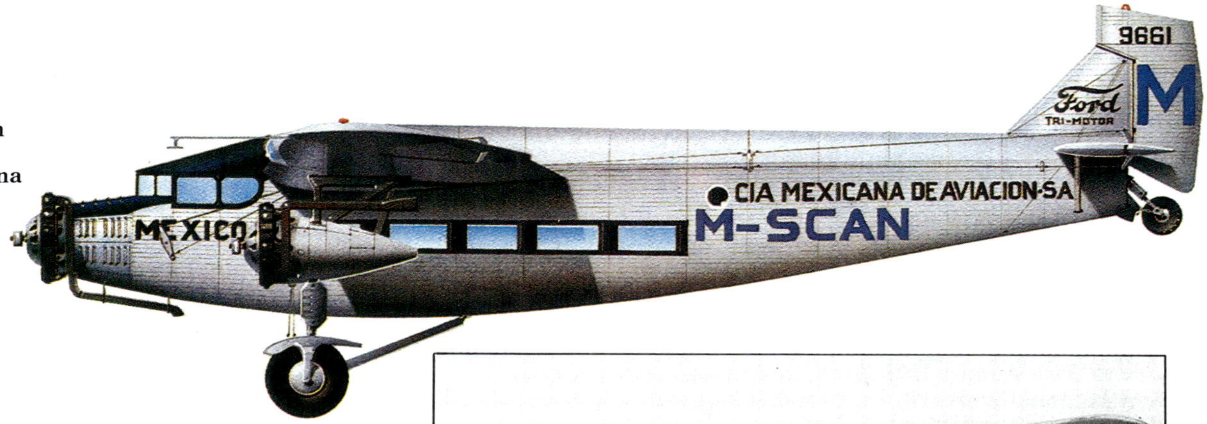

Spätere Ford Tri-Motor hatten ein geschlossenes Cockpit mit Schiebefenstern und mehrere andere Verbesserungen, und fast alle besaßen eine höhere Motorleistung. Es gab fast so viele Untertypen wie Flugzeuge. Einer der Gründe dafür waren zahlreiche Umrüstungen. Die erste achtsitzige Model 4-AT-A wurde am 2. August 1926 bei Fords eigener Fluggesellschaft in Dienst gestellt. Ford Airport in Dearborn war inzwischen mit befestigten Rollbahnen und vollständiger elektrischer Beleuchtung zum bedeutendsten Flughafen der Welt geworden, und später nahm Ford nicht nur viele weitere Verbesserungen an den Gebäuden vor, sondern gründete auch eines der ersten Ausbildungszentren der Welt für zivile Besatzungen.

Obgleich die Model 4-AT das größte Ganzmetall-Flugzeug war, das damals in den USA und vielleicht sogar weltweit produziert wurde,

Die A8840 war die US Navy RR-4 und entsprach im wesentlichen der Model 5-AT-C, hatte aber einen verlängerten Flügel und drei Wasp Motoren von 450 PS (335 kW) mit Townend Haubenringen.

Aufriß-Erläuterung zur Ford Tri-Motor 5-AT-D

1 Höhenleitwerk, steuerbord
2 Höhenruder, steuerbord
3 Seitenruder
4 Hecknavigationslicht
5 Seitenruder-Hornausgleich
6 Abspanndraht des Höhenleitwerks
7 Seitenflosse
8 Wellblechbeplankung des Höhenleitwerks
9 Scharnierstrebe des Höhenruders
10 Abspannstrebe des Höhenleitwerks
11 Heckrad-Stoßdämpfer
12 Heckrad
13 Schraubenwinde für das Höhenleitwerk
14 Seitenflossenbefestigung
15 Struktur des hinteren Rumpfabschnitts
16 Höhenruder, backbord
17 Höhenleitwerk, backbord
18 Welle zur Steuerung des Anstellwinkels
19 obere Rumpfbeplankung
20 Wellblech-Rumpfbeplankung
21 Leitwerks-Steuerseile
22 Abwurfgerät für Fackeln
23 Waschbecken
24 Trittbrett
25 Kabinentür
26 Toilette
27 Feuerlöscher
28 hintere Kabinensitze
29 Gepäckablage über den Sitzen
30 Kabinenfenster
31 Rumpfverstrebung
32 unterer Rumpfholm
33 Hauptfahrwerk, steuerbord
34 Stoßdämpfer
35 Pratt & Whitney Wasp Sternmotor, steuerbord
36 Zweiblatt-Propeller
37 NACA Motorhaubenring
38 Kühlluft-Spreizklappen
39 Motoraufhängung
40 Öltank
41 Auspuffrohr
42 Motorhaubenverkleidung
43 Motor-Pylonstreben
44 Beplankung der mittleren Flügelsektion
45 Wellblechbeplankung der Tragflächen
46 Holmbefestigungspunkte
47 sich nach unten öffende Post- und Gepäckspinde
48 Holme der äußeren Flügelbeplankung
49 Flügelholmverstrebung
50 Querruderscharnier
51 Querruder, steuerbord
52 Flügelrippen-Verstrebung
53 Struktur der Flügelspitze
54 Navigationslicht, steuerbord
55 verstärkte Vorderkante
56 Querrudersteuerung
57 Lande- und Rollscheinwerfer
58 Wellblechbeplankung der Vorderkante
59 Befestigungsrippe für die äußere Flügelbeplankung
60 Treibstofftanks
61 obere Kabinenverkleidung
62 Rumpfhauptspant
63 Passagiersitze
64 Fahrwerkspendelachse, steuerbord
65 Kabinenboden
66 Verkleidung des Kabinen-Heizungskanals
67 Auspuffrohr des mittleren Motors
68 Luftauslässe
69 Batterie
70 äußere Steuerseile
71 Sitz des Copiloten
72 seitliche Cockpitfenster
73 Instrumententafel
74 Steuersäulen-Handrad
75 obere Cockpitfenster
76 verschiebbare Fensterscheibe
77 Fensterrahmen
78 Luftschlitze der Verkleidung des mittleren Motors
79 Öltank
80 Rahmen der mittleren Motoraufhängung
81 Seitenruderpedale
82 Abgassammler
83 mittlere Pratt & Whitney Wasp Motor
84 NACA Motorhaubenring
85 Zweiblatt-Propeller
86 Pratt & Whitney Wasp Motor, backbord
87 NACA Motorhaubenring
88 Verkleidung des Motorpylons
89 Lande- und Rollscheinwerfer, backbord
90 verstärkte Vorderkante
91 Pitotrohr
92 Flügelspitze, backbord
93 Navigationslicht, backbord
94 Struktur der äußeren Flügelbeplankung
95 Querruderscharnier
96 Querruder, backbord
97 Hauptfahrwerk, backbord
98 Schutzblech
99 Stoßdämpferverkleidung
100 Streben der Pendelachse

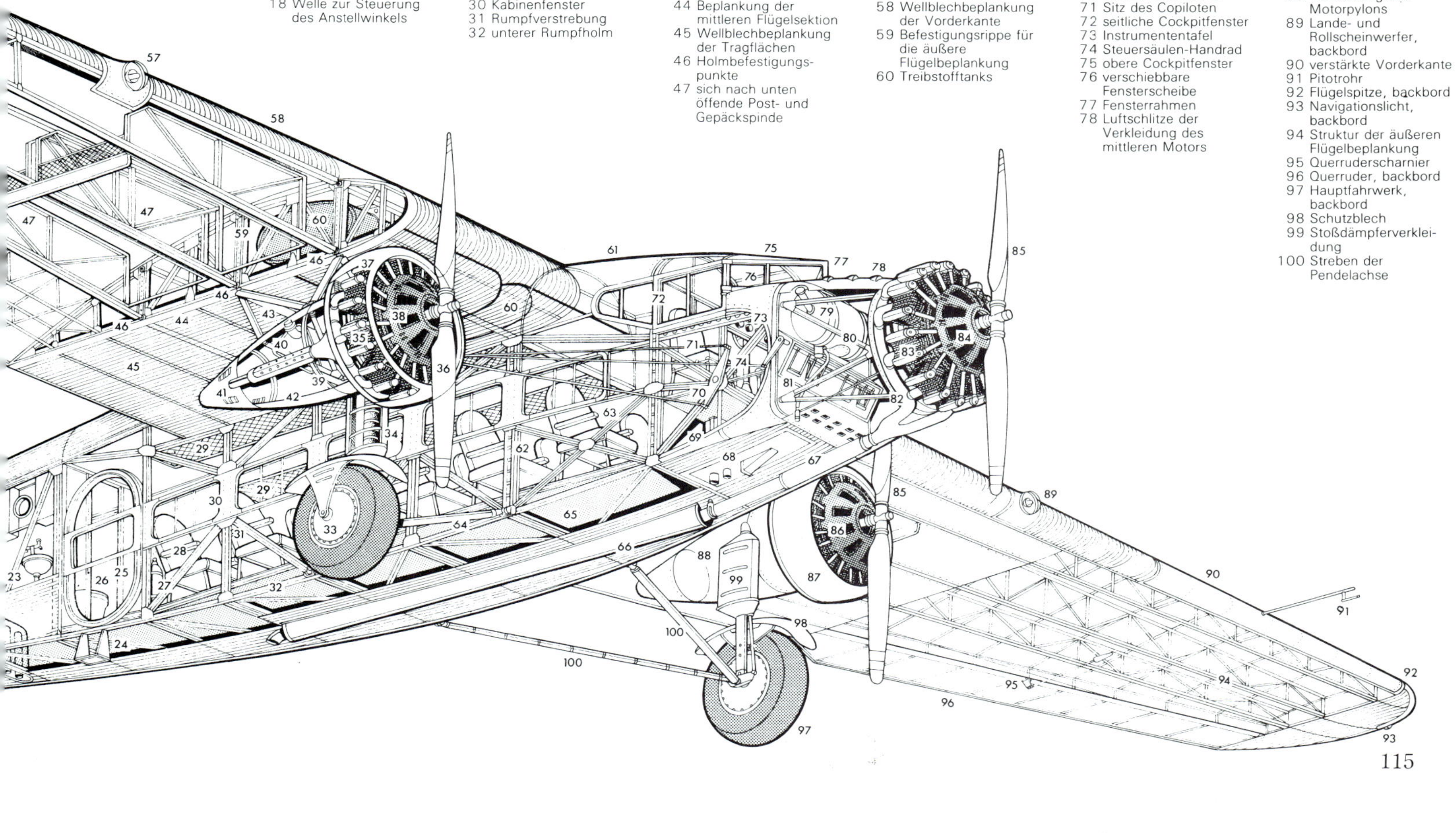

galt sie mit Recht bald für zu klein. Die Model 4-AT-B, die im Jahr 1927 erschien, hatte eine von 20,97 m auf 22,53 m verlängerte Spannweite, was auch ihren leistungsstärkeren J-6 Whirlwind Motoren von 220 PS (164 kW) entsprach. Der Rumpf war zwar immer noch fast genau gleich wie vorher, aber die Zahl der Sitze konnte auf zwölf erhöht werden. Es folgten mehrere Untertypen der Model 4-AT, die sich hauptsächlich durch ihre Motoren unterschieden. Fast alle Ford hatten zunächst Maukepantoffeln, und ihre moderne Erscheinung trug viel dazu bei, den Verkauf zu fördern.

Als die Ford noch ein neues und sehr modernes Flugzeug war, hatten die meisten Maschinen Wright Motoren von 200 bis 220 PS (149 bis 164 kW), aber im Jahr 1929 wurde die Produktion der Model 4-AT Baureihe eingestellt. Es wurde nur noch eine einzige Model 4-AT-F gebaut. Inzwischen verkauften sich die noch größeren Maschinen der viel leistungsstärkeren Model 5-AT Baureihe noch besser als ihre Vorgänger, so daß vor dem Börsenkrach im Jahr 1929 jede Woche vier Model 5-AT gebaut wurden.

Mehr Verkäufe in alle Welt

Mit dem Pratt & Whitney Wasp Motor war die Model 5-AT, die Mitte des Jahres 1928 ihren Erstflug hatte, ein viel leistungsfähigeres Flugzeug als die 4-AT. Sie besaß einen noch größeren Flügel, einen tieferen Rumpf, der unter dem Flügel mehr Kopffreiheit gewährte, verkleidete Flügelmotoren mit Townend-Ringen (oft hatte auch der Bugmotor eine Haube) und eine zum Betrieb mit größerem Startgewicht verstärkte Zelle. Zwischen den Jahren 1929 und 1931 wurden insgesamt 117 Maschinen produziert, viele mit Schwimmern oder Kufen. Zahlreiche Maschinen erhielten im Flügel die Gepäck/Postspinde, und andere wurden entsprechend modifiziert. Die Kabine konnte mit bis zu 17 Sitzen ausgerüstet werden, wobei sich acht auf der rechten und neun auf der linken Seite befanden, und hinten gab es sogar noch Platz für eine Toilette.

Militärmodelle sind in der Liste der Varianten aufgeführt. Die ersten Käufer der 198 für Fluggesellschaften bestimmten Ford waren: American, British Columbia, CLASSA (Spanien), Colonial, Colonial Western, CMA (Mexiko), Curtiss Flying Service, Eastern, Ford, Jefferson, Maddux, Mamer, Mohawk, NAT (National), Northwest, NYRBA (New York, Rio & Buenos Aires), Pacific, Pan American, Pan American Grace, Pennsylvania, Pitcairn, Queen City (Ohio), Rapid, Robertson, SCADTA (Kolumbien), SAFE (Southwest Air Fast Express), Spokane, Stout, TAT (Transcontinental Air Transport) und Universal Flyers. Nach 1930 tauchten viele Ford auf dem Gebrauchtmaschinenmarkt auf, wo sie schnell Abnehmer fanden. Standard Oil war das erste Industrieunternehmen, das Ford Flugzeuge kaufte, die erste Maschine neu, und die Firma Royal Typewriter schrieb auf den Rumpf ihres Flugzeugs ‘capacity 210 portable typewriters’ (‘Kapazität: 210 Kofferschreibmaschinen’). Mehrere Flugzeuge wurden nach England exportiert, wo der Flughafen in Ford, Sussex, wegen seines Namens aufgekauft und zu einer Wartungsbasis für die vielen dreimotorigen Maschinen gemacht wurde, die man voller Optimismus nach Europa verkaufen wollte. Im Jahr 1934 sandte W. S. Shackleton von Piccadilly vier Flugzeuge nach Neuguinea, wo sie zusammen mit verschiedenen Junkers bei der Versorgung von Bergwerken eingesetzt werden sollten, und eine Maschine, die der Familie Guinness gehörte, gelangte im Jahr 1940 mit einem Sichtschutz versehen und der Seriennummer X5000 zur No. 271 Squadron der RAF. Viele Maschinen flogen bei den US Streitkräften, der RAAF, der RCAF, den kolumbianischen Luftstreitkräften und den Republikanern im Spanischen Bürgerkrieg. Am längsten befanden sich aber die vielen von lateinamerikanischen Betreibern gekauften Ford im Einsatz. Besonders viele Flugzeuge besaß das damals honduranische Unternehmen TACA, das einmal sogar 30 Flugzeuge im Einsatz hatte. Die Maschine mit der ungewöhnlichsten Laufbahn war die Model 5-AT-11 (die elfte Model 5-AT), deren erste Besitzer Pan American und TACA waren. Letztere verkaufte das Flugzeug im August 1945 für $4.500 an das mexikanische Unternehmen TATSA, das die Maschine zwischen Mazatlan und einer winzigen Piste am Fuße eines Cañons für die Versorgung eines Bergwerks in Tayoltita einsetzte. Als einziges Flugzeug der TATSA, das zu diesem Zweck diente, brachte es die Maschine beim Transport von über 65.000 Passagieren und 6.700 Tonnen Fracht ohne jeden Zwischenfall auf weitere 5.376 Flugstunden. Im Jahr 1966 kaufte Island Airlines in Port Clinton, Ohio, das Flugzeug, das mittlerweile 23.000 Flugstunden hinter sich hatte, und bei dem inzwischen in Sky Tours umbenannten Unternehmen war die alte Ford Tri-Motor Mitte der 80er Jahre noch immer im Einsatz.

Von der Bomberversion der Tri-Motor wurde nur ein Exemplar auf Kosten von Ford hergestellt und dem US Air Corps übergeben. Die Zelle entsprach im wesentlichen der einer Model 5-AT-D. Hinten war der Bomber auf der Ober- und Unterseite mit MG bewaffnet, und unter dem Cockpit befand sich die Position des Bombenschützen. Bei einem Sturzflug zerschellte das Flugzeug 1931.

Die einzige Ford Model 8-AT, die es gab, war die NX8499, ein einmotoriges Frachtflugzeug, das von 1929 bis 1933 zur Erprobung des Wright Cyclone, des Pratt & Whitney Hornet, des Hispano-Suiza 12 und des von Bliss gebauten Bristol Jupiter verwendet wurde. Ab 1933 hatte die Maschine im Einsatz bei Pacific Alaska Airways einen Cyclone Motor mit vollständiger Verkleidung.

Die N414H könnte die letzte in den USA registrierte Tri-Motor sein. Sie gehört Scenic Airways Inc. in Las Vegas, Nevada, und wird auch heute noch für örtliche Vergnügungsflüge benutzt, zum Beispiel zum Grand Canyon.

Bristol Bulldog

Flugzeug mit Biß

Die Bristol Bulldog machte ihrem Namen alle Ehre. Auf den ersten Blick wirkte sie recht plump und machte fast einen schwerfälligen Eindruck, in Wirklichkeit war sie jedoch äußerst wendig und gefährlich. Anfang der 30er Jahre war die Bristol Bulldog der wichtigste Jäger der britischen Royal Air Force.

Im Jahre 1924 gab der britische Air Staff eine Spezifikation für einen Abfangjäger heraus, bei dem es hauptsächlich auf eine gute Steigleistung ankam und nicht so sehr auf die Höchstflugdauer, wie bei längeren Patrouillenflügen. Die Maschine sollte möglichst einen Rolls-Royce Falcon X Motor, der später als Kestrel berühmt wurde, erhalten, obwohl dieser Motor übermäßig schwer war, weil es immer noch üblich war, die Zylinder einzeln zu gießen. Frank Barnwell und Roy Fedden traten für die Verwendung eines Sternmotors ein. Spezifikation F.17/24 wurde daher durch Spezifikation F.9/26 ersetzt, die entweder einen V-Motor oder einen Sternmotor vorsah. Um diese Spezifikationen zu erfüllen, schlug Barnwell den Bristol Typ 102A vor und für eine parallele Jägerspezifikation für die Marine, N.21/26, einen Typ 102B für Schwimmerflugzeuge. Da aber im Jahr 1926 keiner der Rolls-Royce V-12-Motoren, die sich damals in der Entwicklung befanden, den Ansprüchen eines Abfangjägers genügte, wurde die Spezifikation F.9/26 teilweise durch die F.20/27 ersetzt, für die Fedden einen Bristol Mercury III Sternmotor mit Getriebe vorschlug.

Bristol begann zu gegebener Zeit mit der Arbeit an einem Prototyp, Typ 107 Bullpup (J9051) mit einem Mercury Motor. Dieser Prototyp sollte mit Konstruktionen von Hawker, Gloster, Vickers und Westland erprobt werden. Weil der Mercury III Getriebemotor jedoch nur in beschränkter Zahl zur Verfügung stand, baute Barnwell mit privaten Mitteln die Typ 105 Bulldog mit einem Bristol Jupiter VII Sternmotor, und da dieser keine Installationsprobleme verursachte, konnte

Der Bulldog Prototyp, der im Mai 1927 in Filton Mk I genannt wurde, mit Cyril Uwins im Cockpit. Man sieht die Maschine hier in ihrer ursprünglichen Form mit kleinem Seitenruder. Später erhielt sie aber für Höhenrekordversuche in Farnborough ein größeres Seitenruder und verlängerte Tragflächen.

Bristol Bulldog

Technische Daten der Bulldog Mk IIA
Typ: einsitziger Abfangjäger.
Triebwerk: ein luftgekühlter Bristol Jupiter VIIF Sternmotor von 440 PS (328 kW).
Leistung: Höchstgeschwindigkeit 286 km/h in 3.050 m Höhe; Steigflugdauer auf 6.095 m 14 min 30 sek; Dienstgipfelhöhe 8.230 m; Reichweite 499 km.
Gewicht: Leergewicht 1.008 kg; maximales Startgewicht 1.660 kg.
Abmessungen: Spannweite 10,34 m; Länge 7,67 m; Höhe 3,00 m; Tragflügelfläche 28,47 m^2.
Bewaffnung: zwei vorwärtsfeuernde synchronisierte 7,7 mm Vickers MG seitlich am Bug und Möglichkeit zur Aufnahme von vier 9-kg-Bomben.

Eine Bristol Bulldog Mk IIA der No. 32 (Fighter) Sqn, RAF. Das Flugzeug kam im September 1930 zu dieser Staffel, die damals in Kenley stationiert war. Zwei Jahre später wurde sie mit ihren Bulldog Maschinen nach Biggin Hill verlegt, und im Juli 1936 wurden die Bulldog durch Gloster Gauntlet ersetzt. Das blaue Staffelabzeichen hatte bei dieser Maschine zwei weiße Diagonalstreifen.

K
2481
81

Die Standardausführung der Bulldog Mk IIA für den Flugkommandeur von 'C' Flight, No. 17 (Fighter) Sqn der RAF, die im Jahr 1933 in Upavon stationiert war. Die Staffel war eine der ersten, die im Jahr 1928 als Ersatz für ihre Woodcock Maschinen Bulldog Mk II erhielt. Die ersten Mk IIA kamen zwei Jahre später an. Auf der Propellernabe sieht man den verlängerten Hucks Anlasser.

der Bulldog Prototyp, von Cyril Uwins gesteuert, am 17. Mai 1927 seinen Erstflug machen, während die Bullpup immer noch auf ihren Mercury Motor wartete.

Das Flugwerk der Bulldog bestand aus sehr festem Bandstahl mit flachen Eckblechen anstelle von Schraubverbindungen, und die Tragflächen und der Rumpf waren mit Stoff bespannt. Die untere Tragfläche hatte eine viel kürzere Spannweite und Sehne und ein Clark YH Profil, während die obere ein Bristol IA Profil hatte und den Treibstoff in zwei Tanks im Flügelmittelstück enthielt. Wie damals üblich, bestand die Bewaffnung aus einem Paar vorwärtsfeuernder Vickers MG seitlich im Bug. Diese befanden sich zwischen den Motorzylindern und waren so synchronisiert, daß sie auf keinen Fall den Propeller treffen konnten.

Obgleich die Bulldog bei der F.9/26 Erprobung in Martlesham Heath als Außenseiter galt, räumte sie schnell alle ihre Konkurrenten, außer der Hawker Hawfinch, mit der sie in das letzte Stadium eintrat, aus dem Weg. Im November 1927 wurde eine zweite Bulldog (mit einer Mk II Bezeichnung und der Seriennummer J9480) bestellt, die im Jahr 1928 einer längeren Erprobung in Konkurrenz zur Hawfinch unterzogen wurde, aus der sie schließlich, hauptsächlich wegen ihrer Stahlkonstruktion, als Sieger hervorging.

Inzwischen wurde der Bulldog Mk I Prototyp umfangreichen Modifikationen unterzogen, weil er neue Weltrekorde für Steigzeit und Höhenflug aufstellen sollte. Er erhielt zu diesem Zweck einen Flügel von hoher Streckung und als Antrieb einen Jupiter VII Sternmotor mit Vorverdichter.

Der Prototyp der Bulldog Mk II wurde am 21. Januar 1928 von Uwins zum ersten Mal geflogen, und nach seinem Sieg über die Hawfinch kaufte ihn das Air Ministry für 4.800 Pfund Sterling. Insgesamt sollten 26 Serienflugzeuge gebaut werden — 25 Maschinen (J9567—J9591) für die RAF und eine Demonstrationsmaschine für die Firma Bristol selbst (G-AAHH). Die ersten RAF Bulldog Mk II gingen an die No. 3 und 17 (Fighter) Squadron in Upavon, wo sie Hawker Woodcock Maschinen ersetzten. Eine Maschine der ersten Produktionsserie wurde Bristols Vertretern in Japan zur Verfügung gestellt. Als Ersatz dafür baute man eine weitere Maschine, J9591. Dieses Flugzeug diente als Testmaschine für den Mercury IV Getriebemotor.

Die nächste Serie bestand aus 23 Maschinen für die RAF (K1079—K1101), die im Jahr 1930 geliefert wurden. Sie vervollständigten die Ausrüstung der No. 17 Squadron und gingen auch an die No. 54 (Fighter) Squadron in Hornchurch.

Die Bulldog erfreute sich bei den RAF Piloten bereits großer Beliebtheit. Dank ihrer guten Manövrierbarkeit übertraf sie eindeutig ihre Vorgänger, die Gloster Grebe und die Gloster Gamecock. Ihre große Popularität, ganz zu schweigen von den relativ niedrigen Kosten des altbewährten Jupiter Motors, führte zu vielen Nachbestellungen. So kam es, daß die simple Bulldog zur Zeit der Wirtschaftskrise von 1930 bis 1933, als für die Verteidigung nur wenig Mittel zur Verfügung standen, wegen ihres niedrigen Preises bevorzugt wurde. Inzwischen hatte Rolls-Royce aber den Kestrel V-12-Motor, das Konkurrenztriebwerk zum Jupiter, fertiggestellt, der zunächst bei dem Hawker Hart Bomber und dann bei dem Hawker Fury Jäger verwandt wurde, und beide Maschinen waren der Bulldog leistungsmäßig überlegen.

Die erste verbesserte Bulldog für die RAF war die Bulldog Mk IIA mit einem Jupiter VIIF Motor, umgerüsteten Flügelholmen und örtlicher Verstärkung, um ein höheres Gesamtgewicht zu ermöglichen. Die Bulldog Mk IIA war Gegenstand eines Auftrags, den die RAF im Mai 1930 über 92 Flugzeuge erteilte. Die Geschwindigkeit der neuen Variante war aber mit 286 km/h in 3.050 m Höhe unverändert. Im Jahr 1931 wurden weitere 100 Bulldog Mk IIA bestellt, und bis zum

Obgleich die No. 17 Sqn der RAF ihre ersten neuen Bulldog Mk II schon im Oktober 1928 erhielt, mußte sie auf die vollständige Ausrüstung warten, bis sie einige Maschinen von der in Upavon stationierten No. 3 Sqn übernehmen konnte.

Die No. 19 (Fighter) Sqn erhielt im September 1931 Bulldog Mk IIA. An dem blau-weißen Karomuster auf den Leitwerksflächen ist zu erkennen, daß die Maschine von Squadron Leader J.R. Cassidy geflogen wurde.

Links: **Eine der fünf Bulldog Mk II, die im Jahr 1929 an Lettland geliefert wurden, in den Kennungen, die sie während des Spanischen Bürgerkriegs trug. Damals, 1936/37, wurde sie von freiwilligen ausländischen Piloten, die die Basken unterstützten, von Lmiaco aus eingesetzt.**

Rechts: **Schweden kaufte insgesamt elf Bulldog, drei Mk II und acht Mk IIA. Diese Mk IIA trug im Jahr 1935 die Kennungen von F 1 (Västeras Flygkär). Später wurde sie an Finnland übergeben, wo sie bis 1940 als Trainer diente.**

Jahresende waren zehn der 13 in Großbritannien stationierten RAF Jägerstaffeln (No. 3, 17, 19, 23, 29, 32, 41, 53, 56 und 111) mit Bulldog ausgerüstet. Die anderen hatten Hawker Fury Mk I oder sollten demnächst solche Maschinen erhalten, und ein Schwarm von No. 23 Squadron flog die Hart Fighter oder Demon.

Schon im Jahr 1933 wurden die ersten Bulldog nach und nach außer Dienst gestellt. Die No. 23 Squadron stellte bis zum April ganz auf Demon um. Im Jahr 1935 folgten die No. 19 und 29 diesem Beispiel mit Gloster Gauntlet und Demon, und im Juni 1937 gab die No. 3 Squadron in Kenley als letzte Staffel ihre Bulldog auf. Die No. 3 Squadron war die einzige Jägerstaffel der RAF, die die Bulldog im Nahen Osten flog, als sie während der Krise in Abessinien mit ihren Maschinen nach Khartum überstellt wurde. Von den 441 Bulldog, die in Filton, Bristol, produziert wurden, blieb eine einzige Maschine bis in die sechziger Jahre hinein in flugtüchtigem Zustand erhalten. Sie ging dann bei einem Unfall während einer Vorführung in Farnborough zu Bruch. Die Ursache des Unglücks war wohl ein Fehler des Piloten beim Kunstflug in niedriger Höhe.

Die zweisitzige Bulldog

Ende 1931 behielt Bristol eine Maschine der 100 Bulldog Mk IIA, die für die RAF bestimmt waren, zurück, um sie zu einem zweisitzigen Trainer umzurüsten. Dieses Flugzeug mit Doppelsteuerung, die K2188, war als die Bulldog TM oder Trainingsmaschine bekannt und wurde 1932 von der Central Flying School erprobt. Es folgte ein Auftrag über 17 Serienmaschinen, die an die CFS, die Coastal Area in Leuchars und sechs Jagdstaffeln der RAF verteilt wurden. Flugzeuge aus der späteren Produktion kamen beim Royal Air Force College in Cranwell zum Einsatz.

Insgesamt wurden 59 Bulldog TM produziert, von denen sich einige bis zum Jahr 1939 bei Flugtrainingsschulen im Einsatz befanden.

Die Bulldog G-ABBB (R-II), eine Demonstrationsmaschine, hatte im Jahr 1935 einen Bristol Aquila I Sternmotor. Dieses Flugzeug wurde nach dem Krieg mit einem Jupiter VIIFP Motor restauriert und wieder flugtüchtig gemacht.

Die vier dänischen Bulldog Typ 105D, die im Jahr 1931 bei der ersten Staffel der dänischen Heeresflieger eingesetzt waren, sind an ihren weiter unten an den Rumpfseiten montierten Madsen MG zu erkennen.

Sie waren auch die einzigen Bulldog, die von der RAF ununterbrochen im Nahen Osten eingesetzt wurden, wo die No. 4 FTS in Abu Sueir in Ägypten mehrere solche Maschinen besaß.

Wie bereits erwähnt, hatte Bristol die mit einem Mercury IV Getriebemotor ausgerüstete letzte Bulldog Mk II der ersten Produktionsserie für Tests zurückbehalten. Danach wurde dieser Motor in zahlreiche andere Maschinen eingebaut, darunter in ein Flugzeug mit dem Kennzeichen R-1, das zum Antrieb eines Vierblatt-Propellers mit einem Mercury III ausgerüstet war. Dieser wurde aber später durch einen Gnome-Rhône Jupiter VI ersetzt. Auf einem Übungsflug für eine Flugvorführung im Ausland stürzte die Maschine ab, als sich der Pilot, T.W. Campbell, dazu entschloß, mit dem Fallschirm abzuspringen, anstatt mit dem während einer gerissenen Rolle beschädigten Seitenruderpedal eine Landung zu riskieren. Man baute als Ersatz ein Demonstrationsflugzeug mit einem Ghome-Rhône 9Asb, der nach mehreren Vorführungen durch einen Bristol Aquila Sternmotor ersetzt wurde. Wieder mit einem Jupiter Triebwerk versehen war dieses Flugzeug das einzige britische Bulldog-Exemplar, das den Zweiten Weltkrieg überlebte.

Bei einem frühen Versuch, die Bulldog zu verbessern, baute Bristol im Jahr 1931 mit privaten Mitteln die Bulldog Mk IIIA mit einem Mercury IVA (später Mercury IVS2) Motor, die zusammen mit der Gloster SS.19B erprobt wurde, als die RAF einen Ersatz für die Bulldog erhalten sollte. Bristol ging mit der progressiven Entwicklung eines einzigen Prototyps ganz ähnlich vor wie Gloster und tat viel für die Bulldog Mk IIIA, aber schließlich ging doch die SS.19B als Sieger aus dem Wettbewerb hervor. Diese Maschine wurde daraufhin als die Gauntlet in Dienst gestellt. Im Jahr 1934 baute Bristol dann die Bulldog Mk IVA mit vier MG, die mit einem Mercury VIS2 Sternmotor für die Spezifikation F.7/30 ausgelegt war, aber wieder war die Bulldog mit einer Geschwindigkeit von 360 km/h einem Gloster Flugzeug, der SS.37, die eine Geschwindigkeit von 402 km/h hatte, unterlegen. Die SS.37 wurde von der RAF als die Gladiator in Dienst gestellt.

Bulldog Zweisitzer dienten auch als Testmaschinen für den Armstrong Siddeley Cheetah und den Alvis Leonides Sternmotor sowie den luftgekühlten Napier Rapier Reihenmotor.

Ausländische Bulldog

Schon bald nachdem die Bulldog bei der RAF zum Einsatz gekommen war, zog sie auch im Ausland großes Interesse auf sich, das durch die ständigen Flugvorführungen, die mit Piloten der Firma Bristol in ganz Europa stattfanden, noch verstärkt wurde. Der niedrige Preis der Bulldog erwies sich dabei wieder einmal als besonders attraktiv. Abgesehen von dem Flugzeug aus der ersten Produktionsserie, das nach Japan ging, lautete der erste Auslandsauftrag über fünf Maschi-

Die dritte Maschine aus der zweiten Bulldog Serie, eine Mk IIA, wurde nach Schweden verkauft und im Mai 1931 geliefert. Man sieht sie hier in Filton kurz vor dem Flug nach Malmslätt. Alle schwedischen Flugzeuge wurden gelegentlich mit Skiern geflogen.

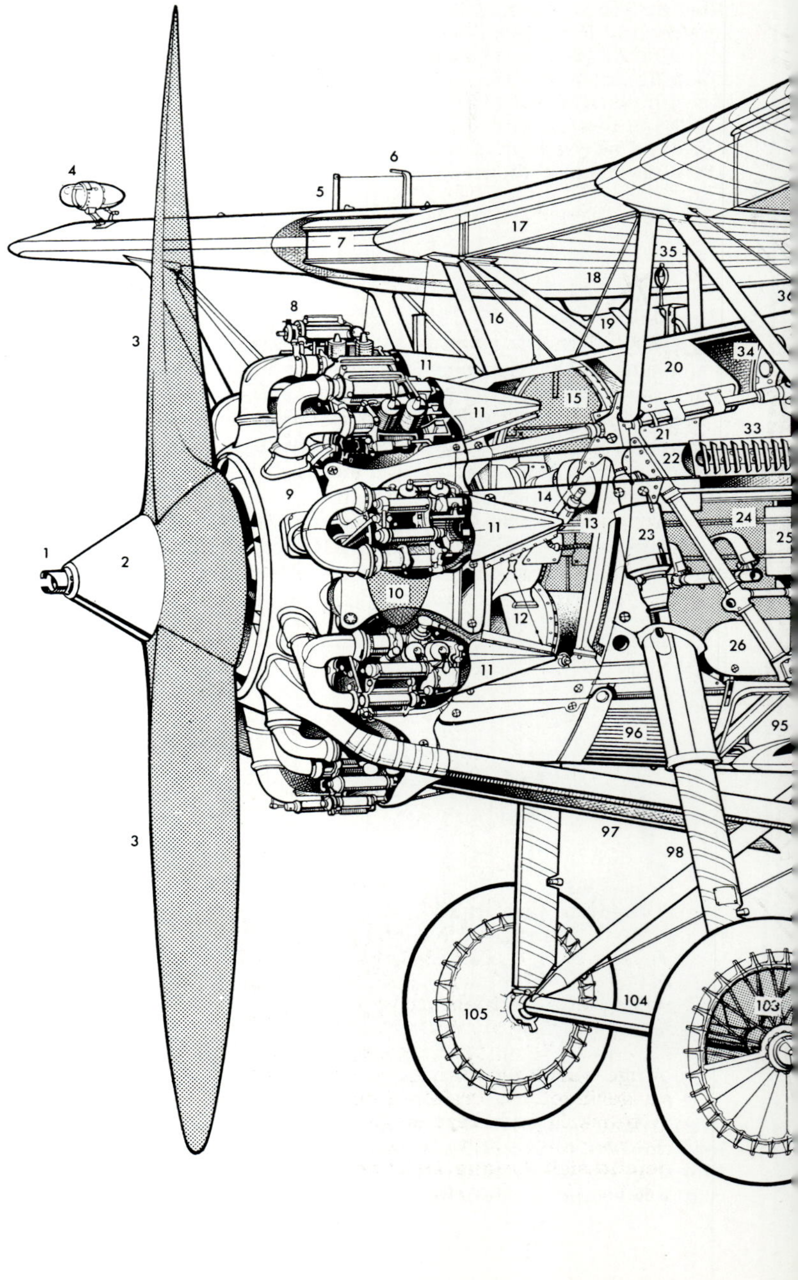

Varianten der Bristol Bulldog

Bristol Typ 105 (F.9/26): privat finanzierte Prototypen; Bristol Jupiter VII Sternmotor; keine Serienproduktion.
Bulldog Mk I: Demonstrationsflugzeug der Firma Bristol; wurde fertiggestellt, aber nicht geflogen; keine Serienproduktion.
Bulldog HA: Umrüstung des privat finanzierten Prototyps für Höhenrekordversuch; Jupiter VII mit Vorverdichter und Tragflächen von hoher Streckung.
F.9/26 Bulldog Mk II: Prototyp zur Erprobung durch die RAF; J9480.
Bulldog Mk II: Serienflugzeug für die RAF in den Jahren 1928/29; 49 Maschinen (J9567-J9591 und K1079-K1101); Jupiter VII.
Bulldog Mk II: nur ein Flugzeug, das zur Erprobung nach Japan geschickt wurde; Nakajima Jupiter.
Bulldog Mk II: 12 Maschinen für Lettland, 10 mit Gnome-Rhône Jupiter VI und zwei mit Gnome-Rhône 9Asb; Oerlikon MG; Lieferung 1929/30.
Bulldog Mk II: zwei Flugzeuge zur Erprobung durch die US Navy; Lieferung 1929/30.
Bulldog Mk II: zwei Flugzeuge für die Königlich Siamesische Luftwaffe, Januar 1930; Jupiter VII.
Bulldog Mk II: acht Flugzeuge (A12-1 bis A12-8) für die Royal Australian Air Force, Januar 1930; Jupiter VIF.
Bulldog Mk II: ein Testflugzeug mit dem Kennzeichen R-I für Mercury III Sternmotor; später Gnome-Rhône Jupiter VI; wurde G-ABAC.
Bulldog Mk II: Umrüstung von J9591 (wie G-AATR) in ein Testflugzeug mit Mercury IVA mit mehreren Motorhauben.
Bulldog Mk II: drei Maschinen (1201-1203) zur Erprobung in Schweden.
Bulldog Mk II: europäische Demonstrationsmaschine; wurde zur Erprobung nach Chile geschickt, kehrte aber wieder nach Großbritannien zurück.
Bulldog Mk II: europäische Demonstrationsmaschine, G-ABBB, mit Gnome-Rhône 9Asb, später Bristol Aquila; nach dem Krieg restauriert, stürzte aber ab und ging zu Bruch.
Bulldog Mk II: 12 Maschinen für Estland im Jahr 1930; Gnome-Rhône Jupiter VI Motor.
Bulldog Mk IIA: Serienmaschine für die RAF in den Jahren 1930/31; 254 Flugzeuge (K1603-K1694, K2135-K2234, K2476-K2495, K2859-K2872, K2946-K2963 und K3504-K3513); Jupiter VIF; verstärkt für höheres Gesamtgewicht.
Bulldog Mk IIA: vier Maschinen für Dänemark im Jahr 1931; Jupiter VIFH Motor und Madsen MG Bulldog Mk IIA: acht Maschinen (5211-5218) für Schweden im Jahr 1931; Jupiter VIIF; drei Maschinen (5214-5216) wurden 1939 Finnland übergeben.
Bulldog Mk IIA: eine Maschine (K4189) nach Spezifikation 11/31 mit Struktur aus rostfreiem Stahl.
Bristol Typ 124 Bulldog TM: zweisitziger Trainer-Prototyp; Umrüstung einer RAF Bulldog Mk IIA Standardmaschine (K2188).
Bulldog Mk IIIA: zwei Prototypen mit der Bezeichnung R-5 und G-ABZW; ersterer mit Mercury IVA und Mercury IVS2; letzterer wurde in eine Bulldog Mk V umgerüstet.
Bulldog Mk IV: Prototyp, Umrüstung einer Mk III mit vier MG; Erprobung als K4292.
Bulldog Mk IVA: Prototyp (neues Flugzeug), G-ACJN; wurde mit Mercury IVS2, Perseus IA und Mercury VIS2 mit Hamilton Dreiblatt-Propeller geflogen.
Bulldog Mk IVA: 17 Maschinen für Finnland; Mercury VIS2; flogen oft mit Skiern.
Bulldog TM: nach Spezifikation T.12/32, zweisitzige Serientrainer für die RAF; 59 Maschinen (K3170-K3186, K3923-K3953 und K4566-K4576); Jupiter VIF; Lieferung 1932-1934.
Bulldog Testmaschinen: Umrüstungen einiger oben erwähnter Maschinen; Alvis Leonides und Napier Rapier in Bulldog TM (K3183) und Armstrong Siddeley Cheetah IX in Bulldog TM Prototyp (K2188).
JSSF: in Japan gebaute Bulldog Varianten; zwei Maschinen; Nakajima Jupiter VII.
Bullpup: ein Prototyp (J9051) bis F.20/27; wurde nacheinander mit Mercury IIA, Mercury mit kurzem Hub, Jupiter VIIF und Aquila I Motor geflogen.

Aufriß-Erläuterung zur Bristol Bulldog Mk IIA

1 Anlasser
2 Propellerhaube
3 Zweiblatt-Propeller aus Holz
4 Navigationslicht, steuerbord
5 Antennenmast, steuerbord
6 nach vorne gerichtetes Lüftungsrohr des Treibstofftanks
7 Treibstofftank, 159 Liter
8 Bristol Jupiter VIIF oder VIIF.P Motor
9 Motorhaubenring
10 Motoraufhängungsplatte
11 Verkleidung der Zylinder
12 Querverstrebung
13 MG-Synchronisation, back- und steuerbord
14 Vorverdichter
15 Brandschott
16 Stützstreben für die mittlere Flügelsektion
17 mittlere Flügelsektion
18 Verspannung
19 Treibstoffrohr, steuerbord
20 Öltank, 34,1 Liter
21 vorderer Rumpfspant
22 Mündungsrinne
23 Befestigung des Ölstoßdämpfers
24 Seitenruderpedale
25 Akkumulator (Beleuchtungssystem)
26 Druckluftflasche (Hochdruckzylinder)
27 Höhenruder-Steuerstange
28 Querruder-Steuerstange
29 Munitionskasten, 600 Schuß (einer pro MG)
30 Steuersäule
31 Rinne für leere Patronenhülsen
32 Vickers 7,7 mm Mk II oder Mk IIN MG, backbord
33 MG-Kühlluftschlitze
34 Instrumententafel
35 Ringvisier (kombiniert mit vorderer Aldis Rohraufhängung)
36 Kornvisier
37 Windschutzscheibe
38 gepolstertes Süll
39 Cockpit
40 Verbindungsstück der Verspanndrähte
41 verstellbarer Sitz des Piloten
42 Verstellrad des Höhenleitwerks
43 Kettenantrieb
44 Handgriff/Stufe
45 Hebel für Steuerseil des Höhenruders
46 Fahrtmesser-Kabel an der Vorderkante des Flügelstiels
47 Rumpfverspannung
48 Funkgerät
49 Pitotrohr
50 Antennenmast
51 Verspannung zwischen den Tragflächen
52 Treibstoffrohr, backbord
53 Verkleidung der Treibstoffleitung
54 Treibstofftank, 159 Liter
55 vorderer Flügelstiel
56 Vorderkantenrippen der oberen Haupttragfläche
57 vorderer Holm
58 Navigationslicht, backbord
59 Flügelrippe
60 Holmsektionen aus Bandstahl
61 Spitze der oberen Tragfläche
62 Querruderausgleich
63 Querruderstruktur
64 hinterer Holm
65 Steuerseil des Querruders
66 hinterer Flügelstiel
67 Verspannung zwischen den Tragflächen
68 Antennen
69 Verspannung zwischen den Flügelstielen
70 Rumpfspante aus Stahlrohr
71 Seitenruder/Höhenleitwerkssteuerung
72 Höhenrudersteuerung
73 Handgriffe vor den Hebestangen
74 Heckspornfeder
75 hintere Rumpfverstrebung
76 Rumpfbeplankung
77 massive Sektion der Seitenflosse
78 Seitenflossenrippen
79 oberes Seitenruderscharnier
80 Antennenbefestigung
81 Seitenruderrippe
82 hinteres Navigationslicht
83 Seitenruderholm
84 mittleres Seitenruderscharnier
85 Höhenleitwerk, backbord
86 unteres Seitenruderscharnier
87 Stützpolster mit Spurstange (auf einen Wagen passend)
88 Heckspantstruktur
89 Hecksporn
90 Spitze der unteren Haupttragfläche
91 untere Haupttragfläche, backbord
92 Öse zum Festbinden
93 Bombenwerfer für leichte Bomben
94 Aufhängung für Generator mit Druckluftantrieb
95 untere Spante der mittleren Flügelsektion
96 Ölkühler
97 Auspuffrohre
98 V-Streben-Fahrwerk
99 Querverstrebung
100 Fahrwerkstrebe
101 700 × 100 Palmer Cord Flugzeugreifen
102 Reifenventil
103 Radspeichen
104 Achse
105 Radkappe

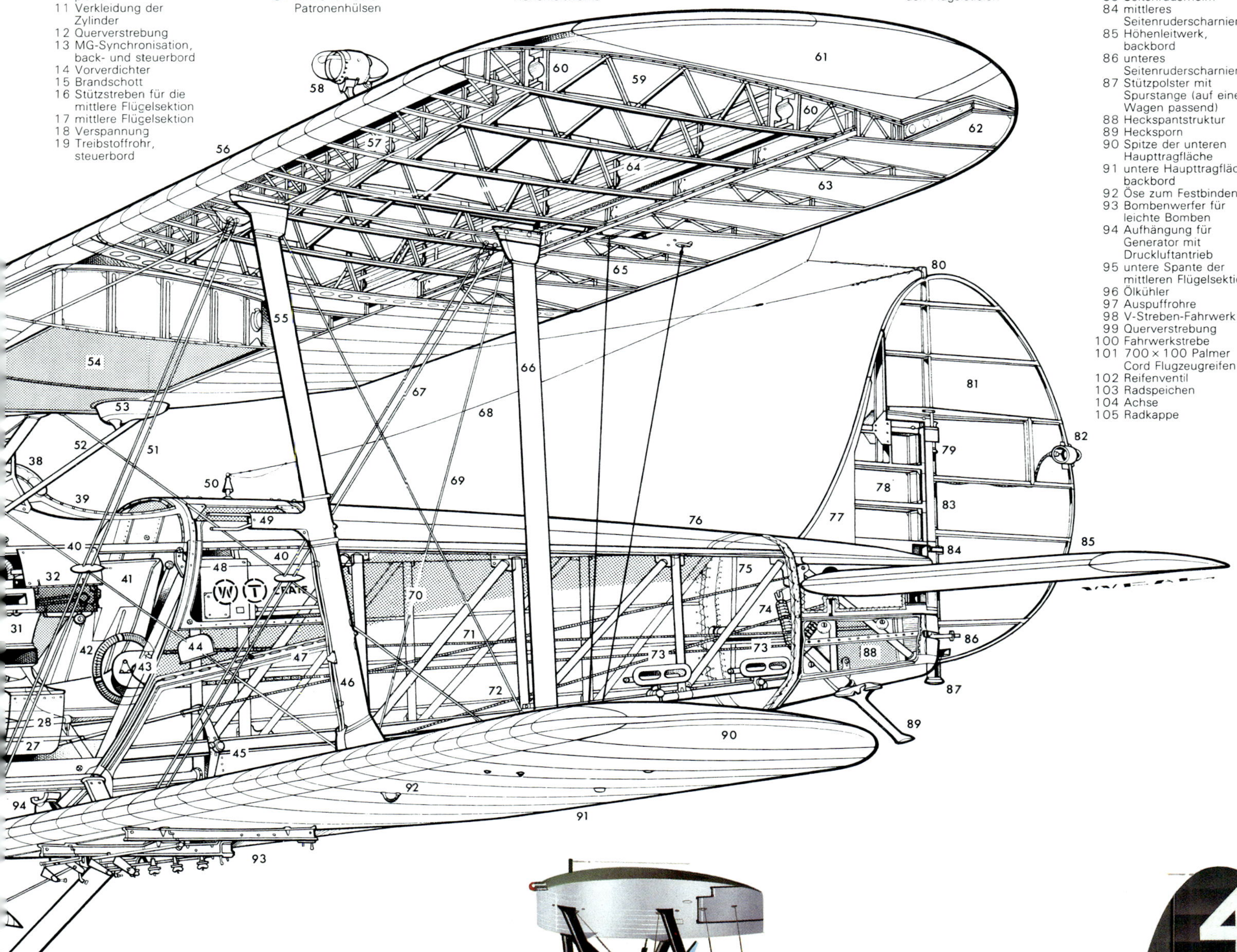

Außer den drei Bulldog Mk IIA, die Finnland 1939 von Schweden bekam, kaufte es Anfang 1935 auch 17 Mk IVA von Großbritannien. Die Maschinen hatten einen Mercury Sternmotor, und einige waren mit Skiern ausgerüstet. Sie erzielten im Winterkrieg mehrere Siege. Die hier abgebildete Maschine befand sich Anfang 1942 bei TLeLv 35 im Einsatz.

Flight/QPL

Die ehemalige G-ABBB wurde nach Kriegsende mit einem Jupiter Motor versehen und unter der neuen Registrierung K2227 an die historische Shuttleworth Kollektion übergeben, bevor sie bei einem Flugunglück in Farnborough zu Bruch ging.

nen mit einem Gnome-Rhône Jupiter VI Motor und zwei Oerlikon MG. Diese Maschinen folgten im Jahr 1929 auf die erste Produktionsserie und waren für Lettland bestimmt.

Die nächste Bulldog, die gebaut wurde, ging in die Vereinigten Staaten, wo sie in Anacostia als Sturzkampfflugzeug getestet wurde. Nach Ausfall eines Querruders stürzte sie aber bei einem Sturzflug ab. Dabei wurde der Pilot, Lieutenant Cuddihy, getötet. Teilweise verstärkt wurde im Jahr 1930 eine Bulldog Mk II Ersatzmaschine für Tests durch die US Navy geliefert.

Im Januar 1930 wurden zwei Bulldog Mk II an die Königlich Siamesischen Luftstreitkräfte geliefert, und im gleichen Monat kamen acht ähnliche Maschinen mit einem Jupiter VIF Motor bei der Royal Australian Air Force zum Einsatz. Noch im gleichen Jahr erfolgte in Schweden eine Flugvorführung mit der Bulldog G-AAHH. Drei Bulldog Mk II wurden im August zur Erprobung im Vergleich mit der im eigenen Land gebauten Jaktfalk nach Schweden gesandt. Dabei zeigte es sich, daß die Bristol der Jaktfalk überlegen war. Gleichzeitig wurden sieben weitere Bulldog, fünf mit einem Gnome-Rhône Jupiter VI und zwei mit einem Gnome-Rhône 9Asb Motor, nach Lettland geliefert. Im August 1930 wurden zwölf von einem Gnome-Rhône Jupiter VI angetriebene Bulldog nach Estland verkauft.

Die erste strukturell verstärkte Bulldog Mk IIA der RAF führte 1931 zu einem Auftrag über vier ähnliche Flugzeuge — jedoch mit einem hochverdichtenden Jupiter VIFH Motor, Viet Gasanlasser und Madsen MG — für das Königlich Dänische Fiegerkorps. Diese Maschinen wurden von der ersten dänischen Staffel geflogen. Drei davon befanden sich immer noch als Trainer im Einsatz, als Deutschland im April 1940 in Dänemark einfiel. Nach der Erprobung einer von Bristol gebauten Maschine durch die dänischen Marineflieger fanden auch Verhandlungen über den Lizenzbau der Bulldog in der dänischen Marinewerft statt, aber diese Pläne verliefen im Sande.

Die vier dänischen Bulldog wurden im März 1931 von Filton aus verschifft, und zwei Monate später flogen Piloten der schwedischen Luftwaffe acht weitere Bulldog Mk IIA von Bristol nach Malmslätt, wo sie mit Skiern ausgerüstet lange gute Dienste leisteten. Die letzten drei überlebenden Maschinen wurden im Dezember 1939 an Finnland übergeben, das sie im Winterkrieg gegen die Sowjetunion einsetzte.

Finnland, das fünfte Land an der Ostsee, das Bulldog kaufte, flog den alten Doppeldecker bei Kampfeinsätzen. Die Bulldog Mk IVA zog die Aufmerksamkeit der Finnen schon im Jahr 1933 auf sich, und im Dezember jenes Jahres erhielten die Hersteller einen Auftrag über 17 Jäger mit einem Mercury Motor. Die Situation wurde dadurch erschwert, daß Finnland in dem mit Bristol vereinbarten Lizenzgebiet für Gnome-Rhône Motoren lag und die Stammfirma von den in Frankreich hergestellten britischen Motoren enttäuscht war. Später verzichteten die Direktoren von Bristol auf die Lizenz, und im Januar 1935 lieferten sie die Flugzeuge mit einem von Bristol gebauten Mercury VIS2 Sternmotor. Die meisten der 17 Flugzeuge befanden sich zu Beginn des Winterkriegs von 1939/40 immer noch bei der finnischen Jägerstaffel LLv 26 im Einsatz. Etwa fünf russische Flugzeuge sollen von Bulldog Piloten abgeschossen worden sein, ehe die Flugzeuge einschließlich der von Schweden übergebenen Maschinen Ende Januar 1940 durch die Gladiator ersetzt wurden. Eines dieser Flugzeuge wurde restauriert und ist noch heute in Finnland erhalten.

Die finnischen Bulldog waren die letzten, die in Filton gebaut wurden, aber nach der Erprobung des 1929 nach Japan gesandten Flugzeugs, das von einem in Lizenz gebauten Nakajima Jupiter angetrieben wurde, finanzierte die japanische Regierung die Adaptierung der Bulldog in Japan unter Aufsicht von Konstrukteuren der Firma Bristol. Es wurden zwei Prototypen mit einem Nakajima Jupiter Motor geflogen, die sich durch die Installation des Treibstofftanks, das Fahrgestell und das Leitwerk unterschieden. Der erste dieser Prototypen hatte Zylinderhelme, der zweite hatte einen schmalen Townend-Ring und Radverkleidungen. Es kam aber zu keiner Bulldog Serienproduktion, obgleich mehrere japanische Flugzeuge später typische Merkmale der Bulldog aufwiesen, ohne daß diese Tatsache irgendwo erwähnt wurde.

Es stimmt, daß die RAF Anfang der dreißiger Jahre sehr auf die Bulldog angewiesen war, aber von größter Bedeutung waren damals die Bomber. Dafür versuchte man, bei den Abfangjägern Geld zu sparen. Es schien damals nicht viel auszumachen, daß sich die meisten im Einsatz befindlichen Jäger in bezug auf das Jagdkonzept von denen des Ersten Weltkriegs nur wenig unterschieden.

Hawker Fury und Nimrod

Eine aerodynamisch saubere, einfache Form kennzeichnet diesen Doppeldecker und zugleich ersten Jäger mit einer Höchstgeschwindigkeit von über 320 km/h, der bei der RAF zum Einsatz kam. Anfang der dreißiger Jahre galten die Piloten der Fury als beneidenswerte Elite 'des besten Fliegerclubs der Welt'.

Das erfolgreiche Debut des Rolls-Royce F.XI V-12 Motors (der sich vom früheren Falcon durch seine aus einem Stück gegossenen Zylinderblöcke unterschied, die ein viel höheres Leistungs/Gewichtsverhältnis ergaben, ermöglichte es Hawkers Chefkonstrukteur Sydney Camm, mit der altgedienten Tradition, die für Abfangjäger einen Sternmotor vorschrieb, zu brechen. Camm, der beim Entwurf seiner Jäger eine immer höhere Geschwindigkeit anstrebte, hatte ein besonders gutes Arbeitsverhältnis mit Rolls-Royce. Das ermöglichte es ihm, bei der Konstruktion des neuen F.XI Motors zwei Wege einzuschlagen. Der eine führte zu den leichten Hart Bombern und der andere zu den Hornet/Fury/Nimrod Jägern.

Die Basis seiner Jägerkonstruktion bildete die schiffsgestützte einsitzige Hoopoe Testmaschine. Dieses Flugzeug, das den allgemeinen Anforderungen der Marinespezifikation N.21/26 entsprach, wurde im Jahr 1927 mit privaten Mitteln finanziert. Die Hoopoe hatte zuerst einen Bristol Mercury Sternmotor und zweistielige Tragflächen, erhielt dann aber einstielige Flügel und schließlich einen Armstrong Siddeley Panther III Motor von 560 PS (418 kW), der es mit 315 km/h auf eine recht beachtliche Geschwindigkeit brachte.

Anfang 1928 wurde die Konstruktion der Hoopoe für die Aufnahme eines Rolls-Royce F.XI ausgelegt, wobei der außergewöhnlich schön geformte Bug den Motor ganz umschloß und das dazugehörige Kühlerbad zwischen den Fahrwerkstreben untergebracht wurde. Diese Konstruktion übertraf entschieden die Forderungen der Spezifikation F.20/27 des Air Ministry, und so erschien auf der Olympia Show 1929 ein Prototyp unter dem Namen Hornet (Hornisse). Die Maschine erregte bereits auf der Ausstellung großes Aufsehen, wurde jedoch zu einer wahren Sensation, als sie mit einem neuen Motor, dem F.XIS mit Vorverdichter, einige Wochen später bei der Flugerprobung durch Flight Lieutenant P.W.S. Bulman eine Höchstgeschwindigkeit von 330 km/h erreichte.

Die K8249 war eine von General Aircraft gebaute Fury Mk II. Sie hatte im Gegensatz zu den von Hawker gebauten Flugzeugen ein Heckrad und keine Radverkleidungen. Diese Produktionsserie umfaßte 89 Maschinen. Das abgebildete Flugzeug befand sich bei der No. 1 Sqn im Einsatz, die in Tangmere stationiert war.

Hawker Fury

Technische Daten der Hawker Fury Mk I
Typ: einsitziger Abfangjäger.
Triebwerk: ein wassergekühlter Rolls-Royce Kestrel IIS Zwölfzylinder-V-Kolbenmotor mit Vorverdichter von 525 PS (392 kW).
Leistung: Höchstgeschwindigkeit 333 km/h in 4.270 m Höhe; Steigflugdauer auf 3.050 m 4 min 30 sek; Dienstgipfelhöhe 8.535 m; Reichweite 491 km.

Gewicht: Leergewicht 1.190 kg; maximales Startgewicht 1.583 kg.
Abmessungen: Spannweite 9,14 m; Länge 8,13 m; Höhe 3,10 m; Tragflügelfläche 23,41 m^2.
Bewaffnung: zwei starre vorwärtsfeuernde 7,7 mm Vickers Mk III MG auf dem Bug mit je 600 Schuß.

Mitte der dreißiger Jahre war die Fury ein Frontjäger der RAF. Eine Staffel, die No. 25(F), war in Hawkinge stationiert, und zwei, die No. 1(F) und 43(F), hatten ihren Stützpunkt in Tangmere. Bei der letzteren befand sich auch die K3731 im Einsatz. Sie war, wie an der roten Seitenflosse zu erkennen ist, das Flugzeug des Kommandeurs. Die No. 43 Sqn, die sog. 'Fighting Cocks' (Kampfhähne), flog Fury von Mai 1931 bis November 1938.

Die portugiesische Arma de Aéronautica erhielt im Jahr 1935 drei Hawker Fury. Mehrere europäische Staaten hätten mehr Fury gekauft, aber wegen der hohen Kosten und der langsamen Lieferung des Kestrel Motors kamen verschiedene Exportaufträge nicht zustande, während Flugzeuge wie zum Beispiel die Bristol Bulldog davon profitierten.

Wegen 'kurzsichtiger, überflüssiger und lächerlicher' Forderungen in der F.20/27 Spezifikation wurde diese offiziell zurückgezogen, und bei Aufstellung der neuen Spezifikation auf der Basis der Hornet wurde Camm häufig zu Rate gezogen. Nach Aufgabe der neuen Spezifikation 13/30 kaufte das Air Ministry die Hornet unter der Seriennummer J9682, und die H.G. Hawker Engineering Company erhielt einen Auftrag über drei Vorserienmaschinen. Der Rolls-Royce F.XI Motor war inzwischen bereits in Kestrel umbenannt, und die Hornet erhielt den neuen Namen Fury (was sich mit Wildheit, aber auch 'Furie' übersetzen läßt), obwohl das beim Hersteller und sogar im Air Ministry eine gewisse Enttäuschung auslöste.

Camm hatte von jeher den Ehrgeiz, die Fury und die Hart technisch so hervorragend zu gestalten, daß sie als Bentley und Rolls-Royce der RAF gelten würden. Sie trugen letztlich jedoch nur wenig zum Fortschritt in der Flugzeugtechnik bei und erreichten lediglich, daß von nun an jedem Konstruktionsdetail außergewöhnlich große Beachtung geschenkt wurde. Bei der Fury setzten sich Fred Sigrists Hantelprofil-Flügelholme durch, während die eigentlichen Tragflächen parallel verlaufende, ungepfeilte Sehnen hatten. Die Rumpfzelle bestand aus Stahl und Aluminium, und eine Aluminiumbeplankung umschloß den Bug nach hinten bis zum Cockpit, während der hintere Rumpfabschnitt, die Tragflächen und das Leitwerk mit Stoff bespannt waren. Die Bewaffnung war noch die gleiche wie bei den schon mehr als zwölf Jahre früher eingeführten RFC Aufklärern (synchronisierte Vickers Zwillings-MG). Nur der obere Flügel erhielt Querruder, die aber ausreichten, um eine gut ansprechbare Steuerung und rasche Drehbewegungen zu ermöglichen.

Als Bulman den Hornet Prototyp zu einer Demonstrationstour mit ins Ausland nahm, beschloß der Generalstab der RAF, eine einzige Staffel mit Fury auszurüsten. Diese Entscheidung war angesichts der damals herrschenden Wirtschaftskrise, der Tatsache, daß die Bristol Bulldog gerade erst als Standard-Abfangjäger der RAF zum Einsatz kam und daß die Fury mit einem Preis von 4.800 Pfund Sterling, in dem sich offensichtlich die noch nicht amortisierten Kosten des neuen Kestrel niederschlugen, zweifellos sehr teuer war, nur schwer zu rechtfertigen. Während in Kingston-upon-Thames mit den Vorarbeiten für den Bau des neuen Jägers begonnen wurde, bestellte Jugoslawien sechs Fury, eine mit einem Hispano-Suiza 12Nb Motor und die anderen mit einem Kestrel IIS Standardmotor.

Die ersten Lieferungen

Die drei Fury Vorserienmaschinen und die 18 Serienflugzeuge flogen alle zum ersten Mal Anfang 1931. Sechzehn dieser Maschinen wurden an die No. 43 (Fighter) Squadron, die in Tangmere unter dem Befehl von Squadron Leader L.H. Slatter (später Air Marshal Sir Leonard Slatter) stand, geliefert. Unmittelbar darauf folgten die jugoslawischen Fury, aber da sich das von dem Hispano angetriebene Flugzeug als unbefriedigend erwies, wurde es mit einem Standardmotor modifiziert. Slatters Piloten nahmen die Fury mit so großer Begeisterung auf, daß die RAF sofort weitere 48 Maschinen bestellte. Diese kamen zur No. 25 (Fighter) Squadron, die im Winter 1931/32 in Hawkinge stand, und zur No. 1 (Fighter) Squadron in Tangmere.

Obwohl dieser Typ eine höhere Geschwindigkeit hatte als die Bulldog, setzten sich die Argumente für eine Standardisierung der Fury nicht durch, hauptsächlich deshalb, weil sich die Kosten für die Bulldog schneller amortisierten und die Kestrel Motoren nur in begrenzter Zahl zur Verfügung standen (sie wurden ebenfalls für die Großaufträge über die zahlreichen neuen Hawker Hart Varianten benötigt). Deshalb bestellte die RAF zwischen 1932 und 1935 nur noch 48 weitere Fury Mk I, die größtenteils als Ersatzmaschinen an die drei bereits erwähnten Staffeln gingen. Daraus darf aber nicht auf eine ungewöhnlich hohe Unfallrate bei der Fury geschlossen werden, denn bei

Der Fury Prototyp, der aus der mit einem Mercury Motor angetriebenen Hoopoe und der Hornet hervorging, flog am 25. März 1931 zum ersten Mal. Die Serienmaschinen, die sich kaum von der hier abgebildeten K1926 unterschieden, kamen schon bald bei der No. 43 Sqn zum Einsatz. Diese Staffel erhielt ihre ersten Maschinen schon im Mai 1931.

Links: **Diese Maschine, die, abgesehen von dem 'Fighting Cock' (Kampfhahn) Symbol auf der Seitenflosse, keinerlei Kennungen aufweist, ist eine Fury Mk I der No. 43 Sqn in Tangmere. Sie ist mit dem dunkelgrün/erdfarbenen Sichtschutz versehen, der ungefähr zur Zeit des Münchener Abkommens im Jahr 1938 eingeführt wurde.**

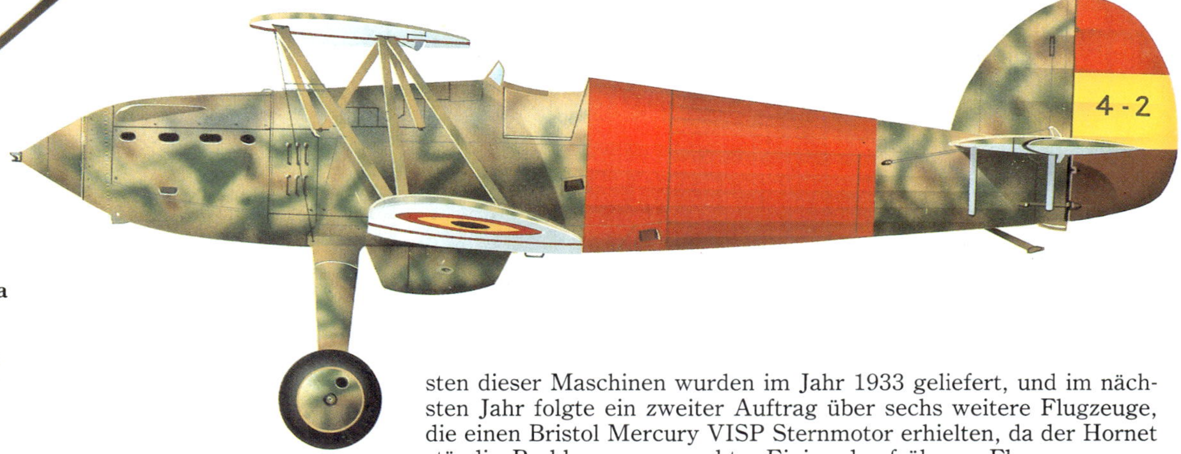

Rechts: **Spanien erhielt drei Fury mit einem Hispano-Suiza 12Xbrs Motor von 700 PS (522 kW) und — wie andere damalige Flugzeugtypen, zum Beispiel die Gloster Gladiator — einem einstrebigen Fahrwerk.**

den drei Staffeln kam es innerhalb von fünf Jahren insgesamt nur zu zwölf Flugunfällen. Einige Maschinen gingen vielmehr auf ganz andere Weise verloren; am 7. August 1933 stürzte zum Beispiel in Hawkinge eine Horsley der No. 504 Squadron auf den Hangar ab, in dem sich die Fury der No. 25 Squadron befanden, und bei dem dadurch entstandenen Brand wurden sechs Maschinen zerstört.

Während die Fury Staffeln der RAF phantastische Flugvorführungen zum Besten gaben, darunter auch den Kunstflug einer Formation fest miteinander verbundener Maschinen in Hendon, wuchs das Interesse ausländischer Luftstreitkräfte an dem Jäger, obgleich dessen hoher Preis und die beschränkte Lieferbarkeit des Kestrel Motors den Aufträgen eine Grenze setzten. Norwegen bestellte eine einzige Erprobungsmaschine mit einem Panther Sternmotor, die eine kurze Zeit mit einem Kufenfahrwerk flog. Der 14-Zylinder-Motor erwies sich aber als zu schwer, so daß diese Version erfolglos blieb. Der größte Auslandskunde war Persien, für dessen Luftwaffe 16 Flugzeuge mit einem Pratt & Whitney Hornet Sternmotor gebaut wurden. Die meisten dieser Maschinen wurden im Jahr 1933 geliefert, und im nächsten Jahr folgte ein zweiter Auftrag über sechs weitere Flugzeuge, die einen Bristol Mercury VISP Sternmotor erhielten, da der Hornet ständig Probleme verursachte. Einige der früheren Flugzeuge wurden nach Kingston zurückgesandt, um mit dem britischen Motor ausgerüstet zu werden.

Weitere Exporte

Andere ausländische Kunden waren Portugal (an das im Jahr 1935 drei Flugzeuge geliefert wurden) und Spanien, das ebenfalls drei Maschinen erhielt. Letztere hatten einen Hispano-Suiza 12Xbrs Motor von 700 PS (522 kW) und ein einstrebiges, selbsttragendes Fahrgestell wie die Gloster Gladiator; sie kamen im Spanischen Bürgerkrieg zum Einsatz. Jugoslawien sandte eine seiner ersten Fury nach Kingston zurück, wo sie mit einem Lorraine Petrel Hfrs Motor von 720 PS (547 kW) ausgerüstet wurde. Damit brachte sie es bei Versuchen auf eine Geschwindigkeit von 369 km/h, aber Jugoslawien bestellte dennoch zehn Maschinen mit einem Kestrel XVI (damit sie das gleiche Triebwerk hatten wie ihre Hawker Hind). Diese Fury waren mit dem einstrebigen Fahrgestell, einem Kühler mit geringem Luftwiderstand und vier MG ausgerüstet. Mit einer Höchstgeschwindigkeit von 389 km/h waren diese jugoslawischen Flugzeuge die schnellsten Exportversionen der Fury.

Hawker hatte zweifellos Glück, überhaupt Aufträge — wenn auch relativ kleine — für die Fury Mk I zu bekommen, wenn man bedenkt, daß die Bulldog der Fury zuvorgekommen war und daß die Wirtschaftskrise von 1930 und die damals herrschende Abrüstungsstimmung Grund genug dafür gewesen wären, dem Flugzeug keinerlei Beachtung zu schenken. Die Ausgabe der Spezifikation F.7/30 bewies jedoch, daß zumindest der Generalstab über die 'Zehn-Jahres-Regel' hinausblickte, die besagte, daß einem europäischen Konflikt eine zehnjährige Warnung vorausgehen werde, und die ohnehin innerhalb eines Jahres aufgegeben wurde. Diese insgeheim vertretene Einstellung, die von einflußreichen Persönlichkeiten in der Regierung geteilt wurde, veranlaßte Camm und die Hawker Geschäftsführung dazu, sich für die Weiterentwicklung der Fury mit privaten Mitteln einzusetzen. Dabei dachten sie bereits an einen Nachfolger zur Erfüllung der eigentlichen Spezifikation F.7/30.

Der erste Schritt bestand darin, ein Versuchsflugzeug, das in etwa der Standardmaschine entsprach und in Firmenbesitz stand, zu pro-

Westward Airways

Links: **Hier abgebildet ist die originalgetreue Nachahmung der Maschine von Staffelkapitän L.H. Slatter der No. 43 Squadron, die im Jahre 1931 zu den ersten ausgelieferten Exemplaren der Hawker Fury gehörte.**

Mehrere Exportmaschinen hatten einen Sternmotor, der eine größere Seitenflosse erforderte. Dieses Flugzeug war eine von sechs Fury mit einem Mercury Motor, die nach Persien geliefert wurden. Persien hatte früher schon 16 Maschinen mit einem Pratt & Whitney Hornet Motor erhalten. Die Flugzeuge wurden bis zum Jahr 1941 viel eingesetzt.

duzieren. Es handelte sich hierbei um die Intermediate Fury (Fury Zwischenmodell) mit der Registrierung G-ABSE. Bei diesem Flugzeug, das P.E.G. Sayer am 13. April 1932 zum ersten Mal flog, wurden Innovationen wie zum Beispiel Radverkleidungen, ein Goshawk Vorverdichter (und schließlich der Goshawk Motor selbst) sowie Verdampfungskühlung getestet. Der nächste logische Schritt bestand darin, ein von der Firma finanziertes Flugzeug zu bauen, das ohne Ausrüstung für die reine Hochleistungs-Flugerprobung eingesetzt werden sollte. Dies war die High-Speed Fury (Hochgeschwindigkeits-Fury), die am 3. Mai 1933 ihren Erstflug hatte und zur Erforschung von Trapezflügeln und V-förmigen Flügelstielen mit geringem Luftwiderstand, Verdampfungskühlung und eines Goshawk Motors (den die Spezifikation F.7/30 inzwischen vorschrieb) verwendet wurde. Als sie schließlich mit dem Goshawk B 43 Motor von 730 PS (545 kW) und halbeinfahrbarem Kühler sowie zwei MG zur Einsatzerprobung kam, erreichte die High-Speed Fury (die in dieser Form auch als die Fury Mk II bekannt war) in einer Höhe von 3.810 m eine Geschwindigkeit von 446 km/h. Das ist wahrscheinlich die höchste Geschwindigkeit, die je von einem voll bewaffneten britischen Doppeldecker erzielt wurde. Interessant ist auch die Tatsache, daß die P.V.3, mit der sich Camm an dem F.7/30 Wettbewerb beteiligte, eine direkte Weiterentwicklung der High-Speed Fury war, obwohl sie, streng genommen, nicht zur Fury Baureihe gehörte. Der ungeeignete dampfgekühlte Goshawk Motor und das Gewicht der unförmigen Kondensatoren, der obligatorischen vier MG, der Nachtflugausrüstung und der Radverkleidungen machten der P.V.3 bei voller Treibstofflast so zu schaffen, daß sie es in rund 4.300 m Höhe nur auf eine Geschwindigkeit von 360 km/h brachte. Es überrascht daher kaum, daß die Gloster Gladiator, die um etwa 40 km/h schneller war, den Wettbewerb gewann. Im Jahr 1935 flog übrigens auch Rolls-Royce die High-Speed Fury mit dem P.V.12 Merlin Prototyp-Motor von 1.000 PS (746 kW), aber wegen der schwierigen Trimmung unterzog man diese Maschine keinen regulär gemessenen Höchstgeschwindigkeitsversuchen.

Die Fury Mk II und die Nimrod

Das ist jedoch noch nicht das Ende der Fury Saga. Im Verlauf ihrer Entwicklung erzielte die High-Speed Fury (K3586) bei der Erprobung in Martlesham Heath mit einem Kestrel VI und Radverkleidungen eine Höchstgeschwindigkeit von 367 km/h. Als diese Version offiziell zur Erfüllung der bereits vorhandenen Spezifikation F.14/32 angeboten wurde, akzeptierte man sie als Basis für einen Jäger, den die RAF während der Entwicklungsperiode der Hawker Hurricane als Zwischenlösung brauchte. Aufgrund des höheren Treibstoffverbrauchs wurde diese Version, die Fury Mk II, mit einem zusätzlichen Treibstofftank versehen und im November 1936 bei der No. 25 Squadron und innerhalb des nächsten Jahres auch bei den No. 41, 73 und 87 Squadron in Dienst gestellt. Mit einer Geschwindigkeit von nur 359 km/h war die Fury jedoch zur Zeit des Münchener Abkommens im September 1938 der Gladiator (von der Hurricane und der Spitfire ganz zu schweigen) bereits unterlegen und praktisch kaum mehr im Fronteinsatz zu gebrauchen. Trotzdem wurden insgesamt 98 Fury Mk II produziert.

Die Nimrod war keineswegs bloß eine für den Einsatz bei der Marine modifizierte Fury, sondern ein weitgehend eigenständiger Entwurf, der allerdings gleichfalls aus dem Basismodell Hoopoe entwickelt worden war.

Von den ersten Erfolgen der Hornet sowie von wiederholten Anfragen aus Dänemark, Schweden und Norwegen nach einer schiffsgestützten Fury Version ermutigt, begann Camm, das Kestrel-Hoopoe Konzept den Forderungen der Spezifikation N.21/26 für einen schiffsgestützten Jäger als Ersatz für die schon ziemlich alte Fairey Flycat-

Aufriß-Erläuterung zur Hawker Fury Mk I

1 Anlasserklaue
2 Propellerhaube
3 Watts Zweiblatt-Holzpropeller
4 Propeller-Befestigungsbolzen
5 Rückwand der Propellerhaube
6 Propeller-Untersetzungsgetriebe
7 Motorhaube
8 Haubenverkleidung
9 Rolls-Royce Kestrel IIS Motor von 525 PS
10 Haubenbefestigung
11 Auspuffstutzen
12 vordere Motoraufhängung
13 hintere Motoraufhängung
21 'N'-Streben der mittleren Flügelsektion
22 Struktur der mittleren Flügelsektion
23 Handgriffe
24 Befestigung des äußeren Flügelholms
25 mit Sperrholz beplankte Vorderkanten
26 Pitot/Statikrohre
27 vorderer Holm aus Stahlrohr
28 hinterer Holm aus Stahlrohr
29 Holmverstrebung
30 diagonale Drahtverstrebung
31 Querruder, backbord
32 Querruderhebel
33 Querruderkabel
41 oberer Rumpfholm
42 unterer Rumpfholm
43 Spant-Nietverbindungen
44 Vickers 7,7 mm MG
45 MG-Mündungsrinne im Treibstofftank
46 Hülsenauswurf
47 Munitionsbehälter, 600 Schuß pro MG
48 MG-Visier
49 Windschutzscheibe des Piloten
50 gepolstertes Cockpitsüll
51 Schubleistungs- und Gemischregelungshebel
52 Steuersäule
53 Instrumententafel

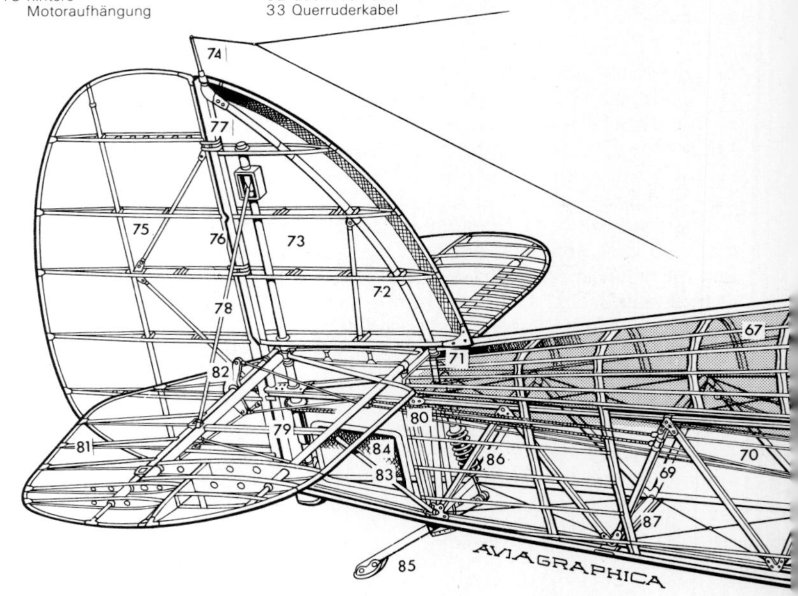

14 Verstrebung der Motoraufhängung
15 Vorverdichter
16 Sammeltank für Kühlwasser
17 Einfüllstutzen des Wassertanks
18 Kühlmittelleitung
19 Lufteinlauf des Vorverdichters
20 Schott des Motorraums
34 Schwerkraft-Treibstofftank, 123 Liter
35 Einfüllstutzen
36 Haupttreibstofftank, 105 Liter
37 Tankaufhängung
38 Einfüllstutzen
39 Öltank
40 Rumpfspant aus Stahlrohr
54 Handrad zur Verstellung des Höhenleitwerks
55 Sicherheitsgurt
56 Gurtöffnungskabel
57 Sitz des Piloten
58 Hebel zur Sitzverstellung
59 Handpumpe für Anlaßtreibstoff
60 Trittbretter

Varianten der Hawker Nimrod

Hawker Norn: ein mit privaten Mitteln gebauter schiffsgestützter Prototyp, den später das Air Ministry kaufte und Nimrod nannte; Rolls-Royce F.XIMS Motor.
Hawker Nimrod: zwei Prototypen (S1577 und S1578) gemäß Spezifikation 16/30; Kestrel II Motor.
Hawker Nimrod Mk I: zehn Serienmaschinen (S1579-S1588) gemäß Spezifikation 16/30; Kestrel IIS Motor; austauschbares Räder/Schwimmer-Fahrwerk.
Hawker Nimrod Mk I: Produktion von 43 Maschinen (S1614-S1637 und K2823-K2841) in den Jahren 1932/33 mit geringfügigen Modifikationen gemäß der geänderten Spezifikation 16/30.
Hawker Nimrod Mk II: Produktion von 27 Maschinen (K2909-K2914, K2925, K2926, K3654-K3662 und K4620-K4629) in den Jahren 1933/35 mit verstärktem hinterem Rumpfabschnitt gemäß Spezifikation 11/33; einige Maschinen mit einem Kestrel V Motor; gepfeilte obere Flügel; K2909-K2911 mit einer Zelle aus rostfreiem Stahl.
Hawker Nimrod für Dänemark: zwei Modellmaschinen mit einem Kestrel IIIS Motor; Lieferung im Jahr 1934, danach Lizenzbau in Dänemark.
Hawker Nimrod für Japan: eine Maschine mit einem Kestrel IIIS, Lieferung im Jahr 1934.
Hawker Nimrod für Portugal: Lieferung einer Maschine im Jahr 1934; zuerst mit einem Kestrel IIS Motor, der aber später gegen einen Kestrel V ausgetauscht wurde.

John D.R. Rawlings

Die Fury Mk II kam im November 1936 mit dem leistungsfähigeren Kestrel VI Motor bei der No. 25 Sqn zum Einsatz. Die ersten (Hawker) Serienmaschinen unterschieden sich von ihren Vorgängern durch Radverkleidungen. Dieses Flugzeug diente der in Hawkinge stationierten No. 25 Sqn.

Varianten der Hawker Fury

Hawker Hornet: ein mit privaten Mitteln gebauter Prototyp (J9682) nach der geänderten Spezifikation F.20/27; F.XIA Motor (später F.XIS); Erstflug im März 1929.
Hawker Fury Mk I: drei Vorserienmaschinen (K1926-K1928) mit einem Kestrel IIS Motor.
Hawker Fury Mk I: Produktion im Jahr 1931 gemäß Spezifikation 13/30; 18 Maschinen (K1929-K1946) mit einem Kestrel IIS; eine Maschine (K1935) wurde der Fury Mk II Prototyp; Vickers Mk I MG.
Hawker Fury Mk I: Serienversion in den Jahren 1932/33 gemäß der geänderten Spezifikation 13/30 mit geringfügigen Modifikationen; 63 Maschinen (K2035-K2082, K2874-K2883 und K2899-K2903) mit einem Kestrel IIS; Vickers Mk III MG.
Hawker Fury für Jugoslawien (1. Serie): Lieferung von sechs Maschinen 1932; Kestrel IIS (eine Maschine vorübergehend mit einem Hispano-Suiza 12Nb Motor).
Hawker Fury für Norwegen: Lieferung einer Maschine im November 1932; Armstrong Siddeley Panther IIIA Sternmotor; flog auch mit Kufenfahrwerk.
Hawker Fury für Persien (1. Serie): Lieferung von 16 Maschinen in der zweiten Hälfte des Jahres 1933; Pratt & Whitney Hornet S2B1G Sternmotor und Hamilton Hydromatic Dreiblatt-Propeller.
Hawker Fury für Persien (2. Serie): Lieferung von sechs Maschinen im Jahr 1935; Bristol Mercury VIS2 Sternmotor (auch einige Umrüstungen der 1. Serie).
Hawker Fury für Portugal: Lieferung von drei Flugzeugen (50-52) im Juni 1934; Kestrel IIS Motor.
Hawker Fury für Jugoslawien (2. Serie): Lieferung von zehn Maschinen in den Jahren 1936/37; Kestrel XVI Motor; Kühler mit geringem Luftwiderstand, Auslegfahrwerk und vier MG.
Hawker Fury für Spanien: Lieferung von drei Maschinen (4-1 bis 4-3) im Juni 1935; Hispano-Suiza 12Xbrs Motor, selbsttragendes Fahrwerk und zwei MG.
Hawker Intermediate Fury: eine von der Firma finanzierte Versuchsmaschine (G-ABSE); Kestrel IIS, IVS (mit Goshawk Vorverdichter), VI und VI Special und Goshawk III Motor; gelegentlich auch mit Radverkleidungen, selbsttragendem Fahrwerk und elektromagnetischer Vorrichtung für den Bombenabwurf.
Hawker High-Speed Fury Mk I und Mk II: eine von der Firma finanzierte Versuchsmaschine (K3586), die mit einem Kestrel IIS, IIIS, IVS, Kestrel (Special), Goshawk III, B 41 und B 43 sowie einem Rolls-Royce P.V.12 (Merlin Prototyp) und auch mit verschiedenen Flügelkonfigurationen geflogen wurde.
Hawker Fury Mk II: Produktion im Jahr 1936 durch Hawker gemäß Spezifikation 6/35; 23 Maschinen (K7263-K7285) mit einem Kestrel VI Motor.
Hawker Fury Mk II: Produktion in den Jahren 1936/37 durch General Aircraft Ltd gemäß Spezifikation 19/35; 75 Maschinen (K8232-K8306); vier Maschinen gingen im Jahr 1938 nach Habbanijja, einige andere 1939 nach Südafrika.

61 Seitenruder-Pedalstange
62 Sauerstoffflasche
63 Akkumulator
64 hinteres Cockpit-Schott aus Sperrholz
65 hintere, obere Rumpfbeplankung
66 Befestigung des Sicherheitsgurts
67 Rumpfrückenspanten
68 Holzstringer
69 Struktur des hinteren Rumpfabschnitts
70 Höhenleitwerks-Steuerseil
71 Seitenflossenbefestigung
72 Struktur der Seitenflosse
73 Stoffbespannung
74 Antennenmast
75 Struktur des Seitenruders
76 Achtersteven
77 Seitenruderscharnier
78 Drahtverstrebung des Höhenleitwerks
79 Antrieb zur Verstellung des Höhenleitwerks
80 vordere Befestigung des Höhenleitwerks
81 Höhenruder, steuerbord
82 Bedienungshebel des Höhenruders
83 starre Verstrebung
84 Zugangsklappe
85 Hecksporn
86 Hecksporn-Stoßdämpfer
87 Abstützpunkt für das Flugzeug
88 unterer Rumpfholm
89 Zugang zum hinteren Rumpfabschnitt
90 Befestigung des hinteren unteren Flügelholms
91 Befestigung des vorderen Holms
92 Befestigung der Fahrwerkstrebe

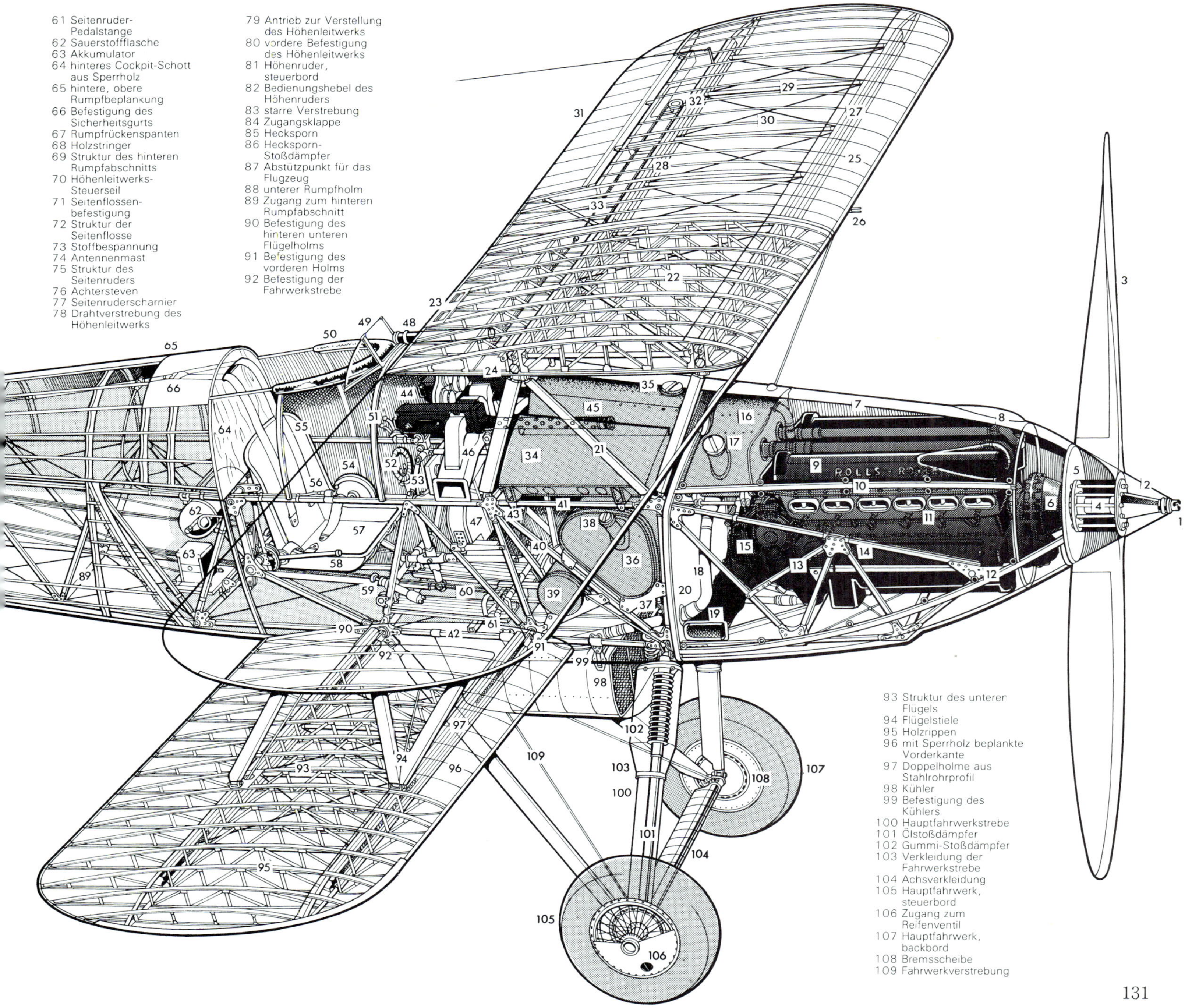

93 Struktur des unteren Flügels
94 Flügelstiele
95 Holzrippen
96 mit Sperrholz beplankte Vorderkante
97 Doppelholme aus Stahlrohrprofil
98 Kühler
99 Befestigung des Kühlers
100 Hauptfahrwerkstrebe
101 Ölstoßdämpfer
102 Gummi-Stoßdämpfer
103 Verkleidung der Fahrwerkstrebe
104 Achsverkleidung
105 Hauptfahrwerk, steuerbord
106 Zugang zum Reifenventil
107 Hauptfahrwerk, backbord
108 Bremsscheibe
109 Fahrwerkverstrebung

Fleet Air Arm Museum

Die Nimrod war nicht nur das schiffsgestützte Gegenstück zur Fury, sondern ein weitgehend eigenständiger Entwurf. Von Hawker und im Lizenzbau wurden fast 100 Nimrod produziert, und einige Maschinen befanden sich auch 1940 noch im Einsatz. Die hier abgebildete Maschine ist eine Nimrod Mk II.

cher anzupassen. Als die entsprechende Spezifikation 16/30 herauskam, hatte Hawker auf eigene Kosten zwei Prototypen schon fast fertiggestellt. Diese Flugzeuge, die zunächst inoffiziell als die Norn (Norne = eine skandinavische Schicksalsgöttin) bekannt waren, kaufte das Air Ministry — das eine zur Flugerprobung und das andere für Schwimmertests. Unter ihrem neuen Namen Nimrod glichen die neuen schiffsgestützten Jäger zweifellos der Fury, aber sie unterschieden sich von ihr auch in einigen wichtigen Punkten, äußerlich hauptsächlich durch besonders energieabsorbierende Ölstoßdämpfer von langem Hub, eine etwas vergrößerte Seitenflosse und eine Rumpfbeplankung aus Metall, die sich etwas weiter nach hinten erstreckte. Innen hatten sie im oberen Flügel und im hinteren Rumpfabschnitt Schwimmerkästen, in den Flügelbefestigungen und in der Motoraufhängung einige Bauteile aus rostfreiem Stahl, und außerdem besaßen sie ein austauschbares Schwimmer/Räder-Fahrwerk. Die Vorverlegung des Cockpits um 7,6 cm zur Verbesserung des Blickfelds über die Vorderkante des unteren Flügels war eine der weniger auffallenden Änderungen dieses Entwurfs.

Nach der ersten Erprobung in Martlesham ging die erste Nimrod (S1577) Anfang 1931 an Bord der *HMS Eagle*, die sie zu einer britischen Handelsmesse nach Buenos Aires brachte. Dort wurde sie in der El Palomar Flugschau von Flying Officer C.P. Barker geflogen. Nach ihrer Rückkehr wurde die Erprobung erfolgreich beendet und im Anschluß daran das Flugzeug, zusammen mit einer zweiten Maschine (S1578), in Felixstowe als Schwimmerflugzeug erprobt. Es folgte ein Auftrag über 34 Serienmaschinen, die im Juni 1932 bei der No. 408 Flight unter dem Befehl von Lieutenant Commander E.M.C. Abel-Smith an Bord der *HMS Glorious* und kurze Zeit später auch bei der No. 402 und 409 Flight zum Einsatz kamen. In beiden Fällen ersetzten sie die Flycatcher. Schließlich wurden noch 19 Nimrod Mk 1 mit Fanghaken, einer Befestigung für den Katapultschlitten und einer für den Katapultstart notwendigen Kopfstützenverkleidung produziert. Die früheren Flugzeuge erhielten noch nachträglich einige dieser Modifikationen.

Die Produktion der Nimrod wurde langsam bis weit in das Jahr 1935 hinein fortgesetzt. Es handelte sich dabei um die Nimrod Mk II, von der 27 Maschinen fertiggestellt wurden. Diese Version sollte ursprünglich einen gepfeilten oberen Flügel, einen verstärkten hinteren Rumpfabschnitt und mehr rostfreien Stahl in der Zelle aufweisen sowie einen Kestrel V Motor erhalten, aber die meisten Maschinen unterschieden sich von den Nimrod Mk I nur durch die Verstärkung des Rumpfabschnitts. Der Motor wurde erst später durch einen Kestrel V ersetzt, und nur drei Flugzeuge hatten eine Zelle aus überwiegend rostfreiem Stahl.

Im Jahr 1933 wurden für die Fleet Air Arm neue Bezeichnungen eingeführt. Die alten Flight-Einheiten erhielten neue Nummern im 800er Bereich. Nimrod Maschinen dienten je zwei Flight der No. 800 und 801 Squadron (*HMS Courageous*) und der No. 802 Squadron (*HMS Furious*). Die dritte Flight wurde mit Hawker Osprey ausgerüstet. Fast alle diese Flugzeuge waren bei Beginn des Zweiten Weltkriegs bereits außer Dienst gestellt (und durch Gloster Sea Gladiator und Blackburn Skua ersetzt). Insgesamt wurden vier Nimrod exportiert, zwei Exemplare gingen nach Dänemark als Modellflugzeuge für einen geplanten Lizenzbau in diesem Land, eine nach Japan und eine nach Portugal.

Mit der zusätzlichen Ausrüstung für einen schiffsgestützten Einsatz erreichte die Nimrod mit einem Räderfahrwerk und einem Kestrel IIS Motor in einer Höhe von 3.600 m eine Höchstgeschwindigkeit von nur 316 km/h. Allen Berichten zufolge war ihr Flugverhalten allerdings recht gut.

Links: **Nach ihrer Umrüstung durch Hispano-Suiza fiel diese Fury, die ursprünglich an die spanische Luftwaffe geliefert wurde, in die Hände der Nationalisten, die sie dann flogen. Sie hat einen Hispano-Suiza Motor (siehe die paarweise angeordneten mittleren Auspufföffnungen in der Motorhaube) und ein einstrebiges Fahrwerk.**

Rechts: **Die South African Air Force erhielt mehrere ehemalige RAF Fury, als die Maschinen nicht mehr für den Fronteinsatz taugten. Dieses Flugzeug flog im Jahr 1942 bei der No. 3 Sqn.**

de Havilland Dragon und Rapide

Mehr als dreißig Jahre lang bildete die de Havilland Dragon- und Rapide-Baureihe das Rückgrat vieler kleiner Fluggesellschaften. Diese robusten Doppeldecker waren nicht nur auf Kurzstrecken mit wenig Verkehrsaufkommen die idealen Passagierflugzeuge, auch als bewaffnete Trainer und Verbindungsflugzeuge kamen sie weltweit zum Einsatz.

In den späten 20er und frühen 30er Jahren verschaffte sich de Havilland mit seinem Programm an Leichtflugzeugen auf der Basis der D.H.60 Moth einen erstaunlichen Ruf. Das Unternehmen hatte die D.H.61 Giant Moth für acht Passagiere sowie die D.H.66 Hercules für den Einsatz bei Imperial Airways und in anderen Teilen des britischen Empire gebaut, während der Bedarf kleinerer Betreiber mit der D.H.83 Fox Moth gedeckt wurde.

Einer der wichtigsten Kunden der Fox Moth war Hillman's Airways. Die Fluggesellschaft war von Edward Hillman gegründet worden, der als logische Erweiterung seines Busunternehmens nun in die Luftfahrt expandieren wollte. Dieser vielseitige Mann war auch verantwortlich dafür, daß de Havilland ein größeres, zweimotoriges Flugzeug für zehn Passagiere konstruierte, um somit den steigenden

Austin J. Brown/APL

Die irische Aer Lingus beförderte im Jahre 1936 erstmals Passagiere in einer D.H.84 Dragon von Dublin ins englische Bristol. Zum 50jährigen Jubiläum der Gesellschaft legte eine restaurierte Dragon diesen Weg 1986 noch einmal zurück.

Bruce Robertson

Diese makellose D.H.84 gehörte in den 30er Jahren dem britischen Thronfolger und wurde von ihm auch geflogen. Dragon 1 hatte eine Bemalung in Rot, Blau und Silber. Als Triebwerk dienten zwei 130 PS (97 kW) Gipsy Major Motoren mit einem 136 Liter Tank in jeder Gondel. Dieser zweistielige Doppeldecker bot sechs bis zehn Passagieren Platz.

Bedarf seines Flugdienstes decken zu können. So wurde Hillman's Airways zum ersten Betreiber des neuen leichten Linienflugzeugs von de Havilland, der D.H.84 Dragon. Eigentlich war die Dragon deutlich kleiner als die ursprüngliche Spezifikation von Hillman, und sie bot in ihrem kastenförmigen Rumpf aus Fichte und Sperrholz Platz für einen Piloten und sechs Passagiere. Die äußeren Teile der Doppeldecker-Flügel konnten gleich hinter den Motoren zurückgeklappt werden, und die Form der Flügel war im äußeren Bereich leicht trapezförmig. Auf den unteren Flügeln saßen die beiden 130 PS (97 kW) de Havilland Gipsy Major 1 Motoren, und die Hauptfahrwerksbeine waren jeweils direkt an dem Brandschott des Motors befestigt. In einigen Fällen hatten die Räder stromlinienförmige Halbverkleidungen, um den Luftwiderstand etwas zu reduzieren. Die Maschine besaß ein gepfeiltes Seitenleitwerk und damit auch das de Havilland 'Erkennungszeichen', das durch die vorausgegangenen Sport-Doppeldecker bekanntgeworden war. Der Pilot saß in einem weitgehend verglasten Cockpit ganz vorn in der Bugsektion des Flugzeugs.

Der Prototyp der Dragon (E-9, Konstr.-Nr. 6000) absolvierte am 24. November 1932 in Stag Lane im Norden Londons seinen Erstflug. Die für die Flugerprobung aufgewandte Zeit war im Vergleich zu modernen Erfahrungswerten unglaublich kurz, und der Prototyp wurde bald darauf mit der Zulassung G-ACAN neu lackiert und im Dezember 1932 an Mr. Hillman ausgeliefert. In kurzem Abstand folgten vier Dragon-Serienmaschinen, die sofort zu einem Erfolg wurden. Hillman's Airways bot sehr niedrige Flugtarife an, indem die Gemeinkosten niedrig gehalten wurden und die Piloten den gleichen Lohn wie die Busfahrer erhielten. Dies hatte zur Folge, daß zwei weitere Dragon bestellt und die vorhandenen Maschinen auf acht Passagiere umgerüstet wurden, wodurch das hintere Gepäckabteil entfiel.

Viele andere kleine Fluggesellschaften bestellten Dragon als Passagierflugzeuge, die aber auch Post transportierten und in Schottland und anderen abgelegenen Gebieten als Sanitätsflugzeuge verwendet wurden. Mit der Scottish Motor Traction Co. Ltd. hatte ein weiteres Busunternehmen einen integrierten Bus- und Flugdienst eingerichtet, für den Dragon verwendet wurden. Außerdem kam der Typ bei der Highland Airways und der Aberdeen Airways in Dienst, die sich 1938 zur Scottish Airways zusammenschlossen. Die Dragon 2 wurde vorgestellt, nachdem 62 Exemplare der ersten Version gebaut worden waren, und dieses spätere Modell war an seinen einzeln gerahmten Kabinenfenstern zu erkennen, die die durchgehende Verglasung der Dragon 1 ersetzten. Relativ viele Dragon wurden (speziell in Kanada) mit Schwimmern geflogen, wozu eine größere Seitenfläche notwendig war. Diese Maschinen erhielten eine vergrößerte Heckflosse, die auch dann montiert blieb, wenn die Flugzeuge wieder auf ein normales Räderfahrwerk umgerüstet wurden.

Aufriß-Erläuterung zur de Havilland D.H.84 Dragon

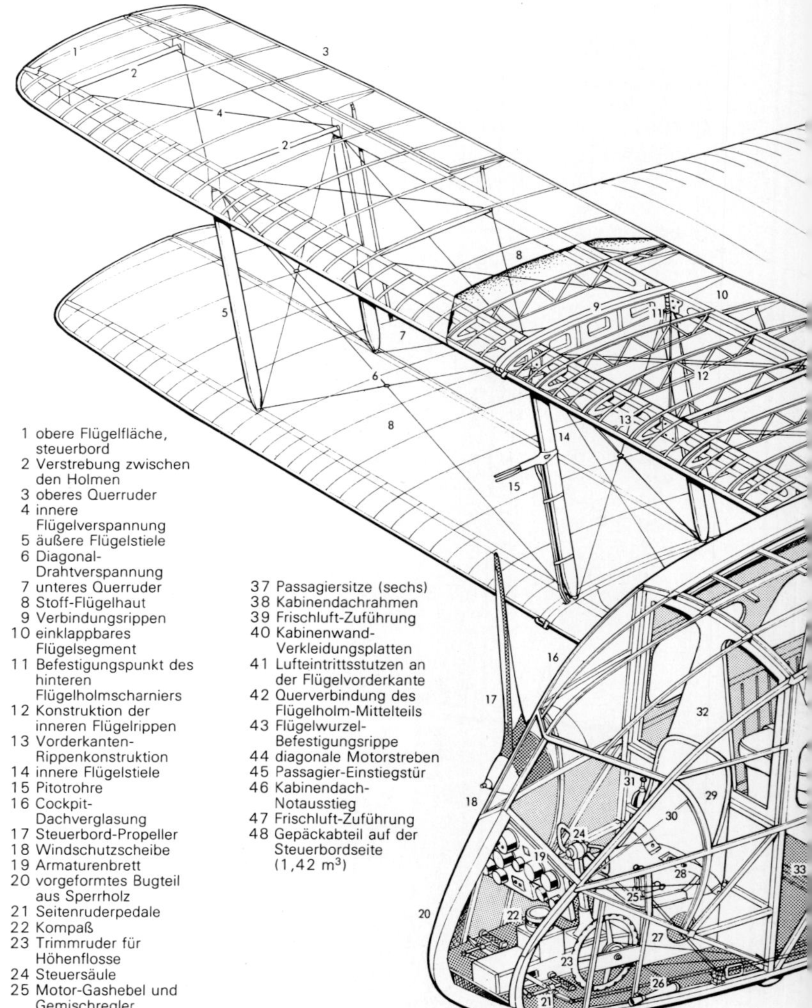

1 obere Flügelfläche, steuerbord
2 Verstrebung zwischen den Holmen
3 oberes Querruder
4 innere Flügelverspannung
5 äußere Flügelstiele
6 Diagonal-Drahtverspannung
7 unteres Querruder
8 Stoff-Flügelhaut
9 Verbindungsrippen
10 einklappbares Flügelsegment
11 Befestigungspunkt des hinteren Flügelholmscharniers
12 Konstruktion der inneren Flügelrippen
13 Vorderkanten-Rippenkonstruktion
14 innere Flügelstiele
15 Pitotrohre
16 Cockpit-Dachverglasung
17 Steuerbord-Propeller
18 Windschutzscheibe
19 Armaturenbrett
20 vorgeformtes Bugteil aus Sperrholz
21 Seitenruderpedale
22 Kompaß
23 Trimmruder für Höhenflosse
24 Steuersäule
25 Motor-Gashebel und Gemischregler
26 Venturirohr
27 Sitzunterbau
28 Sicherheitsgurt
29 Pilotensitz
30 zu öffnendes Seitenfenster
31 Feuerlöscher
32 Cockpitschott
33 Fußboden der Hauptkabine
34 Rumpf-Seitenspant
35 diagonale Verstrebung
36 Kabinenfenster
37 Passagiersitze (sechs)
38 Kabinendachrahmen
39 Frischluft-Zuführung
40 Kabinenwand-Verkleidungsplatten
41 Lufteintrittsstutzen an der Flügelvorderkante
42 Querverbindung des Flügelholm-Mittelteils
43 Flügelwurzel-Befestigungsrippe
44 diagonale Motorstreben
45 Passagier-Einstiegstür
46 Kabinendach-Notausstieg
47 Frischluft-Zuführung
48 Gepäckabteil auf der Steuerbordseite ($1{,}42\ m^3$)
49 Steuerbord-Flügel, eingeklappt (für mehr Beweglichkeit am Boden)
50 äußere Versteifung der Rumpfhautplatten
51 oberer Rumpf-Längsträger
52 horizontale Zwischenholme
53 Heckflossen-/Leitwerkswurzel-Übergangsstück
54 Höhenflosse
55 Seitenflossenkonstruktion
56 Hintersteven
57 Seitenruder-Hornausgleich
58 stoffbespannte Seitenruderkonstruktion
59 obere Höhenleitwerks-Spanndrähte

Der erste Prototyp der D.H.84 Dragon mit der Registrierung G-ACAN ging nach der Erprobung im Dezember 1932 an den ersten Kunden des Flugzeugtyps, Hillman Airways, die ihre Basis auf dem Maylands Aerodrome hatte. Später erwarb die Gesellschaft noch sechs weitere Dragon.

Einer der ersten Käufer der Dragon war die irakische Luftwaffe, von der vermutlich der Anstoß zur Entwicklung der D.H.84 gegeben worden war. Sie bestellte acht Exemplare der Version D.H.84M, die 1933 nach Bagdad ausgeliefert wurden und in den hart umkämpften Stammesgebieten des Landes als Patrouillenflugzeuge zum Einsatz kamen. Unmittelbar hinter den Flügeln befand sich oben am Rumpf eine Schützenposition, und der Pilot konnte sich mit zwei Maschinengewehren am Kampf beteiligen, die jeweils seitlich im Bug der Dragon montiert waren. Die D.H.84M hatte außerdem auch die vergrößerte Heckflosse der Wasserflugzeugversion. Der Typ wurde auch von anderen Luftstreitkräften in Auftrag gegeben, darunter die dänische Luftwaffe (zwei Maschinen), die portugiesische Luftwaffe (drei

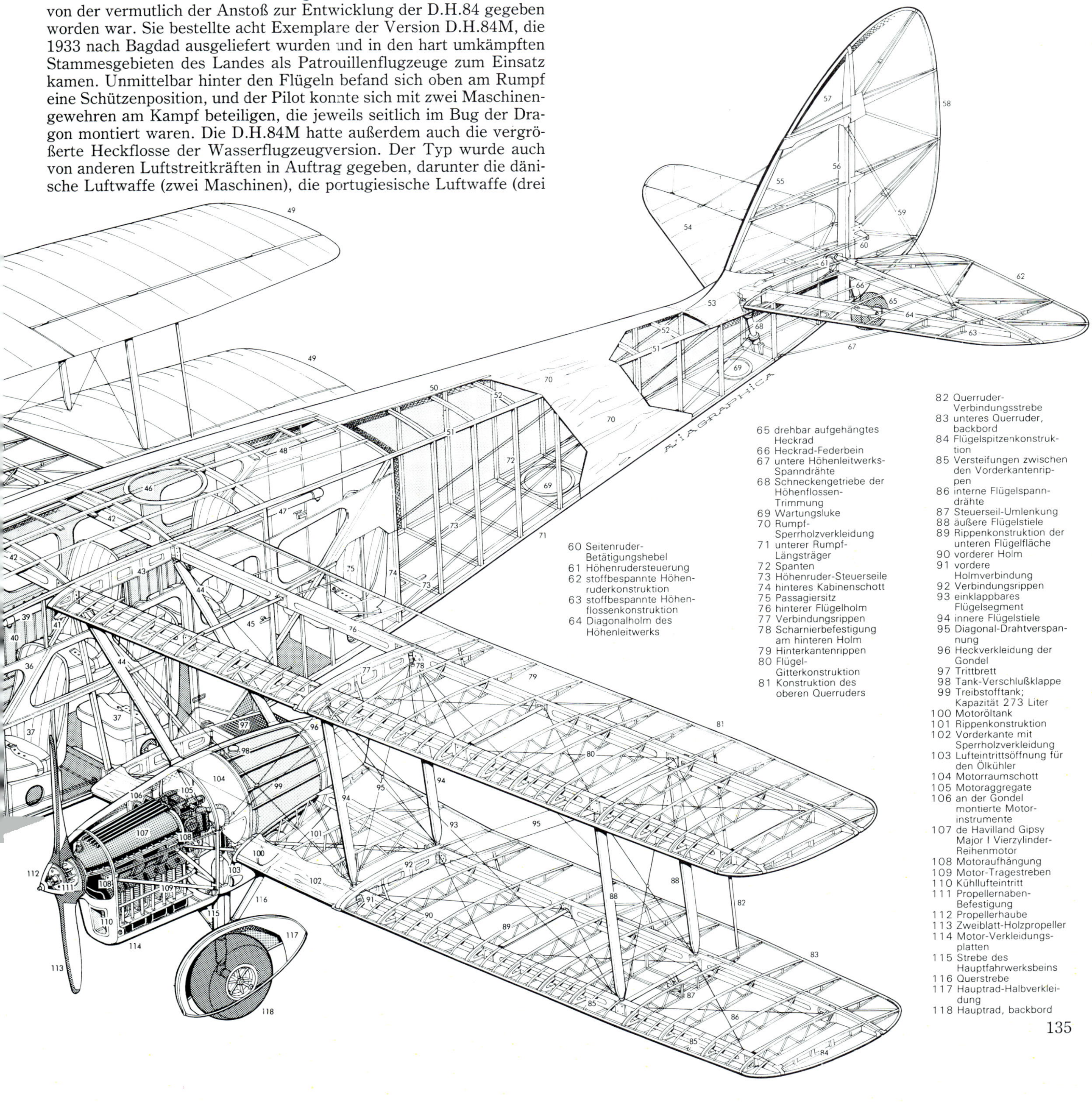

60 Seitenruder-Betätigungshebel
61 Höhenrudersteuerung
62 stoffbespannte Höhenruderkonstruktion
63 stoffbespannte Höhenflossenkonstruktion
64 Diagonalholm des Höhenleitwerks
65 drehbar aufgehängtes Heckrad
66 Heckrad-Federbein
67 untere Höhenleitwerks-Spanndrähte
68 Schneckengetriebe der Höhenflossen-Trimmung
69 Wartungsluke
70 Rumpf-Sperrholzverkleidung
71 unterer Rumpf-Längsträger
72 Spanten
73 Höhenruder-Steuerseile
74 hinteres Kabinenschott
75 Passagiersitz
76 hinterer Flügelholm
77 Verbindungsrippen
78 Scharnierbefestigung am hinteren Holm
79 Hinterkantenrippen
80 Flügel-Gitterkonstruktion
81 Konstruktion des oberen Querruders
82 Querruder-Verbindungsstrebe
83 unteres Querruder, backbord
84 Flügelspitzenkonstruktion
85 Versteifungen zwischen den Vorderkantenrippen
86 interne Flügelspanndrähte
87 Steuerseil-Umlenkung
88 äußere Flügelstiele
89 Rippenkonstruktion der unteren Flügelfläche
90 vorderer Holm
91 vordere Holmverbindung
92 Verbindungsrippen
93 einklappbares Flügelsegment
94 innere Flügelstiele
95 Diagonal-Drahtverspannung
96 Heckverkleidung der Gondel
97 Trittbrett
98 Tank-Verschlußklappe
99 Treibstofftank; Kapazität 273 Liter
100 Motoröltank
101 Rippenkonstruktion
102 Vorderkante mit Sperrholzverkleidung
103 Lufteintrittsöffnung für den Ölkühler
104 Motorraumschott
105 Motoraggregate
106 an der Gondel montierte Motorinstrumente
107 de Havilland Gipsy Major I Vierzylinder-Reihenmotor
108 Motoraufhängung
109 Motor-Tragestreben
110 Kühllufteintritt
111 Propellernaben-Befestigung
112 Propellerhaube
113 Zweiblatt-Holzpropeller
114 Motor-Verkleidungsplatten
115 Strebe des Hauptfahrwerksbeins
116 Querstrebe
117 Hauptrad-Halbverkleidung
118 Hauptrad, backbord

de Havilland D.H.89

Viele nationale Fluggesellschaften setzten auf ihren Kurzstrecken de Havilland Dragon Rapide ein. British European Airways erwarb im ersten Halbjahr 1947 von diesem Typ gleich 45 Maschinen, die 1950 mit individuellen Namen versehen wurden. Sie kamen später bei dem sogenannten Islander-Flugdienst zum Einsatz und verbanden abgelegene Ortschaften entlang der schottischen West- und Nordküste.

Varianten der de Havilland Dragon und Dragon Rapide

D.H.84 Dragon 1: Doppeldecker mit Kabine für sechs Passagiere; Antrieb durch zwei 130 PS (97 kW) Gipsy Moth 1 Kolbenmotoren.
D.H.84 Dragon 2: Dragon 1 mit gerahmten Kabinenfenstern, verkleideten Fahrwerksbeinen und einer um 9 km/h verbesserten Höchstgeschwindigkeit.
D.H.86: vergrößerte Version der D.H.84 mit vier Gipsy Six Motoren und größerer Passagierkapazität.
D.H.89 Dragon Six: weiterentwickelte Dragon mit neuen, nichtklappbaren Flügeln und einer Bauweise, die auf der D.H.86 Express beruhte; Antrieb durch 200 PS (149 kW) Gipsy Six Motoren.
D.H.89A Dragon Rapide: D.H.89 mit Schlitzklappen; einige D.H.89 wurden nachträglich umgebaut.
D.H.89B Dominie Mk 1: D.H.89A für die RAF, als Funk- und Navigations-Schulflugzeug eingesetzt.
D.H.89B Dominie Mk 2: Verbindungs-/Transportversion der D.H.89B für die RAF.
D.H.89A Rapide Mk 2: zivile Nachkriegsversion der Rapide für sechs Passagiere, Pilot und Bordfunker.
D.H.89A Rapide Mk 3: zivile Nachkriegsversion der Rapide für acht Passagiere und Pilot.
D.H.89A Rapide Mk 4: D.H.89A, mit 200 PS (149 kW) Gipsy Queen Mk 2 Motoren und mit Verstellpropellern.
D.H.89A Rapide Mk 5: umgerüstete Rapide mit Gipsy Queen 3MVP Motoren und manuell betätigten Verstellpropellern.
D.H.89A Rapide Mk 6: Rapide mit starren Fairey X5 Metallpropellern.
D.H.89M: Militärversion der D.H.89A mit vergrößerter Heckflosse, zwei im Bug montierten Vickers MkV MG und offenem, oben in der Mitte angesetztem Drehturm mit einem schwenkbaren Lewis Mk III MG.

Technische Daten der
de Havilland D.H.89A

Typ: leichtes Doppeldecker-Transportflugzeug.
Triebwerk: zwei 200 PS (149 kW) de Havilland Gipsy Queen 3 Reihenmotoren.
Leistung: Höchstgeschwindigkeit 253 km/h; Reisegeschwindigkeit 212 km/h; Anfangssteiggeschwindigkeit 4,40 m/sek; Dienstgipfelhöhe 5.944 m; max. Reichweite mit serienmäßigen Treibstofftanks 930 km; Startrollstrecke 265 m; Landerollstrecke 155 m.
Gewicht: Leergewicht 1.486 kg; max. Startgewicht 2.495 kg.
Abmessungen: Spannweite 14,63 m; Länge 10,52 m; Höhe 3,12 m; Tragflügelfläche 31,21 m².

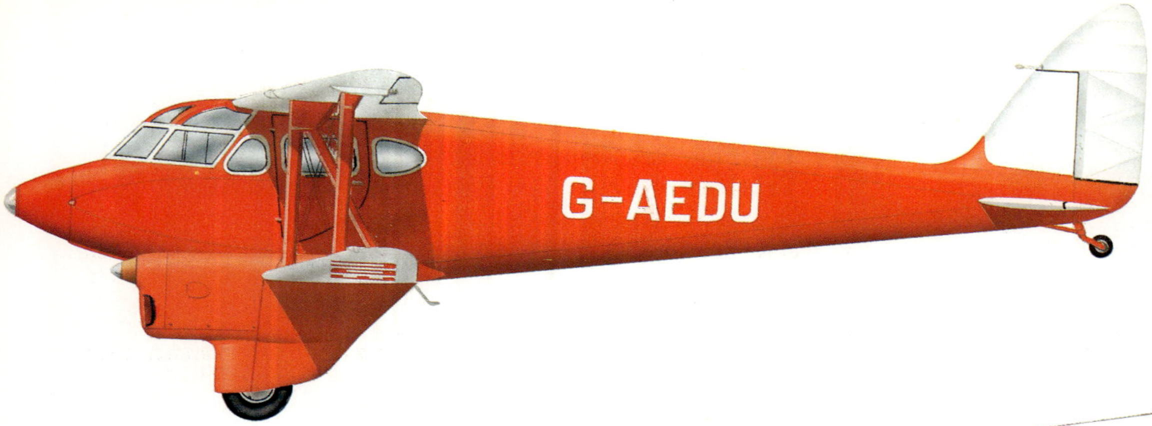

Links: **Die fünfsitzige D.H.90 Dragonfly war eine kleine, luxuriöse Weiterentwicklung der Rapide. G-AEDU ist eines von 67 Exemplaren und flog ursprünglich als CR-AAB in Mosambik, 1979 wurde sie als G-AEDU restauriert und im Juli 1983 als N190DH an einen Kunden in Louisville, Kentucky, verkauft.**

Rechts: **G-ATGM ist eine D.H.89A Dragon Rapide und wurde während des Krieges ursprünglich als Dominie an die RAF ausgeliefert. Als der Krieg vorüber war, wurde die Maschine zum Zivilflugzeug umgebaut und 1953 als OD-ABP an den Libanon verkauft. Sie flog später in Jordanien, kehrte 1964 nach England zurück und wurde dort von einem Fallschirmspringerverein verwendet.**

Maschinen) sowie die türkische und die irische Luftwaffe, die serienmäßige Zivil-Dragon als Mehrzweck-Transportflugzeuge kauften.

Langstrecken-Rekordversuch

Die berühmteste aller Dragon war die G-ACCV (Konstr. 6014) mit dem Namen 'Seafarer', die Jim und Amy Mollison gehörte. 1930 war Frau Mollison als Amy Johnson durch ihren historischen Flug nach Australien sowie durch ihre anschließenden Flüge von England nach Südafrika berühmt geworden. Gemeinsam wollten die beiden Mollisons mit der Seafarer einen Langstrecken-Weltrekordversuch unternehmen, der mit einem Flug nach New York beginnen sollte. Der erste Startversuch der Dragon fand am 8. Juni 1933 in Croydon statt, aber die Dragon war so schwer beladen, daß sie einem Graben nicht mehr ausweichen konnte und vornüber kippte. Die Maschine wurde repariert und nach Wales geflogen, wo sie in Pendine Sands erfolgreich abhob und nach 39 Flugstunden über Bridgeport, Connecticut, eintraf. Bei einem Landeversuch mit dem Wind schoß die Seafarer über die Landebahn hinaus, wurde irreparabel beschädigt, und die Mollisons landeten beide im Krankenhaus. Die Überreste der G-ACCV wurden später ausgeschlachtet und bei der Dragon 2 'Seafarer II' verwendet, die im August des nächsten Jahres von den Piloten Ayling und Reid für die Atlantiküberquerung von Kanada nach England verwendet wurde.

RAF Museum

Die D.H.89B Dragon Rapide wurde von der RAF zwar als Aufklärer abgelehnt, jedoch als Dominie Mk I und Mk II in der Rolle als Verbindungs- und Schulflugzeug bestellt. Dieses Exemplar flog für die No. 2 Radio School und trägt oben auf dem Rumpf eine Peilantenne.

Philip Chinnery

Die Dragon Rapide Mk 6 mit der Registrierung G-AGSH trägt die Farben der Royal Air Force Sport Parachute Association. Sie ist auf vielen Flugveranstaltungen zu finden und wird von dem Fallschirmspringerteam 'Red Devils' als Absetzflugzeug verwendet.

1934 hatte de Havilland unter Zeitdruck mit der D.H.86 ein neues, viermotoriges Verkehrsflugzeug entwickelt. Die Maschine wurde an dem Bedarf für einen schnellen Zehnsitzer ausgerichtet, der auf der geplanten Route von Croydon nach Brisbane das Teilstück von Singapur nach Australien bedienen sollte. Bei der D.H.86 (genannt Express Air Liner) wurden viele Elemente der Dragon-Konstruktion verwendet, sie war aber größer, hatte eine völlig überarbeitete Flügelstruktur und wurde von vier neuen 200 PS (149 kW) de Havilland Gipsy Six Reihenmotoren angetrieben. Von seiten bestehender Dragon-Betreiber wurde auch ein gewisser Druck hinsichtlich eines komfortableren und schnelleren Nachfolgemodells für die D.H.84 ausgeübt, was das Unternehmen dazu veranlaßte, eine verkleinerte Version der D.H.86 zu produzieren, die mit zwei Gipsy Six Motoren ausgerüstet war und D.H.89 Dragon Six hieß. Äußerlich unterschied sich die Dragon Six kaum von der Dragon, aber sie hatte die völlig neuen trapezförmigen Flügel ohne den Klappmechanismus des vorangegangenen Modells, und die Höchstgeschwindigkeit von 206 km/h, die die Dragon 1 erreichte, kletterte dank der verbesserten Stromlinienform und der stärkeren Motoren auf 253 km/h. Der Prototyp der D.H.89 (E-4, Konstr. 6250) flog am 17. April 1934 von Hatfield aus zum ersten Mal. Die Maschine hatte als wichtigsten Faktor für geringeren Luftwiderstand ein voll verkleidetes Fahrwerk, und der Bug war nach oben abgeschrägt, um dem Cockpitbereich ein neues Profil zu geben.

Die Dragon Rapide

Wieder war Mr. Hillman ein begeisterter Käufer des neuen Modells, das Dragon Rapide genannt wurde. Die ersten drei Serienmaschinen wurden in der Zeit von Juli bis September 1934 an Hillman's Airways ausgeliefert. Dieser Betreiber erhielt weitere vier Dragon Rapide, die schließlich an British Airways übergingen, als Edward Hillman sein Unternehmen im Dezember 1935 verkaufte. Die Rapide flog auch für die Railway Air Services Ltd., die 1934 von den wichtigsten britischen Eisenbahngesellschaften gegründet worden war und die mit der Eröffnung der Strecken von Croydon zur Isle of Wight sowie nach Plymouth, Birmingham und Liverpool den Dienst aufgenommen hatte. Die Expansion des Postdienstes nach Glasgow und Belfast veranlaßte das Unternehmen zum Erwerb der D.H.86 sowie von insgesamt acht D.H.89. Weitere britische Betreiber der Dragon Rapide waren Olley Air Service Ltd., Northern & Scottish Airways Ltd., Jersey Airways Ltd. und British Continental Airways Ltd. Bei allen diesen kleinen Fluggesellschaften kam die Dragon Rapide intensiv — und unter allen Witterungsbedingungen — bis unmittelbar zum Ausbruch des Zweiten Weltkriegs im Jahre 1939 zum Einsatz.

Die D.H.89 baute sich einen guten Ruf im Export auf, und 41 der ersten 100 Flugzeuge wurden an ausländische Kunden verkauft. Mehrere Ölgesellschaften in Nahost kauften Rapide als Verbindungsflugzeuge zu ihren Ölquellen in der Wüste, und kanadische Unternehmen, darunter Quebec Airways und Canadian Airways Ltd., hatten ganze Flotten dieser Maschinen, oft mit vergrößerter Heckflosse und zwei Schwimmern. Nachdem die Fertigungsstraße der Rapide auf eine höhere Stückzahl ausgebaut worden war, stellte de Havilland die Version D.H.89A vor, bei der außenbords der Motoren an den unteren Flügeln geschlitzte Hinterkantenklappen sowie auf Wunsch Metallpropeller montiert waren. Viele der älteren D.H.89 wurden noch nachträglich mit dem Klappensystem ausgerüstet, und die Produktion der D.H.89A lief mit der Zulassung G-AERN (Konstr.-Nr. 6345) an, die an die Firma West Coast Air Services verkauft und im März des Jahres 1937 ausgeliefert wurde. Etwa zur gleichen Zeit erhielt die Rapide ein wirkungsvolles Kabinenheizungssystem, vergrößerte hintere Kabinenfenster und auf Wunsch wurde im hinteren Teil der Kabine eine Toilette eingebaut.

Mehrere Rapide waren 1936 und 1937 als Militärflugzeuge ins Ausland verkauft worden. Das iranische Kriegsministerium kaufte drei, die Nationalregierung von China fünf Exemplare (Auslieferung im Dezember 1937); weitere drei bestellte die spanische Regierung für den Polizeieinsatz in ihren nordafrikanischen Territorien. Diese Flugzeuge wurden jedoch nie in Nordafrika verwendet und stießen bei Ausbruch des Spanischen Bürgerkriegs zu den republikanischen Kräften. Drei ehemals zivile D.H.84 und etwa zehn D.H.89 kämpften ebenfalls auf der einen oder anderen Seite. Bei allen diesen Flugzeugen handelte es sich um Maschinen, die von Händlern in England gekauft worden waren, denen es gelungen war, die im Sommer 1936 von der britischen und der französischen Regierung verhängte Blockade zu durchbrechen. Sowohl die Nationalisten als auch die Republikaner bemühten sich verzweifelt um Flugzeuge, und es wurden eine Reihe von Airspeed Envoy, Monospar, Fokker-Transportmaschinen und Rapide auf den Weg nach Spanien gebracht, von denen ein größerer Teil jedoch nie an seinem jeweiligen Bestimmungsort eintraf. Die Rapide wurden in Spanien mit offenen MG-Ständen versehen, es gibt jedoch keine Anzeichen dafür, daß auch nur eine dieser Maschinen den Krieg überlebte.

Küstenpatrouillenversion

1935 führte das britische Luftfahrtministerium Bewertungen durch, um zu prüfen, ob die Rapide sich als Küstenpatrouillenflugzeug eignete, wie es in der Spezifikation G.18/35 beschrieben war. Ein Exemplar (K4772, Konstr. 6271) wurde unter der Bezeichnung D.H.89M mit der vergrößerten Heckflosse und einem oberen Drehturm mit Lewis Mk III MG im Rumpfrücken gebaut und in Martlesham Heath und in Gosport erprobt. Der Auftrag ging jedoch an die Avro 652 (die spätere Anson). Trotz dieses Rückschlags wurden zwei Rapide als Verbindungsflugzeuge bestellt, und mehrere Exemplare von Airwork Servi-

Die 1936 erschienene D.H.90 Dragonfly, eine verkleinerte Version der Dragon Rapide, war als Luxus-Reiseflugzeug gedacht. Von den 66 gebauten Maschinen ging ein Großteil an Kunden im Ausland. Das abgebildete Exemplar war mit Schwimmern ausgerüstet und flog für die kanadische Gold Belt Air Services.

Bruce Robertson

Der britische Automobilverband AA setzte Anfang der 60er Jahre diese D.H.89A Dragon Rapide zur Verkehrsbeobachtung und zum Transport von Unfallopfern ein. Ursprünglich war die Maschine als eine Dominie Mk I im Militäreinsatz.

ces Ltd. als Navigations-Schulflugzeuge in Auftrag gegeben, denn das Unternehmen hatte während der Kriegsvorbereitungen umfangreiche Aufträge vom Luftfahrtministerium erhalten. Mit Beginn des schicksalhaften Jahres 1939 erhielten die Rapide der School of Navigation in Shoreham einen Sichtschutz und wurden für den Kriegsdienst eingezogen.

Bis zum Kriegsbeginn am 3. September 1939 betrug der Produktionsausstoß der Rapide-Zivilversion bei de Havilland etwa 180 Flugzeuge, und diese wurden in Hatfield durch Militärmaschinen ersetzt, als das Unternehmen begann, direkte Aufträge des Luftfahrtministeriums für D.H.89 entgegenzunehmen, die als Funk- und Navigations-Schulflugzeuge dienten. Diese Flugzeuge trugen die Bezeichnung D.H.89B Dominie Mk I und waren äußerlich bis auf die große Peilantenne auf dem Dach, gleich hinter dem Cockpit, und natürlich bis auf den Sichtschutz mit dem Zivilmodell identisch. Die Dominie gingen bei den Beobachter- und Navigationsschulen der RAF in Dienst. Sie

Austin J. Brown/APL

Das verglaste Cockpit der D.H.84 Dragon bot dem Piloten eine ausgezeichnete Rundsicht. Dieser Typ, der in 115 Exemplaren gebaut wurde, flog bei zahlreichen zivilen Fluggesellschaften.

wurden unter der Bezeichnung D.H.89B Dominie Mk II als allgemeines Verbindungsflugzeug ausgeliefert und kamen auch als Sanitätsflugzeuge zum Einsatz.

Mit dem Ausbruch des Krieges wurden alle zivilen Flugdienste eingestellt. Nachdem die militärischen Prioritäten geklärt waren, wurden jedoch einige der von den Fluggesellschaften verwendeten Flugzeuge wieder in Dienst genommen, um mit zivilen Kennungen auf den wichtigsten Strecken zu verkehren. Typische Exemplare der verwendeten Rapide waren die G-ACPP und die G-ACPR der Great Western and Southern Air Lines, die mit täglich drei Flügen die Scilly-Inseln mit Cornwall verbanden. Die meisten Dragon und Rapide im Zivilregister wurden jedoch für den Militäreinsatz requiriert und erhielten die standardmäßigen Hoheitszeichen und Kennungen. Viele dieser Flugzeuge erlitten während ihres Kriegseinsatzes Unfälle, so daß nur noch wenige Maschinen flugfähig waren, als im Jahre 1945 der Krieg zu Ende ging.

Insgesamt baute de Havilland 728 Dragon Rapide, und die Fertigungsstraße wurde 1945 geschlossen, um für neue Typen Platz zu schaffen. Die letzten 346 Exemplare wurden von Brush Coachworks in Loughborough gebaut. Wie bei zahlreichen anderen Flugzeugtypen wurden nach Kriegsende auch zahlreiche Aufträge für die D.H.89 vom Luftfahrtministerium storniert. Die letzte Serie von 100 Rapide wurde dann auch wieder für den zivilen Nachkriegsmarkt gebaut. Diese Flugzeuge hießen entweder Rapide Mk 2 mit sechs Passagiersitzen oder Rapide Mk 3 mit acht Passagiersitzen zusätzlich zum Pilotensitz. Die Rapide Mk 4 war ein Umbau der Dominie-Standardmaschine, bei der die Gipsy Queen 3 Motoren durch Gipsy Queen 2 ersetzt wurden. Das einzige Exemplar der Rapide Mk 5 hatte manuell betätigte Verstellpropeller und eine Sonderversion des Gipsy Queen 3 Motors. Die letzte Nachkriegsvariante war die Rapide Mk 6, wiederum ein umgebautes älteres Flugzeug mit nicht verstellbaren Fairey X5 Propellern, das eine der Rapide Mk 4 entsprechende Leistung bot, mechanisch aber nicht so hoch entwickelt war.

Einsatz im Frieden

Die meisten der Nachkriegs-Rapide waren Dominie aus Überschußbeständen des Militärs, die zu günstigen Preisen angeboten wurden. Nach ihrem Umbau zu zivilen Dominie gingen sie an kleine Fluggesellschaften wie Olley Airways, Railway Air Services, Great Western & Southern Air Lines und Scottish Airways, mit einer Flotte von 25 Rapide, vier D.H.86 Express und einer Dragon. Außerdem gab es die Allied Airways (Gandar Dower) Ltd. mit fünf Rapide und einer Dragon. Die Unabhängigkeit dieser Unternehmen war jedoch nur von kurzer Dauer, denn es war die Politik der Attlee-Regierung, den Lufttransport zu verstaatlichen. Am 1. Januar des Jahres 1946 wurde British European Airways gegründet, die die meisten Rapide der unabhängigen Unternehmen übernahm. Ihre Zahl sank jedoch im Laufe der Jahre, und der Typ wurde schließlich ganz außer Dienst gestellt, als die Scilly-Inselstrecke von Sikorsky S-61N Hubschraubern übernommen wurde und der Highlands and Islands-Dienst an die de Havilland Heron überging.

Die Rapide fanden ihren Weg zu kleinen Lufttaxi-Unternehmen wie z.B. Air Kruise. Sie waren bei Skegness Air Taxi und bei Airwork Services im Einsatz, die für nur ein Pfund pro Passagier Rundflüge anboten. Andere Rapide endeten als Geschäftsreiseflugzeuge oder kamen zu Fallschirmspringerschulen oder Clubs, wo auch heute noch einige zu finden sind.

Boeing P-26

Der revolutionäre Eindecker

Die kleine P-26 war der erste amerikanische Jäger aus Ganzmetall, der serienmäßig gebaut wurde, und der letzte mit einem offenen Cockpit und starrem Fahrwerk. Er brach erfolgreich mit der langen Tradition des Doppeldeckers.

Die Boeing Airplane Company in Seattle, Washington, war zwischen 1921 und 1935 ein führender Hersteller von Jagdflugzeugen für das US Army Air Corps, nachdem sie zuerst die Thomas-Morse MB-3 und anschließend, um die Mitte der zwanziger Jahre, die Boeing PW-9 gebaut hatte. Die klassische P-12, die Parallele zur F4B der US Navy, beschäftigte die Firma bis weit in die dreißiger Jahre hinein. Aber 1931 schlug Boeing der US Army einen kleinen Eindecker vor, die Boeing Model 248. Dieser Jäger sollte den bewährten luftgekühlten Pratt & Whitney R-1340 Neunzylinder-Sternmotor erhalten.

Die US Army begeisterte sich für diese Idee. Die Army sollte die Motoren und Instrumente liefern und Boeing die Kosten für den Bau von drei Prototypen (XP-936) sowie für deren erste Erprobung tragen. Das Flugwerk würde dann der Gesellschaft gehören.

Mit dem Bau des ersten Prototyps wurde im Januar 1932 begonnen und nach neun Wochen war das Flugzeug bereits fertig. Am 20. März machte es seinen Erstflug, ehe es zur Erprobung an den Flugplatz Wright geliefert wurde. Die zweite Maschine wurde in Wright einem Statiktest unterzogen und die dritte ging an den Flugplatz Selfridge in Michigan, um anschließend von USAAC Einheiten getestet zu werden. Alle drei Prototypen erwiesen sich bei der Erprobung als erfolgreich und wurden dann vom USAAC sofort gekauft.

Trotz Boeings Erfahrungen mit der Konstruktion freitragender Flügel und früherer Arbeiten an einem einziehbaren Fahrwerk baute die Firma die P-26 als Eindecker mit einem extern verspannten Flügel und einem starren Fahrwerk mit Radverkleidung. Obwohl die Motorleistung nur 525 PS (392 kW) betrug, brachte es der Prototyp XP-936 in einer Höhe von 3.050 m auf eine Höchstgeschwindigkeit von 365 km/h, während die Höchstgeschwindigkeit des Doppeldeckers P-12E mit einem Motor von 500 PS (373 kW) 304 km/h betrug.

Für die Maschine wurde eine selbsttragende Ganzmetallkonstruktion gewählt, die aus Aluminiumschotts, Haubenprofilholmen, Versteifungen und der Beplankung bestand. Der tief angesetzte Flügel mit dünnem Profil war kurz und wurde von Drähten gehalten, die am Rumpf und am Fahrwerk angebracht waren. Das Cockpit des Piloten befand sich über der mittleren Flügelsehne. Als Bewaffnung waren doppelte vorwärtsfeuernde MG von 7,62 mm vorgesehen und außerdem konnten extern bis zu 51 kg Bomben mitgeführt werden. Im Vergleich zu der Flügelspannweite der P-12, die 9,14 m betrug, hatte die XP-936 eine Spannweite von nur 8,36 m.

Ein Vertrag mit der Army

Die Erprobung der Boeing XP-936 auf dem Wright Flugfeld nahm fast das ganze Jahr 1932 in Anspruch. Am 7. November wurde unter Berücksichtigung der dabei gewonnenen Erfahrungen eine neue Spezifikation aufgestellt. Am 11. Januar 1933 unterzeichneten das US Army Air Corps und Boeing einen Vertrag über 111 Maschinen der verbesserten Konstruktion der Model 266, das die Bezeichnung P-26A erhielt. Später wurde dieser Auftrag auf 136 Maschinen erhöht, was seit der Bestellung über 200 MB-3A im Jahr 1921 den größten Serienauftrag für ein amerikanisches Militärflugzeug darstellte.

Die Serienversionen der P-26A unterschieden sich äußerlich von den Prototypen nur insofern, als die stromlinienförmige Radverkleidung hinten nicht über die Verkleidung der Fahrwerkstrebe hinausreichte und die Tragflächen eine größere Spannweite hatten.

Der dritte Boeing XP-936 Prototyp. Die Prototypen wurden viele Monate lang erprobt, ehe man sich auf eine Seriennorm einigte. Die Hauptunterschiede lagen in einer tieferen Kopfstütze für den Piloten und der Verkürzung der stromlinienförmigen Fahrwerksverkleidung.

Diese Boeing P-26C hatte einen olivgrünen Rumpf, während die Flügel und Radverkleidungen, die Motorhaube, die Leitflächen und die Rumpfstreifen in Orangegelb gehalten waren. Die Maschine gehörte der 19th Pursuit Squadron, 18th Pursuit Group, die 1939 auf Hawaii stationiert war.

Eine P-26A in den Standardfarben blau und gelb des US Army Air Corps und mit dazu passenden Streifen auf dem Rumpf und gelbem Dekor auf den Vorderkanten der Leitflächen Mitte der dreißiger Jahre. Der 'ausschlagende Maulesel' war das Emblem der 95th Pursuit Squadron, 17th Pursuit Group, die auf dem Flugplatz March in Kalifornien stationiert war. Bei dieser Einheit befand sich die Peashooter 1934 und 1935 im Einsatz. Das Flugzeug war im wahrsten Sinne des Wortes eine Übergangskonstruktion, bei der sich gewisse Merkmale früherer Flugzeuge mit Pionierideen verbanden, die erst die nächste Jägergeneration auszeichneten. Da die Anfluggeschwindigkeit dieses ersten Eindeckers des Air Corps sehr hoch war, erhielt die Maschine Landeklappen, um die Aufsetzgeschwindigkeit zu verringern.

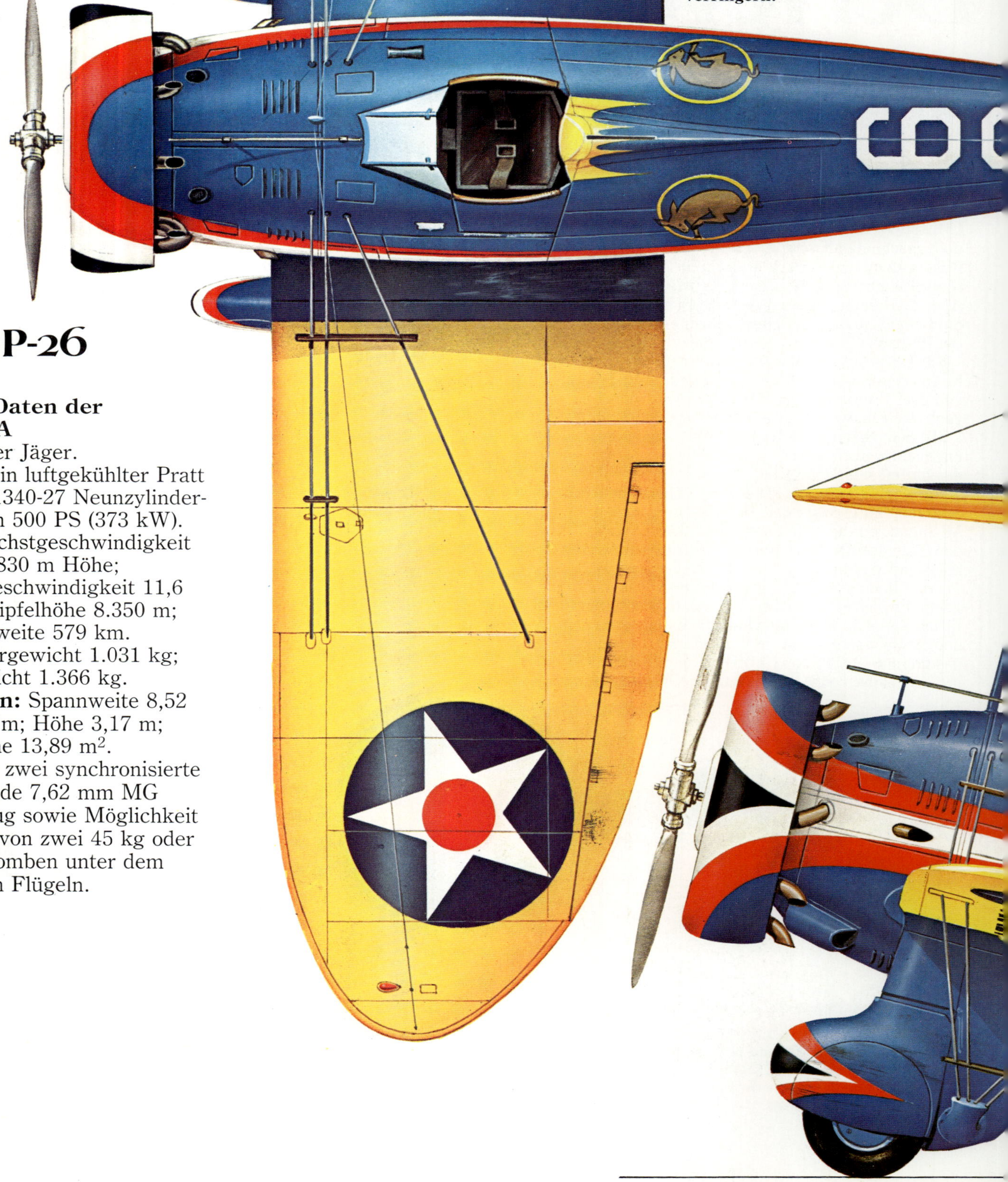

Boeing P-26

Technische Daten der Boeing P-26A
Typ: einsitziger Jäger.
Triebwerk: ein luftgekühlter Pratt & Whitney R-1340-27 Neunzylinder-Sternmotor von 500 PS (373 kW).
Leistung: Höchstgeschwindigkeit 377 km/h in 1.830 m Höhe; Anfangssteiggeschwindigkeit 11,6 m/sek; Dienstgipfelhöhe 8.350 m; normale Reichweite 579 km.
Gewicht: Leergewicht 1.031 kg; max. Startgewicht 1.366 kg.
Abmessungen: Spannweite 8,52 m; Länge 7,26 m; Höhe 3,17 m; Tragflügelfläche 13,89 m^2.
Bewaffnung: zwei synchronisierte vorwärtsfeuernde 7,62 mm MG seitlich vom Bug sowie Möglichkeit zur Aufnahme von zwei 45 kg oder fünf 13,6 kg Bomben unter dem Rumpf und den Flügeln.

Zum Teil hinter dem Flügel versteckt, befindet sich das Schnee-Eulen-Abzeichen dieser P-26A, die zur 17th Pursuit Squadron, 1st Pursuit Group, gehörte. Sie hatte einen olivgrünen Rumpf, während die Flügel und das Leitwerk in orangegelb gehalten waren.

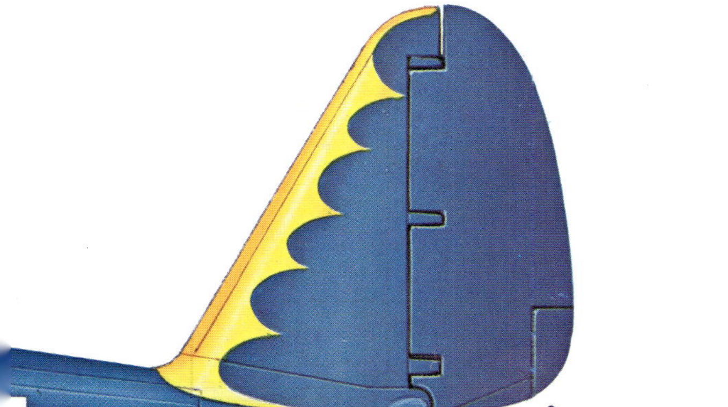

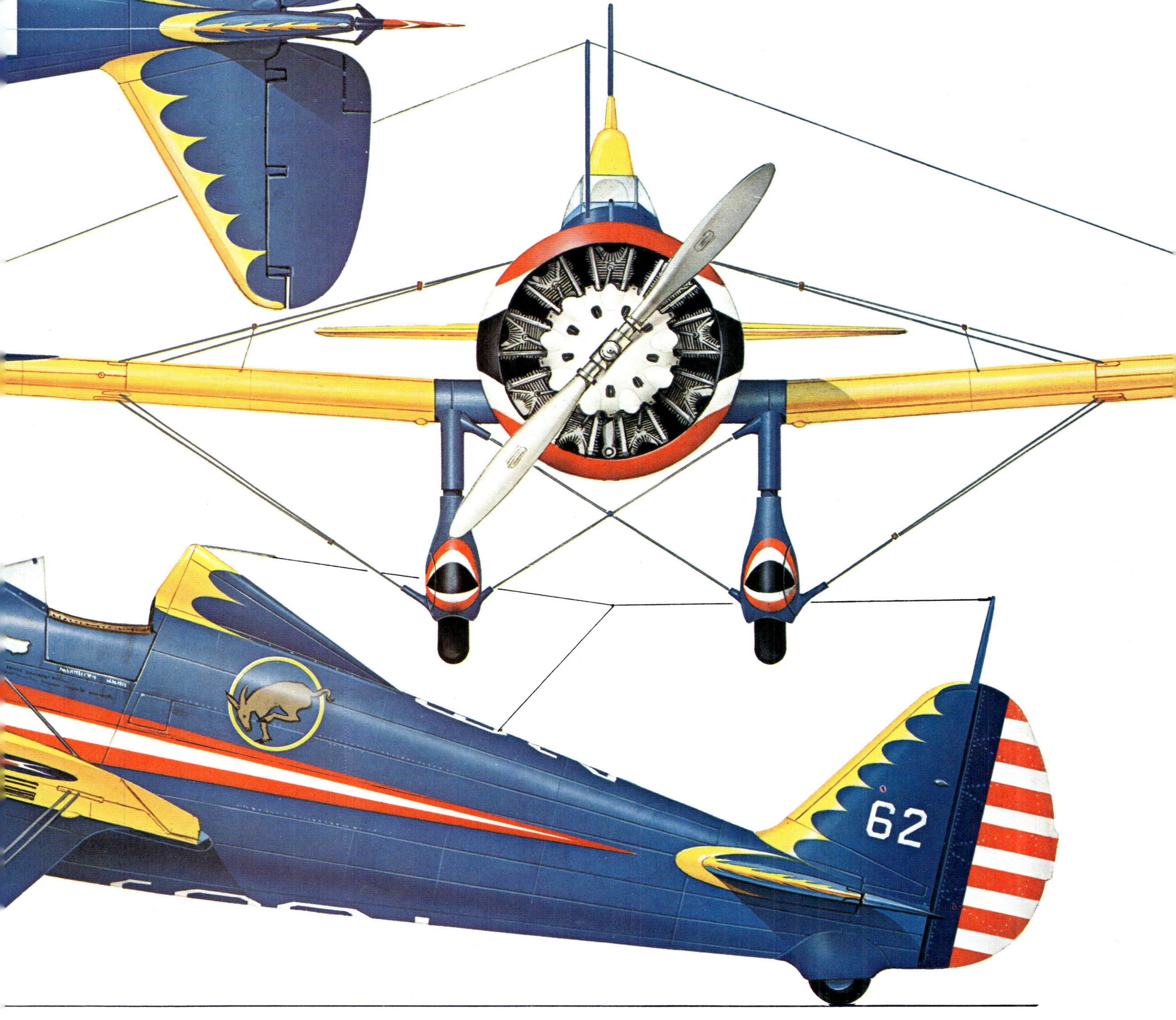

Eine Boeing P-26A der 95th Pursuit Squadron ('Kicking Mule'), 17th Pursuit Group. Die olivgrüne Grundfarbe kam vor der ganz in Blau gehaltenen Bemalung. Kurzzeitig trug das Flugzeug auch die Nummer der Einheit in großen Zahlen auf der Unterseite des Rumpfes.

Varianten der Boeing P-26

Model 248: drei Prototypen (XP-936, später XP-26, Y1P-26 und P-26) mit einem Pratt & Whitney R-1340-21 Motor; Seriennummern 32-412, 32-413 und 32-414.
Model 266 (P-26A): 111 Maschinen mit einem R-1340-27 Motor; 33-028 bis 33-138; einige wurden später nach Guatemala geliefert.
Model 266A (P-26B): zwei Maschinen mit einem R-1350-33 Motor und Treibstoffeinspritzung; 33-179 und 33-185.
Model 266 (P-26C): 23 Maschinen, zuerst mit einem R-1340-33 Motor mit Treibstoffeinspritzung, später zur Anpassung an die P-26B Norm modifiziert; 33-186 bis 33-203; einige wurden später nach Guatemala geliefert.
Model 281: zwölf Maschinen mit einem R-1340-33 Motor; eine wurde nach Spanien geliefert, 11 gingen nach China.

Als sich jedoch eines der ersten Flugzeuge bei der Landung auf einer unbefestigten Piste überschlug, wobei der Pilot getötet, das Flugzeug selbst jedoch kaum beschädigt wurde, entschloß man sich zu einer weiteren Änderung. Die stromlinienförmige Kopfstützenverkleidung wurde verstärkt und vertieft, um einen besseren Schutz zu gewähren, und die Produktion verzögerte sich aufgrund dieser Modifikationen.

Innen hatte die P-26A viele Verbesserungen. Sie hatte eine US Army Funkausrüstung und in den Flügelwurzeln eine Notwasserungsausrüstung erhalten. Das Taragewicht blieb fast unverändert, obgleich der Pratt & Whitney R-1340-21 Motor von 525 PS (392 kW) durch einen R-1340-27 von 500 PS (373 kW) ersetzt und die Höchstgeschwindigkeit auf 377 km/h erhöht worden war. Für die Bewaffnung wurde eine andere Installation vorgesehen, damit eines der 7,62 mm MG durch eine 12,7 mm Waffe ersetzt werden konnte, und die Bombenstationen wurden geändert, damit unter den Flügeln und unter dem Rumpf entweder zwei 45 kg oder fünf 13,6 kg Bomben mitgeführt werden konnten.

Die ersten P-26A Serienmaschinen wurden am 16. Dezember 1933 geliefert, und von den 111 Flugzeugen des ersten Auftrages verließ die letzte Maschine am 30. Juni 1934 das Werk. Die Kosten für jedes Flugzeug beliefen sich — ohne die vom Staat zur Verfügung gestellten Ausrüstungen (GFE) — auf $9.999 (etwas weniger als die Kosten eines Boeing P-12E Doppeldeckers).

Als die P-26A Anfang 1934 in Dienst gestellt wurde, bekam sie den Spitznamen 'Peashooter' (Blasrohr). Bei den Jagdfliegern der US Army kam dieses leichte und schnell ansprechende Flugzeug gut an, und bis 1938, als die Seversky P-35 und die Curtiss P-36A herauskamen, war es auch der schnellste Jäger des US Army Air Corps. Viele der Piloten, die im Zweiten Weltkrieg berühmt wurden, hatten ihre ersten Flugerfahrungen mit diesem Flugzeug gemacht.

Die P-26 im Einsatz

Die ersten Maschinen wurden an die auf dem Flugplatz von Selfridge in Michigan stationierte 1st Pursuit Group geliefert, die unter dem Befehl von Lieutenant Colonel Ralph Royce stand, der als Major General 1942 das III Fighter Command und 1943 die US 1st Air Force kommandierte. Zu dieser Group gehörten die 17th, 27th und 94th Pursuit Squadron, wovon letztere als die 'Hat in the Ring'-Einheit berühmt wurde. Die 27th und die 94th Squadron gaben ihre Peashooter 1938 auf, aber die 17th flog sie noch bis 1941, als sie endgültig durch die Curtiss P-40 ersetzt wurden.

Auch die 17th Pursuit Group unter Major Frank O'D. Hunter, der von 1943 bis 1945 als Nachfolger von Major General Royce die 1st Air Force kommandierte, war 1934 mit P-26A ausgerüstet. Die 34th und 95th Squadron, die auf dem Flugplatz von March in Kalifornien stationiert waren, behielten ihre P-26A nur ein Jahr lang, bis sie nach Europa versetzt wurden.

Die dritte und letzte der ersten P-26A Jagdgruppen war 1934 die 20th in Barksdale, Louisiana, die unter dem Befehl von Lieutenant Colonel Armin F. Herold stand. Die Maschinen wurden 1934 an die 55th und 77th Squadron der Gruppe und im folgenden Jahr an die

Aufriß-Erläuterung zur Boeing P-26A

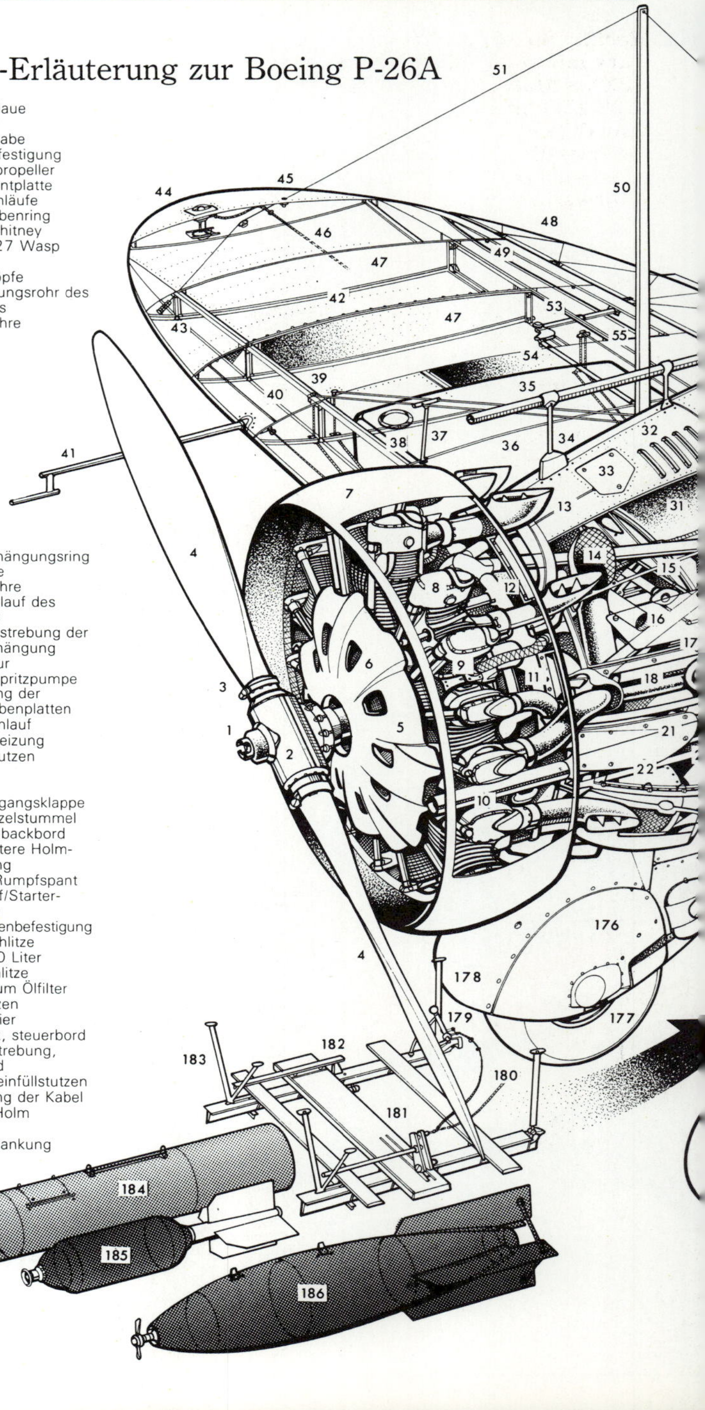

1 Anlasserklaue
2 Muffe der Propellernabe
3 Muffenbefestigung
4 Zweiblattpropeller
5 Motor-Frontplatte
6 Kühllufteinläufe
7 Motorhaubenring
8 Pratt & Whitney R-1340-27 Wasp Motor
9 Zylinderköpfe
10 Verlängerungsrohr des MG-Laufes
11 Auspuffrohre
12 Motoraufhängungsring
13 geschlitzte Auspuffrohre
14 Kaltlufteinlauf des Vergasers
15 obere Verstrebung der Motoraufhängung
16 Zugang zur Anlaßeinspritzpumpe
17 Befestigung der Motorhaubenplatten
18 Heißlufteinlauf
19 Cockpit-Heizung
20 Auspuffstutzen
21 MG-Lauf
22 Ölkühler
23 untere Zugangsklappe
24 Flügelwurzelstummel
25 MG-Lauf, backbord
26 Schott/untere Holmbefestigung
27 vorderer Rumpfspant
28 Lufteinlauf/Startersteuerung
29 Stützstrebenbefestigung
30 Kühlluftschlitze
31 Öltank, 30 Liter
32 obere Schlitze
33 Zugang zum Ölfilter
34 Visierstützen
35 Röhrenvisier
36 Flügeltank, steuerbord
37 Kabelverstrebung, steuerbord
38 Treibstoffeinfüllstutzen
39 Befestigung der Kabel
40 vorderer Holm
41 Pitotrohr
42 Flügelbeplankung

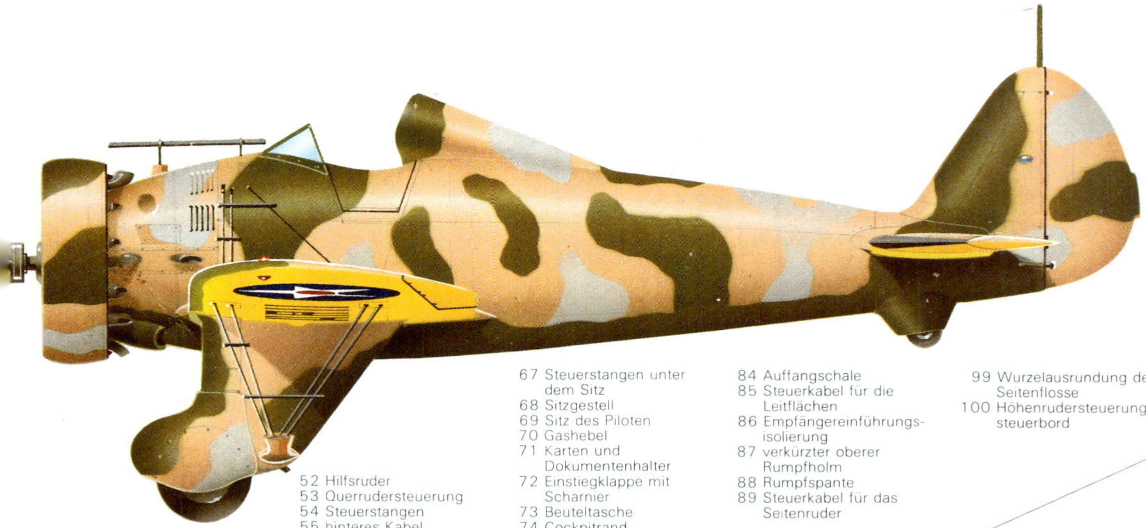

Der Sichtschutz dieser P-26A, die bei der auf dem Flugplatz March in Kalifornien stationierten 34th Pursuit Squadron, 17th Pursuit Group, eingesetzt war, wurde 1935 erprobt. Über der Grundfarbe 'Wüstensand' wurden olivgrüne und graue Flecken aufgetragen.

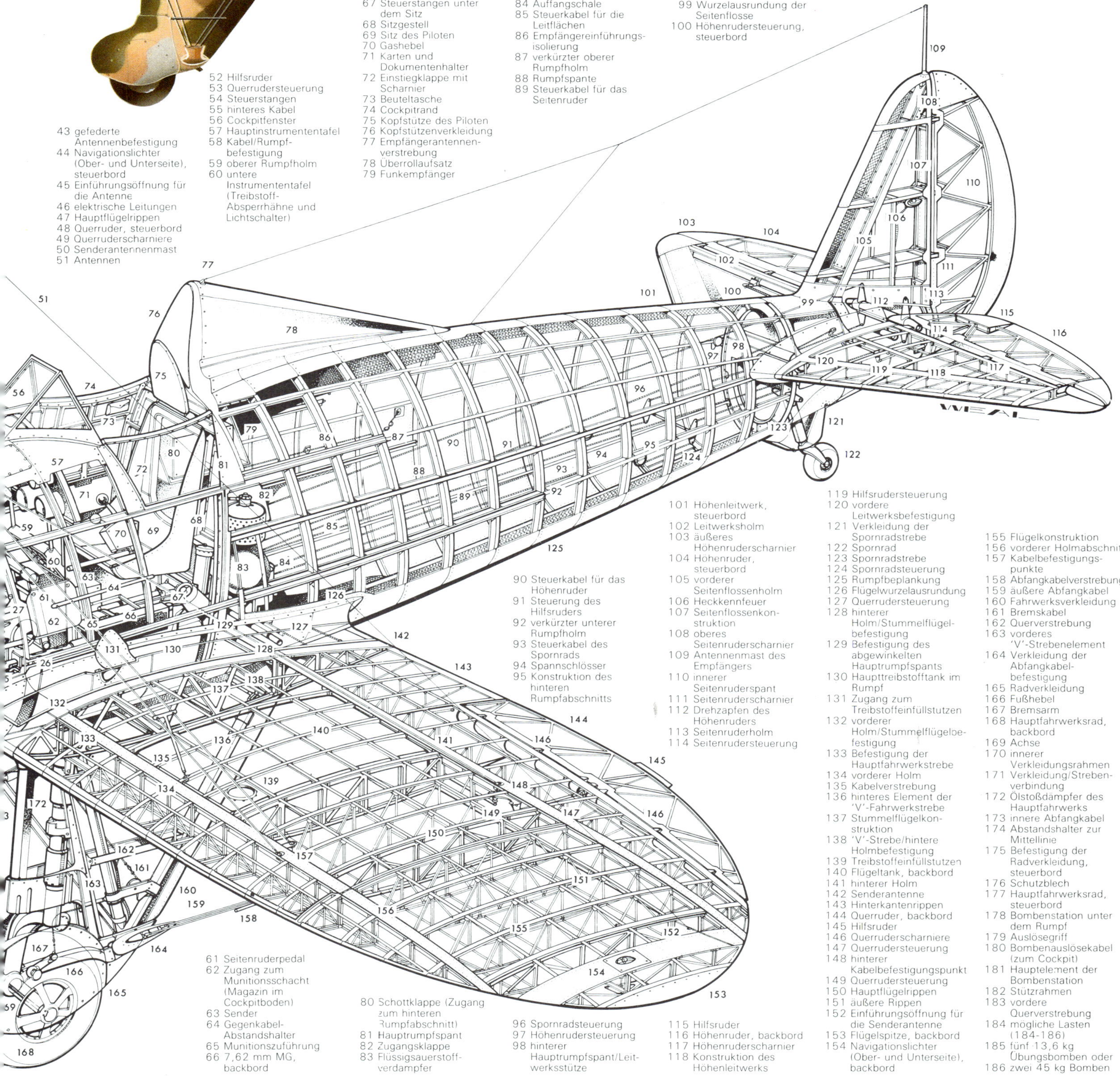

43 gefederte Antennenbefestigung
44 Navigationslichter (Ober- und Unterseite), steuerbord
45 Einführungsöffnung für die Antenne
46 elektrische Leitungen
47 Hauptflügelrippen
48 Querruder, steuerbord
49 Querruderscharniere
50 Senderantennenmast
51 Antennen
52 Hilfsruder
53 Querrudersteuerung
54 Steuerstangen
55 hinteres Kabel
56 Cockpitfenster
57 Hauptinstrumententafel
58 Kabel/Rumpfbefestigung
59 oberer Rumpfholm
60 untere Instrumententafel (Treibstoff-Absperrhähne und Lichtschalter)
61 Seitenruderpedal
62 Zugang zum Munitionsschacht (Magazin im Cockpitboden)
63 Sender
64 Gegenkabel-Abstandshalter
65 Munitionszuführung
66 7,62 mm MG, backbord
67 Steuerstangen unter dem Sitz
68 Sitzgestell
69 Sitz des Piloten
70 Gashebel
71 Karten und Dokumentenhalter
72 Einstiegklappe mit Scharnier
73 Beuteltasche
74 Cockpitrand
75 Kopfstütze des Piloten
76 Kopfstützenverkleidung
77 Empfängerantennenverstrebung
78 Überrollaufsatz
79 Funkempfänger
80 Schottklappe (Zugang zum hinteren Rumpfabschnitt)
81 Hauptrumpfspant
82 Zugangsklappe
83 Flüssigsauerstoff-verdampfer
84 Auffangschale
85 Steuerkabel für die Leitflächen
86 Empfängereinführungs-isolierung
87 verkürzter oberer Rumpfholm
88 Rumpfspante
89 Steuerkabel für das Seitenruder
90 Steuerkabel für das Höhenruder
91 Steuerung des Hilfsruders
92 verkürzter unterer Rumpfholm
93 Steuerkabel des Spornrads
94 Spannschlösser
95 Konstruktion des hinteren Rumpfabschnitts
96 Spornradsteuerung
97 Höhenrudersteuerung
98 hinterer Hauptrumpfspant/Leitwerksstütze
99 Wurzelausrundung der Seitenflosse
100 Höhenrudersteuerung, steuerbord
101 Höhenleitwerk, steuerbord
102 Leitwerksholm
103 äußeres Höhenruderscharnier
104 Höhenruder, steuerbord
105 vorderer Seitenflossenholm
106 Heckkennfeuer
107 Seitenflossenkonstruktion
108 oberes Seitenruderscharnier
109 Antennenmast des Empfängers
110 innerer Seitenruderspant
111 Seitenruderscharnier
112 Drehzapfen des Höhenruders
113 Seitenruderholm
114 Seitenrudersteuerung
115 Hilfsruder
116 Höhenruder, backbord
117 Höhenruderscharnier
118 Konstruktion des Höhenleitwerks
119 Hilfsrudersteuerung
120 vordere Leitwerksbefestigung
121 Verkleidung der Spornradstrebe
122 Spornrad
123 Spornradstrebe
124 Spornradsteuerung
125 Rumpfbeplankung
126 Flügelwurzelausrundung
127 Querrudersteuerung
128 hinterer Holm/Stummelflügelbefestigung
129 Befestigung des abgewinkelten Hauptrumpfspants
130 Haupttreibstofftank im Rumpf
131 Zugang zum Treibstoffeinfüllstutzen
132 vorderer Holm/Stummelflügelbefestigung
133 Befestigung der Hauptfahrwerkstrebe
134 vorderer Holm
135 Kabelverstrebung
136 hinteres Element der 'V'-Fahrwerkstrebe
137 Stummelflügelkonstruktion
138 'V'-Strebe/hintere Holmbefestigung
139 Treibstoffeinfüllstutzen
140 Flügeltank, backbord
141 hinterer Holm
142 Senderantenne
143 Hinterkantenrippen
144 Querruder, backbord
145 Hilfsruder
146 Querruderscharniere
147 Querrudersteuerung
148 hinterer Kabelbefestigungspunkt
149 Querrudersteuerung
150 Hauptflügelrippen
151 äußere Rippen
152 Einführungsöffnung für die Senderantenne
153 Flügelspitze, backbord
154 Navigationslichter (Ober- und Unterseite), backbord
155 Flügelkonstruktion
156 vorderer Holmabschnitt
157 Kabelbefestigungspunkte
158 Abfangkabelverstrebung
159 äußere Abfangkabel
160 Fahrwerksverkleidung
161 Bremskabel
162 Querverstrebung
163 vorderes 'V'-Strebenelement
164 Verkleidung der Abfangkabelbefestigung
165 Radverkleidung
166 Fußhebel
167 Bremsarm
168 Hauptfahrwerksrad, backbord
169 Achse
170 innerer Verkleidungsrahmen
171 Verkleidung/Strebenverbindung
172 Ölstoßdämpfer des Hauptfahrwerks
173 innere Abfangkabel
174 Abstandshalter zur Mittellinie
175 Befestigung der Radverkleidung, steuerbord
176 Schutzblech
177 Hauptfahrwerksrad, steuerbord
178 Bombenstation unter dem Rumpf
179 Auslösegriff
180 Bombenauslösekabel (zum Cockpit)
181 Hauptelement der Bombenstation
182 Stützrahmen
183 vordere Querverstrebung
184 mögliche Lasten (184-186)
185 fünf 13,6 kg Übungsbomben oder
186 zwei 45 kg Bomben

Links: Diese Maschine der auf dem Flugplatz Selfridge in Michigan stationierten 94th Pursuit Squadron, 1st Pursuit Group, ist ein gutes Beispiel für die bunten Farben der Maschinen, die sich beim US Army Air Corps im Einsatz befanden. Die Flugzeuge dieser Gruppe trugen einen in den Farben der Einheit gehaltenen diagonalen Streifen um den Rumpf.

Rechts: Eine Boeing P-26A, die, nachdem sie beim USAAC ausgedient hatte, nach dem Zweiten Weltkrieg an die Cuerpo de Aeronautica Militar in Guatemala geliefert wurde. Diese Maschine (FAG 0816, vorher 33-135) befand sich 1947 in Campo de la Aurora bei der Escuadron de Caza im Einsatz.

79th Squadron geliefert. Alle drei wurden 1938 mit P-36 ausgerüstet.

Als die P-35 und die P-36A im Jahr 1938 bei in den USA stationierten Einheiten für den Fronteinsatz in Dienst gestellt wurden, wurde die P-26 weiter weg verlegt, zunächst in die Panamakanalzone und etwas später zum Flugplatz Wheeler. Zur 16th Pursuit Group unter Lieutenant Colonel Willis H. Hale gehörten die 1938-39 auf dem Flugplatz Albrook in der Panamakanalzone stationierten 24th und 29th Squadron und die 1940 auf dem Flugplatz Wheeler in Hawaii stationierte 78th Squadron. Die 37th Pursuit Group erhielt die P-26 im Jahr 1940. Ihre 28th und 30th Squadron behielten die Maschinen nur ein Jahr lang, aber die 31st Squadron flog sie immer noch im Jahr 1942 und war damit die letzte in vorderster Linie eingesetzte Einheit, die die Peashooter flog. Sowohl diese Gruppe als auch die 32nd Group waren auf dem Flugplatz Albrook eingesetzt. Letztere stand unter dem Befehl von Captain Roger J. Browne, als sie 1941 ein Jahr lang mit P-26 ausgerüstet war.

Noch eine Gruppe, die 18th mit der 6th und 19th Pursuit Squadron, flog zwischen 1938 und 1941 vom Flugplatz Wheeler aus P-26, aber schon vor dem Angriff der Japaner auf Pearl Harbor gab sie diese Maschinen zugunsten der P-40 auf.

Was die Entwicklung der P-26 betraf, so wurden an dem Triebwerk Änderungen vorgenommen, als der ursprüngliche Auftrag um 25 Maschinen erhöht wurde. Die ersten beiden Maschinen, die die Bezeichnung P-26B erhielten und am 10. Januar 1935 zum ersten Mal geflogen wurden, hatten einen R-1340-33 Motor mit Treibstoffeinspritzung. Dann folgten 23 P-26C, die ebenfalls einen R-1340-33 Motor, zunächst allerdings ohne Treibstoffeinspritzung, hatten. Die ersten P-26C wurden im Februar 1936 geliefert. Alle wurden aber schließlich durch entsprechende Modifikation der P-26B Norm angepaßt. Beide Versionen hatten eine Höchstgeschwindigkeit von 378 km/h in 1.830 m Höhe.

Es überrascht vielleicht, daß die P-26 Ende der dreißiger Jahre nicht in großem Umfang an die kleineren Luftstreitkräfte der Welt exportiert wurde. Sowohl kosten- als auch leistungsmäßig schnitt sie nämlich bei einem Vergleich mit vielen anderen Flugzeugen, die auf dem internationalen Markt angeboten wurden, sehr günstig ab.

Boeing verpflichtete sich trotzdem zur Entwicklung einer Exportversion, der Model 281, wovon insgesamt zwölf Maschinen gebaut wurden. Zuerst unterschieden sie sich kaum von der Standardausführung der P-26A des USAAC, aber schon bald stellte sich heraus, daß sich die Peashooter nicht für die oft recht schlechten Pisten vieler Flugplätze in anderen Ländern eignete. Um die Anfluggeschwindigkeit zu reduzieren, wurden daher gespaltene Landeklappen eingeführt. Auch alle anderen Peashooter des USAAC wurden entweder bereits während der Produktion oder nachträglich mit solchen gespaltenen Klappen ausgerüstet.

Eine der Boeing 281 wurde nach Spanien geliefert, die übrigen wurden von den Chinesen zum Einsatz gegen Japan gekauft. Die erste Maschine kam am 15. September 1934 in China an, stürzte aber bei der Vorführung mit einem amerikanischen Piloten ab und wurde dabei zerstört. Die anderen zehn Maschinen erreichten Kanton in den nächsten 15 Monaten. Nur eine Jagdeinheit wurde damit ausgerüstet. Bei ihr befanden sich die Maschinen in ununterbrochenem Einsatz gegen die zahlenmäßig weit überlegenen japanischen Flugzeuge. Gelegentlich gelang ihnen aber ein Luftsieg, ehe die letzten Endes noch vorhandenen Maschinen außer Dienst gestellt werden mußten, weil es keine Ersatzteile dafür gab.

Nachdem die P-26 im Jahr 1941 für veraltet erklärt und vom USAAC aufgegeben worden war, wurden einige wenige Maschinen, die in der Panamakanalzone eingesetzt gewesen waren, an die Cuerpo de Aeronautica Militar in Guatemala geliefert, die ihre erste, in La Aurora bei Guatemala City stationierte Jagdeinheit damit ausrüstete. Sechs dieser Flugzeuge befanden sich unmittelbar nach dem Ende des Zweiten Weltkriegs immer noch im Einsatz.

Diese aus Boeing P-26A der 20th Pursuit Group bestehende Formation wurde von Major Armin F. Herold angeführt. Es handelte sich dabei um Maschinen der 55th, 77th und 79th Pursuit Squadron, die vom Flugplatz Barksdale in Louisiana aus eingesetzt wurden.

Junkers Ju 52
Die Geschichte der 'Tante Ju'

Die Junkers Ju 52/3m war von keiner Operation der deutschen Wehrmacht wegzudenken, wo sie unermüdliche Dienste leistete. Dabei wirkte sie mit ihrem starren Fahrwerk, ihrer kantigen Form und ihrer Wellblechbeplankung eigentlich recht altmodisch.

Die Deutsche Luft Hansa galt gegen Ende der zwanziger Jahre in weiten Kreisen als die leistungsfähigste Fluggesellschaft der Welt, während andere Flugunternehmen schwer zu kämpfen hatten, um sich in der großen Wirtschaftskrise halten zu können. Sie bot in ganz Europa günstige Flüge mit ihrer umfangreichen Flugzeugflotte an, die sich größtenteils aus Weiterentwicklungen des 1915 von Professor Hugo Junkers gebauten Ganzmetall-Eindeckers J 1 zusammensetzte.

Die meisten dieser Flugzeuge (die J 10, F 13, A 20, F 24, W 33, W 34, Ju 46 und Ju 52) waren einmotorige Tiefdecker, aber im Jahr 1924 tauchte plötzlich ein dreimotoriges Verkehrsflugzeug auf — die von einem Junkers L 2 von 195 PS (145 kW) und von zwei Mercedes-Motoren von 100 PS (75 kW) angetriebene G 23. Wegen der Beschränkungen, die der deutschen Flugzeugindustrie durch den Vertrag von Versailles auferlegt worden waren, wurde dieser Prototyp im Junkers-Werk in Fili bei Moskau gebaut. Daraufhin wurden dann in Schweden etwa neun G 23 (und viel mehr G 24) hergestellt. Die G 24, die im allgemeinen von drei Junkers L 5 Reihenmotoren von 280-310 PS (209-231 kW) angetrieben wurde, befand sich bei mehreren Fluggesellschaften in zahlreichen Konfigurationen im Einsatz, bei der Luft Hansa sogar bis 1934.

Im Jahr 1926 gab es für Junkers viel zu tun. Zwei neue Konstruktionen (das dreimotorige Verkehrsflugzeug G 31 und die W 33/34) waren die wichtigsten Maschinen, die zum Einsatz kamen. Erstere war eine schwerere Version der erfolgreichen G 24 und letztere ein ausgezeichnetes einmotoriges Transportflugzeug, das in großer Stückzahl gebaut wurde. Gleich im Anschluß daran machten sich die Junkers-Konstrukteure daran, ein neues, aber weit größeres einmotoriges Transportflugzeug zu entwerfen — die Ju 52, die von allen bisher gewonnenen Erfahrungen profitieren sollte.

Die Maschine war in erster Linie als Frachtflugzeug gedacht. Wie

Dieses als C-352-L bekannte Flugzeug der Ju 52 Kategorie wurde von CASA in Spanien mit unter Lizenz gebauten BMW 132 Sternmotoren hergestellt.

Austin J Brown

Die 18-sitzige Ju 52/3mg7e war eine wichtige Variante, die sich durch einen Autopiloten und breite Kabinentüren auszeichnete. Spätere Versionen wurden ohne die Radverkleidungen gebaut, da sich leicht Sand und Schmutz daran festsetzten und die Räder hemmten.

Drei Junkers Ju 52/3mg6e Minenräumer der Minensuchgruppe, wahrscheinlich über dem Mittelmeer. Die Kennzeichen auf den Seitenrudern gaben an, wieviel Minensucheinsätze von der Maschine geflogen worden waren — eine recht gefährliche Arbeit.

ihre Vorgänger war sie von der normalen Junkers-Ganzmetallkonstruktion mit belastungsfähigen Dural-Wellblechbahnen. Sie hatte auch den patentierten Junkers-Doppelflügel (kleiner Flügel, drehbar unter der Hinterkante des Tragflügels, der beim Verstellen die Tragflügelwölbung vergrößert) mit voller Spannweite. Es wurden fünf Flugzeuge gebaut, wovon vier mit verschiedenen Motoren in Deutschland weiterentwickelt wurden und eines (CF-ARM) nach Kanada ging. Das erste Flugzeug flog am 13. Oktober 1930.

Obwohl sie nur einen Motor hatte (normalerweise von etwa 780-825 PS/582-615 kW), konnte die Ju 52 dennoch 15 bis 17 Passagiere befördern. Im folgenden Jahr machte sich das Konstruktionsteam von Junkers unter Dipl.-Ing. Ernst Zindel daran, die Ju 52 für die Bestückung mit drei Pratt & Whitney Hornet Neunzylinder-Sternmotoren von 525 PS (392 kW) umzurüsten, und der Prototyp dieser Version, die Ju 52/3m (3m = 3 Motoren) machte im April 1932 seinen Jungfernflug. Die Maschine wurde daraufhin nach Finnland, Schweden und Brasilien und auch an die Deutsche Luft Hansa geliefert. Später befand sich die Ju 52/3m bei Fluggesellschaften in Argentinien, Belgien, Bolivien, China, Dänemark, Ecuador, Estland, Frankreich, Griechenland, Großbritannien, Italien, Kolumbien, im Libanon, in Moçambique, Norwegen, Österreich, Peru, Polen, Portugal, Rumänien, in der Schweiz, in Spanien, Südafrika, in der Tschechoslowakei, der Türkei, in Ungarn und Uruguay im Einsatz. Es wurden folgende Motoren verwendet: Hispano-Suiza, BMW, Junkers Jumo, Bristol Pegasus und Pratt & Whitney Hornet und Wasp. Gegen Ende des Gran Chaco-Kriegs von 1932-1935 wurden die nach Bolivien gelieferten zivilen Ju 52/3m als Militärtransportmaschinen verwendet.

Gegen Ende des Jahres 1932 wurde mit der Lieferung von Ju 52/3m an die Luft Hansa begonnen. Die D-2201 Bölcke und D-2202 Richthofen nahmen noch vor Ende des Jahres den Verkehr zwischen Berlin und London und zwischen Berlin und Rom auf. Insgesamt wurden im Laufe der Zeit 230 Ju 52/3m bei der Deutschen Luft Hansa registriert, von der sie fast bis zum Ende des Zweiten Weltkriegs für den Zivilverkehr nach Spanien, Portugal, Schweden, in die Schweiz und in die Türkei eingesetzt wurden.

Trotz der harten Beschränkungen, die Deutschland seit 1919 auferlegt waren, wurden heimlich Piloten im Ausland ausgebildet, besonders in der Sowjetunion. Als Deutschland daher bei den Abrüstungsgesprächen im Jahr 1932 den Verhandlungstisch verließ und in aller Offenheit damit begann, die Luftwaffe aufzubauen, bildeten Maschinen wie die Ju 52/3m die Grundlage dieser neuen Streitmacht, und 1934 tauchte die erste militärische Version, die Ju 52/3mg3e, auf.

Mit der Ju 52/3mg3e hatte man versucht, schnell eine Bomberversion zu erhalten, ohne die sehr profitable Produktion mehr als unbedingt erforderlich zu unterbrechen. Diese von drei BMW 132A-3 Sternmotoren von 525 PS (392 kW) angetriebene Version führte normalerweise eine Bombenlast von 600 kg mit sich, die aus sechs 100 kg Bomben bestand. Außerdem war oben auf dem Rumpf und auf der Unterseite je ein 7,92 mm MG 15. Insgesamt wurden im Jahr 1934/35 450 Ju 52/3mg3e an die neue Luftwaffe geliefert, und als erste Einheit wurde das Kampfgeschwader 152 'Hindenburg' damit ausgerüstet. Im Jahr 1937 erhielt die IV. Gruppe dieses Geschwaders die neue Bezeichnung KGrzbV 1 (Kampfgruppe zur besonderen Verwendung). Sie sollte für Bomber- und militärische Transporteinsätze herangezogen werden. Sie wurde daher auch weiterhin für die Aufgabe eingesetzt, für die die Ju 52/3m ursprünglich vorgesehen war. Die mit Ju 52/3m ausgerüstete KGrzbV wurde im Zweiten Weltkrieg jedoch so gut wie gar nicht für Bombeneinsätze verwendet.

Als am 18. Juli 1936 der Spanische Bürgerkrieg ausbrach und Deutschland sich schnell auf die Seite der Nationalisten stellte, wurden 20 Ju 52/3m und sechs Heinkel He 51 nach Spanien gesandt, wo

Aufriß-Erläuterung zur Junkers Ju 52/3mge

1 Navigationslicht, steuerbord
2 absenkbares Querruder des Junkers-'Doppelflügels'
3 Querruderscharnier-verkleidungen
4 Steuergestänge
5 Inspektionsklappen unter dem Flügel
6 gewellte Flügelhaut
7 Antennenmast
8 Diagonalverspannung der Flügelstreben
9 Öleinfüllstutzen, steuerbord
10 Flaggenmast
11 Motorverkleidung (NACA-Verkleidung), steuerbord
12 Junkers Zweiblatt-Metallpropeller
13 mittlerer BMW 132A Sternmotor (in Townend-Ring)
14 Auspuff
15 Filtereinläufe
16 Motoraufhängung
17 Schott
18 mittlerer Öltank
19 Öleinfüllstutzen
20 flache Cockpitscheiben
21 Sitz des Copiloten
22 Klappsitz des Funkers
23 Sitz des Piloten
24 Steuersäule
25 Seitenruderpedale
26 erhöhter Cockpitboden

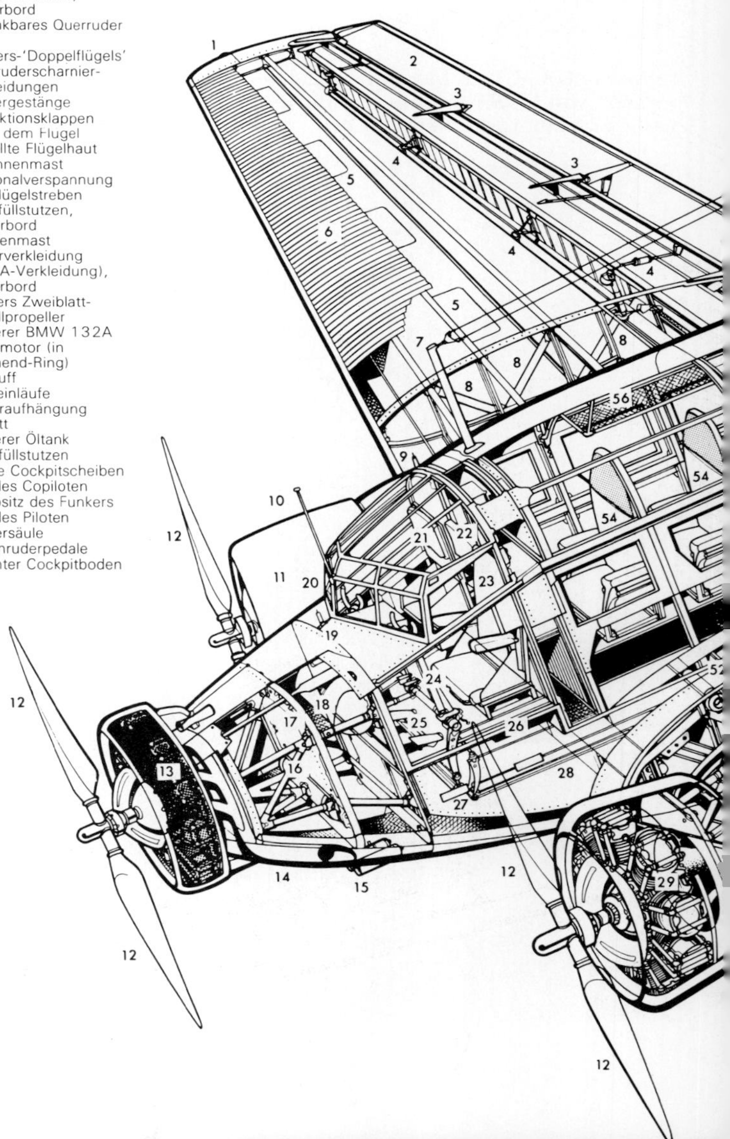

Die mit großen Duralreifen unter dem Rumpf ausgerüstete Ju 52/3mg6e der Minensuchgruppe wurde über Küstengewässern in ganz Europa geflogen, um die vom Feind gelegten Minen zur Explosion zu bringen. Das hier abgebildete Flugzeug, 3K + IB, gehörte dem Gruppenstab.

Eine Ju 52/3mg7e (1Z + NA) von Stab IV/TG 1 (früher KGzbV 1) im letzten Winter des Krieges an der kurländischen Front. Damals wurden die Transportflugzeuge der Luftwaffe hauptsächlich zum Abwurf von Nachschub eingesetzt.

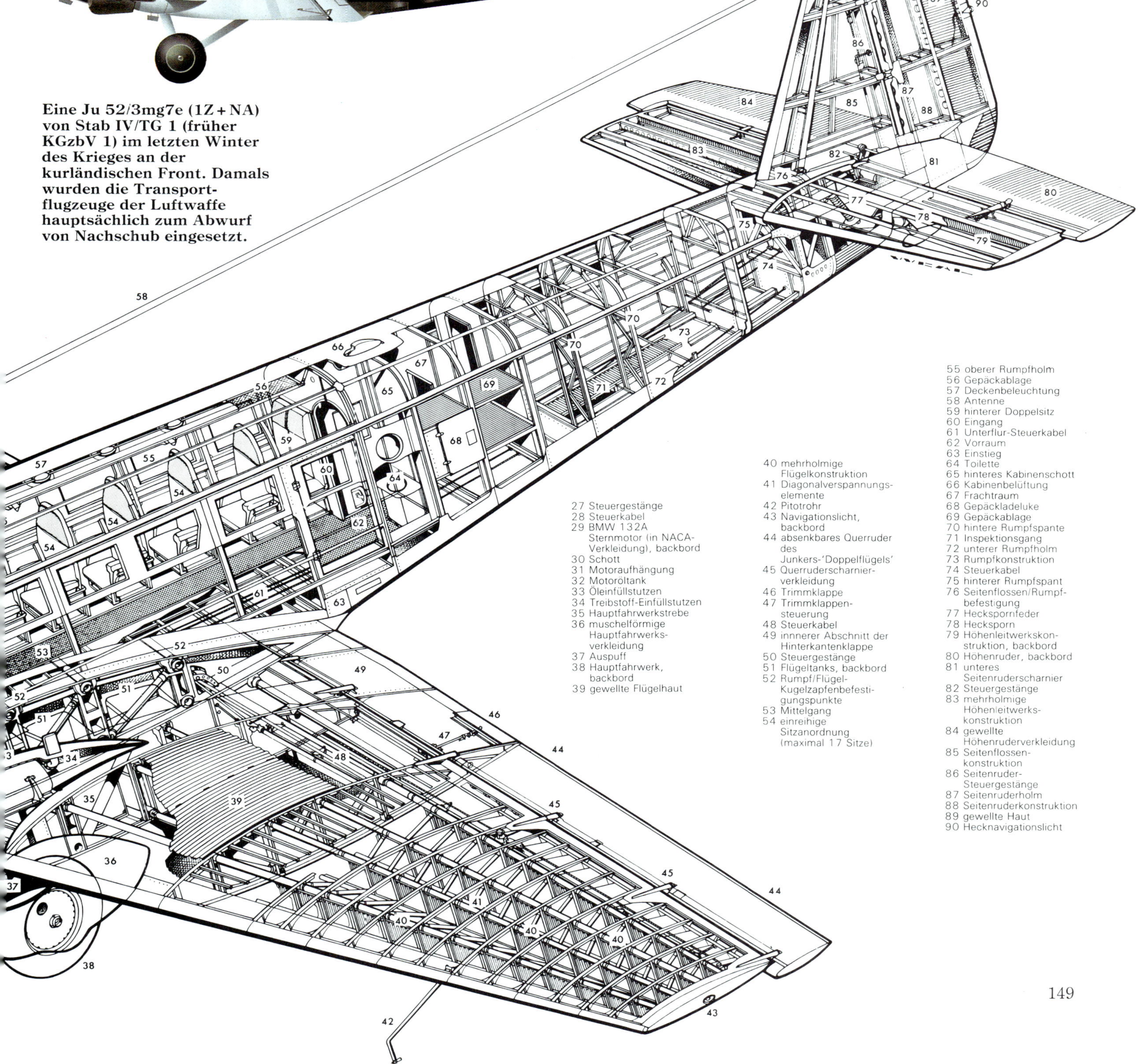

27 Steuergestänge
28 Steuerkabel
29 BMW 132A Sternmotor (in NACA-Verkleidung), backbord
30 Schott
31 Motoraufhängung
32 Motoröltank
33 Öleinfüllstutzen
34 Treibstoff-Einfüllstutzen
35 Hauptfahrwerkstrebe
36 muschelförmige Hauptfahrwerks-verkleidung
37 Auspuff
38 Hauptfahrwerk, backbord
39 gewellte Flügelhaut
40 mehrholmige Flügelkonstruktion
41 Diagonalverspannungs-elemente
42 Pitotrohr
43 Navigationslicht, backbord
44 absenkbares Querruder des Junkers-'Doppelflügels'
45 Querruderscharnier-verkleidung
46 Trimmklappe
47 Trimmklappen-steuerung
48 Steuerkabel
49 innerer Abschnitt der Hinterkantenklappe
50 Steuergestänge
51 Flügeltanks, backbord
52 Rumpf/Flügel-Kugelzapfenbefesti-gungspunkte
53 Mittelgang
54 einreihige Sitzanordnung (maximal 17 Sitze)
55 oberer Rumpfholm
56 Gepäckablage
57 Deckenbeleuchtung
58 Antenne
59 hinterer Doppelsitz
60 Eingang
61 Unterflur-Steuerkabel
62 Vorraum
63 Einstieg
64 Toilette
65 hinteres Kabinenschott
66 Kabinenbelüftung
67 Frachtraum
68 Gepäckladeluke
69 Gepäckablage
70 hintere Rumpfspante
71 Inspektionsgang
72 unterer Rumpfholm
73 Rumpfkonstruktion
74 Steuerkabel
75 hinterer Rumpfspant
76 Seitenflossen/Rumpf-befestigung
77 Heckspornfeder
78 Hecksporn
79 Höhenleitwerkskon-struktion, backbord
80 Höhenruder, backbord
81 unteres Seitenruderscharnier
82 Steuergestänge
83 mehrholmige Höhenleitwerks-konstruktion
84 gewellte Höhenruderverkleidung
85 Seitenflossen-konstruktion
86 Seitenruder-Steuergestänge
87 Seitenruderholm
88 Seitenruderkonstruktion
89 gewellte Haut
90 Hecknavigationslicht

Junkers Ju 52

Technische Daten der Junkers Ju 52/3mg7e
Typ: 18-sitziges Militärtransportflugzeug.
Triebwerk: drei luftgekühlte BMW 132T-2 Neunzylinder-Sternmotoren von 830 PS (619 kW).
Leistung: Höchstgeschwindigkeit in Meereshöhe 295 km/h; Anfangssteiggeschwindigkeit 3,5 m/sek; Dienstgipfelhöhe 5.500 m; Reichweite 1.290 km.
Gewicht: Leergewicht 6.560 kg; max. Startgewicht 10.515 kg.
Abmessungen: Spannweite 29,25 m; Länge 18,90 m; Höhe 4,50 m; Tragflügelfläche 110,50 m^2.
Bewaffnung: (normalerweise) ein 7,92 mm MG 15 im MG-Stand und zwei 7,92 mm MG, die aus dem Fenster schossen.

Eine Junkers Ju 52/3mg7e der im Mai 1941 vor der Invasion Kretas auf Milos stationierten 2. Staffel der KGzbV 1. Unter dem Befehl von Generalmajor Gerhard wurde eine Flotte von 493 Ju 52/3m für die als Unternehmen 'Quecksilber' bekannte Landung zusammengestellt. Weil aber während des ersten Vorstoßes die Transportmaschinen, die nachkommen sollten, aufgehalten wurden, konnte kein konzentrierter Angriff erfolgen. Jeder vierte Fallschirmjäger, der absprang, wurde entweder getötet oder verwundet. Bis zum Ende der Operation waren über 170 Ju 52/3m verlorengegangen oder schwer beschädigt worden.

Eine der ersten Aufgaben des deutschen Luftwaffenkontingents in Spanien bestand aus dem Transport von 10.000 marokkanischen Soldaten von Nordafrika in die Kriegszone. Das hier abgebildete Flugzeug, eine Ju 52/3mg3e, trägt Ende 1936 die Kennzeichen der Kampfgruppe 88 der Legion Cóndor.

Die erste Junkers Ju 52/3mge der Deutschen Luft Hansa war im Mai 1932 dieses Flugzeug, D-2201, das nach einem berühmten Jagdpiloten aus dem Ersten Weltkrieg 'Bölcke' genannt wurde. Die ersten Maschinen wurden auf der Strecke Berlin — London und Berlin — Rom eingesetzt.

South African Airways flog insgesamt 15 Ju 52/3m. Die erste dieser Maschinen, ZS-AFA Jan Van Riebeeck, ist hier abgebildet. Neun Flugzeuge wurden an die South African Air Force übergeben, wo sie im Pendelverkehr zwischen Südafrika, Ägypten und Italien als Transportmaschinen eingesetzt wurden.

sie im folgenden November unter General Hugo Sperrle die Legion Cóndor bildeten. Zunächst wurden die Junkers für den Transport von 10.000 marokkanischen Soldaten von Marokko nach Spanien verwendet. Dann wurden sie zu drei Bomberstaffeln der Kampfgruppe 88 zusammengestellt und zu Angriffen auf die von den Republikanern gehaltenen Mittelmeerhäfen sowie bei den Kämpfen um Madrid eingesetzt. Mitte 1937 galten sie bereits als schlechte Bomber, so daß sie weitgehend durch Maschinen wie die Dornier Do 17 und die Heinkel He 111 ersetzt wurden. Trotzdem diente die Ju 52/3mg3e sowohl der deutschen Luftwaffe als auch den spanischen Nationalisten weiterhin bis zum Ende des Bürgerkriegs nicht nur als Transportflugzeug, sondern auch als Bomber.

Weil die Militärflugplätze in Deutschland sehr schlechte Pisten hatten, wurde im Jahr 1935 die Ju 52/3mg4e mit Heckrad anstelle eines Sporns eingeführt, und 1938 wurde diese Maschine zur Standardversion der KGrzbV gemacht. Als im März des gleichen Jahres der österreichische Anschluß stattfand, wurden deutsche Truppen von der KGrzbV 1 und 2 zum Beweis der deutschen Stärke in Richtung Front transportiert. KGrzbV 1 war damals mit 54 Flugzeugen in Fürstenwalde stationiert, während die KGrzbV 2 ihren Stützpunkt in Brandenburg-Briest hatte.

Kurz vor dem Angriff Deutschlands auf Polen besaß der Transportverband der Luftwaffe 552 Flugzeuge, wovon 547 Maschinen Ju 52/3mg3e und Ju 52/3mg4e waren (der Rest waren zwei veraltete He 111 Transportflugzeuge, eine Junkers G 38, eine Ju 90 und eine Focke-Wulf FW 200). Die Verluste während der einen Monat währenden Kampagne vom September betrugen 59 Junkers Ju 52/3m, die alle, mit Ausnahme von zwei Maschinen, Bodenfeuer oder Flugunfällen zum Opfer fielen. Von den Maschinen wurden auf 2.460 Flügen 19.700 Soldaten und 1.600 Tonnen Nachschub transportiert.

Bei der relativ schnellen und mit peinlichster Genauigkeit organisierten Invasion Norwegens im folgenden Jahr standen 573 Ju 52/m zur Verfügung. Mit diesen Flugzeugen waren alle vier Gruppen der KGzbV 1 und KGrzbV 101, 102, 103, 104, 105, 106 und 107 ausgerüstet, so daß im Durchschnitt auf jede Gruppe 52 Flugzeuge entfielen. Für den Norwegenfeldzug wurde auch eine kleine Zahl von Ju 52/3m Wasserflugzeugen eingesetzt, die mit Doppelschwimmern ausgerüstet waren. Sie landeten in den Fjorden und brachten Soldaten, Pioniere und Nachschub. Man hatte eine neue Version, die Ju 52/3mg5e, eingeführt, die mit einem Radfahrwerk, Schwimmern oder Kufen ausgerüstet werden konnte und von drei BMW 132T-2 Motoren von 830 PS (619 kW) angetrieben wurde.

Zu den wichtigen Einsätzen, die in Norwegen mit Junkers-Maschinen durchgeführt wurden, gehörten die Eroberung des Flughafens Stavanger-Sola und der Vordingborg-Brücke durch eingeflogene Truppen. Im Verlauf der Kampagne wurden 29.000 Mann, 1.180.000 Liter Flugbenzin und 2.376 Tonnen Nachschub auf dem Luftweg transportiert, wobei aber 150 Maschinen verlorengingen.

Vor dem Ende des Norwegenfeldzuges wurden jedoch die meisten Ju 52/3m zur Vorbereitung der Operation 'Gelb', des großen Angriffs im Westen, nach Deutschland zurückgezogen. Aufgrund der in Norwegen erlittenen Verluste standen jetzt nur noch 475 Junkers zur Verfügung, und dazu kamen noch 45 DFS 230 Segelflugzeuge für den Infanterieeinsatz aus der Luft. Alle Transportmaschinen standen unter dem Befehl von General Putzier.

Weil die Ju 52/3m für einen wahrscheinlichen Infanterieeinsatz aus der Luft gegen Großbritannien geschont werden mußten, wurden die Transportmaschinen der Luftwaffe zunächst nur für Luftangriffe verwendet, und zwar größtenteils auf Holland und Belgien, besonders auf die Moerdijk-Brücken und auf den Rotterdamer Flughafen Waalhaven. Für jeden Angriff wurden viele Ju 52/3m eingesetzt, denen jedoch, besonders durch die Flak, außerordentlich hohe Verluste zugefügt wurden. Die Wehrmacht brauchte fünf Tage, um Holland zu bezwingen, und in dieser Zeit wurden 167 Junkers total zerstört und noch einmal so viele Maschinen schwer beschädigt.

Bis Ende 1940 waren insgesamt 1.275 Ju 52/3m an die Luftwaffe geliefert worden, wovon ca. 700 Flugzeuge bereits aus irgendeinem Grund nicht mehr eingesetzt werden konnten. Nach dem Zusammenbruch Frankreichs wurden bis zum deutschen Einmarsch in die Balkanländer im April 1941 mit Ju 52/3m keine größeren Operationen mehr gestartet. Inzwischen waren mehrere neue Versionen aufgetaucht, nämlich die Ju 52/3mg6e, die ganz ähnlich war wie die Ju 52/3mg5e, aber eine bessere Funkausrüstung hatte, und die Ju 52/3mg7e mit Autopilot, die bis zu 18 Soldaten aufnehmen konnte und breitere Kabinentüren hatte.

Die Operationen auf der Balkanhalbinsel und im Ägäischen Meer führten ferner zu den ersten Einsätzen der Minensuchgruppe, die mit Ju 52/3mg6e ausgerüstet war. Diese benutzten große Duralringe mit

Seit April 1986 fliegt die Junkers Ju-52 'Tempelhof' wieder für die Lufthansa, die sie genau 50 Jahre zuvor mit der Registrierung D-AQUI in Dienst genommen hatte. Später kam sie nach Norwegen und in die USA, bevor sie nach Deutschland zuruckkehrte und restauriert wurde. *(Foto: Lufthansa, freigeg. v. Senat. Bremen, Nr. MBB 86-0402/32)*

Die Ju 52/3m befanden sich nicht nur bei der deutschen Legion Cóndor im Einsatz, sondern wurden auch an die spanischen Nationalisten geliefert. Diese 3mge trägt Anfang 1938 die Kennzeichen der Grupo de Bombardeo Nocturno 1-G-22. Bei den Spaniern erhielt die Ju 52/3m den Spitznamen Pava (Truthahn).

Motor, um die von den Alliierten in verlassenen Häfen gelegten Minen zur Explosion zu bringen.

Kreta wurde letzten Endes zwar eingenommen, erwies sich aber für den Transportverband als Katastrophe. Die 493 Ju 52/3m und ca. 80 DFS 230 Lastensegler, die mit der Invasion aus der Luft beauftragt worden waren, sollten in drei Wellen angreifen. Da auf dem Boden jedoch aufgrund dichter Staubwolken alles drunter und drüber ging, gab es zahlreiche Zusammenstöße und Verzögerungen. Auf deutscher Seite gab es über 7.000 Gefallene und Verwundete (darunter etwa 2.000 Fallschirmjäger) und es gingen 174 Ju 52/3m, ein Drittel aller Transportmaschinen der Luftwaffe, verloren.

Es wurde schon oft behauptet, daß der Balkanfeldzug eine verlorene Sache für die Alliierten gewesen sei. Aber die schweren Verluste der Deutschen sollten sich als überaus wichtig erweisen, als Deutschland noch nicht einmal zwei Monate später die Operation 'Barbarossa' startete. Von nun an beschränkte sich der Lufttransport bei der Luftwaffe (abgesehen von Einzelaktionen) auf den Nachschub und die Evakuierung. Am ersten Tag der Operation 'Barbarossa' standen der Luftwaffe nur 238 einsatzfähige Ju 52/3m zur Verfügung, weit weniger als in den Jahren 1939 und 1940.

Die von den im Rückzug begriffenen Russen an der Ostfront angewandte Taktik der verbrannten Erde machte die Wehrmacht sehr von der Versorgung mit Nachschub auf dem Luftweg abhängig. Die Produktion der Ju 52/3m stieg 1941 auf 502, 1942 auf 503 und 1943 auf 887 Maschinen. Es tauchten immer wieder neue Versionen auf. Bei der Ju 52/3mg8e wurde auf eine Radverkleidung verzichtet, da sie sich unter den sumpfigen Verhältnissen an der Ostfront als hinderlich erwies. Sie erhielt aber oben auf dem Rumpf ein 13 mm MG 131, und einige Maschinen wurden mit BMW 1.32Z Motoren von 850 PS (634 kW) ausgerüstet.

Die Ju 52/3mg9e, die 1942 auftauchte, zeichnete sich durch ein verstärktes Fahrwerk aus, das ein Startgewicht von 11.500 kg ermöglichte. Sie konnte außerdem das Gotha Ho 242 Segelflugzeug schleppen. Die Ju 52/3mg10e war eine Marineversion mit Schwimmern, und die Ju 52/3mg12e hatte BMW 132L Motoren von 800 PS (597 kW). Die Luftwaffe erhielt nur noch eine andere Version (Ende 1943), nämlich die Ju 52/3mg14e, bei der über dem Cockpit des Piloten ein MG 15 angebracht war.

Als im Februar 1942 sechs deutsche Divsionen in Demjansk abgeschnitten waren, vollbrachte die Luftwaffe reine Wunder bei der Versorgung von 100.000 Soldaten. Im Laufe von drei Monaten wurden 24.300 Tonnen Munition und Proviant abgeworfen, 15.466 Mann in den Kessel eingeflogen und 20.093 Verwundete evakuiert. Dabei fielen 385 Angehörige des fliegenden Personals (darunter Major Walter Hammer, der die KGrzbV 172 kommandierte), und es gingen 262 Flugzeuge verloren.

Noch viel schlimmer sollte es für das deutsche Heer bei Stalingrad und in Nordafrika kommen. Bei einem einzigen Angriff auf Sverevo im schrecklichen Winter von 1942/43 wurden von russischen Bombern 52 Junkers zerstört. Bei den letzten Versuchen, den Truppen der Achsenmächte in Tunesien zu Hilfe zu kommen und sie zu evakuieren, verlor die Luftwaffe im April 1943 innerhalb von drei Wochen 432 Transportmaschinen, größtenteils Ju 52/3m.

Die Geschichte der 'Tante Ju' war nach dem Krieg noch nicht zu Ende. Von den 4.835 in Deutschland gebauten Flugzeugen waren nur noch 50 Maschinen in flugtüchtigem Zustand. Der Hauptbetreiber dieser Flugzeuge nach dem Krieg war Frankreich. Hier bauten die Ateliers Aéronautiques de Colombes über 400 Maschinen der als AAC 1 Toucan bekannten Version, wovon sich 85 bei der Air France im Einsatz befanden, während andere von Aéro-Cargo, Air Atlas, Aigle Azur, Air Nolis, Air Ocean, TAI und vielen anderen Fluggesellschaften verwendet wurden. Die Toucan befand sich auch bei der Armée de l'Air und Aéronavale im Einsatz und wurde in ziemlich großer Zahl im Algerien- und Indochinakrieg eingesetzt.

In Spanien stellte CASA 170 als C-352-L bekannte Flugzeuge mit unter Lizenz gebauten BMW 132 Sternmotoren her. Zehn Flugzeuge wurden von Short Bros and Harland in Belfast überholt und dann als G-AHOC bis G-AHOL von British European Airways am 18. November 1946 auf der Strecke Croydon — Liverpool — Belfast in den Dienst gestellt. In der Schweiz flogen Anfang der 80er Jahre immer noch drei Ju 52/3mg4e Transportmaschinen, die ursprünglich am 4. Oktober 1939 an die Schweizer Fliegertruppe geliefert worden waren. Eine dieser Maschinen wurde 1983 dem Museum der Schweizer Fliegertruppe in Dübendorf übergeben.

Das kurze Leben der zweiten Generation

Wie bei den meisten deutschen Flugzeugen, die im Krieg erfolgreich waren, wurden auch bei der Ju 52/3m umfangreiche Teststudien vorgenommen. Das Resultat waren die Ju 252 und die Ju 352. Der Prototyp der Ju 252, die ein größeres Flugzeug war als die Ju 52/3m, flog zum ersten Mal im Oktober 1941. Die von drei flüssigkeitsgekühlten 1.340 PS (1.000 kW) Junkers Jumo 211F Motoren in einer Ringverkleidung angetriebene Maschine, deren Beplankung nicht mehr gewellt war, bot in einer Druckkabine Platz für 21 Passagiere. Ursprünglich sollten für die Lufthansa 25 Flugzeuge gebaut werden, aber infolge der sich verschlechternden Kriegslage wurde der Auftrag auf 15 Maschinen reduziert, die dann alle an die Luftwaffe geliefert wurden. Einige Ju 252A kamen bei der Luftransportstaffel 290 (später Transportstaffel 5 genannt) zum Einsatz.

Die etwas größere Junkers Ju 352 Herkules von gemischter Holz- und Stahlkonstruktion wurde am 1. Oktober 1943 zum ersten Mal geflogen. Es wurden zwei Prototypen und zehn Vorserienmaschinen gebaut, die von drei Bramo 323R-2 Sternmotoren von 1.000 PS (746 kW) angetrieben wurden. Die oben auf dem Rumpf mit einer 20 mm Kanone und auf jeder Seite mit einem 13 mm MG bewaffnete Ju 352 war von Anfang an als militärisches Transportflugzeug gedacht. Aber schließlich wurde sie in größerer Zahl nur von einem speziell gebildeten Geschwader (unter Major Günther Mauß) fast ausschließlich an der Ostfront eingesetzt. Insgesamt wurden zwischen April und September 1944 33 Ju 352A Serienmaschinen geliefert.

Vier frühe Ju 52/3mg3e mit den vor dem Krieg üblichen Luftwaffe-Kennzeichen. Ins Auge springt das ausgefahrene MG auf der Unterseite und der Hecksporn. Der Schütze wurde vor dem Propellerstrahl durch eine Verkleidung geschützt, in die Stufen eingebaut waren, damit er im Flug in den Rumpf einsteigen konnte.

Grumman F3F

Die letzten der Doppeldecker

Die trägergestützten F3F waren keineswegs so schwerfällig, wie es ihr plumper Rumpf vielleicht vermuten ließ. Sie gehörten allerdings zu den letzten Doppeldeckern, die in Serienproduktion gingen. Die US Navy setzte die ersten Maschinen erst 1934 ein, anderthalb Jahre, nachdem die Army ihre letzten Doppeldecker aus dem Dienst genommen hatte.

Diese robust aussehenden Flugzeuge besaßen noch Doppeldecker-Flügel, als die meisten anderen Flugzeughersteller bereits zu Eindeckern übergegangen waren. Die US Army hatte mit einer Boeing P-12F schon im Mai 1932 ihren letzten einsitzigen Doppeldecker erhalten — mehr als ein Jahr, bevor der erste Grumman Einsitzer für die Marine herauskam. Das erste Flugzeug von Leroy Grumman war die zweisitzige FF-1, die am 21. Dezember 1931 zum ersten Mal geflogen wurde und bei der es sich gleichzeitig um das erste Jagdflugzeug der US Navy mit einziehbarem Fahrwerk und geschlossenen Cockpits handelte. Die Maschine war viel schneller als andere Flugzeuge ihres Formats, was zu der Überzeugung führte, daß eine kleinere, einsitzige Version sehr wohl mehr Leistung als die Boeing F4B-4 und Curtiss F11C-2 Jäger bringen würde, die damals von der US Navy in Auftrag gegeben worden waren.

Am 2. November 1932 bestellte die US Navy einen einsitzigen Prototypen der XF2F-1, und am 19. Dezember erhielt das kleine Unternehmen Grumman ebenfalls seinen ersten Serienauftrag über 27 FF-1 Zweisitzer. So wurde in Farmingdale, Long Island, eine Fabrik gemietet und mit der Produktion begonnen. Schon 1927 hatte sich die US Navy für den Antrieb durch luftgekühlte Sternmotoren für alle ihre Jäger entschieden, aber anstelle des 1,37 m breiten Wright R-1820 Cyclone der FF-1 mit seinem einreihigen Sternmotor mit neun Zylindern wurde für die XF2F-1 ein neuer, 1,12 m breiter zweireihiger 14-Zylinder Pratt & Whitney XR-1535-44 Twin Wasp Junior ausgewählt, der besser in die Form ihres Ganzmetallrumpfs paßte.

Die Haupträder wurden mit rund 32 Drehungen einer Handkurbel hinter dem Motor in den Rumpf eingezogen, und gemeinsam mit dem Auffanghaken im Heck verschwand auch das Heckrad. Die geringen

Das Vorgängermodell der Grumman F2F und F3F Jäger, die zweisitzige FF-1, war noch mit dem 1,37 m breiten Wright R-1820 Neunzylinder-Sternmotor ausgerüstet.

TRH/Grumman

TRH

Zwar flogen die meisten der einsitzigen Grumman-Jäger für die Squadron der US Navy, aber auch das US Marine Corps erhielt diesen Typ, vor allem die F3F-2, die zur VMF-1 in Quantico und VMF-2 in San Diego kamen. Eine Maschine der VMF-1 ist hier in der Bemalung gezeigt, wie sie in den 30er Jahren üblich war. Der Buchstabe 'M', der vor dem Squadron-Buchstaben am Rumpf steht, kennzeichnete die Maschine als ein Flugzeug der US Marines.

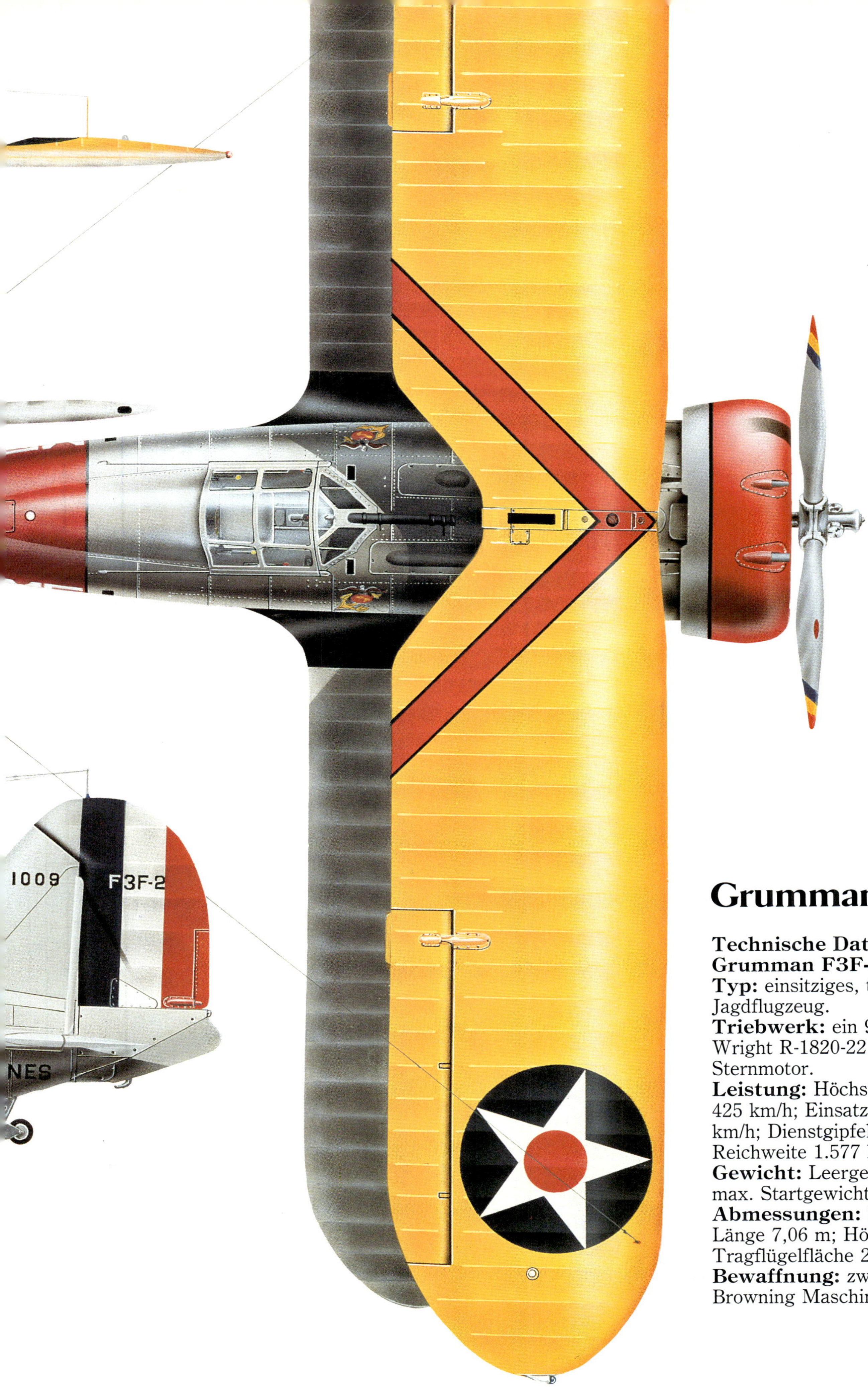

Grumman F3F

Technische Daten der Grumman F3F-3
Typ: einsitziges, trägergestütztes Jagdflugzeug.
Triebwerk: ein 950 PS (708 kW) Wright R-1820-22 Neunzylinder-Sternmotor.
Leistung: Höchstgeschwindigkeit 425 km/h; Einsatzgeschwindigkeit 241 km/h; Dienstgipfelhöhe 10.120 m; Reichweite 1.577 km.
Gewicht: Leergewicht 1.490 kg; max. Startgewicht 2.175 kg.
Abmessungen: Spannweite 9,75 m; Länge 7,06 m; Höhe 2,84 m; Tragflügelfläche 24,15 m^2.
Bewaffnung: zwei 7,62 mm Browning Maschinengewehre.

Die erste und letzte Squadron der US Navy, die die Grumman F2F-1 flog, war die VF-2B, die von Bord der USS Lexington operierte. 'Fighting Two' erhielt im Februar 1935 ihr erstes Flugzeug und hatte die Jäger mit dem gelben Leitwerk bis September 1940 ununterbrochen im Einsatz. Die Maschinen wurden anschließend als Schulflugzeuge an die NAS Pensacola abgegeben.

Ausmaße (Spannweite 8,69 m und 8,56 m Länge) versprachen einen entsprechend kleineren Platzbedarf auf den Flugzeugträgerdecks. Ein weiterer Vorteil war, daß die wasserdichten Hohlräume im Rumpf unter dem Cockpitboden bei einer Notwasserung für Auftrieb sorgten und damit die komplizierten, aufblasbaren Gummischwimmer, die in den Flügeln der älteren Typen untergebracht waren, überflüssig machten. Wie auch die früheren Jäger der US Navy war die XF2F-1 mit zwei synchronisierten 7,62 mm Maschingewehren bewaffnet, die in die obere Motorverkleidung direkt vor dem Cockpit eingebettet waren.

Am 18. Oktober 1933 wurde die XF2F-1 (Seriennummer 9342) von Farmingdale aus zum ersten Mal geflogen und bewies bald ihre überlegene Leistung. Mit dem XR-1534-44, der in 2.560 m Höhe 625 PS (466,1 kW) erbrachte, erreichte die Maschine in dieser kritischen Höhe 369 km/h im Vergleich zu den 333 km/h, die die FF-1 Serienmaschinen boten, die im gleichen Jahr ausgeliefert wurden. Mit einem Gewicht von nur 1.604 kg gegenüber den 2.121 kg des Zweisitzers war die Manövrierfähigkeit der XF2F-1 soviel besser als die ihres Vorgängermodells, daß die US Navy bis nach dem Zweiten Weltkrieg keine zweisitzigen Jäger mehr verwendete.

Konkurrenzmodelle

Grumman sah sich immer noch der Konkurrenz durch fünf weitere einsitzige Jäger-Konstruktionen für die Navy gegenüber, die innerhalb eines Jahres nach Erscheinen der XF2F-1 herauskamen. Der Firma Curtiss gelang es als erster, am 11. März 1933 ihr Konkurrenzmodell, die XF11C-3, in die Luft zu bringen, weil es sich bei dem Flugwerk im Grunde um das der Curtiss Hawk mit stoffbespanntem Rumpf und offenem Cockpit aus dem Jahr 1925 handelte. Wie bei der Maschine von Grumman konnten die Räder ebenfalls kurz hinter dem Motor, in diesem Fall einem 700 PS (522 kW) R-1820 Cyclone, in den Rumpf eingezogen werden.

Boeing bot die vom Aussehen her modernste Konstruktion, ein Tiefdecker, der am 14. September 1933 zum ersten Mal flog und mit nur 550 PS (410 kW) 385 km/h erreichte. Allerdings wurde die Maschine für den Flugzeugträgereinsatz als nicht geeignet erachtet, weil sie eine zu lange Startrollstrecke brauchte und eine zu hohe Landegeschwindigkeit besaß. Im Januar 1934 kamen der Northrop Tiefdecker XFT-1 und der Curtiss XF13C-1 Hochdecker heraus, die fast genauso schnell wie die Boeing waren, jedoch auch ähnliche Probleme hatten, während der Berliner-Joyce XF3J-1 Doppeldecker, der im März 1934 ausgeliefert wurde, eine konservative Konstruktion besaß, die zu langsam war und zu spät erschien, um noch konkurrenzfähig zu sein.

Am 26. Februar 1934 bestellte die US Navy 27 Curtiss Doppeldecker und am 17. Mai 54 Grumman F2F-1. Als die erste Curtiss am 8. Oktober 1934 ausgeliefert wurde, trug sie eine BF2C-1 (Jagdbomber) Bezeichnung, da sie eine 215 kg Bombe oder einen Abwurftank tragen konnte, wozu die Grumman nicht in der Lage waren. Bis zum März 1936 wurden die BF2C-1 wegen ernster Vibrationsprobleme au-

Aufgrund seines großen Erfolgs mit dem zweisitzigen Grumman FF-1 Jäger konnte das noch junge Konstruktionsteam zuversichtlich an eine einsitzige Weiterentwicklung mit besserer Leistung gehen. Dieses Modell mit der Bezeichnung Grumman F2F-1 ersetzte ab 1935 die Boeing F4B-2 der VF-2B. Dieses Exemplar hat das rote Leitwerk und den Rumpfcode der VF-5B 'Red Rippers'.

US Navy

Mit ihrer schwarzen Teilbemalung sah diese F3F-1 gegenüber den leuchtenden Farben der anderen US Navy Squadron recht düster aus. Die VF-7 (später VF-72) war die letzte Squadron, die die F3F-1 flog; am 10. Februar 1941 wurden sie endgültig außer Dienst gestellt. Dieses Modell flog bei der NAS Norfolk und Miami als Piloten-Schulflugzeug weiter.

Auf dieser Aufnahme des Grumman XF2F-1 Jagd-Prototypen ist die Tonnenform des Rumpfs klar zu erkennen. Es wurden verschiedene Änderungen eingeführt, darunter eine Motorverkleidung von geringerem Durchmesser, ein Mk III Mod 2 Zielfernrohr und verschiedene Funkantennen.

ßer Dienst gestellt, und Curtiss erhielt keine weiteren Produktionsaufträge für US Navy Jäger.

Mehr Erfolg hatten die F2F-1, die am 19. Januar 1935 zum ersten Mal ausgeliefert wurden und die über fünf Jahre lang bei den Squadron im Einsatz blieben. Mit einem serienmäßigen R-1535-72 Twin Wasp Junior, der beim Start 700 PS (522 kW) und in 2.286 m Höhe 650 PS (485 kW) bot, stieg die Höchstgeschwindigkeit der F2F-1 von 327 km/h in Meereshöhe auf 372 km/h in 2.286 m Höhe. Der Jäger, der mit einer vertretbaren Geschwindigkeit von 106 km/h landete, kletterte in 2,1 Minuten auf 1.524 m und erreichte eine Dienstgipfelhöhe von 8.260 m. Der Treibstofftank mit 416 Litern verlieh der Maschine eine maximale Reichweite von 1.586 km.

Wie damals üblich, ging die erste F2F-1 Serienmaschine (9623) im Januar 1935 an das Testzentrum der US Navy in Anacostia in Washington DC. Die nächsten 22 Exemplare wurden mit den Kennungen der VF-2B versehen, der Jäger-Squadron an Bord der *USS Lexington,* und von Piloten der US Navy über Land von Farmingdale nach San Diego, Kalifornien, geflogen.

Während dieses Überführungsflugs verlor die US Navy eine Grumman, als die mit 2-F-10 bezeichnete Maschine am 16. März 1935 über Mississippi in einen Sandsturm geriet, der dem Piloten die Sicht nahm. Lieutenant-Commander Arthur W. Radford stieg in 914 m Höhe mit dem Fallschirm aus und landete sicher auf dem Boden. Er wurde 1953 Vorsitzender der Joint Chiefs of Staff und damit der ranghöchste Admiral. Am 29. Juni 1935 wurde für US $ 12.000 ein Ersatzflugzeug (9997) bestellt.

Von April bis Juni 1935 gingen zwanzig F2F-1 zur VF-3B, die auf der *USS Ranger* stationiert war. Die Produktion lief bis zum 2. August 1935 weiter, als die letzten beiden von 55 Maschinen ausgeliefert wurden, wobei die letzte Gruppe zum Battle Force Storage Pool in San Diego kam und dort für den Ernstfall eingelagert wurde. Im Oktober 1935 kamen neun dieser Maschinen als Ersatz für die FF-1 der VF-5B an Bord der *Ranger.*

Konstruktionsverbesserung

Noch bevor die Auslieferung der F2F-1 begann, bereitete Grumman eine neue Konstruktion vor, die die Richtungsstabilität, die Manövrierfähigkeit und die Trudeleigenschaften des Typs verbessern und auch Bomben tragen sollte. Am 15. Oktober 1934 bestellte die US Navy die Konstruktion und den Bau einer XF3F-1 für US $ 75.850, aber Grumman hatte zur Erfüllung des Auftrages drei Flugzeuge mit der Seriennummer 9727 zu bauen.

Die XF3F-1 hatten den gleichen R-1535-72 Motor, aber ihr Rumpf war verlängert und ihre Tragflügelfläche von 21,37 m^2 auf 24,21 m^2 vergrößert worden. Durch den von 81 cm auf 66 cm verkleinerten Raddurchmesser fiel der Buckel hinter dem Motor weg, und der Rumpf wurde stromlinienförmiger. Jimmy Collins, Testpilot des Unternehmens und bekannter Flugautor, führte am 20. März 1935 die ersten drei Testflüge mit der XF3F-1 durch.

Zwei Tage später wurden die Tests von Piloten der US Navy wiederaufgenommen, und Collins führte eine Reihe von sechs Flügen durch, um das Abfangen aus Hochgeschwindigkeits-Sturzflügen vorzuführen. Der zehnte Sturzflug begann in 5.486 m Höhe mit einer geplanten Abfanghöhe von 1.524 m, um das Flugzeug bei einer Belastung (Lastvielfachem) von 9g zu erproben. Diesmal fing er den Doppeldecker jedoch in rund 2.400 m so scharf ab, daß der Beschleunigungsmesser rund 14g anzeigte. Das überlastete Flugwerk brach mitten in der Luft auseinander und stürzte auf einen Friedhof. Collins kam dabei ums Leben.

Rasch wurde ein zweiter, verstärkter Prototyp gebaut, am 9. Mai in Farmingdale erstmals geflogen und an das Testzentrum Anacostia ausgeliefert. Bei einem Trudelversuch mit zehn Drehungen gelang es nicht, die XF3F-1 abzufangen, der Firmenpilot Lee Gehlbach stieg aus und der Prototyp schlug nach 42 vollen Drehungen am Boden auf. Das Wrack wurde zu Grumman zurückverfrachtet, innerhalb von drei Wochen wieder repariert und am 20. Juni 1935 von William McAvoy nach Anacostia überführt.

Obwohl der erste und der zweite Prototyp verloren gingen, war die US Navy von der besseren Leistung der XF3F-1 gegenüber der F2F-1 überzeugt, und es wurde ein Auftrag über 54 F3F-1 erteilt, die 1936 ausgeliefert wurden. Unter anderem flogen die Maschinen auch für die Einsatzsquadron VF-6B, zu der das hier abgebildete Flugzeug gehörte.

Am 24. August 1935 bestellte die US Navy 54 Jäger vom Typ F3F-1 für US $ 1.102.885; diese Serie reichte für zwei Squadron mit je 18 Maschinen und mit 50 Prozent Reserve aus. Der R-1535-84 Motor hatte mit dem zusätzlich angebrachten dynamischen Dämpfer und den Aggregaten für die hydraulische Verstellung des 2,44 m Hamilton Standard Zweiblatt-Propellers mit 650 PS (485 kW) die gleiche Nennleistung wie der R-1535-72. Trotz der Steigerung des max. Fluggewichts von 1.745 kg bei der F2F-1 auf 1.892 kg bei der F3F-1 blieb die Höchstgeschwindigkeit in einer Höhe von 2.286 m weiterhin 372 km/h und die Landegeschwindigkeit 106 km/h, während die Reichweite auf 1.606 km ausgedehnt werden konnte. Durch die etwas geringere Flügelbelastung stieg die Dienstgipfelhöhe auf 8.687 m an.

Zur Bewaffnung zählte das übliche 7,62 mm M2 MG mit 500 Schuß unter der Backbordseite der Motorverkleidung, aber die Steuerbord-Waffe war ein 12,7 mm M2 mit 200 Schuß. Unter jedem Flügel konnte eine 52,6 kg Mk IV Bombe befestigt werden, und als Zielvorrichtung dafür diente das gleiche Dreifach-Teleskop-Zielfernrohr, das auch für die MG verwendet wurde. Weiterhin gehörten wie auch bei der F2F-1 ein Funkgerät, ein Rettungsboot und Sauerstoff zur Standardausrüstung.

Die Flügelspannweite der F3F-1 betrug jetzt 9,75 m und die Länge 7,09 m. Die typische Flügelstruktur der Grumman-Doppeldecker hatte Rippen, Doppelholme und Vorderkanten aus Metall, Stoffbespannung und als Verbindung dienten N-Streben. Der Abstand zwischen den Flügeln betrug 1,52 m, und die unteren Flügel hatten eine V-Stellung von 2°.

Die erste F3F-1 (0211) wurde am 29. Januar 1936 ausgeliefert und kam wie üblich nach Anacostia. Die Squadron VF-5B an Bord der *USS Ranger* und VF-6B an Bord der *USS Saratoga* erhielten in der Zeit von März bis Juli neue F3F-1, und die letzte Auslieferung erfolgte am 21. September 1936. Im Januar 1937 erhielt die neue US Marine Squadron VF-4M in San Diego sechs Maschinen.

Grumman schlug eine Version vor, bei der die Vorteile der neuen Wright Cyclone G Motorenserie mit Zweistufenkompressor genutzt werden sollten. Die Arbeit am Prototypen begann, bevor der Auftrag einging, und dieser wurde erst genehmigt, als das Flugzeug bereits fertiggestellt war. Am 27. Juli 1936 flog James Taylor die XF3F-2 (0452) nach Anacostia. Die XF3F-2 besaß einen einreihigen XR-1820-22 Motor mit 950 PS (708 kW) Startleistung, der einen 2,74 m Dreiblatt-Propeller antrieb. Damit erreichte die Maschine 410 km/h in 3.658 m Höhe und konnte bei einer Windgeschwindigkeit von 25 Knoten nach nur 40 m von einem Flugzeugträger abheben. Der vergrößerte Motordurchmesser von 1,37 m änderte wieder das tonnenförmige Erscheinungsbild der Maschine.

Für Major Alford Williams von der Gulf Oil Company wurde die Zivilversion G-22 gebaut, die am 6. Dezember 1936 mit leuchtend orangefarbener Lackierung und blauen Kontraststreifen ausgeliefert wurde. Die Gulfhawk II kostete US $ 12.225 und wurde auf Werbereisen eingesetzt. Die Maschine wurde von einem 1.000 PS (746 kW) Wright R-1820-G1 angetrieben und sah aus wie die F3F-2, hatte jedoch die Flügel der F2F mit 8,69 m Spannweite und erreichte angeblich eine Geschwindigkeit von 467 km/h. Im Oktober 1948 ging die Maschine als Schenkung an das National Air and Space Museum der Smithsonian Institution, und sie ist der einzige einsitzige Grumman-Doppeldecker, der heute noch existiert. Gulf kaufte mit der G-32 auch eine zweisitzige Version, die am 12. Mai 1938 ausgeliefert wurde.

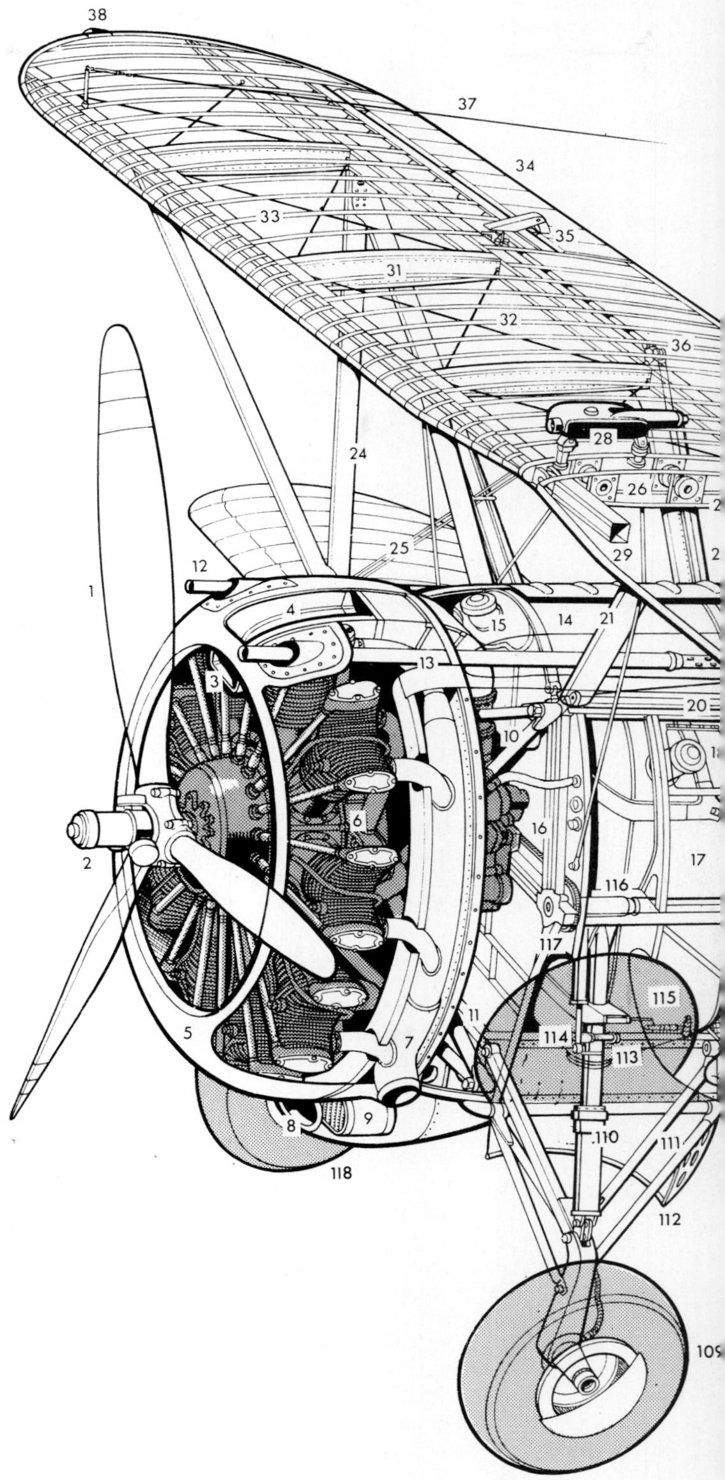

Ein Jahr, nachdem die US Army die letzten Doppeldecker außer Dienst gestellt hatte, bestellte die Navy die Doppeldecker von Grumman. Mit einem Wright Cyclone Triebwerk von großem Durchmesser, das eine umfassende Änderung der Bugkonturen notwendig machte, wurde die F3F-1 zur F3F-2. 81 Exemplare gingen an die US Navy.

Aufriß-Erläuterung zur Grumman F3F-3

1 Hamilton Standard Dreiblatt-Verstellpropeller mit 2,74 m Durchmesser
2 Verstellmechanismus
3 Vergaser-Lufteintrittsöffnung
4 Kompressor-Lufteintrittsöffnung
5 Motorverkleidung vom NACA-Typ
6 einreihiger luftgekühlter Wright R-1820-22 Cyclone Neunzylinder-Sternmotor
7 Auspuffrohr
8 Ölkühler-Lufteintrittsöffnung
9 Ölkühler (22,9 cm Durchmesser)
10 obere Motor-Haltestreben
11 untere Motor-Haltestreben
12 Lauf des MG, steuerbord
13 Lauf des MG, backbord
14 Öltank (34 Liter Fassungsvermögen)
15 Öl-Einfüllstutzen
16 Motorschott
17 Haupttreibstofftank (314 Liter Fassungsvermögen)
18 Treibstofftank-Einfüllstutzen
19 Tankbefestigung
20 Rumpf-Hauptlängsträger
21 Flügelmittelteil (vordere Strebe)
22 Flügelmittelteil (hintere Strebe)
23 Streben-Befestigungsauge
24 N-förmige Flügelstiele aus Leichtmetall
25 Flügel-Spanndrähte
26 obere Verbindungsstellen in der Flügelmitte
27 Verbindungsstück
28 Mk VII MG-Kamera
29 vorderer Holm
30 hinterer Holm
31 Holm-Verbindungsrippe
32 diagonale Drahtverspannung
33 Flügelrippen
34 Querruder, steuerbord
35 Querruder-Betätigungsarm
36 Querruder-Steuerstange
37 Antennenkabel
38 Navigationslicht, steuerbord
39 Mk III Mod 4 Zielfernrohr
40 Rahmen der Windschutzscheibe
41 7,62 mm Browning MG, backbord
42 12,7 mm Browning MG, steuerbord
43 Munitionsmagazin (500 Schuß 7,62 mm) und 200 Schuß 12,7 mm)
44 Munitionszuführung
45 Patronenhülsenauswurf
46 Feuerlöscher
47 Zusatz-Treibstofftank (178 Liter)
48 Zusatztank-Einfüllstutzen
49 Patronenhalter für Signal-Pistole
50 Seitenruderpedal
51 Kartentisch
52 Instrumententafel
53 Pilotensitz
54 Gashebel und Propellerregler
55 Bomben-Auslösehebel
56 Höhenleitwerks-Trimmbetätigung
57 Einstiegsstufe
58 Cockpit-Fußbodenstruktur
59 Struktur der verstellbaren Sitzhalterung
60 Kopfstütze
61 nach hinten verschiebbares Cockpitdach
62 Schlauchbootbehälter
63 Peilantenne
64 Kabel-Anschlußkasten
65 Zugangsklappe
66 Umformer
67 Funksender
68 Funkempfänger
69 Erste-Hilfe-Ausrüstung
70 Notrationen und Wasserreserve
71 Rumpfrückenleuchte
72 Spant
73 Einstellwinkel-Steuerstange der Höhenflosse
74 Hebestange
75 Wartungsluke für Steuerkabel
76 Seiten- und Höhenruder-Steuerseile
77 Heckflossenstruktur
78 Verbindungsstück zwischen Heckflosse und Rumpf
79 Seitenruder-Hintersteven
80 Seitenruderstruktur (mit Stoffbespannung)
81 Seitenruder-Scharnier
82 Trimmklappe
83 Trimmklappenbetätigung
84 Heckkegel
85 Verkleidung des Auffanghakens
86 Hecklicht
87 Höhenflosse mit verstellbarem Einstellwinkel
88 Höhenleitwerksstruktur
89 Höhenruder (mit Stoffbespannung)
90 Auffanghaken (ausgefahren)
91 einziehbares Heckrad (Vollgummireifen)
92 Heckrad-Federbein
93 obere Flügelstruktur backbord
94 Navigationslicht, backbord
95 N-förmiger Flügelstiel
96 vorderer Holm des unteren Flügels
97 hinterer Holm des unteren Flügels
98 Holm-Verbindungsrippe
99 Flügelrippen
100 Vorderkantenkonstruktion
101 Drahtverspannung
102 einziehbarer Landescheinwerfer
103 Mk XLI Bombenhalterung
104 52,6 kg Mk IV Sprengbombe
105 Zünder
106 Befestigung des Flügelholms
107 Befestigung der Flügelspanndrähte
108 Flügelwurzel-Übergangsstück
109 Hauptfahrwerksrad (66 cm × 15 cm)
110 Öldruck-Federbein
111 Schwenkarme
112 Fahrwerksklappe
113 Einziehstrebe
114 Sperrenbetätigung
115 Radschacht
116 Einziehwelle
117 Kettenantrieb des Einziehmechanismus
118 Hauptfahrwerksrad, steuerbord

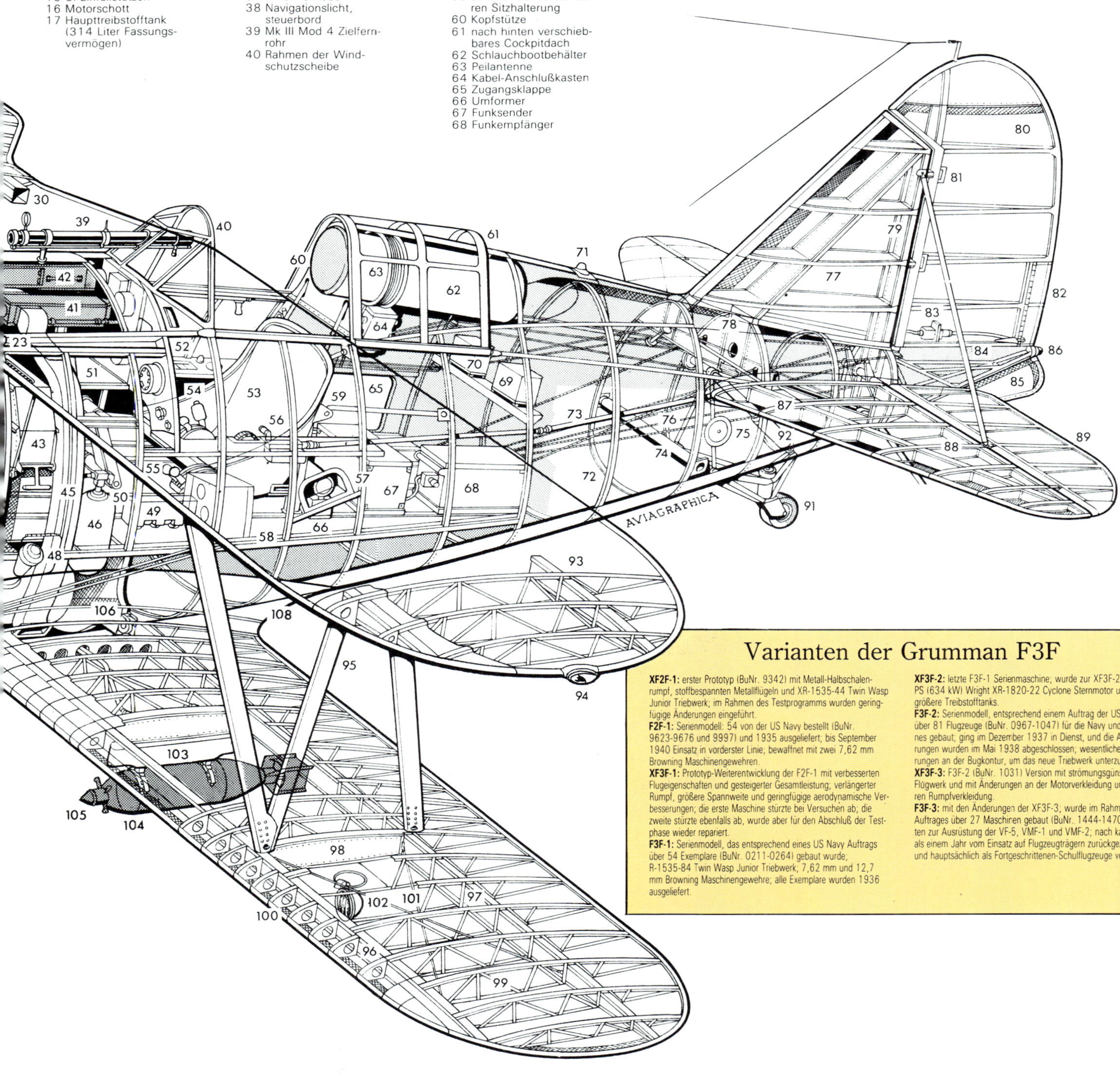

Varianten der Grumman F3F

XF2F-1: erster Prototyp (BuNr. 9342) mit Metall-Halbschalenrumpf, stoffbespannten Metallflügeln und XR-1535-44 Twin Wasp Junior Triebwerk; im Rahmen des Testprogramms wurden geringfügige Änderungen eingeführt.
F2F-1: Serienmodell: 54 von der US Navy bestellt (BuNr. 9623-9676 und 9997) und 1935 ausgeliefert; bis September 1940 Einsatz in vorderster Linie; bewaffnet mit zwei 7,62 mm Browning Maschinengewehren.
XF3F-1: Prototyp-Weiterentwicklung der F2F-1 mit verbesserten Flugeigenschaften und gesteigerter Gesamtleistung; verlängerter Rumpf, größere Spannweite und geringfügige aerodynamische Verbesserungen; die erste Maschine stürzte bei Versuchen ab; die zweite stürzte ebenfalls ab, wurde aber für den Abschluß der Testphase wieder repariert.
F3F-1: Serienmodell, das entsprechend eines US Navy Auftrags über 54 Exemplare (BuNr. 0211-0264) gebaut wurde; R-1535-84 Twin Wasp Junior Triebwerk; 7,62 mm und 12,7 mm Browning Maschinengewehre; alle Exemplare wurden 1936 ausgeliefert.
XF3F-2: letzte F3F-1 Serienmaschine; wurde zur XF3F-2 mit 850 PS (634 kW) Wright XR-1820-22 Cyclone Sternmotor umgebaut; größere Treibstofftanks.
F3F-2: Serienmodell, entsprechend einem Auftrag der US Navy über 81 Flugzeuge (BuNr. 0967-1047) für die Navy und US Marines gebaut; ging im Dezember 1937 in Dienst, und die Auslieferungen wurden im Mai 1938 abgeschlossen; wesentliche Änderungen an der Bugkontur, um das neue Triebwerk unterzubringen.
XF3F-3: F3F-2 (BuNr. 1031) Version mit strömungsgünstigerem Flügwerk und mit Änderungen an der Motorverkleidung und vorderen Rumpfverkleidung.
F3F-3: mit den Änderungen der XF3F-3; wurde im Rahmen eines Auftrages über 27 Maschinen gebaut (BuNr. 1444-1470); gehörten zur Ausrüstung der VF-5, VMF-1 und VMF-2; nach kaum mehr als einem Jahr vom Einsatz auf Flugzeugträgern zurückgezogen und hauptsächlich als Fortgeschrittenen-Schulflugzeuge verwendet.

Da die veralteten F2F-1, die bei der VF-2 und VF-5 im Dienst waren, dringend ersetzt werden mußten, führte dies 1938 zu einem Auftrag über 27 'verbesserte' F3F-2, die mit F3F-3 bezeichnet wurden. Neben den neuen Eigenschaften wie der gewölbten Plexiglas-Cockpitscheibe und der geänderten Motorverkleidung trugen verschiedene Modifikationen zur Reduzierung des Luftwiderstands bei.

Glanzvolle Premiere der F3F-2

Bis auf die Flügel und das Leitwerk, die an Brewster als Zulieferanten vergeben wurden, entstanden im neuen Grumman-Werk in Bethpage, New York, 81 F3F-2 Serienmaschinen im Rahmen eines Auftrages, der am 23. März 1937 genehmigt worden war. Die erste F3F-2 (0967) wurde am 17. Juli 1937 von Lee Gehlbach nach Anacostia geflogen. Obwohl das neue Modell erst im November offiziell akzeptiert wurde, erhielt es im Testbericht das Lob als "der zufriedenstellendste einsitzige Jäger, der bisher für die Navy entwickelt wurde, wenn alle Faktoren berücksichtigt werden . . ."

Die von einem Wright R-1820-22 mit einer Startleistung von 950 PS (708 kW) und einer Reiseflugleistung in 4.600 m Höhe von 750 PS (559 kW) angetriebene F3F-2 hatte eine Spannweite von 9,75 m und war 7,06 m lang. Nach den Datentabellen der US Navy wog sie leer 1.476 kg und 2.040 kg bei normaler Beladung. Ihre Höchstgeschwindigkeit reichte von 377 km/h in Meereshöhe bis 418 km/h in 4.648 m Höhe. Die Landegeschwindigkeit betrug 11 km/h. Die Anfangssteiggeschwindigkeit betrug 14,22 m/sek und die Dienstgipfelhöhe 9.845 m. Mit 492 Litern Treibstoff hatte die Maschine eine maximale Reichweite von 1.819 km. Die Bewaffnung blieb bei der F3F-2 die gleiche wie bei der F3F-1.

Die zweite F3F-2 wurde am 1. Dezember 1937 für die Einheit VF-6 an Bord der *USS Enterprise* ausgeliefert, und bis April 1938 waren ihr 26 Maschinen als Ersatz für ihre F2F-1 zugeteilt worden. Auch ihre US Marine Squadron VMF-1 in Quantico erhielt einige Exemplare, die im März 1938 endlich ihre 303 km/h schnellen Boeing F4B-4 ersetzten. Außerdem wurde die VMF-2 (vorher VF-4M) in San Diego auf F3F-2 umgerüstet.

Als im Mai 1938 die letzte F3F-2 zugelassen wurde, hatten alle sieben Jagd-Squadron der US Navy und der US Marine Grumman-Einsitzer. Diese Einheiten waren 1937 neu numeriert worden, und die Bezeichnung jeder US Navy Squadron bezog sich jetzt auf ihren Flugzeugträger: VF-2 auf CV-2 usw. Alle ihre Jäger waren auf den oberen Flügeloberflächen gelb lackiert, damit sie im Notfall leicht geortet werden konnten, während sich die Farbe der Leitwerkslackierung je nach Flugzeugträger änderte. So hatten die F2F-1 der VF-2 der *Lexington* gelbe, die F3F-1 der VF-3 der *Saratoga* weiße, die F3F-1 der VF-4 der *Ranger* grüne, die F2F-1 der VF-6 der *Enterprise* blaue Leitwerke. Farbige Streifen auf der Motorverkleidung und am Rumpf machten den Platz jeder Maschine innerhalb ihrer Squadron kenntlich, und die F3F-2 des US Marine Corps hatten Seitenruder mit senkrechten roten, weißen und blauen Streifen.

Inzwischen erschien der Doppeldecker-Jäger ersatzreif, und die US Navy bestellte im Juni 1938 54 Brewster F2A-1 Eindecker. Auch der Grumman-eigene Eindecker XF4F-2 erwies sich als sehr vielversprechend. Trotzdem entschied sich am 21. Juni 1938 die US Navy dafür, 27 F3F-3 Jäger zu bestellen, da diese vor den Brewster ausgeliefert werden konnten. Diese Flugzeuge hatten die Verbesserungen zur Minderung des Luftwiderstands, die bei der F3F-2 mit der Nummer 1031 eingeführt worden waren, und diese Maschine, die zur XF3F-3 wurde, war an Grumman zur Änderung der Motorverkleidung und der Windschutzscheibe zurückgegeben worden. Außerdem sollte sie einen neuen 2,67 m Hamilton-Propeller und andere Detailänderungen erhalten. Im Zuge der Modifikationen wurden auch obere Flügel mit Landeklappen an ihr erprobt, die für ein Firmenflugzeug, die G-32A Zweisitzerversion der F3F-2, gebaut worden waren, aber bei Versuchen im August erwies sich diese Änderung als unnötig, und es wurden wieder die Standardflügel montiert.

Die XF3F-3 traf im Oktober in Anacostia ein, und nach den erfolgreich verlaufenen Tests wurden einige ihrer Verbesserungen in die F3F-3 Serienversion übernommen. Am 16. Dezember 1938 kam die erste F3F-3 (1444) zu Abnahmeversuchen nach Anacostia. Die ersten 18 Exemplare erhielten die roten Leitwerke der VF-5 an Bord der *Yorktown,* deren F2F-1 sie ersetzten, und die restlichen Maschinen blieben als Reserve an Land.

Die F3F-3 hatte den gleichen Motor und die gleiche Bewaffnung wie ihr Vorgänger, wog 2.061 kg, hatte eine Höchstgeschwindigkeit von 385 km/h in Meereshöhe und 425 km/h in 4.633 m Höhe und eine Landegeschwindigkeit von 109 km/h. Ihre Dienstgipfelhöhe betrug 10.119 m, und ihre Reichweite variierte von 1.577 bis 1.851 km.

Als die letzte F3F-3 am 10. Mai 1939 ausgeliefert wurde, endete damit auch die amerikanische Produktion von Doppeldecker-Jägern, obwohl die Gloster Sea Gladiator, die Polikarpow I-153 und die Fiat CR.42 im Ausland noch bis in den Zweiten Weltkrieg weitergebaut wurden. Somit stellte die US Navy die plumpen Einsitzer von Grumman bereits außer Dienst, ehe sie auch nur einen Schuß im Gefecht abgefeuert hatten.

Im Dezember 1939 erhielt die VF-3 10 Brewster F2A-1 Eindecker und konnte die Hälfte ihrer F3F-1 an die VF-7 überstellen, bei der es sich um die Squadron mit schwarzen Leitwerken handelte, die für die neue *USS Wasp* aufgestellt wurde. Ab September 1940 wurden mit den F2A-2 Auslieferungen die F2F-1 der VF-2 und die restlichen Maschinen der VF-3 ersetzt. Nachdem die F4F-3 Wildcat von Grumman im November bei der VF-4 in Dienst gestellt wurde, gingen die verbliebenen Doppeldecker umgehend an die Schulungseinheiten. Mit der Außerdienststellung der letzten F3F-3 der VF-5 am 20. Juni 1941 verschwanden Doppeldecker-Jäger für immer von den Trägern. Die letzte F3F-2 der US Marine wurde am 10. Oktober 1941 zurückgezogen. Von den 220 einsitzigen Grumman-Doppeldeckern der US Navy verblieben im Dezember 1941 140 Exemplare als Schulflugzeuge auf Marinebasen wie Miami, Corpus Christi und Pensacola.

TRH/Grumman

Die Grumman J2F 'Duck' (Ente) war eine Spezialversion der F2F mit einem großen Hauptschwimmer. Ein kleines Ruder am Ende des Schwimmers erleichterte das Manövrieren auf See.

Dornier Do 17
Der Fliegende Bleistift

Ab 1937 galt Dorniers Do 17 als einer der gefährlichsten und schnellsten Bomber und Aufklärer der Welt. Als später das Gewicht dieser Flugzeuge verdreifacht und ihre Motorleistung vervierfacht wurde, brachte dies keinen wirklichen Erfolg. Insgesamt entstanden nur etwas über 3.000 Maschinen.

Es wird allgemein angenommen, daß die Luftwaffe Mitte der dreißiger Jahre ihre neuen schnellen Bomber als zivile Transportmaschinen getarnt entwickeln ließ. Wenn man sich die Do 17 V1, den ersten Prototypen eines Mitte 1934 vollständig neuentwickelten Hochgeschwindigkeits-Landflugzeugs der Dornier-Werke GmbH in Friedrichshafen genauer ansah, konnte es eigentlich keinen Zweifel daran geben. Dieser Flugzeugtyp, der aufgrund seines schlanken Rumpfes bald den Beinamen 'Fliegender Bleistift' erhielt, sah mit seiner fließenden Linienführung, dem kleinen einfachen Leitwerk und dem in die Gondeln der BMW Motoren einziehbaren Fahrwerk in der Tat wie ein schneller Bomber aus. Als Verkehrsmaschine war das Flugzeug, das hinter dem Cockpit auf engstem Raum zwei und in einer 'Kabine' hinter den Tragflächen mit einer lichten Höhe von lediglich 1,22 m noch einmal vier Passagierplätze hatte, völlig unzweckmäßig. Man vermutete, daß die Tragflächen in Schulterhöhe angebracht waren, um darunter Platz für einen großen Bombenschacht zu schaffen.

Die Do 17 zeichnete sich bereits bei ihrem Erstflug am 23. November 1934 durch gutes Betriebsverhalten aus, und obwohl für die Deutsche Lufthansa sehr schnell zwei weitere Prototypen fertiggestellt und erprobt wurden, gab man schließlich zögernd zu, daß der Typ nicht für den Passagiertransport geeignet war. Allem Anschein zum Trotz war die Do 17 nämlich wirklich als schnelles Postflugzeug für sechs Passagiere konstruiert worden.

Die Prototypen harrten in einem Hangar im Löwenthaler Dornier-Werk auf ihr weiteres Schicksal, als sie zufällig von Flugkapitän Robert Untucht, dem berühmten Lufthansa-Testpiloten und Verbindungsoffizier des Reichsluftfahrtministerums (RLM), entdeckt wur-

Die mit BMW-Bramo 323P Fafnir Motoren mit einer Startleistung von 1.000 PS (745,7 kW) ausgerüstete Dornier Do 17Z-2, die eine Bombenlast von 1.000 kg aufnehmen konnte, erschien 1939. Diese Maschine war eine der letzten, die 1942 bei der 15. (Kroat.)/KG 53 an der Ostfront eingesetzt waren.

Eine der letzten Varianten der ursprünglichen Do 217E Serie war die E-5, die von Anfang an mit Flügelpylonen für die funkgelenkte Hs 293A Anti-Schiffs-Rakete mit dem dazugehörigen Kehl/Straßburg Leitsystem gebaut wurde. Dieses Modell wurde im April 1943 bei der II/KG 100 in Dienst gestellt und bewährte sich sehr schnell im Einsatz gegen Schiffe der Alliierten in der Bucht von Biskaya und im Atlantik. Der erste Angriff fand am 25. August 1943 gegen britische Zerstörer statt. Diese Do 217E-5 der 6./KG 100 ist ungewöhnlich, da sie noch mit einem starren MG 151 unter der Kanzel bewaffnet ist. Normalerweise entfiel diese Bewaffnung, sobald ein 20 mm MG FF im verglasten Bug angebracht wurde.

Dornier Do 217

Technische Daten der Dornier Do 217E-2
Typ: viersitziger Bomber.
Triebwerk: zwei BMW 801ML 14-Zylinder Sternmotoren von 1.580 PS (1.178 kW).
Leistung: Höchstgeschwindigkeit 515 km/h in 5.200 m Höhe; Dienstgipfelhöhe (mit Bombenlast) 7.500 m; Reichweite 2.300 km.
Gewicht: Leergewicht 8.855 kg; Startgewicht 16.465 kg.
Abmessungen: Spannweite 19,00 m; Länge 18,20 m; Höhe 5,03 m; Tragflügelfläche 57,00 m^2.
Bewaffnung: (gemäß Darstellung): ein vom Piloten abgefeuertes starres MG 151/20 im Bug, ein 20 mm MG FF, ein 13 mm MG 131 in der Kanzel und ein nach hinten feuerndes MG 131, zwei Hs 293A Anti-Schiffs-Raketen.

Links: **Viele der Do 17, die 1941 noch existierten, waren bei dem KG 2 eingesetzt. Diese Do 17Z-2 flog im Mai 1941 mit der in Tatoi stationierten I. Gruppe dieses Geschwaders. Do 17Z konnten dank ihrer stabilen Konstruktion mit Geschwindigkeiten bis zu fast 600 km/h angreifen.**

Rechts: **Anfang 1942 übergab Hermann Göring der finnischen Luftwaffe 15 Do 17Z-2, die bis dahin der deutschen Luftwaffe gehört hatten. Bei PLeLv 46 der finnischen Luftwaffe ersetzten diese Maschinen Bristol Blenheim, und im Einsatz gegen Rußland erwiesen sie sich als sehr erfolgreich.**

den. Ihm fielen an dem Typ Qualitäten auf, die anderen anscheinend entgangen waren, und so erprobte er eine dieser Maschinen. Seine Begeisterung führte zur Do 17 V4, einem Bomberprototypen mit zwei Seitenflossen. Es folgten weitere Prototypen, wie zum Beispiel die mit Hispano-Motoren ausgerüstete Do 17 V5, die eine Geschwindigkeit von 391 km/h erreichte. Sie war damit weitaus schneller als jeder sich damals im Einsatz befindliche Jäger, so daß man hoffte, auf Abwehrwaffen verzichten zu können. Als jedoch im Jahr 1936 schließlich die Produktion der Do 17E-1 in den neuen Dornier-Werken in Löwenthal, Manzell und Allmansweiler aufgenommen wurde, erhielt die Maschine sowohl ein nach oben als auch ein nach unten feuerndes MG 15 und konnte eine Bombenlast von bis zu 750 kg befördern. Die Do 17E-1 hatte wie das entsprechende Aufklärungsflugzeug Do 17F-1 einen kürzeren, aber verglasten Bug. Als im Frühjahr 1937 eine aus 15 F-1 bestehende Staffel nach Spanien verlegt wurde, um die Faschisten im Bürgerkrieg zu unterstützen, erwiesen sich ihre Do 17 als weitaus schneller als die republikanischen Jäger. Daher ersetzten die Dornier schnell bei den Aufklärungsgeschwadern die Heinkel He 70, Neben den leistungsfähigeren Do 17P, die mit BMW 132N Sternmotoren von 865 PS (645 kW) ausgerüstet waren, befanden sich bei 1. und 2./K 88 in Spanien auch Do 17E-1 im Einsatz. Beide Versionen flogen bei der Grupo 27 der spanischen EdA (Luftwaffe) bis zum Jahr 1949 als Standardmodelle.

Einsatz im Ausland

Im Juli 1937 wurde die Do 17 V8 (auch als Do 17M V1 bekannt) auf dem Internationalen Wettbewerb für Militärflugzeuge in Zürich präsentiert. Mit ihrer klaren Linienführung machte sie auf alle Anwesenden großen Eindruck, und als sie den Alpenrundflug — bei dem sie alle teilnehmenden Jäger weit hinter sich zurückließ — mit Leichtigkeit gewann, kannte die Bewunderung der Medien keine Grenzen. Nicht berichtet wurde jedoch, daß ihre DB 600A Motoren von 1.000 PS (746 kW) eigentlich für Jäger vorgesehen waren und der Serienbomber Do 17M mit Bramo 323A-1 Fafnir Sternmotoren der gleichen Leistung bestückt war. Außerdem hatte er den gleichen kurzen runden

Der erste 'Fliegende Bleistift', Dorniers schnelles Postflugzeug Do 17V1, gab bei seinem Erscheinen Ende 1934 Anlaß zu großer Besorgnis in Großbritannien und Frankreich, da die Maschine ganz offensichtlich ein großes militärisches Potential hatte.

Die erste Bomber-Serienversion war die Do 17E-1, mit der die Kampfgeschwader ab 1937 ausgerüstet wurden. Die Maschine wurde kurz darauf zusammen mit der Aufkläreversion Do 17F-1 im spanischen Bürgerkrieg eingesetzt.

Bug wie die Do 17E und die Do 17F. Die jugoslawische Delegation war in Zürich von der Maschine so beeindruckt, daß sie 20 Do 17K und eine Herstellungslizenz erwarb. Dieses Modell hatte noch den ursprünglichen langen Bug und wurde von Gnome-Rhône 14N Sternmotoren von 980 PS (731 kW) angetrieben. Die Do 17K war mit einer 20 mm Kanone und drei Maschinengewehren ausgerüstet, brachte es aber trotzdem noch auf eine Geschwindigkeit von 417 km/h. Als Deutschland am 6. April 1941 in Jugoslawien einmarschierte, befanden sich 70 Do 17K verschiedener Varianten im Einsatz. 26 wurden am Boden vernichtet, viele der übrigen Maschinen wurden jedoch in einen langen und aufreibenden Kampf verwickelt. Einige wurden schließlich von der kroatischen Marionetten-Luftwaffe gegen sowjetische Partisanen eingesetzt, und zwei Maschinen entkamen am 19. April 1941 mit einer Ladung Gold nach Heliopolis in Ägypten und dienten daraufhin der RAF unter der Bezeichnung AX 706/707.

Bei Luftkämpfen gegen Polikarpow I-16 hatte es sich in Spanien jedoch gezeigt, wie verwundbar die Dornier war. Ende 1937 wurde daher ein vollständig neuer vorderer Rumpfabschnitt konstruiert, der mehr Platz für eine größere Besatzung und ein weiteres Schußfeld bot. Die mit Daimler Benz DB-Motoren ausgerüsteten Do 17 und Do 17U waren die ersten Maschinen, die Anfang 1938 mit dem neuen Bug geflogen wurden. Bei der mit Fafnir-Motoren angetriebenen Do 17Z, die als Bomber, Aufklärer und Nachtjäger eingesetzt wurde, war die neue Frontsektion serienmäßig. Mit einer Höchstlast von 1.000 kg war die Do 17-2 im Kriegsjahr 1940 praktisch das Dornier 'Standardmodell'. Mehr als 500 Maschinen wurden gebaut, bis man Mitte des Jahres die Produktion einstellte. Diese Flugzeuge befanden sich bei den Kampfgeschwadern 2, 3 und 53 (kroatisch) sowie der finnischen Luftwaffe im verstärkten Einsatz.

Die Do 17Z-6 Kauz war ein Nachtjäger mit dem Bug einer Ju 88C-2, in dem sich eine Kanone und drei MG 17 befanden. Darauf folgte die

Diese für einen Auftrag der schwedischen Luftwaffe vorgesehene Do 215B-1 wurde im Anschluß an das Waffenembargo 1939 noch während der Produktion für die Luftwaffe umgerüstet. Sie wurde für den Fernaufklärer-Einsatz konfiguriert und befand sich im April bei der 3. Aufklärer-Staffel des Oberkommandos der Luftwaffe in Stavanger im Einsatz.

geplante Do 17Z-10 Kauz II mit dem ersten nach vorne gerichteten Infrarotsichtgerät der Welt, zwei Kanonen und vier MG. Der erste Abschuß mit einer Do 17Z-10 — eine Vickers Wellington über der Zuidersee — gelang Oberleutnant Becker am 18. Oktober 1940. Ende 1940 wurde die Do 17Z-10 von der Do 215B abgelöst. Die Bezeichnung 215 wurde vom RLM für Exportversionen der Do 17Z gewählt. Mit DB 601A Motoren von 1.100 PS (820 kW) wurden solche Maschinen aber nur nach Schweden verkauft. Es handelte sich dabei um 18 Do 215B-1, die jedoch nie exportiert, sondern von der Luftwaffe als schnelle Aufklärungsflugzeuge übernommen wurden. Mindestens 20 der letzten Do 215B-4 Serie wurden als Do 215B-5 Nachtjäger mit dem Infrarotsichtgerät und dem ersten Lichtenstein-Radar fertiggestellt. Wieder gelang Becker — diesmal am 9. August 1941 — der erste Abschuß, und bis zum 2. Oktober brachte er es auf vier weitere Luftsiege bei Nacht.

Im Jahr 1937 forderte das RLM eine größere Do 17Z mit einer viel höheren Bombenzuladung und erheblich mehr Treibstoffkapazität. Die Maschine sollte für die verschiedensten Motoren ausgelegt und für den Bombenabwurf im Horizontal- und Sturzflug gleich gut geeignet sein. Die Do 217 V1, die im August 1938 ihren Erstflug hatte, wurde von 1.075 PS (802 kW) DB 601A Motoren angetrieben, war jedoch, trotz ihrer äußerlichen Ähnlichkeit mit der Do 17/215, ein vollständig neuer Entwurf. Es stellte sich aber schon bald heraus, daß diese Maschine kein gutes Flugverhalten hatte. Trotzdem wurde die Entwicklung auch noch nach dem Absturz des Prototypen fortgesetzt. Einige Prototypen flogen mit Junkers Jumo 211A und BMW 139 Motoren, bis im Januar 1940 im Prototyp Do 217 V9 der große BMW 801 verwendet wurde. Inzwischen hatte sich das Betriebsverhalten der Maschine so verbessert, daß man es akzeptieren konnte. Die Vorderkanten der Seitenflossen waren geschlitzt, aber die ungewöhnliche Sturzflugbremse, die sich ganz hinten am Rumpf wie ein riesiges Kreuz öffnete, verursachte endlose Schwierigkeiten. Mitte 1941 verzichtete das RLM darauf, die schwere Do 217 als Sturzkampfflugzeug weiter zu entwickeln, nachdem man es auch mit Luftbremsen an den Tragflächen versucht und dabei mehrere Flugzeuge verloren hatte.

Die schwergewichtige Do 217

Die Do 217E-1, die Ende 1940 zum Einsatz kam, war das erste Bombermodell. Sie konnte eine für damalige Zeiten riesige Bombenlast von 4.000 kg tragen, wovon 2.517 kg im Bombenschacht untergebracht waren. Die Do 217E-1 war ein sehr leistungsfähiger Bomber, aber nicht leicht zu fliegen. In ihrem Bug befanden sich ein handbedientes 20 mm MG FF, das von dem KG 40 gegen Schiffe im Atlantik eingesetzt wurde, sowie sieben MG 15. Mit der Do 217E-2 wurde der elektrisch betriebene Waffenstand EDL 131 mit dem MG 131 auf dem Rumpfrücken eingeführt, während sich auf der Unterseite ein handbedientes MG 131 befand und ein vorwärtsfeuerndes starres MG 151/15 sowie drei MG 15 die Bewaffnung vervollständigten. Durch den Rüstsatz R19 wurden allerdings im Heck zwei oder vier nach hinten feuernde MG 81 hinzugefügt. Andere Rüstsätze bestanden aus Sperrseilschneiden und zusätzlicher Bewaffnung; der größte Rüstsatz bestand aus zwei Hs 293 Anti-Schiffs-Raketen, die an den Flügeln befestigt wurden, und einem Kehl/Straßburg Funkleitsystem. Der erste Raketenträger, der zum Einsatz kam, war die Do 217E-5, die von der II/KG 100 geflogen wurde. Sie wurde ab 25. August 1943 vor allem gegen britische Schiffe eingesetzt.

Mit der Do 217E begann Dornier die viel schwerere Do 217 Baureihe. Alle späteren Modelle erwiesen sich als zufriedenstellend, hatten aber im allgemeinen, und besonders bei der Do 217K-2, eine zu geringe Motorleistung. Trotz dieser Tatsache und obwohl es an 2.000 PS (1.491 kW) Motoren fehlte, schlug Dornier Anfang 1941 vor, eine Nachtjägerversion zu entwickeln. Das Ergebnis war die Do 217J, die über genügend Treibstoff und Waffen für den Einsatz über Großbritannien verfügte. Ab 12. Oktober 1941 wurden aber von Hitler persönlich alle weiteren Flüge über England gestoppt, so daß die Do 217J fortan nur über Deutschland und ab September 1942 bei der Regia Aeronautica auch über Italien eingesetzt wurde. Die normalerweise

Die Do 217J mit einem zur Aufnahme zahlreicher Bordwaffen umgerüsteten Bug war eine Version der Do 217E. Diese Do 217J-2 unterschied sich von der J-1 dadurch, daß sie keinen hinteren Bombenschacht hatte. Do 217J kamen oft gemeinsam mit Messerschmitt Bf 110 zum Einsatz, die manövrierfähiger und schneller waren als die Do 217.

Rechts: **Das KG 2 war das einzige Geschwader, das vollständig mit Do 217 ausgerüstet war. Als das KG 2 im Jahr 1941 damit begann, die Do 17Z zu ersetzen, wurde es von der russischen Front nach Holland zurückgezogen und zur Bekämpfung von Schiffszielen über der Nordsee eingesetzt.**

Links: **Im Anschluß an die erfolgreiche Umrüstung der Do 17Z-3 Nachtjäger zum Do 17Z-10 Kauz II rüstete Dornier die Do 215B-4 mit Lichtenstein-Radar, MG 17 im Bug und MG FF Kanonen unter dem Bug auf den B-5 Standard um.**

Die Do 317 war eine Weiterentwicklung der Do 17/217 Serie mit Druckkabine. Gegenüber der Do 217P konnte bei der Do 317 jedoch keine echte Leistungssteigerung festgestellt werden, und die anderen fünf Prototypen — außer der hier abgebildeten Do 317VI — wurden ohne Druckkabine gebaut und von dem KG 100 als Raketenträger benutzt.

mit dem FuG 202 Lichtenstein BC ausgerüstete Do 217J-2 hatte auf dem Rumpfrücken und der Unterseite noch die bisherige MG Bewaffnung, erhielt jedoch auch einen neuen Bug mit vier MG FF und vier MG 17. Im hinteren Bombenschacht, der jedoch aus der Do 217J-2 ausgebaut wurde, konnten acht SC50 Bomben mitgeführt werden.

Am 31. Juli 1942 konnte Dornier die erste mit 1.850 PS (1.380 kW) DB 603A Motoren bestückte Do 217N fliegen, die ein weitaus verbesserter, aber keineswegs brillanter Nachtjäger war. Sie führte eine erweiterte Avionik mit sich und hatte für den Einsatz an der Ostfront hinten wieder einen Bombenschacht. Anstelle des MG Stands und des unteren Heck MG erhielt die Do 217N-2 eine Holzverkleidung. Die meisten Maschinen waren mit dem neuen SN-2 Radar und mit 'Schräger Musik', den schräg nach oben feuernden MG, ausgerüstet. Normalerweise handelte es sich dabei um vier 20 mm MG 151 des gleichen Typs, der zu Beginn der Do 217N-2 Produktion auch die vorwärtsfeuernden MG FF ersetzt hatte. Es wurden nur 364 Do 217J und Do 217N geliefert, und bis Mitte 1944 waren sie aus den an der Front eingesetzten Nachtjagdgeschwadern wieder verschwunden.

Im Jahr 1941 vergrößerte Dornier wieder das Cockpit. Dieses Mal wurde, wie bei vielen anderen deutschen Flugzeugtypen der damaligen Zeit, der ganze Bug verglast. Der Do 217K-1 Bomber kam bei dem KG 2 zum Einsatz, wo er im Oktober 1942 die letzten Do 17Z-2 ersetzte. Anfänglich fühlten sich die Besatzungen hinter Plexiglasscheiben leichter verwundbar, aber die ganze Auslegung war bei der Do 217K-1 besser, und bei diesem Typ wurde gleichzeitig ein neuer Bremsschirm aus Perlon eingeführt.

Im Dezember 1942 folgte auf die Do 217K-1 die Do 217K-2 mit weit größerer Spannweite, um zwei der gefürchteten Lenkbomben, FX bzw. FX 1400 oder Fritz X, aufnehmen zu können. Jede dieser Bomben wog 1.570 kg, und das Kehl/Straßburg Funkleitsystem steuerte ihren Kurs- und Steigungswinkel. Am 9. September 1943 verzeichnete Major Bernhard Jopes' III/KG 100 in Istres einen großen Erfolg, als die italienische Flotte La Spezia verließ, um auf der Seite der Alliierten zu kämpfen. Die gerade fertiggestellte *Roma*, eines der größten Schlachtschiffe der Welt, wurde zweimal direkt getroffen, explodierte und versank innerhalb weniger Minuten. Ihrem Schwesterschiff, der *Italia*, gelang es gerade noch, mit 800 Tonnen Wasser an Bord Malta zu erreichen. Später versenkten die Fritz X noch zahlreiche andere Schiffe. Die meisten Do 217K-2 Maschinen hatten zwei Rüstsätze R19 mit vier rückwärtsfeuernden MG 81 im Heck.

Die letzte Do 217 Serienmaschine war die Do 217M, die im Grunde genommen eine Do 217K-1 mit DB 603A Motoren bzw. eine Bomberversion der Do 217N war. Es wurden davon nur wenige Maschinen gebaut, weil in erster Linie Do 217N Nachtjäger gebraucht wurden. Eine dieser Maschinen, die am 23. Februar 1944 in der Nähe von London von Flak-Feuer getroffen wurde, flog, nachdem ihre Besatzung sie verlassen hatte, weiter und machte in der Nähe von Cambridge eine ausgezeichnete Bauchlandung! Doch selbst bei geringem Gewicht konnte keine ausreichende Höhe mit nur einem Motor aufrechterhalten werden, und wie alle Do 217 waren auch diese Maschinen im Verhältnis zu ihrer Tragflügelfläche und Motorleistung zu groß. Die letzten und bei weitem schnellsten Do 217 waren die Do 217P, die für den Höhenflug bestimmt waren und mit der gleichen komplizierten HZ Anlage ausgerüstet waren wie die Henschel Hs 130. Ein DB 605T im hinteren Rumpfabschnitt trieb einen riesigen zweistufigen Verdichter an, der die beiden DB 603B Triebwerke vorverdichtete, und die Unterseite des Rumpfes und die Innenflügel waren mit riesigen Kühlern und Zwischenkühlern vollgepackt. Die drei Motoren lieferten in ca. 14.000 m Höhe 2.880 PS (2.148 kW), und Flugzeuge dieser Reihe erreichten Flughöhen von über 16.000 m und Geschwindigkeiten von über 640 km/h.

Die gesamte Do 217 Produktion belief sich auf 1.541 Bomber und 364 Nachtjäger, bei denen die fünf Do 217R nicht enthalten sind. Es handelte sich dabei um fünf von sechs Prototypen der Do 317, mit der sich Dornier den Auftrag über hochentwickelte 'B-Bomber' — schnelle Langstrecken-Bomber mit Druckkabine und ferngesteuerten MG — sichern wollte, und die dafür bestimmt waren, Großbritannien dem Erdboden gleichzumachen. Im Jahr 1943 wurde mit der Flugerprobung der Do 317-V1 begonnen, die wie eine Do 217M mit dreieckigen Seitenflossen aussah; und die Do 317B mit DB 610A/B Doppelmotoren von 2.870 PS (2.140 kW) wurde überhaupt nie geflogen.

Die 217E wurde ab März 1941 von dem KG 30 in Frankreich unter dem Kommando des Fliegerführers Atlantik zu Angriffen auf Schiffe eingesetzt. Der Typ erwies sich in dieser Rolle als sehr erfolgreich und wurde später zur Aufnahme von Henschel Hs 293A und Fritz X Anti-Schiffs-Raketen umgerüstet.

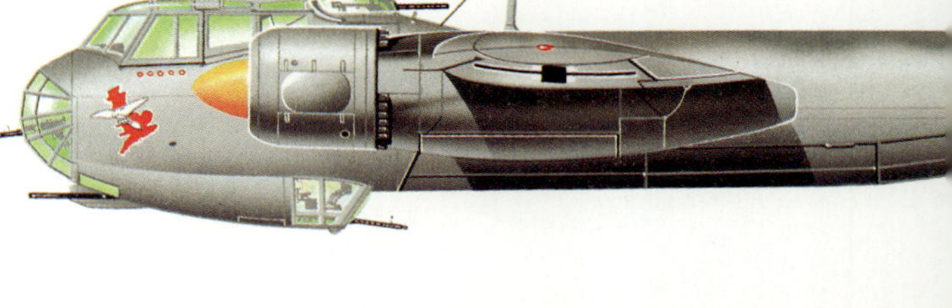

Diese Do 217M-1 wurde mit RAF-Kennung versehen und beim Air Ministry registriert. Sie unterschied sich durch ihre Daimler-Benz DB 603A Motoren von der von BMW 801D Motoren angetriebenen Do 217K-1. Einige spätere Do 217M Versionen konnten Fritz X und Hs 293A Raketen aufnehmen.

Varianten der Dornier Do 17, 215 und 217

(vereinfacht unter Auslassung vieler Prototypen)

Do 17 V1: erster ziviler Postflugzeug-Prototyp, zwei BMW VI Motoren von 750 PS (559 kW), Tragflügelfläche 55,00 m², Geschwindigkeit 435 km/h.
Do 17 V4: erster Bomber-Prototyp, zwei Seitenflossen, BMW V1.
Do 17 V8: erste Do 17M Serie, DB 600 Motoren, langer, verglaster Bug.
Do 17E: erster Serienbomber, BMW V1 Motor von 750 PS (559 kW), kurzer, runder Bug, Geschwindigkeit 355 km/h.
Do 17F: erste Serien-Aufklärerversion, ähnlich,der Do 17E.
Do 17J: Bomber, ähnlich der Do 17E, aber mit BMW 132F Motoren von 800 PS (597 kW).
Do 17K: in Jugoslawien gebaute Flugzeuge, Do 17Ka-1 und **Do 17Ka-2** Aufklärer/Bomber und **Do 17Kb-1** Bomber; langer, verglaster Bug, GR 14 Na/2 Motoren von 850 PS (634 kW).
Do 17M: Bomber, Bramo 323A Motoren von 900 PS (671 kW), im allgemeinen wie Do 17E.
Do 17P: Tag/Nacht-Aufklärer, BMW 132N Motoren von 865 PS (645 kW).
Do 17R: Testmaschine mit DB 601A von 1.100 PS (820 kW) und anderen Motoren.
Do-17S: neuer vorderer Rumpfabschnitt mit geräumigem Cockpit, DB 600G Motoren von 1.000 PS (746 kW).
Do 17U: fünfsitziger Pfadfinder (zwei Mann für Funk/Radargeräte) mit neuem Bug und DB 600A Motoren (laut Dornier Bramo 323A).
Do 17Z: viersitziger Bomber mit neuem Bug, im Grunde eine Do 17M mit modifiziertem Cockpit; später **Do 17Z-2** mit Bramo 323P Motoren von 1.000 PS (746 kW), **Do 17Z-3** Aufklärer/Bomber, **Do 17Z-4** Besatzungstrainer und **Do 17Z-5** Seeaufklärer.
Do 17Z Kauz: Do 17Z-6 Kauz I Nachtjäger mit Bug der Ju 88C-2, gefolgt von **Do 17Z-10 Kauz II**, von Anfang an für diese Rolle konstruiert, beide mit Bramo 323P Motoren.
Do 215 V3: Vorführmodelle der Export-Bomberversion mit Do 17Z-0 Flugwerk und DB601A Motoren von 1.075 PS (802 kW).
Do 215B: meistens viersitziger Aufklärer/Bomber mit DB 601 Aa Motoren von 1.100 PS (820 kW); **Do 215B-5** Nachtjäger mit erstem Lichtenstein-Radar.
Do 217V1: neues vergrößertes Bomber/Sturzkampfflugzeug mit Flügel von 57,00 m² und DB 601 As Motoren von 1.075 PS (802 kW).
Do 217 V2/3/4: Prototypen mit Jumo 211 As Motoren von 1.200 PS (895 kW).
Do 217 V7/8: Prototypen mit BMW 139 Motoren von 1.550 PS (1.156 kW).
Do 217A: Langstrecken-Aufklärer/Bomber, lange Spannweite, Tragflügelfläche 65,00 m², DB 601R/C3 Motoren von 1.350 PS (1.007 kW).
Do 217C: ähnlich der Do 217A, aber mit normaler Tragflügelfläche von 57,00 m², geänderten Konturen auf der Unterseite, keine Kameras, mehr Abwehrwaffen.
Do 217E: bedeutende Baureihe viersitziger Bomber, BMW 801MA oder ML Motoren von 1.580 PS (1.178 kW); **Do 217E-2** mit neuem MG Stand, **Do 217E-4** mit BMW 801C Motoren, **Do 217E-5** entweder mit HS 293 oder FX 1400 Raketen.
Do 217G: Bomber-Schwimmerflugzeug, BMW 801A Motoren von 1.550 PS (1.156 kW); wurde nie geflogen.
Do 217J: dreisitziger Nachtjäger, Zwischenversion, BMW 801L Motoren von 1.580 PS (1.178 kW), FuG 202 Lichtenstein BC Radar.
Do 217K-1: viersitziger Nachtbomber, BMW 801D Motoren von 1.700 PS (1.268 kW), neuer, vollständig verglaster runder Bug.
Do 217K-2: Träger für FX 1400 Raketen, lange Spannweite, Tragflügelfläche von 67,00 m², mit Rüstsatz R19 (nach hinten feuernde MG).
Do 217L: Höhenaufklärer, DB 603HC-3 Motoren von 2.000 PS (1.491 kW), Tragflügelfläche von 70,00 m², Geschwindigkeit 580 km/h; Dienstgipfelhöhe 13.000 m.
Do 217M: Bomber, DB 603A Motoren von 1.850 PS.
Do 217N: viersitziger Nachtjäger mit DB 603A Motoren von 1.850 PS (1.380 kW).
Do 217P: Bomber mit Druckkabine für den Einsatz in besonders großer Höhe, mit drittem Motor als Höhenlader für die DB 603B Triebwerke; Flügel der Do 217K-2.
Do 217R: Träger für Hs 293 Raketen, Modifikation der Do 317A Prototypen.
Do 317A: viersitziger Höhenbomber mit DB 603A von 1.750 PS (1.305 kW)
Do 317B: nicht gebauter Bomber, DB 610A/B Doppelmotoren von 2.870 PS (2.140 kW).

Aufriß-Erläuterung zur Dornier Do 217K-1

1 Hilfsruder, steuerbord
2 Seitenrudersteuerung
3 Seitenruder-Massenausgleich (Bleieinsatz)
4 Seitenflosse, steuerbord
5 Vorflügel
6 Höhen-/Seitenflossen-verbindung
7 Höhenruder
8 Höhenruder-Massenausgleich
9 starres Hilfsruder
10 Trimmklappe
11 Konstruktion des Höhenleitwerks
12 Höhenrudersteuerung
13 Hecknavigationslicht
14 vier rückwärtsfeuernde 7,9 mm MG 81 (Rüstsatz 19)
15 Munitionskästen
16 Leitwerkstrimmung
17 Treibstoffschnellablaß
18 Schutzblech
19 Spornrad
20 Spornradklappen
21 Spornrad-Einziehmechanismus
22 durchgehendes Leitwerk
23 Rumpfbespannung
24 Mutterkompaß
25 Dipolantenne
26 Antikollisionslicht
27 Höhenruder-Massenausgleich
28 Seitenflosse, backbord
29 Vorflügel
30 Bombenschachttrenn-wand
31 Bombenschacht-scharnierleiste
32 Einstieg/Inspektionsklappe im hinteren Schott des Bombenschachtes
33 kugelförmige Sauerstoffzylinder
34 Hauptfahrwerk, steuerbord
35 Schutzblech
36 Hauptfahrwerksklappen
37 Einziehmechanismus des Hauptfahrwerks
38 Hauptfahrwerkschacht
39 FuG 25
40 FuG 101 Funkhöhenmesser
41 Spreizklappen am Außenflügel
42 Querruder, steuerbord
43 Hilfsruder
44 Steuerseile
45 hinterer Holm
46 verspannte Flügelrippen
47 Zwischenrippen
48 EGS 101 Antenne
49 Navigationslicht, steuerbord
50 vorderer Holm
51 Heißluftenteisung an der Vorderkante
52 Heißluftkanal
53 Sperrballon-Kabelschneide
54 äußerer Treibstofftank, steuerbord (160 Liter)
55 Öltank, steuerbord (235 Liter)
56 Auspuffrohre mit Flammendämpfer
57 Kühlluftaustritt
58 BMW 801D 14-Zylinder-Doppelsternmotor
59 ringförmiger Ölkühler
60 VDM Dreiblatt-Metallpropeller von 3,90 m Durchmesser
61 Gebläse
62 verschiebbarer Motorhaubenring
63 Propellernabe
64 innerer Treibstofftank, steuerbord (795 Liter)
65 Rumpf-Haupttank (1.050 Liter)
66 durchgehender Flügelholm
67 obere Bombenschacht-scharnierleiste
68 Träger
69 Bombenschäkel
70 mittlere Bombenschacht-scharnierleiste
71 typische Bombenlast: zwei 1.000 kg Bomben
72 vordere Klappen des Bombenschachtes
73 13 mm MG 131 an der Rumpf-Unterseite (1.000 Schuß)
74 Patronenauswurf
75 untere Schützenstation
76 Panzerschott
77 Patronensammelkasten
78 Batterien (2 × 24 Volt)
79 Funkausrüstung
80 Sitzstütze des oberen Schützen
81 Heißluft für das Cockpit
82 obere Schützenstation
83 gepanzerter Schützenstand
84 Antennenmast
85 Kanonen-Abstandhalter
86 7,9 mm MG 81, steuerbord (750 Schuß)
87 13 mm MG 131 (500 Schuß)
88 elektrisch betätigter MG Stand
89 Reflexvisier
90 angewinkelte Seitenfenster
91 abwerfbare Haubenplatten
92 Klappsitz des Bombenschützen
93 Sitz des Navigators
94 geformter Sitz des Piloten
95 Rückvisier
96 obere Instrumententafel
97 Bugverglasung
98 Steuerhorn
99 Drosselhebel
100 einzelnes MG 131 in verstärkter Bugverglasung oder zwei 7,9 mm MG 81Z
101 waagerechte Sperrballon-Kabelschneide
102 Patronenauswerfer
103 Munitionszuführung
104 Lotfe 7D Bombenvisier
105 Vorderplanke des Bombenschützen
106 Gegengewicht des Steuerhorns
107 Bugpanzerung
108 Matte des unteren Schützen
109 Munitionskasten (für Bug-MG 131)
110 Patronensammelkasten
111 Einstieg
112 Einstieg (geöffnet)
113 Einstiegsleiter
114 Hauptfahrwerks-klappen, backbord
115 Schutzblech
116 Hauptfahrwerk, backbord
117 Querverstrebung des Hauptfahrwerks
118 Motorhaube, backbord
119 Landescheinwerfer (schwenkbar)
120 Steuergestänge
121 Pitotrohr
122 Navigationslicht, backbord
123 Querruder, backbord
124 Querruder-Trimmklappe

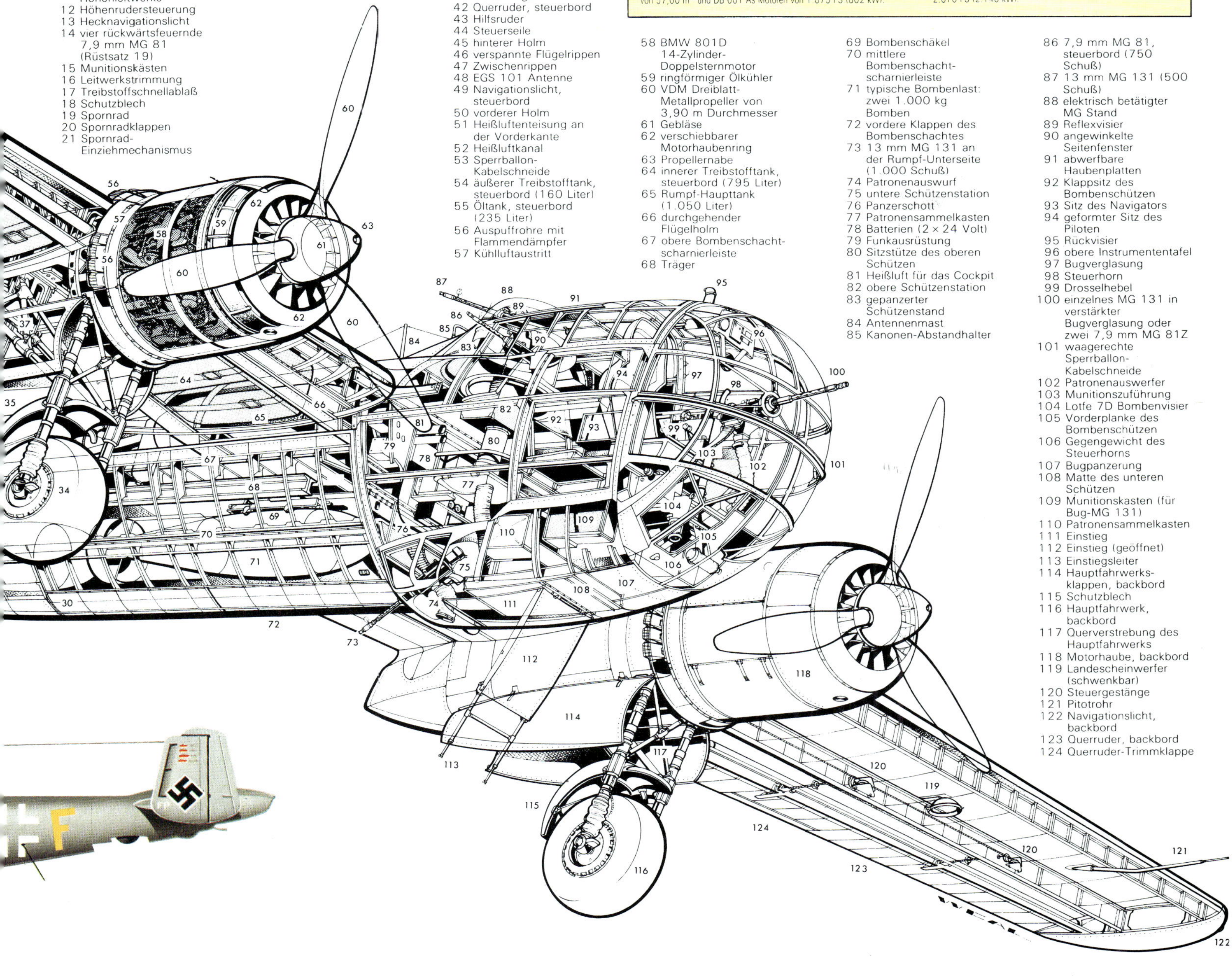

Die Zweimotorigen von Lockheed

Mitte der dreißiger Jahre brachte die Einführung der kleinen Lockheed-Linienmaschinen für das Unternehmen mit Sitz in Burbank die Rettung vor dem finanziellen Zusammenbruch. Lockheed entwickelte bei Kriegsausbruch aus den erfolgreichen Airlinern brauchbare Militärmodelle.

1932 stand das Unternehmen Lockheed am Rande des finanziellen Ruins, der Konkursverwalter bewertete die Aktiva des Unternehmens mit ganzen 129.961 Dollar und bot es zum Verkauf an. Und während der Firmengründer Allan Loughead versuchte, das Geld für den Kauf seines alten Konzerns aufzutreiben, schnappte sich der Börsenmakler und Bankier Robert Ellsworth Gross das fast abgewirtschaftete Flugzeugunternehmen für die legendäre Summe von 40.000 Dollar. So wie viele andere Geschäftsleute, die mit ihrem Geld spekulieren, hatte auch Gross nur wenig Ahnung von der komplizierten Welt der Luftfahrtbranche, besaß aber einen gesunden Geschäftssinn und unterlag zunehmend der Faszination, die von der neuen Generation von kommerziellen Transportflugzeugen ausging. Nach einer abgewogenen Einschätzung sagte Gross voraus, daß die Zukunft des Unternehmens nicht in der Produktion von Postflugzeugen oder im Militärbereich lag, sondern in der Entwicklung von schnellen und relativ kleinen Pendler- und Zubringerflugzeugen, die letztlich auch die den Markt dominierenden neuen Maschinen von Boeing und Douglas herausfordern könnten. Mit Gross kam Hall Hibbard, ein junger Flugzeugbau-Ingenieur vom Massachusetts Institute of Technology, der gemeinsam mit Lloyd Stearman die Arbeit an verschiedenen Konstruktionen aufnahm, die erfolgversprechend schienen. Es war jedoch Gross, der das Projekt in Richtung eines kleinen, zweimotorigen Ganzmetall-Flugzeuges lenkte. Das Konstruktionsteam wurde durch George Prudden und James Gerschler ergänzt, und später kam noch C.L. 'Kelly' Johnson hinzu, der schon frühzeitig sein brillantes Können unter Beweis stellte, als er die Windkanal-Probleme der neuen Lockheed-Konstruktion löste, die später als Lockheed Model L-10 bekannt werden sollte.

Die Lockheed Model L-10 Electra rollte am 23. Februar 1934 aus der Halle. Es war ein kleines zweimotoriges Flugzeug aus glänzend poliertem, unlackiertem Aluminium. Als Triebwerk dienten zwei 450 PS (336 kW) Pratt & Whitney R-985-SB Sternmotoren. Die Maschine hatte zwölf Plätze für Passagiere und Besatzung bei einem Leergewicht von 2.928 kg und einem maximalen Startgewicht von 4.672 kg. Bei Tests ergab sich eine Höchstgeschwindigkeit von 325 km/h sowie eine glänzende Reise-Höchstgeschwindigkeit von 306 km/h. Nach einer umfassenden Erprobung flog Marshall Headle den Prototyp der L-10 Electra nach Mines Field, Los Angeles, zur FAA-Zulassung, die einige Wochen später erteilt wurde. Bei der Rückkehr nach Burbank

Lockheed A-29 von 1942 in den Farben der US Army Air Force. Zunächst wurden alle 800 A-29 und A-29A Maschinen der RAF leihweise überlassen. Wegen das Pazifikkrieges wurden jedoch zahlreiche dieser Maschinen zurückgefordert.

Lockheed

Ein Umrüstung einer Lockheed Super Ventura stellt diese Howard 500 dar. Die Maschine besitzt einen neu konstruierten Rumpf, und als Triebwerke dienen zwei Pratt & Whitney R-2800 Motoren. Das Flugzeug gehörte der britischen Firma Baker Petroleum. *(Foto: Austin J. Brown)*

Lockheed — zweimotorige Varianten

Lockheed Model L-10 Electra: die zweimotorige Ganzmetall L-10 mit 10 Sitzplätzen wurde 1934 in den zivilen Dienst gestellt; 149 Exemplare gebaut; die **Model L-10A** hatte zwei 400 PS (298 kW) Pratt & Whitney R-985 Wasp Junior, die **Model L10B** zwei 420 PS (313 kW) Wright Whirlwind, die **Model L-10C** zwei 450 PS (336 kW) Wasp SC1 und die **Model L-10E** zwei 450 PS (336 kW) Pratt & Whitney R-1340 Motoren; im Einsatz bei US Army, US Navy und US Coast Guard als **C-36/C-37, R20** bzw. **R30**.
Lockheed Model L-12 Electra Junior: 1936 als sechssitziges Geschäftsreiseflugzeug eingeführt; hatte als **Model L-12A** zwei Pratt & Whitney R-985-SB Wasp Junior; 130 gebaut; im Einsatz bei der US Navy als Untertypen **JO-1** und **JO-2** sowie bei der US Army als **C-40, C-40A** und als vormals zivile **C-40D**. Militärische Schulflugzeuge mit Bugradfahrwerk (je eines) als **XJO-3** (US Navy) und als **C-40B** (US Army). Acht der 13 **Model 212** Militär-Schulflugzeuge wurden 1942 an die Royal Netherlands Indies Air Division in Java geliefert; weitere Varianten waren die **Model L-12B** mit 440 PS (328 kW) Wright R-975-E3d Sternmotoren und die **Model 12-25** mit 450 PS (336 kW) Wasp Junior SB3 Sternmotoren.
Lockheed Model L-14 Super Electra: Einführung 1937 mit 12 Sitzplätzen für den zivilen Einsatz, mit zwei 750 PS (559 kW) Pratt & Whitney Hornet (**Model L-14H**) oder mit verschiedenen Modellen des Wright Cyclone (**Model L-14W** und **Model L-14N**, letztere nur für private Eigner); die typische späte Serienversion der L-14 hatte 14 Sitzplätze und zwei Wright GR-1820-G3B Motoren und war der Vorläufer der Hudson A-28, A-29 und PBO-1 Militärserien; requirierte Model L-14W wurden mit **C-111** bezeichnet, und aus japanischer Produktion stammte die **Army Type LO Transport**.
Lockheed Model B14 Hudson Mk I: Mehrzweck-Patrouillenbomber mit zwei 1.000 PS (745 kW) Wright GR-1820-G102A Motoren mit Hamilton-Standard Propellern mit zwei Geschwindigkeiten; Mitte 1939 im Dienst beim RAF Coastal Command.
Lockheed Model 414 Hudson Mk II: wie die Mk I, jedoch mit Hamilton-Standard 611A-12/3 Gleichlaufpropellern; die Standardbewaffnung umfaßte ein vorwärtsfeuerndes 7,7 mm Zwillings-Maschinengewehr, zwei MG seitlich und einen Boulton Paul Typ 'C' Mk II Rücken-Drehturm mit zwei MG; Panzerung für Pilot und Treibstofftanks.
Lockheed Model 414 Hudson Mk III: zwei Wright GR-1820-G205A Cyclone mit Nennleistung von je 1.200 PS (895 kW) und Hamilton Standard Hydromatic-Propeller waren Merkmale dieser erfolgreichen Version, bei der ein MG in Bauchposition eingeführt wurde; die **Hudson Mk IIIA** (US Army Bezeichnung A-29) hatte als Triebwerk zwei 1.200 PS (895 kW) Wright R-1820-87 Cyclone und hieß bei der US Navy **PBO-1**; die **A-29A** hatte eine zum Truppentransporter umbaufähige Inneneinrichtung, und die **A-29B** war eine Foto-Vermessungsversion; die **AT-18** und die **AT-18A** waren Schützen- bzw. Navigationsschulflugzeuge.
Lockheed Model 414 Hudson Mk IV: zwei Pratt & Whitney R-1830-SC3G Twin Wasp Motoren; vorwiegend für den Einsatz bei der RAAF, jedoch einige Exemplare für die RAF; kein MG in Bauchposition; Bezeichnung der US Army war **A-28** (zwei R-1830-45), die im Dienst bei der Royal Australian Air Force zur **Hudson Mk IVA** wurde.
Lockheed Model 414 Hudson Mk V: zwei Pratt & Whitney R-1830-SC34G Motoren mit Hamilton Type 6227A-0 Propellern und der MG-Bauchposition.
Lockheed Model 414 Hudson Mk VI: zwei Pratt & Whitney R-1830-67; US Army-Bezeichnung **A-28A**.
Lockheed Model L-18 Lodestar: direkte Weiterentwicklung der Model L-14 mit drei Besatzungsmitgliedern und 14 Passagieren; als Triebwerk dienten entweder Pratt & Whitney S1E-3G Hornet, Pratt & Whitney SC-3G Twin Wasp, S4C-4G Twin Wasp, Wright GR-1820-G102A, GR-1820-202A oder GR-1820-G205A; Marine-Transportversionen hießen **R50-1, R50-4, R50-5** und **R50-6**; US Army-Versionen waren die **C-56, C-57, C-59, C-60** und **C-66;** RAF Versionen waren die **Lodestar Mk I, IA** und **II**.
Kawasaki Ki-56 (Army Type 1 Transport): die Japaner produzierten die Lockheed L-14WG3 in Lizenz mit einigen Verbesserungen; zwei 950 PS (708 kW) Army 99 (Nakajima Ha-25) Motoren; 1940 im Dienst bei der JAAF; 121 gebaut.
Lockheed B-34 (Model 37): aus der Model 18 Serie entwickelter Militär-Patrouillenbomber nach RAF Spezifikation; hieß im RAF Dienst **Ventura Mk I (Model 37-21);** zwei Pratt & Whitney R-2800-S1A4G Motoren mit nominell 1.850 PS (1.379 kW); die **Ventura Mk II (Model 37-27)** wurde von zwei R-2800-31 Motoren angetrieben; die RAF verwendete auch die **Ventura Mk IIA (Model 37-127)** und die **Ventura GR.Mk V;** die US Army Bezeichnungen waren **B-34** und **B-37** mit einer definitiven Seeversion, der **PV-1 (Model 237)** (alias Ventura GR Mk V), im Dienst der US Navy.
Lockheed PV-2 Harpoon (Model 15): Weiterentwicklung der PV-1 der US Navy mit komplett umkonstruiertem Flugwerk; zwei 2.000 PS (1.492 kW) Pratt & Whitney R-2800-31 Motoren; als zusätzliche Untertypen **PV-2C, PV-2D** und **PV-2T** produziert oder umgebaut.
Lockheed PV-3 Harpoon: Bezeichnung von 27 von der US Navy einbehaltenen Ventura Mk II.

Lockheed PV-2 Harpoon

Technische Daten der Lockheed PV-2 Harpoon
Typ: vier/fünfsitziger Patrouillenbomber.
Triebwerk: zwei 2.000 PS (1.491 kW) Pratt & Whitney R-2800-31 Double Wasp 18-Zylinder-Sternmotoren.
Leistung: Höchstgeschwindigkeit (unbeladen) 454 km/h in mittleren Flughöhen; Dienstgipfelhöhe 7.285 m; Reichweite (mit Tanks in den äußeren Flügelsektionen) 2.880 km.
Gewicht: Leergewicht 9.538 kg; max. Startgewicht 16.330 kg.
Abmessungen: Spannweite 22,84 m; Länge 15,86 m; Höhe 3,63 m; Tragflügelfläche 63,77 m^2.
Bewaffnung: interner Bombenschacht für 1.814 kg plus Unterflügel-Halterungen für zwei 454 kg Bomben, Wasserbomben, andere Lasten oder für (wie abgebildet) acht HVAR (High Velocity Aircraft Rockets) zusätzlich zu den Abwurftanks.

Diese Lockheed PV-2 Harpoon flog bis zum Ende des Zweiten Weltkriegs bei der US Navy Squadron VPB-142 auf den Marianen. Es handelt sich um eine der ursprünglichen und am weitesten verbreiteten Varianten mit fünf vorwärtsfeuernden MG als Bewaffnung, von denen zwei hoch im Bug und drei darunter angeordnet waren. Später wurde die Zahl der MG auf acht erhöht. Eigentlich war kaum ein Teil der PV-2 mit dem ihm entsprechenden der PV-1 identisch, und die unveränderten Bereiche beschränkten sich auf kleine Rumpfteile, die inneren Flügelrippen und die Motorverkleidungen.

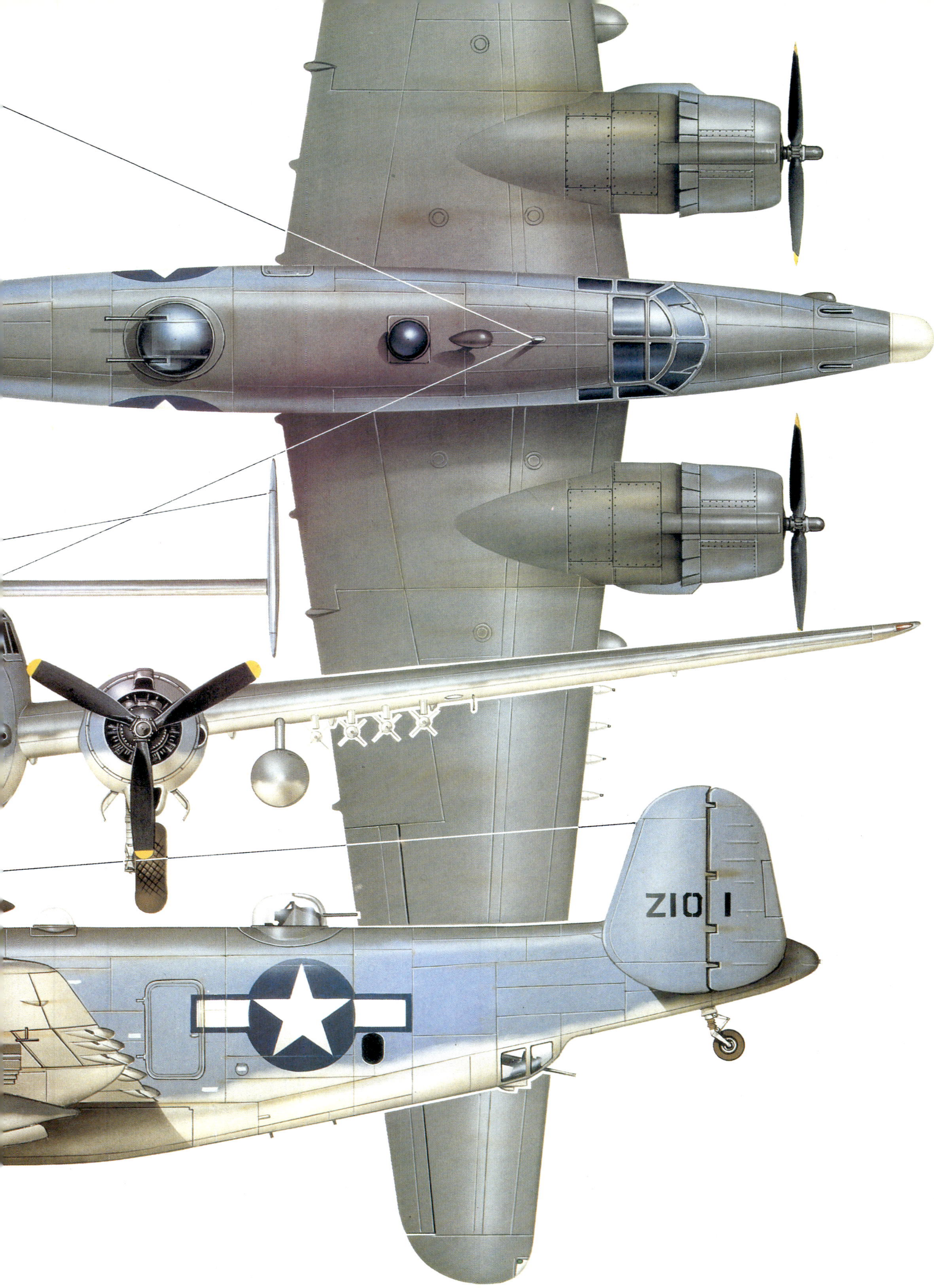
Z10 1

Eine Lockheed PV-1 der VB-135 der US Navy, 1944 im Einsatz im Pazifikraum. Die ersten von 2.000 PS (1.491 kW) Pratt & Whitney R-2800-31 Sternmotoren angetriebenen PV-1 wurden von der Navy Squadron VP-82 in Dienst gestellt, um dort im Dezember 1942 die PBO-1 (Hudson) zu ersetzen. Die US Navy kaufte etwa 1.600 PV-1.

Lockheed

Die Lockheed XC-35 wurde entsprechend eines Auftrags des US Army Air Corps aus dem Jahr 1936 für Höhenflugtests gebaut. Die aus einer Model 12 umgebaute Maschine hatte einen kreisrunden Rumpfquerschnitt und war für einen Druckunterschied von bis zu 0,69 Bar ausgelegt. Die Maschine, die am 7. Mai 1937 zum ersten Mal flog, war das erste Flugzeug mit Druckkabine und Ladermotoren.

ereignete sich ein atemberaubender Zwischenfall: bis zum Erstflug der L-10 hatte Lockheed für ihre Entwicklung Schulden in Höhe von 139.404 Dollar gemacht, und beim Landeanflug des frisch zugelassenen, unbezahlbaren Prototyps mißglückten alle Versuche der Besatzung, eines der Hauptfahrwerke auszufahren. Nur eine kunstvolle Landung auf einem Rad, die der Pilot Headle auf dem nahegelegenen Union Air Terminal durchführte und bei der die Electra nur minimale Beschädigungen erlitt, verhinderte eine Katastrophe und somit erneute finanzielle Schwierigkeiten. Damit waren endlich alle Probleme beseitigt: die Verkaufszahlen der Model L-10 schossen in die Höhe, und Exemplare der Maschine gingen an Mid-Continent Airlines, Northwest Airlines, Northeast Airlines, Cia Nacional Cubana, Pan American Airways, Panair do Brasil, Braniff Airways, National Airlines, British Airways, Delta Air Lines, Eastern Air Lines, Chicago and Southern, LAV (Venezuela), LOT (Polen), LARES (Rumänien), AEROPUT (Jugoslawien), LAN-Chile und an eine Vielzahl von privaten Käufern, darunter auch die Pilotin Amelia Earhart.

Eine L-10 Electra war die siebte Lockheed-Maschine, die den Atlantik erfolgreich überquerte, als Dick Merill und John Lambie mit der NR 16055 im Jahre 1937 Krönungsfotos von König George VI aus England abholten. Im gleichen Jahr blieben irgendwo in der Weite des Pazifischen Ozeans zwischen Lae, Neuguinea und Howland Island die Fliegerin Amelia Earhart und ihr Navigator bei einem Rekordversuch mit ihrer L-10 Electra für immer verschollen. Insgesamt wurden in der Zeit vom 29. Juni 1934 bis zum 18. Juli 1941 149 L-10 gebaut, von denen viele bei den kanadischen Luftstreitkräften (RCAF) und der argentinischen Marine in den Militärdienst kamen. Außerdem flogen sie bei der US Army, der US Navy und der United States Coast Guard, wo sie als Untertypen C-36, C-37, R20 und R30 bezeichnet wurden.

Größer und besser

Das Zwischenmodell L-12 Electra Junior startete am 27. Juni 1936, genau zur geplanten Zeit um 12.12 Uhr, mit Marshall Headle am Steuer zum Erstflug. Inzwischen blühte das Geschäft, und Lockheed hatte im vorangegangenen Jahr Aufträge im Wert von 2 Millionen Dollar verzeichnen können. Die sechssitzige Modell L-12 kostete 40.000 Dollar, war direkt auf den Geschäftsreise- und Zubringermarkt zugeschnitten und war eine verkleinerte Version ihres Vorgängermodells mit zwei Pratt & Whitney R-985-SB Sternmotoren. Bei einem Fluggewicht von 3.924 kg hatte die Electra Junior eine Höchstgeschwindigkeit von 362 km/h und eine Dienstgipfelhöhe von 6.800 m. Ihre Leistung und Flugeigenschaften waren besser als die der meisten Jagdflugzeuge dieser Zeit, und die Maschine verkaufte sich ebenfalls gut. Die L-12 stellte mehrere Rekorde auf, darunter einen mit dem Testpiloten E.C. McLead am Steuer, als auf der Strecke von Amsterdam nach Indien bei einem Auslieferungsflug einer L-12 an den Maharadscha von Jodhpur trotz der vier Tankaufenthalte eine Rekord-Durchschnittsgeschwindigkeit von 338 km/h erreicht wurde. Bis zur Einstellung der Serie Mitte 1942 wurden insgesamt 130 Exemplare der Model L-12 gebaut.

In die größere und stärkere Lockheed Model L-14 Super Electra

Stephen Piercey/APL

An der Lockheed Model 14 Super Electra der Fluggesellschaft South African Airways ist deutlich die Linienführung zu erkennen, die auch die Hudson-Nachfolgemodelle hatten. Die Model 14 war ganz aus Metall gebaut, hatte Fowler-Klappen, zwei 820 PS (611 kW) Wright GR-1820-G3B Sternmotoren und flog am 29. Juli des Jahres 1937 zum ersten Mal.

Mike Hooks

Eine von 625 verkauften Lockheed Model 18 Lodestar mit dem höher angesetzten Leitwerk, das so konstruiert wurde, um Leitwerksflattern zu verhindern. Die Model 18 wurde am 2. Februar 1940 von Marshall Headle zum ersten Mal geflogen und war bei einer Reihe von Fluggesellschaften im Einsatz. Einige wenige wurden auch nach Europa verkauft.

Rechts: **Nach dem Zweiten Weltkrieg wurden viele Ventura in aller Welt weiterverwendet. Diese ehemalige GR.Mk V der Royal Canadian Air Force wurde durch eine Lancaster MR.Mk 10 ersetzt, flog aber bis in die fünfziger Jahre in Sea Island, Vancouver, als Zielschleppflugzeug.**

Links: **Der bei weitem wichtigste Nachkriegsverwender der Ventura war die südafrikanische Luftwaffe, die bis 1958 ihre eigenen verbliebenen Maschinen (darunter diese GR.Mk V) sowie viele ehemalige B-34 und PV-1 als Patrouillen- und mittelschwere Bomber verwendete.**

waren viele der neuesten flugtechnischen Entwicklungen integriert, und die Maschine startete am 29. Juni 1937 zum ersten Mal. Neu an diesem 14sitzigen Flugzeug war die Verwendung von 24SRT Duraluminium, eines Hochgeschwindigkeits-Flügelprofils (NACA 23018 und 23009 an Flügelwurzel bzw. Flügelspitze), von einem einzigen Hauptholm mit hoher Belastbarkeit sowie massiven Lockheed-Fowler Klappen. Die Maschine war mit zwei GR-1820-G3B ausgerüstet, den modernsten Wright Cyclone-Motoren. Bei einem Leergewicht von 4.854 kg und einem Fluggewicht von 7.938 kg erreichte die neue L-14 eine Höchstgeschwindigkeit von 414 km/h. Ihre Reisegeschwindigkeit lag um rund 48 km/h über allen anderen kommerziellen Transportmaschinen in den Vereinigten Staaten, und mit einer Reisegeschwindigkeit von 381 km/h war die Super Electra auf der Strecke von der amerikanischen Westküste nach New York um vier Stunden schneller als die Douglas DC-3. Das Unternehmen genoß ein so hohes Ansehen, daß sogar schon vor Fertigstellung der ersten Maschine über 30 L-14 bestellt waren, und die Maschine erfüllte bald alle in sie gesetzten Erwartungen. Der Millionär Howard Hughes kaufte eine Model L-14 und vergrößerte für einen Weltumrundungs-Rekordversuch den Tankinhalt von den üblichen 3.438 Litern auf 6.980 Liter. Nach dem Start am 10. Juli 1938 in New York flogen Hughes und seine Besatzung über Paris, Moskau, Jakutsk, Fairbanks und Minneapolis und landeten nach einem 23.670 km langen Flug, der drei Tage, 17 Stunden, 14 Minuten und 10 Sekunden dauerte, auf dem Floyd Bennett Field. Heute gelten die 112 Model L-14 jedoch als die Vorfahren eines der erfolgreichsten Kampfflugzeuge von Lockheed. Die Lizenzproduktion der L-14 belief sich in Japan auf 64 von Tachikawa und 55 von Kawasaki gebaute Exemplare.

Neu im Programm: die Hudson

Im April 1938 besuchte eine britische Abordnung auf der Suche nach einem qualitativ guten amerikanischen Flugzeug für die Royal Air Force die Vereinigten Staaten. Ihr standen 25 Millionen Dollar zur Verfügung. Zu diesem Zeitpunkt beschäftigte Lockheed nur 2.000 Arbeiter und hatte zugunsten des zivilen Marktes auf die Konstruktion von Militärflugzeugen verzichtet. Nach zehn Tagen hektischer Arbeit hatte der Konzern jedoch etwas zusammengeschustert, das bei der Kommission eventuell auf Interesse stoßen könnte: es handelte sich um nichts anderes als eine umgebaute Model L-14 mit Bombenschacht, Bombenschützenposition, Bugverglasung und Vorrichtungen für verschiedene Bewaffnungsarten. Die Briten, die einen Mittelstrecken-Seepatrouillenbomber für den Nordsee-Einsatz bei dem RAF Coastal Command brauchten, waren beeindruckt. Auf Einladung von Sir Henry Self, dem Auftragsleiter des Luftfahrtministeriums in London, reisten Courtlandt Gross (der Bruder von Robert Gross), Carl Squier, C.L. Johnson, Robert Proctor und R.A. van Hake zu Beratungen nach London. Der Erstauftrag über 175 Model B14, die jetzt unter dem Namen Hudson bekannt war, wurde am 23. Juni 1938 unterzeichnet, ebenso eine Option für weitere maximal 250 Exemplare, die bis zum Dezember 1939 geliefert werden sollten. Es war bis dahin der größte Militärauftrag, der an ein amerikanisches Unternehmen vergeben wurde. Der erste Hudson Mk I Bomber hob am 10. Dezember 1938 ab, und die inzwischen 7.000 Beschäftigten des Unternehmens mußten hart arbeiten, um die Aufträge zu erfüllen, die mit den zusätzlichen Bestellungen über P-38 und B-34 auf ganze 65 Millionen Dollar anwuchsen.

Die ersten Hudson Mk I erreichten Großbritannien am 15. Februar 1939 auf dem Seeweg. Der Typ wurde von zwei 1.100 PS (820 kW) Wright GR-1820-G102A Cyclone mit Hamilton-Propellern mit zwei Geschwindigkeitsstufen angetrieben. Im Aufklärungseinsatz hatte die Hudson Mk I eine F.24 Kamera, verschiedene Leuchtbomben und bis zu 500 kg Sprengbomben an Bord, die entweder aus vier 114 kg GP, SAP bzw. AS oder aus zehn 50-kg-Wasserbomben bestanden; als Überlast konnten auch zwölf 51 kg Mk VIIc AS Bomben mitgeführt werden, wobei allerdings die Bombenschachtklappen nicht ganz geschlossen werden konnten. Nach dem Umbau mit zusätzlichen Einrichtungen in der Lockheed-Vega-Niederlassung in Speke (Liverpool) wurden im August 1939 die ersten Hudson Mk I und Mk II (letztere unterschieden sich durch ihre Hamilton Standard Type 611A-12/3E50-253 Gleichlaufpropeller) an die No. 224 Squadron von Wing

Die Ventura der Royal New Zealand Air Force spielten eine wichtige Rolle im Südwestpazifik, auf den Salomonen und bei Angriffen auf die japanischen Stützpunkte in Rabaul und Kavieng. Diese PV-1 flogen in den Jahren 1943/44 bei der RNZAF als Ventura GR.Mk V auf den Salomonen. Die Maschinen demonstrieren hier den einmotorigen Flug.

Eine Ventura Mk II der No. 21 Sqn, RAF, die unter der No. 2 (Bomber) Group von Methwold Airfield aus operierte. Die Ventura der RAF gingen im November 1942 in Dienst, und einer ihrer ersten Großeinsätze fand am 6. Dezember 1942 gegen den Philips-Konzern in Eindhoven statt.

Commander E.A. Hodgson in Leuchars, Schottland, ausgeliefert. Obwohl die Hudson weniger manövrierfähig als die leichtere Avro Anson war, galt sie bei der Squadron doch als bestens für den Patrouilleneinsatz über der Nordsee bis nach Norwegen, ins Skagerrak und in die Deutsche Bucht geeignet. Bei einer Marschgeschwindigkeit von 306 km/h in 610 m Höhe hatte die Hudson mit ihrem Treibstoffverbrauch von 323 l pro Stunde eine maximale Flugdauer von über sechs Stunden mit 20 Prozent Reserve sowie einen Aktionsradius von 917 km. Die Maschine war anfangs leicht bewaffnet und im Herbst 1939 bzw. im Frühjahr 1940 wurden die 7,7 mm Zwillings-MG im Bug und an den Seiten sowie der Boulton Paul Type 'C' Mk II Drehturm nachträglich eingebaut.

Bei Ausbruch des Zweiten Weltkriegs waren die Hudson des RAF Coastal Command unter den ersten RAF Maschinen, die zum Einsatz kamen, und am 4. September 1939 wurde der erste Feindkontakt gemeldet, als die T-Tommy (N7214) der No. 224 Squadron unter dem Kommando von Flying Officer H.D. Green es mit einer Dornier Do 18 über der Doggerbank aufnahm. Neben der No. 224 Squadron waren auch die No. 206, 269, 233, 320 und 220 Squadron in den Jahren 1939/40 mit Hudson ausgerüstet. Zu häufigen Kampfeinsätzen kam es neben den Patrouillenflügen über den westlichen Anmarschwegen und über der Nordsee während des Zwischenfalls mit der *Altmark* und der anschließenden deutschen Invasion Skandinaviens vor Norwegen, sowie während der Evakuierung von Dünkirchen über dem Ärmelkanal. 1941 bekämpften die Hudson der RAF und der RCAF von Großbritannien, Island und Neufundland aus deutsche U-Boote: am 27. August 1941 zwang eine Hudson der No. 269 Squadron aus Kaldadarnes die Besatzung von *U-570* nach wiederholten Angriffen zur Kapitulation. Der Einsatz der Hudson war jedoch nicht auf die RAF und die RCAF beschränkt, und Anfang 1942 flogen die A-28 und A-29 der US Army sowie die PBO-1 der US Navy zahlreiche Einsätze entlang der Ostküste der Vereinigten Staaten, während sich in Fernost die Squadron No. 1 und 8 der RAAF während der japanischen Invasion von Malaya, Java und Burma in der Defensive befanden. Bis zur Produktionseinstellung im Juni des Jahres 1943 hatte Lockheed insgesamt 2.941 Maschinen gebaut.

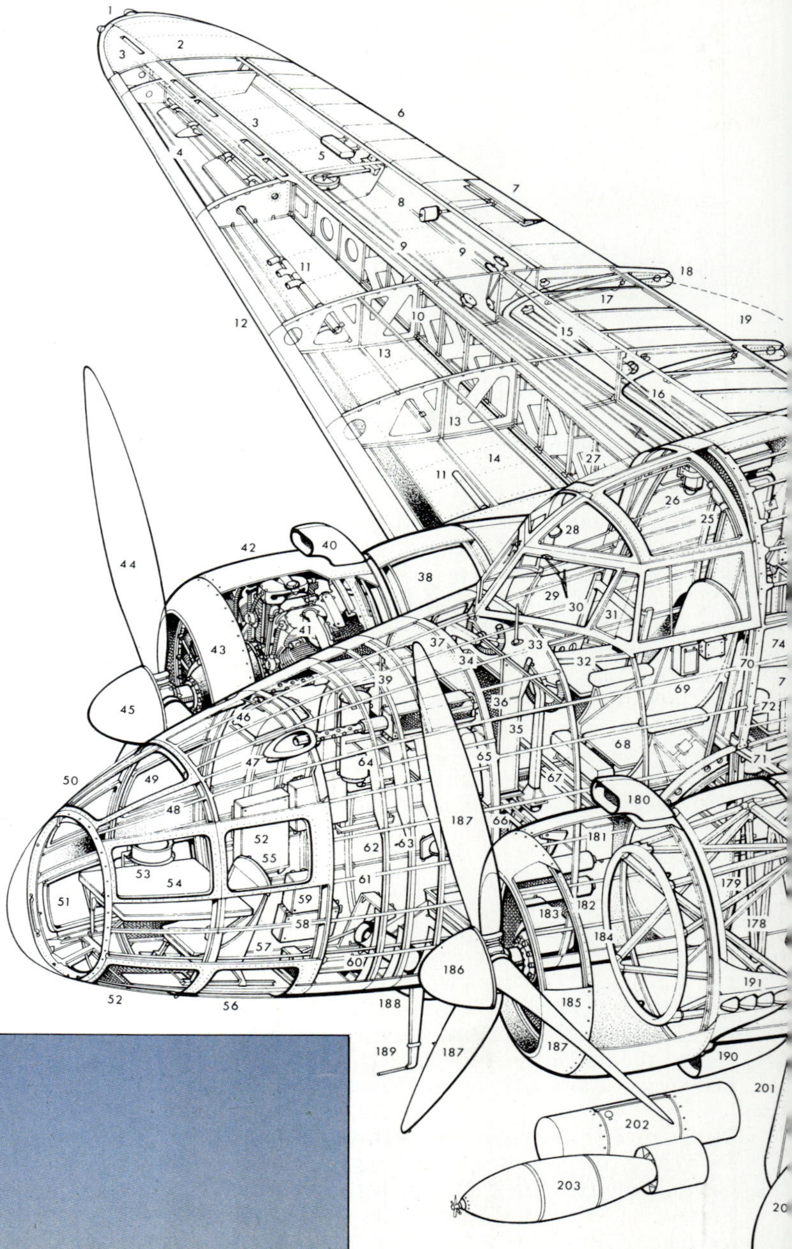

Stephen Piercey/APL

Die Lockheed PV-2 Harpoon war die letzte Variante der zweimotorigen Lockheed Maschinen und erhielt eine im Vergleich zur PV-1 fast um 3 m größere Spannweite.

Aufriß-Erläuterung zur Lockheed Hudson Mk I

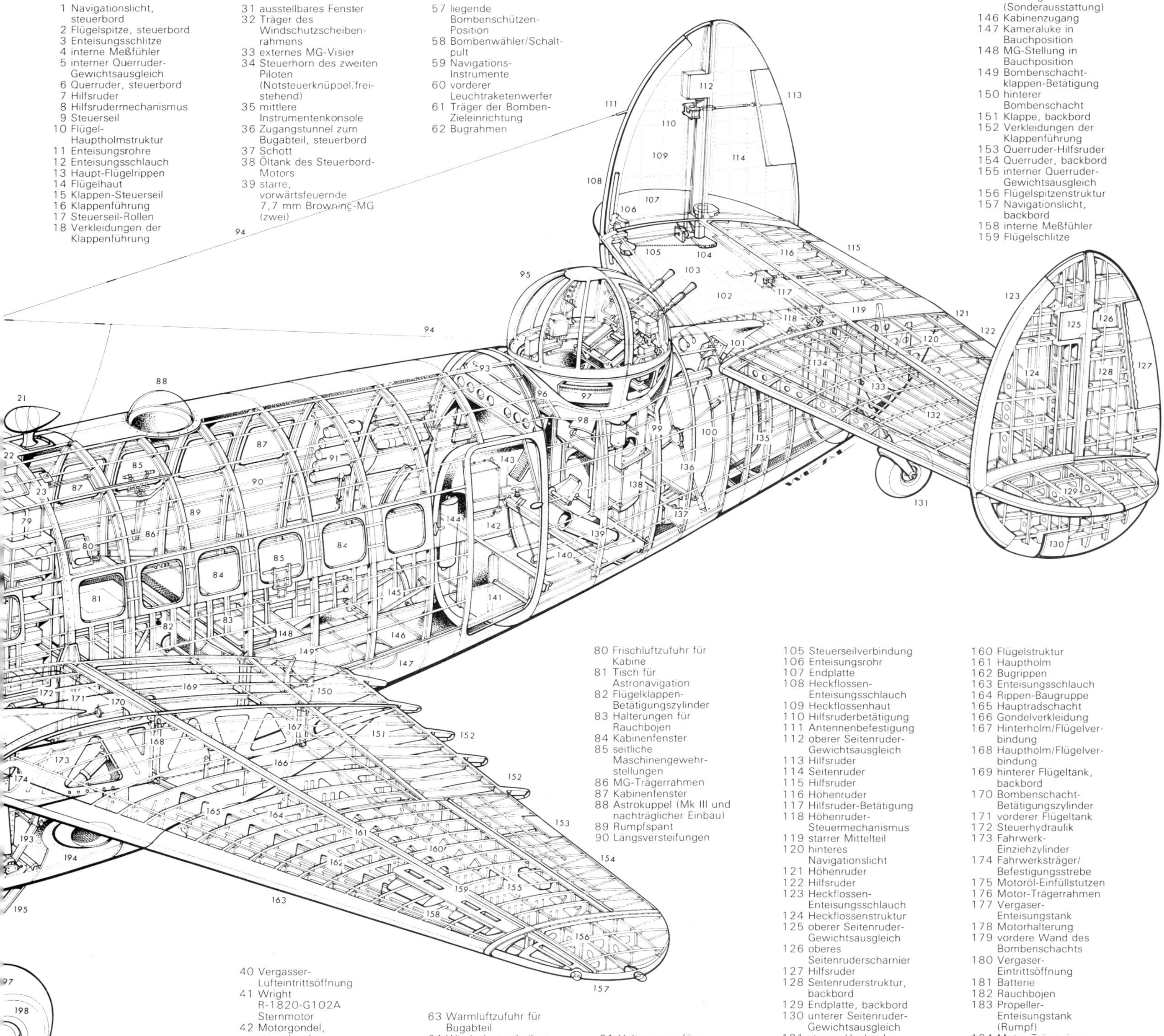

1 Navigationslicht, steuerbord
2 Flügelspitze, steuerbord
3 Enteisungsschlitze
4 interne Meßfühler
5 interner Querruder-Gewichtsausgleich
6 Querruder, steuerbord
7 Hilfsruder
8 Hilfsrudermechanismus
9 Steuerseil
10 Flügel-Hauptholmstruktur
11 Enteisungsrohre
12 Enteisungsschlauch
13 Haupt-Flügelrippen
14 Flügelhaut
15 Klappen-Steuerseil
16 Klappenführung
17 Steuerseil-Rollen
18 Verkleidungen der Klappenführung
19 Klappe (ausgefahren), steuerbord
20 Antennenmast
21 Verkleidung der Peilantenne
22 Trägerstruktur
23 Antennendurchführung
24 Frischluftzufuhr zum Cockpit
25 Rahmen der Flugdeck-Sonnenschutzblenden
26 Scheibenwischermotor
27 abwerfbare Kabinendachluke
28 Konsolenbeleuchtung
29 Scheibenwischer
30 Klappsitz für den zweiten Piloten
31 ausstellbares Fenster
32 Träger des Windschutzscheibenrahmens
33 externes MG-Visier
34 Steuerhorn des zweiten Piloten (Notsteuerknüppel, freistehend)
35 mittlere Instrumentenkonsole
36 Zugangstunnel zum Bugabteil, steuerbord
37 Schott
38 Öltank des Steuerbord-Motors
39 starre, vorwärtsfeuernde 7,7 mm Browning-MG (zwei)
40 Vergasser-Lufteintrittsöffnung
41 Wright R-1820-G102A Sternmotor
42 Motorgondel, steuerbord
43 vorderer Motorverkleidungsring
44 Dreiblatt-Propeller
45 Propellerhaube
46 Frischluftzufuhr für Bugabteil
47 Maschinengewehr-mündungen
48 Bugstruktur
49 Dachverglasung
50 Fensterrahmen
51 Bugkonus
52 Seitenfenster des Navigators
53 Kompaß
54 Navigationstisch
55 verschiebbarer Sitz des Navigators
56 flache Bombenschützen-Fenster
57 liegende Bombenschützen-Position
58 Bombenwähler/Schaltpult
59 Navigations-Instrumente
60 vorderer Leuchtraketenwerfer
61 Träger der Bomben-Zieleinrichtung
62 Bugrahmen
63 Warmluftzufuhr für Bugabteil
64 Windschutzscheiben-Enteisungstank
65 Maschinengewehr-Munitionsmagazin
66 Seitenruder-Pedalsystem
67 Steuerhorn des Piloten
68 Pilotensitz
69 Gehäuse der Piloten-Funkgeräte
70 vorderer (schräger) Rumpfspant
71 Spantflügelverbindung
72 Hydraulikreservoir
73 Bordfunkertisch
74 Bordfunkersitz
75 Sender
76 Empfänger
77 Querverbindung des Hauptholms
78 Holm-Spantverbindung
79 Funkgerät
80 Frischluftzufuhr für Kabine
81 Tisch für Astronavigation
82 Flügelklappen-Betätigungszylinder
83 Halterungen für Rauchbojen
84 Kabinenfenster
85 seitliche Maschinengewehr-stellungen
86 MG-Trägerrahmen
87 Kabinenfenster
88 Astrokuppel (Mk III und nachträglicher Einbau)
89 Rumpfspant
90 Längsversteifungen
91 Halterungen für Leuchtraketen
92 Fallschirmbehälter
93 hinteres Rumpfschott
94 Antennen
95 Boulton Paul Rückendrehturm
96 Drehturm-Trägerrahmen
97 Drehkranz
98 Rahmen für den Ausschnitt im Rumpfrücken
99 Schott
100 hinteres Schott/Leitwerksträger
101 Steuerverbindung für die Leitwerksflächen
102 Höhenleitwerk
103 7,7 mm Zwillings-Maschinengewehr
104 Steuerseil-Umlenkung
105 Steuerseilverbindung
106 Enteisungsrohr
107 Endplatte
108 Heckflossen-Enteisungsschlauch
109 Heckflossenhaut
110 Hilfsruderbetätigung
111 Antennenbefestigung
112 oberer Seitenruder-Gewichtsausgleich
113 Hilfsruder
114 Seitenruder
115 Hilfsruder
116 Höhenruder
117 Hilfsruder-Betätigung
118 Höhenruder-Steuermechanismus
119 starrer Mittelteil
120 hinteres Navigationslicht
121 Höhenruder
122 Hilfsruder
123 Heckflossen-Enteisungsschlauch
124 Heckflossenstruktur
125 oberer Seitenruder-Gewichtsausgleich
126 oberes Seitenruderscharnier
127 Hilfsruder
128 Seitenruderstruktur, backbord
129 Endplatte, backbord
130 unterer Seitenruder-Gewichtsausgleich
131 starres Heckrad
132 Höhenleitwerksstruktur, backbord
133 Heckrad-Federbein
134 Leitwerksträger-Schott
135 Warmluftschacht
136 Schott-Abdeckplatte
137 Steuerseil-Umlenkung
138 Drehturmmechanismus/Träger
139 Heck-Leuchtraketenwerfer
140 Toilette
141 Stufe
142 Einstiegstür (Halterung für abwerfbares Rettungsboot)
143 Munitionszuführung/Magazin
144 Schlauchboot-Freigabezylinder/Handhebel
145 Tunnel zur Bauch-MG-Stellung (Sonderausstattung)
146 Kabinenzugang
147 Kameraluke in Bauchposition
148 MG-Stellung in Bauchposition
149 Bombenschacht-klappen-Betätigung
150 hinterer Bombenschacht
151 Klappe, backbord
152 Verkleidungen der Klappenführung
153 Querruder-Hilfsruder
154 Querruder, backbord
155 interner Querruder-Gewichtsausgleich
156 Flügelspitzenstruktur
157 Navigationslicht, backbord
158 interne Meßfühler
159 Flügelschlitze
160 Flügelstruktur
161 Hauptholm
162 Bugrippen
163 Enteisungsschlauch
164 Rippen-Baugruppe
165 Hauptradschacht
166 Gondelverkleidung
167 Hinterholm/Flügelverbindung
168 Hauptholm/Flügelverbindung
169 hinterer Flügeltank, backbord
170 Bombenschacht-Betätigungszylinder
171 vorderer Flügeltank
172 Steuerhydraulik
173 Fahrwerk-Einziehzylinder
174 Fahrwerksträger/Befestigungsstrebe
175 Motoröl-Einfüllstutzen
176 Motor-Trägerrahmen
177 Vergaser-Enteisungstank
178 Motorhalterung
179 vordere Wand des Bombenschachts
180 Vergaser-Eintrittsöffnung
181 Batterie
182 Rauchbojen
183 Propeller-Enteisungstank (Rumpf)
184 Motor-Trägerring
185 vorderer Motorverkleidungsring
186 Propellerhaube
187 Dreiblatt-Propeller
188 Hauptrad
189 Staurohr
190 Ölkühler-Lufteintrittsöffnung
191 Auspufföffnungen
192 Fahrwerkstrebe
193 Zugstrebe
194 Auspuffstutzen
195 Querstrebe
196 Hauptrad-Ölfederbein
197 Drehverbindungen
198 Hauptrad
199 Achsnabe
200 Schleppöse
201 Fahrwerksklappe
202 Markierungsboje
203 113,5 kg A/S-Bombe

Mike Hooks

Die Nachfolger der Model 14

Eine unmittelbare Weiterentwicklung der L-14 Serie war die Lockheed L-18 Lodestar, die am 21. September 1939 zum ersten Mal flog — ihr Rumpf war um 1,68 m gestreckt, und um ein Flattern des Leitwerks auf ein Mindestmaß zu reduzieren, wurde das Höhenruder weiter oben angesetzt. Bis Ende 1940 waren rund 54 Exemplare der 17sitzigen Model 18 an so unterschiedliche Kunden wie Mid Continent (die als erster das 90.000-Dollar-Flugzeug kaufte), Régie Air Afrique, an Niederländisch-Indien, die BOAC und an South African Airways verkauft worden. Während des Zweiten Weltkriegs wurde die Model 18 Serie von der US Army und der US Navy als Transportflugzeug verwendet: die Versionen der US Army waren die C-56 (in Modellen bis zur C-56E), C-57 und die C-57B, C-59, C-60 und C-60A, C-66 und die C-111, die sich jeweils durch ihre Motoren, ihre Sitzanordnung oder durch ihre Zusatzausstattung voneinander unterschieden. Die Marineversionen waren die R50 (in Modellen bis zur R50-6), während die RAF die Lodestar Mk I, IA und II verwendete.

Als Antwort auf eine britische Anforderung entwickelte die Vega Aircraft Corporation eine Militärversion der Model L-18 Serie, die von der RAF als Ventura, von der US Army Air Force als B-34 und B-37 sowie von der US Navy als PV-1 Patrouillenbomber verwendet wurde. Alle diese Maschinen wurden von je zwei 2.000 PS (1.492 kW) Pratt & Whitney R-2800-31 Sternmotoren angetrieben; die einzigen Ausnahmen waren die Ventura Mk I der RAF mit Pratt & Whitney R-2800-S1A4G Motoren sowie die wenigen B-37 mit Wright R-2600-13 Motoren. Die erste Ventura Mk I flog am 31. Juli 1941 zum ersten Mal und wurde zusammen mit den aufgewerteten Versionen Mk II und Mk IIA im November 1942 bei der No. 2 (Bomber) Group in Dienst gestellt. Bei Tageseinsätzen über Frankreich und den Niederlanden hatte die Ventura sehr unter den gefährlichen Focke-Wulf FW 190A der Luftwaffe zu leiden, und die Verluste durch Flak und feindliche Jäger waren gleichbleibend hoch. Im Sommer 1943 wurde der Typ von der No. 2 Group zurückgezogen und durch die North American Mitchell und die Douglas Boston Mk IIIA Bomber ersetzt. Die B-34 der USAAF kamen nur vereinzelt und die B-37 (Ventura Mk III) sogar nie zum Einsatz. Bei den Salomonen und im Südpazifik flogen die Ventura Mk IV und GR.Mk V der RNZAF jedoch zahlreiche Einsätze gegen die japanischen Stellungen in Kavieng und Rabaul und bewiesen ihre Leistungfähigkeit. Die letztgenannten Versionen hießen bei der US Navy PV-1, und von diesem Modell wurden 1.800 Exemplare gebaut. Die PV-1 hatte vier oder fünf Besatzungsmitglieder, ein Leergewicht von 9.161 kg, ein Fluggewicht von 14.097 kg und erreichte in 4.205 m Höhe eine Höchstgeschwindigkeit von 502 km/h. Die Bewaffnung bestand aus zwei vorwärtsfeuernden 12,7 mm MG, zwei weiteren MG vom gleichen Kaliber in einem Martin CE250 Rückendrehturm und aus zwei 7,62 mm MG in Bauchposition; intern konnten bis zu vier sowie extern unter den Flügeln weitere zwei 454 kg Bomben untergebracht werden. Als Alternative dazu gab es eine Aufnahmemöglichkeit für einen einzelnen Model 13 Mk II Torpedo. Die PV-1 der US Navy operierten 1943-45 von Aleuten-Stützpunkten aus bei jedem Wetter und flogen Schiffsbekämpfungseinsätze und Angriffe auf die japanischen Stützpunkte in Paramushiro und Shimushu. Außerdem wehrten sie die häufigen harten Angriffe durch die Mitsubishi A6M3 Reisen der 13. Koku Kantai (Luftflotte) ab, die diese Region verteidigten. Die Lockheed PV-1 boten mehr als nur einen Ausgleich für die relativ schwachen Leistungen der Ventura in Europa und leisteten in allen Zonen des Pazifiks brauchbare Dienste.

Die letzte Version dieser langen und erfolgreichen Serie von zweimotorigen Lockheed-Maschinen, die 1934 mit der kleinen Model L-10 begonnen hatte, war der Seepatrouillenbomber PV-2 Harpoon. Bei diesem Modell wurden der Rumpf und das Leitwerk umkonstruiert und die Flügelspannweite von 19,96 m auf 22,86 m vergrößert. Der Erstflug der PV-2 fand am 3. Dezember 1943 statt, und die ersten Maschinen wurden im März 1944 für den Einsatz von Aleuten-Stützpunkten aus an die US Navy ausgeliefert. Verwindungsprobleme an den Flügeln sorgten für zusätzliche Produktionsprobleme, aber die PV-2 flogen bis zum Kriegsende und waren bei Reserve-Geschwadern der US Navy noch viele Jahre lang im Dienst.

Eine Lockheed Hudson Mk IVA in der Bemalung der Royal Australian Air Force. Die Maschine gehörte in den 70er Jahren der Stathallan Collection in Schottland. Inzwischen steht das Flugzeug im RAF Museum in Hendon bei London.

Lockheed Ventura aus der Kriegszeit wurden zu Friedenszeiten oftmals in Luxus-Geschäftsreiseflugzeuge umgebaut. Diese elegante zweimotorige Maschine N5390N ist eine Howard Aero Super Ventura.

Zu den verschiedenen Geschäftsflugzeug-Umbauten gehört auch diese formschön vollendete ehemalige PV-1 der US Navy, die eine spezielle Luxus-Innenausstattung, neue Rumpfkonturen und einen völlig neuen Bugbereich erhielt.

Fairey Swordfish
Schrecken der deutschen Marine

Die Swordfish, die schon bei ihrem Erstflug veraltet aussah, flog den ganzen Zweiten Weltkrieg über, auch wenn sie gar nicht in diese Zeit paßte. Sie überlebte sogar die Maschine, die entwickelt wurde, um sie zu ersetzen, und zerstörte mehr feindliche Schiffe als jeder andere Torpedobomber der Alliierten.

Die Anfänge der Swordfish gehen auf das von privater Seite finanzierte Angebot zurück, das die Fairey Aviation Company für die Spezifikation S.9/30 des Air Ministry unterbreitet, das Anfang der dreißiger Jahre einen Torpedobomber zum Aufspüren von Schiffen verlangte. Der von einem luftgekühlten 635 PS (474 kW) Bristol Pegasus IIM Neunzylinder-Sternmotor angetriebene TSR I Prototyp flog am 21. März 1933. Es zeigte sich jedoch schon bald, daß sein Motor zu schwach war und auch die Richtungsstabilität zu wünschen übrig ließ. Sechs Monate später stürzte er ab, als es ihm nicht gelang, sich beim Trudeln wieder zu fangen.

Es wurde eine geänderte Spezifikation, S.15/33, aufgestellt, und Fairey baute die TSR II mit längerem Rumpf, geändertem Leitwerk und einem stärkeren Motor, dem Pegasus IIIM3 mit 775 PS (578 kW). Es war ein stoffbespanntes Metallflugzeug, und das Fahrwerk mit geteilter Achse konnte gegen einstufige Fairey Doppelschwimmer ausgetauscht werden. Mit einer Höchstgeschwindigkeit von 235 km/h in Meereshöhe übertraf diese Maschine, die am 17. April 1934 ihren Erstflug hatte, die an die Leistung gestellten Anforderungen, und zur Erfüllung der Spezifikation S.38/34 wurden unter dem Namen Swordfish drei Prototypen bestellt. Der dritte dieser Prototypen wurde als Schwimmerflugzeug fertiggestellt und hatte am 10. November 1934 seinen Erstflug.

Der erste Serienauftrag über 86 Flugzeuge wurde im Jahre 1935 erteilt, und die ersten Maschinen lösten im folgenden Februar bei der No. 823 Squadron die Shark Mk II ab und gingen noch im gleichen Jahr an Bord der *HMS Glorious*. Das dreisitzige Standardserienflugzeug hatte eine Höchstgeschwindigkeit von 222 km/h und konnte vollbeladen problemlos einen normalen 45,7 cm Torpedo von 731 kg Gewicht von den Decks aller britischen Flugzeugträger heben. Diese Maschine brachte es auf eine Reichweite von 879 km.

Eine Swordfish Mk II. Da sie unter dem Steuerbord-Flügel eine schwimmfähige Rauchmarkierung trägt, ist anzunehmen, daß sie zu einer trägergestützten Einheit gehörte.

Imperial War Museum

Fairey Swordfish

Technische Daten der Fairey Swordfish Mk II
Typ: zwei-/dreisitziger Torpedobomber, trägergestützt oder als Schwimmerflugzeug.
Triebwerk: ein 750 PS (560 kW) Bristol Pegasus 30 Sternmotor.

Leistung: Höchstgeschwindigkeit 222 km/h; Steigflugdauer auf 1.525 m 10 Minuten; Dienstgipfelhöhe 3.260 m; Reichweite ohne Waffen 1.658 km, mit Torpedo 885 km.
Gewicht: Leergewicht 2.359 kg; max. Startgewicht 4.196 kg.
Abmessungen: Spannweite 13,92 m; Länge 11,12 m; Höhe 3,93 m; Tragflügelfläche 56,39 m^2.
Bewaffnung: ein starres, vorwärtsgerichtetes 7,7 mm Vickers MG und ein bewegliches 7,7 mm Kal. Vickers 'K' oder Browning MG im hinteren Cockpit plus Möglichkeit zur Aufnahme eines 45,7 cm (18-in) (731 kg) Torpedos oder von 681 kg Minen oder Bomben unter dem Rumpf, oder bis zu acht 7,62 cm (3-in) (27 kg) Raketen oder vier 113 kg Bomben unter den Flügeln.

Diese Swordfish trägt zwar keine Seriennummer und keine Abzeichen ihrer Einheit, aber die Farben deuten auf die Zeit um 1940/41 hin (als die Schlacht von Tarent stattfand). Die Maschine trägt den üblichen 45,7 cm Torpedo der Royal Navy. Bei der am Mittelstück des oberen Flügels hängenden horizontalen Stange, die in der Vorderansicht zu sehen ist, handelt es sich um das Vorhaltvisier, das für Angriffe auf Schiffe verwendet wurde.

Fox Photos

Dieses Foto einer Swordfish Mk I (P4084) mit Schwimmern beim Start wurde während des Krieges aufgenommen. Die Maschinen wurden im Zweiten Weltkrieg von Schiffen der Royal Navy aus oft zu Aufklärungszwecken und zur Artilleriebeobachtung eingesetzt.

Fairey erhielt noch weitere Aufträge, und als 1939 der Krieg ausbrach, waren insgesamt 689 Swordfish fertiggestellt oder in Auftrag gegeben. Mk I Schwimmerflugzeuge befanden sich bei den No. 701, 702 und 706 Catapult Flight der Fleet Air Arm im Einsatz. Die meisten Schlachtschiffe, Schlachtkreuzer und Kreuzer der Royal Navy erhielten die Swordfish; und mit Fahrwerk wurde sie bei 13 Einheiten eingesetzt, wovon acht auf den britischen Flugzeugträgern *HMS Ark Royal, Argus, Courageous, Eagle, Furious, Glorious* und *Hermes* stationiert waren.

Die Swordfish befand sich von den ersten Kriegstagen an im Einsatz, und ein von Lieutenant Commander W.M.L. Brown von der *HMS Warpsite* am 13. April 1940 in der Schlacht von Narvik geflogenes Schwimmerflugzeug wurde dazu benutzt, die Kanonen dieses Schlachtschiffs zu dirigieren. Sieben deutsche Zerstörer wurden so außer Gefecht gesetzt. Einer davon wurde durch eine Bombe von Browns Flugzeug versenkt. Ebenfalls mit Bomben zerstörte Brown auch das deutsche U-Boot *U-64* in Herjangsfjord.

Als 1940 in Faireys Werk in Hayes immer mehr Fairey Fulmar Jagdflugzeuge produziert wurden, übernahm die Firma Blackburn Aircraft Limited in Sherburn-in-Elmet, Yorkshire, die ganze Verantwortung für die Swordfish, und die erste wurde am 29. Dezember fertiggestellt. Nachdem innerhalb von neun Monaten 300 Mk I geliefert worden waren, ging Blackburn auf die Produktion der Mk II über, die einen verstärkten unteren Flügel mit Metallverkleidung erhielt, wodurch sie acht Raketengeschosse tragen konnte. Ab der Swordfish Mk II konnten die Schwimmer nicht mehr gegen ein Fahrwerk ausgetauscht werden.

Die Mk I blieb das ganze Jahr 1940 im Einsatz. Wieder einmal leistete Lieutenant Commander Brown ausgezeichnete Dienste bei der Aufspürung feindlicher Schiffe, dieses Mal am 9. Juli für die *HMS Warspite* in der 'Schlacht vor Kalabrien' gegen die italienische Flotte.

Den Gipfel ihres Ruhmes erreichte die Swordfisch jedoch am 11. November 1940 bei dem Angriff auf die italienische Flotte im Hafen von Tarent. Im Anschluß an die hervorragende Aufklärung durch die Besatzung einer Maryland, die im Tiefflug eine Konzentration italienischer Schiffe im Hafen feststellte, wurde beschlossen, die Swordfisch der No. 813, 815, 819 und 824 Squadron von der *HMS Illustrious*

Varianten der Fairey Swordfish

Fairey TSR I: ein Prototyp nach Spezifikation S.9/30; Pegasus IIM Motor mit 635 PS (474 kW); stürzte beim Trudeln ab.
Fairey TSR II: ein Prototyp (K4190) nach Spezifikation S.15/33; Pegasus IIIM3 mit 775 PS (578 kW); Erstflug 17. April 1934.
Fairey Swordfish Mk I: nach Spezifikation S.38/34; Pegasus IIIM3 mit 690 PS (515 kW) (drei Prototypen, K5660-K5662; K5662 wurde als Schwimmerflugzeug fertiggestellt).
Fairey Swordfish Mk I: Fairey-Produktion 1935-40, mit Pegasus IIIM3; alle zu Schwimmerflugzeugen umrüstbar; Serie K, L und P (689 Maschinen).
Fairey Swordfish Mk I: Blackburn-Produktion 1940/41; wie die von Fairey gebauten Mk I; Serie V (300 Maschinen).
Fairey Swordfish Mk II: Blackburn-Produktion 1941-44, Pegasus 30 mit 750 PS (560 kW); nur mit Fahrwerk; unterer Flügel mit Metallverkleidung; Serie W, DK, HS, IS, NE und NF (1.080 Maschinen), einige wurden später in Swordfish Mk IV mit geschlossenem Cockpit umgerüstet.
Fairey Swordfish Mk III: Blackburn-Produktion 1944, Pegasus 30, nur mit Fahrwerk; ASV Suchrader (die meisten Maschinen waren für Raketengeschosse ausgerüstet); Serie FF, NF, NT und NS (327 Maschinen, viele wurden zu Swordfish Mk IV mit geschlossenem Cockpit umgerüstet).
Fairey Swordfish Mk IV: umgerüstete Mk II und III mit geschlossenem Cockpit.

Aufriß-Erläuterung zur Swordfish II

1 Seitenruderkonstruktion
2 oberes Seitenruderscharnier
3 Diagonalverstrebung
4 äußere Spanndrähte
5 Seitenruderscharnier
6 Höhenrudersteuerung
7 Hecknavigationslicht
8 Höhenruderkonstruktion
9 starres Hilfsruder
10 Höhenruderausgleich
11 Höhenruderscharnier
12 Höhenleitwerk, steuerbord
13 Höhenleitwerksstreben
14 Festzurrschäkel
15 Abstützfuß
16 keilförmiger Rumpfabschluß
17 unteres Seitenruderscharnier
18 Verstellschraube für das Höhenleitwerk
19 Höhenruder-Steuerdrähte
20 äußere Spannkabel
21 starres Hilfsruder
22 Seitenflossenkonstruktion
23 Spanndrahtbefestigung
24 Antennenmast
25 Spanndrähte
26 Höhenruder, backbord
27 Höhenleitwerk, backbord
28 Höhenleitwerksstreben
29 äußere Freigabeleine für das Schlauchboot
30 Spornrad-Ölstoßdämpfer
31 nichteinziehbares Dunlop-Heckrad
32 Rumpfspant
33 Fanghakengehäuse
34 Steuerkabel-Führungsklampen
35 Rumpfbeplankung, oben
36 Stabantenne
37 Versenkung für Lewis MG
38 Antenne
39 bewegliches 7,7 mm Kal. Lewis MG
40 Fairey MG-Halterung
41 Befestigungspunkte für Kompaß Typ 0-3
42 hinteres Cockpitsüll
43 hinteres Cockpit
44 Stauraum für Lewis Trommelmagazin
45 Funkgerät
46 Ballast
47 Fanghaken-Zapfenbefestigung
48 unterer Rumpfholm
49 Fanghaken (teilweise ausgefahren)
50 Querruderscharnier
51 starres Hilfsruder
52 oberes Querruder, steuerbord
53 hinterer Holm
54 Flügelrippen
55 Formationslicht, steuerbord
56 Navigationslicht, steuerbord
57 Querruder-Verbindungsstrebe
58 Flügelstiele
59 Spanndrähte
60 unteres Querruder, steuerbord
61 Querruderscharnier
62 Querrudergegengewicht
63 hinterer Holm
64 Flügelrippen
65 äußeres Querruderscharnier
66 Zurrgriffe
67 vorderer Holm
68 Flügelstielbefestigung
69 innere Flügel-Diagonalverstrebung
70 Tragkabel
71 Flügelbespannung
72 zusätzlicher Spanndraht (bei Mitführung von Flügellasten)
73 Flügelfaltscharnier
74 innere Flügelstiele
75 Endrippe der Ansatztragfläche
76 Flügelknebel
77 Konstruktion der Ansatztragfläche
78 Einlaufschlitz
79 Seitenfenster
80 Katapultspule
81 Zugstreben
82 schräger Cockpitboden
83 starres 7.7 mm Vickers MG (nicht bei allen Maschinen)
84 Patronenauswurfrinne
85 Zugangsklappe
86 Kamerabefestigung
87 verschiebbare Bombenvisierklappe
88 Inspektionsöffnung mit Reißverschluß
89 oberer Rumpfholm
90 mittleres Cockpit
91 Verkleidung zwischen den Cockpits
92 Antennenmast auf dem oberen Flügel
93 Kopfstütze des Piloten
94 Sitz und Gurt des Piloten
95 Schott
96 Verkleidung des Vickers MG
97 Treibstofftank, ohne Pumpe, 57 Liter
98 Windschutzscheibe
99 Handgriffe
100 Handrad zur Klappenkontrolle
101 Flügelmittelstück
102 Griff der Freigabeleine für das Schlauchboot
103 Kennfeuer
104 Befestigung der Pyramidenstrebe des Mittelstücks
105 Diagonalverstärkung
106 Luftzylinder für Schlauchboote
107 Stauschacht für Schlauchboot Typ C
108 Querruder-Steuergelenk
109 Rippenprofile an der Hinterkante
110 hinterer Holm
111 Flügelrippen
112 Querruder-Verbindungsstrebe

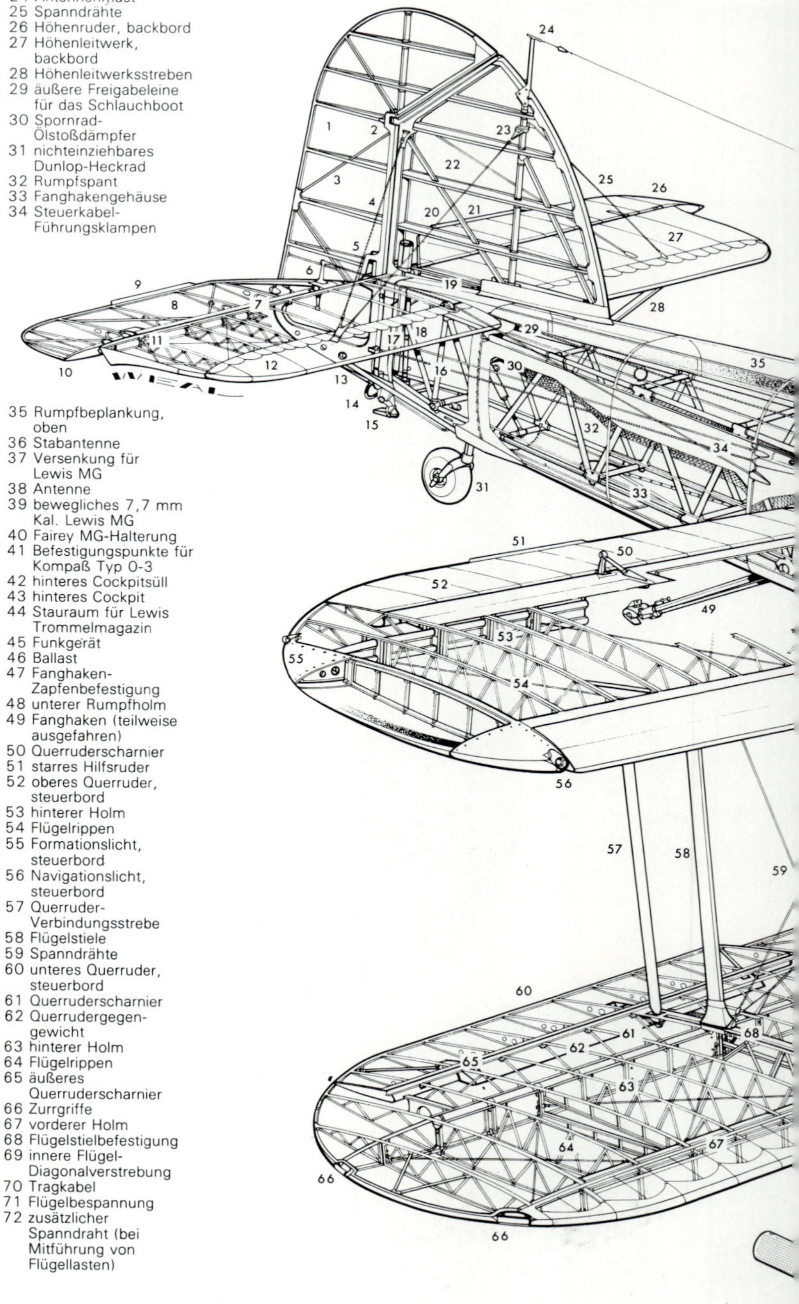

Rechts: **Eine von Blackburn mit einem geschlossenen Cockpit gebaute Swordfish Mk II der No. 1 Naval Air Gunnery School in Kanada im Jahr 1944. Die Cockpithaube war bei späteren Swordfish-Versionen üblicher, wurde hier aber sicher im Zuge der 1944 für den Wintereinsatz vorgenommenen Modifikationen hinzugefügt.**

Links: **Die einzigen beiden RAF-Einheiten, die regelmäßig Swordfish flogen, waren No. 119 und 202. Ganz schwarz bemalt und mit ASV Radar und 113 kg Bomben ausgerüstet, wurden die Swordfish Mk III von der No. 119 Sqn vor der holländischen Küste gegen Schnell- und Minenräumboote eingesetzt.**

113 oberes Querruder, backbord
114 starres Hilfsruder
115 Querruderscharnier
116 Formationslicht, backbord
117 Flügelhaut
118 Navigationslicht, backbord
119 Vorderkantenschlitz
120 vorderer Holm
121 Nasenrippen
122 Flügelstiele
123 Pitotrohr
124 Spanndraht
125 Tragkabel
126 unteres Tragwerk, backbord
127 Landescheinwerfer
128 Bombenschäkel unter dem Flügel
129 Verstärkungsplatte unter dem Flügel
130 Raketenschienen
131 vier 27kg-Raketen
132 Fairey-Reed Dreiblatt-Festpropeller aus Metall
133 Propellerhaube
134 Townend-Ring
135 Bristol Pegasus IIIM3 (oder Mk 30) Sternmotor
136 Motorhaubenklammern
137 Motorhaubenring
138 Motoraufhängung
139 Brandschott
140 Motorregler
141 Buchse für den Öltank-Heizstab
142 Einfüllstutzen
143 Öltank, 62,5 Liter
144 Pyramidenstreben des Mittelstücks
145 äußere Torpedo-Visierstangen
146 Treibstoff-Einfüllstutzen
147 Haupttreibstofftank, 705 Liter
148 Vickers MG-Rinne
149 vorderer Rumpfspant
150 Ölkühler
151 Treibstoffilter
152 Tragflächen-Rumpfbefestigung

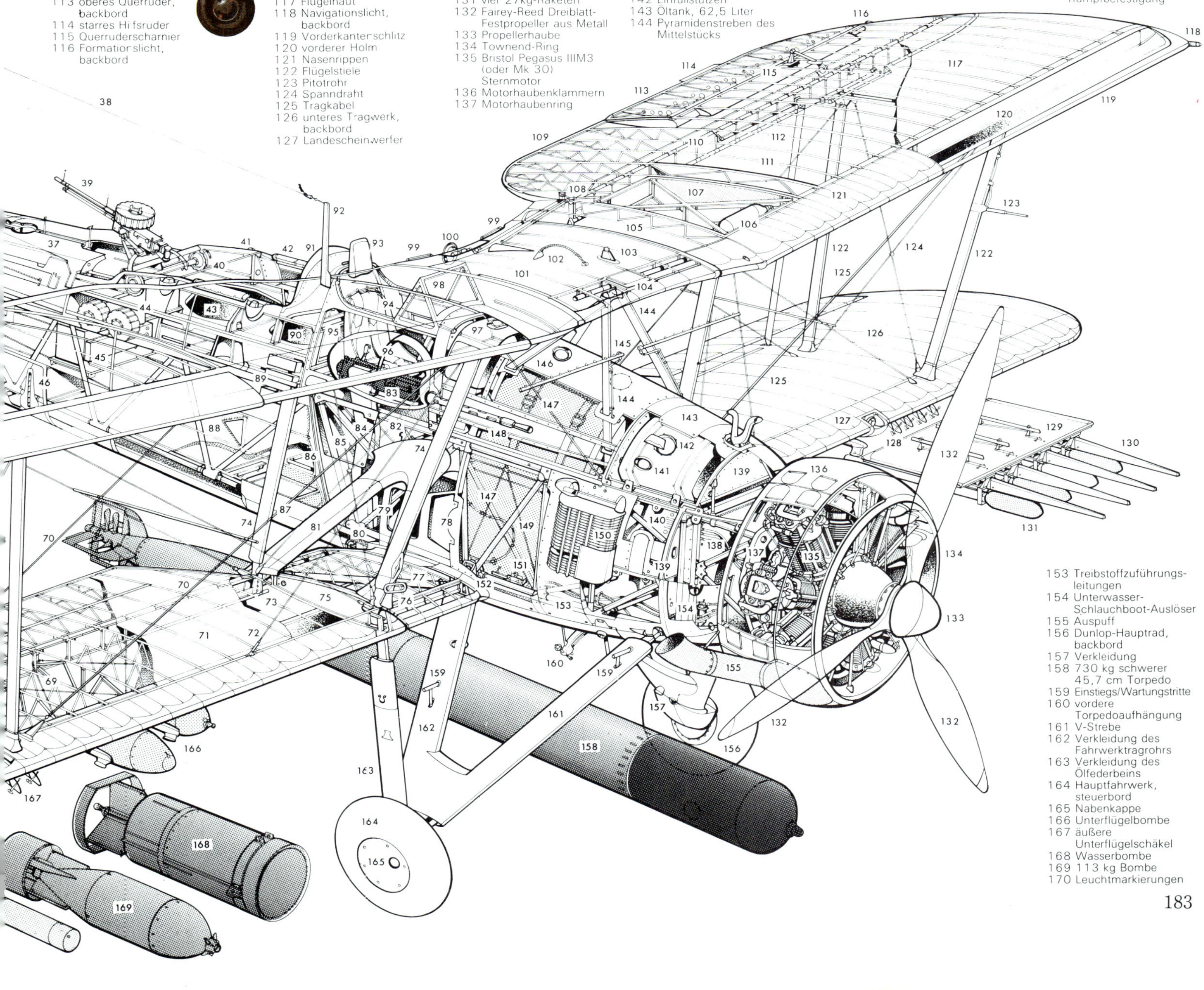

153 Treibstoffzuführungsleitungen
154 Unterwasser-Schlauchboot-Auslöser
155 Auspuff
156 Dunlop-Hauptrad, backbord
157 Verkleidung
158 730 kg schwerer 45,7 cm Torpedo
159 Einstiegs/Wartungstritte
160 vordere Torpedoaufhängung
161 V-Strebe
162 Verkleidung des Fahrwerktragrohrs
163 Verkleidung des Ölfederbeins
164 Hauptfahrwerk, steuerbord
165 Nabenkappe
166 Unterflügelbombe
167 äußere Unterflügelschäkel
168 Wasserbombe
169 113 kg Bombe
170 Leuchtmarkierungen

Eine von Blackburn gebaute Swordfish Mk II, HS275, der No. 1 Naval Air Gunnery School in Yarmouth, Nova Scotia, im Jahr 1943. In diesem Stadium des Krieges gab es alle möglichen Variationen für den Sichtschutz der Swordfish.

aus zum Nachtangriff starten zu lassen (die *HMS Illustrious* stand unter dem Befehl von Rear Admiral Lumley Lyster, der selbst ein erfahrener Pilot der Marine war und schon im Ersten Weltkrieg bei Tarent gekämpft hatte). Unter Lieutenant Commander Kenneth Williamson wurden die ersten zwölf Flugzeuge (sechs mit Torpedos, vier mit Torpedos, vier mit Bomben und zwei mit Bomben und Leuchtfeuern) losgeschickt, denen zehn Minuten später unter Lieutenant Commander John Hale weitere neun Flugzeuge (fünf mit Torpedos, zwei mit Bomben und Leuchtfeuern) folgten.

Die Swordfish griffen im Tiefflug an, versenkten das neue 35.000 t Schlachtschiff *Littorio* an seinem Liegeplatz und setzten die beiden älteren Schlachtschiffe *Conte di Cavour* und *Caio Duilo* sowie einen schweren Kreuzer und einen Zerstörer außer Gefecht. Auf einen einzigen Schlag war die italienische Flotte im Mittelmeer bei einem Verlust von nur zwei Swordfish (Williamson selbst wurde abgeschossen und gefangengenommen) auf die Hälfte reduziert worden. Aufgrund dieses Angriffs wurde der japanische Marineattaché in Rom nach Tokio zurückgeordert. Ein Jahr später inszenierte er den japanischen Angriff auf Pearl Harbor.

Danach machten die auf Malta stationierten Swordfish des Fleet Air Arm viele Monate lang den Schiffen der Achsenmächte im Mittelmeer schwer zu schaffen. Insgesamt versenkten sie zwischen 1941 und 1943 deutsche und italienische Schiffe mit einer Tonnage von über eineinhalb Millionen Tonnen. Sie führten auf diesem Kriegsschauplatz aber auch noch vielerlei andere Aufgaben durch. So wurden sie z.B. zum Minenlegen, zur Aufklärung, zur Artilleriebeobachtung, für Bombenangriffe und sogar zum Einfliegen von Geheimagenten in feindliches Gebiet verwendet. Eine Swordfish startete einmal innerhalb von 24 Stunden zwölfmal zum Minenlegen.

Der Angriff auf die Bismarck

Auf den berühmtesten aller Swordfish-Piloten wartete jetzt seine große Stunde. Lieutenant Commander Eugene Esmonde, der vor dem Krieg in Irland bei Imperial Airways als Pilot gearbeitet hatte und jetzt eine Swordfish-Einheit an Bord der *HMS Victorious* kommandierte, übte am 26. Mai 1941 mit neun Flugzeugen einen Torpedoangriff auf das deutsche Schlachtschiff *Bismarck* aus, das sich im Atlantik auf dem Weg nach Brest befand. Das Schiff wurde mindestens einmal schwer getroffen und es war manövrierunfähig. Dadurch konnte die britische Flotte die *Bismarck* einholen und versenken. Esmonde wurde mit dem DSO (Distinguished Service Order) ausgezeichnet. Er wurde dann auf die *HMS Ark Royal* im Mittelmeer versetzt. Als dieser Flugzeugträger versenkt wurde, gelang es ihm, sich mit allen seinen Swordfish nach Gibraltar zu retten.

Gegen Ende des Jahres war Esmonde in Kent stationiert, wo er den Befehl über die No. 825 Squadron erhielt, die verhindern sollte, daß die deutschen Kriegsschiffe *Scharnhorst* und *Gneisenau* aus Brest ausbrachen und durch den Ärmelkanal nach Deutschland entkamen. Am 12. Februar 1942 bewahrheiteten sich die schlimmsten Befürchtungen der Briten, als die deutschen Schiffe allen Patrouillen entkamen und das Ostende des Ärmelkanals erreichten, ehe sie entdeckt wurden.

Esmondes sechs Swordfish waren jetzt die einzigen Flugzeuge, die zum Angriff bereitstanden. Die Swordfish starteten in Manston und verfehlten die Jagdflugzeuge, denen sie zugewiesen waren. Aber trotz einer überwältigenden Zahl deutscher Jagdflieger und der heftigen Flakabwehr gingen sie zum Angriff über. Esmonde wurde als einer der ersten in einer Swordfish Mk II (W5984) von einer Focke-Wulf Fw 190 abgeschossen, und auch die übrigen fünf Piloten erwartete das gleiche Schicksal. Keines ihrer Torpedos fand sein Ziel. Von den 18 Besatzungsmitgliedern überlebten nur fünf Mann den Angriff. Alle fünf wurden mit dem DSO oder der CGM (Conspicuous Gallantry Medal) ausgezeichnet. Esmonde wurde nach seinem Tod für seine

Der Swordfish-Prototyp, K4190, der ursprünglich als Fairey TSR 2 bekannt war, wurde nach der Spezifikation S.15/33 konstruiert. Er trug in kleiner Schrift hinter der Seriennummer die Fairey-Werksnummer F2038.

Imperial War Museum

Eine Formation früher Swordfish Mk I der zweiten und dritten Serie im November 1938. Bei diesen Flugzeugen konnte das Fahrwerk gegen Schwimmer ausgetauscht werden. Die Maschinen auf diesem Bild wurden wahrscheinlich nicht von einem Flugzeugträger aus eingesetzt.

Imperial War Museum

Eines der letzten noch flugfähigen Exemplare der Fairey Swordfish befindet sich heute im Besitz des Fleet Air Arm Museums in Yeovilton und wird regelmäßig bei Flugschauen in Großbritannien vorgeführt. *(Foto: Air Portraits)*

Eine Swordfish Mk I, K5972, der ersten von Fairey gebauten Serie mit den Kennzeichen der No. 823 Sqn, die 1936 von der HMS Glorious aus eingesetzt wurde.

Verdienste das Victoria Cross verliehen.

Zu der Zeit suchte man einen Ersatz für den alten 'Stringbag'-Doppeldecker. Die Fairey Albacore wurde zwar schon seit einigen Monaten produziert, aber sie konnte die Erwartung nicht erfüllen. Es wurden 800 Maschinen gebaut, aber 1943 wurde die Produktion eingestellt. Die Swordfish wurde aber noch ein weiteres Jahr lang gebaut. Die Fairey Barracuda (ein Eindecker mit Merlin-Motor) sah zwar grotesk aus, hätte aber erfolgreich sein können, wenn sich die Produktion nicht so lange verzögert hätte, nachdem beschlossen war, das ursprüngliche Rolls-Royce Triebwerk auszutauschen.

Die Blackfish

Blackburn stellte noch bis 1944 die Swordfish Mk II her (die in Großbritannien unter dem Namen 'Blackfish' bekannt war). Die letzte von insgesamt 1.080 Maschinen wurde am 22. Februar 1944 fertiggestellt. Daraufhin ging man auf die Produktion der Mk III über, die ein großes ASV Suchradar zwischen den Fahrwerkstreben erhielt, so daß kein Torpedo mehr mitgeführt werden konnte. Bei Torpedoangriffen auf Schiffe war es üblich, daß eine einzelne Mk III das Ziel aufspürte und die Mk II Einheiten Bomben und Torpedos mit sich führten. Swordfish wurden oft auf relativ kleinen Flugzeugträgern stationiert, die besonders im Atlantik schnelle Konvoi-Aufgaben erledigten. Normalerweise waren sechs Swordfish und sechs Grumman Martlet Jagdflugzeuge auf den stark abfallenden Decks aufgereiht und somit Wind und Wetter ausgesetzt.

Die letzte Version war die Mk IV. Es handelte sich dabei um nachträglich modifizierte Mk II und Mk III mit einer Cockpithaube. Diese Version blieb bis Kriegsende in Europa im Einsatz. Einige wenige Swordfish wurden nach Kanada geschickt, z.B. an die No. 1 Naval Air Gunnery School in Yarmouth, Nova Scotia.

Die letzte Mk III (N204) wurde am 18. August 1944 in Sherburn fertiggestellt, und am 28. Juni 1945 war eine Swordfish der letzte Doppeldecker, der für die Fleet Air Arm einen Einzeleinsatz flog. Im Jahr 1967 waren von den 2.396 Serienmaschinen, die gebaut worden waren, nur noch sechs komplette Swordfish vorhanden. Eine davon (die LS326, die früher als G-AJVH registriert war), wird immer noch in flugtüchtigem Zustand gehalten und ist in England noch oft auf Flugtagen zu sehen.

Als eines der letzten erhaltenen Exemplare wird diese Fairey Swordfish, die der Fleet Air Arm Memorial Flight angehört, noch heute bei Schauflügen eingesetzt.

Austin J Brown

PBY Catalina
Langsamer Jäger

Die PBY, die 1935 konstruiert wurde, steigerte die Möglichkeiten der US Navy, die Meere zu überwachen, erheblich. Das Flugboot wurde von der RAF vor dem Krieg erprobt und gekauft und auch in der Sowjetunion unter Lizenz gebaut. Deshalb gab es von der Catalina mehr Maschinen als von jedem anderen Flugboot in der Geschichte.

Die Consolidated Catalina war eines der langsamsten Kampfflugzeuge des Zweiten Weltkriegs. Im Scherz wurde von ihr gesagt, daß ihre Besatzung für ein Treffen mit einem Konvoi auf die Stoppuhr verzichten könne, weil sie einen ganzen Kalendermonat brauche, um an ihr Ziel zu kommen. Sie wurde schon 1935 geflogen und war daher, selbst bei Ausbruch des Krieges, nicht mehr jung. Außerdem hatte die US Navy schon vor dem Krieg ein Flugboot der nächsten Generation, die Martin PBM, bestellt, um die Catalina abzulösen. Die beliebte 'Cat' gab sich aber nicht leicht geschlagen. 1938 hatte die Sowjetunion erkannt, daß sie besser war als alles, was von ihren eigenen Konstrukteuren geschaffen wurde. Sie wurde daher während des ganzen Krieges in der Sowjetunion unter Lizenz gebaut. Das war aber nicht alles — die ursprüngliche amerikanische Maschine bewährte sich auch in vielen neuen Versionen, von denen bis Kriegsende mehr verkauft wurden als von den neueren Ersatzmaschinen.

Die PBY, wie das Flugzeug bei den Streitkräften der Vereinigten Staaten hieß, verdankt ihr Entstehen der Tatsache, daß die US Navy 1933 ein neues Langstrecken-Patrouillenflugboot verlangte. Damals war das wichtigste Flugzeug in dieser Kategorie die Consolidated P2Y, die von Isaac M. 'Mac' Laddon, einem Direktor von Consolidated Aircraft, ein begabter Konstrukteur von Wasserflugzeugen, in Buffalo konstruiert wurde. Um den Wünschen der US Navy nachzukommen, gab er der P2Y einen fast freitragenden Flügel, der über dem niedrigen, aber breiten Rumpf auf einem zentralen Pylon, in dem der Flugingenieur saß, angebracht war. Der Flügel unterschied sich von dem der P2Y insofern, als er ein rechteckiges Mittelstück hatte, während sich die äußere Beplankung verjüngte — alles in selbsttragender Ganzmetall-Bauweise (die Querruder waren mit Stoff bespannt). Einmalig an dem Flügel war die Montage der Stützschwimmer an den Flügelenden, die elektrisch eingeklappt werden konnten, so daß die Schwimmer im Flug die Flügelspitzen bildeten. Der Bootsrumpf, der ebenfalls ganz aus Metall war, unterschied sich insofern vollkommen von dem der meisten großen Flugboote, als daß er nur

Eine PBY-5A der US Navy fliegt hier, im Jahre 1944, über den Aleuten. In solchen Gebieten, wo das Wetter oft schlecht ist, haben Reichweite und lange Flugdauer dieser zuverlässigen Amphibienflugzeuge sehr dazu beigetragen, daß es vielen Besatzungen gelang, sicher auf Land oder Wasser zu landen.

J. McClancy Collection

Eine der ungewöhnlicheren Maschinen, die aus dem Bestand der US Army Air Force im Oktober 1947 auf die neugegründete US Air Force übergingen, war dieses 0A-10A Amphibienflugzeug des Air Rescue Service, das während des Krieges von Canadian Vickers gebaut worden war. Es war eine von 230 Maschinen, die ab Anfang 1944 an verschiedenen Fronten eingesetzt waren und mindestens bis 1954 zum aktiven Bestand gehörten. Nach dem Krieg waren sie unbewaffnet, aber sonst im allgemeinen der PBY-5A ähnlich, für die diese technischen Daten gelten. Im europäischen Operationsgebiet war die RAF für den Seenotrettungsdienst verantwortlich, aber ab Anfang 1945 verwendete die 5th Emergency Rescue Squadron der US Army Air Force die 0A-10A neben der P-47 und der für den Abwurf von Rettungsbooten eingesetzten B-17G.

Consolidated PBY Catalina

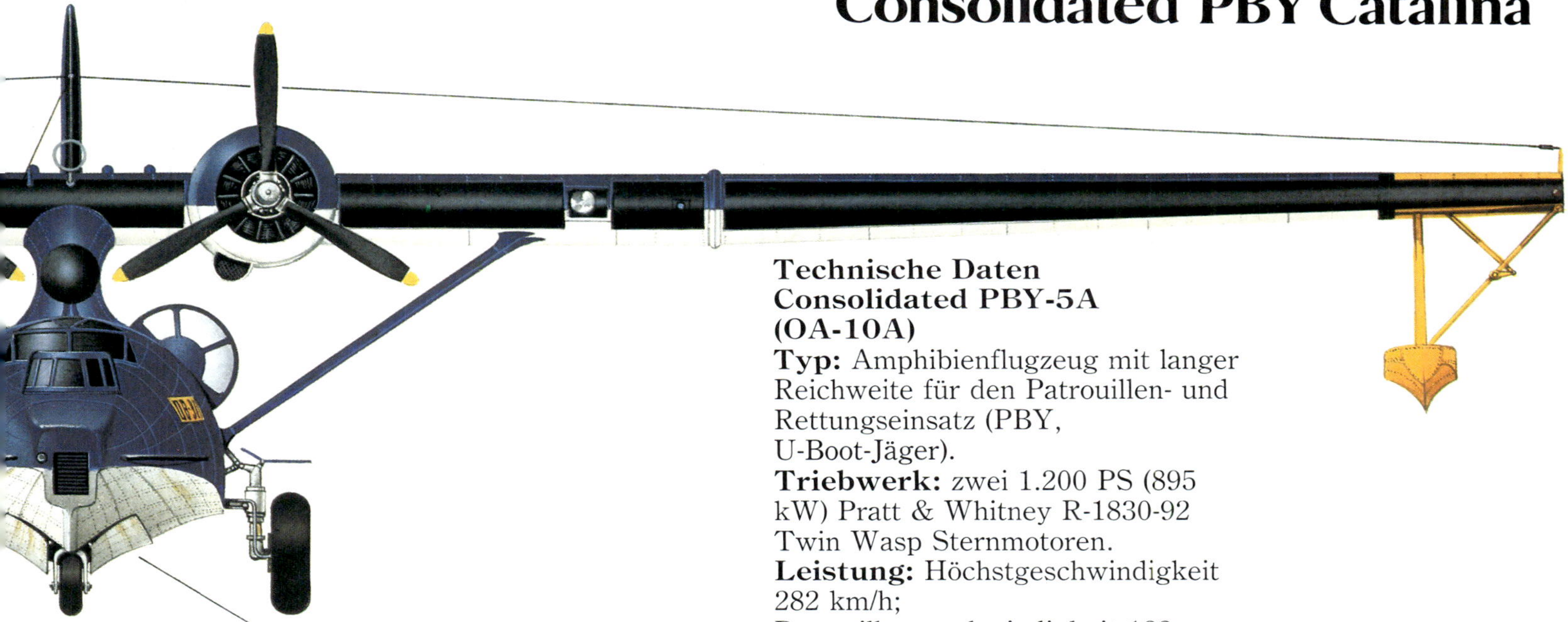

Technische Daten
Consolidated PBY-5A (OA-10A)
Typ: Amphibienflugzeug mit langer Reichweite für den Patrouillen- und Rettungseinsatz (PBY, U-Boot-Jäger).
Triebwerk: zwei 1.200 PS (895 kW) Pratt & Whitney R-1830-92 Twin Wasp Sternmotoren.
Leistung: Höchstgeschwindigkeit 282 km/h; Patrouillengeschwindigkeit 182 km/h; Anfangssteiggeschwindigkeit 3,1 m/sek; Dienstgipfelhöhe 3.960 m; Reichweite mit voller Nutzlast 3.782 km.
Gewicht: Leergewicht 9.485 kg; max. Startgewicht 16.067 kg.
Abmessungen: Spannweite 31,7 m; Länge 19,47 m; Höhe 6,15 m; Tragflügelfläche 130 m^2.
Bewaffnung: je ein MG Kal. 12,7 mm in den beiden seitlichen Rumpfständen, ein oder zwei MG Kal. 7,62 mm in der Bugkanzel und ein MG Kal. 7,62 mm im hinteren Stand unter dem Rumpf plus bis zu vier Außenstationen mit einer Traglast bis 454 kg unter den Flügeln.

Die Catalina Mk IVA der No. 210 Squadron der Royal Air Force ist hier in den Standardfarben zu sehen, die ab 1942 für Seepatrouillenflugzeuge des Coastal Command (Küstenschutzes) verwendet wurden. Diese spezielle Maschine hat ASV Mk II Radar ohne Dipolantenne am Rumpf.

aus einem einzigen Deck mit halbrundem Dach bestand. Im Bug befanden sich ein Vertäuungsabteil und ein durchsichtiges Visierfenster mit einer Jalousie als Schutz gegen Meerwasser. Das Bugcockpit war bei Serienmaschinen eine Kanzel mit großen Rundumfenstern, und darüber befand sich ein Maschinengewehr. In der breiten Führerkanzel, ebenfalls mit großen Rundumfenstern, saßen zwei Piloten nebeneinander. Links und rechts hinter dem Tragflügel befand sich ein Schützenstand mit Schiebehutze. Im Gegensatz zur P2Y hatte die PBY ein einfaches Heck, und die Höhenflosse war weit oben an der einfachen Seitenflosse angebracht.

Das als Consolidated Model 28 bezeichnete neue Boot erhielt bei der US Navy die Bezeichnung XP3Y-1, und sein Prototyp (BuAer Nummer 9459 flog am 28. März 1935 vom Eriesee aus. Die Maschine erwies sich als ein ausgezeichnetes Flugzeug, obwohl Prüfungen in Coco Solo (Panamakanalzone) ergaben, daß ein größeres Seitenruder erforderlich war. Ihre Konkurrentin, die Douglas XP3D-1, war ebenfalls gut, aber die Consolidated war mit $90.000 billiger, und so wurde am 29. Juni 1935 ein Auftrag über 60 Maschinen erteilt, die eine andere Bezeichnung, nämlich PBY-1, erhielten, weil die Waffenlast unter dem Flügel auf 907 kg erhöht worden war. Die Bewaffnung bestand aus vier 7,62 mm Kal. Browning MG.

J. McClancy Collection

Dieses Original-Farbfoto, das etwa bei Beginn der langen Aleuten-Kampagne Anfang 1942 aufgenommen wurde, zeigt eine PBY-5 der US Navy vor dem Schlippen ihrer Vertäuung zu einem Patrouillenflug. Unter dem Flügel sind zwei Bomben zu sehen (die Höchstlast betrug vier Bomben zu 454 kg). Zur Abwehr waren zwei MG 7,62 mm Kal. und zwei MG 12,7 mm Kal. vorgesehen.

Aufriß-Erläuterung zur Consolidated PBY-5A Catalina

1 Höhenflosse, steuerbord
2 Höhenflossen-Vorderkantenenteisung
3 Hecknavigationslicht
4 stoffbespanntes Höhenruder
5 Höhenruder-Hilfsruder
6 Trimmklappe am Seitenruder
7 stoffbespanntes Seitenruder
8 Heckkonus
9 Stoßstangensteuerung des Höhenruders
10 Seitenrudersteuerung
11 Heckvertäuungspunkt
12 mit dem hinteren Rumpfteil integrale untere Seitenflossenkonstruktion
13 Befestigung des Höhenflossenmittelstücks
14 obere Seitenflossenkonstruktion
15 Antennenkabel
16 Seitenflossen-Vorderkantenenteisung
17 Höhenflosse, backbord
18 Kühllufteinlauf
19 hintere Rumpfspant- und Stringerkonstruktion
20 Heck MG

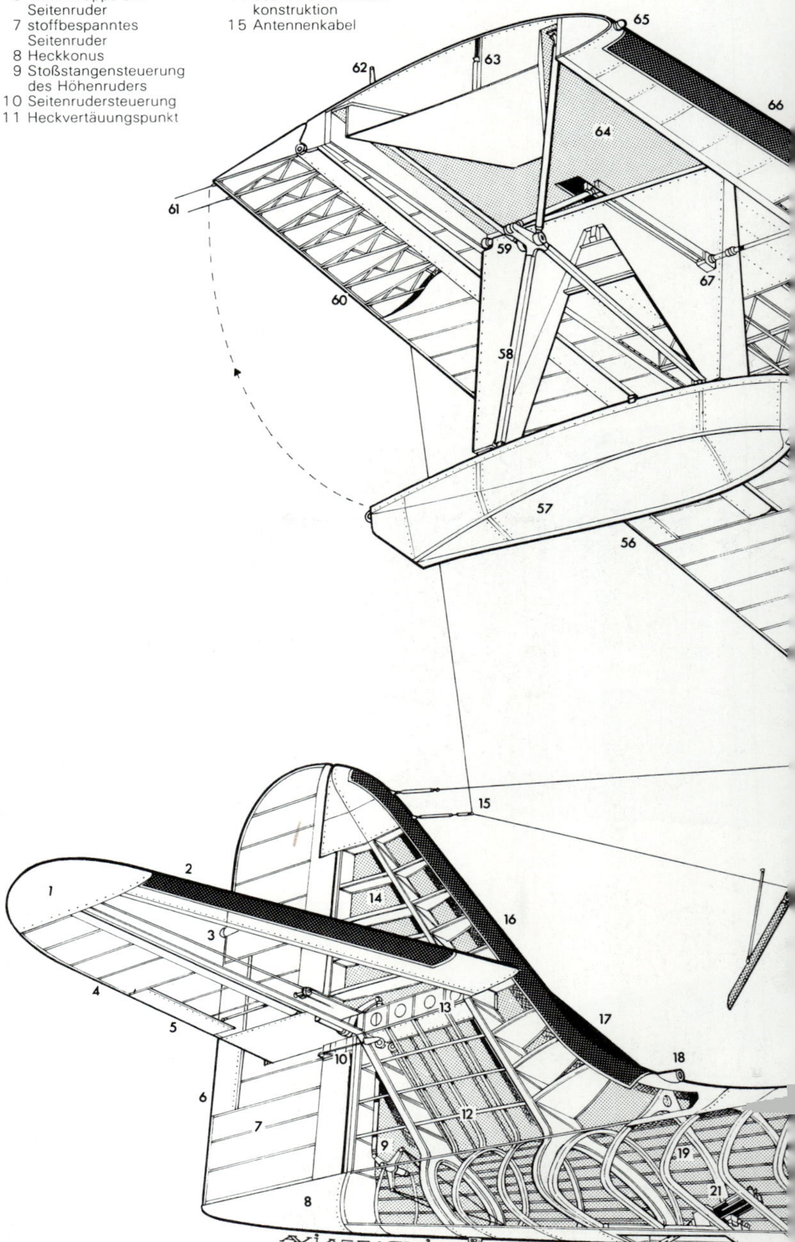

NZ4017 war eine der von Boeing gebauten PB2B-1 Catalina, die etwa der PBY-5 entsprachen. Sie wurden 1943/44 an die Royal New Zealand Air Force geliefert. Diese mit ASV Radarsendern auf den Flügeln ausgerüsteten Maschinen waren bis zum Waffenstillstand mit Japan im südwestlichen Pazifik eingesetzt.

21 MG Kal. 7,62 mm
22 Rumpfbeplankung
23 Zielscheiben-Schleppwinde
24 Fackelabwurfrohr
25 hinteres Rumpfschott
26 Durchgang im Schott
27 MG Kal. 12,7 mm
28 Kuppel des MG-Stands, steuerbord
29 seitliches Kuppelfenster zum Öffnen
30 schwenkbare MG-Befestigung
31 Kuppel des MG-Stands, backbord
32 Klappsitz des Schützen
33 halbrunde Bordkanonenplattform
34 Gang
35 V-Spanten des Rumpfbodens
36 Kajütenschott
37 Kojen für die Besatzung
38 Kajüte
39 Hauptfahrwerkrad, steuerbord
40 Stufe im Bootsrumpf
41 Rumpfbodenkonstruktion
42 Rumpfbeplankung
43 Hauptfahrwerk-Radschacht
44 Einziehhydraulik
45 ausziehbare Fahrwerkstrebe
46 vordere und hintere Flügelverstrebung
47 Konstruktion des den Flügel tragenden mittleren Pylons
48 hintere Pylonverkleidung
49 Integraltank im Steuerbord-Flügel, 3 312 Liter
50 Treibstoff-Schnellablaßrohr
51 454 kg Bombe
52 Raucherzeugertank
53 Hinterkantenrippen
54 stoffbespannte Hinterkante
55 hinterer Holm
56 Trimmruder
57 einklappbarer Stützschwimmer, steuerbord
58 Schwimmerverstrebung
59 Einziehgestänge
60 stoffbespanntes Querruder, steuerbord
61 Statikentlader
62 Antennen an der Flügelspitze
63 Schwimmer-Einfahrverriegelung
64 Schwimmerstrebengehäuse
65 Navigationslicht, steuerbord
66 Vorderkanten-Enteiserschlauch
67 Schwimmereinziehgestänge
68 Nasenholm
69 Flügelrippen-/Stringerkonstruktion
70 ASV-Radarantenne
71 Befestigung der äußeren Flügelbeplankung
72 Flügelgitterrippen
73 Bombenwerfer
74 zwei 227 kg Bomben
75 Vorderkante in Fachwerkbauweise
76 Position des Pitotrohrs auf dem Backbord-Flügel
77 Landescheinwerfer
78 Landescheinwerfer-Blendschutz
79 Motorgondelverkleidung, steuerbord
80 hydraulischer Akkumulator
81 Motoröltank
82 feuerfestes Schott
83 Auspuffrohr
84 Verstrebung der Motoraufhängung
85 abnehmbare Motorverkleidung
86 Curtiss Electric Dreiblattpropeller mit konstanter Drehzahl, 3,66 m Durchmesser
87 Mechanismus zur Änderung der Propeller-Nabenstellung
88 Pratt & Whitney R-1830-92 Twin Wasp Doppelsternmotor
89 Antennenkabeleinführung
90 DF-Antenne
91 Ölkühler
92 Steuerkabel durch vordere Pylonverkleidung
93 Pylonstufe
94 Kontrollpult des Bordingenieurs
95 Sitz des Bordingenieurs
96 Rumpfhauptspant zur Flügelbefestigung
97 Funk- und Radarkontrolleinheiten
98 Kabinenheizgerät
99 vorderer Kabinengang
100 Hauptfahrwerkstrebe, backbord
101 Drehzapfen-Scherenverbindung
102 Hauptfahrwerk, backbord
103 Mk 13-2 Torpedo
104 204 kg Wasserbombe
105 Konstruktion des vorderen Rumpfspants
106 Sitz des Navigators
107 Sitz des Bordfunkers/Radaringenieurs
108 Funkstation
109 seitliches Kabinenfenster
110 Autopilot-Servobehälter
111 Kartentisch des Navigators
112 Kimme
113 Cockpitschott
114 Sitz des Kopiloten
115 Sitz des Piloten
116 elektrische Schalttafel des Piloten
117 seitliche Schiebefenster
118 Kühlluft-Spreizklappen der Motorverkleidung
119 Motorgondel, backbord
120 Notausstieg im Cockpitdach
121 Gashebel und Propellerregelung über dem Kopf
122 Scheibenwischer
123 abgegrundete Cockpitscheiben
124 Instrumententafel
125 Steuersäule und Handräder
126 Seitenruderpedale
127 Cockpitboden
128 Bugfahrwerkschacht-Klappen
129 Bugradschacht
130 Querruder, backbord
131 Bugrad
132 einklappbare Stützschwimmer, backbord
133 Schwimmerverstrebung
134 Navigationslicht, backbord
135 Vorderkanten-Enteiserschlauch
136 Bugradgabel
137 Bugfahrwerk-Einziehhydraulik
138 Position des vorderen MG-/Bombenschützen
139 Schott
140 Trittbrett des Schützen
141 Munitionsreservebehälter
142 vorderer MG-Stand
143 MG Kal. 7,62 mm
144 Instrumententafel des Bombenschützen
145 Abtriftmesser
146 Bombenvisier mit Abschirmung
147 Ankerkabel

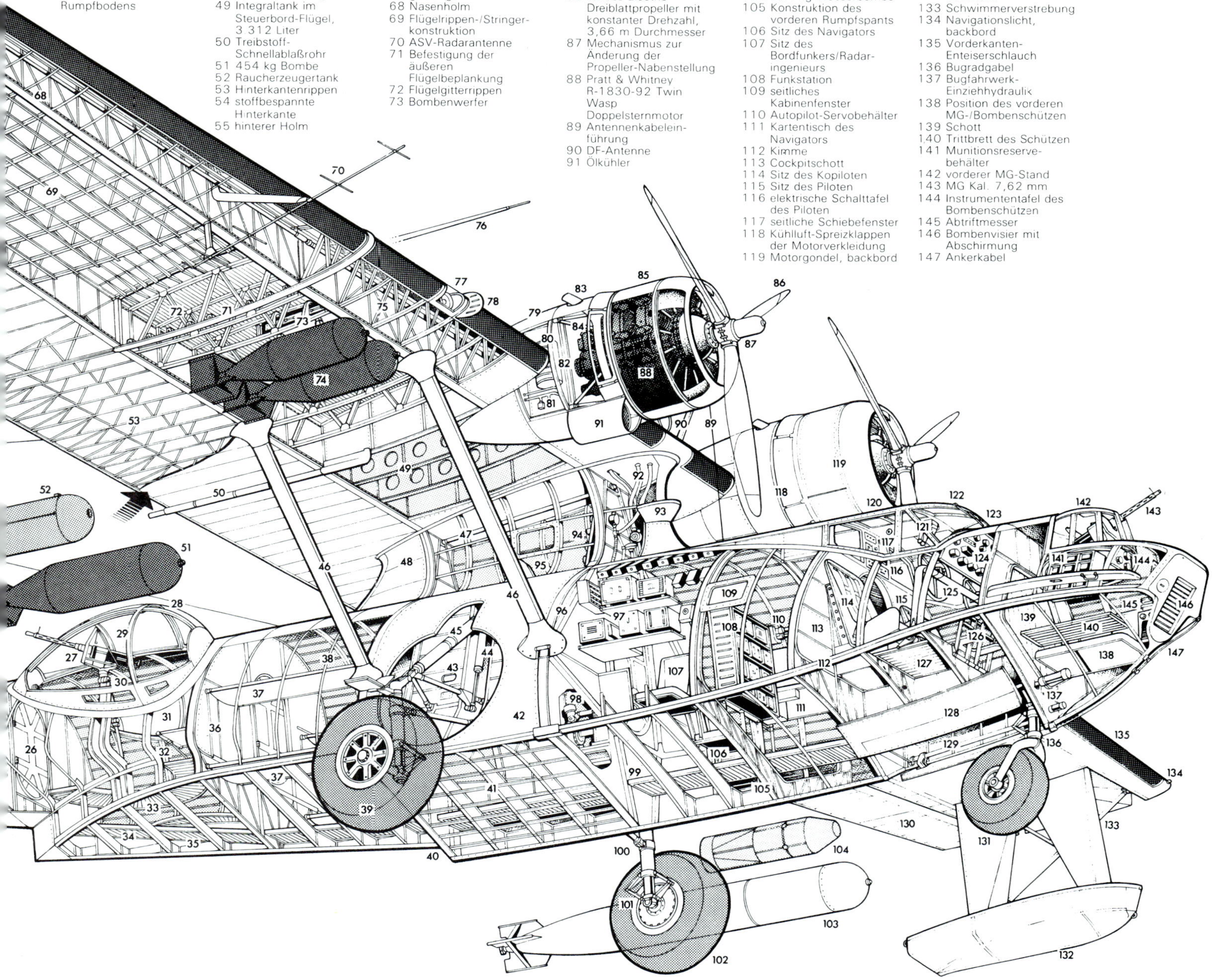

***Links:* Die dritte Maschine der von Canadian Vickers hergestellten 36 GR.MkIIA gehörte ursprünglich der Royal Canadian Air Force. Später wurden diese Catalina mit ASV.II Radar ausgerüstet, komplett mit rumpfmontierten Dipolantennen vor der Verstrebung, und der RAF No. 209 Squadron zugeteilt.**

***Rechts:* Die PBY-5, hier mit Kennzeichen aus dem Jahr 1942, wurde an die Royal Australian Air Force geliefert und der No. 11 Squadron zugeteilt. 1942 wurde britisches ASV Radar eingebaut (bei diesem Flugzeug ohne die flügelmontierten Sendeantennen).**

Der große Auftrag über 60 Maschinen brachte Consolidated genügend Arbeit ein, um einen Umzug in das 3.220 km entfernte San Diego in Südkalifornien zu rechtfertigen, wo das ganze Jahr über schönes Wetter herrscht. Im Oktober 1935 legte die XP3Y die nahezu 5.633 km lange Strecke zwischen Coco Solo und San Francisco im Nonstopflug zurück. Dann flog sie weiter nach San Diego zur Teilnahme an der Einweihung des riesigen neuen Werkes am 20. Oktober, ehe sie nach Buffalo zurückkehrte, um dort mit einem breiten, abgerundeten Seitenruder, Enteiserschläuchen an allen Vorderkanten (mit ausziehbaren Stufen an der Vorderkante der Seitenflosse), voller Bewaffnung und Einsatzausrüstung der neuen PBY-Norm angepaßt zu werden. Als sie im März 1936 wieder flog, erreichte sie die Einheit VP-11F der US Navy in der gleichen Zeit wie die ersten Serienmaschinen im Oktober 1936. Es bestand kein Zweifel daran, daß diese Maschine das beste Patrouillenflugboot war, das es damals gab.

Im Juli 1936 erhielt Consolidated einen Auftrag über 50 PBY-2, deren vier Flügelstationen alle für eine Belastung von 454 kg auszulegen waren. In den mittleren Ständen sollten 12,7 mm MG eingebaut werden. Im November 1936 folgte ein Auftrag über 66 PBY-3 mit R-1830-66 Twin Wasp Motoren, deren Leistung von 900 auf 1.000 PS (671 auf 746 kW) erhöht werden sollte. Im Dezember 1937 wurde ein Auftrag über 33 PBY-4 erteilt, die alle — mit Ausnahme einer Maschine — anstelle der seitlichen Schiebehutzen für die Schützen große durchsichtige, bauchige Hauben und 1.050 PS (783 kW) Motoren erhalten sollten. Zwei weitere PBY wurden 1937 an den Forscher Dr. Richard Archbold verkauft, der sie Guba I und Guba II nannte (Guba ist das Wort der Motu für einen plötzlichen Sturm). Guba II verbrachte ein arbeitsreiches Jahr in Neuguinea und führte schließlich den ersten Flug über den Indischen Ozean durch, um die im Zweiten Weltkrieg als 'Hufeisenroute' bekannte Route zu vermessen, die später von Hunderten von Catalina Militär- und BOAC-Maschinen benutzt wurde. Dann überquerte sie Afrika und den Atlantik und war das erste Flugzeug, das in der Nähe des Äquators um die Erde flog. Guba I wurde an eine von Sir Hubert Wilkins geführte sowjetische Expedition verkauft, die auf der vergeblichen Suche nach S. A. Levanevskii, der in der Nähe des Nordpols am 13. August 1937 verschollen war, 30.600 km durch das schlimmste Wetter flog, das man sich denken kann. Das Modell 28 erwies sich bei dieser Arbeit als so hervorragend, daß in Taganrog am Asowschen Meer mit der Serienproduktion von Modell 28-2 als GST (zivile Transportversion, MP-7) begonnen wurde. Im Zweiten Weltkrieg waren mehr als 1.000 solche Maschinen mit 950 PS (709 kW) M-62 Motoren vom Typ Polikarpow 1-16 und mit sowjetischer Ausrüstung und Bewaffnung eingesetzt.

Das British Air Ministry kaufte ein anderes Modell 28-5 (PBY-4) und ließ es in Felixstowe als RAF P9630 prüfen. Es erwies sich als so hervorragend, daß es zu einem Standardboot für den Coastal Command (Küstenschutz) gemacht wurde. Die erste RAF-Variante, die Catalina I genannt wurde — ein später von der US Navy übernommener Name —, ähnelte dem neuesten Typ der US Navy, der PBY-5 mit 895 kW R-1830-92 Motoren, von der am 20. Dezember 1939 insgesamt 200 Maschinen bestellt wurden. Noch nie zuvor waren von einem Flugboot — oder von einem großen Flugzeug für die US Navy — so viele Maschinen bestellt worden.

Amphibien-Version

Am 22. November 1939 flog Consolidated eine mit einziehbarem Bugradfahrwerk zur XPBY-5A umgerüstete PBY-4. Dieses ausgezeichnete Amphibienflugzeug wurde ein großer Erfolg, und die Umrüstung wirkte sich nur minimal auf die Leistung aus. Die letzten 33 PBY-5 wurden als PBY-5A fertiggestellt, und weitere 134 Maschinen wurden im November 1940 bestellt. Zur Zeit des Überfalls auf Pearl Harbor (7. Dezember 1941) hatte die US Navy drei PBY-3 Einheiten, zwei PBY-4 Einheiten und sechzehn Einheiten, die die neue PBY-5 flogen. Vor Sonnenaufgang an diesem Tag entdeckte die Besatzung einer PBY das Periskop eines japanischen U-Bootes in Pearl Harbor, markierte es mit Rauch und führte den Zerstörer *USS Ward* zu ihm hin, der es versenkte. Das waren — über eine Stunde vor Beginn des Luftangriffs — die ersten Schüsse der USA im Zweiten Weltkrieg. Inzwischen waren weitere 586 PBY-5 bestellt worden, und auf der Exportliste standen jetzt Australien mit 18 Maschinen, Kanada mit 50, Frankreich mit 30 und Niederländisch-Ostindien mit 36. Im Jahr 1942 kamen weitere 627 PBY-5A hinzu, wovon 56 Maschinen der US Army Air Force als 0A-10 für Such- und Rettungsaufgaben dienen sollten. Die ersten an die RAF geliehenen Maschinen waren 225 nichtam-

Diese PBY-1 der VP-12, der zweiten Einheit der US Navy, die diese Flugboote 1937 erhielt, zeigt, wie die Vorkriegsversion mit ihren hinteren Schiebehutzen, anstelle von Kuppeln, ausgesehen hat. Die Vorkriegsmaschinen gab es mit silberfarbiger Bemalung oder in ihrer natürlichen Metallausführung.

RAF Museum Hendon

RAF Museum Hendon

Eine ungewöhnliche Heckansicht einer PBY-5 der US Navy zeigt die Schützen in den beiden seitlichen Rumpfstationen (die mit von der Standardausrüstung abweichenden 12,7 mm Kal. MG und sattelartigen Munitionskästen versehen zu sein scheinen). Diese Aufnahme zeigt, wie sich das fast in eine obere und eine untere Hälfte geteilte Seitenruder über einen festen Teil der Seitenflosse schwingen kann.

Diese auf einer PBY-6A beruhende Catalina ist eine von vielen Maschinen, die in der unmittelbaren Nachkriegszeit für den Einsatz als zivile Wasserbomber zur Bekämpfung von Waldbränden, hauptsächlich an der Westküste der USA und in Kanada, modifiziert wurden. Sie waren die Vorgänger der heutigen speziell für diesen Zweck konstruierten Canadair CL-215, die jedoch doppelt so starke Motoren haben.

phibische PBY-5B (Catalina IA), auf die 97 Catalina IVA folgten, die in Großbritannien mit ASV Mk II Radar (ASV = in Flugzeuge eingebautes Suchradar) ausgerüstet wurden.

Bei der RAF kamen die ersten Catalina im Frühling 1941 bei No. 209 und No. 210 Squadron zum Einsatz. Eine der allerersten Maschinen war No. 209 von Castle Archdale, deren Besatzung, als sie am 26. Mai 1941 unter Pilot Officer Briggs weit draußen über dem Atlantik von einem 'neutralen' Leutnant der US Navy geprüft wurde, plötzlich ein riesiges Kriegsschiff entdeckte. Es war die Bismarck, die allen ihren Verfolgern 31 1/2 Stunden lang entkommen war. Unter schwerem Flakfeuer funkte die Catalina die Position des Schlachtschiffes und beobachtete es, bis sie von einer anderen Catalina der No. 240 Einheit abgelöst wurde, die die britische Flotte zu der Stelle führte. Von diesem einen Fall abgesehen, waren fast alle Einsätze der über 650 Catalina des Coastal Command gegen U-Boote gerichtet. Viele ihrer 15- bis 20-stündigen Flüge endeten in Grasnaja (Murmansk) und Archangelsk, wo sie zum Schutz der die Sowjetunion versorgenden Konvois eingesetzt wurden. Der einzige Nachteil der Catalina war ihre langsame Geschwindigkeit, die es einem U-Boot oft ermöglichte zu tauchen, nachdem es entdeckt worden war. Ab 1943 blieben die U-Boote für intensiven Flakeinsatz an der Oberfläche.

Black Cat

Auch im Pazifik, wo die Catalina ab 7. Dezember 1941 das weitaus wichtigste Patrouillenflugzeug der USA war, wurden hohe Anforderungen gestellt. In der nördlichen Kampagne entlang der Aleüten mußten viele überladene Catalina, auch im Schneesturm und bei Nacht, mit vereisten Cockpitscheiben und mit dem Wind im Rücken starten. Die PBY war (von der veralteten Douglas B-18 abgesehen) das erste Flugzeug der USA, das mit Radar ausgerüstet wurde. Diese Maschinen erfüllten sehr unterschiedliche Aufgaben. So dienten sie z.B. auch als Torpedobomber, als Transport- und als Schleppflugzeuge. Die berühmtesten Catalina waren vielleicht die Amphibienflugzeuge Black Cat (Schwarze Katzen) BPY-5A, die, mattschwarz gestrichen, ab Dezember 1942 bei Nacht mit Radar den westlichen Pazifik nach japanischen Schiffen jeder Art absuchten und im Wasser treibende Überlebende der Alliierten retteten, nachdem ihr Schiff versenkt oder ihr Flugzeug abgeschossen worden war. Außer Radar, Bomben, Wasserbomben und Splittergranaten, führten die Black Cat Maschinen auch oft Kisten mit leeren Bierflaschen mit sich, die beim Abwurf ein unheimliches Pfeifen von sich gaben, das die japanischen Schützen ablenkte und ihre Zeit vergeudete, während sie nach nicht explodierten Bomben suchten.

Ende 1941 befand sich das Werk in Cartierville in voller Produktion. Canadian Vickers lieferte 230 Amphibienflugzeuge, die als PBV-1A bestellt worden waren, in Wirklichkeit aber als OA-10A an die US Army Air Force gingen, und 149 Canso I Amphibienflugzeuge für die Royal Canadian Air Force. Die Firma Boeing, die erst später die Produktion aufnahm, baute 240 PB2B-1 Flugboote, und zwar hauptsächlich als Catalina IVB für die RAF, die Royal Australian Air Force und die Royal New Zealand Air Force, sowie 17 Catalina und 55 Canso für die Royal Canadian Air Force. 1941 wurde noch ein weiteres Werk in das Programm miteinbezogen, um seine eigenen verbesserten Modelle zu produzieren. Von der NAF (Naval Aircraft Factory) in Philadelphia stammten alle bisherigen Flugbootkonstruktionen der US Navy. Dank ihrer Erfahrungen konnte sie 'Mac' Laddons Konstruktion so verbessern, wie es sicher auch die Stammfirma gekonnt hätte, wenn die Produktion nicht derart hektisch vorangetrieben worden wäre. Die NAF Catalina PBN-1 hatte einen freitragenden Flügel, ausgelegt für ein Startgewicht von 17.237 kg mit erhöhter Tankkapazität, Stützschwimmern und Streben und einem neuen Rumpf mit längerem und spitzerem Bug, einer Stufe von 20° mittschiffs und einer um ca. 1,52 m nach hinten verlängerten hinteren Stufe. Die auffallendste Änderung war jedoch die hohe Seitenflosse, die ein Seitenruder mit Hornausgleich hatte.

Die NAF selbst lieferte 38 PBN-1 Nomad, und Consolidated (die jetzt Convair hieß) eröffnete noch ein weiteres Werk in New Orleans, wo die beste aller Catalina-Maschinen, die Amphibienversion der PBN, gebaut werden sollte. Dieses Flugzeug, die PBY-6A, hatte im allgemeinen in einem glatten Behälter über dem Cockpit ein Radar,

Links: **Eine der letzten Catalina, die gebaut wurden, ist diese PBY-6A, Nummer 46648 der US Navy, und gleichzeitig eine der wenigen, die vom Consolidated-Vultee Werk in New Orleans geliefert wurden. Zu ihren vielen Verbesserungen zählten ein besserer Rumpf, Seitenflosse und Schwimmer der PBN-1 sowie ein pylonmontiertes Radar und eine neue Bugkanzel mit doppelten MG Kal. 12,7 mm.**

Rechts: **Typisch für die endgültige Form der sich noch nach dem Zweiten Weltkrieg im Einsatz befindlichen Catalina war diese PBY-6A, die bis Ende der 50er Jahre in Vaerlose im Dienst der 721. Staffel der dänischen Luftwaffe (Flyvevabnet) stand.**

dessen Wellenlänge im Zentimeterbereich lag, und in der Bugkanzel befand sich normalerweise ein doppeltes 12,7 mm MG. Es wurde ein Auftrag über 900 Maschinen erteilt. Dieser reduzierte sich jedoch bei Kriegsende auf 48 Maschinen für die Sowjetunion (die auch, außer einer Maschine, alle PBN erhielt), 75 als OA-10B ausgeführte Maschinen für die US Army Air Force und 112 für die US Navy. Fünfzig Maschinen wurden von Boeing von Vancouver aus als PB2B-2 geliefert, die bei der RAF die Bezeichnung Catalina VI trugen.

Die Gesamtproduktion aller Versionen des Consolidated Model 28 belief sich auf weit über 4.000 Maschinen. Davon wurden 2.398 von Consolidated Aircraft und Convair geliefert (beim Zusammenschluß der beiden Firmen Consolidated und Vultee-Stinson im März 1943 erhielt das Unternehmen den Namen Convair). Etwa 892 Maschinen wurden in Kanada gebaut, und die Sowjetunion produzierte zwischen 1.000 und 1.500 Maschinen.

Nach dem Krieg

Auch nach dem Krieg wurde die Catalina von den meisten Benutzern weiterverwendet. In der Sowjetunion blieb die GST das wichtigste Patrouillenflugboot, bis sie 1950/53 von der Beriew Be-6 abgelöst wurde, aber selbst dann noch wurde sie bis 1959 für den Fischereischutz und andere Offshore-Aufgaben eingesetzt. Auch die Transportmaschine MP-7, die mit 870 PS (649 kW) keine so hohe Leistung hatte, blieb mindestens bis 1958 im zivilen Einsatz. Die RAF zog ihre gemieteten Flugzeuge nach dem Waffenstillstand in Japan zurück, aber die US Navy verwendete ihre Flugboot- und Amphibienversionen bis nach 1950 weiter. In den 50er Jahren wurden die PBY-6A von der Naval Reserve (Marinereserve) und der Coast Guard (Küstenwache) verwendet, während die von der US Air Force verwendeten OA-10B hauptsächlich im Seenotrettungsdienst mit einem Rettungsboot unter jedem Flügel zum Einsatz kamen. Für Frankreich und Israel war die Catalina in den 50er Jahren sehr wichtig, und das gleiche gilt für Argentinien, Brasilien, Ecuador, Dominica, Indonesien, Nationalchina, Mexiko und Peru. Die letzte sich im aktiven Einsatz bei der Naval Air Reserve Training Unit in Atlanta, Georgia, befindliche PBV-6A wurde am 3. Januar 1957 außer Dienst gestellt.

Nach dem Krieg wurden Catalina viel als Wasserbomber zur Feuerbekämpfung und zivile Transportflugzeuge eingesetzt. Die Amphibienversionen waren besonders gefragt. Der Erfolg dieser Flugzeuge in Kanada und den USA veranlaßte Canadair zum Bau der Sonderausführung CL-215, eines modernisierten Amphibienflugzeugs mit genau der gleichen Auslegung, aber doppelter Motorleistung.

Ein Nachteil der späteren, schwereren Catalina-Versionen, der vielleicht mit Recht kritisiert wurde, war ungenügende Motorleistung, besonders, wenn ein Motor ausfiel. Verschiedene amerikanische Firmen, darunter Timmins und Steward-Davis, boten Umrüstungen oder Umrüstpakete zur Verbesserung der Leistung und zur Zulassung des Flugzeugs mit größerer Nutzlast an. Der Bird Innovator führte 1968 zu einer größeren Änderung. Die Bird Corporation, der größte Hersteller von medizinischen Atmungsgeräten, benutzte eine PBY-5A als Geschäftsflugzeug. Um ihre Leistung zu erhöhen, montierte die Firma zwei 254 kW Lycoming Kolbenmotoren an den äußeren Flügelteilen hinzu, verstärkte das Flugwerk, erhöhte die Tankkapazität, baute die Seitenflosse um und nahm andere Änderungen vor.

Varianten der Catalina

Consolidated 28 XP3Y-1: ursprünglicher Prototyp; zwei 825 PS (615 kW) Pratt & Whitney R-1830-58 Twin Wasp Motoren; nach Modifikation neue Bezeichnung **XPBY-1.**
Consolidated PBY-1: erstes Serienmodell; 900 PS (671 kW) R-1830-64 Motoren.
Consolidated PBY-2: verschiedene Modifikationen.
Consolidated PBY-3: zwei 1.000 PS (746 kW) R-1830-66 und andere Änderungen.
Consolidated PBY-4: zwei 1.050 PS (783 kW) R-1830-72 und zahlreiche andere Änderungen.
Consolidated PBY-5: zwei 1.200 PS (895 kW) R-1830-92 und zahlreiche andere Änderungen, z.B. weiter modifizierte Seitenflosse (RAF: Catalina I und II).
Consolidated PBY-5A: einziehbares Bugradfahrwerk (Royal Canadian Air Force: Corso; RAF: Catalina III; US Army Air Force: OA-10 und OA-10A).
NAF PBN-1: Umrüstung durch die Naval Aircraft Factory.
Consolidated PBY-6A: Amphibienversion der PBN (US Army Air Force: OA-108).
Consolidated PB2B-1: von Boeing gebaute PBY-5 (RAF/Royal Australian Air Force/Royal New Zealand Air Force: Catalina IVB).
Consolidated PB2B-2: von Boeing gebaute PBY-6A (RAF/Royal Australian Air Force: Catalina VI).
GST: unter Lizenz in der Sowjetunion gebaute Version; zwei 950 PS (709 kW) M-62.
MP-7: zivile Transportversion der GST; zwei 850 PS (634 kW) M-62IR.

Aviation Letter Photo Service

Selbst heute noch befinden sich viele Catalina Flugboote und Amphibienflugzeuge im Einsatz. Eine davon ist die OB-T-051 von Lorasa (Loretana de Aviaçion SA) von Peru. Es ist eine PBY-5A, die für Charterflüge und für den Passagier- und Frachtverkehr verwendet wird. Hinter dieser Maschine sind die Fahrgestellverkleidungen einer Cessna Skyhawk zu sehen.

Douglas DC-3/ C-47/Dakota
Die Unverwüstlichen

Seit einem halben Jahrhundert bewährt sich die Douglas DC-3 in einer Fülle von Varianten. Sie entstand Mitte der dreißiger Jahre, entwickelte sich bis zum Beginn des Zweiten Weltkriegs zu einer internationalen Standard-Linienmaschine, wurde im Krieg militärisch verwendet und kehrte anschließend wieder in den Zivildienst zurück.

Mitte 1935 bestellte C. R. Smith, damals Präsident der Fluggesellschaft American Airlines, bei Douglas eine größere und luxuriösere Version der DC-2, um gegenüber der Konkurrenz mit ihren Boeing 247 und DC-2 einen Wettbewerbsvorteil zu erringen. Der Douglas-Projektleiter Fred Stineman ließ sein Team einen neuen Flugzeugtyp

Die finnische Luftwaffe hatte auch 1983 noch vier Douglas C-47 in ihrer Transportstaffel in Utti im Einsatz.

Mike Hooks

Douglas C-47 Skytrain

Technische Daten

Typ: Transporter für Fracht, Nachschub oder 21/28 Soldaten; Ambulanzflugzeug mit 14 Bahren für den Verwundetentransport oder Schleppflugzeug für Lastensegler.
Triebwerk: 2 Sternkolbentriebwerke Pratt & Whitney R-1830-92 mit je 1.200 PS (895 kW).
Leistung: Höchstgeschwindigkeit 365 km/h in 2.285 m Höhe; Anfangssteiggeschwindigkeit 4,78 m/sek; Dienstgipfelhöhe 7.315 m; max. Reichweite 2.575 km.
Gewicht: Leergewicht 8.256 kg; max. Startgew. 11.794 kg.
Abmessungen: Spannweite 29,11 m; Länge 19,43 m; Höhe 5,18 m; Tragflügelfläche 91,69 m^2.
Nutzlast: 3.629 bis 4.536 kg militärische Fracht (je nach Version).

General Eisenhower soll behauptet haben, daß die C-47 neben der Bazooka, dem Jeep und der Atombombe den bedeutendsten Beitrag zum Sieg der Alliierten im Zweiten Weltkrieg geleistet hat. Ein typisches Modell des Skytrain war die hier abgebildete C-47A-65-DL vom 81st Troop Carrier Squadron, 436th Troop Carrier Group im englischen Membury zwischen dem 3. März 1944 und Februar 1945. Sie war auch beim Luftlandeangriff in Südfrankreich von der italienischen Basis Voltone aus im Juli und August 1944 dabei. Die Aufschrift 'Buzz Buggy' und die zahlreichen Streifen lassen vermuten, daß sie auch an den Kämpfen in der Normandie, Südfrankreich, Nijmegen und Bastogne sowohl zum Transport von Fallschirmjägern als auch zum Schleppen von Lastenseglern teilnahm.

N
2100558

Eine von 98 Maschinen des Typs R4D-8 der US-Marine mit gepfeilten Tragflächen, längerem Rumpf und vergrößerter Heckflosse sowie voll verdecktem Fahrgestell. Diese als C-117D bezeichnete Version erreichte eine Geschwindigkeit von 435 km/h.

Die kanadische Luftwaffe überließ der RAF drei mit Dakota Maschinen ausgerüstete Transporterstaffeln, von denen zwei im Fernen Osten und das 437th Squadron in Europa eingesetzt wurden. Die abgebildete Dakota wurde für Pilotenausbildung verwendet.

entwickeln, der als Douglas Sleeper Transport bezeichnet wurde und vierzehn Schlafkojen hatte. Bald erkannte man aber, daß man stattdessen auch 21 Sitzplätze einbauen und unter Verwendung von einem Paar Triebwerken Marke Wright Cyclone (900 PS/671 kW) die Einkünfte aus der gesteigerten Nutzlast um 50 % gegenüber der DC-2 erhöhen konnte, während die Betriebskosten dadurch nur um 3 % stiegen. Am 17. Dezember 1935, dem 32. Jahrestag des ersten Fluges der Brüder Wright, startete um 15 Uhr der Prototyp X14988 (immer noch unter der Bezeichnung DST für Douglas Sleeper Transport) zum Jungfernflug von Clover Field (heute Santa Monica) mit dem Piloten Carl A. Cover.

Am 11. Juli 1936 stellte American Airlines diesen Prototyp in Dienst, und gleichzeitig häuften sich bei Douglas die Aufträge. Bis Ende 1939 wurde die nunmehr DC-3 genannte Maschine von den Fluggesellschaften Braniff, Eastern, Northwest, Pennsylvania-Central, Transcontinental & Western, United und American Airlines betrieben. Außerhalb der USA war KLM der erste Kunde; es folgten die Gesellschaften Panagra, Panair do Brasil, LAV, CMA, Australian National, die schwedische ABA, die tschechoslowakische CLS, Swissair, Air France, Sabena, LOT, LARES und MALERT. Mit der japanischen Firma Nakajima wurde über die Lizenzvergabe verhandelt, und die erste Maschine wurde am 30. September 1938 in Japan fertiggestellt, während die Sowjetunion bis zum Kriegsbeginn 18 Stück kaufte und sowohl bei der staatlichen Fluggesellschaft Aeroflot als auch bei der Luftwaffe einsetzte, bevor sie ebenfalls zum Eigenbau überging und ihre Produkte erst als PS-84 und später als Lisunow Li-2 bezeichnete.

McDonnell Douglas

Diese Douglas mit der Bezeichnung XC-47C (42-5671) wurde 1943 als einziges Exemplar mit Schwimmern gebaut, in denen einziehbare Räder und ein Kraftstofftank untergebracht waren.

Aufriß-Erläuterung zur Douglas C-47 Dakota IV

1 aufklappbarer Bugkonus, Zugang zu Instrumenten und Steuerungselementen
2 Seitenruderpedale
3 Instrumententafel
4 Sprühdüse für Frontscheiben-Enteisung
5 Steuerbord-Propeller
6 Frontscheibenrahmen
7 Sitz des Copiloten
8 Gashebel
9 Steuersäule
10 Cockpit-Deck
11 Zugang zur Steuerkabelführung
12 Pitot-Staurohre
13 Antennenkabel
14 Tank für Propeller-Enteisungsmittel
15 Pilotensitz
16 Cockpit-Druckschott
17 Notausstiegsluke
18 Peitschenantenne
19 Steuerbordscheinwerfer für Landung und Rollmanöver
20 Tank für Frontscheiben-Enteisung

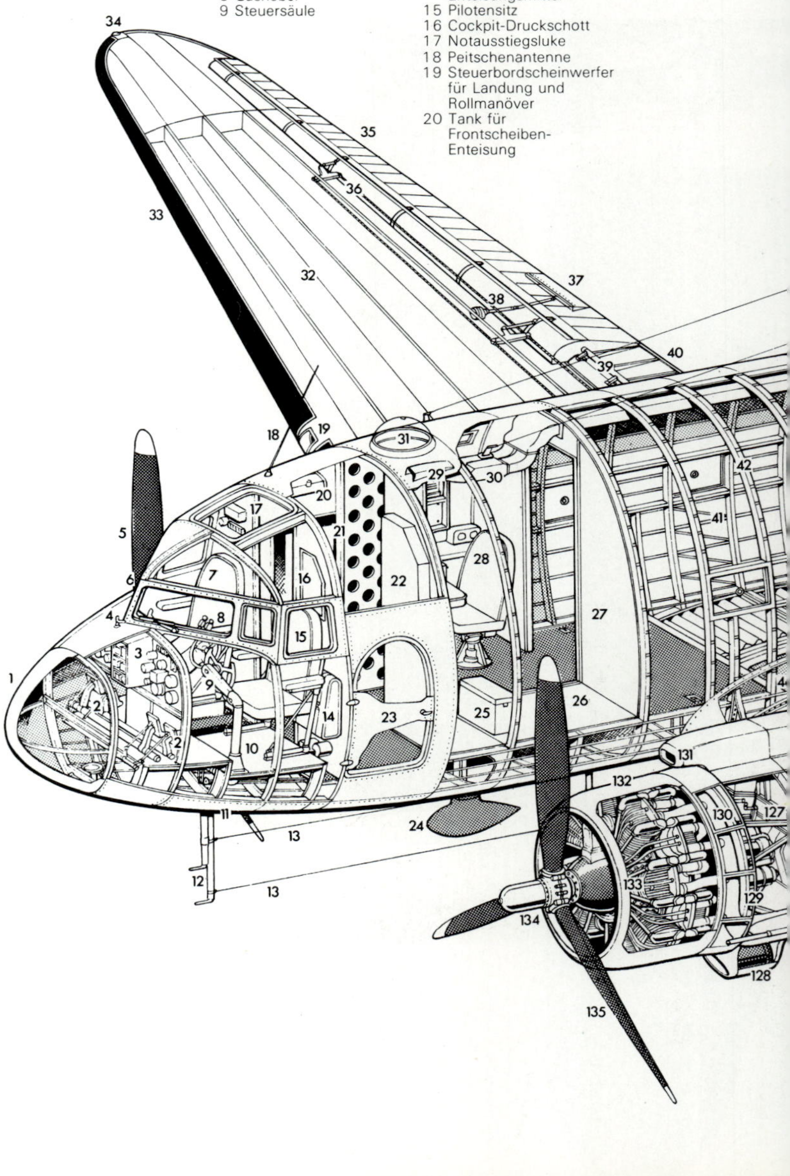

Die Luftwaffe und die Marine Argentiniens betreiben Hubschrauber und Starrflügler zur Versorgung ihrer Stützpunkte in der Antarktis, außerdem die mit Skiern bestückte C-47 des 1. Escuadron Antartico in Marambio.

Bis zur Auslieferung der zweisitzigen Ausbildungsmaschine TF-104G Starfighter flog die belgische Luftwaffe die C-47 mit verändertem Bug zur Aufnahme des aus der einsitzigen F-104G stammenden Navigations- und Radarsystems.

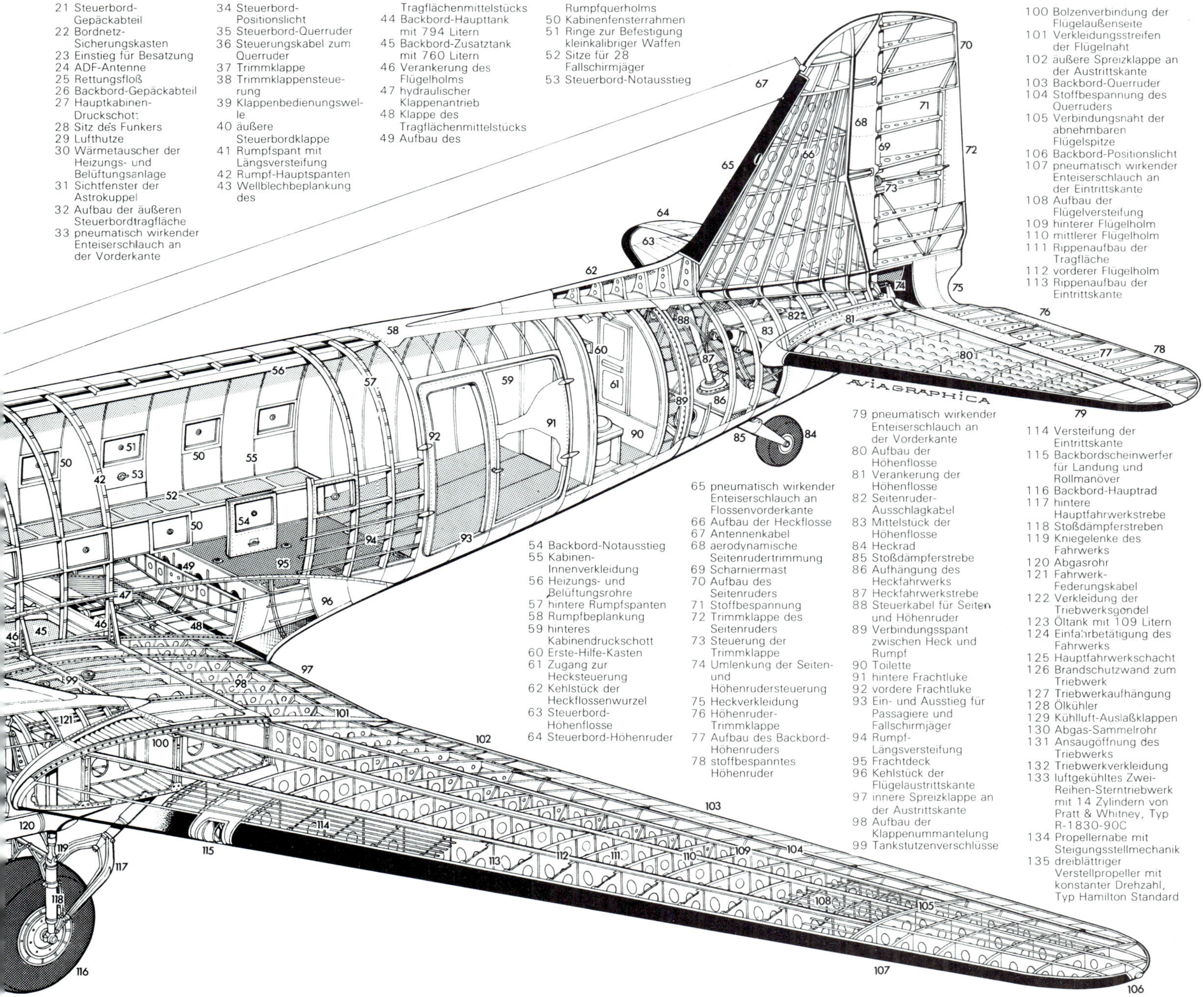

21 Steuerbord-Gepäckabteil
22 Bordnetz-Sicherungskasten
23 Einstieg für Besatzung
24 ADF-Antenne
25 Rettungsfloß
26 Backbord-Gepäckabteil
27 Hauptkabinen-Druckschot
28 Sitz des Funkers
29 Lufthutze
30 Wärmetauscher der Heizungs- und Belüftungsanlage
31 Sichtfenster der Astrokuppel
32 Aufbau der äußeren Steuerbordtragfläche
33 pneumatisch wirkender Enteiserschlauch an der Vorderkante
34 Steuerbord-Positionslicht
35 Steuerbord-Querruder
36 Steuerungskabel zum Querruder
37 Trimmklappe
38 Trimmklappensteuerung
39 Klappenbedienungswelle
40 äußere Steuerbordklappe
41 Rumpfspant mit Längsversteifung
42 Rumpf-Hauptspanten
43 Wellblechbeplankung des Tragflächenmittelstücks
44 Backbord-Haupttank mit 794 Litern
45 Backbord-Zusatztank mit 760 Litern
46 Verankerung des Flügelholms
47 hydraulischer Klappenantrieb
48 Klappe des Tragflächenmittelstücks
49 Aufbau des Rumpfquerholms
50 Kabinenfensterrahmen
51 Ringe zur Befestigung kleinkalibriger Waffen
52 Sitze für 28 Fallschirmjäger
53 Steuerbord-Notausstieg
54 Backbord-Notausstieg
55 Kabinen-Innenverkleidung
56 Heizungs- und Belüftungsrohre
57 hintere Rumpfspanten
58 Rumpfbeplankung
59 hinteres Kabinendruckschott
60 Erste-Hilfe-Kasten
61 Zugang zur Hecksteuerung
62 Kehlstück der Heckflossenwurzel
63 Steuerbord-Höhenflosse
64 Steuerbord-Höhenruder
65 pneumatisch wirkender Enteiserschlauch an Flossenvorderkante
66 Aufbau der Heckflosse
67 Antennenkabel
68 aerodynamische Seitenrudertrimmung
69 Scharniermast
70 Aufbau des Seitenruders
71 Stoffbespannung
72 Trimmklappe des Seitenruders
73 Steuerung der Trimmklappe
74 Umlenkung der Seiten- und Höhenrudersteuerung
75 Heckverkleidung
76 Höhenruder-Trimmklappe
77 Aufbau des Backbord-Höhenruders
78 stoffbespanntes Höhenruder
79 pneumatisch wirkender Enteiserschlauch an der Vorderkante
80 Aufbau der Höhenflosse
81 Verankerung der Höhenflosse
82 Seitenruder-Ausschlagkabel
83 Mittelstück der Höhenflosse
84 Heckrad
85 Stoßdämpferstrebe
86 Aufhängung des Heckfahrwerks
87 Heckfahrwerkstrebe
88 Steuerkabel für Seiten und Höhenruder
89 Verbindungsspant zwischen Heck und Rumpf
90 Toilette
91 hintere Frachtluke
92 vordere Frachtluke
93 Ein- und Ausstieg für Passagiere und Fallschirmjäger
94 Rumpf-Längsversteifung
95 Frachtdeck
96 Kehlstück der Flügelaustrittskante
97 innere Spreizklappe an der Austrittskante
98 Aufbau der Klappenummantelung
99 Tankstutzenverschlüsse
100 Bolzenverbindung der Flügelaußenseite
101 Verkleidungsstreifen der Flügelnaht
102 äußere Spreizklappe an der Austrittskante
103 Backbord-Querruder
104 Stoffbespannung des Querruders
105 Verbindungsnaht der abnehmbaren Flügelspitze
106 Backbord-Positionslicht
107 pneumatisch wirkender Enteiserschlauch an der Eintrittskante
108 Aufbau der Flügelversteifung
109 hinterer Flügelholm
110 mittlerer Flügelholm
111 Rippenaufbau der Tragfläche
112 vorderer Flügelholm
113 Rippenaufbau der Eintrittskante
114 Versteifung der Eintrittskante
115 Backbordscheinwerfer für Landung und Rollmanöver
116 Backbord-Hauptrad
117 hintere Hauptfahrwerkstrebe
118 Stoßdämpferstreben
119 Kniegelenke des Fahrwerks
120 Abgasrohr
121 Fahrwerk-Federungskabel
122 Verkleidung der Triebwerksgondel
123 Öltank mit 109 Litern
124 Einfahrbetätigung des Fahrwerks
125 Hauptfahrwerkschacht
126 Brandschutzwand zum Triebwerk
127 Triebwerkaufhängung
128 Ölkühler
129 Kühlluft-Auslaßklappen
130 Abgas-Sammelrohr
131 Ansaugöffnung des Triebwerks
132 Triebwerkverkleidung
133 luftgekühltes Zwei-Reihen-Sterntriebwerk mit 14 Zylindern von Pratt & Whitney, Typ R-1830-90C
134 Propellernabe mit Steigungsstellmechanik
135 dreiblättriger Verstellpropeller mit konstanter Drehzahl, Typ Hamilton Standard

Diese Douglas Dakota III stand im Zweiten Weltkrieg beim 24th Squadron der RAF in Hendon. Diese Einheit setzte die Dakota ab 1943 für Post- und VIP-Transporte nach Malta ein.

Während der Suezkrise wurde diese C-47 der kleinen israelischen Fluggesellschaft Arkia mit militärischer Kennzeichnung gegen Ägypten eingesetzt.

In militärischem Dienst

Bei Kriegsbeginn reduzierten die meisten europäischen Liniengesellschaften ihre Flüge, und viele DC-3 der von Deutschland mittlerweile besetzten Länder wurden entweder von der Lufthansa oder von den Italienern übernommen.

In den USA nahm zwischen den beiden Weltkriegen das militärische Lufttransportkommando, wenn auch zum größten Teil mit gemieteten Zivilmaschinen, beträchtliche Ausmaße an, und erst im September 1940 begannen Transportmaschinen eine Rolle im Beschaffungsprogramm zu spielen, als 545 Stück der DC-3 bestellt und C-47 Skytrain genannt wurden. Zur Zeit des Überfalls auf Pearl Harbor war noch keine dieser Maschinen ausgeliefert worden, und die gesamte Transporterflotte bestand aus rund 50 Flugzeugen der Typen C-32, C-33 und C-39, den militärischen Varianten der DC-2. Bis Ende 1941 wurden weitere 70 C-47 und fast 100 Stück von der Variante C-53 als Truppentransporter bestellt. Am 8. Januar 1941 war die 50. Transportgruppe zur Bewältigung aller anfallenden militärischen Transportaufgaben gebildet worden, dem 1942 die 51., 52. und 53., 1943 die 54., 60. und 61. und 1944 die 322. folgten. Diese Gruppen umfaßten während des Krieges insgesamt 32 Geschwader mit zusammen 190 Transportstaffeln.

Die Militärversion C-47 unterschied sich von der DC-3 vor allem durch den stärkeren Kabinenboden und das stärkere Heck, große Ladeluken und die Triebwerke R-1830-92 von Pratt & Whitney mit 1.200 PS (895 kW). Statt der Bestuhlung für die Linienversion wurden Klappsitze eingebaut, und die Fenster erhielten Metallringe für den Einsatz kleinkalibriger Waffen im Luftkampf. Das Gesamtgewicht erhöhte sich von 11.340 kg auf 13.290 kg.

Die Serienproduktion der C-47 wurde auf ein neues Fabrikgelände nach Long Beach/Kalifornien verlegt, auf dem insgesamt 953 Maschinen produziert wurden, bevor die Anlagen auf die Version C-47A umgestellt wurden. Der Hauptunterschied zur C-47 war dabei das Bordnetz mit 24 statt 12 Volt. Da man in Long Beach den zunehmenden Bedarf der Armee bald nicht mehr decken konnte, wurde das Produktionsprogramm 1942 auf die Fabriken in Tulsa/Oklahoma ausgedehnt, wo zusätzlich zu den 2.832 Einheiten von Long Beach 2.099 Maschinen gefertigt wurden. Die dritte bedeutende und in Großserie produzierte Variante war die C-47B mit den Triebwerken R-1830-90 oder -90B mit Vorverdichtern und erhöhter Kraftstoffkapazität, die Flüge über China, Burma und Indien ermöglichen sollte. Von dieser Variante wurden 300 in Long Beach und 2.808 in Tulsa gebaut. Dazu kamen, ebenfalls aus Tulsa, 133 Ausbildungsmaschinen vom Typ TC-47B mit 90C-Triebwerken. Fast alle der rund 600 Transportmaschinen der Marine vom Typ R4D Skytrain und Skytrooper, die während des Krieges produziert wurden, gingen auf Bestellungen der Armee zurück und wurden neben der allgemeinen Bezeichnung R4D mit zusätzlichen Kodierungen versehen.

Die C-47 war an allen Einsatzorten der alliierten Truppen zu finden, besonders als nach dem Eintritt Amerikas in den Krieg 1942 das Truppentransportkommando zur schnellen Verlagerung von Mannschaften gegründet und die C-47 für die Beförderung von Fallschirmjägern sowie als Schleppflugzeug für Lastsegler eingesetzt wurde. Beim ersten großangelegten Luftlandeunternehmen der Alliierten, der Invasion von Sizilien im Juli 1943, setzten Maschinen vom Typ C-47 (zusammen mit einer Handvoll anderer Typen) 4.381 Fallschirmjäger ab. Bei der Landung in der Normandie im folgenden Jahr beförderten C-47-Transporter innerhalb der ersten 50 Stunden 50.000 Soldaten.

Die Briten bezeichneten ihre C-47 und die verschiedenen Varianten als Dakota, wobei die Dakota I der C-47 entsprach, die Dakota II der C-53, die Dakota III der C-47A und die Dakota IV der C-47B. Mindestens 1.895 Maschinen waren über 25 Staffeln der britischen Luftwäffe verteilt. Die ersten Maschinen wurden im Juni 1942 an das No. 31 Squadron an der Burma-Front geliefert und dienten dort bis 1950, als sie durch die Vickers Valetta ersetzt wurden.

Zahlreiche Varianten

Mit der steigenden Nachfrage nach Transportflugzeugen wuchsen auch die Varianten des Grundmodells C-47. Die XC-47C (42-5671) war eine Amphibien-Version, deren Doppelschwimmer mit je zwei einziehbaren Rädern und einem Kraftstofftank von 1.136 *l* Fassungsvermögen versehen wurden. Die requirierten Zivilmaschinen vom Typ DC-3 erhielten besondere Armeebezeichnungen, wobei zwischen den Modellen mit 14 Schlafkojen und denen mit 21 Sitzen, Triebwerken der Untervarianten Twin Wasp oder Cyclone, Einstieg und Ladeluke (bei einigen Maschinen z.B. auf der Steuerbordseite) und dem zulässigen Gesamtgewicht unterschieden wurde. Diese ehemaligen Linienflugzeuge wurden überwiegend zur Beförderung von Führungskräften eingesetzt, wodurch Engpässe bei Wartung und Einsatz vermieden werden konnten. Die ehemalige DC-3 und ihre Untervarianten wurden in C-48 bis C-52 umbenannt, während die Bezeichnung C-53 Skytrooper neben 193 requirierten Maschinen auch viele neugebaute Linienmaschinen umfaßte. Zwei Einheiten der C-68 waren jüngere Modelle der DC-3, die 1942 requiriert wurden, während die vier Maschinen vom Typ C-84 aus der frühen Serie DC-3B mit 28 Sitzen und den Triebwerken Wright R-1820-71 stammten. Die C-117 war eine zur VIP-Beförderung in Tulsa gebaute Transportmaschine mit 28 Sitzen in einer linienmäßig ausgestatteten Kabine, von der nur 17 anstelle der 131 geplanten Einheiten gefertigt wurden, weil der Vertrag nach der Kapitulation Japans am 2. September 1945 gekündigt wurde. Bei einigen Maschinen wurden die Vorverdichter ausgebaut und die Bezeichnung in C-117B geändert. Elf Verbindungsflugzeuge vom Typ VC-47 wurden in C-117C umbenannt und dienten noch 1962 als VC-117A und VC-117B. Schließlich versuchte man sogar noch, eine C-47 (41-18496) zum Gleiter XCG-17 umzubauen, der von einer C-54 Skymaster geschleppt werden sollte.

Nach dem Krieg wurden viele Skytrains und Skytroopers ausrangiert und an zivile Kunden im In- und Ausland verkauft. Aus der

Diese Douglas C-47 Dakota fliegt auch heute noch, über 50 Jahre nach dem Erstflug dieses robusten Typs, für die auf der Karibik-Insel Antigua beheimatete Fluggesellschaft Seagreen Air Transport im Linienverkehr zu Nachbarinseln. *(Foto: Austin J. Brown)*

Eine Douglas DC-3 der amerikanischen Fluggesellschaft SMB Stage Lines vor dem Zweiten Weltkrieg, als dieser Typ eine wichtige Rolle im Aufbau des Flugstreckennetzes spielte. Zwischen 1936 und 1941 stieg das Passagieraufkommen innerhalb der USA um 600 Prozent.

Zu den neuesten Entwicklungen in der langen Geschichte der DC-3 gehört die Neubestückung vorhandener Flugzeugzellen mit drei Turboproptriebwerken Pratt & Whitney PT6A-45, durch die die Leistung in großer Höhe und bei hohen Temperaturen gesteigert wird. Bisher sind aber nur wenige Maschinen verkauft worden. Die Maschine läuft unter der Bezeichnung Conroy Tri-Turbo 3.

C-47B wurden die Vorverdichter ausgebaut und das Modell in C-47D umbenannt. Die Verbindungsflugzeuge erhielten die Bezeichnung VC-47A und VC-47D. Als am 1. Juni 1948 der militärische Lufttransportdienst (MATS = Military Air Transport Service) gegründet wurde, bestand die Flotte zunächst aus 248 Maschinen vom Typ C-47, darunter auch mehrere Einheiten der Varianten SC-47B und SC-47D, die mit Schlauchbooten für die Seenotrettung ausgerüstet waren. Bei der Berliner Luftbrücke im Jahre 1948 setzte der MATS neben anderen auch 105 Flugzeuge vom Typ C-47 ein.

Im Koreakrieg setzte die US-Luftwaffe Fallschirmspringer und Nachschub aus der C-47 ab. Die Variante RC-47D wurde zum Werfen von 'Weihnachtsbäumen' bei nächtlichen Bombenangriffen eingesetzt. 1953 wurden 26 Maschinen vom Militärischen Lufttransportdienst zur Variante AC-47D umgebaut, mit der die Navigationseinrichtungen von Flugstrecken überprüft wurden.

Bei der US-Marine

Wie schon erwähnt, dienten die C-47 und ihre Untervarianten bei der US-Marine unter der Bezeichnung R4D. Die R4D-1 mit den Triebwerken Typ R-1830-82 entsprach der frühen Serie C-47; zwei Einheiten der R4D-2 (bzw. C-49) waren Verbindungsflugzeuge des Stabs, die später in R4D-2F und R4D-2Z umbenannt und als einzige Maschinen dieser Serie mit den Wright-Triebwerken R-1820 geflogen wurden. Die R4D-3 und die R4D-4 entsprachen der Skytrooper C-53 und C-53C, und die Hauptfrachtmaschine der Marine war die R4D-5 mit dem Triebwerk -92 und 24-Volt-Bordnetz, baugleich mit der C-47A. Die R4D-6 war das Gegenstück zur C-47B mit dem Triebwerk -90B, und die R4D-7 entsprach der Ausbildungsmaschine TC-47B.

Unmittelbar nach dem Überfall auf Pearl Harbor wurde der Naval Air Transport Service (Marinelufttransportdienst) aufgebaut und fast ausschließlich mit der R4D ausgerüstet. Bald schon flogen die Einheiten VR-1, VR-2 und VR-3 in einer Art Linienbetrieb die Führungskräfte der Marine über den gesamten Kriegsschauplatz im Stillen Ozean. Wenig später wurden dann auch Fallschirmjäger des Marinekorps mit der R4D-3 und der R4D-5 zum Einsatz transportiert. Die US-Marine rüstete ihre Flugzeuge für die verschiedenen Aufgabengebiete mit den entsprechenden Bordeinrichtungen aus und gab den Maschinen jeweils spezielle Bezeichnungen: Funk- und Radarabwehrmaßnahmen wurden von der R4D-4Q, R4D-5Q und R4D-6Q, elektronische Kriegsführung von der R4D-5E und R4D-6E, Einsätze in der Antarktis von der mit Skiern bestückten R4D-5L und der R4D-6L, die Navigationsausbildung von der R4D-5T und der R4D-6T ausgeführt. Weitere Versionen waren die R4D-5S und R4D-6S zur Ausbildung zum Kampf über dem Meer, und die R4D-5Z sowie die R4D-6Z (die R4D-2Z wurde schon erwähnt) als Verbindungsflugzeug.

Aus dem von Douglas nach dem Krieg unternommenen Versuch, die DC-3 zur Super DC-3 zu modernisieren, entstand die R4D-8 als weitere Variante der US-Marine mit gepfeilten, abgewinkelten Tragflächen, verlängertem und verstärktem Rumpf, vergrößerter Heckflosse, stärkeren Triebwerken Typ R-1820-80 und verlängerten Triebwerksgondeln. Die Marine gab den Umbau von 98 Maschinen des Typs R4D in Auftrag, die als R4D-8L (winterfeste Variante), R4D-8T (Ausbildungsvariante) und R4D-8Z (Verbindungsflugzeug) das Werk verließen, während in Korea die Nachtjägerstaffel VMF(N)-513 des Marinekorps die R4D-8 zum Werfen von 'Weihnachtsbäumen' bei Einsätzen zur Bodenunterstützung flog.

Verkauft in alle Welt

Bei den Luftwaffen des britischen Commonwealth diente die C-47 im Zweiten Weltkrieg unter dem schon erwähnten Namen Dakota, z.B. beim 33., 34., 36. und 38. Squadron der australischen Luftwaffe im Fernen Osten; beim 435., 436. und 437. Squadron der kanadischen Luftwaffe; und beim 40. und 41. Squadron der neuseeländischen Luftwaffe. Eine Vielzahl von Maschinen verblieb auch nach dem Krieg im Dienst, so beim 38. Squadron der australischen Luftwaffe im Einsatz in Malaya und No. 91 Wing in Korea. Ehemalige C-47 der US-Luftwaffe und ihre Untervarianten wurden in alle Welt verkauft:

Austin J. Brown

Cockpit einer der ältesten noch im Einsatz befindlichen DC-3, Baujahr 1937. Sie hat 85.000 Flugstunden hinter sich und fliegt für Air BVI (Virgin Islands, Karibik).

Captain Ronald Terry von der Abteilung Luftfahrtsysteme der US-Luftwaffe hatte die Idee, die AC-47 der 1st Special Operations Wing mit seitwärts feuernden, mehrläufigen Kanonen zu bestücken und damit im Rundflug Dschungelziele in Vietnam mit einem Dauerkugelregen zu bestreichen.

Nach Argentinien, Belgien, Bolivien, Brasilien, Burma, Kambodscha, Chile, Taiwan, Kolumbien, Kuba, Dänemark, Equador, Ägypten, Äthiopien, Frankreich, in die Bundesrepublik Deutschland, nach Griechenland, Guatemala, Haiti, Honduras, Indien, Indonesien, Iran, Israel, Italien, Südkorea, Laos, Mexiko, Holland, Norwegen, Nicaragua, Paraguay, Peru, an die Philippinen, nach Portugal, Rhodesien, Salvador, Saudi-Arabien, Südafrika, Spanien, Schweden, Syrien, Thailand, an die Türkei, nach Uruguay, Venezuela, Vietnam, in den Jemen und nach Jugoslawien. In der Sowjetunion gebaute Li-2 wurden an die Luftwaffen von Bulgarien, der Volksrepublik China, der Tschechoslowakei, von Ungarn, Nordkorea, der Mongolei, von Polen und Rumänien geliefert. Dazu muß man die in den vergangenen 25 Jahren gelieferten Maschinen zählen, die entweder aus den USA stammten oder aus den Beständen der oben erwähnten Staaten, und die in den Tschad, den Kongo, nach Benin, Finnland, Gabun, zur Elfenbeinküste, Kambodscha, Libyen, Madagaskar, Malawi, Mali, Mauretanien, Marokko, Niger, Nigeria, Oman, Pakistan, Panama, Papua/Neu-Guinea, Ruanda, Senegal, Somalia, Sri Lanka, Togo, Zaire und Zambia gingen.

Erwähnenswert ist vielleicht noch, daß bis heute eine Handvoll betagter C-47 bei der US-Luftwaffe steht und vor allem für Verbindungsflüge eingesetzt wird. Die Maschine erlebte zwischen 1965 und 1972 ein beachtliches Comeback, nachdem im November 1965 die erste Lieferung des Kampfflugzeugs AC-47 mit dem Beinamen 'Puff the Magic Dragon' auf dem Luftstützpunkt Ton Son Nut für den Fronteinsatz ausgeladen worden war. Diese Version war mit drei schnellfeuernden 'Minigun'-Kanonen (7,62 mm) in Schwenkaufhängungen an der Kabinenbackbordseite bestückt und wurde von einer Spezialeinsatzgruppe der US-Luftwaffe im Rundflug über Dschungelzielen eingesetzt, wobei die Bordschützen das angepeilte Gebiet mit einem wahren Hagel von 'Minigun'-Geschossen bestrichen. Diese Methode wurde später auch von moderneren und schwerer bewaffneten Maschinen angewandt. Die EC-47 wurde von den Geschwadern zur taktischen elektronischen Kriegsführung für Funkabhöraufgaben eingesetzt; und die EC-47Q war mit so vielen verschiedenen Geräten für elektronische Abwehraufgaben beladen, daß sie nur mit den stärkeren Triebwerken R-2000 von Pratt & Whitney starten konnte. Von den insgesamt fast 13 000 Maschinen, die gebaut wurden, sind heute, ein halbes Jahrhundert nach dem Erstflug der DC-3, immer noch fast 700 im militärischen wie zivilen Einsatz. Im Regionalverkehr und Zubringerdienst behauptet sie sich in aller Welt immer noch recht erfolgreich gegen wesentlich effektivere Neuentwicklungen; sie ist schon zu ihren Lebzeiten zur Legende geworden.

Dieses Foto demonstriert den weiten Anwendungsbereich der DC-3: Die finnische Gesellschaft Kar-Air führt hier mit Sensoren in Bug, Flügelspitzen und Heck geophysikalische Untersuchungen durch.

Kar-Air

Varianten der Douglas DC-3/C-47

C-49E: 23 ehemalige DC-3 mit R-1820-79-Triebwerken (42-43619/23; -56092/97; -56103/07; -56617/18; -56625/27; -56634).
C-49F: Neun mit 14 Schlafkojen und R-1820-71-Triebwerken bestückte ehemalige DST (42-56613; -56616; -56620/21; -56623; -56628; -56633; -56636/37).
C-49G: Acht ehemalige DC-3 mit R-1820-97-Triebwerken (42-38252; -38255; -56614/15; -56630/32; -56635).
C-49H: 19 ehemalige DC-3/DST mit R-1820-97-Triebwerken (42-38250/51; -38253/54; -38257; -38328/31; -57506/; -65580/82; -68687/89; -1074222; 44-83228/29).
C-49J: 34 ehemalige DC-3 mit R-1820-71-Triebwerken und seitlichen Klappsitzen für Fallschirmjägertransport (43-1961/94).
C49K: 23 ehemalige DC-3 als Fallschirmjägertransporter mit seitlichen Klappsitzen und R-1820-71-Triebwerken (43-1995/-2017).
C-50: Bezeichnung für ehemalige DC-3 mit geringen Änderungen der Innenausstattung und der Triebwerksleistung; vier Maschinen mit R-1820-85-Triebwerken (41-7697/7700).
C-50A: Zwei ähnlich wie die C-50, aber als Fallschirmjägertransporter ausgestattete Maschinen (41-7710/11).
C-50B: Drei ehemalige DC-3 mit Steuerbordeinstieg und R-1820-81-Triebwerken (41-7703/05).
C-50C: Eine ehemalige DC-3 mit R-1820-79-Triebwerken (41-7695).
C-50D: Vier ehemalige DC-3 als Fallschirmjägertransporter mit R-1820-79-Triebwerken (41-7696; -7709; -7712/13).
C-51: Eine ehemalige DC-3 mit R-1820-83-Triebwerken (41-7702).
C-52: Eine ehemalige DC-3 mit R-1830-51-Triebwerken von Pratt & Whitney und Gesamtgewicht von 12.565 kg (41-7708).
C-52A: Eine ehemalige DC-3 mit R-1830-51-Triebwerken (41-7714).
C-52B: Zwei ehemalige DC-3 mit R-1830-51-Triebwerken und Ausstattung für den Fallschirmjägertransport (41-7706/07).
C-52C: Eine ehemalige DC-3 mit R-1830-51-Triebwerken (41-7701).
C-53: Bezeichnung Skytrooper; 193 requirierte Zivil- und 16 neugebaute Maschinen mit R-1830-92-Triebwerken von Pratt & Whitney (41-20045/46; -20051; -20053; -20060/-20136; -42-6455/79; -6481/6504; -15530/69; -15870/94; -47371/82; 43-14404/05; darunter 20 **R4D-3** für die US-Marine 05073-05084; 06992-06999).
SX-53A: Ein Prototyp mit Spaltflügelklappen über die gesamte Tragfläche (42-6480) und 15 Serienmaschinen mit der Bezeichnung **C-53A** (42-6455/79).
C53B: Fünf ehemalige DC-3 für Langstrecken-Linienbetrieb (41-20047, -20052; -20057/59).
C-53C: 17 ehemalige DC-3 mit seitlichen Klappsitzen für Fallschirmjägertransport (43-2018/34; darunter 10 **R4D-4** für die Marine 07000-07003; 33815-33820).
C-53D: Ähnlich wie C-53C; 159 Einheiten (42-68693/851).
C-68: Zwei ehemalige DC-3 mit 21 Sitzen und R-1820-92-Triebwerken von Wright, 1942 requiriert (42-14297/98).
C-84: Vier DC-3b-Linienmaschinen Baujahr 1937 mit 28 Sitzen und R-1820-71-Triebwerken (42-57157; 42-57511/13).
C-117A: 17 in Tulsa nach dem Vorbild der Linienmaschine gebaute Militärflugzeuge, die 1945 mit den vorverdichteten Triebwerken R-1830-90C bestückt wurden; einige davon wurden zum Typ **C-117B** umgebaut (45-2545/61); Die Bezeichnung **C-117C** umfaßt 11 Verbindungsflugzeuge VC-47C, die später in **VC-117A** bzw. **VC-117B** umbenannt wurden.
DST: 1 Prototyp, 6 Vorserien- und 18 Serienmaschinen; überwiegend für amerikanische Fluggesellschaften, mit Triebwerken Wright Cyclone.
DST/DC-3: 13 in den Jahren 1936/37 für TWA gebaute Maschinen mit 14 Schlafkojen oder 18-21 Sitzplätzen; Cyclone- oder Wasp-Triebwerke.
DC-3: Kommerzielle Linienmaschine mit individueller Innenausstattung; 417 Stück, viele davon später zum Militär eingezogen.
C-41 (DC-3-253): Nur eine, aus der DC-2(38-502) entwickelte Maschine.
C-41A (DC-3-253A): Nur eine Maschine als Gegenstück zur Luxus-Passagierausführung DC-3 (40-70) mit 23 Sitzplätzen.
C-47: in Long Beach für militärische Zwecke gebaute Maschinen mit 12-Volt-Bordnetz und Twin-Wasp-Triebwerken (41-7722/7866; -18337/18699; -38564/38763; 42-5635/5704; -32768/32923; 43-30628/36639; 49-2612/2641 für Griechenland nach dem Krieg; darunter 106 Einheiten für die US-Marine mit der Bezeichnung **R4D-1** 3131-3143; 4692-4706; 01648-01649; 01977-01990; 05051-05072; 12393-12404; 30147; 37660-37685; 91104).
C-47A: 4.931 in Long Beach in Tulsa gebaute Maschinen mit 24-Volt-Bordnetz (42-23300/24419; -32924/32935; -92024/93158; -93160/93823; -100436/101035; -108794/108993; 43-15033/16132; -30640/30761; -47963/48262; darunter 248 **R4D-5** für die US-Marine: 12405-12446; 17092-17248; 39057-39095).
C-47B: 3.241 in Long Beach und Tulsa gebaute Maschinen mit vorverdichteten Triebwerken R-1830-90 oder -90B; darunter 133 Ausbildungsmaschinen vom Typ TC-47B (42-93159; 43-16133/16432; -48263/49962; 44-76195/77294; 45-876/1139; sowie 147 Einheiten vom Typ **R4D-6** für die US-Marine: 17249-17291; 39096-39098; 39100; 50740-50752; 50753-50839; und 43 **R4D-7:** 39099; 39101-39108; 99824-99857).
YC-47F: Prototyp der ursprünglich **YC-129** genannten Super DC-3 (51-3817; als Prototyp **R4D-8** zur Marine überstellt.
C-48: Bezeichnung für 36 DC-3, die 1941 von amerikanischen Fluggesellschaften ans Militär abgetreten werden mußten. Alle Maschinen mit Triebwerken R-1830 und Höchstgewicht von 12.179 kg; eine **C-48** mit 21 Sitzen (41-7681); drei **C-48A** mit 18 Sitzen (41-7682/4); 16 **C-48B** mit 14 Schlafkojen (42-38324/26; 42-56089/91; 4256098/102; 42-56609/12; 42-56629); 16 **C-48C** (DC-3) mit 21 Sitzen und Triebwerken R-1830-51 (42-38327; 42-38332/38; 42-38358/60; 42-78026/28).
C-49: Bezeichnung für sechs zum Militär eingezogene zivile DC-3 mit Wright-R-1820-Triebwerken (41-7685/89; 41-7694; zwei davon wurden bei der Marine als Stabstransporter **R4D-2F** 4707 und **R4D-2Z** 4708 eingesetzt).
C-49A: Eine ehemalige DC-3 (41-7690) mit R-1820-Triebwerken.
C-49B: Drei ehemalige DC-3 (41-7691/93) mit unterschiedlicher Bestuhlung, Steuerbordeinstieg und R-1820-Triebwerken.
C-49C: Zwei ehemalige DC-3 (41-7715 u. 41-7721) mit seitlichen Klappsitzen für Fallschirmjägertransport und R-1820-Triebwerken.
C-49D: 12 ehemalige DC-3 mit seitlichen Klappsitzen für Fallschirmjägertransport und R-1820-71-Triebwerken (41-7716/20; 42-38256; -43624; -65583/84; -68860; 44-52999).

Austin J. Brown

Mit Quetzalcoatl, der grünen Federschlange, dem Symbol des toltekischen Herrschergottes bemalt ist diese DC-3, die einem Club in Fort Lauderdale, Florida, gehört.

Hawker Hurricane
Einfach erfolgreich

In ihrem technischen Konzept von Anfang an veraltet, in ihren Leistungen nicht gerade überzeugend, erreichte die Hurricane nie den Ruhm der Spitfire. Trotzdem blieb sie bis nach dem Zweiten Weltkrieg im Einsatz und wurde in erstaunlich hoher Stückzahl gebaut.

Als Ergebnis der Spezifikation F.7/30, die in ihren Anforderungen keineswegs dem neuesten Stand der Technik entsprach, entstand die Hawker Hurricane im Jahre 1933. Es war der Versuch, den erfolgreichen Hawker Fury Doppeldecker als Eindecker neu entstehen zu lassen. Doch mit dieser Idee hinkte der Flugzeugkonstrukteur Sydney Camm eine ganze Generation hinter der fortschrittlichen Schalenbauweise, die Mitchell konsequent bei der Spitfire anwandte, hinterher. Dennoch war es gerade der einfachen Struktur der Hurricane zu verdanken, daß sie sich in den hektischen Monaten der Jahre 1939 und 1940, als die RAF-Jäger unter extrem primitiven Einsatzbedingungen fliegen und kämpfen mußten, gut behauptete, da sie selbst schwere Schäden überstand und leicht zu reparieren war.

Die erste Hurricane (K5083) startete am 6. November 1935 in Brooklands mit Group Captain P. W. S. Bulman am Steuer. Als Triebwerk diente ein flüssigkeitsgekühlter 1.025 PS (764 kW) Rolls-Royce Merlin 'C' 12 Zylinder Reihenmotor, der vom kommerziellen PV-12 abstammte; der Prototyp hatte ein Rüstgewicht von 2.460 kg und hatte einen Watts Zweiblatt-Holzpropeller; seine Höchstgeschwindigkeit war 507 km/h in 4.575 m Höhe.

Als sich die Produktion der ersten 600 Hurricane, die im Juni 1936 geordert wurden, 1937 steigerte (etwas verspätet, da der Merlin I durch den Merlin II ersetzt wurde, wodurch Korrekturen an der Bugkontur nötig wurden), entschied man endgültig, acht Browning MG in den Tragflächen unterzubringen. Außerdem wurden minimale Änderungen am Flugwerk durchgeführt, darunter eine verbesserte Kühlerwanne, ein verstärkter Kabinendachrahmen und der Verzicht auf die Streben am Leitwerk.

Die ersten Auslieferungen an die RAF gingen vor Ende 1937 zur No. 111 (Fighter) Squadron in Northolt und im nächsten Jahr auch an die No. 3 und No. 56 Squadron. Frühzeitige Trudelversuche zeigten, daß die Fläche unterhalb der Längsachse vergrößert werden mußte, und dies wurde durch eine Verkleidung vor dem starren Heckrad sowie durch eine Verlängerung des Seitenruders um 7,62 cm nach unten hin erreicht.

Innerhalb der durch die Flugwerkstruktur gegebenen Grenzen und wegen der dringenden Notwendigkeit, in dem bedrohlichen internationalen Klima die Produktion zu beschleunigen, konnte zunächst vor

Eingehüllt in den Staub der westlichen Sahara, der nicht nur die Sicht einschränkte, sondern auch den Flugzeugmotoren schwere Schäden zufügte, rollen diese Hurricane IID-Panzerjäger der No. 6 Squadron im Januar 1943, während der Verfolgung des Afrikakorps nach der 2. Schlacht bei El Alamein, bei Sidi Bu Amud zum Start.

Imperial War Museum

Diese Hawker Hurricane gehört zur Battle of Britain Flight, einer Gruppe enthusiastischer Piloten, die mit Originalflugzeugen bei Flugschauen Szenen aus der Luftschlacht um England nachstellen.
Foto: Air Portraits)

Hawker Hurricane

Technische Daten der Hawker Hurricane Mk I
Typ: einsitziger Abfangjäger.
Triebwerk: ein 1.030 PS (768 kW) Rolls-Royce Merlin III Reihenmotor.
Leistung: Höchstgeschwindigkeit 511 km/h in 5.500 m Höhe; Anfangssteiggeschwindigkeit 12,83 m/sek; Dienstgipfelhöhe 10.970 m; max. Reichweite 740 km.
Gewicht: Leergewicht 2.118 kg; max. Startgewicht 2.994 kg.
Abmessungen: Spannweite 12,20 m; Länge 9,59 m; Höhe 3,96 m; Tragflügelfläche 23,93 m^2.
Bewaffnung: acht 7,7 mm Browning Maschinengewehre mit 2.660 Schuß Munition.

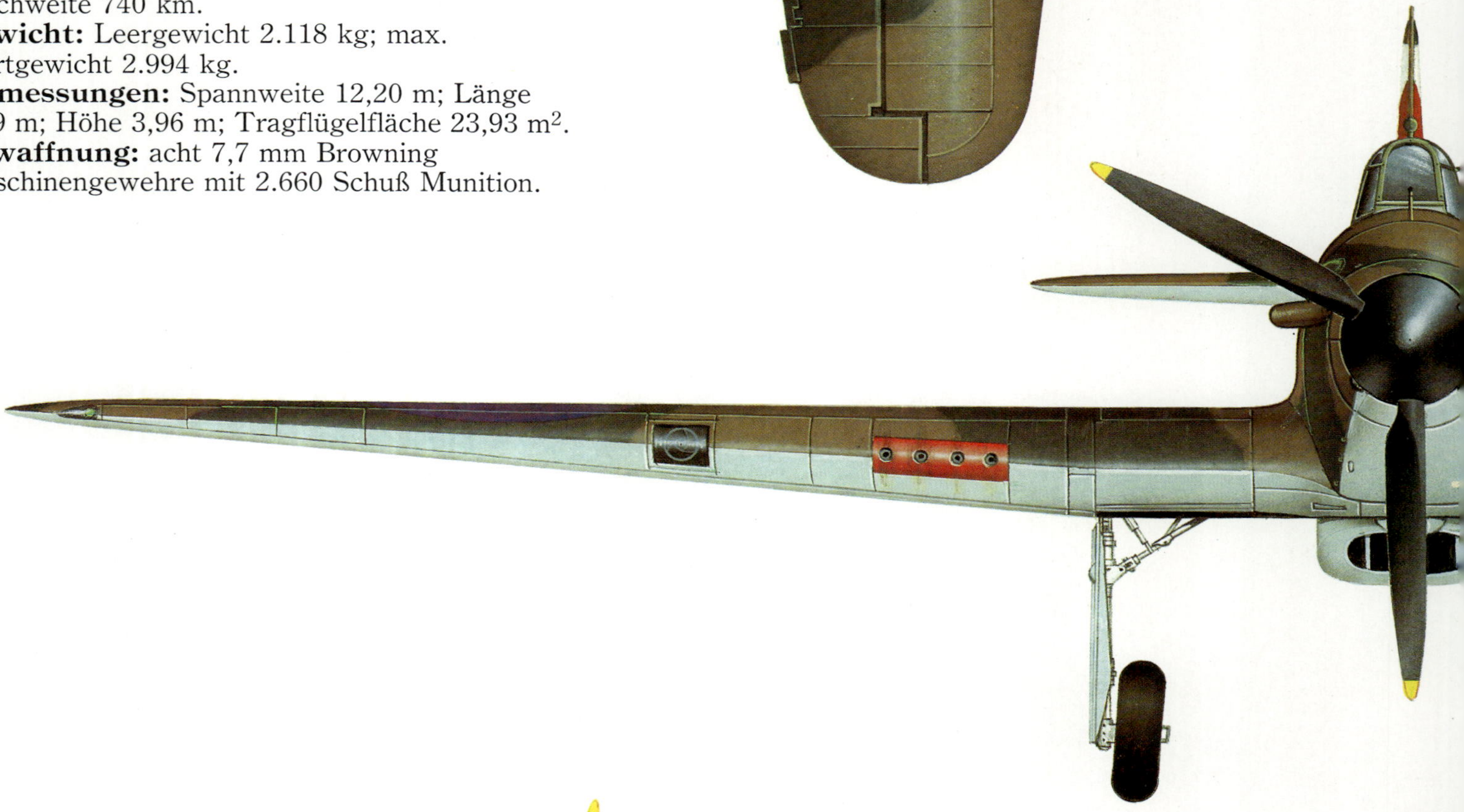

Ein repräsentatives Exemplar der klassischen Hurricane Mk I, P3059, aus der Luftschlacht um England, die im August 1940 bei der No. 501 (County of Gloucester) Squadron flog. Flugzeuge aus dieser von Gloster Aircraft produzierten Serie, die von Anfang an mit Rotol-Reglerpropellern ausgerüstet waren, wurden ab Mai und während der Schlacht um England an die RAF-Fighter-Squadron ausgeliefert. Man glaubte, daß der Rotol-Propeller die Leistung der Hurricane von 'enttäuschend' auf ein 'akzeptables' Niveau brachte. Die modifizierte Version war bei den Squadron sehr begehrt, deren Maschinen bis dahin den de Havilland-Propeller mit nur zwei Verstellmöglichkeiten hatten.

P3059

Charles E Brown/RAF Museum, Hendon

Der Hurricane-Prototyp (K5083) auf einem relativ spät aufgenommenen Foto, 1937 geflogen von P. G. Lucas. Die Leitwerksstreben sind entfernt, ein Visiergerät ist eingebaut, der Kühler verändert, und zusätzliche Verstärkungen im Kabinendach sind angebracht.

Kriegsausbruch nur wenig getan werden, um die Hurricane I zu verbessern. Der starre Holzpropeller wurde allerdings durch einen zweifach verstellbaren de Havilland Dreiblatt-Propeller aus Metall und später durch einen Rotol-Reglerpropeller ersetzt. Dieser führte zu einer erheblich verbesserten Steig- und Höhenflugleistung. Diese Veränderungen wurden dadurch möglich, daß der 1.030 PS (768 kW) Merlin III mit Universal-Propellerwelle herauskam. Ab 1939 wurden außerdem auch metallverkleidete Tragflächen produziert.

Bis zum Kriegsausbruch waren insgesamt 497 Hurricane I für die RAF fertiggestellt und 18 in Großbritannien stationierte Fighter Squadron hatten Maschinen erhalten. An befreundete Nationen wurden einige Exportlieferungen genehmigt, darunter Jugoslawien (12, plus Lizenzfertigung), Südafrika (7), Rumänien (12), Kanada (20), Persien (2), Polen (1), Belgien (20, plus Lizenzfertigung) und die Türkei (15). Die Pläne für die Einrichtung einer weiteren Fertigungsstraße bei der Gloster Aircraft Company waren weit fortgeschritten und die Hurricane-Produktion bei der Canadian Car and Foundry Company in Montreal war in Vorbereitung (insgesamt wurden während des Krieges 1.451 Hurricane in Kanada gebaut). Im Jahre 1941 produzierte die Austin Motor Company, Longbridge, ebenfalls 300 Hurricane.

Erfolgreich im Einsatz

Vier mit Hurricane Mk I ausgerüstete Squadron (Nos. 1, 73, 85 und 87) gingen mit der RAF im September 1939 nach Frankreich. Die Hurricane wurde dank ihres robusten, breitspurigen Fahrwerks mit

Aufriß-Erläuterung zur Hawker Sea Hurricane II

1 stoffbespannte Ruderkonstruktion
2 Heck-Navigationslicht
3 Seiten-Hilfsruder
4 Höhen-Hilfsruder
5 stoffbespannte Höhenruderkonstruktion
6 Höhenruder-Hornausgleich
7 Leitwerkskonstruktion
8 Seitenruder-Hornausgleich
9 Höhenruder-Steuerung
10 Achtersteven
11 Seitenflossenkonstruktion
12 Stoffbespannung
13 hinterer Antennenmast
14 Seitenruder-Ausgleichsgewicht
15 Antennendraht
16 Aluminium-Vorderkante der Seitenflosse
17 Höhenflosse
18 Steuerkabel-Umlenkrollen
19 Wartungsöffnung zur Leitwerkssteuerung
20 Bauchflosse
21 Heckrad
22 Heckradstrebe mit Dowty-Stoßdämpfer
23 Flossen-Rahmenstruktur
24 Flossen-/Leitwerksübergang
25 Rumpf-Stoffbespannung
26 Öffnung für Abschlepphaken
27 Rasten des Auffanghakens
28 Stringer (Längsversteifung)
29 schräglaufende Rumpf-Drahtverspannung
30 oberer Rumpfholm
31 Rumpfspant aus Aluminiumlegierung
32 verschraubte Rohrkonstruktion
33 Fanghaken für Decklandung
34 Drehpunkt des Auffanghakens
35 unterer Rumpfholm
36 Zugdämpfer des Fanghakens
37 hölzerne Formstreben der Rückenverkleidung
38 Antennenmast
39 oberes Positionslicht
40 nach oben feuernder Leuchtraketenwerfer (Schußfeldbeleuchtung)
41 Leitwerks-Steuerkabel
42 Rumpf-Wartungsöffnung
43 untere Längsverstrebung
44 Tragflächenhinterkante — Wurzelverkleidung
45 unteres Positionslicht
46 Funkgerätehalterungen
47 Funkgeräte (R3002 und R3108)
48 Fallschirm-Leuchtraketenwerfer
49 Schienen für Kabinendach
50 hintere Kabinendachverkleidung
51 Streben des Überrollbügels
52 Funkgeräte (TR1196 und R1304)
53 Funkgeräte (TR1143 und TR1133)
54 Batterie
55 Sauerstoffflasche
56 Hydrauliksystem
57 Rettungsboot-Stauraum
58 Panzerung der Rückenlehne
59 Kopfschutzpanzerung
60 nach hinten verschiebbares Kabinendach

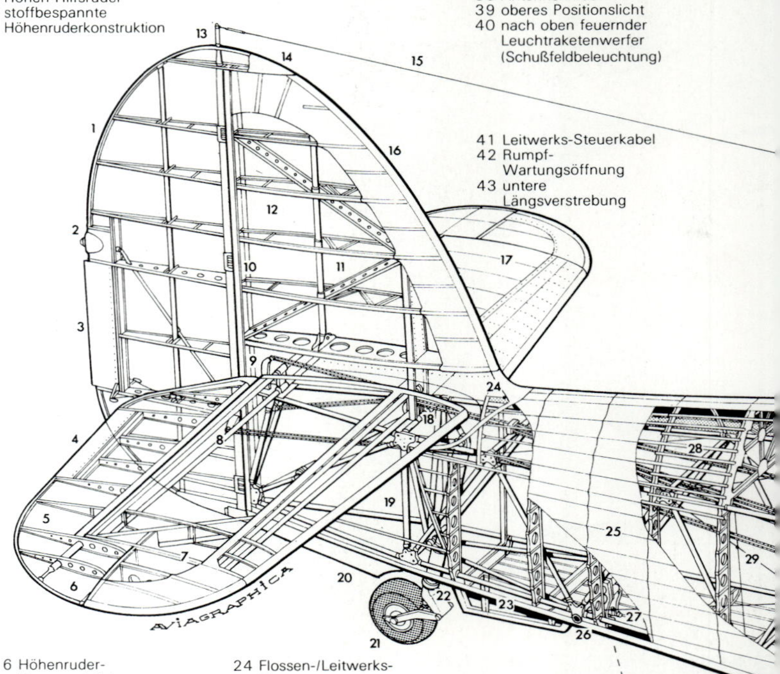

Charles E Brown/RAF Museum, Hendon

Die Sea Hurricane IB war eine modifizierte Mk I der RAF, und diese Version für die Marineflieger verfügte über Katapultbefestigung, Fanghaken und ein See-Funkgerät. Das hier gezeigte, von Gloster gebaute Flugzeug ist mit einem Blendschutz gegen die Auspuffflammen vor der Windschutzscheibe ausgestattet. Im Mittelmeerraum waren die Sea Hurricane im ständigen Einsatz, verstärkt jedoch im Jahre 1942.

Diese Hurricane I (V7476) war das einzige derartige Flugzeug, das die RAAF-Farben trug und wurde von den No. 2 und 3 Communications Flights geflogen.

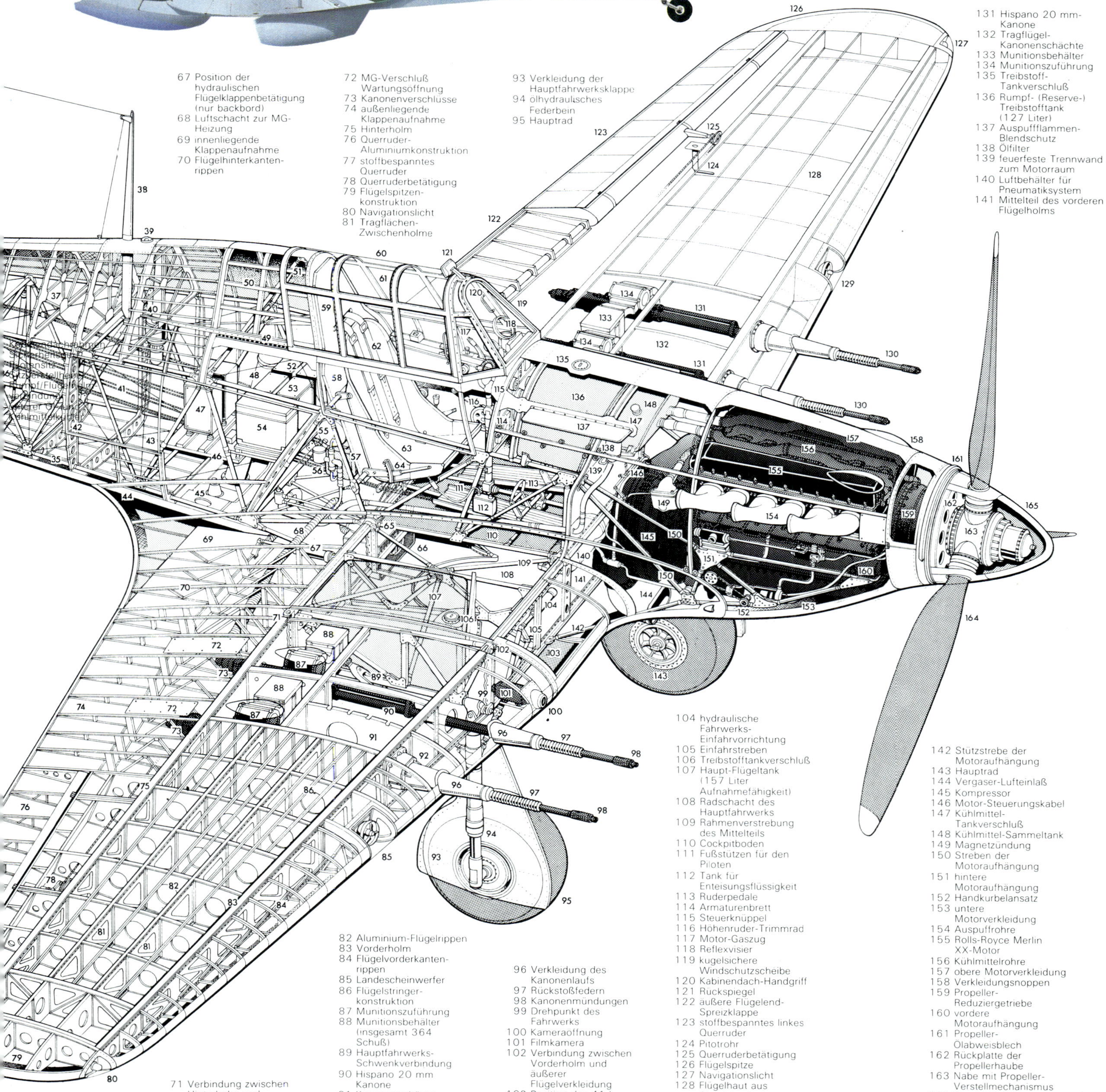

67 Position der hydraulischen Flügelklappenbetätigung (nur backbord)
68 Luftschacht zur MG-Heizung
69 innenliegende Klappenaufnahme
70 Flügelhinterkantenrippen
71 Verbindung zwischen Hinterholm und äußerer Flügelverkleidung
72 MG-Verschluß Wartungsöffnung
73 Kanonenverschlüsse
74 außenliegende Klappenaufnahme
75 Hinterholm
76 Querruder-Aluminiumkonstruktion
77 stoffbespanntes Querruder
78 Querruderbetätigung
79 Flügelspitzenkonstruktion
80 Navigationslicht
81 Tragflächen-Zwischenholme
82 Aluminium-Flügelrippen
83 Vorderholm
84 Flügelvorderkantenrippen
85 Landescheinwerfer
86 Flügelstringerkonstruktion
87 Munitionszuführung
88 Munitionsbehälter (insgesamt 364 Schuß)
89 Hauptfahrwerks-Schwenkverbindung
90 Hispano 20 mm Kanone
91 Kanonengehäuse
92 vordere Befestigung des Kanonenlaufs
93 Verkleidung der Hauptfahrwerksklappe
94 ölhydraulisches Federbein
95 Hauptrad
96 Verkleidung des Kanonenlaufs
97 Rückstoßfedern
98 Kanonenmündungen
99 Drehpunkt des Fahrwerks
100 Kameraöffnung
101 Filmkamera
102 Verbindung zwischen Vorderholm und äußerer Flügelverkleidung
103 Position des 41 l-Flügelvorderkanten-Öltanks (nur backbord)
104 hydraulische Fahrwerks-Einfahrvorrichtung
105 Einfahrstreben
106 Treibstofftankverschluß
107 Haupt-Flügeltank (157 Liter Aufnahmefähigkeit)
108 Radschacht des Hauptfahrwerks
109 Rahmenverstrebung des Mittelteils
110 Cockpitboden
111 Fußstützen für den Piloten
112 Tank für Enteisungsflüssigkeit
113 Ruderpedale
114 Armaturenbrett
115 Steuerknüppel
116 Höhenruder-Trimmrad
117 Motor-Gaszug
118 Reflexvisier
119 kugelsichere Windschutzscheibe
120 Kabinendach-Handgriff
121 Rückspiegel
122 äußere Flügelend-Spreizklappe
123 stoffbespanntes linkes Querruder
124 Pitotrohr
125 Querruderbetätigung
126 Flügelspitze
127 Navigationslicht
128 Flügelhaut aus Aluminiumlegierung
129 Landescheinwerfer
130 Kanonenläufe
131 Hispano 20 mm-Kanone
132 Tragflügel-Kanonenschächte
133 Munitionsbehälter
134 Munitionszuführung
135 Treibstoff-Tankverschluß
136 Rumpf- (Reserve-) Treibstofftank (127 Liter)
137 Auspuffflammen-Blendschutz
138 Ölfilter
139 feuerfeste Trennwand zum Motorraum
140 Luftbehälter für Pneumatiksystem
141 Mittelteil des vorderen Flügelholms
142 Stützstrebe der Motoraufhängung
143 Hauptrad
144 Vergaser-Lufteinlaß
145 Kompressor
146 Motor-Steuerungskabel
147 Kühlmittel-Tankverschluß
148 Kühlmittel-Sammeltank
149 Magnetzündung
150 Streben der Motoraufhängung
151 hintere Motoraufhängung
152 Handkurbelansatz
153 untere Motorverkleidung
154 Auspuffrohre
155 Rolls-Royce Merlin XX-Motor
156 Kühlmittelrohre
157 obere Motorverkleidung
158 Verkleidungsnoppen
159 Propeller-Reduziergetriebe
160 vordere Motoraufhängung
161 Propeller-Ölabweisblech
162 Rückplatte der Propellerhaube
163 Nabe mit Propeller-Verstellmechanismus
164 Rotol R.S.5/2 Dreiblatt-Propeller
165 Propellerhaube

Die neunte Serien-Hurricane I (L1555) der No. 111 (Fighter) Squadron in Northolt im Dezember 1937. Die Maschine, die den Kommandeurswimpel trägt, wurde von Squadron Leader John ('Downwind') Gillan geflogen. Auffällig ist das Fehlen der Verkleidung am Heckrad, die 1938 hinzukam und die in späteren Jahren zu den Erkennungsmerkmalen der Hurricane gehörte.

Imperial War Museum

Der dramatische Katapultstart einer Sea Hurricane IA vom Katapult eines Handelsschiffes in der Abenddämmerung. Diese Version wurde eingeführt, um die alliierten Konvois direkt gegen feindliche Flugzeuge schützen zu können und hatte 1941 bedingten Erfolg. Ohne Ausweg war der Pilot gezwungen, abzuspringen oder das Flugzeug in der Hoffnung auf das Wasser zu setzen, daß er von einem vorbeifahrenden Schiff herausgefischt würde.

den primitiven Flugfeld-Bedingungen in Frankreich gut fertig, während die Spitfire im Heimatland behalten wurde, um die britischen Inseln zu verteidigen.

Ab 1940 begannen auch von der Gloster-Fertigungsstraße sowie aus dem neuen Hawker-Werk in Langley Hurricane I zu rollen. Eine Hurricane-Squadron, die No. 46, war in den letzten Tagen des Norwegenfeldzugs in Narvik im Einsatz, aber alle ihre Flugzeuge gingen verloren, als der Flugzeugträger *HMS Glorious* auf der Heimfahrt versenkt wurde. Über Dünkirchen und in den letzten Phasen des Frankreichfeldzuges waren Hurricane im ständigen Einsatz gegen die deutsche Luftwaffe, wobei allerdings die Maschinen der belgischen Luftwaffe fast alle zerstört wurden.

Die Hurricane I bewies sich als wichtigster Stützpfeiler in der Luftschlacht um England und gehörte zwischen Juli und Oktober 1940 zur Ausrüstung von 32 Squadron (im Vergleich zu 18 1/2 mit Spitfire). Bis zum 7. August war eine Gesamtzahl von 2.309 Maschinen ausgeliefert. Die Höchstgeschwindigkeit der Hurricane I mit Rotol-Propeller betrug 528 km/h in 5.030 m Höhe und lag damit wesentlich unter der Leistung der Messerschmitt Bf 109E. Deshalb wurde die Hurricane I, soweit möglich, nur gegen feindliche Bomber und nicht gegen die deutschen Einsitzer als Abfangjäger eingesetzt. Unter ihren Piloten erwies sich die Hurricane als außergewöhnlich beliebt und galt als äußerst wendig im Luftkampf mit einer absolut zuverlässigen MG-Zieleinrichtung und einem sehr engen Wenderadius, wodurch sie gegen die Messerschmitt Bf 110 besonders wirkungsvoll war.

Im September 1940, als die Schlacht um England immer noch in vollem Gange war, erschienen die ersten Hurricane Mk II mit dem 1.185 PS (883 kW) Merlin XX mit Zweistufenkompressor, Rotol-Propeller und einer leicht verlängerten Nase. Diese Hurricane, die in der Mk IIA Series 1-Version immer noch mit acht Browning MG bewaffnet waren, hatten eine Höchstgeschwindigkeit von 550 km/h. Für die Mk IIA Series 2 gab es neue Außenstationen unter den 'Universal'-Flügeln, an die 200-l-Treibstofftanks montiert werden konnten. Diese Variante war ursprünglich dafür entwickelt worden, daß sie auf dem Luftweg nach Nahost überführt werden konnte. Der Fall Frankreichs beendete dieses Unternehmen, nachdem weniger als ein Dutzend Maschinen den Flug versucht hatten. Hurricane IIA waren ebenfalls in der Lage, zwei 113 kg Bomben unter den Tragflächen zu tragen und wurden Anfang 1941 zu Einsätzen über den Ärmelkanal hinweg verwendet.

Bei der Hurricane IIB gab es eine neue Tragfläche mit zwölf Browning MG (die Bombenaufhängungen wurden dabei beibehalten), und sie wurde als Hurribomber bekannt. Die Mk IIC war mit vier 20 mm Oerlikon/Hispano Kanonen bewaffnet, was zu der damaligen Zeit (Mitte 1941) immer noch als eine außergewöhnliche Bewaffnung für einen Einsitzer galt (eine derartige Hurricane hatte allerdings schon mit begrenztem Erfolg in der Schlacht um England mitgekämpft).

Diese zwei Unterversionen gehörten bei mindestens 96 RAF-Squadron der Jahre 1941-44 zur Ausrüstung und waren hauptsächlich als Erdkampfjäger in Europa, Nordafrika und Fernost im ständigen Einsatz. Auch in den Schlachten um Griechenland, den Irak, Syrien und Malaysia spielten sie eine wesentliche Rolle.

Die letzte Hurricane mit dem Merlin XX-Triebwerk war die Mk IID, die 1942 vorgestellt wurde und die unter jedem Flügel eine Vickers- oder Rolls-Royce 40 mm Panzerabwehrkanone hatte. Es wurde zwar eine geringere Anzahl dieser Variante im Heimatland stationiert, die Mehrheit wurde jedoch in die westliche Sahara (wo dieser Typ bei der Schlacht von Bir Hakeim eine wichtige Rolle spielte) und später nach Burma verschifft.

Charles E Brown/RAF Museum, Hendon

Dieser Hurricane IIC-Nachtjäger der No. 87 (Fighter) Squadron wurde von Sqdn. Ldr. D. G. Smallwood geflogen. Die No. 87 Squadron, die von Juni 1941 bis März 1944 Hurricane IIC flog, war eine der am längsten mit Hurricane ausgerüsteten Nachtjäger-Squadron der RAF.

Aufgrund anfänglicher Erfahrungen in der westlichen Sahara, wo der reibungsfördernde Staub und Sand die Flugmotoren ruinierte, wurden alle Hurricane für die nah- und fernöstlichen Kriegsschauplätze mit Vokes-Luftfiltern über ihrer Vergaseröffnung ausgestattet, was eine unschöne aber notwendige Änderung war, die die Leistung um rund acht Prozent reduzierte.

Während des Krieges blieb die Hurricane II die hauptsächlich eingesetzte Variante und war der wichtigste Erdkampfjäger der RAF in Fernost. Insgesamt wurden 2.952 Hurricane an die Sowjetunion geliefert, die alle, abgesehen von 30 Maschinen, vom Typ Mk II oder vom gleichen in Kanada gebauten Typ waren. Die Mehrheit dieser Flugzeuge wurde per Deckfracht mit den Nordkap-Konvois transportiert und hatten entsprechend hohe Verluste. Etliche Maschinen stammten auch aus Nahostbeständen. Eine weitere wichtige Funktion der Mk II war die des Nachtjägers, sowohl in Großbritannien als auch 1941 und 1942 über Frankreich und Belgien, bis diese Aufgabe von Beaufighter und Mosquito übernommen wurde.

Neue Flügel für die Mk IV

Die letzte Variante der RAF war die Hurricane Mk IV (die Mk III war ein nicht realisiertes Projekt, mit dem der von Packard gebaute Merlin 28 auf der Hawker-Fertigungsstraße eingeführt werden sollte). Diese Version, die ursprünglich Mark IIE genannt wurde, hatte den 1.280 PS (954 kW) Merlin 24 oder 27 als Triebwerk und neue Mehrzweck-Flügel, an die Kanonen zur Panzerbekämpfung, Raketen oder andere Ausrüstungen montiert werden konnten. Da nur geringe Veränderungen am Flugwerk notwendig waren, wurden viele Mk II für die neue Tragfläche umgerüstet, erhielten den neuen Motor und blieben bis nach Kriegsende bei der RAF im Dienst. Die letzte Hurricane, eine Mark IIC (LF363), die für die RAF gebaut wurde, ging im Februar 1944 an die No. 309 (Polish) Squadron, während die überhaupt als letzte gebaute Maschine (ebenfalls eine Mark IIC, PZ865) vom Hersteller erworben wurde und bis heute erhalten blieb. Die Gesamtproduktion der Hurricane belief sich einschließlich der kanadischen auf 14.231 Maschinen. Außerdem gab die ausgedehnte Reparatur-Organisation, die 1939 geschaffen worden war, 4.537 reparierte Hurricane an die RAF zurück.

Die Bewaffnung der Hawker Hurricane Mk IIC mit vier 20 mm Oerlikon/Hispano Bordkanonen war 1941 für einen Einsitzer etwas Unerhörtes. Die Gesamtproduktion dieses Modells lag bei etwa 3.400 Stück.

Mike Hooks

Rechts: **Eine Hurricane IIB (Z3768) der No. 81 Squadron der No. 151 Wing in Vaenga, Nordrußland, im September 1941. Diese Wing (die aus den No. 81 und 134 Squadron bestand) wurde hastig in Großbritannien zusammengestellt und per Schiff in die Sowjetunion transportiert, zusammen mit Maschinen, die zuvor für die westliche Sahara bestimmt waren — daher der unter dem Bug montierte Staubfilter.**

Links: **Diese Hurricane I mit Rotol-Propeller wurde vermutlich im Mai 1940 in Merville in Frankreich erobert und in Magdeburg von der deutschen Luftwaffe ausgewertet. Die Luftwaffe verachtete zwar die Hurricane, verlor aber durch sie in den ersten dreißig Kriegsmonaten mehr Flugzeuge als durch die Spitfire.**

Die Sea Hurricane

Der Verlust der französischen Atlantik-Küste im Jahre 1940 setzte die lebenswichtigen britischen Konvois den zunehmenden Einsätzen durch deutsche Langstreckenbomber wie die Heinkel He 111 und die Focke-Wulf Fw 200 aus und es wurde entschieden, die Hurricane für Katapultstarts von Handelsschiffen (CAM-Schiffen) aus einzurichten, um einen gewissen Schutz gegen diese Bedrohung zu erhalten. Die erste dieser Varianten, die Sea Hurricane IA, war ein einfacher Umbau von ehemaligen RAF-Hurricane Mk I, die mit Befestigungen für den Katapultstart ausgerüstet wurden. Diese Einsätze im Jahre 1941 brachten nur bedingte Erfolge, denn es war vorgesehen, daß der 'Hurricat'-Pilot nach dem Einsatz keine andere Wahl hatte, als entwe-

Rechts: **Mit dem inoffiziellen, Friedenszeiten vorbehaltenen 'Blitz' der Squadron dekoriert, flog diese tropentaugliche Hurricane IIB (BD930) 1942 bei der No. 73 Squadron in der westlichen Sahara. Die No. 73 Squadron war ein Veteran der Luftschlacht um England und wurde schnell nach Nahost verlegt, um sich mit der Krise des Jahres 1940 auseinanderzusetzen, wurde dabei von ihren Bodenmannschaften getrennt und verlor unterwegs viele Maschinen.**

Links: **Eine Hurricane IID der No. 6 Squadron mit 40 mm-Panzerabwehrkanonen, die im Juli 1942 bei LG89 und LG91 in der westlichen Sahara stationiert war. Die No. 6 Squadron, die als erste diese Hurricane-Version erhielt, spielte in den Monaten unmittelbar vor der zweiten Entscheidungsschlacht von El Alamein eine wesentliche Rolle bei der Zerstörung feindlicher Fahrzeuge in der Wüste.**

der sein Flugzeug aufs Wasser zu setzen oder aber verzweifelt nach Land zu suchen.

Als nächster Versuch wurde eine Reihe von Handelsmarine-Schiffen (MACs) so umgebaut, daß sie ein kleines Flugdeck hatten, von dem aus die Sea Hurricane Mk IB operieren konnte, und diese Flugzeuge waren mit einem Fanghaken versehen. Eine dritte Version, die Sea Hurricane Mk IC, hatte zwar vier Kanonen, aber immer noch das Merlin III Triebwerk. Ihr folgte ein kompletter Umbau der Hurricane Mk IIC, die Sea Hurricane Mk IIC mit Merlin XX, vier Kanonen, Katapultbefestigung, Fanghaken, Außenstationen unter den Tragflächen und Seefunkgerät. Sie hatte eine Höchstgeschwindigkeit von 512 km/h in 5.340 m Höhe, eine Dienstgipfelhöhe von 9.300 m und eine maximale Reichweite von 1.710 km. Im Oktober 1943 wurde dieses Modell vom Einsatz auf See zurückgezogen.

Ende 1942 unterstanden der Fleet Air Arm zeitweilig insgesamt über 600 Sea Hurricane und auf nahezu jedem Flotten- und Geleitschutz-Flugzeugträger der Royal Navy waren zu irgend einem Zeitpunkt mindestens ein Teil der Flugzeuge an Bord vom Typ Hurricane. Einer ihrer bedeutungsvollsten Einsätze war der Kampf um den Malta-Konvoi im August 1942, als Sea Hurricane von Bord der *HMS Indomitable, Eagle* und *Victorious* die Angriffe von 600 Flugzeugen der Achsenmächte abwehrten und 39 von ihnen zerstörten, dabei selbst aber nur sieben eigene Maschinen einbüßten.

Obwohl die RAF-Hurricane ab Mitte 1944 zum Einsatz in der zweiten Linie in England abgestellt wurden, speziell als Schulflugzeuge sowie für meteorologische und Radareichungs-Einsätze, blieben Hurricane Mk II und IV auf den Kriegsschauplätzen am Mittelmeer und in Fernost bis 1945 im Einsatz und unterstützten in Fernost den Vormarsch der 14. US-Armee in Burma.

Zwischen 1939 und 1945 wurden an den Hurricane viele Experimente durchgeführt, die sich meistens auf die Leistungssteigerung konzentrierten (z.B. Überführungsreichweite); zu diesen Experimenten gehörte eine zusätzliche, abwerfbare obere Tragfläche (das Hillison Bi-Mono-Projekt), Huckepack-Versuche an Bord einer Consolidated B-24 Liberator und Schleppversuche hinter einer Avro Lancaster. Weitere Versuche umfaßten die Mitführung übergroßer Raketen und den Einbau strömungsgünstiger Flügel. Zum Zeitpunkt des Norwegenfeldzugs 1940 wurde eine Schwimmerversion vorgeschlagen und mindestens eine kanadische Hurricane wurde mit Skiern ausgerüstet.

Von Zeit zu Zeit wurden alternative Motoren vorgeschlagen, obwohl das einzige derartige Projekt, von dem angenommen wurde, daß es das Produktionsstadium erreichte, die jugoslawische Hurricane war, die 1941 mit einem Daimler-Benz DB 601A ausgerüstet wurde.

Nach dem Krieg wurden zahlreiche Hurricane zu britischen Überschußbeständen erklärt und viele dieser Maschinen wurden für den Export umgerüstet. Während des Krieges hatte das Irish Air Corps einige Mk I erworben und in den Jahren 1945-47 wurden weitere 13 Flugzeuge geliefert. Hurricane flogen Mitte der vierziger Jahre auch für die türkische, ägyptische und südafrikanische Luftwaffe. Etwa 50 Hurricane IIB und IIC wurden nach Portugal geliefert (obwohl einige davon nur zur Ersatzteilversorgung verwendet wurden), und eine Lieferung von 16 Hurricane nach Persien erfüllte einen Auftrag über 18 Flugzeuge, der vor dem Krieg erteilt worden war. Eine weitere Hurricane, ein einzigartiges, zweisitziges Schulflugzeug, aus einer Mk IIC umgebaut, wurde 1947 ebenfalls an Persien verkauft.

Varianten der Hawker Hurricane

F.36/34 Prototyp: ein Flugzeug (K5083) mit 1.025 PS (764 kW) Merlin C; acht MG nachträglich eingebaut; Erstflug am 6. November 1935.

Hurricane I: ursprüngliches Serienmodell mit 1.030 PS (768 kW) Merlin II oder III, acht Browning 7,7 mm-MG; Tragflächen der ersten Flugzeuge mit Stoff bespannt, später mit Metall verkleidet (insgesamt 2.719, ausschließlich der in Kanada gebauten Maschinen; ca. 90 exportiert).

Canadian Hurricane I: gebaut bei Canadian Car and Foundry Co., Montreal, 1940; Merlin III und DH-Propeller; zu der Serie gehörte die Hillson Bi-Mono Hurricane mit zweiter, abwerfbarer Tragfläche (insgesamt 40).

Hurricane IIA Series 1: Einführung des 1.185 PS (883 kW) Merlin XX Motors mit Zweistufenkompressor im September 1940; acht MG; einige waren umgebaute Mark I Maschinen.

Hurricane IIA Series 2: Einführung von Außenstationen am Universal-Flügel; einige waren umgebaute Mark I; außerdem einige PR Mk I Umbauten und PR Mk IIA.

Hurricane IIB: Bomben-/Tank-Außenstationen für 227 kg (insgesamt etwa 3.100 Maschinen bei Hawker, Gloster und Austin gebaut plus zahlreiche Umbauten anderer Versionen, darunter die PR Mark IIB).

Hurricane IIC: 1941 Einführung der vier 20 mm Kanonen, Bomben- bzw. Abwurftankeinrichtung; weltweiter Einsatz; auch tropentauglich (insgesamt etwa 3.400 Maschinen bei Hawker, Gloster und Austin gebaut plus zahlreiche Umbauten).

Hurricane IID: 1942 Einführung von zwei 40 mm Vickers oder Rolls Royce-Kanonen zur Panzerbekämpfung plus zwei Browning MG; viele auf Tropeneinsatz ausgelegt (insgesamt etwa 800 gebaut, plus zahlreiche Umbauten).

Hurricane IV: 1942 Einführung des 1.280 PS (954 kW) Merlin 24 oder 27 und der Universal-Tragfläche zum alternativen Mitführen von Raketen, Abwurftanks, Bomben oder Kanonen zur Panzerbekämpfung; viele auf Tropeneinsatz ausgelegt (insgesamt etwa 2.000 gebaut plus zahlreiche Umbauten).

Hurricane V: zwei Prototypen (KZ193 und NL255, umgebaute Mark IV) mit Merlin 32 und Rotol Vierblatt-Propeller.

Canadian Hurricane X: Packard Merlin 28; etwa 100 Maschinen mit acht MG; Rest mit IIB-Flügel, viele mit IIC-Flügel umgebaut (1940/41 insgesamt 489 gebaut).

Canadian Hurricane XI: 150 Flugzeuge mit zwölf MG oder vier Kanonen; Mehrzahl wurde 1942/43 an die Sowjetunion geliefert.

Canadian Hurricane XII: 248 Flugzeuge mit Hurricane IIC-Modifikationen; darunter das einzige mit Ski-Fahrwerk ausgerüstete Exemplar.

Canadian Hurricane XIIA und **Sea Hurricane XIIA:** Packard Merlin 29; 1943 wurden 150 Flugzeuge hauptsächlich in die Sowjetunion und nach Burma transportiert.

Sea Hurricane IA: Katapultstart-Befestigung für CAM-Schiffseinsätze (1941 wurden 50 Flugzeuge aus Hurricane II umgebaut).

Sea Hurricane IB: Katapultbefestigung Fanghaken für Einsatz auf CAM-Schiffen oder MAC (1941/42 ca. 340 aus Hurricane IIA Series 2 umgebaut).

Sea Hurricane IC: wie Sea Hurricane IB, jedoch mit vier Kanonen (1942/43 insgesamt ca. 400 aus Hurricane IIB und IIC umgebaut).

Sea Hurricane IIC: Umbauversion der Hurricane IIC für schiffsgestützten Einsatz, mit Seefunkgerät (insgesamt ca. 400 aus Hurricane IIC umgebaut).

Es ist zwar möglich, die Gesamtzahl der gebauten Hurricane zu nennen, aufgrund plötzlicher Umbauentscheidungen beim Hersteller oder im Feld bestehen jedoch keine genauen Aufzeichnungen darüber, wie groß die Stückzahlen der einzelnen Varianten waren.

Junkers Ju 87 Stuka

Drei Junkers Ju 87 flogen der ersten Kampfeinsatz des Zweiten Weltkriegs. Selbst die Konstrukteure dieses Sturzkampfflugzeugs waren von den Anfangserfolgen des Typs überrascht, doch als die Ju 87 auf starke gegnerische Jagdabwehr stieß, erwies sie sich als zu langsam.

Kaum ein anderes Flugzeug hat jemals kampferprobte Infanterie so in Schrecken versetzt wie die Junkers Ju 87, kurz Stuka (von Sturzkampfbomber) genannt. Sie hält den Weltrekord an Schiffsversenkungen und liegt bis heute — nach der sowjetischen Iljuschin Il-2 — mit ihrer Zahl vernichteter Panzer an zweiter Stelle. Ihre wichtigste Kampfmethode bestand im genauen Absetzen schwerer Bombenlasten in Punktziele, wobei ihr nur feindliche Jäger einen Strich durch die Rechnung machen konnten. So erwarb sie im ersten Jahr des Zweiten Weltkrieges einen legendären Ruhm, den sie erst in der Luftschlacht über England plötzlich und unwiederbringlich verlor. Für den Rest des Krieges operierte sie nur noch nachts in Bodennähe und wurde nur von einer Gruppe an der Ostfront bei Tage geflogen. Der Kommandeur dieser Gruppe flog selbst davon mehr als zweitausendfünfhundert Kampfeinsätze.

Die Sturzkampftechnik war schon im Ersten Weltkrieg aufgekommen, ohne daß man damals über speziell dafür entwickelte Maschinen verfügt hätte. Erst in den zwanziger Jahren wurde die erste Junkers K-47 in zwei Prototypen mit Jupiter-Triebwerken und zwölf an China gelieferte Maschinen mit Triebwerken von Pratt & Whitney gebaut. In ausgedehnten Versuchen wurde nachgewiesen, daß ein Sturzflug im Winkel von 90 Grad am exaktesten auszuführen war. Dazu waren ein robustes Flugzeug, ein beherzter Pilot und eine Winkelprüfung erforderlich, da der Pilot schon 60 Grad fast als senkrecht empfindet.

Später waren Hitlers führende Luftwaffenkommandeure davon überzeugt, daß der Sturzkampfbomber die zentrale Waffe im Bereich der bodenunterstützenden Einheiten werden mußte. So wurde schon 1933 zur ersten Bedarfsdeckung ein Doppeldecker, die Henschel Hs 123, gebaut, während die Junkers-Werke noch an der endgültigen Version der Stuka arbeiteten.

Der leitende Entwicklungsingenieur Hermann Pohlmann orientierte sich an der K 47 und entwarf einen Tiefdecker mit nur einem Triebwerk, einem auffälligen, starren Fahrwerk sowie einem Doppelleitwerk. Unterschiedlich war die selbsttragende Ganzmetall-Bauweise ohne die bei Junkers sonst übliche Wellblechbeplankung. Die Tragflächen waren nach oben geknickt und verfügten über die von Junkers entwickelten und patentierten 'Doppelflügel'. Diese Klappen erstreckten sich wie bei der K 47 fast über die gesamte Spannweite. Pilot und Funker saßen Rücken an Rücken unter einer großen, verglasten Cockpitkuppel. Im Frühjahr 1935 flog der erste Prototyp mit einem Kestrel Triebwerk von Rolls-Royce mit einer Lei-

Dieses seltene Farbfoto aus dem 2. Weltkrieg wurde vom Funker/Bordschützen einer Ju 87B-2 während des Einsatzes mit dem Stuka-Geschwader 77 über dem Balkan geschossen. Wahrscheinlich kam es von einem Bombeneinsatz gegen englische Schiffe im Rahmen der Invasion von Kreta zurück.

John McClancy Collection

Ebenso wie die Bf 109, ein weiteres berühmtes Kampfflugzeug aus dem Zweiten Weltkrieg, flog die Ju 87 zuerst mit einem Triebwerk von Rolls-Royce Kestrel. Die Abbildung zeigt den ersten Prototyp V1 Mitte 1935 in Dessau. Die Sturzflugbremsen waren damals noch nicht fertig, und der Kühlergrill wurde bald darauf geändert.

Die ersten Stuka-Geschwader der Luftwaffe wurden mit der Ju 87A ausgerüstet. Sie hatten Triebwerke von 600 PS (448 kW) und stromlinienförmig verkleidete Fahrwerke. Die hier abgebildete Ju 87A-2 wurde Anfang 1938 bei der III/StG 165, später in StG 51 umbezeichnet, eingesetzt. Sichtschutz und Balkenkreuz wurden im Oktober 1939 geändert.

stung von 640 PS/477 kW. Die Tragflächen erhielten Sturzflugbremsen an den Außenseiten, doch bei einem der nächsten Testflüge brach das Heck ab, und die Maschine zerschellte am Boden.

Die Massenproduktion beginnt

Neben einer Fülle weiterer Änderungen wurde in das Serienmodell das deutsche Triebwerk Junkers Jumo 210Ca mit 640PS/477 kW und einem dreiblättrigen Propeller eingebaut, dessen Steigungswinkel verstellbar war. Die Maschine besaß jetzt ein einfaches Heckleitwerk. Anfang 1937 begann die Großserienserienproduktion.

Von den Serien A-0, A-1 und A-2 wurden insgesamt 200 Maschinen gebaut, deren Fahrgestelle stromlinienförmig verkleidet waren. Die A-2 hatte das Triebwerk Jumo 210Da mit 680 PS (507 kW) und einen verbesserten VDM-Propeller. Vier Gruppen wurden mit diesen neuen Flugzeugen ausgerüstet und drei Maschinen zur Einsatzerprobung der Legion Cóndor übergeben, die in Spanien kämpfte. Alle A-Modelle wurden 1939 an Ausbildungseinheiten überstellt, während die immer weiter ausgebauten Stuka-Gruppen mit der leistungsfähigeren Ju 87B bestückt wurden. Die Ju 87B unterschied sich von den Vorgängern durch besser gestaltete ‘Maukepantoffeln’, wie die Radverkleidung im Jargon genannt wurde, vor allem aber auch durch das neue Triebwerk Jumo 211A mit 1.200 PS/895 kW, das mit konstanter Drehzahl einen breitblättrigen, im Steigungswinkel verstellbaren Propeller trieb. Der Untertyp B-1 der Serienproduktion erhielt dann das Triebwerk Jumo 211Da mit direkter Kraftstoffeinspritzung, wodurch die gefürchtete Vergaservereisung und Motorversagen beim Flug in Rückenlage vermieden wurden. Wichtig war außerdem eine automatische Sturzflugkontrolle, bei der die Maschine im vorprogrammierten Abstand zum Boden in den Horizontalflug überging. Dazu hatte der Pilot zuerst zehn lebenswichtige Handgriffe auszuführen, um den Sturzflug zu programmieren. Danach mußte er eine der in verschiedenen Winkelgraden auf die Cockpitkuppel gemalten roten Linien in eine Linie mit dem Horizont bringen und darauf sein Ziel manuell wie bei einem Jagdflugzeug anpeilen, wozu er nur die Querruder benutzte. Der Sturzflugwinkel betrug sehr oft exakt 90 Grad und begann mit einem Rollmanöver über eine der Tragflächen direkt senkrecht über dem anvisierten Ziel. Seltsamerweise hatte man in der Junkers nicht wie bei vielen anderen Maschinen das Gefühl, mit 90 Grad die Senkrechte schon überschritten zu haben. Überhaupt zeigte die Ju 87 im Sturzflug ein wesentlich besseres Verhalten als im normalen Horizontalflug, bei dem sie — besonders noch durch die weit nach unten gezogene gläserne Cockpitkuppel — so verwundbar war. Sobald im Höhenmesser die Signallampe aufleuchtete, drückte der Pilot einen Knopf auf der Steuersäule und leitete damit — normalerweise in einer Höhe von 450 m — den Abbruch des Sturzfluges ein. Im Falle eines Versagens dieser Automatik mußte der Pilot alle Kräfte zusammennehmen, um die Maschine in die Gerade zu ziehen und dabei sehr vorsichtig die Trimmklappen der Höhenruder einsetzen, damit er das Manöver durchführen konnte.

Die Bewaffnung der Serie Ju 87B bestand in der Regel aus einer 500 kg schweren SC-500 Bombe, die an einer ‘Krücke’ von Rumpf abgeschwenkt und in sicherem Abstand vom Propeller ausgeklinkt wurde. Die Geschwindigkeit der Maschinen dieser Serie betrug ca. 550 km/h, und viele hatten an den Fahrwerken von der Strömungsluft gespeiste Sirenen, die beim Feind zusätzlichen Schrecken auslösen sollten und ‘Posaunen von Jericho’ genannt wurden. Bei Kurzstreckeneinsätzen konnten unter den Tragflächen auch vier SC-50-Bomben mit je 50 kg Gewicht transportiert werden. Der Pilot konnte zwei außerhalb des ersten Flügelknicks montierte Maschinengewehre (MG 17 mit Kaliber 7,92 mm) abfeuern, während der Funker ein schwenkbares MG 15 desselben Kalibers zur Verteidigung nach oben und hinten bediente. Die Produktion wurde von Dessau in die Weser-Flugzeugwerke im großen Oval-Gebäude des Berliner Flughafens Tempelhof verlegt. Mitte 1939 wurden dort durchschnittlich 60 Stukas im Monat gebaut. Drei Maschinen der Serie B-1 flogen den ersten Kampfeinsatz des Zweiten Weltkrieges am 1. September 1939: Sie starteten um 4.26 Uhr in Elbing und zerstörten um 4.34 die Zugänge zur Dirschauer Brücke über die Wisla, elf Minuten vor Hitlers offizieller Kriegserklärung an Polen. Während dieses Blitzkrieges gegen Polen zerstörten Stukas vom Typ Ju 87B1 alle polnischen Kriegsschiffe bis auf zwei, belegten polnische Infanterie, die sich nur 100 m entfernt von den heranrückenden deutschen Linien befanden, wiederum mit schwerem Feuer, und bei einem besonders harten Einsatz in der Nähe des Bahnhofs Piotrków wurde eine polnische Infanterie-Division fast vollständig aufgerieben.

Im Kriegseinsatz

Neben den verbesserten Varianten der Serie Ju 87B-2, die als Einsitzer eine 1,000 kg schwere SC-1000-Bombe tragen konnten, bauten die Weser-Werke auch eine Reihe von Maschinen mit der Bezeichnung Ju 87C-0, die mit klappbaren Tragflächen, Haken und anderen Vorrichtungen für den — allerdings nie fertiggestellten — Flugzeugträger *Graf Zeppelin* vorgesehen waren. Sie waren rechtzeitig zum Beginn des Norwegen-Feldzuges einsatzbereit, bei dem eine von ihnen durch Zerstörung der Sendeantennen einen Rundfunksender lahmlegte. Anschließend wurden sie erfolgreich auf dem Balkan, in Griechenland und auf den Kriegsschauplätzen des Mittelmeerraums eingesetzt. Eine Ju-87R transportierte an der Bombenaufhängung versuchsweise einen großen Behälter für die Lieferung von Ersatzteilen und anderen logistischen Nachschub.

In den ersten beiden Jahren des 2. Weltkriegs siegten Ju 87B und ihre Varianten in ganz Europa, bis sie über England ihren ersten Rückschlag erlebten. Dort waren die Verluste allein zwischen dem 13. und 18. August 1940 mit 41 abgeschossenen Maschinen so gravierend, daß ab dem 19. August keine Stukas mehr gegen englische Ziele eingesetzt wurden. Zwar hatten sie in den Monaten der deutschen Luftüberlegenheit bewiesen, daß sie mit dem britischen Küstenradar fertig werden konnten, doch dasselbe Radarsystem leitete die englischen Abfangjäger zu unfehlbaren Verteidigungsmaßnahmen, die plötzlich die hohe Verwundbarkeit der Ju 87 ans Licht brachten. Bei deren Entwicklung war man davon ausgegangen, daß sie im Einsatz von Kampfflugzeugen gedeckt werden würden. Tatsächlich war ihre Schlagkraft unter diesen Bedingungen so verheerend, daß man sich in England fragte, wo eigentlich die britischen Sturzkampfbomber seien. Dabei verfügte Großbritannien mit der Blackburn Skua und der Hawker Henley über solche Maschinen, doch spielten sie keine große Rolle im Krieg. So wurde ein sehr heftiger Streit um das Konzept des Sturzkampfbombers geführt. In Deutschland wiederum ließ der Erfolg der Stukas die Planer übermütig werden. Große Bomber wie die Dornier Do 217 und Heinkel He 177 wurden nun ebenfalls für den

Rechts: **Zu den ersten Ju 87B-1 gehörte diese Maschine, die bei der 'Staffel Jolanthe' der Legion Cóndor in Spanien während des Bürgerkriegs zum Einsatz kam. Der Name Jolanthe stammte von einer Berliner Boulevard-Kommödie.**

Links: **Während des Höhepunkts der Luftschlacht um England machte diese Ju 87B-2 am 16. August 1940 in der englischen Grafschaft Sussex eine Bruchlandung. Sie gehörte zur 3./StG 2 'Immelmann'. Das rote Dreieck neben dem Wappen von Breslau bedeutete, daß die Maschine Benzin mit der Oktanzahl 87 benötigte.**

Rechts: **Die Ju 87R war eine Langstreckenversion mit zwei Abwurftanks von je 300 Litern außerhalb der Sturzflugbremsen an den Tragflächen. Das hier abgebildete Modell wurde im Balkan bei der 7./StG 77 ab Anfang 1941 eingesetzt.**

Links: **Weil die Ju 87 auch in Italien von der Regia Aeronautica eingesetzt wurde, glaubten die Engländer, sie sei in Italien unter der Bezeichnung Breda 201 hergestellt worden. Die abgebildete Ju 87B-2 stand im September 1941 in Gars-el-Arid bei der 209ª Squadriglia, 101° Gruppo Autonomo im Einsatz.**

Rechts: **Diese Ju 87B-2 wurde im Winter 1941/42 in weißen Tarnfarben und mit dem gelben Abzeichen an der Ostfront gesichtet. Sie flog beim Stab II/StG 1 (ursprünglich III/StG 51). Der Vorsprung am oberen Teil des Fahrwerks ist die Sirene.**

Sturzflug ausgerüstet, doch das sollte sich im Verlauf der Geschichte als Fehler herausstellen.

Schon bei Kriegsbeginn merkte man, daß das Konzept der Ju 87 noch einige Mängel aufwies, ließ sich aber von den fantastischen Erfolgen der ersten Jahre täuschen. Wie auch in anderen Fällen mußte die Luftwaffe die Produktion von Maschinen fortsetzen, deren Ausmusterung bereits beschlossen worden war, da sie einfach keine Alternative hatte. So wurde der Produktionsausstoß der Ju 87 ebenso wie der der Messerschmitt Bf 110 und der He 111 von 1941 bis 1944 ständig erhöht. Das Grundmodell war während dieses Zeitraums die Ju 87D, die 1940 entwickelt, 1941 zum ersten Mal geflogen und Ende desselben Jahres an der Ostfront und in Nordafrika eingesetzt wurde. Sie hatte das Triebwerk Jumo 211J-1 mit 1.400 PS/1044 kW und einem VS-11-Propeller, dessen extrem breite Blätter das Flugverhalten und damit die Zuladung der Maschine ganz erheblich verbesserten. Die Bombenlast konnte auf 1.800 kg gesteigert werden. An der Hauptaufhängung war die panzerbrechende Bombe PC1400 (1.400 kg) aufgehängt, an den Tragflächenhalterungen die SC-500-Bombe oder eine Vielzahl anderer Lasten wie den Waffenbehälter WB 81 mit einer Zwillingskanone vom Kaliber 2 cm oder sechs MG 81 Kaliber 7,92 mm.

Die Verteidigungsbewaffnung im Heck wurde durch zwei Maschinengewehre MG 81 ersetzt, die extrem leicht waren, aber mit Gurt-

Junkers Ju 87 Stuka

Technische Daten der Ju 87G
Typ: Panzerjäger.
Triebwerk: Reihenmotor Junkers Jumo 211J-1 mit 1.400 PS/1044 kW.
Leistung: Höchstgeschwindigkeit 400 km/h, Reisegeschwindigkeit mit Außenlasten 185 km/h; max. Reichweite 1.535 km; Steigflugdauer auf 5.000 m Höhe 19,8 min.
Gewicht: Leergewicht ca. 4.400 kg; max. Startgewicht ca. 6.600 kg.
Abmessungen: Spannweite 15,00 m; Länge 11,50 m; Höhe 3,90 m; Tragflügelfläche 33,69 m^2.

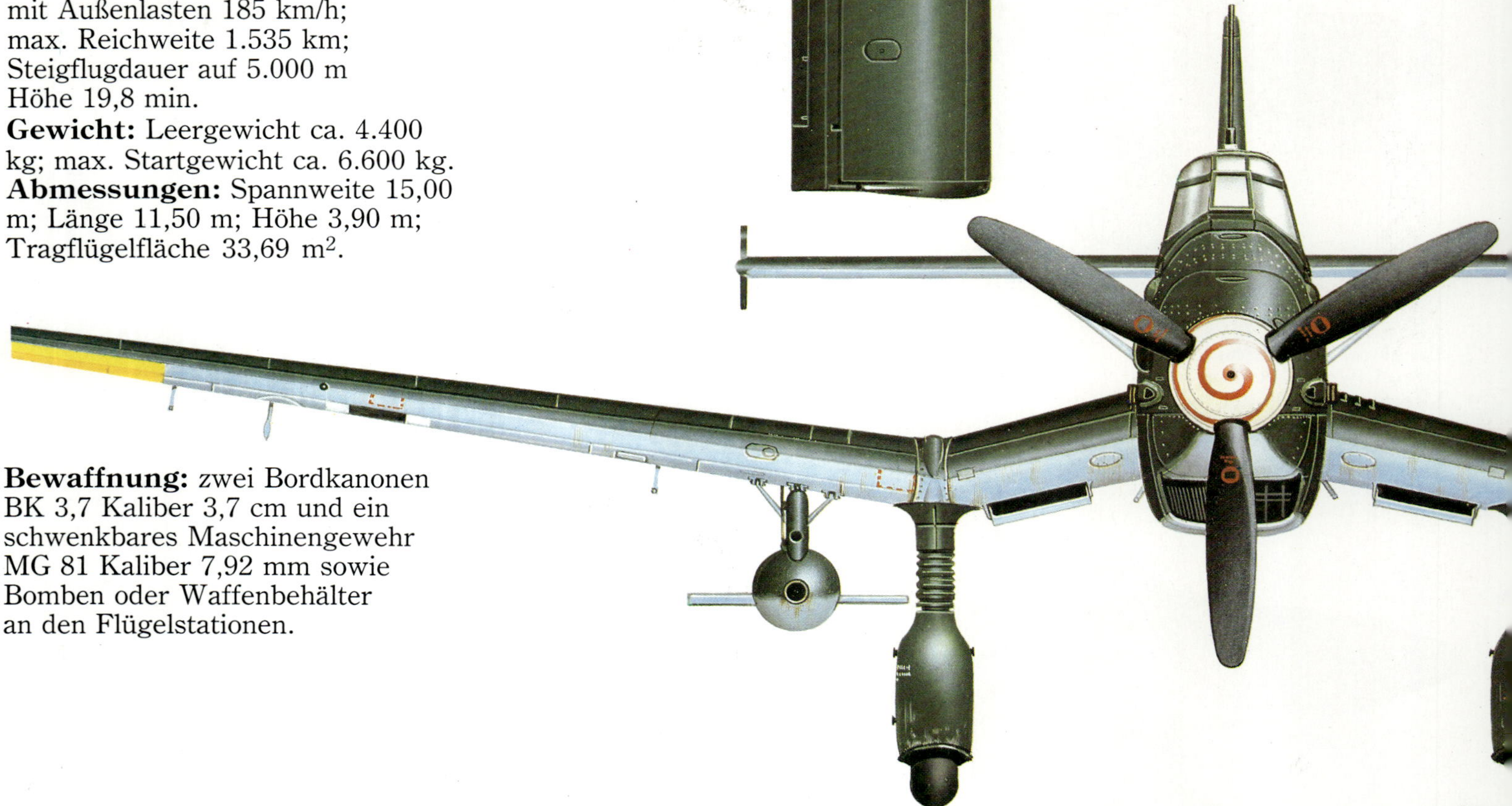

Bewaffnung: zwei Bordkanonen BK 3,7 Kaliber 3,7 cm und ein schwenkbares Maschinengewehr MG 81 Kaliber 7,92 mm sowie Bomben oder Waffenbehälter an den Flügelstationen.

Die Ju 87G-1 war — abgesehen von der Schulungsmaschine Ju 87H — der letzte Panzerjäger. Sie wurde aus der Ju 87D-5 abgeleitet. Die Idee stammte von Hans-Ulrich Rudel, der in 2.530 Einsätzen 519 russische Panzer vernichtete und 30mal den eigenen Abschuß überlebte. Das Grundmodell Ju 87D-5 wurde für die Bestückung mit einem Paar Flak 18 — BK 3,7 unter den Tragflächenaußenseiten hergerichtet. Die Maschine gehörte zur II Gruppe des Schlachtgeschwader 3 bzw. zur 5. Staffel dieses Geschwaders, das Ende 1944 an der Ostfront stand. Die Ju 87G-1 konnte anstelle der Kanonen Bomben mitführen, besaß jedoch keine Sturzflugbremsen.

494231
S7
EN

munition anstelle von Magazinen gefüttert wurden und sehr schnell feuern konnten. Außerdem wurde zur Verringerung des Strömungswiderstands die Linienführung vollkommen neu überarbeitet. Am auffälligsten waren die Verbesserungen der Triebwerkverkleidung und der Cockpitkuppel. Das Fahrwerk wurde ebenfalls revidiert, die Stromlinienverkleidung ab 1942 aber zunehmend weggelassen.

Die meisten Exemplare wurden von der Variante Ju 87D-3 gebaut. Dieser Typ hatte eine wesentlich bessere Panzerung von Cockpit und wichtigen Maschinenteilen. Aus diesem Grund wurde er dann auch immer öfter eingesetzt. Ab 1942 wurden aber dann alle Versionen oft zu weit mehr als nur zum Sturzkampf herangezogen. So dienten sie als Schleppflugzeuge für Lastensegler, zur Partisanenbekämpfung und als Transporter mit 'Dobbas' Frachtbehältern. Einige Maschinen der Serie Ju 87D-4 wurden als Torpedobomber ausgerüstet. Die wichtigste Variante aber war die Ju 87D-5 mit längeren Tragflächen, die das höhere Gewicht kompensieren sollten. Die Ju 87D-7 hatte das stärkere Jumo 211P Triebwerk mit langen Auspuffrohren, die bis über die Tragflächen reichten. Sie war für den Nachtflug ausgerüstet, da der Einsatz bei Tage zunehmend gefährlicher wurde. Wie auch bei der Tag-Version Ju 87D-8 wurden die Maschinengewehre in den Tragflächen durch das wesentlich stärkere MG 151 Kaliber 20 mm ersetzt. Die Sturzflugbremsen wurden schließlich weggelassen. Die Ju 87D-8 war die letzte Variante der Serienproduktion. Insgesamt wurden bis September 1944 — als die Produktion aller Flugzeuge außer den Kampfflugzeugen eingestellt wurde — 5.709 Ju 87 gebaut.

Die Panzerabwehr

Mehrere Nachfolge-Varianten waren geplant, so die Ju 87F und die Ju 187, aber Stuka-Varianten waren eigentlich immer nur Umbauten der D-Modelle. Wichtigster Untertyp war die Ju 87G, von der wiederum nur das Modell Ju 87G-1 den Einsatz erlebte. Die Ju 87G wurde speziell für die Panzerabwehr entwickelt und mit zwei Kanonen vom Typ BK 3,7 (Flak 18) unter den Tragflächen direkt neben dem Fahrwerk ausgerüstet. Mit einem Gewicht von 365 kg und einem Kaliber von 37 mm war dies eine eindrucksvolle Waffe, die von vielen Flakstationen benutzt wurde. 1942 wurde sie versuchsweise in eine Ju 87D-5 eingebaut und machte dieses Flugzeug damit wirkungsvoller im Einsatz gegen Panzer als die für diesen Zweck gebauten Henschel Hs 129 und die Junkers Ju 88P. Die BK 3,7 hatte Munitionsmagazine von je sechs Schuß panzerbrechender Munition und eine Mündungsgeschwindigkeit von über 850 m/sec. Hans-Ulrich Rudel vernichtete allein 519 russische Panzer, flog 2.530 Kampfeinsätze und setzte seine Stukagruppen auch weiterhin bei Tage ein, als andere Einheiten längst auf die Focke-Wulf FW 190 umgestellt hatten.

Ebenfalls aus der Ju 87D wurde die Schulungsmaschine Ju 87H mit Doppelsteuerung entwickelt. Zu Anfang der Stuka-Produktion hatte man auf den Bau von Trainern verzichtet, doch 1943 war es inzwischen so schwierig geworden, in einer Ju 87 zu überleben, daß selbst erfahrene Bomber- und Jagdpiloten für ihren Einsatz an der Ostfront geschult werden mußten, wo sie die gelichteten Reihen der Schlachtgruppen auffüllen sollten. Fast alle Ju 87D wurden zu Trainerversionen umgebaut, behielten aber ihre Bezifferung. Äußerlich waren sie an der fehlenden Bewaffnung und an zusätzlichen seitlichen Ausbuchtungen im hinteren Cockpit erkennbar, die dem Fluglehrer die Sicht nach vorn ermöglichten.

Sand und Schnee

Alle Versionen konnten mit Tropenausrüstung sowie Sand- und Staubfiltern fliegen, und an der Ostfront erhielten viele Maschinen Kufen für den Winterbetrieb. Mehrere Prototypen dienten hauptsächlich zur Erprobung der Bewaffnung anderer Kampfflugzeuge. Das bemerkenswerteste Versuchsprogramm beschäftigte sich mit einer großen, stromlinienförmigen Passagierkabine oberhalb der Tragflächen. Sie sollte dazu dienen, Agenten hinter die feindlichen Linien zu bringen, und am Forschungsinstitut *Graf Zeppelin* in Ruit, wo dieses Projekt in Angriff genommen wurde, löste man das Problem schließlich mit einer Kabine für zwei Tandem-Sitze, die beide nach vorn wiesen. Große Seitenfenster ermöglichten dem Piloten die Sicht durch die Kabine. In einem flachen Sinkflug sollten beide Kabinen von Fallschirmen aus den Tragflächenhalterungen gezogen werden.

Dieses Foto läßt besonders gut die geschwungene Tragflächenform der Stuka erkennen. Sie wurde von einem hinter der Maschine fliegenden Begleitjägerpiloten durch die Cockpitscheibe aufgenommen. Sie trägt noch die vier Buchstaben der Werkskennung, da sich diese Junkers Ju 87B auf dem Testflug von Tempelhof aus befand. Aus diesem Blickwinkel sind zwar die Sturzflugbremsen erkennbar, aber nicht die 'Doppelflügel'-Klappen.

Aufriß-Erläuterung zur Junkers Ju 87D-3

1 Propellerhaube
2 Verstellmechanismus
3 Blattnabe
4 Propeller Ju-VS-11 für konstante Drehzahl
5 vibrationsfreie Triebwerkaufhängung
6 Öleinfüllstutzen
7 Reserveöltank (26,8 l)
8 flüssigkeitsgekühltes Zwölfzylinder-Triebwerk Junkers Jumo 211J-1
9 geschmiedete Triebwerkaufhängung aus Magnesiumlegierung
10 vorderer Kühlflüssigkeitstank
27 Druckschott
28 Öltank (31 l)
29 Öleinfüllstutzen (Intava 100)
30 Öltankkappe
31 schußsicherer Tragflächentank (steuerbord außen, 150 l)
32 Bomben unter der Tragfläche mit Dienartstab-Aufschlagzünder
33 Pitot-Rohr
34 Sauerstoffkugelflasche
35 Tragflächenbeplankung
36 Positionslicht steuerbord
37 Ausgleichsgewicht am Querruder
38 'Doppelflügel'-Querruder und Klappe (steuerbord außen)
39 Querrudergelenk
40 Wellblechflügelrippen
41 verstärkte Panzerglas-Windschutzscheibe

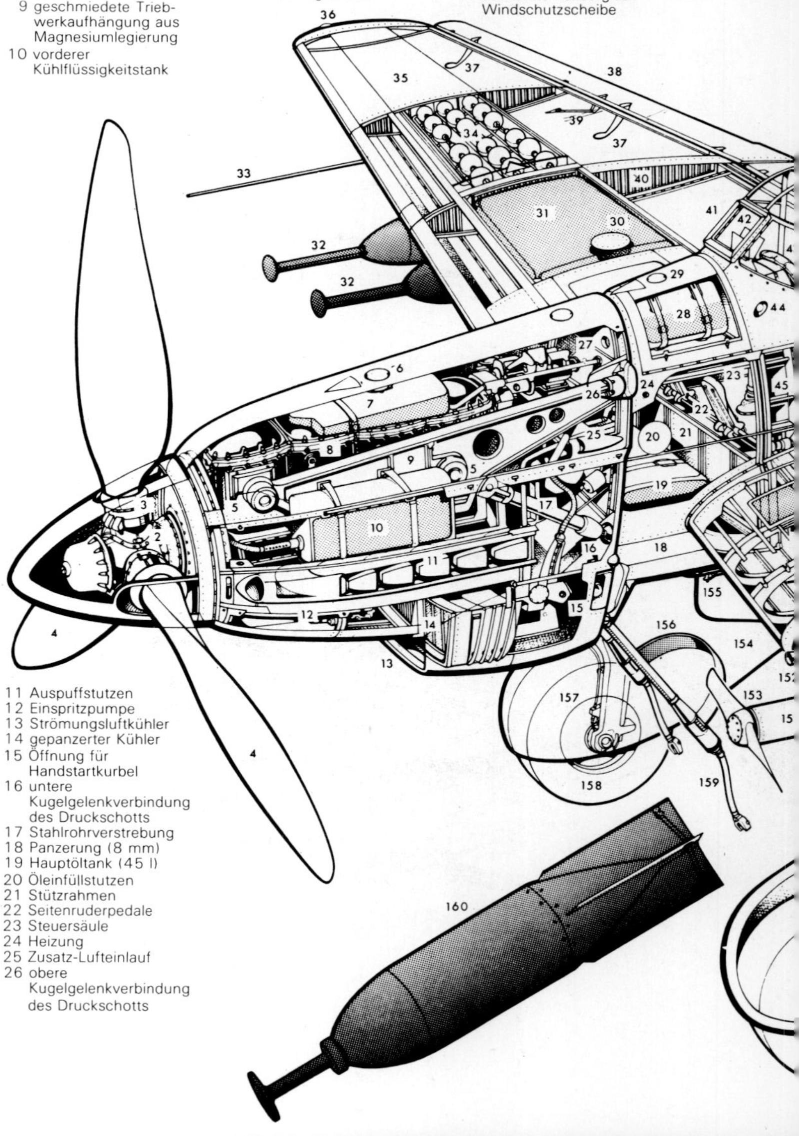

11 Auspuffstutzen
12 Einspritzpumpe
13 Strömungsluftkühler
14 gepanzerter Kühler
15 Öffnung für Handstartkurbel
16 untere Kugelgelenkverbindung des Druckschotts
17 Stahlrohrverstrebung
18 Panzerung (8 mm)
19 Hauptöltank (45 l)
20 Öleinfüllstutzen
21 Stützrahmen
22 Seitenruderpedale
23 Steuersäule
24 Heizung
25 Zusatz-Lufteinlauf
26 obere Kugelgelenkverbindung des Druckschotts

***Rechts:* Diese Ju 87B-2 trägt die Tarnfarben für den Kriegsschauplatz im Mittelmeerraum. Sie stand bei der 1./StG 3 im Einsatz und wurde 1942 von verschiedenen Frontstützpunkten in der Cyreneika aus geflogen.**

***Links:* Die hier abgebildete Ju 87D-1/Trop trägt eine 1,000 kg schwere SC-1.000-Bombe und hat gegenüber der B-Serie eine verbesserte Stromlinienform. S7 + KS war die Maschine von Oberstleutnant Walter Siegel, Geschwaderkommodore des Sturzkampfgeschwader 3 in Derna/Libyen im Juni 1942. Sie trägt die Kennung der 8./StG 3.**

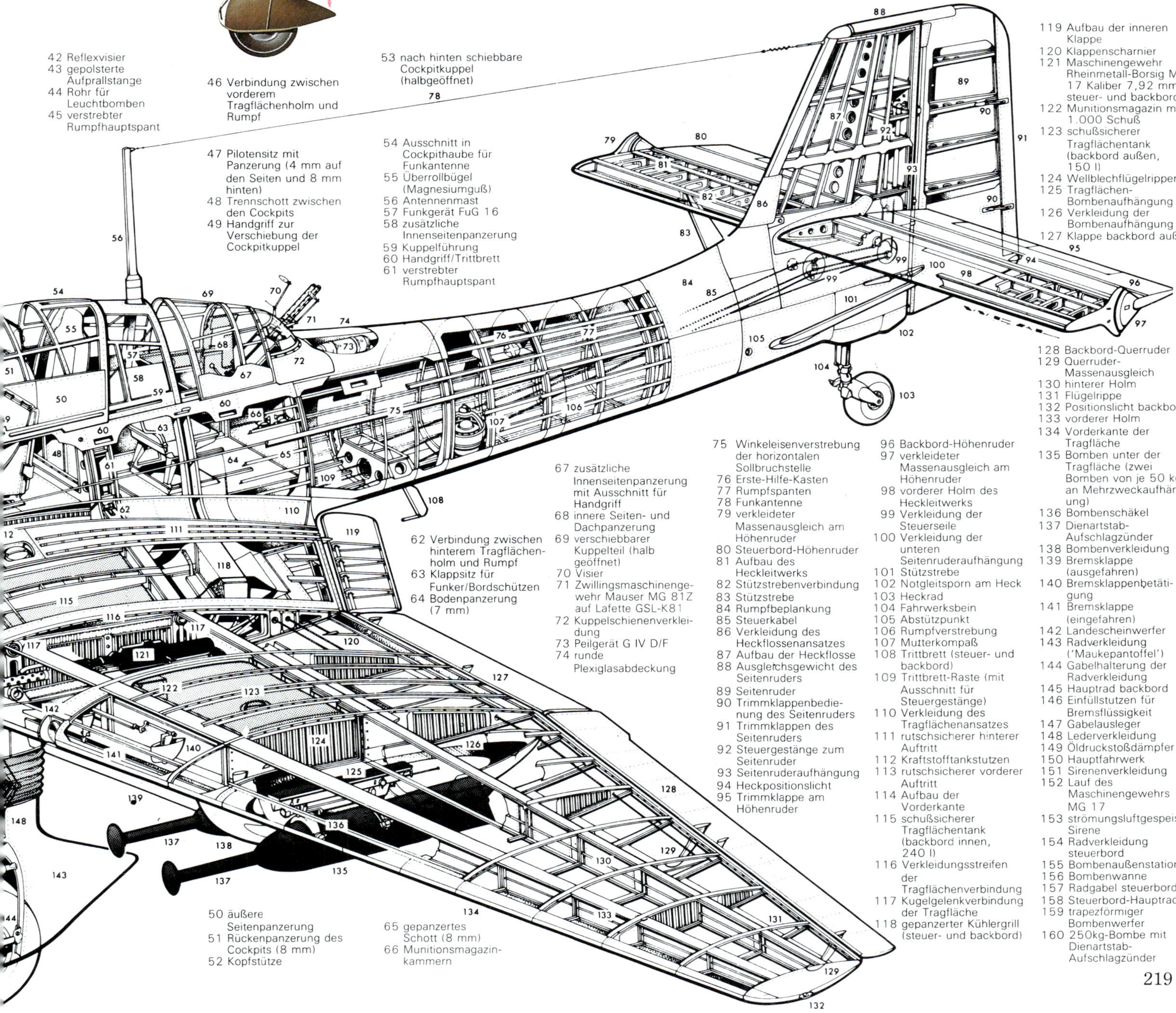

42 Reflexvisier
43 gepolsterte Aufprallstange
44 Rohr für Leuchtbomben
45 verstrebter Rumpfhauptspant
46 Verbindung zwischen vorderem Tragflächenholm und Rumpf
47 Pilotensitz mit Panzerung (4 mm auf den Seiten und 8 mm hinten)
48 Trennschott zwischen den Cockpits
49 Handgriff zur Verschiebung der Cockpitkuppel
50 äußere Seitenpanzerung
51 Rückenpanzerung des Cockpits (8 mm)
52 Kopfstütze
53 nach hinten schiebbare Cockpitkuppel (halbgeöffnet)
54 Ausschnitt in Cockpithaube für Funkantenne
55 Überrollbügel (Magnesiumguß)
56 Antennenmast
57 Funkgerät FuG 16
58 zusätzliche Innenseitenpanzerung
59 Kuppelführung
60 Handgriff/Trittbrett
61 verstrebter Rumpfhauptspant
62 Verbindung zwischen hinterem Tragflächenholm und Rumpf
63 Klappsitz für Funker/Bordschützen
64 Bodenpanzerung (7 mm)
65 gepanzertes Schott (8 mm)
66 Munitionsmagazinkammern
67 zusätzliche Innenseitenpanzerung mit Ausschnitt für Handgriff
68 innere Seiten- und Dachpanzerung
69 verschiebbarer Kuppelteil (halb geöffnet)
70 Visier
71 Zwillingsmaschinengewehr Mauser MG 81Z auf Lafette GSL-K81
72 Kuppelschienenverkleidung
73 Peilgerät G IV D/F
74 runde Plexiglasabdeckung
75 Winkeleisenverstrebung der horizontalen Sollbruchstelle
76 Erste-Hilfe-Kasten
77 Rumpfspanten
78 Funkantenne
79 verkleideter Massenausgleich am Höhenruder
80 Steuerbord-Höhenruder
81 Aufbau des Heckleitwerks
82 Stützstrebenverbindung
83 Stützstrebe
84 Rumpfbeplankung
85 Steuerkabel
86 Verkleidung des Heckflossenansatzes
87 Aufbau der Heckflosse
88 Ausgleichsgewicht des Seitenruders
89 Seitenruder
90 Trimmklappenbedienung des Seitenruders
91 Trimmklappen des Seitenruders
92 Steuergestänge zum Seitenruder
93 Seitenruderaufhängung
94 Heckpositionslicht
95 Trimmklappe am Höhenruder
96 Backbord-Höhenruder
97 verkleideter Massenausgleich am Höhenruder
98 vorderer Holm des Heckleitwerks
99 Verkleidung der Steuerseile
100 Verkleidung der unteren Seitenruderaufhängung
101 Stützstrebe
102 Notgleitsporn am Heck
103 Heckrad
104 Fahrwerksbein
105 Abstützpunkt
106 Rumpfverstrebung
107 Mutterkompaß
108 Trittbrett (steuer- und backbord)
109 Trittbrett-Raste (mit Ausschnitt für Steuergestänge)
110 Verkleidung des Tragflächenansatzes
111 rutschsicherer hinterer Auftritt
112 Kraftstofftankstutzen
113 rutschsicherer vorderer Auftritt
114 Aufbau der Vorderkante
115 schußsicherer Tragflächentank (backbord innen, 240 l)
116 Verkleidungsstreifen der Tragflächenverbindung
117 Kugelgelenkverbindung der Tragfläche
118 gepanzerter Kühlergrill (steuer- und backbord)
119 Aufbau der inneren Klappe
120 Klappenscharnier
121 Maschinengewehr Rheinmetall-Borsig MG 17 Kaliber 7,92 mm steuer- und backbord
122 Munitionsmagazin mit 1.000 Schuß
123 schußsicherer Tragflächentank (backbord außen, 150 l)
124 Wellblechflügelrippen
125 Tragflächen-Bombenaufhängung
126 Verkleidung der Bombenaufhängung
127 Klappe backbord außen
128 Backbord-Querruder
129 Querruder-Massenausgleich
130 hinterer Holm
131 Flügelrippe
132 Positionslicht backbord
133 vorderer Holm
134 Vorderkante der Tragfläche
135 Bomben unter der Tragfläche (zwei Bomben von je 50 kg an Mehrzweckaufhängung)
136 Bombenschäkel
137 Dienartstab-Aufschlagzünder
138 Bombenverkleidung
139 Bremsklappe (ausgefahren)
140 Bremsklappenbetätigung
141 Bremsklappe (eingefahren)
142 Landescheinwerfer
143 Radverkleidung ('Maukepantoffel')
144 Gabelhalterung der Radverkleidung
145 Hauptrad backbord
146 Einfüllstutzen für Bremsflüssigkeit
147 Gabelausleger
148 Lederverkleidung
149 Öldruckstoßdämpfer
150 Hauptfahrwerk
151 Sirenenverkleidung
152 Lauf des Maschinengewehrs MG 17
153 strömungsluftgespeiste Sirene
154 Radverkleidung steuerbord
155 Bombenaußenstation
156 Bombenwanne
157 Radgabel steuerbord
158 Steuerbord-Hauptrad
159 trapezförmiger Bombenwerfer
160 250kg-Bombe mit Dienartstab-Aufschlagzünder

Links: **Die ungarische Luftwaffe setzte ebenfalls die Stuka in großem Umfang ein. Diese Ju 87D-3 stand 1943 beim ungarischen Stuka-Geschwader 102/1, deren Maschinen überwiegend die größere Spannweite der D-5 hatten.**

Rechts: **Als kleinere Achsenmacht verwendete Bulgarien die Ju 87 mit einem schwarz-weißen Kreuz. Die abgebildete Ju 87D-5 wurde an der Ostfront und ab Mitte 1944 gegen Partisanen in Bulgarien eingesetzt. Interessant sind die spitz zulaufenden Enden der weitgespannten Tragflächen.**

Links: **Obwohl schwerfälliger und verwundbarer als die vorhergehenden Varianten, erwies sich der Panzerjäger Ju 87G-1 in der Hand eines geübten Kampfpiloten als außerordentlich wirksam. Diese Maschine aus der frühen Serienproduktion trägt das Emblem des Versuchskommandos für Panzerbekämpfung vom April 1943.**

Zwar wurden diese Kabinen mit Passagieren geflogen, doch ist nicht bekannt, ob sie wirklich auf diese Weise abgesetzt wurden.

Alle Achsenmächte des Zweiten Weltkrieges, darunter Italien, Ungarn, die Slowakei, Rumänien und Bulgarien, setzten die Ju 87 ein. Als sie von den Briten mit italienischen Hoheitsabzeichen gesichtet wurde, glaubten sie, der Typ sei in Italien gebaut worden, und gaben ihm den Fantasienamen Breda 201 Picchiatelli. In Wirklichkeit wurden jedoch alle Maschinen des Typs Ju 87 ohne Ausnahme von den Weser-Werken in Tempelhof hergestellt.

Varianten der Junkers Ju 87

Junkers Ju 87 V1: erster Prototyp mit einem Rolls-Royce Kestrel Triebwerk von 640 PS/477 kW.
Junkers Ju 87 V2: zweiter Prototyp mit einem Jumo 210Aa Triebwerk (610 PS/455 kW) und eilig montiertem, einfachem Heckleitwerk.
Junkers Ju 87 V3: dritter Prototyp mit neu gestaltetem Heckleitwerk und abgesenktem Triebwerk für verbesserte Sicht.
Junkers Ju 87A: erste Maschine der Serienproduktion mit einem Jumo 210Ca Triebwerk (640/477 kW), bei der A-2 Jumo 210Da (680 PS/507 kW); 1937/38 wurden ca. 200 Maschinen gebaut.
Junkers Ju 87B: mit einem Jumo 211Da Triebwerk (1.200 PS/895 kW), geänderter Cockpitkuppel und Rumpf, größerer Heckflosse, Radverkleidung anstelle der Fahrwerkverkleidung, Bombenlast bis zu 1.000 kg. Stückzahl in verschiedenen Untertypen ca. 1.300.
Junkers Ju 87C: Version für die Marineflieger für den Betrieb auf Flugzeugträgern, mit klappbaren Tragflächen, Katapultiervorrichtungen, abwerfbarem Fahrwerk, Wasserungsvorrichtung und Zusatztanks zum Einsatz von Festlandbasen aus.
Junkers Ju 87D: Großserienmodell mit einem Jumo 211J-1 Triebwerk (1.400 PS/1.044 kW oder 1.500 PS/1.119 kW), verbesserter Aerodynamik, Bombenlast bis zu 1.800 kg. Schleppvorrichtung für Segelflugzeuge (D-2), stärkerer Panzerung (D-3), Torpedo-Beförderung (D-4), großeren Tragflächenenden (D-5), Zwillingsbordkanone MG 151 und Nachtflugausrüstung (D-7), D-8 wie D-7, aber ohne Nachtausrüstung.
Junkers Ju 87G-1: Umbau der D-3 als gepanzertes Kampfflugzeug mit zwei Flak 1,8 (BK 3,7) Kaliber 3,7 cm.
Junkers Ju 87H: Trainingsmaschine mit Doppelsteuerung, ohne Bewaffnung, mit seitlicher Ausbuchtung des hinteren Cockpits.
Junkers Ju 87R: Weiterentwicklung der Ju 87B-2 mit vergrößerter Kraftstoffkapazität und Halterungen für zwei Abwurftanks anstelle der üblichen einzelnen Bombe SC250.

Hier zwei vom Wetter mitgenommene Maschinen vom Typ Ju 87B-2 der II Gruppe des Stukageschwader 1, wahrscheinlich im Herbst 1941 an der Ostfront. Neun weitere Ju 87 sind im Hintergrund erkennbar. Sie kehren ohne Bombenlast wahrscheinlich von einem Einsatz zurück.

Die größere Spannweite der Ju 87D-5 erlaubte den sicheren Transport schwererer Waffenlasten. Diese Aufnahme entstand beim Landeanflug einer D-5 nach einem Einsatz in Kursk mit der 8./StG 2 im Jahre 1943. Die Bezeichnung T6 bedeutete, daß die Maschine zum Sturzkampfgeschwader 2 gehörte.

Boeing B-17
Die Fliegende Festung

Die Piloten der B-17 Fortress flogen ihre Maschinen durch Schnee, Flakbeschuß und Feuer. Sie stellten Rekorde auf, die bis heute unübertroffen sind. Anfangs kehrten die schmutzig-olivgrünen Maschinen qualmend und durchlöchert von ihren Einsätzen zurück. Doch Ende 1944 beherrschten sie den Luftraum über Deutschland.

Die riesige Flotte der US 8th Air Force war überwiegend mit der Boeing B-17 ausgerüstet, überflog Deutschland der Länge und Breite nach und beherrschte von 1942 bis 1945 mit der Bombardierung von Fabrikanlagen und anderen Punktzielen den Luftraum über dem europäischen Kriegsschauplatz. Unter ihrem Ansturm zerbröckelte auch Görings mächtige Luftwaffe in der bisher massivsten und blutigsten Luftschlacht. Doch dachte man 1934, als amerikanische Bomber allenfalls zu so militärisch unbedeutenden Zielen wie Kanada, Mexiko oder einigen vorgelagerten britischen Inseln fliegen konnten, noch nicht an Auseinandersetzungen von solchen Ausmaßen. Da Geld knapp war in der damaligen wirtschaftlichen Depression, glaubte man, sich mit dem Martin Eindecker-Bomber behelfen zu können.

Als das Luftkorps der US-Armee einen neuen Bomber mit mehreren Triebwerken haben wollte, waren einige Ingenieure bei der Boeing Airplane Company weitsichtig genug, sich nicht auf die bis dahin üblichen zwei Triebwerke zu beschränken, sondern diese Zahl zu verdoppeln. Sicherlich taten sie dies vor allem zur Verbesserung der Flughöhe über dem Zielort, doch die Boeing 299 geriet ihnen auch deutlich größer als die konkurrierenden Maschinen.

Am 18. Juni 1934 begann die Entwicklungsarbeit, deren erstes Er-

Die verschiedenen Grünschattierungen der Tarnbemalung wurden von der US-Army Air Force im Januar 1944 aufgegeben. Die Abbildung zeigt zwei Maschinen vom Typ B-17F der 8th Air Force's 91st Bomb Group (322nd Bomb Squadron) mit dem unregelmäßig gezeichneten Mittelgrün (Shade 42).

USAF

Boeing B-17F-25-BO Flying Fortress

Technische Daten

Typ: schwerer Bomber mit 8 bis 10 Mann Besatzung.
Triebwerk: vier Wright R-1820-97 Cyclone mit je 1.200 PS/895 kW.
Leistung: Höchstgeschwindigkeit 475 km/h; Anfangssteiggeschw. 4,56 m/sek; Dienstgipfelhöhe 10.975 m; Kampfradius mit 2.270 kg Bomben 1.287 km.
Gewicht: Leergewicht (normalerweise) 15.422 kg; normales Gesamtgewicht 25.400 kg; mit kriegsbedingter Überladung ab 1943 32.660 kg.
Abmessungen: Spannweite 31,60 m; Länge 22,80 m; Höhe 5,85 m; Tragflügelfläche 131,92 m^2.
Bewaffnung: maximale Bombenlast 4.355 kg, später erhöht auf 7.983 kg; Verteidigungsbewaffnung normalerweise elf MG Kal. 12,7 mm und ein MG Kal. 7,62 mm.

Die B-17F mit dem Namen 'Fast Woman' gehörte zur 359th Bomb Squadron, 303rd Bomb Group, 8th Air Force in Molesworth. Die Tarnbemalung bestand aus Olivgrün, verwaschenem Lila und Mittelgrün. Die Kodierung erfolgte damals in gelber Farbe, wurde aber ab 1. Januar 1944 auf Schwarz umgestellt, als die Maschinen in Metallicausführung geflogen wurden.

25177
U
BN
U

Links: **Diese B-17G ist die berühmte 'A Bit o' Lace' der 711th BS, 447th BG in Rattlesden. Diese Einheit verwendete keine Buchstabenkodierung.**

Rechts: **Diese B-17G-55 wurde unter der Bezeichnung KJ109 von der RAF betrieben und operierte vom Stützpunkt Oulton aus in dem streng geheimen und sehr erfolgreichen Projekt zur Erforschung der elektronischen Kriegsführung.**

gebnis der ausgesprochen erfolgreiche Jungfernflug des Prototyps am 28. Juli 1935 von Boeing-Werksflughafen aus mit dem Piloten Les Tower war. Die Hauptaufgabe dieses neuen Bombers sollte die Verteidigung der USA gegen eine Invasion vom Meer her sein, die bis dahin einzig denkbare Bedrohung des Landes. Deshalb verzichtete Boeing auf schwere Defensiv-Bewaffnung und die neue Maschine wurde unter der dann offiziellen Bezeichnung Flying Fortress (fliegende Festung) registriert.

Rückschläge und Rekorde

Am 20. August 1935 erreichte dieser Prototyp bei einem Langstreckenflug ohne Zwischenlandung eine Durchschnittsgeschwindigkeit, die höher war als die Höchstgeschwindigkeit der Konkurrenten mit zwei Triebwerken. Sehr eindrucksvoll war dabei der unbemalte, silbrig glänzende Rumpf; nur das Seitenruder trug die Streifen des USAAC (United States Army Air Corps) und die Registriernummer der Zivilen Luftfahrtbehörde.

Doch als dieser Bomber am 30. Oktober desselben Jahres vor den Offizieren des USAAC zu seinem ersten offiziellen Demonstrationsflug startete, zog er viel zu steil in die Höhe, überzog und ging am Boden in eine Feuersäule auf. Vor dem Start war vergessen worden, die äußeren Verriegelungen der Höhenruder zu entfernen. Obwohl deshalb zunächst die Douglas B-18 die Ausschreibung gewann, wurden am 17. Januar 1936 dreizehn Boeing-Bomber wegen ihres wesentlich größeren Potentials unter der Bezeichnung Y1B-17 für ein Testprogramm bestellt.

Vor allem in der Fahrwerkausstattung, der Bewaffnung und den Triebwerken (Wright Cyclone mit 930 PS/694 kW anstelle des Pratt & Whitney Hornet mit 750 PS/560 kW) unterschieden sich diese Maschinen, die 1937 an das 2. Bombergeschwader in Langley Field ausgeliefert wurden und dann fast 10.000 Flugstunden ohne nennenswerte Schwierigkeiten absolvierten. Dabei trug diese Einheit neue Erfahrungen beim Einsatz von Langstreckenbombern in großer Höhe bei. Unter der Bezeichnung Y1B-17A wurde eine weitere Maschine mit Hochleistungs-Turboladern von General Electric ausgerüstet, die die Höchstgeschwindigkeit von 412 auf runde 500 km/h hochschraubten

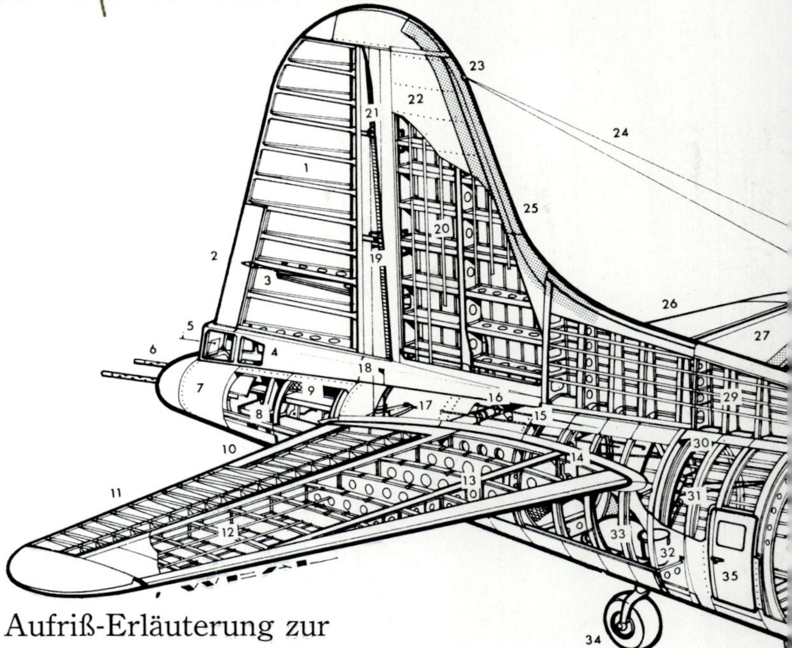

Aufriß-Erläuterung zur Boeing B-17F Flying Fortress

1 Seitenruderaufbau
2 Trimmklappe am Seitenruder
3 Trimmklappenbetätigung
4 Station des Heckschützen
5 Visier
6 Zwillings-MG Kal. 12,7 mm
7 Heckkonus
8 Sitz des Heckschützen
9 Munitionsmagazine
10 Trimmklappen am Höhenruder
11 Steuerbord-Höhenruder
12 Struktur des Heckleitwerks
13 vorderer Holm des Heckleitwerks
14 Flügelwurzel-Übergangsstruktur
15 Steuerkabel
16 Steuermechanik der Hohenruder
17 Steuergestänge zum Seitenruder
18 Seitenrudermast
19 Hauptgelenk des Seitenruders
20 Struktur der Heckflosse
21 oberes Gelenk des Seitenruders
22 Heckflossenbeplankung
23 Antennenhalterung
24 Antennen
25 Enteisungskammer der Heckflossenkante
26 Backbord-Höhenruder
27 Heckleitwerk backbord
28 Enteisungskammer der Heckleitwerkkante
29 Aufbau der Rückenflosse
30 Rumpfspant
31 Steuerbetätigung des Heckrads
32 Toilette
33 Verkleidung des (eingefahrenen) Heckrads
34 voll schwenkbares, einfahrbares Heckrad
35 Einstieg für Besatzung
36 Steuerkabel
37 Luke im Mittelrumpf
38 MG in Mittelrumpf Kal. 12,7 mm
39 Rahmenaufhängung des MG
40 Munitionsmagazin
41 Unterrumpfantenne
42 Schützenposition im Mittelrumpf
43 Backbord-MG im Mittelrumpf Kal. 12,7 mm
44 Deckenführung der Steuerkabel
45 Antennenmast auf dem Rumpf
46 Verankerung der Geschützturmaufhängung
47 Geschützturmaufhängung
48 Steuermechanik für Geschützturm
49 Stützrahmen
50 Dach des Geschützturms
51 Zwillings-MG Kal. 12,7 mm
52 Geschützturm (kugelförmig) unter dem Rumpf
53 Verkleidung der Flügelwurzel

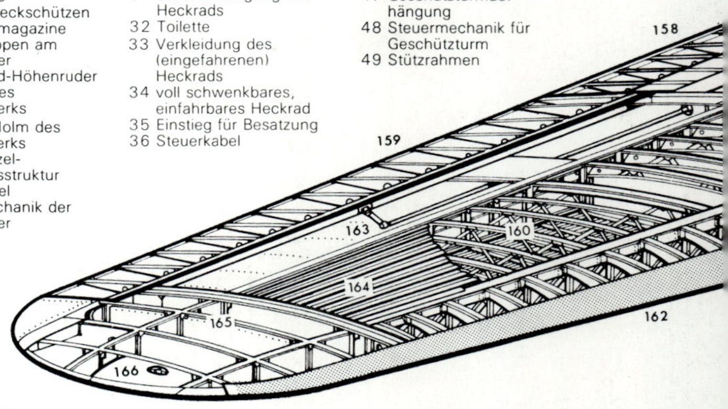

Der Prototyp der 299 hatte die Triebwerke Hornet S1EG und ein Fahrgestell mit Zwillingsverstrebung. Die Heckflosse trägt das Boeing-Emblem und die Modell-Nummer, auf dem Seitenruder sind die Streifen der US-Armee und die Serien-Nummer erkennbar. Das Bruttogewicht von 15.000 kg machte genau die Hälfte des Gesamtgewichts der späteren B-17G aus.

Links: **Zahlreiche B-17 und B-24 machten in Schweden und in der Schweiz Notlandungen. Diese B-17F-115 ging am 29. Februar 1944 in Schweden nieder. Acht Monate später tauchte sie wieder auf, von AB Aerotransport zu einem Verkehrsflugzeug für 14 Passagiere umgebaut.**

Rechts: **Diese B-17F der 360th BS, 303 BG, landete schon zu Beginn ihrer Einsatzzeit am 12. Dezember 1942 fast unbeschädigt in Frankreich und wurde daraufhin vom KG 200 für geheime Operationen mit deutschen Kennungen verwendet.**

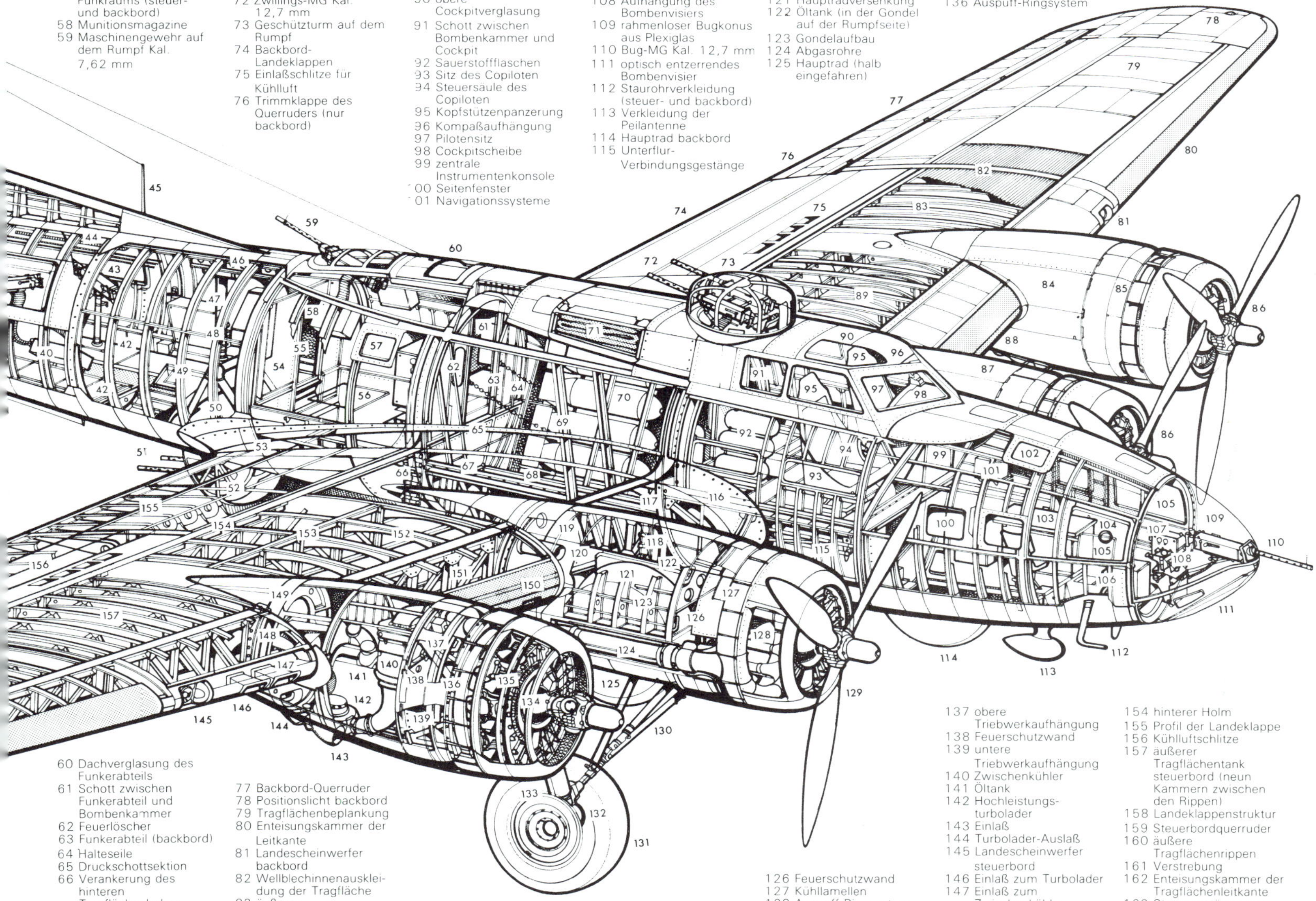

54 Druckschott
55 Funkerabteil
56 Luke für Kameraausrüstung
57 Sichtfenster des Funkraums (steuer- und backbord)
58 Munitionsmagazine
59 Maschinengewehr auf dem Rumpf Kal. 7,62 mm
60 Dachverglasung des Funkerabteils
61 Schott zwischen Funkerabteil und Bombenkammer
62 Feuerlöscher
63 Funkerabteil (backbord)
64 Halteseile
65 Druckschottsektion
66 Verankerung des hinteren Tragflächenholms
67 Tragflächenwurzelprofil
68 mittlerer Laufsteg in Bombenkammer
69 vertikale Bombenmagazine (steuerbord und backbord)
70 horizontale Bombenmagazine (steuerbord und backbord)
71 Schlauchbootkammer
72 Zwillings-MG Kal. 12,7 mm
73 Geschützturm auf dem Rumpf
74 Backbord-Landeklappen
75 Einlaßschlitze für Kühlluft
76 Trimmklappe des Querruders (nur backbord)
77 Backbord-Querruder
78 Positionslicht backbord
79 Tragflächenbeplankung
80 Enteisungskammer der Leitkante
81 Landescheinwerfer backbord
82 Wellblechinnenauskleidung der Tragfläche
83 äußerer Tragflächentank (neun Kammern zwischen den Rippen)
84 Triebwerksgondel Nr. 1
85 Kühllamellen
86 Dreiblattpropeller
87 Triebwerksgondel Nr. 2
88 Enteisungskammer der Leitkante
89 mittlerer Tragflächentank backbord (schußsicher)
90 obere Cockpitverglasung
91 Schott zwischen Bombenkammer und Cockpit
92 Sauerstoffflaschen
93 Sitz des Copiloten
94 Steuersäule des Copiloten
95 Kopfstützenpanzerung
96 Kompaßaufhängung
97 Pilotensitz
98 Cockpitscheibe
99 zentrale Instrumentenkonsole
100 Seitenfenster
101 Navigationssysteme
102 Oberfenster des Navigationsstandes (später ersetzt durch Dachkuppel)
103 Navigationstisch
104 Aufhängung des seitlichen MG
105 erweiterte (plane) Seitenfenster
106 Munitionsmagazin
107 Kontrollstand des Bombenschützen
108 Aufhängung des Bombenvisiers
109 rahmenloser Bugkonus aus Plexiglas
110 Bug-MG Kal. 12,7 mm
111 optisch entzerrendes Bombenvisier
112 Staurohrverkleidung (steuer- und backbord)
113 Verkleidung der Peilantenne
114 Hauptrad backbord
115 Unterflur-Verbindungsgestänge
116 Verkleidung der Tragflächenwurzel
117 Verankerung des vorderen Tragflächenholms
118 Luke zur Batterie (im vorderen Flügelansatz)
119 Schott zwischen Tragflächenholm und Triebwerksgondel Nr. 3
120 Druckleitungen zum Zwischenkühler
121 Hauptradversenkung
122 Öltank (in der Gondel auf der Rumpfseite)
123 Gondelaufbau
124 Abgasrohre
125 Hauptrad (halb eingefahren)
126 Feuerschutzwand
127 Kühllamellen
128 Auspuff-Ringsystem
129 Dreiblattpropeller
130 Einschwenkarm des Fahrwerks
131 Hauptrad steuerbord
132 Achse
133 hydraulisch gefederte Fahrwerkstrebe
134 Gehäuse des Propelleruntersetzungsgetriebes
135 1.000 PS Sternmotor Wright R-1829-65
136 Auspuff-Ringsystem
137 obere Triebwerkaufhängung
138 Feuerschutzwand
139 untere Triebwerkaufhängung
140 Zwischenkühler
141 Öltank
142 Hochleistungsturbolader
143 Einlaß
144 Turbolader-Auslaß
145 Landescheinwerfer steuerbord
146 Einlaß zum Turbolader
147 Einlaß zum Zwischenkühler
148 Rohrleitungen
149 Schott zwischen Flügelholm und Triebwerksgondel Nr. 4
150 Einlaß zum Ölkühler
151 Aufbau des Haupttragflächenholms
152 mittlerer Tragflächentank (Rippenausschnitt)
153 mittlerer Hilfsholm
154 hinterer Holm
155 Profil der Landeklappe
156 Kühlluftschlitze
157 äußerer Tragflächentank steuerbord (neun Kammern zwischen den Rippen)
158 Landeklappenstruktur
159 Steuerbordquerruder
160 äußere Tragflächenrippen
161 Verstrebung
162 Enteisungskammer der Tragflächenleitkante
163 Steuergestänge zum Querruder
164 innere Wellblechauskleidung der Tragfläche
165 Flügelkantenaufbau
166 Positionslicht steuerbord

und eine Einsatzflughöhe von über 9.000 Metern ermöglichten.

Die Testergebnisse der nunmehr B-17 genannten Maschine waren so überzeugend, daß das USAAC gegen den energischen Widerstand der Marine die Massenproduktion forderte und zusammen mit Boeing schon an die Planung der nächsten Bombergeneration B-29 ging. Die US Navy setzte eine Kürzung der Produktion durch und erreichte, daß vom ersten Serienmodell nur 39 Stück gebaut wurden. Dieser Typ wies zahlreiche kleine Änderungen auf wie z.B. die neu gestaltete Rumpfnase und ein größeres Seitenruder.

Diese B-17B war der erste Bomber der Welt mit Turboladern und konnte dementsprechend auch am schnellsten und höchsten fliegen. Gleichzeitig begann das USAAC mit einem umfangreichen Programm zur Verbesserung der Langstreckenbombeneinsätze bei Tage, die mit ihrem massierten Feuer feindlichen Abfangjägern überlegen sein würden. Man ging dabei davon aus, daß gegnerische Jäger mit der Geschwindigkeit und Höhe der B-17 nicht im geringsten würden Schritt halten können und damit ein im Vergleich zu den Bombern fast stationäres Ziel abgeben würden, das von Hunderten von Maschinengewehren gleichzeitig unter Feuer genommen und zerstört werden könnte.

USAF

Das Problem der Ausrüstung mit ausreichender Bewaffnung zur Verteidigung wurde bei der B-17G mit vier MG Kal. 12,7 mm gelöst, die in Paaren unter dem Bug und auf dem Rumpf installiert wurden. Dazu kamen zwei seitlich in den Rumpf integrierte und manuell bediente MG am Bug.

Einsatz in Europa

Dank der Erprobung vom Wright Field aus konnte Boeing die B-17 weiter verbessern und lieferte 1939 unter der Bezeichnung B-17C dann 39 Bomber aus, die mit 22.520 kg wesentlich schwerer waren als die B-17 mit 19.505 kg. Sie hatten stärkere Panzerung, schußsichere Kraftstoffbehälter und neben einigen kleineren Ergänzungen auch eine schwerere Bewaffnung (Zwillingsmaschinengewehre Kaliber 12,7 mm über dem Rumpf und in einer zusätzlichen 'Badewanne' unter dem Rumpf; Zwillings-MG Kal. 7,62 mm im Bug und an den Rumpfseiten). Aufgrund der stärkeren 1.200 PS/895 kW Triebwerke war dieser Typ trotz des größeren Gewichts mit einer Höchstgeschwindigkeit von 515 km/h die schnellste Version dieser Reihe überhaupt.

Im Frühjahr 1941 erzielte die britische Luftwaffe nach einer Verhandlungsdauer von fünfzehn Monaten die Lieferung von zwanzig Maschinen im Austausch für die Übermittlung aller Erfahrungen aus dem Kampfeinsatz. Diese Fortress I wurden von den Briten so ungeschickt eingesetzt, daß bald nur noch neun Maschinen übrigblieben, die letztendlich zur Küstenwache und in den Mittleren Osten abgeschoben wurden.

Das Modell B-17D, von dem 42 Stück 1940 bestellt wurden, erhielt eine weitreichend verbesserte Innenausstattung, eine neue elektrische Anlage und Kühl-Lamellen an den Triebwerksverkleidungen. Von diesem damals jüngsten Modell wurden am 7. Dezember 1941 in Pearl Harbour und am folgenden Tag auf den Philippinen insgesamt dreißig Maschinen am Boden zerstört. Doch hatten die Boeing-Werke inzwischen schon eine auch äußerlich veränderte Maschine entwickelt, die alle bis dahin im Zweiten Weltkrieg in Europa gewonnenen Erfahrungen berücksichtigte. Diese Boeing 299O wurde mit der Bezeichnung B-17E im Dezember 1941 von der US Army Air Force in Dienst gestellt. Am auffälligsten war das wesentlich größere Heck mit vergrößertem Seitenleitwerk und Querrudern, wodurch die Flugkontrolle und -stabilität in großer Höhe verbessert wurden.

Auch die Bewaffnung wurde vollkommen umgestaltet und bestand aus Zwillings-MG Kal. 12,7 mm in einem fernbedienten Geschützturm hinter dem Cockpit, einem Unterrumpfturm nahe der Flügelhinterkante sowie einem neuen, handbedienten Geschützturm im Heck. Zwei weitere MG konnte manuell vom Dach oder der Funkkabine aus bedient werden. Mit je einem weiteren MG an den Mittelrumpfseiten bestand die Bewaffnung damit aus zehn schweren Maschinengewehren und zwei leichten, im Bug montierten MG Kal. 7,62 mm.

Zusätzliche Verstärkung der Panzerung und andere Ausrüstungsverbesserungen trieben das Leergewicht auf fast 25 Tonnen und ließen die Reisegeschwindigkeit auf knapp 340 km/h fallen. Diese B-17 ging als erster Typ der Reihe in die Großserienproduktion: Einschließlich der als Fortress II an die britische Luftwaffe gelieferten 45 Stück wurden insgesamt 512 Maschinen gebaut.

Diese Aufnahme entstand während der Bombardierung der Ölraffinerie in Merseburg am 2. November 1944 durch die 486th Bomb Group. Man sieht, wie gefährlich die deutsche Flak der B-17 werden konnte: Eine B-17G ist durch die dicke Wolkendecke hindurch getroffen.

USAF

Die Massenproduktion

Am 30. Mai 1942 stellten die Boeing-Werke ihre erste B-17F im Flug vor, die aufgrund zahlreicher Änderungen ein Bruttogewicht von fast 30 Tonnen erreichte und für den Kurzstreckeneinsatz Bombenlasten von 9.435 kg tragen konnte, bei normalen Einsätzen aber selten 2.270 kg überstieg. Äußerlich unterschied sie sich vom Modell F nur durch den spitzer zulaufenden Bug, der aus einem in einem Stück gegossenen Plexiglaskonus bestand. Nicht nur Boeing, sondern auch Douglas in Long Beach und die Lockheed-Tochter Vega in Burbank waren an der Großserienproduktion beteiligt, und zwar Boeing selbst mit 2.300, Douglas mit 605 und Vega mit 500 Maschinen.

Mit den Typen B-17E und B-17F leitete die US 8th Air Force ihre Präsenz in Großbritannien ein. Am 17. August 1942 wurde mit zwölf Bombern vom Typ Boeing B-17E der 97th Bomb Group der erste Kampfeinsatz, und zwar gegen den Rangierbahnhof von Rouen, geflogen. Damit begann der Aufbau der bis dahin umfangreichsten strategischen Einsatzflotte, und es war der Anfang eines dreijährigen Feldzuges, während dessen rund 600.000 Tonnen amerikanischer Bomben auf deutsche Ziele niedergingen. Schließlich errangen die Alliierten, allerdings unter schweren Verlusten, die Luftüberlegenheit auch bei Tage über dem Deutschen Reich.

Die B-17G war das letzte und am zahlreichsten hergestellte Modell dieser Reihe, in dem alle unter bitteren Verlusten gewonnenen Erfahrungen berücksichtigt wurden. Unter anderem erhielt diese Maschine einen Geschützturm unter dem Bug mit sehr genau zielenden, voraus-

USAF

Der Verzicht auf die Bemalung ergab eine meßbar höhere Geschwindigkeit bzw. geringeren Kraftstoffverbrauch. Die Abbildung zeigt von Douglas gebaute B-17G der 381st Bomber Group (Codebezeichnung VE = 532nd BS; VP = 553rd BS).

feuernden Zwillings-MG Kal. 12,7 mm, da die deutschen Abfangjäger zuviele Abschüsse im Frontalangriff erzielt hatten. Dem sollte mit dem neuen Geschützturm, zwei seitlich am Bug montierten MG und vielleicht auch dem Turm auf der Rumpfoberseite begegnet werden.

Die B-17G hatte integrierte Geschützpositionen am Mittelrumpf, wesentlich größere Munitionsmagazine und, wie schon die meisten Maschinen vom Typ B-17F, Schaufelblatt-Propeller für das größere Gewicht und die daraus resultierenden Leistungsmängel. Die meisten B-17G erreichten aufgrund ihrer verstärkten Turbolader eine Dienstgipfelhöhe von über 10.000 Metern, waren aber so schwer, daß ihre Reisegeschwindigkeit auf unter 300 km/h absackte. Damit waren sie im Formationsflug stärker verwundbar durch deutsches Flak-Feuer und die Bordkanonen der deutschen Abfangjäger.

Elektronik-Ausstattung

Von der B-17G wurden 4.035 bei Boeing, 2.395 bei Douglas und 2.250 bei Vega, zusammen also 8.680 Stück gebaut. Alle Versionen zusammen ergeben eine Gesamtzahl von 12.731, von denen die US-Luftwaffe offiziell 12.677 erhielt. Die B-17F und 17G wurden von der britischen Luftwaffe unter der Bezeichnung Fortress II bzw. III vor allem im Küstenschutz betrieben. Einige Maschinen erhielten anstelle des Geschützturms unter dem Bug eine Radaranlage und zum Einsatz gegen aufgetauchte U-Boote eine Bordkanone Vickers S Kal. 40 mm.

Daneben wurde die B-17G auch vor allen anderen Maschinen mit speziellen elektronischen Instrumenten und Anlagen für die RAF Geschwader Nr. 100 und 214 bestückt, die die Pioniere der elektronischen Kriegsführung waren, spezialisiert auf Signaltäuschung, -störung und -auswertung, alles in allem 19 verschiedene Anlagen, von denen hier nur die Code-Bezeichnungen der beiden Supersender 'Jostle' und 'Piperack' erwähnt werden sollen. Die einzige, dafür aber häufig eingesetzte elektronische Ausrüstung der amerikanischen B-17 war das Radargerät H_2X oder 'Mickey Mouse', das den zielgenauen Bombenabwurf durch eine Wolkendecke ermöglichte. Der Sucher wurde normalerweise in einer einziehbaren Radarkuppel unter dem Bug oder anstelle des Geschützturms montiert.

Dieser Geschützturm war bei der B-24 Liberator einziehbar, bei der B-17 aber feststehend. Anfänglich war die B-17E mit einem trommelähnlichen Geschützturm unter dem Rumpf bestückt worden, der über ein Periskop vom Schützen im Rumpf bedient wurde. Dieser wurde aber bald durch einen kugelförmigen Behälter der Firma Sperry ersetzt, in dem der Schütze fünf oder sechs Stunden lang mit angezogenen Knien hocken mußte.

Bei einer Bauchlandung wäre diese Gondel zusammen mit dem Schützen plattgedrückt worden, wenn — wie dies nicht selten geschah — die Ausstiegsluken nach Beschuß klemmten. Mit Spezialwerkzeugen sollte deshalb zunächst der Schütze befreit und die Gondel dann vor der Bauchlandung abgeworfen werden. Als eine B-17 einmal mit schweren Schäden und klemmendem Fahrgestell von einem Einsatz zurückkehrte, stellte sich kurz vor der Bauchlandung auf dem Heimatflughafen heraus, daß das Spezialwerkzeug nicht an Bord war. Der diensthabende Offizier am Boden wurde über Funk informiert, griff sich einen Satz Werkzeuge und versuchte dann zwei Stunden lang unter ständigem Umkreisen der B-17 mit seiner Maschine, das Werkzeug an einem Strick zu übergeben — mit Erfolg!

1942 baute die Firma Vega zahlreiche Spezialversionen der B-17 als Geleitjäger. Die zweite von Vega gebaute B-17F wurde als erste zur XB-40 umgebaut und erhielt eine weitgehend andere Bewaffnung wie den zweiten Geschützturm an der Rumpfoberseite und eine voll bestückte Bombenbucht. Die nächsten zwanzig Maschinen mit der Bezeichnung YB-40 waren noch schwerer bewaffnet und mit Vierfach-MG-Halterungen an Bug und Heck sowie insgesamt 30 MG bis zum Kaliber 37 mm und 40 mm ausgestattet. Diese Flugzeuge waren aber

Links: **Mit der B-17C wurde die Unterrumpfzelle eingeführt, wie sie auch bei der B-17D noch verwendet wurde, aber plane MG-Buchten anstelle der vorher üblichen Ausbuchtungen. Die anderen Unterschiede betreffen vor allem das Innere.**

Rechts: **Einer der berühmtesten amerikanischen Bomber war die Yankee Doodle mit der Serien-Nummer 41-9023. Sie beförderte General Ira C. Eaker zum ersten europäischen Einsatz des 8. Bomberkommandos gegen den Rangierbahnhof bei Rouen am 17. August 1942.**

Als die israelische Luftwaffe noch in den Kinderschuhen steckte, leistete sie sich das Husarenstück, sich 1948 drei Maschinen von Typ B-17G zu verschaffen und setzte diese Maschinen zur Bombardierung Kairos auf dem Weg nach Israel ein.

Varianten der Boeing B-17

Boeing 299: Prototyp; vier Pratt & Whitney Hornet mit je 750 PS/560 kW, oft XB-17 genannt, aber ohne offizielle militärische Bezeichnung. (1 Maschine)
Y1B-17: Testreihe mit vier Triebwerken Wright R-1820-39 von je 930 PS/694 kW, Einsatzausrüstung, fünf MG Kal. 7,62 mm, Bombenlast von 2.177 kg, später umbenannt in B-17. (Insg. 13)
Y1B-17A: 1 Maschine, Cyclon R-1820-51 mit Turbolader
B-17B: Boeing 299E, später 299M, erstes Modell der Produktionsreihe. (Insg. 39)
B-17C: Boeing 299H, mit vier R-1820-65, verbesserter Bewaffnung und Ausrüstung. (Insg. 38)

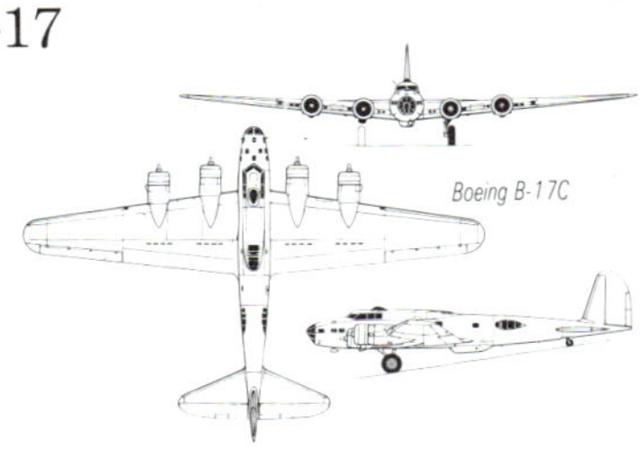

B-17D: Boeing 299H mit vielen weiteren Verbesserungen. (Insg. 42)
B-17E: Boeing 299O, völlig neu gestaltet und schwerer bewaffnet. Erstes Großserienmodell. (Insg. 512)

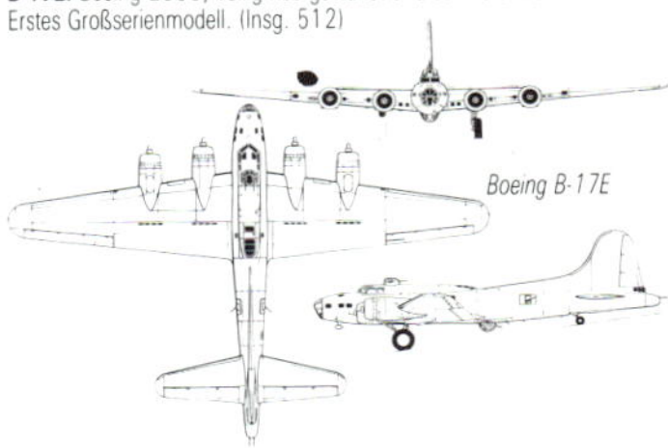

B-17F: Boeing 299P mit verstärktem Rahmen für höhere Belastung, mit R-1820-97, rahmenlosem Plexiglasbug. (Insg. 3.405)

B-17G: Standard-Bomber ab 1943, mit Dash-97-Triebwerken und Turboladern B-2 (B-22 ab Ende 1944), Geschützturm unter dem Bug; normale Defensivbewaffnung 13 MG Kal. 12,7 mm; auf diesem Typ bauten zahlreiche Umbauten und Nachkriegsvarianten auf. (Insg. 8.680)

so schwer, daß sie im Formationsflug mit den Bombern B-17 nicht Schritt halten konnten und nach neun Einsätzen im Jahre 1943 wegen Unbrauchbarkeit ausgemustert wurden.

1943 bestückte Boeing die neunte Maschine aus der Serie B-17E mit flüssigkeitsgekühlten Triebwerken von Allison mit je 1.425 PS/1.063 kW, die natürlich eine höhere Leistungsausbeute ergaben. Trotzdem blieb diese XB-38 ein Prototyp und Außenseiter. Eine andere B-17E (Serien-Nr. 41-2593) wurde für General Douglas MacArthur, den Oberbefehlshaber im Pazifikraum, mit komfortabler Kabine für 38 Passagiere ausgebaut. Ähnlich, wenn auch weniger anspruchsvoll, war der Lastentransporter XC-108A gestaltet, der an der Backbordseite eine große Ladeluke erhielt. Die YC-108 war ebenfalls eine zur Beförderung hoher Persönlichkeiten umgebaute B-17F, und die XL108B war die Tankerversion einer vormaligen B-17F, die Kraftstoff von Indien nach China überführte.

Vom Bomber zur Rakete

Unter der Bezeichnung F-9 baute United Airlines sechzehn B-17F in Cheyenne als Fernaufklärer mit sechs bis zehn Rumpfkameras um. Weitere 45 Maschinen dieses Typs wurden zur F-9A bzw. F-9B verwandelt, und zehn B-17G erhielten nach entsprechender Umrüstung die Bezeichnung F-9C. Nach dem Krieg hießen die Maschinen bis 1947 FB-17 und danach RB-17. Eine B-17F stand im Dienst der US-Marine, und gegen Kriegsende wurden weitere vierzig B-17G der Marine übergeben und mit dem neu entwickelten Radarsystem APS-120 ausgerüstet, das in einer großen Kuppel unter dem Bug montiert wurde — ein Pionier der fliegenden Frühwarnstationen. Diese Variante erhielt die Bezeichnung PB-1W.

Eine seltsame Kriegsvariante war der Umbau von kriegsbeschädigten B-17F und B-17G zur Lenkrakete Aphrodite: Sie wurden vollkommen ausgeschlachtet und mit je zehn Tonnen des neuen britischen Sprengstoffs Torpex gefüllt, der 50 % mehr Explosivkraft hatte als das herkömmliche Amatol. Viele Testflüge wurden unter den Projekttiteln 'Perilous' und 'Castor' durchgeführt, wobei zwei Piloten diese BQ-17 im offenen Cockpit starteten, anschließend ausstiegen und das Kommando einer B-17 oder PV-1 mit Fernsteuerung überließen.

Trotz elf erfolgreicher Einsätze gegen deutsche Ziele wurde diese Idee als zu gefährlich verworfen, nachdem ein solches Pulverfaß einen Krater von dreißig Metern Durchmesser in die englische Erde gerissen hatte und bei einem anderen die Funkverbindung abbrach. Es umkreiste eine englische Stadt, bevor es aufs Meer abdrehte.

Andere britische Erfahrungen wurden 1944 beim Umbau der B-17G in die Variante B-17H genutzt, die mit Rettungsbooten und Suchradar als Rettungsflugzeuge über See dienen sollte. Nach dem Krieg erhielt dieser Typ die Bezeichnung SB-17G. Ebenfalls nach dem Krieg erschienen die Varianten CB-17 und VB-17 als Transportmaschinen, die TB-17 als Ausbildungsflugzeug und die funkgesteuerten QB-17 und DB-17. Sie dienten bei der US-Luftwaffe noch nach ihrer Gründung im Jahre 1947 und wurde außerdem auch bei verschiedenen kleineren Luftwaffen benutzt.

Viele andere wurden von zivilen Luftfahrtgesellschaften aufgekauft. Sieben der 68 während des Krieges in Schweden niedergegangenen B-17 wurden von AB Aerotransport betrieben, eine andere wurde von TWA in Executive-Version verwendet. Mit Rolls-Royce Turboprop-Triebwerken wurde eine Version zur Brandbekämpfung bestückt, und Ende der vierziger Jahre waren ausgediente B-17 beliebte Prüfstände für Versuche und Erprobungen mit Düsenantrieb und Turboprop-Triebwerken.

Vor nicht allzu langer Zeit erst wurde die Rolle der verdeckt operierenden Luftwaffengruppe I/KG 200 bekannt, die vor allem mit erbeuteten B-17G unter der Tarnbezeichnung Dornier Do 200 zahllose waghalsige Langstreckeneinsätze durch ganz Europa von Norwegen bis hinunter zum Jordan und in die Sahara flog. Diese B-17 sollten keineswegs die Alliierten täuschen, denn sie trugen deutsche Kennzeichen, sondern sie wurden eingesetzt, weil sie für diesen Zweck einfach besser waren als alle deutschen Flugzeuge.

Ein höheres Lob kann man einer feindlichen Maschine wohl kaum aussprechen. Bestimmt ist es der B-17 zuzuschreiben, daß die Alliierten gegen Ende des Krieges die Luftüberlegenheit in Europa hatten.

USAF

Von weitem wirkt diese B-17G (Serien-Nr. 43-37716) leicht verschmutzt. Bei näherem Hinsehen entpuppt sie sich als die berühmte '5 Grand', die fünftausendste von Boeing gebaute Maschine, auf die die Mitarbeiter der Fabrik in Seattle ihre Namen schrieben. Klar zu erkennen sind die nach vorne und unten gerichteten Maschinengewehre am Bug, sowie in der Gondel unter dem Rumpf.

Messerschmitt Bf 109

Willy Messerschmitts Bf 109 diente am längsten von allen deutschen Abfangjägern und war im Zweiten Weltkrieg der Eckpfeiler der Luftwaffe-Jagdgeschwader. Sie wurde in Rekordstückzahlen gebaut und erzielte im Luftkampf mehr Siege als jedes andere Jagdflugzeug.

Als der Flugzeugkonstrukteur Willy Messerschmitt in den Bayerischen Flugzeugwerken mit der Planung der Bf 109 begann, verarbeitete er einige Merkmale seiner viersitzigen Reisemaschine Bf 108 Taifun und stellte einen kleinen, kantigen Tiefdecker mit einziehbarem Fahrwerk, Vorflügeln an den Eintrittskanten und geschlossenem Cockpit vor. Als Triebwerk sollte das neue Junkers Jumo 210A eingebaut werden, das aber noch nicht fertiggestellt war. So wurde von Rolls Royce das Triebwerk Kestrel VI mit 695 PS (518 kW) importiert und die neue Maschine war im September 1935 fertig.

Bei den Versuchsflügen in Travemünde konkurrierte die Bf 109 V1 mit der Ar 80 V1, der FW 159 V1 und der He 112 V1 und schnitt trotz einiger geringfügiger Probleme so gut ab, daß zehn Entwicklungsprototypen geordert wurden. Von der Heinkel wurden, obwohl sie nicht zum Sieger dieses Wettbewerbs erklärt wurde, ebenfalls zehn Maschinen bestellt.

Drei weitere Prototypen (Bf 109 V2 Reg.-Nr. D-IUDE, Bf 109 V3/D-IHNY u. Bf 109 V4/D-IOQY) flogen dann 1936 mit dem Triebwerk Jumo 210A und konnten in der Bugverkleidung mit zwei synchronisierten Maschinengewehren bewaffnet werden. Da inzwischen aber Gerüchte auftauchten, daß die Hawker Hurricane der Engländer ebenso wie ihre Supermarine Spitfire mit vier Gewehren bestückt werden sollten, erhielt die Bf 109 V4 ein drittes Gewehr, dessen Lauf in die Propellernabe eingebaut wurde.

Aus diesem Grund gingen nicht die Prototypen Bf 109A mit zwei MG in die Serienproduktion, sondern die Bf 109B-0, die Anfang 1937 zusammen mit den Prototypen Bf 109 V5, V6 und V7 erprobt wurde. Drei Staffeln der Jagdgruppe 88 wurden mit den Maschinen Bf 109B-1, Bf 109B-2 und Bf 109C-1 in den spanischen Bürgerkrieg geschickt und sammelten dort eine Fülle von Einsatzerfahrung, die sich nicht nur auf die weitere Entwicklung dieses Flugzeugs niederschlug, sondern auf die Luftkampftechnik allgemein. Werner Mölders, Jagdflieger, und Adolf Galland, Jagdgeschwader-Kommodore im Zweiten Weltkrieg, erweiterten mit ihren Bf 109 die Erfahrungsgrundlagen der Luftkampftechnik, die bis zum Ende der Ära des Luftkampfs mit konventionellen Feuerwaffen ihre Gültigkeit behalten sollten.

Als im September 1939 der Zweite Weltkrieg begann, gehörte die Bf 109 bereits zur Standardausrüstung der deutschen Luftwaffe. Die Serie Bf 109D, die in verhältnismäßig großen Stückzahlen gebaut worden war, verblieb weiter im Dienst, wurde aber von der Bf 109E mit dem Spitznamen 'Emil' verdrängt.

Überlegene Leistung

Ende 1938 wurden zehn Vorserienmaschinen mit der Bezeichnung Bf 109E-0 vorgestellt, die je zwei Maschinengewehre im Bug und in den Tragflächen hatten und mit dem Triebwerk DB 601A von 1.100 PS (821 kW) bestückt waren. Die Bf 109E-1 als erste Maschine der Serienproduktion verließ das Augsburger Werk Anfang 1939 mit zwei Bordkanonen MG FF Kaliber 20 mm anstelle der MG in den Tragflächen. Mit einer Höchstgeschwindigkeit von 570 km/h in 3.750 m Höhe und einer Dienstgipfelhöhe von 11.000 m erwies sie sich in den ersten acht Kriegsmonaten allen Gegnern überlegen. Die bald darauf eingeführte Variante Bf 109E-1/B konnte als Jagdbomber eine 250 kg-Bombe unter dem Rumpf transportieren.

1939 wurde die Produktion des 'Emil' von Augsburg nach Regensburg verlagert, um Platz für den Zerstörer Bf 110 mit zwei Motoren zu schaffen. In Zusammenarbeit mit den Firmen Ago, Arado, Erla und WNF wurden in diesem Jahr nicht weniger als 1.540 Maschinen fertiggestellt und ausgeliefert. Am Vorabend des Überfalls auf Polen bestand der Jagdverband aus 12 Gruppen mit 850 Maschinen vom Typ Bf 109E-1 und Bf 109E-1B sowie einer Gruppe mit dem Typ Ar 68. Beim Zerstörergeschwader dienten noch 235 Exemplare der Bf 109D-1, die mit dem Triebwerk DB 600Aa ausgerüstet waren.

Diese Aufnahme entstand im November 1936 und ist eines der frühesten Luftbilder einer Bf 109, in diesem Fall einer Bf 109 V4 (dem 4. Prototyp). Die Ähnlichkeit mit den späteren Serienmaschinen ist frappierend.

Um die Produktionskapazitäten der noch recht kleinen Flugzeugindustrie zu erhöhen, wurden Lizenzen an Fieseler (1937) sowie Focke-Wulf und Erla (1938) vergeben. Das Bild zeigt die ersten zehn von Focke-Wulf fertiggestellten Bf 109C-2.

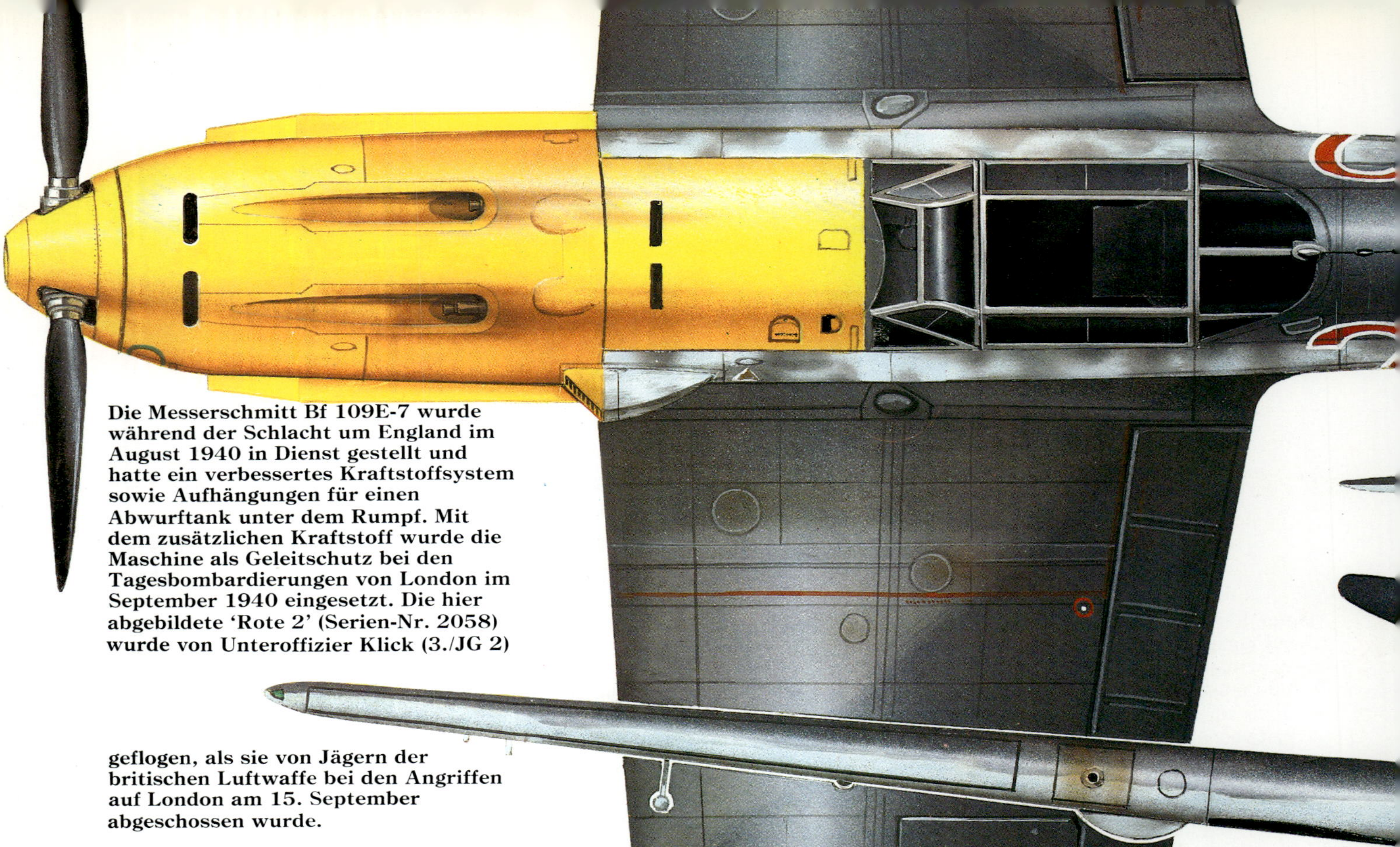

Die Messerschmitt Bf 109E-7 wurde während der Schlacht um England im August 1940 in Dienst gestellt und hatte ein verbessertes Kraftstoffsystem sowie Aufhängungen für einen Abwurftank unter dem Rumpf. Mit dem zusätzlichen Kraftstoff wurde die Maschine als Geleitschutz bei den Tagesbombardierungen von London im September 1940 eingesetzt. Die hier abgebildete 'Rote 2' (Serien-Nr. 2058) wurde von Unteroffizier Klick (3./JG 2) geflogen, als sie von Jägern der britischen Luftwaffe bei den Angriffen auf London am 15. September abgeschossen wurde.

Messerschmitt Bf 109

Technische Daten
Messerschmitt Bf 109E-7
Typ: einsitziger Abfangjäger
Triebwerk: ein Daimler-Benz DB 601N mit zwölf Zylindern, obenliegender Nockenwelle, Flüssigkeitskühlung und 1.200 PS (895 kW).
Leistung: Höchstgeschwindigkeit 578 km/h in 3.749 m Höhe; Anfangssteiggeschwindigkeit 16,75 m/sek; Dienstgipfelhöhe 11.125 m; max. Reichweite 1.094 km.
Gewicht: Leergewicht 2.014 kg; max. Startgewicht 2.767 kg.
Abmessungen: Spannweite 9,86 m; Länge 8,74 m; Höhe 3,40 m; Tragflügelfläche 16,16 m^2.
Bewaffnung: eine Bordkanone MG FF/M Kaliber 20 mm im Propellerschaft und vier Maschinengewehre MG 17 Kaliber 7,9 mm in Bug und Tragflächen.

Steigende Produktion

1940 stieg die Jahresproduktion des 'Emil' auf 1.868 Stück, während die D-Modelle fast vollständig aus dem Fronteinsatz gezogen wurden. Die wichtigsten in diesem Jahr produzierten Untervarianten waren die Bf 109E-3, mit je zwei 17 mm-MG im Bug und in den Tragflächen sowie einer Bordkanone MG FF/M im Propellerschaft, und die Bf 109E-4 mit zwei 17 mm-MG im Bug und zwei MG FF in den Tragflächen. Alle Versionen wurden für Tageseinsätze im Luftkampf von England verwendet, wo sie sich vor allem in der Feindverfolgung der britischen Hurricane überlegen und der Spitfire durchaus gleichwertig erwiesen. Dabei wurden oft gar nicht alle Möglichkeiten der Bf 109 genutzt, indem man sie als Begleitflugzeuge zu eng an Bomberformationen band und sie so daran hinderte, ihre außerordentliche Geschwindigkeit und Wendigkeit voll zur Geltung zu bringen.

Im weiteren Verlauf der Luftschlacht über England wurde sie auch als Jagdbomber unter der Bezeichnung Bf 109E-4B verwendet. Andere Varianten wie die Jagdaufklärer Bf 109E-5 und Bf 109E-6 (letztere mit dem Triebwerk DB 601N), die Bf 109E-7 (mit Aufhängung für einen Unterrumpf-Abwurftank) und die Bf 109E-7/Z erschienen erst kurz danach.

Anfang 1941 tauchte 'Emil' dann auch über dem Kriegsschauplatz im Mittelmeerraum auf. Dabei handelte es sich um die tropentauglichen Versionen der oben beschriebenen Varianten, die beim 27. Jagdgeschwader in Nordafrika standen. Als im Juni 1941 der Großangriff auf die Sowjetunion begann, wurde die Serie Bf 109F bei den Jagdgeschwadern an der Front eingeführt, doch blieb der 'Emil' noch lange Zeit im Einsatz.

Die Bf 109F mit ihrem Triebwerk DB 601E (1.200 PS/895 kW) galt allgemein als attraktivste Variante der Bf 109. Sie hatte abgerundete Flügelrandbogen und eine vergrößerte Propellerhaube, und Frise-Querruder sowie glatte Klappen ersetzten die geschlitzten Klappen des 'Emil'. Das Heckfahrwerk war nicht mehr starr, sondern voll einziehbar, und das Heckleitwerk bestand aus einer selbsttragenden Konstruktion. Die Bewaffnung dieses Typs wurde dagegen überall bemängelt, da sie auf die frühere Ausstattung mit zwei MG 17 im Bug und einer Bordkanone im Propellerschaft reduziert worden war. Die Militärexperten waren mit den Leistungen dieser Ausstattung theoretisch zufrieden, doch für erfolgreichen Einsatz brauchten die Piloten eine schwerere Bewaffnung.

In der zweiten Hälfte des Jahres 1940 musterte die Luftwaffe das Vorlaufmodell Bf 109F-0 aus und ersetzte es im folgenden Jahr durch die Bf 109F-1. Dabei stellte sich heraus, daß die selbsttragende Konstruktion des Heckleitwerks wegen der fehlenden Verstrebung bei bestimmten Drehzahlen zu starken Resonanzschwingungen neigte und Unfälle zur Folge hatte, weshalb dieser Teil der Maschine verstärkt werden mußte. Nach der Bf 109F-2 (mit zwei 15 mm-Maschinengewehren MG 151 anstelle der 20 mm-Kanone MG FF) ging Anfang 1942 die Hauptvariante Bf 109F-3 mit einer Höchstgeschwindigkeit von 628 km/h in 6.700 m Höhe in Serie.

Maschinen vom Typ Bf 109F waren schon 1941 beim Geschwaderstab und bei der III. Gruppe von Adolf Gallands Jagdgeschwader 26 'Schlageter' an der Ärmelkanalküste eingesetzt, und im Anfangsstadium der Operation 'Barbarossa' an der Ostfront wurden sie von Major Günther Lützows Jagdgeschwader 3 'Udet', Werner Mölders JG 51, Major Günther von Maltzahns JG 53 'Pik-As' und Major Johannes Trautloffs JG 54 geflogen und bewiesen hier, ebenso wie

Die J-310 wurde am 17. Dezember 1938 in die Schweiz geliefert und als erste Bf 109 von der Fliegertruppe in Dienst gestellt. Sie hatte das Triebwerk Jumo 210Da mit 680 PS (507 kW) und vier MG 17. Die Schweiz betrieb die Bf 109 bis Ende 1949.

Aufriß-Erläuterung zur Messerschmitt Bf 109G-14/U4

1 Positionslicht steuerbord
2 Flügelrandbogen steuerbord
3 starre Trimmklappe
4 Querruder (Typ Frise) steuerbord
5 senkgenietete, selbstragende Flügelbeplankung
6 automatische Handley Page Vorflügelspaltklappe
7 Spaltklappensteuergestänge
8 Steuergestänge
9 Querrudersteuerungsgestänge
10 stoffbespanntes Klappensegment
11 Radverkleidung
12 Abdeckung des MG-Munitionsmagazins (steuerbord)
13 MG 131 Kaliber 13 mm von Rheinmetall Borsig
14 Triebwerkzubehör
15 Mulde des Backbord-Maschinengewehrs
16 Triebwerk DB 605AM mit zwölf Zylindern, zweireihig-hängend (A-Form), flüssigkeitsgekühlt
17 abnehmbare Triebwerkverkleidung
18 Zugang zum Ölfilter
19 Öltank
20 Propeller-Verstellmechanismus
21 Propeller mit konstanter Geschwindigkeit, elektrisch verstellbare Blätter
22 Propellerhaube
23 Maschinengewehrlaufmündung
24 Maschinengewehrlauf
25 Propellernabe
26 hinterer Propellernabenflansch
27 zusätzliche Kühllufteinlässe
28 Kühlflüssigkeitstank
29 gummigelagerte, vibrationsfreie Triebwerkaufhängung
30 elektronengeschweißter Triebwerkträger
31 Verbindung von Triebwerkträger und Stützstrebe
32 Zündkabel
33 Auspuffrohrverkleidung
34 Auspuffanlage
35 Befestigungslaschen der Kühlerverkleidung
36 Ölkühler
37 Lufteinlaß zum Ölkühler
38 Hauptrad steuerbord
39 Luftauslaßklappe des Ölkühlers
40 Flügelwurzelkehlblech
41 Flügelwurzelverkleidung

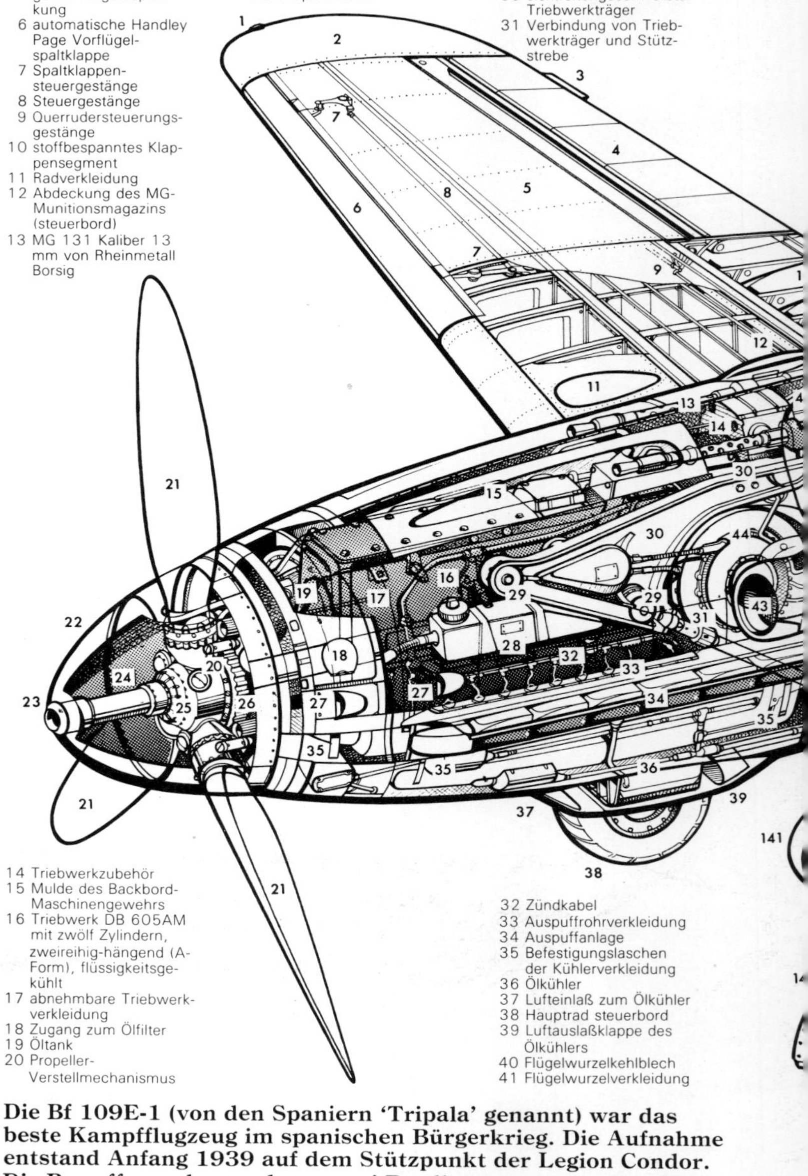

Die Bf 109E-1 (von den Spaniern 'Tripala' genannt) war das beste Kampfflugzeug im spanischen Bürgerkrieg. Die Aufnahme entstand Anfang 1939 auf dem Stützpunkt der Legion Condor. Die Bewaffnung bestand aus zwei Bordkanonen und zwei MG 17. Die Legion Condor überführte 40 Bf 109 nach Spanien.

Rechts: **Die Bf 109 V10, die von Ernst Udet 1937 beim Internationalen Flugtreffen in Zürich geflogen wurde. Trotz ausgezeichneter Vorstellung zerschellte die Maschine beim Alpenrundflug wegen eines Defekts am Diamler-Benz-Triebwerk DB 600.**

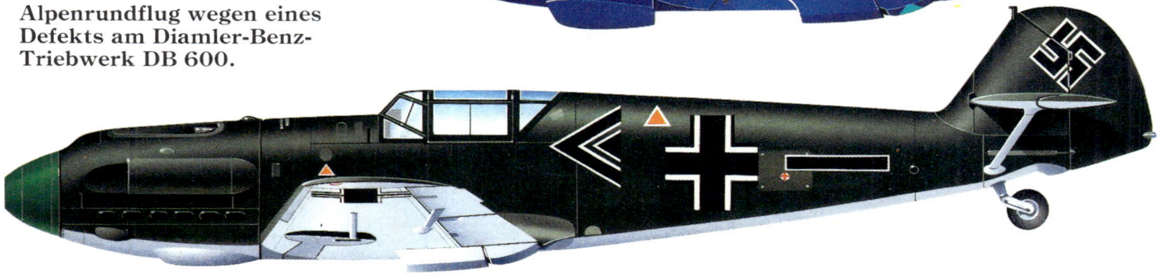

Links: **Diese Bf 109D mit den Kennzeichen des Gruppenkommandeurs der I. Gruppe eines Jagdgeschwaders von 1939 hatte das Triebwerk DB 600A und war das aus dem Prototyp V10 entwickelte Serienmodell. Die Bewaffnung bestand aus einer Bordkanone MG FF im Propellerschaft und zwei MG 17.**

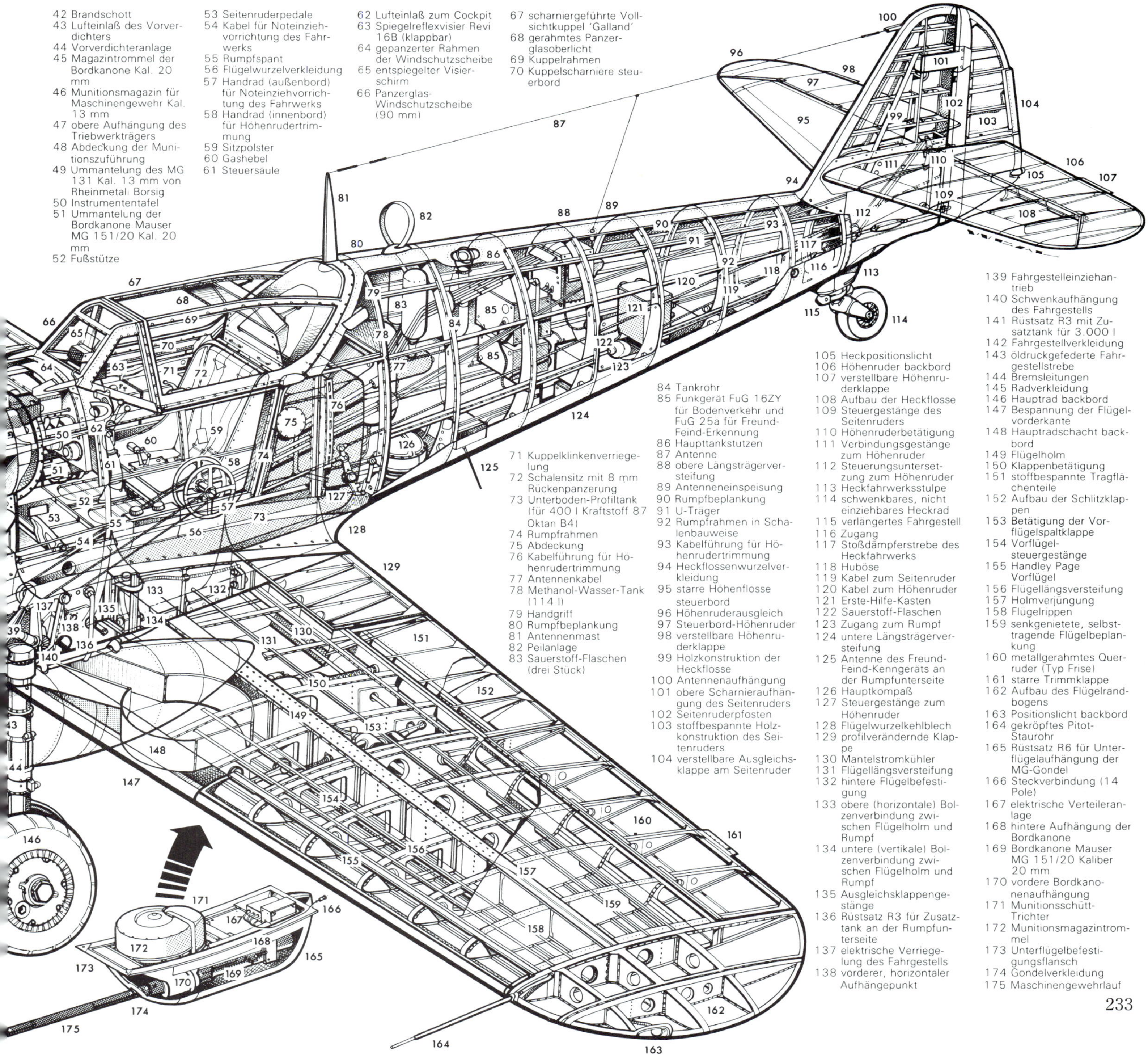

42 Brandschott
43 Lufteinlaß des Vorverdichters
44 Vorverdichteranlage
45 Magazintrommel der Bordkanone Kal. 20 mm
46 Munitionsmagazin für Maschinengewehr Kal. 13 mm
47 obere Aufhängung des Triebwerkträgers
48 Abdeckung der Munitionszuführung
49 Ummantelung des MG 131 Kal. 13 mm von Rheinmetall Borsig
50 Instrumententafel
51 Ummantelung der Bordkanone Mauser MG 151/20 Kal. 20 mm
52 Fußstütze
53 Seitenruderpedale
54 Kabel für Noteinziehvorrichtung des Fahrwerks
55 Rumpfspant
56 Flügelwurzelverkleidung
57 Handrad (außenbord) für Noteinziehvorrichtung des Fahrwerks
58 Handrad (innenbord) für Höhenrudertrimmung
59 Sitzpolster
60 Gashebel
61 Steuersäule
62 Lufteinlaß zum Cockpit
63 Spiegelreflexvisier Revi 16B (klappbar)
64 gepanzerter Rahmen der Windschutzscheibe
65 entspiegelter Visierschirm
66 Panzerglas-Windschutzscheibe (90 mm)
67 scharniergeführte Vollsichtkuppel 'Galland'
68 gerahmtes Panzerglasoberlicht
69 Kuppelrahmen
70 Kuppelscharniere steuerbord
71 Kuppelklinkenverriegelung
72 Schalensitz mit 8 mm Rückenpanzerung
73 Unterboden-Profiltank (für 400 l Kraftstoff 87 Oktan B4)
74 Rumpfrahmen
75 Abdeckung
76 Kabelführung für Höhenrudertrimmung
77 Antennenkabel
78 Methanol-Wasser-Tank (114 l)
79 Handgriff
80 Rumpfbeplankung
81 Antennenmast
82 Peilanlage
83 Sauerstoff-Flaschen (drei Stück)
84 Tankrohr
85 Funkgerät FuG 16ZY für Bodenverkehr und FuG 25a für Freund-Feind-Erkennung
86 Haupttankstutzen
87 Antenne
88 obere Längsträgerversteifung
89 Antenneneinspeisung
90 Rumpfbeplankung
91 U-Träger
92 Rumpfrahmen in Schalenbauweise
93 Kabelführung für Höhenrudertrimmung
94 Heckflossenwurzelverkleidung
95 starre Höhenflosse steuerbord
96 Höhenruderausgleich
97 Steuerbord-Höhenruder
98 verstellbare Höhenruderklappe
99 Holzkonstruktion der Heckflosse
100 Antennenaufhängung
101 obere Scharnieraufhängung des Seitenruders
102 Seitenruderpfosten
103 stoffbespannte Holzkonstruktion des Seitenruders
104 verstellbare Ausgleichsklappe am Seitenruder
105 Heckpositionslicht
106 Höhenruder backbord
107 verstellbare Höhenruderklappe
108 Aufbau der Heckflosse
109 Steuergestänge des Seitenruders
110 Höhenruderbetätigung
111 Verbindungsgestänge zum Höhenruder
112 Steuerungsuntersetzung zum Höhenruder
113 Heckfahrwerksstulpe
114 schwenkbares, nicht einziehbares Heckrad
115 verlängertes Fahrgestell
116 Zugang
117 Stoßdämpferstrebe des Heckfahrwerks
118 Huböse
119 Kabel zum Seitenruder
120 Kabel zum Höhenruder
121 Erste-Hilfe-Kasten
122 Sauerstoff-Flaschen
123 Zugang zum Rumpf
124 untere Längsträgerversteifung
125 Antenne des Freund-Feind-Kenngeräts an der Rumpfunterseite
126 Hauptkompaß
127 Steuergestänge zum Höhenruder
128 Flügelwurzelkehlblech
129 profilverändernde Klappe
130 Mantelstromkühler
131 Flügellängsversteifung
132 hintere Flügelbefestigung
133 obere (horizontale) Bolzenverbindung zwischen Flügelholm und Rumpf
134 untere (vertikale) Bolzenverbindung zwischen Flügelholm und Rumpf
135 Ausgleichsklappengestänge
136 Rüstsatz R3 für Zusatztank an der Rumpfunterseite
137 elektrische Verriegelung des Fahrgestells
138 vorderer, horizontaler Aufhängepunkt
139 Fahrgestelleinziehantrieb
140 Schwenkaufhängung des Fahrgestells
141 Rüstsatz R3 mit Zusatztank für 3.000 l
142 Fahrgestellverkleidung
143 öldruckgefederte Fahrgestellstrebe
144 Bremsleitungen
145 Radverkleidung
146 Hauptrad backbord
147 Bespannung der Flügelvorderkante
148 Hauptradschacht backbord
149 Flügelholm
150 Klappenbetätigung
151 stoffbespannte Tragflächenteile
152 Aufbau der Schlitzklappen
153 Betätigung der Vorflügelspaltklappe
154 Vorflügelsteuergestänge
155 Handley Page Vorflügel
156 Flügellängsversteifung
157 Holmverjüngung
158 Flügelrippen
159 senkgenietete, selbsttragende Flügelbeplankung
160 metallgerahmtes Querruder (Typ Frise)
161 starre Trimmklappe
162 Aufbau des Flügelrandbogens
163 Positionslicht backbord
164 gekröpftes Pitot-Staurohr
165 Rüstsatz R6 für Unterflügelaufhängung der MG-Gondel
166 Steckverbindung (14 Pole)
167 elektrische Verteileranlage
168 hintere Aufhängung der Bordkanone
169 Bordkanone Mauser MG 151/20 Kaliber 20 mm
170 vordere Bordkanonenaufhängung
171 Munitionsschütt-Trichter
172 Munitionsmagazintrommel
173 Unterflügelbefestigungsflansch
174 Gondelverkleidung
175 Maschinengewehrlauf

Die Abbildung zeigt die Bf 109 V24 (Werk-Nr. 5604), die 1940 zusammen mit der V23 als drittes bzw. viertes Entwicklungsmodell für die Bf 109F mit abgerundeten Flügelspitzen, stromlinienförmig verkleidetem Triebwerk und anderen Änderungen gebaut wurde.

Das JG 54 'Grünherz' wurde 1941 von Nordfrankreich in die Sowjetunion verlegt. Das Foto entstand im Sommer 1942 an der Front vor Leningrad. Die Maschinen vom Typ Bf 109G-2 tragen die Kennzeichen II/JG 54 (links) und III/JG 54 (rechts). Die G-2 wurde als erste 'Gustav' Ende April 1942 eingesetzt.

im Kampf gegen die britische Spitfire Mk V im Westen, ihre Überlegenheit durch immer neue Abschüsse.

Diese Bf 109F wurde weiter verbessert und erhielt unter der Bezeichnung Bf 109F-4 ein MG 151 mit einem auf 20 mm erweitertem Lauf; als Bf 109F-4/R1 einen Rüstsatz für zwei 20 mm Maschinengewehre MG 151 unter den Tragflächen für den Einsatz als Bomber/Jäger und als Bf 109F-4B Bomben bis zu 500 kg für den Einsatz als Jagdbomber. Die Jagdaufklärer Bf 109F-5 und Bf 109F-6 wurden im späteren Verlauf des Jahres 1942 eingeführt. Der zweiundzwanzigjährige Oberleutnant Hans-Joachim Marseille erzielte die meisten seiner 158 Abschüsse mit der tropentauglichen Version einer Bf 109F-4, bevor er am 30. September 1942 über Nordafrika aus einer Bf 109G-2 abspringen mußte und dabei ums Leben kam.

Die Bf 109G mit dem Spitznamen 'Gustav' wurde im Spätsommer 1942 in Dienst gestellt und in größeren Stückzahlen gebaut als alle anderen Varianten. In der Vorserienproduktion erhielten sie noch das Triebwerk DB 601E und in der Serienproduktion das Triebwerk DB 605A mit 1.475 PS (1.100 kW). Als Grundbewaffnung behielt man die beiden im Bug montierten 17 mm-MG und die 20 mm Bordkanone MG 151/20 im Propellerschaft bei. Die Bf 109G-1 hatte eine Kabine mit Druckausgleich und das Triebwerk DB 605A-1 mit dem Distickstoffoxid (Lachgas)-Auflader GM-1, während die tropentaugliche Version Bf 109G-1/Trop zwei 13 mm-Maschinengewehre vom Typ MG 131 anstelle der 17 mm-MG erhielt. Die deshalb notwendigen Verkleidungen gaben diesem Typ den Spitznamen 'Beule'.

Bei der Bf 109G-2 gab man die Druckkabine wieder auf. Die Bf 109G-2/R1 war ein Jagdbomber; die Bf 109G-3 ähnelte der Bf 109G-1, verfügte aber über das Funkgerät FuG 16Z; die Bf 109G-4 war identisch mit der Bf 109G-3, hatte aber keine Druckkabine. Die Bf 109G-5 erhielt das Triebwerk DB 605D mit Wasser-Methanol-Einspritzung MW-50, das die Leistung auf 1.800 PS (1.343 kW) treiben konnte. Die Bf 109G-5/R2 bekam ein höheres Seitenruder und ein verlängertes Heckfahrwerk, um den Schwung der Maschine beim Start auffangen zu können.

Weitere Verbesserungen

Das bedeutendste Modell der 'Gustav'-Serie war die Bf 109G-6, die in verschiedenen Untervarianten hergestellt wurde und mit dem Triebwerk DB 605 in den verschiedenen Versionen AM, AS, ASB, ASD und ASM geflogen wurde. Die Grundbewaffnung bestand aus der 30 mm-Bordkanone im Propellerschaft, zwei MG im Bug und zwei 20mm-Unterflügel-Maschinengewehren MG 151/20. Dazu kam eine Vielzahl von Rüstsätzen, um z.B. den Jagdbomber Bf 109G-6/R1 mit einer Bombenlast von bis zu 500 kg zu bewaffnen oder um die Bf 109G-6/R2 mit zwei 21 cm-'Dodel'-Raketen WGr 210 anstelle der Unterflügelbewaffnung zu bestücken.

Die Bf 109G-6/U4 wurde mit Hilfe eines Umrüstbausatzes mit zwei 30 mm-Bordkanonen MK 108 unter den Tragflächen ausgestattet, und der Nachtjäger Bf 109G-6/U4N erhielt ein Radargerät. Daneben wurden von den meisten Varianten auch tropentüchtige Versionen produziert. Eine Bf 109G-7 ging nicht in Serie, doch wurde Ende 1943 die Nahaufklärungsgruppe 13 an der Kanalküste zum Teil mit dem Jagdaufklärer Bf 109G-8 ausgestattet. Die schnellste 'Gustav' war die Bf 109-G10 mit dem Triebwerk DB 605D und der Wasser-Methanol-Einspritzung sowie einer bauchigen Cockpit-Kuppel, die nach dem bereits erwähnten Piloten als 'Galland-Kapuze' bezeichnet wur-

Die Abbildung zeigt eine Bf 109E-4N vom Jagdgeschwader 27, die im Jahre 1941 in Nordafrika eingesetzt wurde. Die Bewaffnung bestand aus vier 7,92 mm-Maschinengewehren.

MBB

***Rechts:* Die 'Rote 4' von der 2./JG 3 'Udet' aus der Zeit des Luftkampfs über England. Diese Bf 109E-3 war mit vier MG 17 und einer 20 mm-MG FF/M im Propellerschaft bewaffnet.**

***Links:* Vor der Einführung spezieller Nachtjäger wurden veraltete Maschinen der Serie Bf 109C für Nachtjägereinheiten herangezogen. Die abgebildete Maschine gehörte zur 10. (Nacht)/JG 77 in Aalborg/Dänemark im Juli 1940.**

***Rechts:* Dieser Jagdbomber Bf 109 E-7/Trop war mit Staubfiltern am Bugeinlaß ausgerüstet und gehörte zu den ersten deutschen Maschinen, die im Mittelmeerraum eingesetzt wurden und stand im März 1941 bei der 7./JG 26 'Schlageter' in Gela für die Angriffe auf Malta bereit.**

***Links:* Der Jagdbomber Bf 109E-4/B des berühmten 'Wespengeschwaders' (Zerstörergeschwader 1) ergänzte die Bf 110 bei Bodenangriffen und sorgte nach Abwurf seiner Bombe für die Deckung von oben.**

de. Die Höchstgeschwindigkeit betrug 690 km/h in 7.400 m Höhe. Die Bf 109G-10/R2 und R6 bekamen das veränderte Heck und das Heckfahrwerk der Bf 109G-5/R2 neben dem Freund-Feind-Kenngerät FuG 25a. Die Bf 109G-10/U4 konnte unter dem Rumpf einen Behälter mit zwei 30 mm-Bordkanonen vom Typ MK 108 transportieren, der aber auch durch einen als 'Irmer-Behälter' bezeichneten, nicht abwerfbaren Zusatztank ersetzt werden konnte.

Die Bf 109G-12 war ein zweisitziges Ausbildungsflugzeug, das 1944 aus der Bf 109G-1 für den Einsatz vor allem bei den Schulungs-Jagdgeschwadern 101, 102, 104, 106, 107 und 108 entwickelt wurde. Die letzte in Dienst gestellte Variante war die Mehrzweckmaschine Bf 109G-14 mit leichtgewichtiger, starrer Bewaffnung und Möglichkeiten zum Transport von Außenbordkanonen, WGr 210 Raketen oder Bomben. Der schwer gepanzerte Kampfbomber Bf 109G-16 ging zwar noch vor dem Zusammenbruch in Serie, wurde aber nicht mehr in Dienst gestellt.

1943 begannen die Bayerischen Flugzeugwerke mit der Entwicklung eines Höhenjägers aus der F-Serie mit größerer Spannweite und dem Triebwerk DB 601E mit dem Auflader GM-1. Die Höchstgeschwindigkeit betrug 750 km/h in einer Höhe von ungefähr 10.000 m. Maschinen der Vorserienproduktion wurden in Frankreich im Einsatz erprobt, und einige dieser Bf 109H-1 aus der Serienproduktion flogen auch Kampfeinsätze, doch traten Schwingungsprobleme auf, die zur Einstellung dieser Serie führten, obwohl man bereits an der Entwicklung der Bf 109H-2 mit dem Triebwerk Jumo 213E und der Bf 109H-5 mit dem DB 605 gearbeitet hatte.

Die letzte eingesetzte Variante der Bf 109 von Bedeutung war die K-Serie, die direkt aus der 'Gustav' entwickelt wurde. So wurde zum Beispiel die Zelle des Vorserienmodells Bf 109K-0 direkt aus der G-Serie übernommen. Die Versionen Bf 109K-2 und K-4 (mit Druckkabine) hatten das Triebwerk DB 605 ASCM/DCM mit Methanol-Wasser-Einspritzung und 2.000 PS (1.492 kW). Die Bewaffnung bestand aus einer 30 mm-Bordkanone MK 103 oder 108 und zwei schweren 15 mm-Maschinengewehren MG 151. Daneben hatte die Bf 109K-6 Vorrichtungen für den Transport von zwei 30 mm Unterflügel-Bordkanonen MK 130. Nur zwei Maschinen der Serie Bf 109K-14 (Triebwerk DB 605L mit MW50 Höchstgeschwindigkeit 725 km/h) wurden noch vor Kriegsende in den Kampf geschickt, nachdem sie an Major Wilhelm Batz' Gruppenstab, II/JG 52, im April 1945 ausgeliefert worden waren.

Testprojekte

Da die FW 190 von Focke-Wulf erst zwei Jahre nach Kriegsbeginn voll einsatzfähig war, bildete die Bf 109 während der gesamten Kriegsdauer das Rückgrat der Luftwaffe-Jagdgeschwader. Mehr als 30.000 Stück wurden auf jeden Fall produziert, doch lassen sich wegen der häufigen Angriffe auf die Flugzeugwerke keine genauen Produktionszahlen ermitteln. Dennoch steht fest, daß nur die russische Iljuschin Il-2 mit 36.163 Stück diese Zahl übertraf. Neben der Serienproduktion wurden natürlich auch zahlreiche Testprojekte in Angriff genommen.

Eine recht groteske Variante war zum Beispiel eine Bf 109E, die auf den Tragflächen einen Fallschirmspringer in einer Kapsel beförderte. Im sogenannten Starr-Schlepp-Programm wurde eine Bf 109E auf den Truppen transportierenden Segelflieger DFS 230 montiert, um die Luftlandetruppen absetzen zu können.

Im weiteren Verlauf des Krieges wurde in einem ähnlichen Experiment das als Beethoven-Gerät bezeichnete Waffenverbundsystem erprobt, bei dem eine Bf 109 oder FW 190 auf unbemannte, mit Explosivstoff geladene Junkers Ju 88 montiert wurde. Die Einheiten, die die Bf 109 flogen, erprobten immer neue Kampftechniken, wozu auch das Flächenbombardement amerikanischer Bomberformationen mit 250 kg Bomben durch das Jagdgeschwader 1 mit seinen Bf 109G im Jahre 1943 gehörte. Das Jagdgeschwader 300 setzte Tagjäger im Nachtkampf gegen Nachtbomber ein, was dann schließlich als 'Wilde-Sau-Taktik' bezeichnet wurde.

Aus der 'Emil' wurde auch der für den Flugzeugträger *Graf Zeppelin* bestimmte Jäger Bf 109T entwickelt und mit klappbaren Tragflä-

***Links:* Die Bf 109F-4/Trop diente im Mittelmeerraum wie die weiße Bemalung auf dem Heck andeutet (6./JG53). Sie war im Mai 1942 während der Luftwaffenangriffe auf Malta in Comiso stationiert.**

***Rechts:* Die Bf 109G-14 mit der sogenannten 'Galland-Kapuze' war die Jagdbomber-Version der G-6. Die abgebildete Maschine trägt die Kennzeichnung III/JG 53. Die 'Spiralschnauze' hat in diesem Fall keine Bedeutung.**

chen, Fanghaken und Katapultspulen versehen. Die zehn zwischen 1939 und 1941 gebauten Vorserienmaschinen mit der Bezeichnung Bf 109T-0 und die 60 Serienmaschinen Bf 109T-1 wurden dann aber an die Luftwaffe für den Landeinsatz geliefert, weil der Bau des Flugzeugträgers eingestellt wurde.

Das ehrgeizigste Projekt war sicherlich die Bf 109Z Zwilling, bei der zwei Rümpfe des Typs Bf 109F miteinander verbunden und die Tragflächen und Heckleitwerke neu gestaltet wurden. Der Pilot wurde im Backbordrumpf untergebracht. Von diesem Versuchstyp sollten zwei Versionen gebaut werden, nämlich ein Zerstörer mit 30 mm-Kanonen und ein Jagdbomber mit einer Bombenlast bis zu 1.000 kg. Das Projekt gedieh bis zum Prototyp, der allerdings niemals geflogen wurde.

Ab 1939 wurde die Bf 109 auch verschiedentlich ins Ausland geliefert, und die Avia-Werke in Prag und IAR im rumänischen Brasov bauten beträchtliche Stückzahlen in Lizenz. Am erfolgreichsten setzte die finnische Luftwaffe ihre Bf 109 ein. Der Pilot Lentomestari Eino Juutilainen erzielte 94 Abschüsse, 59 davon in Maschinen vom Typ 'Gustav'. Damit war er der erfolgreichste Pilot in einer Bf 109 außerhalb Deutschlands und Österreichs. Seine Maschine erhielt nicht einen einzigen Treffer.

Spanien baute seine Bf 109 in Lizenz und verwendete nach dem Krieg Triebwerke vom Typ Hispano-Suiza 12-Z-89 und 12-Z-17 mit den von Deutschland gelieferten Zellen, später dann auch Merlin-Triebwerke von Rolls-Royce. Diese Maschinen mit der Bezeichnung Hispano HA 1109-J1L, HA 1110-K1L (Zweisitzer) und HA 1112-K1L versahen ihren Dienst bis in die sechziger Jahre. Außerdem wurden einige Maschinen der Serie 'Gustav', die aus der Tschechoslowakei stammten und mit Jumo-211F-Triebwerken bestückt waren, im Jahre 1948 von Israel gegen die ägyptische Luftwaffe eingesetzt.

Im Zweiten Weltkrieg wurde die Bf 109 von Deutschland aus an verbündete Staaten und sogar in neutrale Länder wie die Schweiz geliefert. Die Gesamtproduktion belief sich auf über 30.000 Maschinen und 24 Prototypen.

Diese Aufnahme entstand 1944, als viele Maschinen vom Typ Bf 109 zur Bomberabwehr mit schweren Raketenmörsern eingesetzt wurden. Die beiden hier gezeigten G-6/R2 sind mit der Wfr Gr 21 bestückt, die aus den Rohren unter den Tragflächen 21 mm-Raketen verschoß.

Obwohl diese Bf 109 keine Markierungen ihrer Einheit trägt, ist bekannt, daß sie im Herbst 1943 in Nordfrankreich (II/JG26) eingesetzt war. Es handelt sich um eine G-6/R6 mit zwei zusätzlichen Bordkanonen MG 151 und Munitionsmagazinen in Unterflügelgondeln. Deutlich sind die Vorflügel erkennbar.

Varianten der Messerschmitt Bf 109

Bf 109a (später Bf 109 V1): D-IABI, erster Prototyp; Rolls-Royce-Kestrel-Triebwerk mit 695 PS (518 kW); Jungfernflug im September 1935.
Bf 109 V2, V3 u. V4: drei Prototypen (D-IUDE, D-IHNY u. D-IOQY); Triebwerk Jumo 210A.
Bf 109B: Vorserienproduktion **Bf 109B-0** mit Triebwerk Jumo 210B; **Bf 109B-1** mit Jumo 210D; **Bf 109B-2** mit Jumo 210E und später 210G.
Bf 109 V10 u. V13: zwei Prototypen (D-ISLU u. D-IPKY) mit Daimler-Benz-Triebwerken DB 600.
Bf 109C: Weiterentwicklung des Prototyps **Bf 109 V8; Bf 109C-0** und **Bf 109C-1** mit vier MG 17; **Bf 109C-2** mit fünf MG 17.
Bf109 V13: Umbau durch aufgeladenes Triebwerk DB 601: Geschwindigkeitsweltrekord von 610,54 km/h am 11. November 1937.
Bf 109D: entwickelt aus den Prototypen V10 u. V13; **Bf 109D-0** mit Triebwerk DB 600Aa und Bewaffnung mit einer 20 mm-Kanone und zwei 7,92 mm-MG; ähnlich die **Bf 109D-1; Bf 109 D-2** mit einem MG pro Tragfläche; **Bf 109D-3** mit einer Kanonen MG FF pro Tragfläche.
Bf 109 V14: Prototyp (D-IRTT) mit Kraftstoffeinspritzung beim Triebwerk DB 601A; je zwei MG Kal. 20 mm u. 7,92 mm; **Bf 109 V15** (D-IPHR) ähnlich, aber nur eine 20 mm-Kanone.
Bf 109E: Bf 109E-0 mit vier MG Kal. 7,92 mm; **Bf 109E-1** und Bomber **Bf 109E-1/B** ähnlich; **Bf 109E-2** mit je zwei MG Kal. 20 mm und 7,92 mm; **Bf 109E-3** mit einer Kanone Kal. 20 mm im Propellerschaft und vier Mg's 7,92 mm; **Bf 109E-4** (ebenso wie **E-4B** und **E-4/Trop**) ähnlich wie Bf 109E-3, aber ohne Propellerkanone. **Bf 109E-4/N** mit Triebwerk DB 601N; Jagdaufklärer **Bf 109E-5** und **E-6** mit zwei MG's Kal. 7,92 mm; **Bf 109E-7** ähnlich wie E-4/N, aber mit Aufhängung für Abwurftank; **Bf 109E-7/U2** eine Untervariante für Bodenangriffe; **Bf 109E-7/Z** mit Distickstoffoxid Auflader GM-1; **Bf 109E-8** mit Triebwerk DB 601E; **Bf 109E-9** war ein Jagdaufklärer.
Bf 109F: Bf 109F-0 aus dem Rahmen der E-Serie entwickelt mit Triebwerk DB 601N; **Bf 109F-1** mit einem MG 20 mm und zwei MG 7,92 mm; **Bf 109F-2** mit einem MG 15 mm und zwei MG 7,92 mm; **Bf 109F-2/Z** mit GM-1; **Bf 109F-3** mit Triebwerk DB 601E; **Bf 109F-4** (ebenso wie **Bf 109F-4/B**) mit einem MG 20 mm und zwei MG 7,92 mm; **Bf 109F-5** und **Bf 109F-6** Aufklärer mit zwei MG 7,92 mm; zu den Testmaschinen gehörte eine mit Sterntriebwerk BMW 801 und eine mit dem Triebwerk Jumo 213, eine mit Schmetterlingsheck und eine mit Grenzschichtzaun.
Bf 109G; Bf 109G-0 mit DB 601E; **Bf 109G-1** mit DB 605A-1 und GM-1; **Bf 109G-1/Trop** mit einem MG 20 mm und zwei MG 15 mm (Beule); **Bf 109G-2** war eine Version der Bf 109G-1 ohne Druckkabine (ebenso der Jagdbomber **Bf 109G-2/R1); Bf 109G-3** mit Funkgerät FuG 16Z; **Bf 109G-4** identisch mit G-3, aber ohne Druckkabine; **Bf 109G-5** mit vergrößertem Seitenruder und Triebwerk DB 605D mit Methanol-Wasser-Einspritzung, **Bf 109G-6** mit Triebwerksvarianten des DB 605 (s. Text); **Bf 109G-8** als Jagdaufklärer; **Bf 109G-10** mit Triebwerk DB 605G und MW-50; **Bf 109G-12** als zweisitzige Ausbildungsmaschine; **Bf 109G-14** mit einem MG 20 mm und zwei MG 15 mm sowie Aufhängung für Unterflügelkanonen oder Raketen; **Bf 109G-16** als Bodenangriffsjäger.
Bf109H: aus der F-Serie entwickelter Höhenjäger; **Bf 109H-0** war die Vorserienproduktion; **Bf 109H-1** mit Triebwerk DB 601E; **Bf 109H-2** und **H-3** mit Jumo 213; **Bf 109H-5** mit DB 605L.
Bf 109J: geplante und nicht realisierte spanische Lizenzversion.
Bf 109K: entwickelt aus der Bf 109G-10; **Bf 109K-0** mit DB 605D und GM-1; **Bf 109K-2** u. **Bf 109K-4** (mit Druckkabine) mit DB 605ASCM/DCM und MW-50 sowie einem MG 30 mm und zwei MG 15 mm; **Bf 109K-6** mit drei MG 30 mm und zwei MG 15 mm; **Bf 109K-14** mit DB 605L und MW-50.
Bf 109L: geplante Version mit Triebwerk Jumo 213E; geschätzte Höchstgeschw. 763 km/h; nicht verwirklicht.
Bf 109S: geplante Version mit angeblasenen Klappen; nicht gebaut.
Bf109T: Flugzeugträgerversion der Bf 109E für die Graf Zeppelin; 10 Bf 109T-0 von Fieseler umgebaut; 60 **Bf 109T-1** mit Triebwerk DB 601N; **Bf 109T-2** war ein Umbau der T-1 ohne Oberverdeck.
Bf 109TL: geplante Variante des Standardmodells Bf 109 mit zwei Turbinenstrahltriebwerken Jumo 109-004B unter den Tragflächen; 1943 eingestellt.
Bf 109Z Zwilling; Zwillingsanordnung von Rümpfen der Bf 109F mit einem Piloten und fünf MG 30 mm **(Bf 109Z-1); Bf 109Z-2** mit zwei MG 30 mm und Bombenlast von 1.000 kg; **Bf 109Z-3** und **Z-4** waren Umbauten der Z-1 bzw. Z-2 mit Humo 213; ein Prototyp wurde gebaut, aber nicht geflogen und führte zum Projekt Me 609.
Me 209 V1, V2, V3 u. V4: D-INJR, D-IWAH, D-IVFP u. D-IRND – Prototypen für Geschwindigkeitsrekorde.
Me 309 V1, V2, V3 u. V4: GE-CU, GE-CV, GE-CW u. GE-CX – Prototypen für Geschwindigkeits- und Höhenrekorde als Ersatz für die Bf 109F.
Me 609: geplante Weiterentwicklung der Bf 109Z Zwilling, nicht verwirklicht.

Heinkel He 111
Ein Jahrzehnt Geschichte

Obwohl die Heinkel He 111 auf einer Konstruktion aus dem Jahr 1934 beruhte, war sie vom Beginn des Zweiten Weltkrieges bis 1945 das Rückgrat der strategischen Bomberflotte Deutschlands — mit erstaunlich wenig Änderungen der Grundausführung.

Als die Luftwaffe den geheimen Bau eines schnellen kommerziellen Verkehrsflugzeugs verlangte, das unter geringstem Aufwand rasch in einen Bomber umgebaut werden konnte, konstruierten Siegfried und Walter Günter die He 111. Es handelte sich dabei um eine zweimotorige, vergrößerte Version der He 70 Blitz, die 1934 bei der Lufthansa in Dienst gestellt worden war. Die neue Maschine erhielt die gleichen elliptisch geformten Tragflächen und das gleiche Leitwerk. Der erste, von 600 PS (448 kW) BMW VI 6, OZ Motoren angetriebene Prototyp wurde am 25. Februar 1935 in Marienehe von Gerhard Nitschke geflogen. Nach weniger als drei Wochen folgte schon der zweite. Der dritte Prototyp, ein Vorläufer der Bomberversion der Serie He 111A, war in seiner Leistung vielen der damaligen Jagdflugzeuge überlegen.

1936 wurden sechs zivile He 111C-0 Maschinen als zehnsitzige Linienflugzeuge in den Dienst der Lufthansa gestellt. Gleichzeitig wurden in Rechlin die ersten von insgesamt zehn He 111A-0 Militärmaschinen erprobt und schließlich summarisch abgelehnt, da sich ihre Motoren als zu schwach erwiesen, wenn Waffen mitgeführt wurden. Alle zehn Flugzeuge wurden daraufhin nach China verkauft.

Um dem Problem zu schwacher Motoren zu begegnen, baute Heinkel die He 111B. Die Maschinen der Vorproduktionsserie He 111B-0 wurden von 1.000 PS (746 kW) Daimler-Benz DB 600A Motoren angetrieben. Trotz erheblicher Gewichtserhöhung brachte es diese Version auf eine Höchstgeschwindigkeit von 360 km/h. Ende 1936 kamen die ersten He 111B-1 Serienmaschinen mit DB 600C Motoren von 880 PS (656 kW) heraus. Nach ihrer erfolgreichen Erprobung kamen sie beim 1./KG 154 (später in KG 157 umbenannt), bei KG 152, KG 155, KG 253, KG 257 und KG 355 zum Einsatz. Dreißig He 111B-1 Maschinen wurden auch nach Spanien gesandt, um im Bürgerkrieg die Bomberflotte K/88 der Legion Cóndor zu bilden. Die He 111B-2 schließlich wurden 1937 mit 950 PS (709 kW) DB 603CG Motoren ausgerüstet.

Es wurden nur wenige He 111D-0 und D-1 mit 950 PS (709 kW) DB 600Ga Motoren gebaut, weil es diese Motoren nur in geringer Stück-

Soldaten rollen an der Ostfront im Sommer 1941 eine 500 kg schwere SC 500 Bombe über ein Flugfeld. Im Hintergrund ist eine Heinkel He 111H-6 vom Kampfgeschwader 55 zu sehen. Die He 111 war fast während des ganzen Zweiten Weltkrieges einer der wichtigsten schweren Bombertypen der Luftwaffe.

MARS

Heinkel He 111

Technische Daten
Heinkel He 111H-16
Typ: fünfsitziger mittelschwerer Nachtbomber/'Pfadfinder' und Schleppflugzeug.
Triebwerk: zwei 1.350 PS (1.006 kW) Junkers Jumo 211F-2 Reihenkolbenmotoren.
Leistung: Höchstgeschwindigkeit 435 km/h in 6.000 m Höhe; Dienstgipfelhöhe 8.500 m; normale Reichweite 1.950 km.
Gewicht: Leergewicht 8.500 kg; max. Startgewicht 14.000 kg.
Abmessungen: Spannweite 22,60 m; Länge 16,40 m; Höhe 4,00 m; Tragflügelfläche 86,50 m^2.
Bewaffnung: eine 2 cm MG FF Kanone, ein 13 mm MG 131 und bis zu sieben 7,92 mm MG 15 sowie MG 81 Maschinengewehre plus eine externe 2.000 kg Bombe und im Bombenschacht eine 500 kg Bombe oder acht 250 kg Bomben.

Das hier abgebildete Flugzeug, Werknr. 3340 'Gelbes B' der 9. Staffel, Kampfgeschwader 53 Legion Cóndor, ist mit den drei Flügelstreifen dargestellt, die bei den großen Tagesangriffen der Luftwaffe auf London am Sonntag, den 15. September 1940 — dem Höhepunkt der Luftschlacht um England — als Erkennungszeichen für die Begleitflugzeuge getragen wurden. Die drei weißen Streifen sollen schon immer die III. Gruppe eines Geschwaders bezeichnet haben. Es wurden jedoch schon so viele widersprüchliche Behauptungen aufgestellt, daß diese Annahme bezweifelt werden muß. Dieses Flugzeug wurde am 15. September beschädigt und mußte in Armentiers mit zwei verwundeten Besatzungsmitgliedern notlanden. Aufgrund neuester Untersuchungen läßt sich mit ziemlicher Sicherheit sagen, daß die Maschine wahrscheinlich von Spitfire der No. 66 (Fighter) Sqn. angegriffen wurde.

A1 BT

Bundesarchiv

An den drei weißen Streifen auf dem Seitenruder konnten die Begleitjäger diese He 111H-2 des Kampfgeschwader 53 'Legion Cóndor' in der Luftschlacht um England identifizieren. Sie war mit zusätzlichen MG 15 im Bug und unter dem Rumpf versehen. Sie war 1940 in Lille-Nord, Belgien, stationiert.

zahl gab. 1938 wurde die Produktion auf die He 111E mit 1.000 PS (746 kW) Junkers Jumo 211A-1 Motoren umgestellt. Von diesen Flugzeugen wurden ca. 200 Stück gebaut, die eine Bombenlast von 2.000 kg aufnehmen konnten, was ungefähr der Bombenlast des wesentlich langsameren schweren englischen Bombers Armstrong Whitworth Whitley III entsprach.

Inzwischen bemühte man sich, die Flügelstruktur der He 111 zu vereinfachen, um die Produktion zu erleichtern. Die Tragflächen des siebten Prototyps hatten gerade Vorder- und Hinterkanten und wurden ab der He 111F, die 1938 aus den Werkstätten des neuen Prestigewerkes von Heinkel in Oranienburg kam, serienmäßig gebaut. 24 mit 1.100 PS (821 kW) Jumo 211A-3 Motoren ausgerüstete He 111F-1 wurden an die Türkei verkauft, während die F-4 die Version der Luftwaffe war. Die Serie He 111G umfaßte neun Maschinen, wovon fünf (mit BMW 132Dc Motoren, BMW 132H-1 Sternmotoren und DB 600G Reihenmotoren) an die Lufthansa geliefert wurden, während der Rest unter der Bezeichnung He 111G-5 an die Türkei ging. Obwohl die gleichzeitig mit der Serie He 111G produzierte Serie He 111J, von der etwa 90 Maschinen gebaut wurden, als torpedotragende Version entwickelt worden war, dienten diese Flugzeuge der KGr 806, die der Kriegsmarine zugeteilt war, im Jahre 1939 als normale Bomber.

Bisher hatten alle He 111 ein konventionelles abgestuftes Fensterprofil, aber nach dem achten Prototyp im Januar 1938 erhielt die He 111P den runden Bug, der fast völlig verglast war und an dem das Flugzeug sofort zu erkennen war. Diese Konstruktion zeichnete sich durch ein backbord im Bug montiertes Maschinengewehr und ein kleines Klappfenster aus, das dem Piloten bei der Landung bessere Sicht geben sollte. Mit der serienmäßigen Produktion der He 111P wurde schon vor Ende 1938 begonnen, und im folgenden April wurde dieser Typ dem KG 157 zugeteilt. Obgleich diese Serie bis zur Fertigstellung der He 111H nur als Zwischenversion dienen sollte, befand sie sich noch lange nach Kriegsausbruch bei der Luftwaffe im Einsatz.

Der Überfall auf Polen

Im September 1939 war die He 111H bereits gut eingeführt. Die Luftwaffe verfügte über 400 Maschinen dieser Variante, während sie von der Serie He 111P nur 349, von der Serie He 111E 38 und von der Serie He 111J 21 Maschinen im Einsatz hatte. Von diesen insgesamt 808 Flugzeugen waren kurz vor dem Angriff auf Polen 705 Maschi-

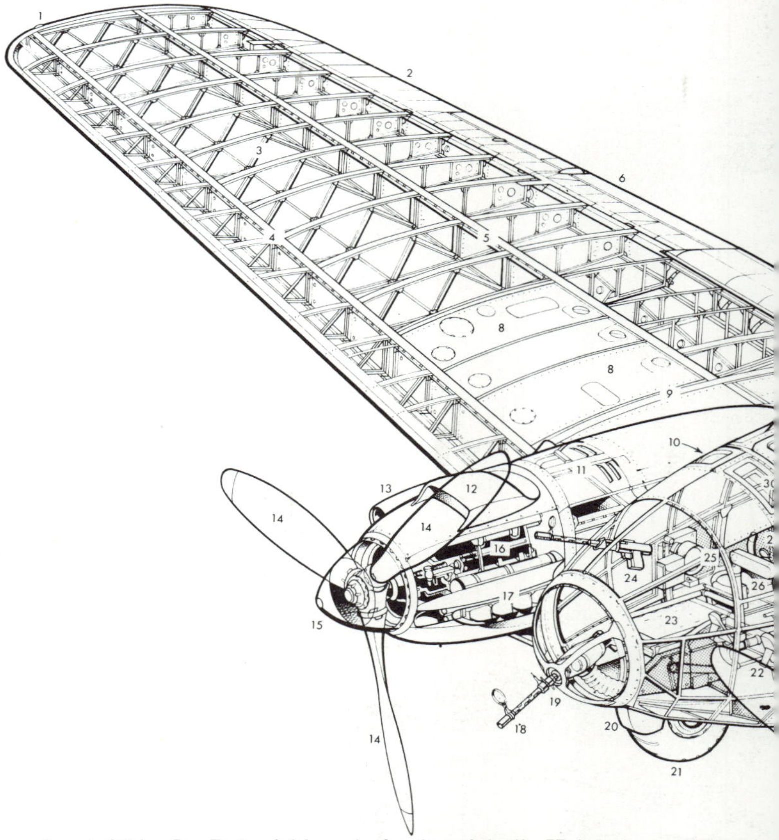

nen einsatzfähig. Im Polenfeldzug befanden sich die Heinkel von KG 1, KG 4, KG 26, KG 27, KG 53, KG 152 und von II/LG 1 ständig in Aktion. Sie griffen Ziele weit hinter der Front an. Als sich die Polen bis nach Warschau zurückzogen, übten sie vernichtende Angriffe auf die polnische Hauptstadt aus.

Varianten der He 111

He 111a (He 111 VI): 1. Prototyp, zwei 600 PS (448 kW) BMW VI6 OZ mit Zweiblatt-Propellern.
He 111V2: 2. Prototyp (D-ALIX), weniger Krümmung an der Hinterkante.
He 111V3: 3. Prototyp (D-ALES), Spannweite auf 22,61 m reduziert.
He 111V4: 4. Prototyp (D-AHAO), Verkehrsflugzeug für 10 Passagiere, Dreiblatt-Propeller.
He 111C-0: sechs Flugzeuge (D-ABYE, D-AMES, D-AQUY, D-AQYF, D-ATYL, D-AXAV), zwei wurden für geheime Aufklärungseinsätze an das Kommando Rowehl geliefert.
He 111A-1: 10 Flugzeuge nach dem Vorbild von V3, von der Luftwaffe abgelehnt und nach China verkauft.
He 111V5: DB.600 A, Fluggewicht 8.600 kg.
He 111B-0: von der Luftwaffe akzeptierte Vorserienversion, eine Maschine mit Jumo 210Ga.
He 111B-1: Serienbomber, die ersten Maschinen mit DB.600Aa, die späteren mit DB.600C, Fluggewicht 9.323 kg, max. Bombenlast 1.500 kg.
He 111B-2: DB. 600CG Motoren mit Vorverdichter, Fluggewicht 10.000 kg.
He 111V7: Prototyp mit geraden, sich verjüngenden Flügeln.
He 111G-01: auch He 111V12 (D-AEQU) genannt, BMW VI6, OZu, ging an die DLH (Deutsche Lufthansa).
He 111G-02: auch He 111V13 (D-AYKI) genannt, ging an die DLH.
He 111G-3: zwei Maschinen, V14 (D-ACBS) mit BMW 132 Dc und V15 (D-ADCF) mit BMW 132H-1, beide gingen an die DLH und wurden in He 111L umbenannt.
He 111G-4: auch He 111V16 (D-ASAR) genannt, DB.600G, Privatflugzeug von Feldmarschall Erhard Milch.
He 111G-5: vier Maschinen mit DB.600Ga Motoren, an die Türkei verkauft.
He 111V9: modifiziertes B-2 Flugwerk mit DB.600Ga, wurde zum Prototyp He 111D mit Kühlern an den Flügeln.
He 111D-0: Vorserienmaschinen mit DB.600Ga und in die Motorgondeln verlegten Kühlern.
He 111D-1: kleine Anzahl von Serienmaschinen, Produktion wurde eingestellt, weil es an DB Motoren fehlte.
He 111V6: Prototyp (D-AXOH) in Anlehnung an modifizierte B-0 mit Jumo 610Ga.
He 111V10: Prototyp He 111E (D-ALEQ) in Anlehnung an modifizierte D-0 mit Jumo 211A-1.
He 111E-0: Vorserienmaschine, 1.700 kg Bombenlast, Fluggewicht 10.315 kg.
He 111E-1: Serienbomber, 2.000 kg Bombenlast, Fluggewicht 10.775 kg.
He 111E-3: geringfügige interne Änderungen, nur interne Bombenlast.
He 111E-4: halbe Bombenlast wurde außen getragen.
He 111E-5: wie E-4, aber mit zusätzlichen internen Treibstofftanks.
He 111 V11: Prototyp He 111F mit geraden, sich verjüngenden Flügeln, Jumo 211A-3.
He 111F-0: Vorserienmaschine, Fluggewicht 11.000 kg.
He 111F-1: 24 Maschinen wurden 1938 an die Türkei verkauft.
He 111F-4: 40 Maschinen für die Luftwaffe mit einer Bombenlastanordnung wie bei der E-4.
He 111J-0: Vorserienmaschine, DB.600CG, nur externe Bombenlast.
He 111J-1: 90 Serienmaschinen, als Torpedobomber vorgesehen, aber nur als Bomber eingesetzt.
He 111V8: modifizierte B-0 (D-AQUO) mit Cockpit-Stufenprofil.
He 111P-0: Vorserienmaschinen ähnlich der V8, folgten im Werk auf die J-1.
He 111P-1: Serienmaschinen, DB. 601A-1, Höchstgeschwindigkeit 398 km/h.
He 111P-2: wie P-1, aber mit FuG 10 Funkausrüstung.
He 111P-3: modifizierte P-1 und P-2 als Trainer mit Doppelsteuerung.
He 111P-4: Möglichkeit zur Aufnahme zusätzlicher Waffen, zusätzlicher interner Treibstoffkapazität, externer Bombenlast.
He 111P-6: Einführung von DB.601N Motoren, Rückkehr zu interner Bombenlast, P-6/R2 war eine spätere Umrüstung als Schleppflugzeug, andere gingen nach Ungarn.
He 111V19: Prototyp (D-AUKY), Jumo 211 Motoren.
He 111H-0: Vorserienmaschinen ähnlich der P-2 (FuG 10), aber mit Jumo 211.
He 111H-1: Serienversion der P-0.
He 111H-2: wie H-1, aber mit Jumo 211A-3 Motoren.
He 111H-3: vorwärtsfeuernde 20 mm Kanone in Gondel zur Schiffsbekämpfung, Jumo 211D-1 Motoren.
He 111H-4: die ersten Maschinen hatten Jumo 211D-1, die späteren 211F-1 Motoren.
He 111H-5: Möglichkeit zur Aufnahme von 2.500 kg Bombenlast, Fluggewicht auf 14.055 kg erhöht.
He 111H-6: mit allen früheren Modifikationen und Möglichkeit zur Aufnahme von zwei 765 kg LTF5b Torpedos sowie mehr Abwehrwaffen; Jumo 211F-1; He 111H-7 und H-9 waren ähnlich, aber mit geringfügigen Ausrüstungsänderungen.
He 111H-8: H-3 und H-5 Flugwerke mit Ballonkabelschutz und -klingen bei der als Schleppflugzeug modifizierten H-8/R2 waren die Klingen entfernt und sie wurden als Schleppflugzeuge ausgerüstet.
He 111H-10: H-6 Entwicklung, 20 mm Kanone von der Gondel zur Nase verlegt, Kuto-Nase Ballonkabelmesser, Jumo 211F-2.
He 111H-11: mit vollständig umschlossener Rückenkanone, verstärkter Bewaffnung und Panzerung; H-11/R1 hatte zwei MG81 Maschinengewehre im Leitwerksträger; H-11/R2 war ein Schleppflugzeug.
H 111H-12: Unterrumpfgondel wurde weggelassen, damit Hs 293A Raketen mitgeführt werden konnten; FuG 203b Funkausrüstung.
He 111H-14: 'Pfadfinder'-Version der H-10; 20H-14/R2 waren Schleppflugzeuge.
He 111H-16: 'Standard'-Bomber; H-16/R1 hatte elektrisch betätigten Rückenturm; H-16/R2 war ein Schleppflugzeug mit starrem H-16/R3 war 'Pfadfinder' mit reduzierter Bombenlast.
H 111H-18: 'Pfadfinder' ähnlich der He 111H-16/R3 mit flammendämpfenden Spezialauspuffrohren.
He 111H-20: als Schlepp- und Transportflugzeug gebaut; H-20/R1 hatte Absprungöffnung für Fallschirmjäger H-20/R2 war Fracht- und Schleppflugzeug mit 30 mm Kanone in elektrischem Turm auf dem Rücken; H-20/R3 als Bomber modifiziert; H-20/R4 ebenfalls als Bomber mit einer externen Bombenlast von 20 × 50 kg modifiziert.
He 111H-21: erste Verwendung von Jumo 213, Höchstgeschwindigkeit 480 km/h, Bombenlast 3.000 kg, Fluggewicht erhöht auf 16.000 kg, Rüstsatz wie bei der He 111H-20.
He 111H-23: ähnlich der H-20/R1 mit Jumo 213 Motoren.
He 111V32: eine einzige modifizierte H-6 Maschine mit DB.601U Motoren mit Vorverdichter als Prototyp für den Höhenbomber He 111R; He 111R-1 und R-2 waren geplant, wurden aber nicht gebaut.
He 111Z-1: zwei zusammengefügte He 111 mit fünftem Motor, Schleppflugzeug, Fluggewicht 28.500 kg.
He 111Z-2: geplanter Langstreckenbomber ähnlich der Z-1, sollte vier Hs 283A Raketen tragen.
He 111Z-3: geplante Fernaufklärerversion der He 111Z-1.

Eine in den späten 50er Jahren in Lizenz von dem spanischen Flugzeugwerk (CASA) gebaute He 111H-16 von Ala 94, der spanischen Ejército del Aire. Der Sichtschutz war immer noch ganz ähnlich wie im Spanischen Bürgerkrieg von 1936–39.

Diese He 111H-3 (die möglicherweise in Bukarest, Rumänien, von der Fabrica de Avione SET in Lizenz gebaut wurde) war einer der wenigen deutschen Bomber, die von der slowakischen Luftwaffe geflogen wurden. Sie waren Anfang 1943 in Trenčin stationiert.

Aufriß-Erläuterung zur Heinkel He 111H-3

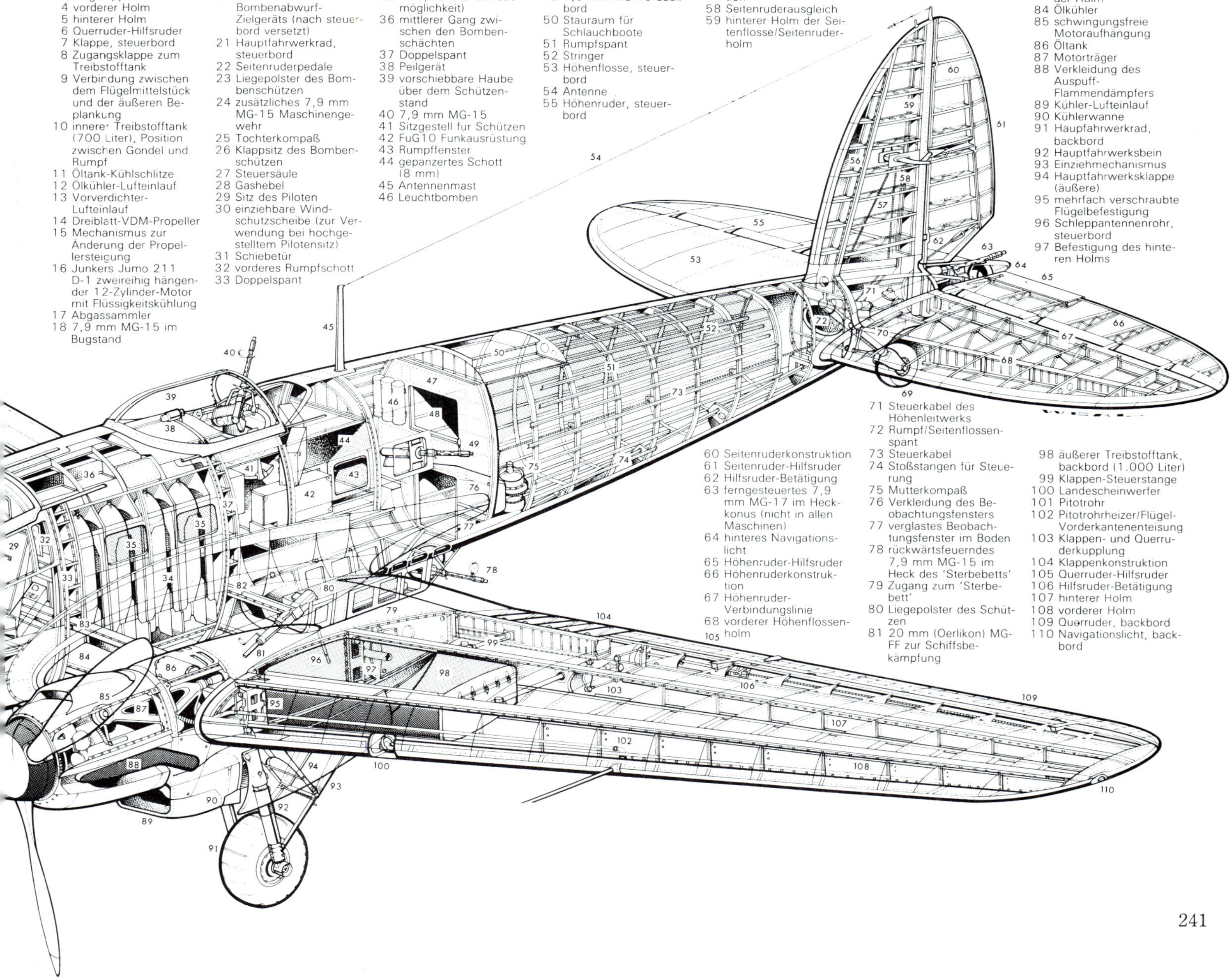

1 Navigationslicht, steuerbord
2 Querruder, steuerbord
3 Flügelrippen
4 vorderer Holm
5 hinterer Holm
6 Querruder-Hilfsruder
7 Klappe, steuerbord
8 Zugangsklappe zum Treibstofftank
9 Verbindung zwischen dem Flügelmittelstück und der äußeren Beplankung
10 innerer Treibstofftank (700 Liter), Position zwischen Gondel und Rumpf
11 Öltank-Kühlschlitze
12 Ölkühler-Lufteinlauf
13 Vorverdichter-Lufteinlauf
14 Dreiblatt-VDM-Propeller
15 Mechanismus zur Änderung der Propellersteigung
16 Junkers Jumo 211 D-1 zweireihig hängender 12-Zylinder-Motor mit Flüssigkeitskühlung
17 Abgassammler
18 7,9 mm MG-15 im Bugstand
19 Ikaria Kugelzapfen-Gewehrhalterung (steuerbord versetzt)
20 Gehäuse des Bombenabwurf-Zielgeräts (nach steuerbord versetzt)
21 Hauptfahrwerkrad, steuerbord
22 Seitenruderpedale
23 Liegepolster des Bombenschützen
24 zusätzliches 7,9 mm MG-15 Maschinengewehr
25 Tochterkompaß
26 Klappsitz des Bombenschützen
27 Steuersäule
28 Gashebel
29 Sitz des Piloten
30 einziehbare Windschutzscheibe (zur Verwendung bei hochgestelltem Pilotensitz)
31 Schiebetür
32 vorderes Rumpfschott
33 Doppelspant
34 ESAC Bombenschacht, backbord (senkrechte Lagerung)
35 Rumpffenster (Einbaumöglichkeit)
36 mittlerer Gang zwischen den Bombenschächten
37 Doppelspant
38 Peilgerät
39 vorschiebbare Haube über dem Schützenstand
40 7,9 mm MG-15
41 Sitzgestell für Schützen
42 FuG10 Funkausrüstung
43 Rumpffenster
44 gepanzertes Schott (8 mm)
45 Antennenmast
46 Leuchtbomben
47 ungepanzertes Schott
48 Zugangsöffnung zum hinteren Rumpfteil
49 7,9 mm MG-15 backbord
50 Stauraum für Schlauchboote
51 Rumpfspant
52 Stringer
53 Höhenflosse, steuerbord
54 Antenne
55 Höhenruder, steuerbord
56 vorderer Holm der Seitenflosse
57 Seitenflossenkonstruktion
58 Seitenruderausgleich
59 hinterer Holm der Seitenflosse/Seitenruderholm
60 Seitenruderkonstruktion
61 Seitenruder-Hilfsruder
62 Hilfsruder-Betätigung
63 ferngesteuertes 7,9 mm MG-17 im Heckkonus (nicht in allen Maschinen)
64 hinteres Navigationslicht
65 Höhenruder-Hilfsruder
66 Höhenruderkonstruktion
67 Höhenruder-Verbindungslinie
68 vorderer Höhenflossenholm
69 halb einziehbares Spornrad
70 Spornrad-Stoßdämpfer
71 Steuerkabel des Höhenleitwerks
72 Rumpf/Seitenflossenspant
73 Steuerkabel
74 Stoßstangen für Steuerung
75 Mutterkompaß
76 Verkleidung des Beobachtungsfensters
77 verglastes Beobachtungsfenster im Boden
78 rückwärtsfeuerndes 7,9 mm MG-15 im Heck des 'Sterbebetts'
79 Zugang zum 'Sterbebett'
80 Liegepolster des Schützen
81 20 mm (Oerlikon) MG-FF zur Schiffsbekämpfung
82 hinterer durchgehender Holm
83 vorderer durchgehender Holm
84 Ölkühler
85 schwingungsfreie Motoraufhängung
86 Öltank
87 Motorträger
88 Verkleidung des Auspuff-Flammendämpfers
89 Kühler-Lufteinlauf
90 Kühlerwanne
91 Hauptfahrwerkrad, backbord
92 Hauptfahrwerksbein
93 Einziehmechanismus
94 Hauptfahrwerksklappe (äußere)
95 mehrfach verschraubte Flügelbefestigung
96 Schleppantennenrohr, steuerbord
97 Befestigung des hinteren Holms
98 äußerer Treibstofftank, backbord (1.000 Liter)
99 Klappen-Steuerstange
100 Landescheinwerfer
101 Pitotrohr
102 Pitotrohrheizer/Flügel-Vorderkantenenteisung
103 Klappen- und Querruderkupplung
104 Klappenkonstruktion
105 Querruder-Hilfsruder
106 Hilfsruder-Betätigung
107 hinterer Holm
108 vorderer Holm
109 Querruder, backbord
110 Navigationslicht, backbord

Die Heinkel He 111P wurde zwar in gewisser Hinsicht von der H-Serie überholt, blieb aber bis in den Krieg hinein in großer Zahl im Einsatz. Diese P-2 vom Kampfgeschwader 55 flog im Herbst 1940 von Villacoublay in Frankreich zu nächtlichen Angriffen nach Großbritannien. Am Bug ist das Zeichen des Geschwaderstabs zu sehen. Durch grob aufgetragene gesprenkelte Tarnung wurden das Geschwaderzeichen und das Hakenkreuz auf der Seitenflosse unsichtbar gemacht.

Der erste Prototyp der He 111 war die He 111a (später He 111VI genannt), die, von 660 PS (492 kW) BMW VI 6.02 Motoren angetrieben, am 25. Februar 1934 von Gerhard Nitschke in Marienehe geflogen wurde. Obwohl sie als Bomber gebaut worden war, blieb der britische Geheimdienst hartnäckig der Überzeugung, sie sei ein schnelles Verkehrsflugzeug.

Weil es an geeigneten Flugplätzen fehlte, waren am Norwegenfeldzug nur drei mit He 111 Maschinen ausgerüstete Verbände (KG 4, KG 26 und KGr 100) beteiligt. Die anderen Geschwader bereiteten sich auf den Angriff im Westen vor, der am 10. Mai 1940 begann. Vier Tage später griffen 100 Heinkel des KG 54 Rotterdam an. Weil viele der Bomber, deren Funker bereits die vorderen Maschinengewehre betätigten, den Befehl zur Rückkehr nicht erhalten hatten, warfen 57 Flugzeuge im Zentrum der Stadt 97 Tonnen Bomben ab.

Bei Beginn der Luftschlacht um England war die Produktion fast vollkommen auf die He 111H umgestellt. Die meisten Mannschaften flogen aber immer noch die älteren He 111P. Auch Oberst Alois Stöckl, der das Kommando über das KG 55 führte, kam am 14. August 1940 in einer He 111P ums Leben, als er in der Nähe von Middle Wallop abgeschossen wurde. Die He 111H erwies sich mit einer Höchstgeschwindigkeit von 435 km/h von Anfang an als ein Flugzeug, das nicht leicht abzuschießen war (im Vergleich zur Dornier Do 17) und schwere Beschädigungen durchstehen konnte. Die 17 Gruppen, die die He 111H beim Angriff auf England flogen, hatten im Durchschnitt etwa 500 solcher Flugzeuge im Einsatz (im Vergleich zu etwa 40 He 111P bei den Aufklärungsgruppen). Im Verlauf der vier Monate dauernden Angriffe verlor die Luftwaffe 246 Maschinen im Luftkampf. Zu den bekannten Angriffen durch He 111 Maschinen gehörten die des KG 55 auf das Flugzeugwerk in Bristol am 25. September 1940 und der vernichtende Angriff der gleichen Einheit auf das Supermarine-Werk in Southampton am folgenden Tag.

Bei den meisten He 111H Maschinen, die über England eingesetzt wurden, handelte es sich um He 111H-1, -2, -3 und -4. Die letzteren hatten ursprünglich 1.100 PS (821 kW) Jumo 211D Motoren. Ein Teil der Verluste war darauf zurückzuführen, daß sie mit einer fünfköpfigen Besatzung flogen, während die anderen Bomber, die Junkers Ju 88 und die Do 17, nur eine vierköpfige Besatzung hatten.

Die nächste Variante, mit der die Kampfgeschwader ausgerüstet wurden, war die He 111H-5, die in den Flügeln zusätzliche Treibstofftanks, anstelle von Bombenzellen, und zwei Außenstationen für je eine 1.000 kg Bombe hatten. Ihr maximales Fluggewicht wurde auf 14.055 kg erhöht. He 111H-5 Maschinen kamen bei den Bombenangriffen im Winter 1940–41 oft zum Einsatz.

Die He 111H-6 wurde von allen He 111 Maschinen am meisten verwendet. Mit der Serienproduktion dieser Version, die in der Lage sein sollte, zwei 765 kg schwere LT F5b Torpedos zu tragen, wurde Ende 1940 begonnen. Die Bewaffnung bestand aus sechs 7,92 mm MG 15 und einer vorwärtsfeuernden 2 cm Kanone. Einige Flugzeuge hatten auch hinten im Heck einen fernbedienten Granatwerfer. Obgleich sie Torpedos mit sich führen konnten, wurden die meisten He 111H-6 als gewöhnliche Bomber benutzt. Die erste Einheit, die mit Torpedos ausgerüstete He 111H-6 Maschinen flog, war die I./KG 26. Sie setzte diese Flugzeuge ab Juni 1942 von Bardufoss und Banak in Nordnorwegen aus gegen die Nordkap-Konvois ein und war an der fast völligen Vernichtung des Konvois PQ 17 beteiligt.

Die Maschinen mit der Bezeichnung He 111H-7 und He 111H-9 wiesen gegenüber der He 111H-6 geringfügige Änderungen auf, während die He 111H-8 eine übergroße Ballonschiene hatte, die Sperrballonseile zu Klingen in den Flügelspitzen ablenken sollte. Da sich diese Vorrichtung als nicht sehr praktisch erwies, wurden die noch vorhan-

Diese He 111B-1, die im spanischen Bürgerkrieg 1937 bei der Bombergruppe der Legion Cóndor, Kampfgruppe 88, im Einsatz war, trug verschiedene Markierungen, darunter auch den Namen 'Holzauge', und auf der Seitenflosse einen kleinen schwarzen Scotchterrier.

Eine von Jumo-Motoren angetriebene He 111E-1, deren maximale interne Bombenlast auf 2.000 kg erhöht worden war. Mit dieser Version wurden 1938 allmählich alle vier Bomberstaffeln der Kampfgruppe 88 der Legion Cóndor in Spanien ausgerüstet.

Eine der letzten He 111 im Einsatz war diese He 111H-20 der I. Gruppe vom Kampfgeschwader 4 'General Wever', die im April 1945 in Dresden-Klotzsche stationiert war, um für abgeschnittene Wehrmachtseinheiten Versorgungsgüter abzuwerfen.

denen He 111H-8 später unter der Bezeichnung He 111H-8/R2 zu Schleppflugzeugen umgerüstet.

Die He 111H-10 ähnelte der He 111H-6, hatte jedoch eine 2 cm MG FF Kanone in der Gondel unter dem Rumpf und Kuto Nase Kabelklingen an den Flügeln.

Neue Einsatzbereiche

Da sich die He 111H als 'Pfadfinder' im Einsatz bei der KGr 100 so gut bewährt hatte, wurde diese Rolle bei der Weiterentwicklung des Flugzeugs besonders berücksichtigt. Die He 111H-14, die He 111H-16/R3 und die He 111H-18 wurden für diese Aufgabe speziell mit FuG Samos, Peil-GV, APZ5 und FuG Korfu Funkausrüstungen versehen. He 111H-14 Maschinen wurden 1944 vom Sonderkommando Rastedter vom KG 40 geflogen.

Als sich zur He 111 später auch Bomber wie die Heinkel He 177 Greif, die Dornier Do 217 und andere gesellten, wurde sie gleichzeitig auch zu einem Transportflugzeug entwickelt. Die He 111H-20/R1 wurde für die Aufnahme von 16 Fallschirmjägern und die He 111H-20/R2 als frachttragendes Schleppflugzeug ausgerüstet. Es befanden sich aber auch noch Bomberversionen im Einsatz, besonders an der Ostfront, wo die He 111H-20/R3 mit einer Bombenlast von 2.000 kg und die He 111H-20/R4, die 50 kg Splitterbomben mit sich führte, bei Nacht in Aktion traten.

Die größte und gleichzeitig hoffnungsloseste Aufgabe der He 111H Bomber und Transportflugzeuge war der Versuch, gemeinsam mit der Wehrmacht zwischen November 1942 und Februar 1943 der 6. Armee bei Stalingrad zu Hilfe zu eilen. Da sämtliche zur Verfügung stehenden Ju 52/3m Transportflugzeuge für diese Versorgungsaufgabe nicht ausreichten, machten sich He 111 Bomber von den KG 27, KG 55 und I/KG 100 zusammen mit verschiedenen He 111D, F, P und H Transportflugzeugen des KGrzbV 5 und KGrzbV 20 an die Aufgabe, die belagerte Armee mit Lebensmitteln und Munition zu versorgen. Den Bombern gelang es zwar gelegentlich, die russischen Panzer anzugreifen, als sie die Stadt immer fester in den Griff bekamen, aber die schlechten Wetterverhältnisse behinderten die Versorgungsaktion gewaltig, und als Stalingrad von den sowjetischen Truppen eingenommen wurde, hatte die Luftwaffe 165 He 111 verloren.

Die Heinkel He 111 führte im Krieg auch zwei der fraglos aufsehenerregendsten Einsatzexperimente der Luftwaffe durch. Bei dem ersten Experiment wurde unter einem Flügel eine fliegende Bombe Fieser Fi 103 (die V-1) getragen. Nach der Erprobung in Peenemünde im Jahr 1943 wurden 20 He 111H-6, He 11H-16 und He 111H-21 (die jetzt alle die Bezeichnung He 111H-22 erhielten) modifiziert und im Juli 1944 an die III/KG 3 geliefert. Innerhalb von sechs Wochen hatte diese in den Niederlanden stationierte Einheit 300 fliegende Bomben auf London, 90 auf Southampton und 20 auf Gloucester gerichtet.

In dem Glauben, daß sich diese Kampagne gelohnt hatte, rüstete die Luftwaffe alle drei Gruppen vom KG 53 mit etwa 100 He 111H-22 aus. Vom Westen Deutschlands aus beteiligten sich diese Flugzeuge im Dezember an dem Angriff auf Großbritannien. Ein solcher Angriff wurde am Heiligabend gegen Manchester gerichtet. In sieben Monaten wurden von den vier Gruppen 1.200 fliegende Bomben abgeworfen. Dabei gingen jedoch 77 Flugzeuge verloren.

Das andere Experiment mit der He 111 führte zu der außergewöhnlichen fünfmotorigen He 111Z (Z=Zwilling). Dazu wurden zwei He 111 mittels eines neuen Flügel-Mittelabschnitts, in dem sich ein fünfter Motor befand, zusammengefügt. Das Flugzeug, das man auf diese Weise erhielt, hatte eine Spannweite von 35,20 m und war dazu vorgesehen, das riesige Messerschmitt Me 321 Gigant Segelflugzeug oder drei Gotha Go 242 Lastensegler mit einer Geschwindigkeit von 225 km/h in 4.000 m Höhe zu schleppen. Die Versuche verliefen recht erfolgreich, und die He 111Z-1 wurde 1943 für Versorgungseinsätze an die Ostfront geschickt.

Unter den letzten Einsätzen der He 111 Bomber ist besonders der Angriff auf den Flugplatz von Poltawa in der Sowjetunion zu erwähnen, der in der Nacht vom 21. zum 22. Juni 1944 stattfand. Am Vortag waren 114 Boeing B-17 der United States Army Air Force und die ihnen das Geleit gebenden nordamerikanischen P-51 Maschinen nach der Bombardierung von Berlin in die UdSSR geflogen. Die Amerikaner wurden von Heinkel He 111 Maschinen von den KG 4, KG 27, KG 53 und KG 55 überrascht, und im Schein von Leuchtkugeln vernichteten die Bomber 43 B-17 und 15 P-51 auf dem Boden. Gegen Kriegsende wurde das Flugzeug lediglich für Transportzwecke benutzt. In den letzten Tagen des Dritten Reiches wurde es von KG 4, der TGr 30 und der Schleppgruppe 1 geflogen. Insgesamt wurden von der He 111 mehr als 7.300 Maschinen produziert.

Archiv B. Mülsen

Die Heinkel He 111H-6 war die gebräuchlichste Version des Flugzeugs. Sie ist hier mit zwei Übungstorpedos an PVC-Rumpfträgern zu sehen. Zu den Einsatzeinheiten, die torpedotragende He 111 Maschinen benutzten, gehörte das KG 26, das in Norwegen stationiert war.

Archiv B. Mülsen

Die Heinkel 111H-11 mit einem schweren 13 mm MG 131 Maschinengewehr in der Nasenspitze und fünf 250 kg Bomben an einer speziellen Trägerplatte unter dem Rumpf. Diese Version zeichnete sich auch durch stärkere Panzerung aus, die im Notfall zum Teil abgeworfen werden konnte.

North American Texan/Harvard

Von diesem Flugzeug gab es wahrscheinlich mehr Versionen als von jedem anderen in der Geschichte der Luftfahrt. Zu ihrer Zeit war die Maschine der am meisten verwendete Trainer der Welt. Über 21.000 Exemplare wurden von diesem Typ gebaut, der auch in vielen anderen Rollen Verwendung fand.

Diese Baureihe robuster Ganzmetall-Eindecker ist so umfangreich und vielseitig, daß es schwer ist, ihr einen gemeinsamen Namen zu geben. Die Schweden nannten sie Sk 14, die Japaner K10W oder K5Y, die Australier Wirraway, die Spanier C.6 und die Luftwaffe bezeichnete sie als NAA 57, aber den meisten Fliegern ist sie als die AT-6, die T-6, als Texan, Harvard oder die SNJ in Erinnerung. Und sie ist tatsächlich ein Flugzeug, das für viele unvergeßlich ist. Es gibt heute noch Piloten, die sich genau daran erinnern, wie die Trimmklappe am Seitenruder für den Start eingestellt werden mußte (voll nach rechts) oder welche Höchsttemperatur die Zylinderköpfe nicht überschreiten durften (240°C, nach dem Krieg reduziert auf 230°C), oder wo sich die Treibstoffanzeiger befanden (auf der Oberseite der beiden Flügeltanks, die den Cockpitboden bildeten).

Mit den nach dem Krieg modifizierten Maschinen, aber ohne Spezialanfertigungen wie zum Beispiel Rennmaschinen, von denen es jeweils nur ein Exemplar gab, oder die Umbauten für Hollywood, die in den zahlreichen Kriegsfilmen Mitsubishi Zero darstellten, belief sich

Das Harvard Formation Team ist eine Kunstflugstaffel, die bei ihren Flugvorführungen ausschließlich Maschinen dieser erfolgreichen Trainerserie verwendet, nämlich eine Mk IIA, eine Mk IIB und zwei Mk IV.

Austin J. Brown/APL

Von keinem Trainer wurden jemals mehr Flugzeuge gebaut als von der North American Texan Harvard. Diese Harvard Mk IIB wurde von dem kanadischen Flugzeughersteller Noorduyn in Lizenz produziert. *(Foto: Austin J. Brown)*

Links: Die AJ955 war eine von 450 Na-66, die 1940 mit der neuen Bezeichnung Harvard Mk II ausgeliefert wurden. Sie war die erste von 33 Maschinen, die an die RCAF gingen. So wie sie hier abgebildet ist, befand sie sich 1943 bei der No. 2 Wireless School (Funkerschule) im Einsatz.

die Gesamtzahl der verschiedenen Untertypen auf 260. Ihre Geschichte reicht bis in die Zeit zurück, als die Firma North American Aviation ihren Flugzeugen noch keine Namen gab. Sie produzierte damals noch unter dem Namen General Aviation in Dundalk, Maryland, die Typen GA-1 bis GA-15. Ende 1934 gab die US Army eine Spezifikation für einen neuen Basistrainer heraus. Er sollte von Pilotenschülern verwendet werden, die ihre Grundausbildung auf Trainingsflugzeugen mit schwächerer Motorleistung bereits abgeschlossen hatten. Das Konstruktionsteam von General Aviation entwickelte unter Vizepräsident J. Lee Atwood schnell einen Ganzmetall-Tiefdecker mit Flügeln in selbsttragender Bauweise mit Senknietung, aber der Rest der Maschine war in konventioneller Bauweise mit Stoffbespannung, starren freitragenden Hauptfahrwerkstreben, einem Wright R-975 Whirlwind Motor von 400 PS (298 kW) und offenen Tandem-Cockpits ausgelegt. Anstatt der Bezeichnung GA-16 erhielt die Maschine die Bezeichnung NA-16, weil die Firma inzwischen ihren Namen geändert hatte.

Die NA-16 startete in Dundalk zum ersten Mal im April 1935 mit der zivilen Registrierung X-2080. Die Piloten der US Army auf dem Wright Field hielten sie für die beste der eingereichten Konstruktionen, da sie am ehesten einem taktischen Flugzeug entsprach, verlangten aber mehrere Änderungen. Dieser klassische Prototyp wurde so zur NA-18 mit geschlossenen Cockpits in Tandemanordnung und verschiebbaren Einzelhauben, einem verkleideten Fahrwerk und dem Pratt & Whitney R-1340 Wasp Motor von 600 PS (448 kW); später kaufte Argentinien diese Maschine. Als sich Ende 1935 die US Army für den NAA Trainer entschied, bestellte sie 42 Maschinen mit der Bezeichnung BT-9. Das veranlaßte die Firma North American, in das sonnige Kalifornien umzuziehen, wo sie für ein Grundstück in Inglewood (wo sich heute der Flughafen von Los Angeles befindet) eine Jahresmiete von 600 Dollar bezahlte und eine neue Fabrik errichten ließ. Sie beschäftige dort 150 Mitarbeiter, aber diese Zahl erhöhte sich innerhalb von neun Jahren auf 91.000.

Die BT-9 wurden in Schulbemalung, das heißt mit einem blauen

Es gibt nur wenige Fotografien der ersten General Aviation NA-16. Dieses Bild zeigt die Maschine nach ihrer Modifikation mit geschlossenen Cockpits und verkleideten Fahrwerkstreben. Der Whirlwind Motor mit kleinem Durchmesser wurde allerdings beibehalten. Später erhielt die Maschine einen Wasp und die neue Bezeichnung NA-18, unter der sie exportiert wurde.

Aufriß-Erläuterung zur North American Harvard Mk II

1 Pitotrohr
2 Flügelspitzenverkleidung
3 Navigationslichter, steuerbord
4 äußere Flügelbeplankung, steuerbord
5 Hilfsruder
6 Hilfsruder-Steuerstange
7 mit Stoff bespanntes Querruder, steuerbord
8 Antennenmast
9 Spaltklappe an der Hinterkante, steuerbord
10 Klappen-Steuerstange
11 Steuerseil-Umlenkung
12 Lande/Rollscheinwerfer, steuerbord
14 abnehmbare Motorhaubenbeplankung
15 Hamilton Standard Zweiblatt-Verstellpropeller
16 Gegengewichte
17 Propellernabe/Verstellmechanismus
18 Ölwanne
19 untere Motorhaubenbeplankung
20 Hauptfahrwerk, steuerbord
21 Vergaser-Lufteinlaufkanal
22 Auspuffsammelrohr
23 Pratt & Whitney R-1340-49 Wasp Neunzylinder-Sternmotor
24 Motoraufhängung/Schott
25 Isolierung der Cockpitheizung
26 Motoröltank
27 Öleinfüllstutzen
28 Batterie
29 Handkurbel-Ansatzstelle
30 Motoraufhängungsstreben
31 Lufteinlauffilter
32 Lufteinlaufheizung
33 untere Motoraufhängung
34 Hauptfahrwerkschacht
35 Treibstoffpumpe
36 Verkleidung des Lufteinlaufs
37 Triebwerksteuerung
38 Brandschott
39 vordere Seitenruderpedale
40 Sicherungskasten
41 Generatorsteuerung
42 Schalttafel
43 Instrumententafel
44 Verkleidung der Instrumententafel
45 Antennenleitung
46 Cockpitfenster
47 verschiebbarer vorderer Haubenabschnitt
48 Sitz des vorderen Piloten
49 Sicherheitsgurt
50 Leistungshebel und Propeller-Verstellhebel
51 Cockpitlicht
52 Leitwerks-Trimmräder
53 Trittbretter
54 Flügelholm/Rumpf-Verbindung
55 Treibstoffanzeiger
56 Nothandpumpe für das Hydrauliksystem
57 Treibstoffhahn
58 Umformer
59 Cockpit-Stufe
60 hintere Seitenruderpedale
61 Flüssigkeitsbehälter des Hydrauliksystems
62 Motor- und Propeller-Steuergestänge
63 Stauraum für Funkausrüstung
64 Schiene für verschiebbare Haube
65 hintere Instrumententafel
66 Fahrwerks-Warnhupe
67 Überrollschutz
68 fester mittlerer Haubenabschnitt
69 hinterer verschiebbarer Haubenabschnitt
70 Sitz des hinteren Piloten
71 seitlicher Notausstieg
72 Notausstiegshebel
73 hinterer Drosselhebel
74 Feuerlöscher
75 Trimm-Handräder
76 Klappenhebel
77 hintere Sitzbefestigung
78 vordere Rumpfstruktur aus Stahlrohr
79 seitliche Beplankung
80 hintere Cockpit-Stufe
81 Gepäckraum
82 Sauerstoffflaschen
83 Sauerstoff-Einfüllventil
84 hintere Rumpfspant- und Stringerkonstruktion
85 Zugangsklappen zum Steuersystem

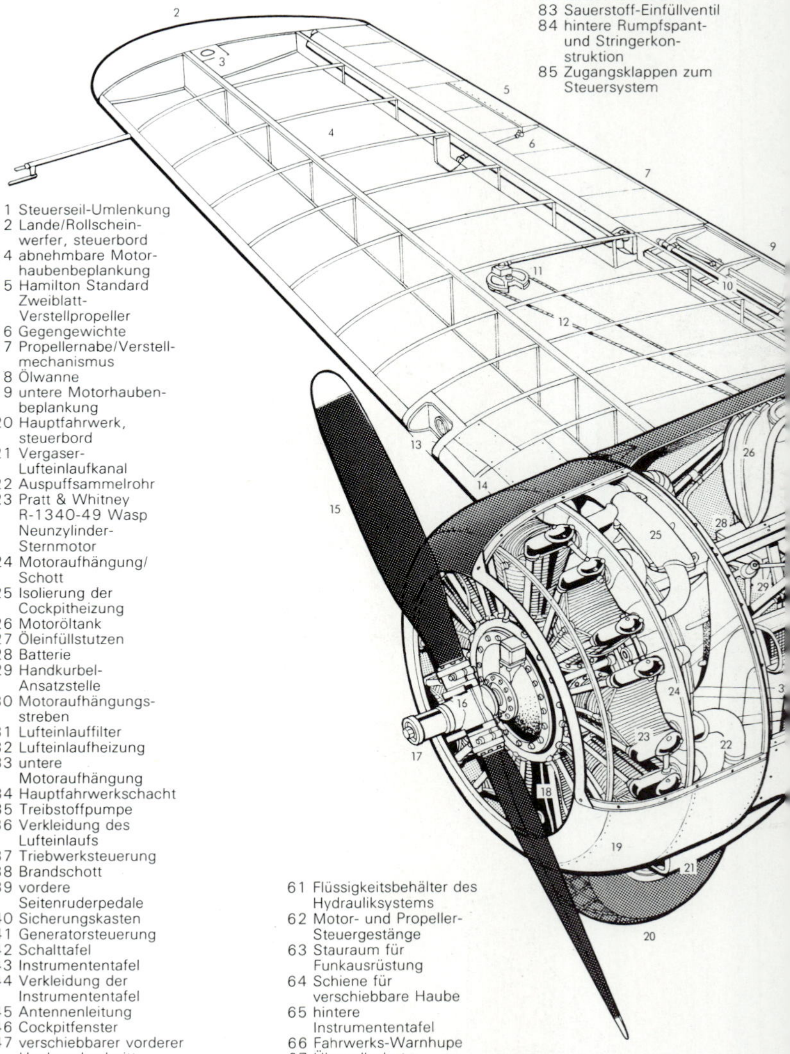

Rechts: **Die Harvard gehörte in den Flugschulen der RAF von 1938 bis 1955, d.h. mehr als 16 Jahre lang, zur Standardausrüstung. Die N7033, eine Harvard Mk I, befand sich in den ersten Kriegsjahren bei der No. 2 TFS auf dem RAF Stützpunkt Brize Norton im Einsatz.**

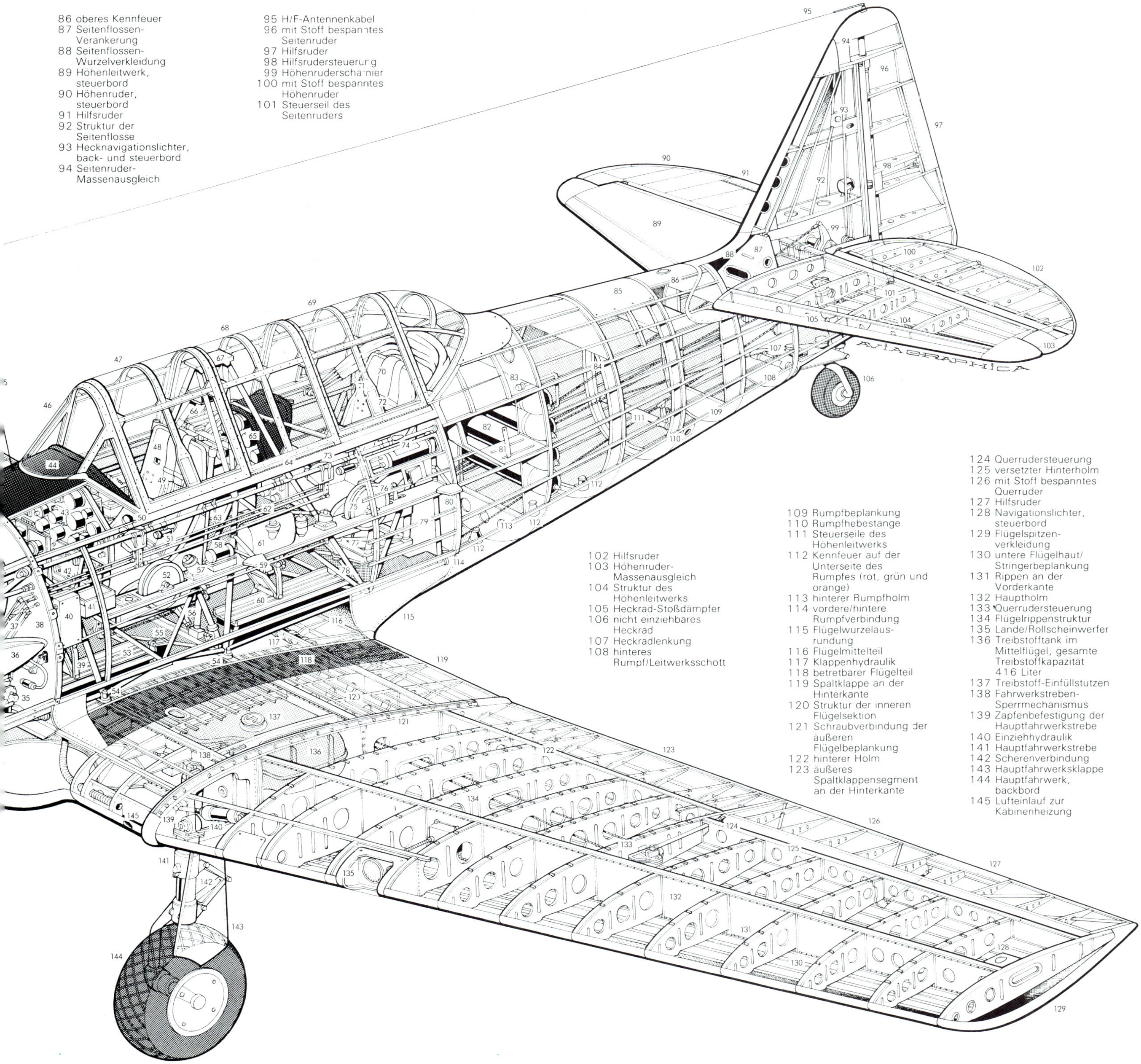

86 oberes Kennfeuer
87 Seitenflossen-Verankerung
88 Seitenflossen-Wurzelverkleidung
89 Höhenleitwerk, steuerbord
90 Höhenruder, steuerbord
91 Hilfsruder
92 Struktur der Seitenflosse
93 Hecknavigationslichter, back- und steuerbord
94 Seitenruder-Massenausgleich
95 H/F-Antennenkabel
96 mit Stoff bespanntes Seitenruder
97 Hilfsruder
98 Hilfsrudersteuerung
99 Höhenruderscharnier
100 mit Stoff bespanntes Höhenruder
101 Steuerseil des Seitenruders
102 Hilfsruder
103 Höhenruder-Massenausgleich
104 Struktur des Höhenleitwerks
105 Heckrad-Stoßdämpfer
106 nicht einziehbares Heckrad
107 Heckradlenkung
108 hinteres Rumpf/Leitwerksschott
109 Rumpfbeplankung
110 Rumpfhebestange
111 Steuerseile des Höhenleitwerks
112 Kennfeuer auf der Unterseite des Rumpfes (rot, grün und orange)
113 hinterer Rumpfholm
114 vordere/hintere Rumpfverbindung
115 Flügelwurzelausrundung
116 Flügelmittelteil
117 Klappenhydraulik
118 betretbarer Flügelteil
119 Spaltklappe an der Hinterkante
120 Struktur der inneren Flügelsektion
121 Schraubverbindung der äußeren Flügelbeplankung
122 hinterer Holm
123 äußeres Spaltklappensegment an der Hinterkante
124 Querrudersteuerung
125 versetzter Hinterholm
126 mit Stoff bespanntes Querruder
127 Hilfsruder
128 Navigationslichter, steuerbord
129 Flügelspitzenverkleidung
130 untere Flügelhaut/Stringerbeplankung
131 Rippen an der Vorderkante
132 Hauptholm
133 Querrudersteuerung
134 Flügelrippenstruktur
135 Lande/Rollscheinwerfer
136 Treibstofftank im Mittelflügel, gesamte Treibstoffkapazität 416 Liter
137 Treibstoff-Einfüllstutzen
138 Fahrwerkstreben-Sperrmechanismus
139 Zapfenbefestigung der Hauptfahrwerkstrebe
140 Einziehhydraulik
141 Hauptfahrwerkstrebe
142 Scherenverbindung
143 Hauptfahrwerksklappe
144 Hauptfahrwerk, backbord
145 Lufteinlauf zur Kabinenheizung

North American Harvard

Technische Daten der North American Harvard
Typ: zweisitziger Fortgeschrittenen-Trainer.
Triebwerk: ein Pratt & Whitney R-1340-49 Wasp Sternmotor von 600 PS (447 kW).
Leistung: Höchstgeschwindigkeit 338 km/h; Anfangssteiggeschwindigkeit 6,85 m/sek; Reichweite 1.191 km; Höchstflugdauer 8 Stunden.
Gewicht: Leergewicht 1.823 kg; max. Startgewicht 2.381 kg.
Abmessungen: Spannweite 12,81 m; Länge 8,84 m; Höhe 3,57 m; Tragflügelfläche 23,57 m^2.
Bewaffnung: keine bei dieser Maschine.

Diese Harvard Mk IIB ist ein typisches Beispiel für die vielen Varianten, von denen in den mittleren Kriegsjahren viele Maschinen gebaut wurden. Sie war die vorletzte Harvard für die RAF, die Noorduyn in Kanada in Lizenz baute. Die Maschine trug auch die Bezeichnung AT-16 der USAAF und zeitweilig eine ihr zugeteilte US Leitwerksnummer, weil die meisten der 2.485 mit US Geldern finanzierten Mk IIB Maschinen der RAF nur leihweise überlassen worden waren. Die Haube des Schüler-Cockpits (vorne) ließ sich über den mittleren starren Teil zurückschieben, während die Haube des Lehrer-Cockpits auf der Innenseite nach vorne verschiebbar war. Bei dieser Mk IIB war der hinterste Haubenabschnitt starr, aber bei den Flugzeugen, die für die Schützenausbildung ausgerüstet waren, ließ sich der hintere Abschnitt (der unten eine gerade Kante hatte) nach oben und mit dem hinteren Hauptabschnitt der Haube nach vorne schwingen.

USAF

Dieser North American BT-9 Basistrainer mit dem R-975 Whirlwind Motor, starren Vorflügeln und starrem Fahrwerk befand sich 1939 bei der 46th School Sqn des USAAC im Einsatz. Ein Jahr später erhielt die Maschine einen anderen Sichtschutz.

Rumpf, einem chromgelben Flügel und Leitwerk und einem blau-rotweiß gestreiften Seitenruder, geliefert, und die meisten dieser Maschinen hatten starre Vorflügel an den äußeren Flügelsektionen. Sie waren nicht bewaffnet und wurden für die Pilotenschulung eingesetzt. Ihre Klappen wurden manuell betätigt, allerdings mit hydraulischer Kraftverstärkung. Die Maschinen waren wahrscheinlich die ersten Basistrainer mit Landeklappen, und alle späteren Modelle waren ebenfalls mit Klappen versehen. Der R-975 Whirlwind, der die meisten Versionen mit starrem Fahrwerk — mit Ausnahme der NJ-1 der US Navy und einer Serie für China — antrieb, hatte einen kleineren Durchmesser und bot eine etwas bessere Sicht nach vorne als der Pratt & Whitney Wasp, der für die viel zahlreicheren Modelle mit einziehbarem Fahrwerk verwendet wurde. Das Hauptfahrwerk befand sich weit vorne, was die Gefahr des Überschlagens bei der Landung erheblich verringerte.

Bei den meisten dieser Varianten wurden die Abgase an der Vorderseite des Motors gesammelt und durch die rechte Seite der Motorhaube ins Freie geführt. Viele Untertypen, darunter auch die Maschinen für die ersten beiden großen Aufträge aus Frankreich, hatten noch abgerundete Flügelspitzen und Seitenruder, aber die NA-57 für Frankreich besaß die neuen Flügel und das geänderte Leitwerk. Die erste Maschine, die damit flog, war die NA-54, die strukturell besser und leichter herzustellen war. Viele NA-57 trugen auf ihrem gestreiften Seitenruder die Abkürzung Et.2 (Entrainement biplace) oder P.2 (Perfectionnement biplace). Diese Maschinen wurden von den Streitkräften der Vichy-Regierung und von der Luftwaffe für vielerlei Zwecke eingesetzt. Flugzeuge der zweiten Serie wurden umgerüstet und nach Kanada verkauft, wo sie den Namen Yale erhielten. Das Auspuffrohr erstreckte sich bei diesen Maschinen meistens weiter nach hinten über die rechte Flügelwurzel.

Aus dem Ausland gingen schnell zahlreiche Aufträge ein. Es gab keine zwei Serien, die sich ganz genau glichen, aber alle Maschinen hatten den R-975 oder den R-1340 Motor, mit Ausnahme der während des Kriegs in Schweden in Lizenz gebauten Sk 14 Versionen, die einen italienischen Piaggio Motor verwenden mußten, und der Modelle für die Kaiserlich-Japanische Marine, die einen Kotobuki Motor hatten, der einen Holzpropeller antrieb. An den japanischen Varianten, die die Bezeichnung K10W und K5Y1 trugen, wurden in Japan viele Modifikationen vorgenommen, besonders an der Cockpithaube, am hinteren Rumpfabschnitt und an der Seitenflosse.

Umzug nach Texas

Der eigentliche Erfolg kam, als das US Army Air Corps im Jahr 1937 einen Wettbewerb für einen BC Trainer (basic combat = Basis-Kampftrainer) ausschrieb, der sich für die Pilotenschulung eignen sollte und gleichzeitig das Flugverhalten und die Steuerung eines Kampfflugzeugs simulieren mußte. Er sollte außerdem entweder starre oder bewegliche MG und bei Bedarf auch Bomben aufnehmen können, so daß praktisch für die gesamte Ausbildung eines Kampfpiloten oder Schützen ein einziger Typ genügte. Die gleiche NA-16 diente als Basisflugzeug. Sie erhielt aber einen großen Wasp Motor, der einen Hamilton Verstellpropeller antrieb, ein geändertes Hydrauliksystem für die Klappen und das neue einziehbare Hauptfahrwerk. Dieses klappte nach innen, so daß die Räder vor dem Vorderholm in

Die SNJ während des Zweiten Weltkriegs auf der Marinebasis NAS Pensacola. Die SNJ war mit der AT-6 Texan der USAAF fast identisch. Von jeder wichtigen Variante gab es sowohl für die Navy als auch für die Air Force eine eigene Version. Einige der Trainer der Navy wurden mit Fanghaken zur Ausbildung für den trägergestützten Einsatz verwendet.

US Navy

Links: Viele Harvard befanden sich bis vor einigen Jahren bei den in Deelen und Soesterberg stationierten Einheiten der holländischen Luftstreitkräfte im Einsatz. Sie führten dort hauptsächlich taktische Aufgaben für das Heer durch. Diese Harvard Mk 2B (USAAF AT-16 Nr. 43-13120), die früher der RAF gehörte, flog mindestens bis 1965 bei der in Deelen stationierten Fotoaufklärungsstaffel.

Rechts: Die EZ316 war eine Harvard Mk IIA (NA-81), die den britischen Marinefliegern von den USA leihweise überlassen wurde. Ab 1942 diente die Maschine als Trainer für die Fortgeschrittenenausbildung. Die Kennungen stammen aus der Zeit nach dem Krieg (etwa 1958), aber die Maschine trägt noch die im Krieg üblichen Hoheitszeichen.

Viele Flugzeuge, die früher der US Navy gehörten, gingen nach dem Zweiten Weltkrieg an die Französische Aéronavale. Diese Maschine ist eine SNJ-4, die nach ihrer Modifikation für das Pilotentraining verwendet wurde. Die Einheit war die Nr. 56S, die später für das Navigationstraining C-47 erhielt.

Einbuchtungen vor den Flügelwurzeln lagen.

Dieser Prototyp der NA-26 aus dem Jahr 1937 gewann den Wettbewerb, und das erste Serienmodell war die BC-1 der US Army. Einige dieser Maschinen waren die ersten speziell für den Instrumentenflug konstruierten Trainer mit der Bezeichnung BC-11. Weitere Änderungen waren ein Rumpf in selbsttragender Bauweise, Integralflügeltanks (auf die bald abnehmbare Flügeltanks aus Aluminium folgten), und die neue eckige Form der Flügelspitzen und des Seitenruders. Im Jahr 1940 trat an die Stelle der BC Kategorie die Bezeichnung AT (advanced trainer = Fortgeschrittenen-Trainer, eine seit 13 Jahren nicht mehr verwendete Kategorie), und die Maschinen der NAA wurden somit zu AT-6.

North American konnte die Nachfrage nicht decken, obwohl sich die Produktionsfläche in Inglewood von 14.770 m^2 auf fast 185.800 m^2 erhöht hatte. Man baute deshalb in Dallas, Texas, eine neue Fabrik, und für andere NAA Typen wurden an anderen Orten weitere Werke errichtet. Ab 1942 erhielt die AT-6 daher den Namen Texan, obwohl der gleiche Basistyp in den Ländern des britischen Commonwealth seit 1938 nur unter dem Namen Harvard bekannt war. Die britische Industrie konnte im Jahr 1938 den Flugzeugbedarf der RAF nicht einmal annähernd decken, weil die Aufträge nicht rechtzeitig genug eingegangen waren. Man bestellte deshalb Flugzeuge im Ausland, was in England zu einem Sturm der Entrüstung führte.

Die erste dieser ausländischen Maschinen war der NAA Trainer, auf den bald die Lockheed Hudson und die Consolidated Catalina folgten. Die Harvard Mk I war eine BC-1 mit britischer Instrumentierung und Funkausrüstung und mit Sitzen, die genau den Fallschirmpaketen der Piloten angepaßt waren. Die ersten von 400 Maschinen wurden im Dezember 1938 in Dienst gestellt. Ihr Sichtschutz erstreckte sich über den ganzen Rumpfrücken bis hinunter zur Mittellinie, und auf der Unterseite des Rumpfes waren die Maschinen gelb gestrichen. Später erhielt die RAF etwa die Hälfte der 4.768 Harvard, die die USA den Alliierten leihweise überließen und die entweder von North American oder von Noorduyn gebaut wurden. Weitere 1.380 Maschinen kamen direkt von Noorduyn und (nach dem Krieg) von Canadian Car and Foundry. Außerdem erhielten nach dem Krieg mehrere europäische Luftstreitkräfte 285 T-6J, die die USAF im Rahmen des Mutual Defense Assistance Program zur Verfügung stellten.

Kriegsproduktion

Fast alle Großaufträge während des Kriegs lauteten über AT-6A, AT-6C und AT-6D sowie die entsprechenden SNJ-3, SNJ-4 und

Einer der Trainer, die nach dem Krieg die Bezeichnung T-6G trugen und bis zu ihrer Umrüstung in den Jahren 1949 bis 1953 AT-6 waren. Sie besaßen eine Propellerhaube, eine Peilantenne am hinteren Rumpfabschnitt, größere seitliche Cockpitfenster und ein lenkbares Heckrad.

***Rechts:* Die meisten schwedischen Flugzeuge der NA-16 Baureihe waren nicht die in Schweden gebauten Sk 14 (Basistrainer mit starrem Fahrwerk), sondern ehemalige US Flugzeuge, die Schweden in den Jahren 1946 bis 1949 erhielt, als sie nach dem Krieg in den USA nicht mehr gebraucht wurden. Diese Sk 16A wurde von der F9 in Sävar bis 1967 noch intensiv für das Pilotentraining eingesetzt.**

***Links:* Die Força Aérea Brasileira (brasilianische Luftwaffe) war einer der letzten T-6 Betreiber. Zwei ihrer EMRA (Aufklärungs- und Kampfstaffeln) flogen sogar noch 1977 bewaffnete T-6. Ein anderer Betreiber war die Esquadrilha da Fumaca, die berühmte Kunstflugstaffel der FAB, deren Flugzeuge auffallend gestrichen waren. Bei ihnen war das hintere Cockpit teilweise mit Metall verkleidet.**

SNJ-5 für die US Navy, die mit ihrem eckigen Flugwerk, dem Rumpf in selbsttragender Bauweise und der üblichen Cockpithaube mit hinterer Verkleidung, die sich beim Öffnen des Hauptabschnitts nach oben und vorne schob, der AT Version äußerlich sehr ähnlich sahen.

Die NA-88, die vom strukturellen Standpunkt aus die große Ausnahme war, erschien am 10. April 1941, als die Produktion bereits auf vollen Touren lief, obwohl die Vereinigten Staaten offiziell noch nicht in den Krieg eingetreten waren. Man befürchtete damals, daß es bald kein Aluminium mehr geben würde, und deshalb verwendete NAA für die Basisflügelstruktur, die Klappen, die Seitenflosse und alle Steuerflächen dieses Modells spezielle Stahllegierungen und für die seitliche Beplankung des vorderen Rumpfabschnittes, den ganzen hinteren Rumpfabschnitt, den Cockpitboden und das Höhenleitwerk Sperrholz. Auf diese Weise wurden bei jedem Flugzeug 565 kg Aluminium oder Leichtmetall gespart. Die Gewichtszunahme war erstaunlicherweise nur geringfügig, und die Herstellungskosten veränderten sich kaum. Die Maschinen erhielten die Bezeichnung AT-6C, SNJ-4 und Harvard Mk IIA. Nach kurzer Zeit stellte es sich jedoch heraus, daß keine Aluminiumknappheit zu befürchten war, so daß man bei der AT-6D, der SNJ-5 und der Harvard Mk III wieder zur ur-

Trainer-Varianten

NA-16: erster Prototyp, R-975 Motor von 400 PS (298 kW); mit geschlossenem Cockpit und R-1340 Motor von 600 PS (448 kW) zur **NA-18** modifiziert.
NA-19: BT-9 des USAAC mit R-975; starre Vorflügel; 42 Maschinen.
NA-19A: BT-9A des USAAC mit 7,62 mm MG im Bug und auf dem Rumpfrücken und Zielkamera; 40 Maschinen für die USAAC Reserve.
NA-22: neunte BT-9, zwischenzeitlich als Trainer für die Grundausbildung erprobt; offene Cockpits, Motorhaube mit Townend-Ring; einfachere Ausrüstung.
NA-23: Serienversion der BT-9B des USAAC im Jahr 1937; 117 Maschinen.
NA-28: Modell der US Navy, NJ-1, R-1340-6 von 500 PS (373 kW); 40 Maschinen (letzte Maschine flog vorübergehend als die NU-2 mit einem XV-770-4 von 490 PS (366 kW).
NA-29: BT-9C der USAAC Reserve mit MG im Bug und auf dem Rumpfrücken; 67 Maschinen; erste Maschine wurde als die Y1BT-10 mit einem R-1340 von 600 PS (448 kW) fertiggestellt, und eine andere erhielt Flügel wie die RC-1A und ein Leitwerk wie die BT-9D.
NA-30: Y1BT-10 (siehe oben).
NA-58: BT-14 des USAAC mit selbsttragendem Rumpf, R-985-25 Wasp Junior von 450 PS (336 kW), äußere Flügelsektionen und Leitwerk wie die BC-1A; 251 Maschinen; davon wurden im Jahr 1941 27 als BT-14A auf einen R-985-11 von 400 PS (298 kW) umgerüstet.
NA-20 (NA-16-2H): die NA-18 mit einem R-1340 Motor; an Honduras verkauft.
NA-31 (NA-16-4M): wie die BT-9 mit einem R-975-E3 von 450 PS (336 kW); eine Maschine wurde zusammen mit den Lizenzrechten an ASJA in Schweden verkauft, siehe Lizenzproduktion.
NA-32 (NA-16-1A): zwei Modellflugzeuge, die 1937 mit den Lizenzrechten an Commonwealth Aircraft (Australia) verkauft wurden; wie die NA-26 (siehe unten), aber mit starrem Fahrwerk.
NA-34 (NA-16-4P): für Argentinien, zwei MG im Bug und eines auf dem Rumpfrücken, vollständige Funkausrüstung, Bombenstationen, 30 Maschinen.
NA-37 (NA-16-4R): Demonstrationsflugzeug für Japan, R-985-9CG von 450 PS (336 kW), Dreiblatt-Propeller, ging zuerst an Mitsubishi, dann an die Kaiserlich-Japanische Marine als die KXA1.
NA-38 (NA-16-4M): eine als Bausatz an Schweden gelieferte NA-31.
NA-41 (NA-16-4C): wie die BT-9C mit einem R-975 Motor für China, 35 Maschinen.
NA-42 (NA-16-2A): wie die NA-20 plus MG im Bug/auf dem Rumpfrücken; zwei Maschinen für Honduras.
NA-46 (NA-16-4): wie die BT-9C plus zwei MG, Bombenstationen unter dem Mittelflügel, R-975, zwölf Maschinen für die brasilianische Marine.
NA-47 (NA-16-4RW): wie die NA-37, aber mit einem R-975-E3 mit Zweiblatt-Propeller; wurde als Bausatz an die Kaiserlich-Japanische Marine geliefert und KXA2 genannt.
NA-56: neues BC-1A Flugwerk, aber starres Fahrwerk, R-1340 von 600 PS (448 kW); 50 Maschinen für China.
NA-57: wie die NA-23 für die französische Armée de l'Air (200 Maschinen) und Aéronavale (30 Maschinen); 214 Maschinen für die Luftstreitkräfte der Vichy-Regierung, somit auch von der deutschen Luftwaffe verwendet.
NA-64: wie die NA-57, aber mit neuen Flügeln und neuem Leitwerk wie bei der BC-1A; für die Armée de l'Air (200 Maschinen) und die Aéronavale (30 Maschinen), aber nach Lieferung der 111. Maschine fiel Frankreich, und die übrigen 119 Maschinen gingen an die RAF und wurden als die Yale Mk I an die RCAF als Trainer für Funker weitergegeben.
NA-26: erste Version in der Baureihe mit einziehbarem Fahrwerk, R-1340 von 600 PS (448 kW), Kampfausrüstung; eine Demonstrationsmaschine wurde vom USAAC als die BT-9D bewertet.
NA-27 (NA-16-2H): europäisches Demonstrationsflugzeug, wie die NA-26, mit Lizenzrechten an Fokker als die PH-APG verkauft, später bei der holländischen Luftwaffe als Nr. 997, am 11. Mai 1940 zerstört.
NA-36: BC-1 des USAAC, bewaffnet, R-1340-7 von 600 PS (448 kW) oder R-1340-47, 150 Maschinen plus 30 BC-1I Trainer für den Instrumentenflug; die letzten drei wurden als NA-54 fertiggestellt.
NA-45 (NA-16-1GV): wie die BC-1, drei Maschinen für Venezuela.
NA-48 (NA-16-3C): wie die BC-1, 15 Maschinen für China.
NA-49 (NA-16-1E): wie die BC-1, aber mit britischer Ausrüstung, gewöhnlich unbewaffnet, 400 Maschinen für die RAF als Harvard Mk I (die ersten amerikanischen Flugzeuge, die für die RAF gekauft wurden).
NA-52: SNJ-1 für die USN, wie die BC-1, aber mit selbsttragendem Rumpf und Integraltanks, 16 Maschinen.
NA-54: die letzten drei BC-1 mit umgerüsteten äußeren Flügelsektionen und modifiziertem Seitenruder, um die Produktion zu beschleunigen, R-1340-45 mit Dreiblatt-Propeller, selbsttragender Rumpf, Integraltanks.
NA-55: BC-1A des USAAC, wie die BC-1, aber mit neuen Flügeln und neuem Leitwerk sowie freitragendem Rumpf, 29 Maschinen für die National Guard und 54 für die USAAC Reserve plus neun weitere, die als AT-6 fertiggestellt wurden.
NA-59: Fortsetzung der BC-1A unter der neuen Bezeichnung AT-6, insgesamt 94 Maschinen, darunter neun, die als die NA-55 bestellt wurden.
NA-61 (NA-16-1E): wie die NA-49, aber für die RCAF, 30 Maschinen.
NA-65: USN, wie die NA-52, aber mit einem R-1340-56 und Verstellpropeller, 36 Maschinen wurden als SNJ-2 gebaut.
NA-66: NA-59 mit britischer Ausrüstung als Harvard Mk II mit einem R-1340-49; 600 Maschinen, 20 für die RAF, 67 für die RNZAF, 511 wurden der RCAF zugeteilt, aber nur 486 wurden ausgeliefert.
NA-71 (NA-16-3): wie die NA-59, drei Maschinen für Venezuela.
NA-75: wie die NA-66, Harvard Mk II, 100 Maschinen für die RCAF.
NA-76: wie die NA-66, Auftrag über 450 Maschinen für die Armée de l'Air wurde im Juni 1940, zwei Wochen vor der Kapitulation, erteilt; alle Maschinen wurden von der RAF als Harvard Mk II übernommen, davon gingen 259 an die RCAF.
NA-77: wie die NA-59 mit abnehmbaren Treibstofftanks und R-1340-9, 517 Maschinen für die US Army als AT-6A plus 120 für die US Navy als ANJ-3.
NA-78: wie die NA-77, aber im neuen Werk in Dallas gebaut; 1.130 AT-6A plus 150 SNJ-3.
NA-79: weiterer Auftrag (1940) über 25 SNJ-2.
NA-81: Harvard Mk II wie die NA-66; 24 Maschinen für die RAF, 101 für die RCAF.
NA-84: wie die NA-77, aber mit einem R-1340-AN-1 und einem 7,62 mm MG auf dem Rumpfrücken (in anderen AT-6 ebenfalls Einbaumöglichkeit); AT-6B Trainer für Schützen; 400 Maschinen vom Werk in Dallas.
NA-88: wie die NA-84, bei der AT-6C und SNJ-4 aus Spargründen weitgehender Verzicht auf Aluminium, während der Produktion Entschluß zur Rückkehr zur ursprünglichen Bauweise, aber Umrüstung der elektrischen Anlage auf 24 Volt, immer noch als NA-88 bezeichnet, aber US Army/US Navy Bezeichnung AT-6D/SNJ-5; insgesamt 9.331 Maschinen, alle aus Dallas, bestehend aus 2.970 AT-6C (davon 726 an die RAF als Harvard Mk IIA), 2.400 SNJ-4, 2.604 AT-6D (351 an die RAF als Harvard Mk III) und 1.357 SNJ-5.
NA-119: AT-6D Standardmaschinen, im Jahr 1944 als zehn komplett montierte Flugwerke an Brasilien geliefert, zehn größere Flugwerksektionen und 61 Bausätze zur Fertigstellung durch Construcciones Aeronauticas SA.
NA-121: letzte Serie, bestehend aus 800 AT-6D plus 956 AT-6F mit umgerüsteten äußeren Flügelsektionen und modifiziertem hinterem Rumpfabschnitt für Belastungen bis zu 6g geeignet; hintere Klarsichthaube; 411 (nicht, wie oft berichtet wird, 931) AT-6F gingen als SNJ-6 auf die USN über.
NA-168: erster großer Auftrag nach dem Krieg zur Herstellung der NA-88 gemäß dem T-6G Standard mit besser ausgerüstetem Cockpit, neuer Avionik, lenkbarem Heckrad, modifiziertem Hauptfahrwerk, größerer Treibstoffkapazität, Propeller mit eckigen Blattspitzen (mit Propellerhaube, die im Einsatz oft abgenommen wurde) und Motor der AN-1 Baureihe; diese Serie bestand aus 691 Maschinen für die USAF (Seriennummern 49-2897/3536 und 50-1317/1326), sowie 59 LT-6G für vorgeschobene Aufklärungseinsätze in Korea (49-3537/3596).
NA-182: weitere Serien hochgerüsteter T-6G, insgesamt 824 Maschinen (51-14314/15137).
NA-186: Konstruktionsdaten für die T-6J an CCF (siehe Lizenzproduktion).
NA-188: weitere hochgerüstete T-6G, insgesamt 107 Maschinen (51-15138/15237 und 16071/16077).
NA-195: mehr T-6G, insgesamt elf Maschinen (51-117354/17364).
NA-197: Juni 1952, letzter Auftrag über hochgerüstete T-6G, insgesamt 110 Maschinen (52-8197/8246, 53-4555/4614).

Viele T-6G wurden gemäß dem Abkommen über gegenseitige Militärhilfe befreundeten Luftstreitkräften zugeteilt, und zahlreiche andere Flugzeuge aus dem Krieg wurden ohne NA Typennummern modifiziert, wie z.B. die AT-6D mit neuem Ranger V-770-9 von 500 PS (373 kW) als XAT-6E, die USN SNJ-3C, -4C und -5C mit Fanghaken für das Training im Trägereinsatz, die AT-6F, die die USAF für die Gefechtsfeldbeobachtung in Korea zu T-6F hochrüstete, und die vielen USN Flugzeuge (hauptsächlich SNJ-4), die in den Jahren 1951-1953 auf der NAS Pensacola mit der Bezeichnung SNJ-7 und SNJ-7B (bewaffnet) ungefähr auf den T-6G Standard gebracht wurden. Ein Auftrag über den Neubau von 240 NA-198 (Navy SNJ-8) mit ähnlichen Standards wurde storniert.

NAA Kampfflugzeuge

NA-44: Prototyp eines Kampfflugzeugs mit einem Wright R-1820-F52 Cyclone von 785 PS (586 kW), in vollständig selbsttragender Bauweise, zwei Flügel-MG, zwei MG in der Motorhaube, eines (wahlweise 12,7 mm) im hinteren Cockpit und eine Bombenlast von 181 kg; der Prototyp ging als Nr. 3344 an die RCAF und befand sich bis 1947 im Einsatz.

NA-69: zehn Maschinen für Siam, vom USAAC beschlagnahmt und auf den Philippinen als die A-27 (41-18890/18899) im Kampf eingesetzt.

NA-72: 30 Maschinen für Brasilien.

NA-74: zwölf Maschinen für Chile.

Lizenzproduktion

Schweden: nach Prüfung der NA-31 und NA-38 baute ASJA 35 ähnliche Maschinen mit einem R-975-E3, die bei den schwedischen Luftstreitkräften in den Jahren 1938/39 die Bezeichnung Sk 14 hatten; die Firma Saab (die ASJA aufkaufte) folgte in den Jahren 1940/41 mit 18 weiteren Maschinen; weil es an amerikanischen Motoren fehlte, erhielten die nächsten 23 Sk 14A im Krieg einen Piaggio P.VII RC 35 von 500 PS (323 kW), weitere 60 Maschinen in den Jahren 1943/44; diese Flugzeuge mit starrem Fahrwerk hatten nichts mit den zahlreichen Sk 16 zu tun, die nach dem Krieg erworben wurden und aus US-Beständen stammten.

Australien: CAC begann 1937 mit den Produktionsvorbereitungen für die NA-33, die unter dem Namen Wirraway als Mehrzweckmaschine mit zwei vorderen 7,7 mm MG und voller Kampfausrüstung, darunter einem Heck-MG und einer Bombenlast bis zu 227 kg, gebaut wurde; insgesamt 755 Maschinen zehn verschiedener Varianten; zu den nach dem Krieg hochgerüsteten Maschinen gehörten die CA-28 Ceres Agrarflugzeuge.

Kanada: da die Produktion von NAA nicht mit der Nachfrage Schritt halten konnte, wählte die kanadische Regierung 1940 Noorduyn als zusätzliche Lieferquelle für das Empire Air Training Scheme aus. Der Typ entsprach grundsätzlich der AT-6A mit Instrumenten und Funkausrüstung aus den USA (im Gegensatz zu den Harvard der RAF), aber mit der Bezeichnung Harvard Mk IIB; zuerst 100 Maschinen (1-40), gefolgt von 110 (7-40); dann übernahm die USAAF die weiteren Maschinen unter der US Bezeichnung AT-16 diese gingen aber dann leihweise, mit RAF Seriennummern versehen, als Harvard Mk IIB an England; insgesamt 1.800 Maschinen; Noorduyn produzierte weitere 900 Harvard Mk IIB für die RAF; 1946 übernahm CCF (Canadian Car & Foundry) Noorduyn, und 1951 erhielt die Firma einen Auftrag über 270 neue Maschinen für die RCAF mit der Bezeichnung Harvard Mk IV, diese entsprachen grundsätzlich der T-6G; die USAF kaufte weitere 285 Maschinen mit der Bezeichnung T-6J und stellte sie befreundeten Nationen zur Verfügung.

Japan: die Kaiserlich-Japanische Marine bewertete die NA-37 und die NA-47 und bestellte von Watanabe 1941 die K10W1 Version mit einem Kotobuki Motor (Bristol Jupiter Variante) von 600 PS (448 kW) und einem/zwei MG; nach Lieferung der ersten 26 Maschinen setzte Nippon Hikoki die Produktion der jetzt als K5Y1 bezeichneten Variante fort; in den Jahren 1943/44 wurden weitere 150 Maschinen gebaut.

sprünglichen Bauweise zurückkehrte. Diese Maschinen besaßen dann allerdings eine 24 Volt Anlage.

Die Maschinen verfügten — sehr zur Freude des Bodenpersonals — endlich auch über einen elektrischen Anlasser. Um das Schwungrad dieses mit Schwungkraft arbeitenden Anlassers in Bewegung zu setzen, drückte der Pilot mit dem Absatz auf einen Fußhebel, der sich zwischen den Seitenruderpedalen im Cockpitboden befand. Daraufhin ertönte ein langsam lauter werdendes Heulen, und sobald es die richtige Tonhöhe erreicht hatte, drückte der Pilot erneut den Hebel, diesmal aber mit der Fußspitze. Dadurch wurde das Schwungrad über ein spezielles Getriebe an die Kurbelwelle gekuppelt.

Andere Besonderheiten der Maschine waren die manuelle Ki-Gass Treibstoffeinspritzung zur Erhöhung des Treibstoffdrucks vor dem Start, ein manueller Wahlschalter zur Erhöhung des Hydraulikdrucks und schwere Spritzguß-Trimmräder und Hebel für das Fahrwerk und die Klappen. Die Maschinen waren angenehm zu fliegen und natürlich auch voll kunstflugtauglich. Wenn sie aber ohne das rechte Gefühl gesteuert wurden, konnte es leicht passieren, daß sie ruckartig um 270° rollten. Wenn bei der Landung die Steuersäule zu stark gedrückt wurde, machte sie ebenfalls eine heftige Rollbewegung, so daß die Gefahr bestand, daß die Holme brachen und oft die ganze Maschine abgeschrieben werden mußte. NAA Trainer waren daher für die Piloten eine gute Schulung.

Neue Bezeichnungen

Soweit wie möglich enthält die Liste der Varianten alle Modelle, die NAA oder ihre Lizenznehmer produzierten und die von der USAF oder USN nach dem Krieg modifiziert wurden. Im Juni 1948 trat an Stelle der AT Kategorie die Bezeichnung T für Trainer. Das Standardmodell nach dem Krieg war die T-6G, die mehr als 250 technische Änderungen aufwies, darunter ein umgerüstetes Cockpit mit moderneren Instrumenten, einer besseren Steuerung und besserer Sicht für den Piloten, Verlegung der Antennenmasten (normalerweise mit einer Peilantenne über dem hinteren Rumpfabschnitt), einen anderen Propeller, größere Treibstoffkapazität durch zusätzliche Tanks in der äußeren Flügelsektion und neue Avionik, wie zum Beispiel eine neue UKW-Anlage, Entfernungsmesser und einen Empfänger für Markierungsfunkfeuer, eine neue Bordsprechanlage, einen Radiokompaß und ILS sowie eine moderne Trainingsausrüstung für den Instrumentenflug wie in der T-28 der 'nächsten Generation'. Die meisten hochgerüsteten T-6G kamen vom NAA Werk in Downey (Los Angeles), aber einige Maschinen wurden in Columbus umgerüstet, wo sie zuerst die Bezeichnung T-6H erhielten und später wieder T-6G-NT genannt wurden.

Obgleich die Maschinen der NA-16 Baureihe hauptsächlich Trainer waren, spielten sie in vielen Kriegen eine beachtenswerte Rolle. Die Harvard Mk I führten im Juli 1940 sogar Bomben mit sich. Viel später, im Koreakrieg, setzte die USAF spezielle T-6 und LT-6G Texan als erste Maschinen für vorgeschobene Aufklärungseinsätze ein. In Kenia führte die No. 1340 Flight der RAF bei der Niederschlagung des Mau-Mau-Aufstands ähnliche Einsätze durch. Der junge Staat Israel bzw. die Heyl Ha'Avir kaufte alle T-6, die sie bekommen konnte, um sie ab November 1948 mit acht 50 kg Bomben und oft auch drei MG, wovon mindestens eines ein Kaliber von 12,7 mm hatte, an der Front als Sturzkampfflugzeuge zu verwenden. Im Jahr 1953 hatte Israel mindestens 90 Maschinen im Einsatz, die jetzt aber hauptsächlich als bewaffnete Trainer verwendet wurden. Selbst diese Zahlen sind gering im Vergleich zu den etwa 450 Maschinen, die die Armée de l'Air und die Aéronavale in den Jahren 1956 bis 1960 bei den Kämpfen in Algerien einsetzte. Noch 1969 rüsteten Harvard aller Versionen in Biafra eine Staffel aus, die von Söldnern geflogen wurden und die mit Strahlflugzeugen ausgerüsteten nigerianischen Luftstreitkräfte auf deren Heimatflughäfen recht erfolgreich bekämpften.

Ohne die später nachgebauten Maschinen mitzuzählen, wurden 21.342 Flugzeuge der NA-16 Baureihen produziert. Außerdem baute NAA auch 53 Kampfflugzeuge mit größerer Motorleistung, die in der Varianten-Liste aufgeführt sind.

Diese Harvard Mk 2A war eine von mehreren hundert Maschinen dieses Typs, die sich in den Jahren 1943 bis 1975 bei der South African Air Force im Einsatz befanden. Die Nr. 7698 war eine der vielen Maschinen, die die No. 40 Sqn der Active Citizen Force sowohl für Auffrischungskurse als auch im Kampf gegen Guerillas verwendete.

Index

Abbildungen sind in *kursiven* Zahlen angegeben